O ESQUECIMENTO DAS DESAVENÇAS PASSADAS

O ESQUECIMENTO DAS DESAVENÇAS PASSADAS

O processo de Independência do Brasil
no Projeto Resgate "Barão do Rio Branco"

Documentos do Arquivo Histórico Ultramarino de Lisboa

João Carlos Nara Jr. e Érika Dias [Organizadores]
Paulo de Assunção e Denise G. Porto [Autores]

Alameda FAPERJ

Edição: Haroldo Ceravolo Sereza & Joana Monteleone

Editora Assistente: Ana Júlia Ribeiro

Projeto gráfico, diagramação e capa: Ana Júlia Ribeiro

Assistente acadêmica: Tamara Santos

Revisão: Alexandra Colontini

Imagens da capa: Logo do Centro de Memória do Projeto Resgate

CIP-BRASIL. CATALOGAÇÃO NA PUBLICAÇÃO
SINDICATO NACIONAL DOS EDITORES DE LIVROS, RJ

A873e
v. 1

Assunção, Paulo de
O esquecimento das desavenças passadas : o processo de independência do Brasil no projeto resgate "Barão do Rio Branco" : Documentos do arquivo histórico ultramarino de Lisboa / Paulo de Assunção, Denise G. Porto ; organização João Carlos Nara Jr , Érika Dias. - 1. ed. - São Paulo : Alameda, 2024.
500 p. ; 23 cm.

ISBN 978-65-5966-247-0

1. Brasil - História - Independência, 1822 - Fontes. 2. Brasil - Historiografia. 3. Manuscritos portugueses. I. Porto, Denise G. II. Nara Jr, João Carlos. III. Dias, Érika. IV. Título.

CDD: 981.04
24-89152 CDU: 94(81).04

Meri Gleice Rodrigues de Souza - Bibliotecária - CRB-7/6439

O presente trabalho foi realizado com apoio do processo: 211.249/2021 - SEI-260003/014273/2021

ALAMEDA CASA EDITORIAL
Rua 13 de Maio, 353 – Bela Vista
CEP 01327-000 – São Paulo, SP
Tel. (11) 3012-2403
www.alamedaeditorial.com.br

Sumário

Apresentação 7

Iconoclastia *versus* celebração da Independência do Brasil 7

Retorno às fontes de uma história do Brasil comum com Portugal 8

Importância do Projeto Resgate Barão do Rio Branco para o Estado brasileiro 10

Introdução 13

A Independência do Brasil e "o esquecimento das desavenças passadas" 20

A historiografia da Independência 26

Brasil e Portugal: a trama das desavenças 37

Transcrições 103

1821 105

1822 144

1823 189

1824 201

1825 209

1826 236

Instrumento de pesquisa dos documentos sobre a Independência do Brasil existentes no Arquivo Histórico Ultramarino de Lisboa 243

Apresentação

Iconoclastia *versus* celebração da Independência do Brasil

Os historiadores contemporâneos somos iconoclastas. Há cem anos, aprendemos com o sociólogo François Simiand a desgostar da história política, a deplorar a biografia de indivíduos e a contestar o uso da cronologia. Como solução "científica", a *École des Annales* propugnou um sistema quase asséptico para a prática historiográfica: identificação de um problema, levantamento de uma hipótese, teste comprobatório. De fato, a "história tradicional" é a história dos vencedores, que costuma ser autorreferencial; a história dos heróis tende ser ufanista; e a história cronológica nem sempre respeita o tempo narrativo. E nós, historiadores brasileiros, inspirados por esses ideais franceses, não queríamos incorrer em nenhuma destas distorções...

Por isso, para matizar a importância a cronologia, aprendemos que o contador de histórias tem liberdade para inventar o tempo narrativo: ele não precisa simular um tempo linear, como se interpolasse uma reta a partir de pontos isolados. Por meio da verve de sua escrita, o historiador faz da capacidade literária um veículo de transmissão da sua *intuição histórica*. Também aprendemos que, para evitar a ufania simplista, a dimensão cívica da história depende mais da capacidade de disseminação de informação a um público amplo, do que da consagração de figuras estereotipadas, incapazes de comunicar os valores da democracia. Por isso, a fim de nos esquivar do etnocentrismo e de um discurso único, procuramos ampliar o rol dos atores que desempenharam seus papéis no palco da história.

Com tudo isso em mente, muitos historiadores se perguntaram em 2022, quando foram colocados diante da celebração do Bicentenário da Independência do Brasil: — *Ainda temos algo a comemorar em Sete de Setembro?*

De fato, a iconoclastia dos historiadores contemporâneos muitas vezes degenerou num discurso contestatário, na desconstrução dos heróis, no desencanto das visões materialistas. Parece que um historiador sério jamais comemora efemérides. Muitos se indagam perplexos: — *Independência para quem? A quem interessava? Quem participou do processo ou o assistiu bestializado? O que era o Brasil no processo da Independência? O que este tipo de Independência mudou na realidade da antiga Colônia recém tornada reino unido a Portugal? Fez-se a devida reparação aos segmentos sociais desprivilegiados?*

Ora, para responder à questão sobre se vale a pena ou não comemorar o Sete de Setembro, é necessário antes tentar compreender o que significa o Brasil e abraçar a sua causa. Comemorar 200 anos de um projeto de nação com tantos altos e baixos implica *aceitar a ilusão historiográfica (e biográfica) que cultivamos ao longo de gerações*, significa celebrar 200 anos de um ideal, um ideal de país que já mudou muito; que não é um país só, mas constitui um concerto de muitas vozes, um contraste de virtudes e injustiças, um país que deságua como um rio caudaloso de sonhos em um mar de possibilidades. Não somos perfeitos, mas prosseguimos a viagem.

Indubitavelmente, a comemoração do Bicentenário da Independência constitui uma oportunidade para a reflexão científica. Mas não deve se esgotar na eventual contribuição acadêmica dos intelectuais, ainda mais de intelectuais ensimesmados em suas teorias ou encerrados em sua vida privada. Acima de tudo, por via da representação simbólica e da liturgia cívica, as comemorações são uma força aglutinadora para a sociabilidade em tempos de divisão, reforçam a noção de pertencimento à nação em tempos de crise identitária, servem para que manifestemos publicamente um sadio patriotismo.

Retorno às fontes de uma história do Brasil comum com Portugal

Com bastante senso de oportunidade, a *Fundação Carlos Chagas Filho de Amparo à Pesquisa do Estado do Rio de Janeiro* (FAPERJ) — vinculada à Secretaria de Estado de Ciência e Tecnologia e Inovação —, em cooperação com a Fundação Biblioteca Nacional, lançou seu Edital nº 34/2021, a fim de apoiar projetos de pesquisadores vinculados a instituições de ensino e pesquisa sediadas no Rio de Janeiro, no âmbito do Bicentenário da Independência do Brasil. O apoio financeiro visou incentivar a pesquisa em acervos, a produção de trabalhos originais, promovendo a melhoria da educação científica e as comemorações do Bicentenário.

De fato, para renovar nossos olhares e interpretações, nada melhor do que nos debruçar sobre as fontes primárias e extrair dos acervos pouco trabalhados tesouros documentais que permitam uma compreensão mais profunda e autêntica da história. Deste modo, saltam à vista detalhes dos eventos que permitem a construção de uma narrativa mais precisa e objetiva, ajudando a desafiar interpretações dominantes, mas precárias. Certamente, convém recordar que o uso de fontes primárias apresenta desafios e limitações, tanto pela sua eventual incompletude, ambiguidade ou enviesamento, quanto pela excessiva quantidade de documentos ou dificuldade de acesso, o que torna necessária a elaboração de índices, guias e outros instrumentos correlatos.

Animado pela possibilidade descortinada pela FAPERJ, propus — em conjunto com a Dra. Érika Simone de Almeida Carlos Dias, minha colega no *Projeto Resgate de documentação histórica "Barão do Rio Branco"* — a confecção do presente instrumento de pesquisa referente à Independência do Brasil, com base na documentação portuguesa recolhida pelo *Projeto Resgate*. O excelente trabalho foi levado a cabo pelo Dr. Paulo de Assunção e pela MSc. Denise G. Porto, que também contaram com o auxílio da bolsista de iniciação científica Caroline Costas.

O investimento no mapeamento das fontes estrangeiras, na mobilização de pesquisadores, na reprodução dos documentos e na disseminação da informação tem, para a história do Brasil, um enorme poder transformador. E é isso o que faz o *Projeto Resgate*, cujo olhar multilateral é capaz de ampliar o espaço de produção historiográfica em língua portuguesa e de renovar profundamente a nossa historiografia. Aliás, tal empenho em prol da nossa história comum com Portugal atende a um convite concreto da *Organização das Nações Unidas para a Educação, Ciência e Cultura* (UNESCO). Com efeito, seus Estados membros tinham sido convidados, na Conferência Geral de Paris realizada em 1974, a refletir sobre a possibilidade de transferência documental entre as nações que possuem uma história comum.

Sem dúvida, o momento dos anos 1970 reclamava este tipo de cooperação internacional, haja vista os numerosos processos de independência ocorridos em diversos países, implicando em rupturas nem sempre suaves. Felizmente, o caso luso-brasileiro — materializado pelo *Projeto Resgate* — precisa ser encarado, no contexto do compartilhamento do patrimônio documental comum, como um exemplo de sucesso, pois as relações entre os dois países se mantiveram amistosas e foram bastante frutuosas.

Importância do *Projeto Resgate Barão do Rio Branco* para o Estado brasileiro

A busca da documentação referente ao Brasil considerada "estrangeira" era uma vindicação antiga, nascida junto com o Instituto Histórico e Geográfico Brasileiro, nos alvores do jovem Império tropical. Com efeito, desde 1839, dezenas de pesquisadores — a começar pelo Conselheiro Antônio Menezes Vasconcelos de Drummond (1794-1865) — se dedicaram a mapear, identificar, catalogar e reproduzir o ingente conjunto documental disponível no exterior sobre a parcela do *Novo Mundo* conquistada pelos portugueses.

A cooperação entre os dois países ficaria selada em 1966 pelo *Acordo Cultural Brasil-Portugal.* Esse instrumento, enriquecido pelos seus sucessivos protocolos adicionais, constitui o núcleo do *Tratado de Amizade, Cooperação e Consulta entre a República Federativa do Brasil e a República Portuguesa*, assinado por ocasião das comemorações do V Centenário da chegada dos portugueses às terras brasílicas. Dentre os protocolos adicionais, merece destaque o de microfilmagem (1983), que viabilizou a posterior aprovação do *Plano Luso-Brasileiro de Microfilmagem* (1997).

À época, o referido Plano foi um instrumento essencial para a institucionalização do *Projeto Resgate de documentação histórica "Barão do Rio Branco".* Dele participaram pesquisadores de todos os Estados, ligados aos arquivos públicos e às universidades públicas e privadas. Na primeira fase do *Projeto Resgate*, fez-se a sistematização e a reprodução do acervo documental referente ao Brasil Colonial presente em nove países de tradição cultural comum, naturalmente com ênfase nos arquivos portugueses.

Sob os auspícios da seção brasileira da *Comissão Luso-Brasileira para a Salvaguarda e Divulgação do Patrimônio Documental* (COLUSO) e a competente direção geral de Esther Bertoletti, então assessora do Ministério da Cultura, o *Projeto Resgate* recebeu aporte financeiro de diversas empresas e instituições governamentais. Seguidamente, o *Projeto Resgate* entrou numa segunda fase: a de disseminação do material coletado. Novas pesquisas continuaram a ser desenvolvidas e foram elaborados instrumentos para facilitar a investigação acadêmica.

Outras iniciativas foram concebidas irmanadas ao *Projeto Resgate*: o *Projeto de Recuperação do Acervo Histórico da CPLP*; o *Projeto Documentos para a História da África no Brasil*; o *Projeto Documentos das Santas Casas*; o *Projeto Arquivos Eclesiásticos*; o *Projeto Memória dos Institutos Históricos*; e o *Projeto Reencontro*, sobre a documentação de interesse a Portugal existente no Brasil.

Dificuldades de toda ordem, porém, fizeram com que o *Projeto Resgate* não conseguisse, por muitos anos, publicar a rica documentação compulsada no exterior nem dar prosseguimento aos trabalhos de pesquisa e reprodução. Por isso, a UNESCO se tornou parceira do Ministério da Cultura em 2015, com vistas ao fortalecimento, difusão e ampliação do alcance do *Projeto Resgate*. Foi assim que, desde 2017, a Fundação Biblioteca Nacional passou a ser responsável pela gestão dos necessários acordos de cooperação técnica internacional, além da curadoria da documentação reproduzida e de seus catálogos.

Tive a honra de assumir a coordenação-geral do *Projeto Resgate* em novembro de 2020 e de reunir uma equipe incrível, competente e diversificada, com cerca de 20 colaboradores de diversas áreas do saber, que produziram novos instrumentos de pesquisa. Feliz conclusão dessa trajetória foi a criação, em 2022, do *Centro de Memória do Projeto Resgate*, vinculado ao Centro de Cooperação e Difusão da Fundação Biblioteca Nacional. O Centro de Memória tem por finalidade guardar, preservar, difundir e promover o precioso patrimônio documental compilado pelo *Projeto Resgate*.

Sem dúvida, para além de um mero respaldo regimental na estrutura administrativa da Fundação Biblioteca Nacional, restam muitos desafios a serem superados: a urgência de uma equipe mínima e estável de trabalho; o aperfeiçoamento da infraestrutura tecnológica da instituição; a imersão nas Humanidades Digitais; e a ampliação do escopo do *Projeto Resgate*, migrando do meramente documental ao iconográfico, ao cartográfico e ao bibliográfico.

Como legado do esforço da nossa equipe, confiamos ao *Centro de Memória do Projeto Resgate* onze catálogos elaborados nos últimos anos, que espero sejam prontamente publicados pela Fundação Biblioteca Nacional: referentes ao Arquivo Histórico Ultramarino, catálogos sobre as Ordens Religiosas e Irmandades Leigas, Hodologia, Iconografia, Série Reino e Série Vários, Contratos avulsos, História Indígena Brasileira, História da Escravidão Negra no Brasil, Semiárido, História das Mulheres; além de um catálogo da Coleção Pombalina da Biblioteca Nacional de Portugal.

Guardar a memória do que se realizou e dar acesso a tão rico patrimônio, é um dever de justiça histórica, uma obrigação democrática, um compromisso com a cultura e um reconhecimento da dedicação de tantos cidadãos ao patrimônio nacional. Institucionalizar o *Projeto Resgate* deve ser visto, portanto, como um ato de coerência, pois a sua missão não pode ser circunscrita a um processo passageiro ou a uma simples política de governo. O próprio fato de que o Congresso Nacional tenha sancionado expressamente a praxe da nossa cooperação arquivística no artigo 30 do *Tratado de Amizade Brasil-Portugal*, alça o *Projeto Resgate* ao patamar de *realização concreta de uma Política pública de Estado*.

Nesta data jubilar, faço votos que o leitor usufrua do esforço investido nesta obra, e que possa comemorar com satisfação a efeméride da nossa Independência.

João Carlos Nara Jr.
Coordenador-geral do Projeto Resgate
de documentação histórica "Barão do Rio Branco"
Rio de Janeiro, 7 de setembro de 2022

Introdução

Uma das tarefas mais árduas para o historiador é, de fato, a identificação, seleção e a recolha dos documentos necessários para a sua investigação e escrita histórica. A pesquisa é, portanto, fundamento e meio pelo qual a história e a memória plasmam o sentido dos documentos na narrativa historiográfica do pesquisador, quando ele traz à luz do presente, o conhecimento de fatos do passado. Esse fascinante diálogo entre diferentes temporalidades históricas, experimentado, sobretudo, nas pesquisas em arquivos, evoca associações surpreendentes ao conectar as mentalidades, práticas e sensibilidades das sociedades pretéritas.

Aos historiadores, compete, portanto, a responsabilidade de reconstruírem um passado que deixe aflorar de seus documentos retratos fidedignos da experiencia humana ao longo da história, uma vez que eles saibam como interrogá-los e estabeleçam um diálogo crítico com os problemas do passado. Numa síntese, Paul Veyne (1930-2022) concluía na obra *Como se escreve a História*[1], que os historiadores contam os acontecimentos que tem os homens como atores, posto que os fatos e os indivíduos estão representados em meio a pluralidade de perspectivas sociais e culturais de seu tempo histórico.

Logo, as informações e as memórias adormecidas nos documentos dos arquivos, sempre foram "os ídolos da tribo dos historiadores", nas palavras do mestre que

1 VEYNE, Paul. *Como se escreve a História*. Trad. Antonio José da Silva Moreira. Lisboa: Edições 70, 1971, p.13.

inspirou a renovação historiográfica da Escola dos *Annales*[2] no século XX. Assim, Marc Bloch (1886-1944), nos idos da década de 1940, já aconselhava em sua prescrição metodológica[3] que ao historiador caberia lançar mão do auxílio de guias diversos, como inventários de arquivos ou de bibliotecas, repertórios bibliográficos e "documentos de toda sorte", para melhor compreender os fatos humanos do passado.

Convém lembrar, entretanto, que a renovação teórica e metodológica proporcionada pelos historiadores dos *Analles* no século XX, foi decorrente de um alargamento do horizonte histórico inaugurado no século anterior por Leopold von Ranke (1795-1886), quando os pressupostos do historicismo alemão elegeram os arquivos públicos oficiais como lugares privilegiados para a pesquisa histórica, e os documentos ali recolhidos, as fontes fidedignas para a legitimação da nascente historiografia nacionalista na Alemanha. Logo, o desejo pela pesquisa arquivística espraiou-se como uma onda vigorosa no contexto da construção dos estados nacionais na Europa, *pari-passu* à criação da disciplina de História nas universidades europeias. Relativo ao processo de ascensão da ideia de nacionalismo nos estados modernos, Xosé M. Núñez Seixas destaca, que os conceitos de nacionalidade oscilaram constantemente, entre as matrizes ideológicas e culturais, das políticas promovidas por cada estado particularmente.[4]

Do outro lado do Atlântico, no Brasil, os ecos das formulações historicistas de Leopold von Ranke foram propagados por Francisco Adolfo de Varnhagen (1816-1878), o visconde de Porto Seguro, quando ele recorrera aos arquivos estrangeiros da Espanha e Portugal, e, em especial, os Arquivos Histórico Ultramarino e Nacional da Torre do Tombo, para coligir fontes que embasassem a escrita da sua monumental *História Geral do Brasil* publicada em 1854.[5] A obra considerada pio-

---

2 A *Annales d'Histoire Économique et Sociale* é uma revista acadêmica francesa fundada por Marc Block e Lucian Febvre no ano de 1929, que deu origem ao movimento historiográfico conhecido como Escola dos Annales. (N/A).

3 BLOCH, Marc. *Apologia da História ou o ofício do historiador*. Rio de Janeiro: Zahar, 2001, p. 82.

4 NÚÑEZ SEIXAS, Xosé Manoel. Nações e Identidades Territoriais na Europa: uma reflexão Historiográfica transnacional. *In*: FALCON, Francisco José Calazans (Org). *Estudos de História e Historiografia*. Rio de Janeiro: Editora Revan, 2018, p. 16.

5 A obra *História Geral do Brasil* de autoria de Francisco Adolfo de Varnhagen (1795-1886), o visconde de Porto Seguro, teve a sua primeira edição publicada em 1854 pela Editora E.& H. Laemmert e no ano de 1877 foi publicada pela mesma editora uma segunda edição aumentada pelo autor. Posteriormente, entre os anos 1927 e 1936, uma terceira edição veio à luz pu-

neira, no que tange ao encadeamento factual, à sistematização temporal e a fundamentação historiográfica em fontes oficiais de arquivos públicos ibéricos, foi iqualmente inovadora quanto a metodologia empregada por Varnhagen.

Como uma resposta objetiva às pretensões nacionalistas dos historiadores reunidos em torno do Instituto Histórico e Geográfico Brasileiro, que ansiavam legitimar o Brasil independente perante as nações estrangeiras, por meio da escrita de uma história com os traços marcantes do nascente estado nacional, Varnhagen elaborou a sua historiografia para além do que haviam escrito os cronistas coloniais e os historiadores brasileiros que o precederam[6]. Logo, com Varnhagen e o IHGB, o século XIX inaugurou no Brasil a corrida dos historiadores aos arquivos institucionais nacionais e estrangeiros, em busca de fontes históricas desconhecidas que pudessem completar as lacunas de uma História do Brasil dos anos da Independência, que ainda estava por ser escrita.

A partir da gênese historiográfica brasileira preconizada pelo visconde de Porto Seguro na segunda metade do Oitocentos, os séculos seguintes viram emergir novas abordagens nas pesquisas históricas, cuja construção do estado nacional Independente estaria no centro de suas atenções, como demonstrará mais à frente Paulo de Assunção, no texto *A Independência do Brasil e o "esquecimeno das desavenças passadas"*.

Assim, por meio das contribuições metodológicas advindas dos *Annales* e das renovações historiográficas das últimas décadas do século XX, decorrentes em grande medida dos inovadores paradigmas teóricos anteriormente citados, sucessivas gerações de historiadores da Independência do Brasil e das relações luso-brasileiras ampliaram o seu leque de fontes, recorrendo, sobretudo, aos acervos de documentos oficiais em arquivos públicos e privados, brasileiros e internacionais.

Entretanto, é sabido que o acesso às fontes históricas é uma jornada espinhosa, hermética e frequentemente dificultada por fatores diversos. Tomemos como exemplos para essa acertiva, o intrincado e cansativo processo inicial de identificação dos arquivos para as investigações, seguido dos esforços para localizar os documentos necessários nos labirínticos acervos arquivísticos.

blicada pela Editora Melhoramentos, com revisão, anotações e aditamentos ao texto original escritos por Capistrano de Abreu (1853-1927) e Rodolfo Garcia 1873-1949). (N/A).

6 WEHLING, Arno. *Memorial Orgânico (Uma proposta para o Brasil em meados do século XIX)*. Brasília: Fundação Alexandre de Gusmão, 2016, p. 23.

Nesse sentido, a institucionalização do Projeto Resgate Barão do Rio Branco da Biblioteca Nacional em cooperação com o Arquivo Histórico Ultramarino na década de 1970, constituiu um divisor de águas para a historiografia brasileira contemporânea. O pioneirismo da iniciativa marcou um avanço para as pesquisas históricas sem precedentes no Brasil, em especial, no que se refere a riqueza do conjunto de manuscritos relativos às relações luso-brasileiras, desde os primórdios coloniais até as primeiras décadas do Oitocentos.

Por isso, a informação e a memória contidas na documentação tratada pelo Projeto Resgate fundamentam boa parte da pesquisa histórica sobre as relações entre Brasil e Portugal nos séculos XVI ao XIX. O Projeto Resgate começou o seu trabalho de organização, catalogação e digitalização de documentos no Arquivo Histórico Ultramarino porque a instituição possui a guarda de mais de 200 mil documentos coloniais, sendo possivelmente o maior acervo documental fora do Brasil.[7] Para compreender o trabalho feito pelo Projeto Resgate com esta documentação, a intermediação dos órgãos do poder central com agentes governativos e vassalos no Brasil, é preciso compreender a comunicação política entre o centro do império, Lisboa, e as periferias na monarquia portuguesa. Afinal, a comunicação política é ferramente essencial para o entendimento da dinâmica política e econômica do império ultramarino, e das etapas do processo decisório que influíam nesta dinâmica. Entendemos a comunicação política como meio preferencial para a circulação da informação. Esta por sua vez usava canais específicos.[8] Para compreender este conjunto documental é preciso perceber como a informação política fluía por meio por meio da correspondência produzida ou recebida pelos órgãos da administração central ora em Lisboa, ora no Rio de Janeiro.

Assim, torna-se necessário falar do principal órgão que produziu ou recebeu estes manuscritos. Estamos nos referindo ao Conselho Ultramarino, criado no século XVII. No Setecentos sua importância foi diminuindo a medida que uma outra instituição, aos poucos, foi retirando jurisdições que antes eram apenas suas. Estamos falando da Secretaria de Estado da Marinha e Ultramar. Dentro do império português, toda a comunicação política, toda a veiculação de informação, toda a prestação de contas ou pedidos de mercês, de ajuda particular ou necessidades das

7 Os documentos para consulta estão disponíveis em https://resgate.bn.br/docreader/docmulti.aspx?bib=resgate.

8 DIAS, E. S DE A. C. O que é justo? "dar a cada um o que é seu": Tramas jurídicas no final do século XVIII em Pernambuco. Varia História, v. 36, n. 70, p. 91-118, jan. 2020. Disponível em https://doi.org/10.1590/0104-87752020000100004 Acesso em: 6 novembro. 2023.

províncias, pedidos de ajuda bélica, de passaportes de viagens, troca de governadores, ordens e pedidos de qualquer outra natureza, cabia, principalmente, a estas duas instituições.

O Conselho Ultramarino foi criado em 1643 e a Secretaria de Estado da Marinha e Ultramar, que já existia como secretaria, foi reformada em 1736 e ganhou outras atribuições. Como foi, sobretudo, a documentação produzida ou recebida por estas instituições, que foi organizada e catalogada pelo Projeto Resgate, cabem aqui algumas palavras sobre estas duas instituições.

O Conselho Ultramarino fazia parte da estrutura polissinodal de governo comum em sociedades de matriz corporativa, como eram as do Antigo Regime, nas quais a centralidade do rei não significava a centralização absoluta do poder nas suas mãos. A Coroa partilhava o governo com outras forças e outros poderes. Após a Restauração, D. João IV instituiu reformas no sistema de governo e implementou mudanças relevantes. Em 1640 criou o Conselho da Guerra para gerir a campanha contra a Espanha, pouco depois criou a Junta dos Três Estados, a fim de administrar os tributos lançados para custear as despesas militares provenientes da guerra de Restauração; e, por alvará em novembro de 1643, dividiu o despacho em duas Secretarias, a de Estado e a das Mercês e Expediente.

Para a administração dos territórios ultramarinos, a Coroa criou o Conselho Ultramarino em 1643, inspirando-se no Conselho da Índia, extinto em 1614, aproveitando em grande parte o seu regimento. Do ponto de vista da gestão dos espaços ultramarinos, a criação do Conselho ocorreu num período em que o território que se pretendia privilegiar dentro do império era o Brasil. A própria denominação dada ao novo conselho era mais ampla do que a do seu antecessor. Isso poderia refletir a relevância que o Brasil passava a ter sobre a Índia, tendência que se acentuaria cerca de um século mais tarde durante a governação pombalina em meados do século XVIII.[9]

Ao refletirmos sobre as relações políticas entre Brasil e Portugal no século XVII, compreendemos que a criação do Conselho facilitou o entendimento das partes com o centro, isto é, dos oficiais das câmaras ultramarinas e dos agentes da governação (governadores, ouvidores, juízes de fora) com o rei, demonstrando uma flexibilidade da Coroa para com a colônia e aumentando as oportunidades de comunicação entre uma e outra.

9 CAETANO, Marcello. *O Conselho Ultramarino: esboço da sua história.* Lisboa: Agência Geral do Ultramar, 1967.

O Conselho era um organismo consultivo e decisório especializado em assuntos do Ultramar. Era, antes de tudo, um mediador entre as demandas dos diversos agentes ultramarinos. A sua criação instaurou mais um polo de negociação e conflito, pois canalizou as consultas das partes ao rei, e fez isso por transferência de jurisdição de outros organismos, sem criar uma que lhe fosse própria.[10]

Tendo em conta as suas competências, o Conselho Ultramarino passou a produzir e acumular a documentação que dizia respeito ao Brasil, África e Índia, tais como consultas, cartas, ofícios, alvarás, provisões, regimentos, instruções, decretos, requerimentos, entre outros. Toda a correspondência proveniente das partes ultramarinas para o centro político, deveria ser levada e registrada em Lisboa.

No início do reinado de D. João V, no século XVIII, a estrutura administrativa assentava em duas repartições de igual relevância, a Secretaria de Estado e a Secretaria das Mercês, bem como, em vários tribunais. No ano de 1736 foi efetuada uma reorganização no sistema das secretarias, a partir da qual surgiu a Secretaria de Estado da Marinha e Ultramar. Suas competências abrangiam as atribuições tradicionalmente confiadas à Marinha e à defesa do litoral e os negócios respeitantes ao ultramar. Pertenciam ainda ao seu domínio o provimento dos postos militares, dos ofícios da Marinha e a expedição dos passaportes dos navios que saíssem de Lisboa.

Na prática, a secretaria de Estado acabou por retirar funções do Conselho Ultramarino, como a de ser o principal mediador entre as partes e o centro. Perda esta que se acentuou de forma evidente a partir do consulado pombalino na década de 1750.

No século XIX, com a ida da Corte para o Rio de Janeiro, o Conselho Ultramarino é praticamente desativado, cabendo as Secretarias de Estado tratar da alta política do império português. No panorama da Independência do Brasil, a informação política circulava entre as partes do império tendo como destinatários, o rei D. João VI, os Secretários: da Marinha e do Ultramar, de Estado dos Negócios da Marinha; de Estado dos Negócios Estrangeiros e de Guerra; Secretário da Guerra, Secretaria de Estado dos Negócios da Guerra; da Junta da Fazenda da Marinha; Ministro da Guerra e Marinha; Conselho Ultramarino; Ministro e Secretário de Estado dos Negócios da Marinha e Ultramar; Conselheiro Administrativo da Marinha; Conselho de Administração da Marinha; Ministro e Secretário de Negócios da Justiça.

10 CARDIM, Pedro. "Administração" e "governo": uma reflexão sobre o vocabulário do Antigo Regime. Em *Modos de Governar: ideias e práticas políticas no império português*, orgs. Maria Fernanda B. BICALHO e Vera Ferlini do AMARAL, p. 45-68. São Paulo, Alameda, 2005.

O conjunto de documentos, oriundos do Conselho e das Secretarias de Estado, tratados pela equipe de pesquisadores selecionados no edital da FAPERJ, permite que o leitor compreenda o contexto do período da independência, aqui entendida como tema da política, e não como um evento singular, tratada no âmbito de diferentes partes constitutivas do império português. A massa documental, disponível no instrumento de pesquisa, mostrou a impossibilidade de se pesquisar sobre a independência sem se atentar para a relevância das revoluções liberais, incluída aqui a de 1820, dos movimentos separatistas e da formação das Cortes Gerais.[11]

Sobre as Cortes de 1820, uma novidade. Nelas, a base de representação nacional foi a mesma nos dois hemisférios. Pela primeira vez, os oriundos do ultramar teriam representação nas cortes gerais. Como é possível constatar na documentação organizada pelo Projeto Resgate, Pará e Bahia foram as primeiras províncias a aderirem ao movimento constitucional português.[12] Em 1821, D. Pedro declarou que iria aderir ao movimento e ele e seu pai, D. João, jurarariam a constituição que os deputados portugueses elaborassem. Porém, em virtude dos conflitos entre os governos de Lisboa e do Rio de Janeiro, dos 94 deputados eleitos pelas províncias do Brasil, apenas 45 tomaram assento nas Cortes de Lisboa e o consenso nunca foi possível.

Valentim Alexandre (1993), Márcia Regina Berbel (1999) e Antonio Penalves Rocha (2009), em seus estudos, demonstram que as divergências entre os deputados do Brasil e de Portugal tornaram o consenso nas Cortes de Lisboa cada vez mais difícil. E, a decisão de D. Pedro de permanecer no Rio de Janeiro, a convocação de uma assembleia Legislativa e Constituinte no Brasil em junho de 1822, e as diver-

11 BELLINI TASCA, Alexandre. Integrar, conciliar, partir: as Cortes de Lisboa entre portugueses de ambos os hemisférios (1821-1822): the Lisbon Courts between Portuguese from both hemispheres (1821-1822). *Revista Ágora, [S. l.]*, v. 31, n. 3, p. e-2020310303, 2021. DOI: 10.47456/e-2020310303. Disponível em: https://periodicos.ufes.br/agora/article/view/32888. Acesso em: 6, outubro, 2023. As Cortes no antigo Regime eram convocadas pelo rei e funcionavam como instâncias de aconselhamento para as suas decisões. Eram organizadas conforme as ordens tradicionais da hierarquia social: Nobreza, Clero e povo. A diferença que ocorreu em 1820, depois da Revolução do Porto, foi que, os representantes reunidos em Corte eram os deputados escolhidos por processo eleitoral, legitimados por representarem a nação. Os deputados constituíam uma única câmara, sem qualquer diferença de qualidade de representação entre eles.

12 FERREIRA, P. B. C. (2022). A história da independência do Brasil desenganada e as memórias sobre a Confederação do Equador na trajetória de João Soares Lisboa. *Estudos Ibero-Americanos, 48* (1), e41869. https://doi.org/10.15448/1980-864X.2022.1.41869

gências dos deputados brasileiros na Cortes portuguesa – com Pará, Maranhão e Rio de Janeiro alinhados às propostas integracionistas dos deputados portugueses; e Pernambuco, Bahia e São Paulo, unidos em defesa da autonomia provincial -, mais a declaração do dia 7 de setembro por D. Pedro, fez com que o juramento ou não da constituição por parte de toda a delegação brasileira fosse desnecessário, tendo em vista que a Independência já era um fato consumado.[13]

A Independência do Brasil e "o esquecimento das desavenças passadas"

Com base nas investigações realizadas nos catálogos do Projeto Resgate selecionamos uma série documental circunscrita no recorte do processo de Independência do Brasil, desde os anos de 1821 a 1826. A partir de então foi possível observar que o conjunto é composto por correspondências e representações oficiais, tais como: requerimentos, ofícios, cartas, avisos, certidões, consultas, informações, cartas patentes, proclamações e manifestos. Estas correspondências foram, ora enviadas, ora remetidas, por um vasto elenco de atores históricos tais como: o rei D. João VI, autoridades dos setores militares, políticos e da administração pública portuguesa e brasileira, comerciantes, eclesiásticos e cidadãos civis, portugueses e brasileiros residentes no Brasil ou em Portugal. Tais documentos tratam de assuntos políticos, institucionais, financeiros, comerciais, militares e dos âmbitos civil, privado e familiar, referentes às demandas do período dos investimentos de Portugal nos esforços de guerra para manter as províncias conflagradas fiéis a D. João VI.

Os documentos revelam retratos bem nítidos das lutas travadas nas províncias brasileiras e da Cisplatina, que aderiram ao governo do Rio de Janeiro pela causa da Independência e contra o juramento da constituição da monarquia portuguesa, em oposição às facções que juraram fidelidade à Lisboa. Nos manuscritos é possível constatar, ainda, o movimento de dissidências de tropas portuguesas e suas adesões à causa brasileira pela Independência do Brasil, bem como, a resposta portuguesa com esforços bélicos para a manutenção do Reino Unido do Brasil e Portugal.

A presença da imprensa, como um veículo de informação suplementar e comprobatório sobre os acontecimentos políticos brasileiros, foi observada na recorrência de envio de panfletos impressos e periódicos independentistas para as auto-

13 ALEXANDRE, V. *Os sentidos do império*. Questão Nacional e Questão Colonial na Crise do Antigo Regime Português. Porto: Afrontamento, 1993. BERBEL, M. R. A *Nação como Artefato*: Deputados do Brasil nas Cortes Portuguesas, 1821-1822. São Paulo: Hucitec, 1999. ROCHA, A. P. *A Recolonização do Brasil pelas Cortes*: Histórias de uma Invenção Historiográfica. São Paulo: Editora Unesp, 2009.

ridades governamentais de Lisboa, anexados à correspondência oficial, informando sobre os levantes pró independência nas províncias brasileiras conflagradas. Os documentos atestam a movimentação interprovincial e transatlântica de navios de guerra e de tropas militares brasileira, tanto quanto, a mobilidade de contingentes lusitanos entre as províncias do Rio de Janeiro, Bahia, Pernambuco, Maranhão, Rio Negro, Pará, Paraíba, Alagoas e Piauí e Cisplatina para sufocar as rebeliões independentistas nestas províncias.

Na documentação manuscrita é observada a cena da retirada das tropas militares e da esquadra da marinha portuguesa do Brasil e o seu retorno para Lisboa, bem como, o regresso a Portugal de uma população de cidadãos representada, sobretudo, por presos políticos, doentes e feridos de guerra, autoridades públicas e militares, magistrados, religiosos, militares de linha e de representantes da sociedade civil portuguesa em geral.

Os manuscritos históricos retratam a complexidade da conjuntura política conflituosa daqueles anos, e inspiram revisões que originem novas análises para os pesquisadores. Do mesmo modo, os documentos possibilitam abordagens que trazem para o tempo presente, os dramas silenciados no passado por milhares de indivíduos que ficaram às margens da historiografia da Independência. Desta feita, esperamos que o livro que aqui se apresenta, seja um contributo metodológico para elaborações historiográficas sensíveis às interpretações dos acontecimentos. Esperamos que tais sínteses revelem Histórias plurais das "várias Independências". Vozes pretéritas de agentes histórico que foram tão vencedores, quanto vencidos, tão fidalgos, quanto desvalidos ou tão desconhecidos, quanto esquecidos.

Érika Dias

Denise G. Porto

A Independência do Brasil e "o esquecimento das desavenças passadas"

Independência – liberdade de fazer o que se quer / viver com independência.

BLUTEAU, Rafael. *Vocabulario portuguez, e latino, aulico, anatomico, architectonico, bellico, botanico...: autorizado com exemplos dos melhores escritores portuguezes, e latinos; e offerecido a El Rey de Portugal D. Joaõ V.* Coimbra/Lisboa: Collegio das Artes da Companhia de Jesus/ Officina de Pascoal da Sylva, 1712-1728, vol. 4, p. 102.

Independência – oposto a dependência. A liberdade de sujeição, de fazer o que se quer sem autoridade, ou consentimento de outrem; sem respeitos, etc., de viver a seu arbítrio.

SILVA, Antonio de Morais. Bluteau, Rafael. *Diccionario da lingua portugueza composto pelo padre D. Rafael Bluteau, reformado, e accrescentado por Antonio de Moraes Silva natural do Rio de Janeiro.* Lisboa: Simão Tadeu Ferreira, 1789, vol. II, p. 149.

Independência – liberdade de viver – de fazer etc.

PINTO, Luís Maria da Silva. *Diccionario da lingua brasileira.* Ouro Preto, Typographia de Silva, 1832, p. 604.

Os arquivos e as bibliotecas são mananciais inesgotáveis de fontes que permitem a realização de uma gama ampla de pesquisas. De fato, Michel de Certeau, na sua obra *A escrita da história*, destaca que o ofício do historiador "começa com o gesto de separar, de reunir de transformar em 'documentos' certos objetos antes distribuídos de outra maneira".[1] O trabalho de seleção, leitura, classificação, análise exige do historiador a capacidade de saber dialogar com uma documentação heterogênea e vasta. Compreender uma série de discursos nas suas descontinuidades, identificar regularidades, entender os condicionantes, nem sempre é uma tarefa fácil de ser empreendida, e por vezes desvalorizada. Como bem salientou Michel de Foucault, um dos desafios é realizar "a crítica do documento" e indagar sobre "não apenas o que eles queriam dizer, mas se eles diziam a verdade, e com que direito podiam pretendê-lo, se eram sinceros ou falsificadores, bem informados ou ignorantes, autênticos ou alterados".[2] Tal situação gera inquietudes e leva a questionamentos sobre produção historiográfica e as diferentes formas de organizar e explicar o mundo no decorrer dos séculos, discursos que permanecem, transmutam e se apagam. Agnes Heller, com propriedade, ressalta que o passado "não constitui aquilo que é efetivamente lembrado", mas sim o que "o que pode ser recordado". Enfatizando que o: "passado da humanidade é tudo aquilo que pode ser relembrado nas subsequentes idades presentes do futuro, enquanto durar este empreendimento limitado – a humanidade – como sujeito de reminiscências".[3]

O que se pretende com esta publicação é apresentar um conjunto de documentos que foram produzidos no período que antecede e sucede o ato de independência do Brasil, buscando evidenciar a diversidade de leituras que podem ser realizadas com estas fontes. Tendo como base a documentação recolhida pelo *Projeto Resgate*, estabelecemos um recorte temporal (1821-1826) para compreender a dinâmica do processo de independência. A série documental, apresentada no instrumento de pesquisa, desenvolvido no âmbito do edital FAPERJ, permite compreender a diversidade de condicionantes que estavam presentes naquele momento histórico, fornecendo pistas importantes para o entendimento da independência e de seus desdobramentos. Os documentos selecionados têm como propósito apontar para a heterogeneidade regional e o impacto provocado pelo regresso de d. João VI a Portugal, o funcionamento das Cortes Gerais, a reorganização administrativa com o estabelecimento dos governos provinciais, dentre outros temas importantes que permitem compreender os desdobramentos de questões no âmbito local e regional no decorrer do processo de independência.

---

1 CERTEAU, Michel de. *A escrita da história*. Rio de Janeiro: Forense-Universitária, 1982, p. 81.

2 FOUCAULT, Michel. *A arqueologia do saber*. 5. ed. Rio de Janeiro: Forense Universitária, 1997, p. 7.

3 HELLER, Agnes. *Uma Teoria da História*. Rio de Janeiro: Editora Civilização Brasileira, 1993, p. 107.

Havia o entendimento de que as Cortes Gerais, ao definirem uma constituição, estavam fazendo valer os anseios de diferentes grupos sociais, que se viam parcialmente representados pelos deputados eleitos. No decorrer dos trabalhos, conforme a evolução dos debates e definição de alguns pontos mais específicos sobre a condição do Brasil, as divergências surgiram e se aprofundaram de forma rápida e irreversível. Os conflitos que envolvem a pressão para o retorno do príncipe regente d. Pedro para Portugal, bem como a recusa das Cortes Gerais em aceitarem estabelecer uma monarquia dual evidenciam as dissonâncias de interesses que duelavam naquele momento.

As Cortes Gerais aprovaram atos como a transformação das capitanias em províncias do Reino. Nelas seriam estabelecidas Juntas Provinciais, desde que aderissem ao movimento liberal constitucionalista.[4] A província passava a ter atribuições administrativas e militares conduzidas por pessoas diferentes. A administração militar ficava a cargo do Governador de Armas, que era subordinado diretamente a Portugal.[5] A construção conjunta de uma nova forma de governo constitucional foi sendo elaborada por etapas.[6] Nas províncias foram preparadas e realizadas as eleições para as Cortes Constituintes. A documentação existente no *Projeto Resgate* possibilita entrever este processo e as ações tomadas em diferentes localidades. Após a eleição dos representantes, um novo desafio se impôs: o deslocamento dos deputados para Portugal. Cada província possuía condições específicas, que influenciaram, ou não, na partida, o que interferiu diretamente nos debates que estavam em curso na cidade de Lisboa. Pode-se afirmar que, a partir de janeiro de 1822, havia divergências claras entre os deputados eleitos pelo Brasil e um grupo de deputados eleitos por Portugal. A intransigência aumentou e ganhou corpo a discussão sobre a possibilidade de um reino ser independente do outro. Os deputados brasileiros procuraram enfatizar a situação inferior que se desejava colocar o Brasil, reforçando a ideia que a possibilidade de separação do Brasil do Reino Unido era iminente. Havia deputados que já questionavam sobre qual o momento mais adequado para

4 Sobre o projeto integracionista ver: BERBEL, Márcia Regina. "Os apelos nacionais nas cortes constituintes de Lisboa (1821/22)", in: MALERBA, Jurandir. (org.). *A Independência do Brasil: Novas dimensões*. Rio de Janeiro: FGV, 2006, p. 188-189.

5 BERBEL, Márcia Regina. *A Nação como Artefato – Deputados do Brasil nas Cortes Portuguesas – 1821-1822*. São Paulo: Hucitec, 1999, p. 238-239.

6 WEHLING, Arno. "Constitucionalismo e engenharia social no contexto da independência", in: *Revista do Instituto Histórico e Geográfico Brasileiro*. Nº 150 (363), abril-junho de 1989, p. 192.

acontecer a independência.[7] A questão era: acelerar ou aguardar as transformações que estavam em curso? Um ponto de convergência, para a maioria dos deputados brasileiros, era de que o príncipe regente deveria permanecer no Rio de Janeiro, enquanto as indefinições eram muitas.

A documentação do *Projeto Resgate* mostra como as notícias da situação política do império chegou a diferentes partes do Brasil, bem como permite compreender quais medidas foram tomadas para atender às demandas das Cortes Gerais. Além disso, evidencia que a transição política para a independência não foi feita com tranquilidade. Os documentos selecionados e transcritos, para esta publicação, têm como objetivo permitir a compreensão da conjuntura histórica que envolve este processo. O instrumento de pesquisa elaborado, com mais de 1.600 verbetes, possibilita uma leitura da diversidade de aspectos que estavam postos naquele momento e por vezes deixados no silêncio pela historiografia. Um exame detalhado do material poderá suscitar novas pesquisas que busquem reexaminar o processo político da emancipação brasileira. Não é nosso objetivo analisar ou fazer um estudo aprofundado sobre o movimento de emancipação do Brasil. Consideramos que excelentes trabalhos foram realizados sobre o assunto e outros com certeza serão publicados nos próximos anos. Cabe-nos, considerando a documentação amealhada pelo *Projeto Resgate*, apenas apontar para o caráter difuso e ambíguo da independência brasileira. As fontes nos permitem acompanhar como foi sendo construída a ideia de separação da colônia em relação à metrópole. Movimento que levou a criação da nação que manteve, a priori, uma feição conservadora, pautada pelos interesses de uma aristocracia que apoderou do poder.

A historiografia da Independência

São inúmeras e variadas as linhas de pesquisas visitadas pela historiografia, referente ao processo da independência brasileira desde o século XIX até o presente momento. Não é nosso propósito fazer um inventário sobre este aspecto, tendo em conta que há estudos que tratam disto.[8] É nossa intenção destacar alguns estudos

7 O conceito de independência adquiriu diferentes significados no decorre de 1821 e 1822, conforme foi se estruturando os debates. Ver: VIANNA, Jorge Vinícius Monteiro. "A independência como conceito: o processo de emancipação política do reino do Brasil no interior do Império lusitano", in: *Faces da História*, Assis: Unesp, v.5, n.º 1, jan.-jun., 2018, p. 44-64.

8 Dentre os trabalhos recentes destacamos: COSTA, Wilma Peres. "A independência na historiografia brasileira", in: JANCSÓ, István (org). *Independência: história e historiografia.* São Paulo: Hucitec, 2005; MALERBA, Jurandir. "Esboço crítico da recente historiografia sobre

que consideramos importantes para a compreensão da vasta massa documental que faz parte do *Projeto Resgate.*

O entendimento do processo de independência do Brasil e da figura histórica de d. Pedro I são influenciadas pela leitura de José da Silva Lisboa (1756-1825), primeiro barão e visconde de Cairu. Em 10 de janeiro de 1825, por meio de uma decisão, d. Pedro I encarregou ao conselheiro José da Silva Lisboa o "importante e util trabalho de escrever a historia dos sucessos do Brasil, desde o anno de 1821". Para a execução deste trabalho, foi recomendado aos presidentes das províncias que remetessem ao conselheiro "cópias authenticas de todas as memorias, documentos, e quaesquer outros papeis officiaes que possam servir para illustrar este objecto e facilitar a sua ultimação". D. Pedro I desejava deixar para posteridade a memória da sua atuação e dos sucessos obtidos nas batalhas empreendidas pela emancipação brasileira.[9] Silva Lisboa foi o autor da obra *História dos principais sucessos políticos do Império do Brasil* (1825), que pode ser considerada uma obra referencial para os estudos posteriores sobre a independência do Brasil. A leitura de Silva Lisboa é marcada pelo tom exaltador da figura do imperador, buscando criar uma imagem de herói e salvador da pátria. No entendimento dele, a atuação de d. Pedro I fora benéfica, pois garantira uma relativa continuidade, permitindo a preservação das tradições monárquicas, assim como de uma liderança baseada na conciliação de interesses em prol da construção de novos projetos sociais. Perpassa a ideia de que a nação brasileira dava continuidade a missão civilizadora iniciada pela colonização portuguesa. Abordagem que desde cedo recebeu críticas por sua parcialidade.

Outras reflexões e abordagens importantes, sobre a independência, nasceram no Instituto Histórico e Geográfico Brasileiro, fundado em 21 de outubro de 1838, se destacando os trabalhos de João Manoel Pereira da Silva (1817-1898) e Francisco Adolfo de Varnhagen (1816-1878) visconde de Porto Seguro. João Manoel Pereira da Silva foi o autor da *História da Fundação do Império Brasileiro*, publicado entre 1864 1868, em sete volumes. Na obra, ele se dedica a delinear um quadro conjuntural do contexto que envolve a independência e analisa as forças políticas presentes, tendo como preocupação compreender o processo de institucionalização do Estado. O seu trabalho faz muitas referências a obra de Silva Lisboa e tece reflexões que avançam

a independência do Brasil (c.1980-2002)", in: MALERBA, Jurandir (org). *A independência brasileira: novas dimensões*. Rio de Janeiro, FGV, 2006, p. 19-51.

9 *Biografia de José da Silva Lisboa, visconde de Cayru: Memória escrita por seu filho e conselheiro Bento da Silva Lisboa e lida na sessão do Instituto Histórico, em 24 de agosto de 1939*. Rio de Janeiro: Arquivo Nacional, 1958, p. 48.

na discussão do tema. Pereira da Silva chamou a atenção para o fato de que a regência de d. Pedro foi uma fase preparatória na construção da nação, enfatizando que o soberano possuía legitimidade dinástica e capacidade para conduzir a elaboração de leis e governar. Para ele, o momento crucial foi o "dia do Fico", quando foi sinalizado a autonomia da regência do Rio de Janeiro frente às Cortes de Lisboa. Tal deliberação, fez com que a sucessão de acontecimentos levasse à separação do Brasil de Portugal. O autor também salienta que as medidas econômicas debatidas nas Cortes, em via de serem aplicadas nas terras brasileiras, acabaram por acelerar o processo de ruptura. Francisco Adolfo de Varnhagen também se debruçou sobre o contexto da independência, se valendo da leitura de Silva Lisboa. Na obra *História da Independência do Brasil* (1916), [10] o autor faz uma leitura atenta do processo político das relações entre Portugal e Brasil. A sua análise traça um quadro da crise e dos confrontos que foram sendo empreendidos no decorrer do movimento emancipatório brasileiro. O estudioso deu relevo à submissão dos governos provinciais à Lisboa. Esta medida, segundo o autor, era uma das ações claras para conduzir o Brasil a uma situação muito próxima daquela que existia anterior a chegada da família real ao Rio de Janeiro (1808). Para ele, as divergências entre as diferentes identidades presentes no território brasileiro, foram parcialmente resolvidas com a presença do príncipe regente, d. João. Este ao estabelecer um aparelho administrativo mais amplo e diversificado na colônia induziu ao desenvolvimento de um "sentimento patriótico".[11] Para alguns estudiosos, Varnhagen procurou aprofundar a interpretação realizada por Silva Lisboa, fornecendo maior sustentação para algumas passagens que necessitavam ser aclaradas. Tinha a seu favor um distanciamento temporal e uma leitura crítica de alguns juízos empreendidos por Silva Lisboa.[12] Na sua abordagem, é destacada a particularidade do Brasil em ter mantido a "integridade/unidade territorial", preocupação que já era possível de se identificar na administração de d. João VI. Silva Lisboa interpreta que a fundação do império foi fruto de uma crise de soberania provocada pelos deputados portugueses. Estes, com suas intransigências, teriam sido responsáveis pelo rompimento entre Brasil e Portugal.

---

10 VARNHAGEN, Francisco Adolfo de. *História da Independência do Brasil*. Brasília: FUNAG, 2019.

11 BERBEL, Márcia. "Pátria e patriotas em Pernambuco (1817-1822) nação, identidade e vocabulário político", in: JANCSÓ, István. *Brasil: formação do Estado e da nação*. São Paulo: Hucitec/Ed. Unijuí, 2003, p. 350.

12 VARNHAGEN, Francisco Adolfo de. *História da Independência do Brasil*. Brasília: FUNAG, 2019. p. 11.

Outro trabalho de mérito sobre o tema é o de Manuel Emilio Gomes de Carvalho (1859-1919), autor da obra *Os Deputados brasileiros nas Cortes Geraes de 1821*, publicada na cidade do Porto em 1912, que empreendeu uma pesquisa documental, dando ênfase a posição política das Cortes Gerais. Na sua argumentação, ele considerou os interesses dos industriais e comerciais portugueses e as necessidades financeiras do reino, chamando a atenção para o fato que preponderava a ideia de retomada do controle sobre a colônia e do monopólio comercial. Gomes de Carvalho salienta que as Cortes Gerais, no seu desejo de garantir que Portugal voltasse a ostentar um papel de relevo, não avaliaram adequadamente a conjuntura da América portuguesa, pós elevação a Reino Unido (1815). Na busca de soluções imediatas, as Cortes acabaram por aprofundavam a crise que acometia o reino lusitano.[13]

Em 1922, por ocasião do centenário da Independência, novas reflexões emergem sobre como ocorreu a emancipação do Brasil, agora num ambiente republicano que buscava reavaliar o passado monárquico da nação. Neste contexto, destaca-se o trabalho de Manuel de Oliveira Lima (1867-1928), *O movimento da Independência: o Império Brasileiro (1821-1889)*, obra fundamental para o entendimento do significado da vinda da família real portuguesa para o Brasil e da dinâmica que envolveu o processo de emancipação. O autor destaca que as alterações políticas e institucionais promovidas pelas Cortes Gerais, ocorridas no decorrer de 1821 e 1822, são realizadas num ritmo acelerado e não foram assimiladas facilmente. Descompasso que ajudou a acirrar ânimos e a promover rupturas. O autor considera que a independência do Brasil não foi amigável e que muitas incompatibilidades estiveram presentes, reconhecendo que os episódios de violência foram menores do que aqueles ocorridos na América espanhola. Em se considerando os debates que ocorreram na elaboração da Constituição, Oliveira Lima entendeu que os deputados brasileiros estariam mais preparados para uma monarquia constitucional, do que os deputados portugueses, mais propensos ao absolutismo. Para ele, a "independência" foi uma consequência de tentativas recolonizadoras das Cortes Gerais.[14]

Tobias do Rego Monteiro (1866-1952) também contribuiu com uma compreensão do período na sua obra *História do Império: a elaboração da Independência*

13 CARVALHO, Manuel Emílio Gomes de. *Os deputados brasileiros nas Cortes Gerais de 1821*. Brasília: Senado Federal, Conselho Editorial, 2003.

14 LIMA, Oliveira. *O movimento da Independência: o Império Brasileiro (1821-1889)*. São Paulo: Melhoramentos, 1962, p. 19.

(1939-1946), se valendo de uma massa documental até então pouco explorada. Tal como outros estudiosos que o antecederam, ele buscou analisar o processo de ruptura política, num complexo jogo de disputas acirradas. Monteiro deu ênfase no seu estudo à construção da autoridade de d. Pedro, trajetória marcada por ações contraditórias. A imagem do imperador, impetuosa e destemida, oscila entre a de um bom governante e a de um herói, que possui um caráter paradoxal entre ser liberal e ser conservador.

A partir de 1930, surgem estudos que procuram compreender singularidades da sociedade brasileira. Por decorrência, além do passado colonial, que foi revisitado, passou a ser foco de atenção o entendimento do processo de emancipação brasileira. Novas abordagens emergem e mostram no decorrer dos anos seguintes a conveniência da discussão sobre os métodos historiográficos. Paulatinamente, trabalhos mais analíticos emergem muitos deles marcados por abordagens interdisciplinares. Caio Prado Júnior, em *Evolução Política do Brasil* (1953), faz uma apreciação da independência, dando relevo para o confronto entre forças socioeconômicas que estavam presentes nesse contexto. Para ele, a independência do Brasil teria iniciado com a transferência da Corte portuguesa para o Rio de Janeiro, afirmando: "a Independência se fez por uma simples transferência política de poderes da metrópole para o novo governo brasileiro". Pondera que, "na falta de movimentos populares, na falta de participação direta das massas neste processo, o poder é todo absorvido pelas classes superiores da ex-colônia, naturalmente as únicas em contato direto com o regente e sua política". Complementa seu raciocínio destacando: "Fez-se a Independência praticamente à revelia do povo; e se isto lhe poupou sacrifícios, também afastou por completo sua participação na nova ordem política. A Independência brasileira é fruto mais de uma classe que da nação tomada em conjunto".[15] Pode-se dizer que Caio Prado Júnior rompe com uma historiográfica conservadora, sinalizando para o fato que a Independência foi uma composição de interesses, orquestrada por grupos políticos, que dominavam o poder. O povo não tinha a total dimensão do que estava em curso, nem tampouco participara do processo como mola propulsora.

Raymundo Faoro também se dedicou a compreender questões relativas ao processo de independência. Na sua obra, *Os donos do poder* (1958), ele chama a atenção para os interesses de uma burguesia comercial portuguesa, que se sentia

15 PRADO JÚNIOR, Caio. *Evolução política do Brasil: colônia e império.* São Paulo: Brasiliense, 1999, p. 52-53.

lesada com as perdas ocorridas a partir da transferência da família real para o Brasil. Na sua leitura é realçado que havia o desejo claro de que o "pacto colonial" voltasse a funcionar. Está ideia é retomada por Fernando Novais[16] e Carlos Guilherme Mota, em *A Independência política do Brasil* (1986), que discorrem sobre as ações empreendidas pela burguesia comercial para reconquista da sua hegemonia.[17]

Emília Viotti da Costa analisa a Revolução de 1820 nas obras: *Introdução ao Estudo da Emancipação Política do Brasil* (1968) e *Coroas de Glória, Lágrimas de Sangue – a rebelião em Demerara em 1823* (1998).[18] A autora entende que as Cortes Gerais tinham uma visão liberal no âmbito político, mas antiliberal no âmbito econômico. Observando que, no contexto brasileiro, as ideias liberais foram abraçadas, a fim de eliminar os laços coloniais e os monopólios. Enfatiza que não havia o interesse de mudar a estrutura da sociedade. Segundo ela, o movimento foi impulsionado principalmente por um sentimento antimetrópole, ou seja, uma aversão a possibilidade de retorno ao monopólio comercial. Parte dos grupos que lideraram o processo não desejavam uma subversão total, ou modificação na ordem social e econômica, pois temiam que uma rebelião popular viesse a colocar em risco a manutenção da escravatura.

Sérgio Buarque de Holanda lançou novos questionamentos sobre o processo de independência, partindo da constatação de que há uma preservação das instituições herdadas da metrópole, o que levava a indagar: quando teria de fato surgido a ideia/expressão da nacionalidade brasileira? Ele também apontou para a necessidade de compreender melhor a dinâmica das relações mercantis que favoreciam a acumulação de capital e as reivindicações políticas.[19]

Em 1972, por ocasião do sesquicentenário, Carlos Guilherme Mota organizou a obra *1822: Dimensões*, [20] que tinha como intenção problematizar a independência

16 São importantes as reflexões feitas por Fernando A. Novais. "As dimensões da independência", in: MOTA, Carlos Guilherme, (Org.). *1822, dimensões*. São Paulo: Perspectiva, 1972, p. 15-26 e, do mesmo autor, *Portugal e Brasil na crise do Antigo Sistema Colonial (1777-1808)*. São Paulo: Hucitec, 1983.

17 NOVAIS, Fernando A. & MOTA, Carlos G. *A independência política do Brasil*. São Paulo: Moderna, 1986. Sobre o sistema colonial ver: NOVAIS, Fernando Antônio. *Portugal e Brasil na crise do antigo sistema colonial (1777-1808)*. São Paulo: Hucitec, 1983, p. 19 e p. 44.

18 COSTA, Emília Viotti da. *Coroas de Glória, Lágrimas de Sangue – a rebelião em Demerara em 1823*. São Paulo: Companhia das Letras, 1998.

19 HOLANDA, Sérgio. *Raízes do Brasil*. Rio de Janeiro: José Olympio, [s. d.].

20 MOTA, Carlos G. *1822 – Dimensões*. São Paulo: Perspectiva 1972.

e a constituição do Estado. O movimento de independência foi marcado por ambiguidades e a leitura sobre os acontecimentos apontam para as contradições existentes. Maria Odila Silva Dias, no capítulo "A interiorização da metrópole: 1808-1853", chamou a atenção para a dinâmica do processo de interiorização da metrópole no Centro-Sul da colônia. A autora mostra que paulatinamente vai se construindo uma rede de conflitos entre os interesses da colônia e dos portugueses, sem que isto implicasse numa transformação radical, mas sim numa continuidade das instituições. Para ela, desde o século XVIII estava sendo engendrada a separação política do Brasil.[21]

José Honório Rodrigues (1913-1987), em *Independência: Revolução e Contra-revolução* (1975), entendeu que o processo de independência foi marcado por uma natureza revolucionária, onde estaria presente a manifestação de uma identidade nacional. A argumentação de Rodrigues partia do pressuposto que havia uma identidade coletiva, que lutava pela sua emancipação, em meio a um conjunto de forças políticas polarizadas. O autor destaca a importância de se compreender a base político-jurídica, que estava na determinação de transformar as capitanias em províncias portuguesas. Esta nova reestruturação, que a priori foi vista como uma medida que esvaziava o poder do príncipe regente, que se encontrava no Rio de Janeiro, a longo prazo poderia resultar em práticas muito próximas do monopólio comercial.[22]

José Murilo de Carvalho, em *A construção da ordem: e a elite política imperial,* destaca que havia uma homogeneidade ideológica da elite brasileira, que foi fundamental para a manutenção da unidade da colônia. A escolha da monarquia constitucional era uma forma de garantir a centralização que seria vital para a sobrevivência do império.[23]

Iara Lis Carvalho Souza, em *Pátria coroada: o Brasil como corpo político autônomo 1780-1831* (1999), salienta que d. Pedro foi visto por uma elite, no processo de emancipação, com uma solução política para o processo de ruptura. Ele atenderia aos interesses dessa elite, que desejava ter maior participação política e ansiava consolidar uma estratégia de mercado, que garantisse a ampliação da sua riqueza e de seus negócios. Para tanto, foi necessário incorporar o apoio popular a figura de d. Pedro,

---

21 DIAS, Maria Odila da Silva. "A interiorização da metrópole (1808-1853)". MOTA, Carlos Guilherme (org.). *1822: dimensões.* São Paulo: Perspectiva, 1972, p. 165.

22 RODRIGUES, José Honório. *Op. cit.*, vol. I, p. 92. Sobre a produção historiográfica ver: PIMENTA, João Paulo G. "A independência do Brasil como uma revolução: história e atualidade de um tema clássico", in: *História da Historiografia.* Ouro Preto: UFOP, número 3, 2009, p. 64.

23 CARVALHO, José Murilo de. *A construção da ordem – Teatro de sombras.* 2. ed. Rio de Janeiro: Civilização Brasileira, 2006, p. 199.

construindo uma imagem de "protetor e defensor perpétuo do Brasil", que se confundia com a nação. Paulatinamente há a produção da legitimidade baseada num pacto, o qual permitia a afirmação da autoridade de d. Pedro e por decorrência dessa elite.

Maria Lourdes Viana Lyra, em *A utopia do poderoso Império* (1994), [24] discutiu a crise instaurada a partir da Revolução do Porto e o retorno de d. João VI a Portugal, considerando a pluralidade de interesses do império ultramarino português. O quadro de conflitos e disputas, que se apresentou, mostrava que havia perdas na separação para ambos os lados. Temia-se um processo radical de emancipação, por conseguinte, o mais conveniente, para uma elite temerosa, era a via moderada, que garantiria seus privilégios. Como alguns projetos que emergiram eram radicais, como as ideias republicanas, o melhor era encontrar soluções conciliadoras. Na essência, este grupo desejava apenas uma maior autonomia para gestão dos seus negócios, sem prejuízo para as atividades econômicas que realizavam.

A Revolução do Porto, de 24 de agosto de 1820, apontou para a necessidade de uma reconfiguração das relações comerciais entre os dois lados do Atlântico. As Cortes Gerais revelaram que havia propostas de organização constitucional diferentes, em específico no que dizia respeito ao papel do Brasil no império lusitano. A proposta de um governo de espírito público se revelaria um grande desafio, pois as sessões da Assembleia Constituinte mostravam tentativas de opressão. Os estudos contemporâneos apontam para a complexa rede de vínculos entre política e negócios. Os trabalhos de João Luís Fragoso, *Homens de grossa aventura: acumulação e hierarquia na praça mercantil do Rio de Janeiro – 1790/1830* (1992), [25] e de Manolo Florentino *Em costas negras: uma história do tráfico de escravos entre a África e Rio de Janeiro (séculos XVIII e XIX)* – (1995), [26] auxiliam na compreensão dos interesses dos negociantes da praça do Rio de Janeiro no contexto da independência, desvendando uma rede de interesses que estava por diferentes partes do império ultramarino bem com na metrópole.

Valentim Alexandre, na obra *Os sentidos do império: Questão nacional e questão colonial na crise do Antigo Regime* (1993), [27] deu destaque ao papel desempenha-

24 LYRA, Maria de Lourdes Viana. *A utopia do poderoso Império. Portugal e Brasil: bastidores da política (1798/1822)*. Rio de Janeiro: Sette Letras, 1994.

25 FRAGOSO, João Luís. *Homens de grossa aventura: acumulação e hierarquia na praça mercantil do Rio de Janeiro – 1790/1830*. Rio de Janeiro: Arquivo Nacional, 1992.

26 FLORENTINO, Manolo. Florentino *Em costas negras: uma história do tráfico de escravos entre a África e Rio de Janeiro (séculos XVIII e XIX)*. Rio de Janeiro: Companhia das Letras, 1995.

27 ALEXANDRE, Valentim. *Os sentidos do império: Questão nacional e questão colonial na crise*

do pela burguesia comercial e industrial, em especial de Lisboa, sobre as definições das Cortes.[28] O autor, no seu vasto estudo, busca descrever e entender a complexidade do movimento da emancipação brasileira, discutindo o processo de desagregação do império luso-brasileiro, colocando em evidência a constituição histórica da identidade nacional portuguesa.

Outro trabalho de relevo, que considera o universo dos jornais do período e que merece destaque, é *Insultos impressos: a guerra dos jornalistas na Independência (1821-1823)* – (2000), [29] de Isabel Lustosa, que estudou como diferentes atores sociais usaram das páginas de jornais para debater ideias e interesses. Em se considerando a imprensa do período, Lúcia Maria Bastos Pereira das Neves, em *Corcundas*[30] *e Constitucionais – A cultura política da independência (1820-1822)* – (2003), faz uma análise detalhada do vocabulário político, destacando a importância da linguagem do fazer político para compreensão do processo de transformações que estava em curso.[31]

Merece destaque ainda a obra organizada por István Jancsó que reuniu diferentes abordagens sobre a independência do Brasil, intitulada: *Independência do Brasil: história e historiografia* (2005), com textos que foram frutos de um seminário internacional. Nesta publicação, Wilma Peres Costa, no artigo "A independência na historiografia brasileira", realiza uma reflexão lúcida sobre a temática, salientando a dificuldade de entender o evento e a produção historiográfica realizada, na medida em que se descobrem novas fontes e/ou se apresentam novas metodologias.[32] Seu estudo contribui para o entendimento de forma sintética das características da produção historiográfica brasileira.[33] O conjunto dos artigos reforça a impor-

---

do Antigo Regime. Lisboa: Afrontamento, 1993.

28 ROCHA, Antonio Penalves. *A recolonização do Brasil pelas Cortes*. São Paulo: Editora Unesp, 2009, p. 43.

29 LUSTOSA, Isabel, *Insultos impressos: a guerra dos jornalistas na Independência* (1821-1823). São Paulo: Companhia das Letras, 2000.

30 O termo "corcunda" utilizado no período para se referir àqueles que servilmente se curvavam diante do despotismo. Conforme destaca a autora o uso do termo é recorrente nos panfletos e outros documentos da época.

31 NEVES, Lúcia Maria Bastos Pereira. *Corcundas e Constitucionais A cultura política da independência (1820-1822)*. Rio de Janeiro: Revan/Faperj, 2003.

32 Ver da mesma autora: COSTA, Wilma Peres. "A economia mercantil escravista nacional e o processo de construção do Estado no Brasil (1808-1850)". SZMRECSÁNYI, T. & LAPA, J. R. (orgs.). *História econômica da independência e do império*. São Paulo: Hucitec, 1996, p.147-159.

33 COSTA, Wilma Peres. "A independência na historiografia brasileira", in: JANCSÓ, István.

tância do entendimento das mudanças de conceitos e do repertório político nas diferentes regiões do território brasileiro. A obra organizada por Jurandir Malerba, *Independência brasileira: novas dimensões* (2006), apresenta artigos que contribuem para o entendimento das tramas que estavam presentes na independência. Discursos e práticas são revisitados por diferentes autores, que buscaram aprofundar o entendimento sobre o projeto político que estava sendo tecido, ressaltando a importância da pesquisa documental e da interpretação historiográfica para o desenvolvimento de novas abordagens.[34]

Nas últimas décadas, tanto no Brasil como em Portugal, têm sido publicados diversos trabalhos, sobre o tema a partir de abordagens históricas variadas e por vezes conflitantes, evidenciando que há um campo grande para ser explorado.

Dentre as diversas publicações ocorridas na comemoração da efeméride do bicentenário alguns trabalhos se destacam, por apresentarem novas contribuições sobre o tema, ou aprofundamento sobre questões ainda pouco exploradas. A obra de Cecilia Helena de Oliveira, intitulada *Ideias em Confronto* (2022), [35] avança no debate sobre a luta travada por grupos políticos e interesses mercantis divergentes, evidenciando que os embates continuaram nos anos seguintes, em acirradas discussões na imprensa, bem como em conflitos armados. A autora sinaliza para complexidade dos interesses econômicos em jogo, e para os diferentes projetos de poder. Outra contribuição importante da autora é discutir a construção da memória sobre a independência. Carlos Lima Junior, Lilia M. Schwarcz e Lúcia K. Stumpf, na obra *Os sequestros da independência* (2022), [36] analisam, de forma detalhada, diferentes iconografias que tratam da narrativa histórica da independência do Brasil. Os autores evidenciam como foi sendo construída uma seleção de narrativa, enquanto outras foram deliberadamente silenciadas. O *Dicionário da Independência do Brasil*

(org.) *Independência: história e historiografia*. São Paulo: Hucitec, 2005, p. 54-56. Na obra mencionada há vários artigos importantes que ajudam a compreender o processo de emancipação brasileira. Consideramos, que a obra, no seu conjunto, é indispensável para entendimento da história política do Brasil.

34 MALERBA, Jurandir (org.). *A Independência brasileira: novas dimensões*. Rio de Janeiro: Editora FGV, 2006.

35 OLIVEIRA, Cecília Helena de Salles. *Ideias em confronto – embates pelo poder na Independência do Brasil (1808-1825)*. São Paulo: Todavia, 2022.

36 LIMA Jr, Carlos; SCHWARCZ, Lilia M. e STUMPF, Lúcia. *Os sequestros da independência*. São Paulo: Companhia das Letras, 2022.

(2022), [37] organizado por Cecília Helena de Salles Oliveira e João Paulo Pimenta, que contou com a contribuição de uma vasta plêiade de historiadores, tem o mérito de sistematizar um conjunto de tema/verbetes importantes para o conhecimento do processo de autonomia do Brasil. O conjunto da obra apresentada diferentes abordagens e problemáticas que envolvem a independência brasileira e a narrativa histórica no decorrer dos séculos. Outra obra de grande relevância foi organizada por Airton Cerqueira-Leite Seelaenader e Arno Wehling, intitulada *Entender a independência -1822 nas instituições brasileiras* (2022).[38] Contando com diferentes contribuições, o dicionário apresenta as distintas interpretações sobre a independência, elaboradas no decorrer do século XIX e XX.

Em suma, pode-se afirmar que os estudos historiográficos realizados desde o século XIX têm avançado na ideia de que a independência foi sendo construída lentamente no decorrer das últimas décadas do século XVIII até a sua efetivação. Salientam também que o movimento de emancipação não pode ser visto pelo prisma de uma consciência nacional que emergia, mas sim pela somatória de "múltiplas identidades políticas", que paulatinamente foram norteando a construção da identidade do Estado Brasileiro.[39] Havia o anseio pela autonomia administrativa e comercial, que foi impulsionado pelas ideias iluministas. Desejava-se a liberdade e a constituição de uma nova base político-institucional. A priori, havia a hipótese de manter uma união com Portugal, desde que a condição de Reino Unido fosse mantida. Contudo, com o avançar dos debates, tal condição se mostrou impossível. Para muitos estudiosos, as Cortes Gerais foram incapazes de perceber os condicionantes que envolviam a realidade do vasto território brasileiro. Muitos historiadores apontam para o fato de que as diferentes forças e projetos políticos impediram que Portugal e o Brasil se mantivessem unidos, destacando que o processo de independência foi tumultuado, com confrontos armados e que sofreu reveses. Após a

37 OLIVEIRA, Cecília Helena de Salles e PIMENTA, João Paulo (org.) *Dicionário da independência, memória e historiografia.* São Paulo: Edusp/Publicações BBM, 2022.

38 SEELANDER, Airton Cerqueira-Leite e WEHLING, Arno. *Entender a independência -1822 nas instituições brasileiras.* Rio de Janeiro: Editora Processo, 2022.

39 Jancsó e Pimenta destacam que o Estado e a nação foram formados paralelamente no processo de organização dos projetos políticos que estavam em curso. Sobre o assunto ver: JANCSÓ, I. e PIMENTA, J. P. G. "Peças de um mosaico (apontamentos para o estudo da emergência da identidade nacional brasileira", in: MOTA, Carlos Guilherme (org.). *Viagem incompleta 1500-2000: a experiência brasileira.* São Paulo: Senac São Paulo, 2000, p. 127-175. Ver também: JANCSÓ, István (org). *Independência: história e historiografia.* São Paulo: Hucitec, 2005, p. 21.

ruptura com Portugal, novos desafios se apresentaram, pois era preciso definir uma ordem política para o Estado brasileiro. A equação a ser resolvida era: Como acomodar as diferentes forças políticas existentes e os interesses de uma elite econômica que se constituiria no Brasil?

Brasil e Portugal: a trama das desavenças

O ano de 1818 inicia com as atenções voltadas para a coroação de d. João. Na manhã do dia 6 de fevereiro de 1818, a cidade do Rio de Janeiro acordava alvoroçada para assistir à aclamação do monarca que, a partir daquele ato, passou a ser designado como d. João VI, rei do Reino Unido de Portugal, Brasil e Algarves.[40] A coroação foi um espetáculo cênico que envolveu parte da população do Rio de Janeiro. D. João VI era o primeiro soberano a ser aclamado na América. Os preparativos foram suntuosos e os cronistas desse evento referem uma felicidade geral e a fidelidade da população. José da Silva Lisboa, na sua obra *Memória dos Benefícios Políticos do Governo de El Rey Nosso Senhor D. João VI,* [41] entendia que a dignidade do rei estava na manutenção do vínculo do povo com o monarca e nisto residia a força do Estado.[42] Contudo, esses vínculos tornavam-se cada vez mais questionáveis. A insatisfação, tanto em Portugal com no Brasil, não escondia a base frágil em que se assentava a monarquia de d. João VI que, apelando para a moderação, tentava controlar as dificuldades que tendiam a crescer. A crise econômica aumentava e com ela o descontentamento popular em Portugal.[43] O déficit público, as oscilações do comércio, a fome e a miséria de boa parte do povo fizeram com que a insatisfação fosse captada pelo movimento das ideias liberais. Em 24 de agosto 1820, a burguesia comercial do Portugal, muito afetada pelas perdas financeiras, articulou um movimento que logo se espalhou por outras cidades e ficaria conhecido Revolução Liberal do Porto, ou Revolução do Porto.[44]

---

40 HERMANN, Jacqueline. "O rei da América: notas sobre a aclamação tardia de d. João VI no Brasil", in: *Topoi*, v. 8, n. 15, p. 124-158.

41 Referimo-nos aqui à obra: *Memória dos Benefícios Políticos do Governo de El Rey Nosso Senhor D. João VI*. Rio de Janeiro: Impressa Régia, 1818.

42 *Ibidem*, p. 163.

43 Sobre o conceito de crise ver: JANCSÓ, István & PIMENTA, João Paulo G. "Peças de um mosaico (ou apontamento para o estudo da emergência da identidade nacional brasileira)" in: *Viagem Incompleta - A experiência brasileira (1500 2000)*. São Paulo: Senac, 2000, p. 135.

44 SERRÃO, Joaquim Veríssimo. *História de Portugal (1807-1832)*. 3. ed. Lisboa: Verbo, 1994, p. 350-354.

A permanência da corte no Brasil acabou por acirrar o antagonismo entre os interesses da metrópole e aqueles da colônia. A conquista da autonomia, com a abertura dos portos as nações (1808), assim como a elevação a Reino Unido de Portugal e Algarves (1815) entraram em confronto com os interesses mercantilistas que se delinearam claramente a partir de 1820. A abertura dos portos, bem como a permissão para instauração de manufaturas fez com que a atividade econômica ganhasse maior intensidade no Brasil, enquanto em Portugal ocorria uma grave crise econômica, que comprometia a riqueza de muitas famílias que até 1808 lucravam na dinâmica do comércio internacional.

No decorrer da sua estada no Brasil, d. João VI foi obrigado a reorganizar o aparelho administrativo, a fim de que fosse a dinâmica do império português continuasse a funcionar. A reformulação de estruturas, a criação de órgãos e cargos, e as transferências de competências deram uma nova feição a administração da colônia. As transformações não se processaram de forma simples, nem todas foram totalmente implantadas, pois havia problemas em relação aos conflitos de jurisdição e as indefinições referentes ao quadro da política mundial. A demora da estada da família real no Rio de Janeiro, depois da derrota de Napoleão Bonaparte, não foi bem-vista por uma elite de comerciantes do reino que se viram lesados com as turbulências políticas e com a elevação do Brasil a Reino Unido de Portugal e Algarve.[45] Estes entendiam que era preciso rever as alterações empreendidas desde a chegada da família real ao Brasil, em especial o fim do regime de exclusivismo colonial, que tinha prejudicado seus negócios. Este cenário era grave, levando-se em conta a fragilidade da economia portuguesa, que tinha atravessado as turbulências causadas pelas guerras napoleônicas. A produção agrícola também sofria concorrência das áreas mediterrânicas que produziam cereais. Tal situação acabou por afetar a população, bem como uma burguesia agrária o que aumentava ainda mais a insatisfação.

Em março de 1820, o marechal William Carr Beresford, que governava Portugal de forma autoritária, seguiu para o Brasil a fim de obter poderes mais amplos de d. João VI, independente do governo da Junta de Regência. Ele entendia que era preciso colocar um freio nas movimentações que poderiam causar maior instabilidade a monarquia portuguesa.[46] Em maio, avaliando a situação política em Portugal, ele

45 LYRA, Maria de Lourdes Viana. *A Utopia do Poderoso Império: Portugal e Brasil: Bastidores da política (1798-1822).* Rio de Janeiro: Sette Letras, 1994, p. 155.

46 SERRÃO, Joaquim Veríssimo. *História de Portugal (1807-1832).* 3. ed. Lisboa: Verbo, 1994, p. 137-139.

aconselhou a d. João VI no sentido que este e sua família regressassem a Portugal. Mediante a resistência do monarca, foi discutida uma possível alternativa que era enviar o príncipe d. Pedro para Lisboa, a fim de acalmar os ânimos. Os ministros e conselheiros do monarca, quando consultados sobre a questão, não perceberam a gravidade da crise política que estava em curso. O parecer foi que nenhuma medida fosse tomada neste sentido. No final de julho, Beresford obteve a carta patente que desejava e, em seguida, retornou a Europa.

Neste ínterim, em Portugal, os conspiradores se organizaram.[47] Em maio, eclodiu uma revolta de cunho liberal. Era exigido o retorno imediato do monarca. O levante foi aparentemente contornado, mas o ânimo revolucionário continuava acesso.[48] No dia 24 de agosto de 1820, a cidade do Porto foi palco de uma nova revolução, a qual foi influenciada diretamente pelo movimento liberal e revolucionário espanhol, ocorrido em janeiro desse mesmo ano.[49] A mola propulsora do movimento foi a burguesia mercantil portuguesa, que se sentia lesada com a transferência da corte para o Brasil e a consequente transformações político-administrativas que ocorreram.[50] Havia o desejo que Portugal voltasse a ter o protagonismo de outrora, como metrópole. Imbuídos das ideias iluministas, os revoltosos desejavam uma constituição de base liberal, o que significava na prática rever por completo o ordenamento político-jurídico de Portugal e seu império.[51] O movimento se alastrou e em setembro a cidade de Lisboa aderiu a causa.[52] Há a insurreição das forças militares contra os governadores do reino que são destituídos e substituídos por um governo interino. Os revolucionários exigiam o fim do antigo regime e a con-

47 Para uma visão do momento que antecede a revolução ver: ARAÚJO, José Maria Xavier de. *A Revolução de 1820*. Lisboa: Caleidoscopio, 2006, p. 21-22.

48 Ver: SILVA, João Candido de Deus: *Discurso recitado na tarde do dia 13 de maio de 1820. Em presença da Câmera, Clero e Nobreza da Villa de S. João da Parnaiba, na Capitania do Piaúhi, por occasião do feliz anniversario natalício do muito alto, e muito poderoso senhor D. João VI*. Lisboa: Nova Impressão da Viúva Neves, 1820, p. 4-5.

49 PEREIRA, Miriam Halpern; ARAÚJO, Ana Cristina (org.). Gomes Freire e as Vésperas da Revolução de 1820. Lisboa: Biblioteca Nacional de Portugal, 2018. p. 89-104.

50 ALEXANDRE, Valentim. *Os sentidos do Império: questão nacional e questão colonial na crise do Antigo Regime português*. Porto: Afrontamento, 1993. p. 175-177.

51 *Coleção das Proclamações e Outros Documentos que Servem para a História da Regeneração de Portugal desde o dia 24 de Agosto de 1820, em que se instaurou nesta cidade do Porto a Junta Provisional do Governo Supremo do Reino*. Porto: Tipografia da Praça de Santa Teresa, 1820, p. 11-14.

52 ARAÚJO, José Maria Xavier de. *A Revolução de 1820*. Lisboa: Caleidoscopio, 2006, p. 41-43.

vocação imediata das Cortes. O objetivo era a elaboração de uma constituição para o reino. Na etapa seguinte, a Junta de Regência, encarregada de exercer o governo na ausência de d. João VI, foi destituída. O movimento revolucionário, que contou com altas patentes militares do Porto, estabeleceu uma Junta Provisória do Governo Supremo do Reino, que assumiu o comando do governo, tendo como principal encargo convocar as Cortes Gerais portuguesas. Para dar encaminhamento aos trabalhos, a Junta Provisória do Governo Supremo do Reino criou duas frentes de trabalho. A primeira, designada de Junta Provisional, assumiu a função governativa, e a segunda, chamada de Junta Preparatória das Cortes, teve como incumbência estabelecer as regras e instruções eleitorais, visando a convocação das Cortes para o mais breve possível.[53] Em 11 de novembro, o Movimento da Martinhada, defendeu que Portugal deveria provisoriamente adoptar a Constituição de Cádiz, que servia de inspiração e modelo para o texto constitucional que seria elaborado.[54] Entre 10 e 27 de dezembro se realizaram as primeiras eleições portuguesas, a fim de se reunirem as Cortes.[55] Na sequência, vários autos de juramentos foram realizados, em diferentes entidades e instituições, buscando por meio de um tom conciliador, resolver os problemas que afligiam a todos.[56] A agitação pelas ruas de Lisboa era grande, ocorrendo enfretamentos entre apoiadores de um projeto mais liberal e aqueles que defendiam uma versão mais conservadora.

Beresford, que deixara o porto do Rio de Janeiro em julho, ao chegar a Lisboa, na nau inglesa *Vengeur*, não foi autorizado a desembarcar. Apesar das tentativas de negociação, o general inglês foi obrigado a seguir para Londres no paquete britânico *Arabelle*.[57]

---

53 ARAÚJO, José Maria Xavier de. *A Revolução de 1820*. Lisboa: Caleidoscopio, 2006, p. 53-54.

54 Ver sobre o assunto: BERBEL, Marcia; OLIVEIRA, Cecília Helena de Salles. *A experiência constitucional de Cádis: Espanha, Portugal e Brasil*. São Paulo: Alameda, 2012.

55 PORTUGAL. *Coleção das Proclamações, e Outros Documentos que servem para a História da Regeneração de Portugal desde o dia 24 de Agosto de 1820, em que se instaurou nesta cidade do Porto a Junta Provisional do Governo Supremo do Reino*. Porto: Tipografia da Praça de Santa Teresa, 1820; PORTUGAL. *Coleção Geral e Curiosa de Todos os Documentos Oficiais e Históricos, publicados por ocasião da Regeneração de Portugal*. Lisboa: Tipografia Rollandiana, 1820; e SANTOS, Clemente José dos; SILVA, José Augusto da. (org.). *Documentos para História das Cortes Gerais da Nação Portuguesa*. Lisboa: Imprensa Nacional, 1883, Tomo I, 1820-1825.

56 Ver: ALMEIDA, Francisco Jose de. *Introdução à Convocação da Cortes debaixo das condições do juramento prestado pela nação*. Lisboa: Impressão Régia, 1820.

57 TENGARRINHA, José (org.). *História de Portugal*. São Paulo/Bauru: Unesp/Edusc, 2000, p. 187-188.

A Revolução do Porto, por meio do governo provisório, exigiu o retorno de d. João VI a Portugal, deixando claro que o rei, a partir daquele momento ficaria sujeito à constituição. Imbuída de ideias liberais a revolução evitou agir de forma radical. O movimento vintista procurou legitimar sua ação e para tanto publicou o: *Manifesto da Nação Portuguesa aos Soberanos e povos da Europa*, [58] que na sua essência, buscava apoio para a sua causa. O tom de desespero é flagrante. Procura-se evidenciar que, desde a partida da família real para o Brasil, o povo se via mergulhado numa crise, sem poder usufruir dos benefícios do comércio das terras tropicais.[59] Segundo o texto, entre os anos de 1808 e 1821 ocorrera a deterioração da atividade econômica que chega ao seu limite inferior. Em tom dramático era mencionado que a população vivia a beira da "desgraça pública". Almejando obter apoio, o documento afirmava que o desejo do movimento de 1820 era apenas o de restituição das instituições que vigoravam anterior a 1808.[60] A ordem monárquica seria mantida, porém, um novo pacto com o rei seria estabelecido, por meio de uma constituição, que seria discutida por representantes do povo. A igualdade civil de todos os cidadãos e a abolição de privilégios norteariam o processo chamado de "a regeneração".[61]

O reconhecimento da Junta Provisória do Governo Supremo do Reino foi posto em evidência desde o primeiro momento. Membros de diferentes legações estrangeiras não participaram da instalação dos trabalhos e alguns deles se retiraram de Lisboa, como os ministros plenipotenciários da Áustria e da Rússia. A Inglaterra, por reiteradas vezes, deixou claro que Portugal deveria estar atento ao apoio e aos interesses da coroa britânica. O reconhecimento das instituições liberais demorou a ocorrer porque Inglaterra desejava manter, de forma integral, as clausulas do Tratado de Comércio de 1810.[62] Os líderes da Revolução do Porto procuraram novas alianças para se verem menos dependente da tutela britânica. Contudo, suas prospecções não obtiveram êxito. As tentativas de estruturação de uma aliança liberal peninsular com Espanha não

58 *Manifesto da Nação Portuguesa aos Soberanos e povos da Europa*. Lisboa: [s. n.], 1820.

59 Os objetivos dos vintistas são sintetizados por: CATROGA, Fernando. *A geografia dos afectos pátrios: as reformas político- administrativas (séc. XIX-XX)*. Coimbra: Edições Almedina, 2014, p. 16.

60 ARAÚJO, Ana Cristina. "Um império, um reino e uma monarquia na América: as vésperas da Independência do Brasi", in: I. JANCSÓ (org.). *Independência: história e historiografia*. São Paulo: Hucitec, 2005, p. 235-270.

61 CASTRO, Zilia Osorio de. *Portugal regenerado em 1820: parabolas acrescentadas ao Portugal regenerado*. Lisboa: Edicoes Humus, 2017.

62 SODRÉ, Nelson Werneck. *As razões da independência*. 3 ed. Rio de Janeiro: Civilização Brasileira, 1978, p. 154-164.

conseguiram avançar. No dia 21 de setembro de 1820, a Junta de Governo, nomeada pelos revolucionários do Porto, decretou a Liberdade de Imprensa e de circulação de impressos portugueses por todo o império português. Em 13 de outubro foi liberada a circulação de impressos portugueses fora do reino.[63] Posteriormente, nas Bases Constitucionais, aprovadas em 10 de março de 1821, confirmavam que a livre comunicação dos pensamentos era "um dos mais precisos direitos do homem".[64] A liberdade de imprensa ajudaria a insuflar pensamentos, tanto em Portugal e no Brasil, num duelo de ideias que ganharia força nos meses subsequentes.

A Revolta de 1820 levou a formação de grupos que duelaram, a fim de defenderem seus interesses.[65] Como bem observou Sérgio Buarque de Holanda, a revolução de 1820 era na sua essência a manifestação de um ressentimento econômico.[66] Seu objetivo principal era recuperar a posição portuguesa no contexto europeu, e reaver para Portugal o controle sobre a política do reino. Um deles foi designado de "partido português", o qual era formado, na sua ampla maioria, por comerciantes portugueses, que tinham perdido privilégios e que desejavam retomar o seu prestígio, ou seja, voltar a ter a garantia de monopólios, garantido pela coroa portuguesa. Este grupo era heterogêneo e reunia também alguns brasileiros, ingleses, franceses que tinham interesses em retomarem a antiga ordem, anulando as concessões feitas por d. João VI depois que chegara ao Brasil, em 1808. O grupo denominado "partido brasileiro" era composto por latifundiários, comerciantes, militares e outros membros da sociedade colonial que se beneficiaram com a transferência da Corte portuguesa para o Brasil. Na sua essência este agrupamento não era radical, mas desejava manter o estatuto jurídico-político conquistado quando da elevação do Brasil a Reino Unido. A grande preocupação era manter status conquistado e evitar que as ideias revolucionárias avançassem e promovessem maiores danos. Temia-se uma reviravolta social.[67] Além destas duas divisões, havia aqueles que formavam a ala

---

63 PIMENTA, João Paulo Garrido. *Estado e Nação:* no fim dos impérios ibéricos no Prata (1808-1828). São Paulo: FAPESP, 2002, p. 163.

64 *Decreto de 10 de março de 1821 – Dá as Bases da Constituição Política da Monarchia Portugueza.* Disponível em: <http://www.planalto.gov.br/ccivil_03/Atos/dim/1821/DIM-10-3-1821.html>. Acesso em: 11 out. 2023.

65 VARGUES, Isabel Nobre. "O processo de formação do primeiro movimento liberal: a Revolução de 1820", in: MATTOSO, José. *História de Portugal – O liberalismo (1807-1890).* Lisboa: Estampa, 1993, p. 45-63.

66 HOLANDA, Sérgio B. (dir.) *História Geral da Civilização Brasileira – O Brasil Monárquico.* 6 ed. São Paulo: Difel, 1985, Tomo II, vol. I., p. 154 e 155, respectivamente.

67 MOTA, Carlos Guilherme; NOVAIS, Fernando. *A Independência Política.* São Paulo: Moderna, 1986, p. 38-39.

dos "liberais radicais", que em termos de ideias eram mais avançados e discutiam que a constituição não bastaria para promover as mudanças necessárias. Defendiam que um novo regime deveria ser implantando nas terras brasileiras: a república. Podemos afirmar que os interesses dos grupos não eram coesos e havia dissensões internas, o que sinaliza para a complexidade do debate que é empreendido nesse momento, parte dele refletido na imprensa da época.

Muitos estudos importantes apontaram para o papel fundamental da imprensa no processo de independência, na medida em que foram veículos dinamizadores da consciência nacional e de um debate vivido sobre os desígnios da nação brasileira. É inegável o papel relevante da imprensa na condução do processo de independência, destacando-se entre eles o *Correio Braziliense* e o *Reverbero Constitucional*, dentre outros. Havia publicações com convicções mais acirradas, outros conhecidos pelo tom moderado e outros mais populares, cada qual contribuindo para o debate político em curso. A imprensa teve um papel importante no processo de doutrinação, a fim de que um número mais amplo de pessoas soubesse o que era um governo constitucional. Lúcia Maria Bastos P. Neves, em *Corcundas, constitucionais e pés-de-chumbo: a cultura política da independência*, aborda esta questão em detalhes.[68] Segundo a autora, havia o entendimento de alguns agentes que era preciso conscientizar que a população passava a ser membro participante na monarquia constitucional.

As notícias sobre o levante militar ocorrido na cidade do Porto, em 24 de agosto de 1820, chegaram ao Rio de Janeiro, em 17 de outubro, e logo d. João VI solicitou pareceres aos conselheiros sobre as providências que deveriam ser tomadas em relação às determinações das Cortes Gerais. Logo se percebeu que os aconselhamentos dados por William Carr Beresford eram procedentes, e que a decisão de d. João VI, em permanecer no Brasil, não fora a mais acertada.[69] No Rio de Janeiro os ânimos se exaltaram. Havia aqueles que eram contrários ao regresso da família real para Portugal, outros eram a favor de que o monarca retornasse a Europa, a fim de garantir a manutenção da monarquia e que fosse possível contornar a onda revolucionária. De fato, pairava uma grande indecisão, pois não se tinha conhecimento do avanço das ações dos rebeldes. A distância e a demora em obter informações sobre os acontecimentos acabavam por comprometer o movimento de reação. D. João VI, aconselhado pelos seus ministros mais conservadores, julgou por bem enviar uma carta aos governado-

68 NEVES, Lúcia Maria Bastos Pereira das Neves. *Corcundas e Constitucionais*: A Política da independência (1820-1822). Rio de Janeiro: RENAVAM/FAPERJ, 2002.

69 ALEXANDRE, Valentim. *Os sentidos do império:* questão nacional e questão colonial na crise do antigo regime português. Porto: Edições Afrontamento, 1993, p. 494-495.

res do reino, na qual fazia alusão expressa da ilegalidade da convocação das Cortes. Contudo, de forma magnânima, ele aceitava a convocação deste órgão consultivo, sinalizando para a possibilidade de seu retorno a Portugal, ou de seu filho, d. Pedro.

A chegada ao porto do Rio de Janeiro do conde de Palmela, Pedro de Sousa Holstein, trazendo notícias atualizadas das ações do movimento liberal, permitiu ter um quadro mais esclarecedor e recente da situação. O conde de Palmela entendia que, para a resolução da crise política, era preciso deixar claro que seria aceito um governo constitucional, e que o príncipe d. Pedro deveria seguir imediatamente para Portugal, a fim de negociar com os revolucionários e paulatinamente acalmar os ânimos e inibir que rupturas mais profundas acontecessem.[70] A ideia defendida era que o monarca conduzisse o processo e garantisse o seu poder. Segundo ele, não havia outra alternativa.[71] Contudo, Tomás Antônio Vilanova Portugal, que acumulava as pastas do Ministério dos Negócios do Reino; dos Estrangeiros e Guerra; do Erário e da Marinha era contrário a tal ideia, afirmando que a família real deveria permanecer no Brasil, enquanto não fosse debelada a revolta. Entendia também que deveria ser desconsiderada a condição de que o monarca deveria estar submetido à constituição.[72]

Em 1º de janeiro de 1821 a província do Pará aderiu às Cortes Gerais e em 10 de fevereiro foi a vez da Bahia.[73] Os desdobramentos da Revolução de 1820 se fizeram sentir do outro lado do Oceano Atlântico. A proposta apresentada foi vista com bons olhos, porque no seu bojo trazia a possibilidade de rever as relações políticas e econômicas entre Portugal e Brasil, há algum tempo desejada. Em seguida, ocorreram os apoios das províncias do Piauí, Maranhão e Pernambuco.[74] As Cortes acenavam com um reordenamento político, que atendia os anseios destas províncias, cada qual com interesses próprios, que estavam diretamente vinculados a dinâmica comercial que

70 - *Despachos e Correspondência do Duque de Palmela*. Tomo I: desde 9 de abril de 1817 até 15 de janeiro de 1825. Lisboa: Imprensa Nacional, 1851, p. 159.

71 GEINE, François Cailhé de. *Le roi et la famille royale de Bragance doivent-ils dans les circonstances présentes, retourner en Portugal ou bien rester au Brésil.* Rio de Janeiro: Imprensa Real, 1820.

72 FERREIRA, Dóli. C. *Tomás Antônio Vilanova Portugal: um ministro de D. João VI 1817-1821.* Dissertação de Mestrado. São Paulo, FFLCH/USP, 2004.

73 PARÁ, João Francisco de Madureira. *O Despotismo Desmascarado ou a Verdade Denodada. Decicado ao Memorável dia 1º de janeiro de 1821, em que a Província do Grão-Pará deo princípio à Regeneração do Brasil oferecido ao Soberano Congresso da Nação Portugueza.* Lisboa: Typographia de Desiderio Marques Leão, 1822.

74 BERNARDES, Denis Antônio de Mendonça. *O patriotismo constitucional: Pernambuco, 1820-1822.* São Paulo: Hucitec/Fapesp/Ed.UFPE, 2006.

mantinham com a metrópole. Em síntese, pode-se afirmar que as províncias do Norte mantinham uma relação mais continua e forte com Portugal, do que com o governo estabelecido no Rio de Janeiro e nas capitanias do Sul. Nos documentos do *Projeto Resgate* é possível notar que havia uma explícita lealdade ao constitucionalismo português pelas províncias do Norte do Brasil. A documentação aponta para o desejo do estabelecimento de novas relações político-administrativas que favorecessem o desenvolvimento econômico das diferentes regiões e a diminuição dos pesados tributos que eram cobrados. Conforme determinação das Cortes Gerais, foram instaladas juntas de governo no Pará e na Bahia, que passaram a responder diretamente a Lisboa. Na sequência, no decorrer do ano de 1821, foram estabelecidas outras juntas governativas, todas elas seguindo o mesmo procedimento. Neste processo, os governadores nomeados por d. João VI foram depostos e substituídos por juntas provinciais. Ficou estabelecido também a extinção da Casa de Suplicação e dos tribunais superiores criados por d. João VI, sendo reestabelecido o funcionamento da antiga Relação do Rio de Janeiro.[75] Com isto ocorreu uma perda do poder político-administrativo estabelecido no Rio de Janeiro, ou seja, o esvaziamento do poder exercido pelo monarca. As Cortes Gerais, fortalecidas por estas medidas, buscaram estabelecer uma nova relação do governo central com os poderes locais.[76]

Paulatinamente as províncias vão constituindo suas juntas provisórias, para em seguida, por meio de eleição regular, escolherem novos representantes.[77] A situação não foi tão simples quanto possa parecer. Cada localidade possuía suas particularidades, com grupos políticos que disputavam o poder. Resistência, confrontos e mortes ocorreram. Como bem destacou Márcia Berbel, cada localidade possuía demandas específicas que foram ficando mais claras na medida em que se compreendia melhor a dinâmica de funcionamento do império lusitano. A dinâmica das juntas governativas impôs uma nova estrutura de organização político-administrativa que foi sendo construída conforme as demandas foram surgindo. O novo modelo não foi fácil de ser implantado, tendo em conta as dúvidas que surgiram sobre o funcionamento e a resistência de alguns chefes locais. As Cortes Gerais definiram por separar as atividades administrativas das atividades militares nas províncias,

75 BERBEL, Márcia Regina. *A nação como artefato*. Deputados do Brasil nas cortes portuguesas (1821-1822). S. Paulo: Hucitec/FAPESP, 2006, p. 188-189.

76 NEVES, Lúcia Maria Bastos Pereira das Neves. *Corcundas e Constitucionais*: A Política da independência (1820-1822). Rio de Janeiro: RENAVAM/FAPERJ, 2002, p. 285-292.

77 Ver: Maria de Fátima Gouvêa. *O império das províncias. Rio de Janeiro (1822-1889)*. Rio de Janeiro: Faperj, 2006.

reduzindo o poder do regente. Por decorrência, passou a existir um governador administrativo e um governador das armas (militar), este último diretamente ligado à Portugal.[78] Até então as duas funções eram atribuídas ao governador e capitão-general. Tal medida favorecia o fracionamento da unidade brasileira e desestabilizava o poder central constituído no Rio de Janeiro.

Em 1821, a Junta Provisional do Governo da Província da Bahia dirigiu uma carta confirmando a sua lealdade ao rei e louvando o juramento da Constituição.[79] O texto mencionava que os habitantes da Bahia "que primeiros que nenhuns outros Vassalos do Brasil, tiveram a ventura de verem a Vossa Majestade neste Vastíssimo Continente, e de lhe oferecerem os mais assinalados testemunhos de fidelidade, e de adoração".[80] A despeito do que havia ocorrido na província de Pernambuco, em 1817, todos se mantiveram leais e enfrentaram os revoltosos para que todos devotassem a devida obediência ao governo e autoridade do monarca. No que dizia respeito ao movimento liberal de 1820 e os desdobramentos advindos dele, a carta mencionava que os fatos eram "memoráveis, e gloriosos acontecimentos de Portugal".[81] D. João VI, por sua vez, jurando e mantendo a constituição que os deputados da Nação lhe apresentariam, marcaria "a época a mais afortunada, e a mais gloriosa do Lusitano Império, e receberá dos Seus Povos nas quatro partes do Mundo que eles habitam, o tributo mais digno dos Grandes Reis – o nome de Pai da Pátria".[82]

Havia controvérsias sobre a conveniência do regresso de d. João VI a Portugal. Os partidários da permanência do Brasil duelavam com aqueles que advogavam o retorno imediato a Lisboa, antevendo a possibilidade que problemas mais graves acontecessem. Textos circulavam debatendo ideias e fazendo aconselhamentos ao monarca. Num deles, era alertado que o governo de d. João VI deveria avaliar bem as circunstâncias, considerando efetivamente o que era de interesse público. Lamentava que havia ocorrido uma "relaxação de costumes", o que acabou por gerar muitos males. Salientava que o governo não poderia dormir sobre os seus encargos e que era justo que a sociedade civil propusesse qualquer arbítrio, a fim de que o interesse público ficasse garantido. Enfatizava que

78 BERBEL, Márcia Regina. *A nação como artefato*. Deputados do Brasil nas cortes portuguesas (1821-1822). São Paulo: Hucitec/FAPESP, 2006, p. 238.

79 WILCKEN, Patrick. *Império à deriva – a corte portuguesa no Rio de Janeiro, 1808-1821*. Rio de Janeiro: Objectiva, 2005, p. 261.

80 BNL – Carta que a junta provisional do Governo da Provincia da Bahia dirigio ao muito alto, e muito poderoso rei Senhor D. Joao VI. Lisboa: Typographia Rollandiana, 1821, p. 2.

81 *Ibidem*, p. 3.

82 *Ibidem*, p. 7.

o Estado deveria defender a ordem social, respeitando: "Direito da Convenção, como o primeiro na Ordem Social; ou seja entre particulares, ou entre a Coroa; pois que na boa fé do contrato, qualquer que ele seja, vai o bem do Estado, por isso que sem crédito tudo corre mal, e a passo livre caminha ao precipício".[83]

Na fase seguinte, um vasto volume de cartas e deliberações foram remetidos de Portugal para o monarca, bem como do Rio de Janeiro e outras parte do território para as Cortes Gerais.[84] A evolução das ações de reordenamento político-administrativas, empreendidas pelas Cortes Gerais, fez com que existissem dois centros de poder: um em Lisboa e o outro no Rio de Janeiro, controlado pelo monarca. Esta divisão, que envolvia as províncias brasileiras, marcaria as disputas que conduziriam à independência do Brasil. As províncias do Norte, em especial a da Bahia, do Maranhão, do Pará e de Pernambuco aderiram as determinações vindas das Cortes Gerais. As províncias do Sul, em particular as de Minas Gerais, Rio de Janeiro e São Paulo se mantiveram ao lado do monarca e posteriormente do príncipe d. Pedro.[85]

D. João VI foi comunicado que as eleições, do congresso de deputados constituintes, seguiriam o mesmo método utilizado na elaboração da constituição espanhola. A Junta Provisional do Governo Supremo, por meio do manifesto de 31 de outubro de 1820, apresentou uma explicação de como se daria a representação nacional e outros procedimentos inerentes ao processo. O documento era acompanhado de "Instrucções para regular as eleições de deputados das Côrtes Extraordinárias e Constituintes" aplicáveis às "Ilhas adjacentes, ao Brasil e aos Domínios Ultramarinos", que foi publicado somente em 10 de novembro.[86] Era apresentado também que o modelo constitucional seria a Constituição de Cádiz, também conhecida como Constituição Espanhola (1812), adaptado às necessidades de Portugal.[87] Por meio de ofício, datado de 8 de novembro e dirigido aos magistrados presidentes das eleições, foram fornecidas instruções que deveriam regular as eleições dos deputados

83 *Carta dirigida a Sua Magestade por J. C. F. R.* Lisboa: Tipografia Régia, 1820.

84 BNL – Res. – Cód. 10.579 – *Relação dos Acontecimentos do Rio de Janeiro no dia 26 de Fevereiro de 1821 e algumas circunstâncias que o precederam e o produziram.*

85 BARBOSA, Francisco de Assis. *O Brasil de D. João VI: com a "inversão da Metrópole", de Lisboa para o Rio de Janeiro (1807-1821), erguem-se os alicerces de uma nação moderna.* Lisboa: Sociedade Industrial Gráfica Telles da Silva, 1986, p. 10.

86 Disponível em: https://www2.senado.leg.br/bdsf/item/id/242806. Acesso em: 11 out. 2023.

87 Ver: *Portuguezes. O governo Supremo do Reino, tendo dado primeiramente as devidas graças ao Eterno Legislador* (...). Lisboa: [s. n.], 1820. Disponível em: < https://www2.senado.leg.br/bdsf/item/id/242806>. Acesso em: 11 out. 2023.

das Cortes Extraordinárias Constituintes.[88] Na continuidade das ações, seguindo a Constituição espanhola de 1812, as capitanias foram elevadas à condição de província, passando a ter autonomia para eleger os seus deputados. Todas estas medidas se faziam necessárias, tendo em conta o quadro de miséria que se encontrava Portugal. A baixa produção agrícola, a atividade comercial reduzida e a falta de indústrias acabaram por aumentar a dívida pública. Era objetivo da Junta Provisional do Governo Supremo fazer a regeneração de Portugal, assentando o desenvolvimento numa constituição política. Os deputados debateriam as principais questões que envolviam a nação portuguesa e definiriam novos rumos. As Cortes Gerais asseguravam a d. João VI que, ao término da elaboração do texto constitucional, ele seria participado. Ficava garantido que o poder concedido pelos cidadãos era inviolável e que se obrigavam "a manter a Religião Catholica Apostolica Romana, a manter o Throno de V. M., e a conservar a Augusta Dynastia da Sereníssima Casa de Bragança".[89]

A regeneração de Portugal não era algo fácil de ser conquistado. O atraso econômico (na agricultura, na indústria e no comércio) era grande e havia uma compreensão pouco adequada da nova realidade que se esboçara a partir da Revolução Francesa.[90] Apesar do discurso focar na ideia da recuperação da nação lusitana, o que se percebe era uma inabilidade para lidar com os novos parâmetros políticos e econômicos que se impunham. Ficava evidente que Portugal se ressentia da forma como era olhada pelas demais nações europeias, segundo alguns deputados, com grande indiferença.[91]

As Cortes Gerais asseguravam ainda que a constituição política da monarquia deveria garantir ao rei "as preeminentes Atribuições que são inherentes ao Real Decóro; e Esplendor da Majestade; e aquelas que formão o Esplendor da Magestade; e aquellas que formão o Supremo Apanágio de hum Poderoso Monarcha na direcção e movimento político da machina administrativa". O texto constitucional, segundo as Cortes Gerais, proporcionaria ao reino um novo momento e ao monarca uma das fases: "mais gloriosa, e brilhante éphoca da Monarchia Portugueza, aquella em que V. M. collocando o seu Real Throno nos corações dos Portugueses, explique

88 *Documentos para a História das Cortes Gerais da Nação Portuguesa (1820-1825).* Lisboa: Imprensa Nacional, 1883, p. 95.

89 *Colleção dos decretos, ordens, e resoluções das Cortes, decretos de el-Rei, cartas regias, portarias do governo (...).* Lisboa: 1822, Parte II, Tomo I, p. 15.

90 NEVES, Jose Acursio das. *Memoria sobre os Meios de Melhorar a Industria Portuguesa, Considerada nos seus Diferentes Ramos.* Lisboa: Oficina de Simao Tadeu Ferreira, 1820.

91 GARRETT, João Batista da Silva de Almeida. *O Dia Vinte e Quatro d'Agosto.* Lisboa: Tipografia Rollandiana, 1821, p. 48.

sobre a Terra os Attributos da Divindade, distribuindo os bens, e prosperidades aos Povos, sem manchar a Sua Sagrada Pessoa com a responsabilidade de suas desgraças".[92] Podemos observar que havia uma preocupação em preservar a imagem do rei, porque ele era um dos elementos que garantiria uma transição pacífica. Era ressaltada a competência do rei no processo de discernir o que era mais apropriado para o crescimento do reino. As Cortes Gerais lamentavam que o Oceano Atlântico, que separava Portugal da América portuguesa, impedia que as demonstrações e os laços de fidelidade fossem evidenciados.[93] Outro ponto que estava claro, para o movimento de 1820, era a união do vasto império português, considerada como fundamental para reerguer o comércio nacional. Por decorrência, o Brasil era um elemento chave nessa dinâmica.

A eleição e o envio de deputados às Cortes Constituintes foi um processo moroso e cheio de entraves. Conforme definição das Cortes, em dezembro de 1820, a representação se daria de 1 para cada 30.000 cidadãos. Tendo em conta a estimativa de habitantes livres, era previsto que o Brasil tivesse uma representação de aproximadamente 70 deputados. Com exceção da província do Rio Grande do Norte, todas as demais províncias enviaram os seus representantes.[94]

Em 26 de janeiro de 1821 as Cortes Gerais e Extraordinária da Nação Portuguesa se reuniram, pela primeira vez, para elaboração da Constituição.[95] Nesta primeira fase participaram apenas os representantes eleitos em Portugal.[96] O principal resultado das sessões de debates foi o estabelecimento das *Bases da Constituição Política da Monarquia Portuguesa*, em 9 de março de 1821, texto que norteou os trabalhos das Cortes na elaboração da Constituição.[97] O documento reconhecia que a Casa de Bragança era a dinastia reinante e continuaria a ser, desde que se submetesse ao juramento do texto constitucional, que estava em elaboração. De forma direta era

92 *Colleção dos decretos, ordens, e resoluções das Cortes, decretos de el-Rei, cartas regias, portarias do governo (...).* Lisboa: 1822, Parte II, Tomo I, p. 15.

93 *Colleção dos decretos, ordens, e resoluções das Cortes, decretos de el-Rei, cartas regias, portarias do governo (...).* Lisboa: 1822, Parte II, Tomo I, p. 16.

94 MOTA, Carlos Guilherme; NOVAIS, Fernando. *A Independência Política*. São Paulo: Moderna, 1986, p. 44.

95 Os trabalhos das Cortes Constituintes portuguesa, que funcionaram no antigo convento das Necessidades, decorreram entre 24 de janeiro de 1821 e 23 de setembro de 1822.

96 A primeira fase segue de 26 de janeiro até julho, quando da chegada de D. João VI.

97 ALEXANDRE, Valentim. *Os sentidos do império:* questão nacional e questão colonial na crise do antigo regime português. Porto: Edições Afrontamento, 1993, p. 468.

assegurado a legitimidade do poder que estava submetido às leis.[98] Outro ponto, alvo de atenção e cuidado, foi o de reforçar que havia laços políticos que união Portugal ao Brasil e que havia a predisposição de combinar interesses e anseios comuns. O império luso-brasileiro continuaria a existir, mas dentro de uma nova ordem política que seria benéfica para todos os cidadãos. Ficava garantido os direitos individuais dos cidadãos, era abolida a censura prévia ao mesmo tempo em que era garantido o exercício da liberdade de imprensa em Portugal e seus domínios.

As Cortes Gerais almejavam fazer uma transição progressiva do absolutismo para a nova forma de governo, que seria regida por princípios liberais e constitucionalistas.[99] O desenrolar dos acontecimentos mostrou que a tarefa de levar os ideais da revolução avante seria árdua. A equação não era fácil de ser resolvida, pois afetava diretamente a soberania do monarca e apresentava uma nova ideia de nação, que para a maioria era vaga e difusa. Os interesses eram diversos tanto em Portugal, como no Brasil, e era praticamente impossível conciliá-los. O principal ponto de divergência estava na liberdade de comércio conquistada pelo Brasil, que tinha promovido a reorganização das redes mercantis e afetado diretamente os interesses econômicos dos negociantes portugueses.[100]

Para dar consecução aos seus planos, as Cortes Gerais entendiam que era imprescindível que d. João VI retornasse imediatamente a Portugal, onde aguardaria os debates que conduziriam a elaboração da constituição.[101] O monarca, ciente de que diversos segmentos da sociedade brasílica não aceitariam uma condição de retrocesso, protelava o seu regresso para a Europa. As opiniões dos conselheiros divergiam em relação ao assunto. Havia aqueles que entendiam que d. João VI só deveria regressar a Portugal depois que o movimento revolucionário estivesse controlado. Outros, mais temerosos dos possíveis desdobramentos das ações liberais, consideravam que o retorno deveria ser imediato. A indecisão fez intensificar as tensões que já estavam presentes no corpo social. Uma parte da elite brasileira, antevendo a possiblidade da

98 CANOTILHO, Joaquim Gomes. "As constituições". In: MATTOSO, J. (dir.) *História de Portugal. O Liberalismo (1807-1890).* Lisboa: Estampa, 1998, vol. 5, p. 126-139.

99 HESPANHA, António Manuel. "As estruturas políticas em Portugal na época moderna", in: TENGARRINHA, José (org.). *História de Portugal.* São Paulo: Edusc/Unesp, 2001, p. 117-182.

100 FRAGOSO, João & GOUVÊA, Maria de Fátima S. (orgs). *Na Trama das Redes. Política e Negócios no Império Português, séculos XVI-XVIII.* Rio de Janeiro: Civilização Brasileira, 2010, p. 23.

101 SILVA, Maria Beatriz Nizza da. "A repercussão da revolução de 1820 no Brasil: eventos e ideologias", in: *Revista de História das Ideias*. Coimbra: Imprensa da Universidade de Coimbra, 1978-1979, vol. II, p. 1-52.

perda das vantagens obtidas com o livre comércio, passou a deixar explícito o seu posicionamento sobre o assunto.[102] A crise do chamado "Sistema Colonial" era evidente.[103] Questionava-se especialmente a dominação política portuguesa, o exclusivismo comercial e o trabalho escravo, sem que uma alternativa fosse encontrada para garantir os interesses econômicos de uma elite que estava ávida para acumular capital.[104]

Em 10 de fevereiro de 1821, as tropas sediadas em Salvador se levantaram em armas, matando militares, ao mesmo tempo em que aclamaram uma Junta de Governo. O ato era um manifesto de adesão à Revolução do Porto.[105] Passada uma semana, a junta governativa baiana solicitou ao governo português que enviasse tropas, pressentindo que haveria confronto com forças militares que seriam enviadas do Rio de Janeiro ou de Pernambuco. Em seguida, ocorreram turbulências que deixaram Salvador em estado de alerta. O governador de Sergipe d'el Rei passou o governo ao tenente-coronel Carlos César Burlamaqui uma vez que não queria aderir à revolução constitucionalista da Bahia.

D. João VI, apesar de pressionado pelas Cortes Gerais, não escondeu o desejo de se manter no Brasil, revelando mesmo certa predileção pelas terras tropicais.[106] A fim de ganhar tempo e contentar os reclamos dos revoltosos, por decreto de 18 de fevereiro de 1821, ele decidiu enviar o príncipe d. Pedro para o reino, o qual tinha como missão inteirar-se das reinvindicações e tomar ações para consolidar a constituição portuguesa.[107]

---

102 DOLHNIKOFF, Miriam. *Construindo o Brasil: unidade nacional e pacto federativo nos projetos das elites (1820-1842)*. São Paulo: Faculdade de Filosofia, Letras e Ciências Humanas da Universidade de São Paulo, 2000 (Tese de Doutorado).

103 NOVAIS, Fernando Antônio. *Portugal e Brasil na crise do antigo sistema colonial (1777-1808)*. São Paulo: Hucitec, 1983, p. 13.

104 MOTA, Carlos Guilherme; NOVAIS, Fernando. *A Independência Política*. São Paulo: Moderna, 1986, p. 19.

105 HOLANDA, Sérgio B. (dir.) *História Geral da Civilização Brasileira – O Brasil Monárquico*. 6 ed. São Paulo: Difel, 1985, Tomo II, vol. I., p. 154.

106 TOMAS, Manuel Fernandes. *Relatorio Feito as Cortes Gerais e Extraordinarias de Portugal nas Sessoes de 3 e 5 de Fevereiro de 1821 pelo Deputado. Sobre o Estado e Administracao do Reino durante o Tempo da Junta Provisional do Supremo Governo*. Lisboa: Impressao Regia, 1821.

107 *Decreto de 18 de fevereiro de 1821: Determina que o Principe Real vá a Portugal; Convoca os Procuradores das Cidades e Villas do Brazil para em Juntas de Côrtes se tratar das Leis Constitucionaes e crêa uma Commissão encarregada de preparar os trabalhos de que se devem occupar os mesmos Procuradores*. Disponível em: <http://www.planalto.gov.br/CCIVil_03/Atos/dim/1821/DIM-18-2-1821.html#>. Acesso em: 11 out. 2023.

A ideia de d. João VI, de enviar d. Pedro para o reino, era restabelecer a tranquilidade, enquanto reformas fossem realizadas sob o seu controle. Concomitantemente, ele criou uma Comissão do Conselho Real para estudar as reformas que se faziam necessárias para atender às leis constitucionais. Ciente da imensidão do vasto território, o monarca procurou compreender as realidades locais, a fim de que a futura constituição atendesse à diversidade de interesses. Na sequência, em 24 de fevereiro, d. João VI decretou apoio a constituição que estava em processo de elaboração em Portugal.[108] Na manhã do dia 26 de fevereiro, no Rio de Janeiro, a coroa portuguesa é acuada pela pressão de tropas portuguesas, como o Batalhão de Infantaria nº 3, o Batalhão de Caçadores da Corte, o 1º Regimento de Cavalaria do Exército, a Brigada Real da Marinha, o Batalhão dos Henriques, dentre outros. Reunidas no largo Rossio, os militares, comandados pelo brigadeiro Francisco Joaquim Carreti, manifestaram seu apoio às Cortes Gerais e exigiram que o rei jurasse a constituição.[109] Coagidos, d. João VI e a família real, juraram em voz alta uma constituição, que ainda não fora elaborada, ou seja, o monarca foi instado a cumprir atos do qual não tinha conhecimento prévio e que poderiam levar a limitação do seu poder. No transcorrer do processo, o soberano foi solicitado também a jurar e adotar a constituição espanhola, enquanto o texto do documento português não ficasse definido.[110]

A Revolução de 1820 alterou a estrutura política administrativa das terras coloniais com a instalação das Juntas Provisórias de Governo pelas Cortes. Estas teriam relação direta com Lisboa e não com o Rio de Janeiro, na prática o poder do monarca ficava esvaziado. As Juntas Provisórias de Governo não tinham poder irrestrito, pois deveriam entender-se com os Governadores de Armas que estavam subordinados às Cortes. Estes tinham a responsabilidade de administrar e organizar as forças militares. Ainda no Brasil, d. João VI tentou articular para poder influenciar no poder legislativo. Ele enviou João Severiano Maciel da Costa, futuro marquês de Queluz, para negociar a participação do monarca na construção da carta constitucional. A sua ação foi malograda por apresentar ideias que eram opostas ao espírito das Cortes Gerais.

---

108 *Decreto de 24 de fevereiro de 1821 – Approva a Constituição, que se está fazendo em Portugal, recebendo-a no Reino do Brazil e mais dominios.* Disponível em: <http://www.planalto.gov.br/ccivil_03/Atos/dim/1821/DIM-24-2-1821.html>. Acesso em: 11 out. 2023.

109 SOUZA, Iara Lis Franco Schiavinatto Carvalho. *Pátria coroada: o Brasil como corpo político autônomo – 1780-1831.* São Paulo: UNESP, 1999, p. 99.

110 NEVES, Lúcia Bastos Pereira das. *Corcundas e Constitucionais. A Cultura Política da Independência (1820-1822).* Rio de Janeiro: Editora Revan, 2003, p. 245-354.

Em 2 de março d. João VI, considerando os embaraços que a censura prévia causava a "propagação da verdade", suspendeu a censura prévia que se exigia para a impressão de escritos. O decreto estabelecia algumas disposições que deveriam ser observadas, destacando que a liberdade de imprensa estava suspensa até que se promulgasse a constituição.[111] Nota-se, a partir desse momento, que há um aumento do debate político, sendo comum questões de governo serem abordadas nessas publicações. Os periódicos que surgem, muitos deles sem sustentação financeira, têm uma circulação efêmera. Apesar disso, eles ajudam a dar impulso às ideias em circulação e se transformam em instrumento de luta política.[112]

Em 7 de março de 1821, ciente de que deveria retornar a Lisboa, d. João VI determinou a criação da Regência do Reino Unido do Brasil, nomeando o príncipe d. Pedro para assumir a posição de regente.[113] A deliberação de d. João VI acabou por incendiar ânimos e aumentar a insatisfação popular em diferentes partes do território brasileiro. O momento era de impasse. Havia radicalizações de ambas as partes e vivia-se um momento que apontava para a possibilidade de enfrentamentos. Temia-se que o crescente radicalismo das ideias levasse a uma situação que fugiria do controle. Tal estado não era interessante, nem para a monarquia absolutista, nem para as camadas dominantes do Brasil e de Portugal.[114] Na sequência, o monarca aprovou as bases da futura Constituição Política da Monarquia Portuguesa. Enquanto isso, na província Cisplatina, a intranquilidade era grande, pois os Voluntários Reais em Montevidéu, se amotinaram e exigiram o reconhecimento da constituição portuguesa e a criação de um Conselho Militar. No começo de abril ocorreu a adesão do Maranhão à revolução constitucional de Portugal. Na mesma época, na Vila de Fortaleza, o sargento-mor Jerônimo Delgado Esteves, que comandava o batalhão de linha exigiu que o rei jurasse a futura constituição portuguesa. No Rio de Janeiro agitações ocorriam devido às instruções deixadas por d. João VI para d. Pedro.

---

111 Disponível em: <https://www.planalto.gov.br/ccivil_03/decreto/historicos/dim/dim-2-3-1821.htm>. Acesso em: 11 out. 2023.

112 PIMENTA, João Paulo G. *O Brasil e a América espanhola (1808-1822).* São Paulo: Faculdade de Filosofia, Letras e Ciências Humanas da Universidade de São Paulo, 2003. (Tese de Doutorado) p. 298-299.

113 *Decreto de 7 de março de 1821 – Trata do regresso d'El-Rei para Lisboa ficando o Príncipe Real encarregado do Governo Provisório do Brazil.* Disponível em: <https://www.planalto.gov.br/ccivil_03/atos/dim/1821/dim-7-3-1821-1.htm>. Acesso em: 11 out. 2023.

114 MOTA, Carlos Guilherme; NOVAIS, Fernando. *A Independência Política.* São Paulo: Moderna, 1986, p. 42.

Em outras partes do território, a dinâmica da administração seguia seu fluxo. Em ofício, o ouvidor do Rio Negro, Domingos Nunes Ramos Ferreira, informava a d. João VI ter tomado posse do cargo.[115] O avanço das ações das Cortes Gerais fez com que manifestações em apoio a d. João VI ocorressem, como a proclamação do governador da província de Pernambuco, Luís do Rego Barreto, lembrando sobre a necessidade de se manter fidelidade ao monarca e às leis. No texto, era destacado:

> Pernambucanos. Hé chegado o tempo de mostrardes o vosso verdadeiro caracter as vossas virtudes politicas. A opinião publica as luzes do Seculo demandão novas Instituições fundadas sobre principios liberaes, que igualmente concorrão para a /fl. 1v/ grandeza, e prosperidade dos Monarchas, e para a ventura dos Póvos.
>
> Pernambucanos. O Governo conhece os vossos dezejos, e vai leva-los como a mais justa suplica ao Throno do Nosso Augusto Monarcha: não necessitais de outra expressão. A Camara do Recife convocada, os Ministros, Officiaes Generaes, e Superiores, homens bons de todas as Ordem do Estado, sem diferença de Americanos ou Europeos que tudo hé huma só familia, e eu com todos elles temos interpretado as vossas intenções.[116]

No Maranhão, a adesão a causa da regeneração ocorreu em 6 de abril de 1821. Na ocasião foi lida a proclamação que dizia ser preciso dar liberdade a pátria agrilhoada, evidenciando que Pará, Bahia e Pernambuco já haviam feito a escolha. Vivas ao rei foram proferidos e procedeu-se as tratativas para a eleição de uma junta provisória que ocorreria em 13 de abril.

Pressionado pelas Cortes Gerais e pelos agitadores do Rio de Janeiro, em 22 de abril, d. João VI jurou os princípios da Constituição Espanhola.[117] Na mesma data, o monarca encarrega o governo geral do Brasil ao príncipe real constituído regente e lugar-tenente d'El-Rei, destacando que este governaria enquanto não chegasse a constituição "de um modo conveniente ao estado presente das coisas, e à categoria política a que foi elevado este país".[118]

---

115 AHU_ACL_CU_020, Cx. 18, D. 735. Sobre o contexto ver: BERNARDES, Denis. *O Patriotismo Constitucional: Pernambuco*, 1820-1822. São Paulo-Recife: HUCITEC/Editora EFPE. 2006.

116 AHU_ACL_CU_015, Cx. 282, D. 19212.

117 *Decreto de 22 de abril de 1821 – Anulla o Decreto datado de hontem que mandou adoptar no Reino do Brazil a Constituição Hespanhola.* Disponível em: <http://www.planalto.gov.br/CCIVil_03/decreto/Historicos/DIM/DIM-22-4-1821.htm>.

118 *Decreto de 22 de abril de 1821 – Encarrega o Governo Geral do Brazil ao Principe Real constituído Regente e Lugar-Tenente d'El-Rei.* Disponível em: <https://www.planalto.gov.br/ccivil_03/atos/dim/1821/dim-22-4-1821-2.htm>. Acesso em: 11 out. 2023.

Na leitura de Maria Beatriz Nizza da Silva estas medidas garantiam a autonomia do Brasil "perante o Soberano Congresso e ficava com um centro governativo, que era o Rio de Janeiro".[119] Apesar do decreto de d. João VI, as Cortes Gerais portuguesas não reconheceram o príncipe regente como encarregado do governo provisório. O que acontecerá a partir desse momento, até o 7 de setembro de 1822, será um embate entre duas forças que buscavam se afirmar. O poder legislativo do Soberano Congresso entrava em confronto com o poder executivo exercido por d. Pedro. Como bem destacou José Jobson Arruda, de forma sintética, em relação à d. Pedro não havia muitas dúvidas o seu perfil enérgico, ativo, impetuoso deixavam claro que ele: "Queria ser ator, não espectador".[120]

Em 24 de abril de 1821, as Cortes Gerais anularam o decreto de d. João VI que deixava o poder nas mãos de d. Pedro. Na mesma data foi determinado que os governos provinciais se subordinassem diretamente a Lisboa. Em outras palavras, estes não responderiam mais a sede do poder instalada no Rio de Janeiro.[121] Esta nova estrutura deu ensejo a uma administração mais autônoma no âmbito local. Na prática, ela significou o esvaziamento do poder de d. Pedro como regente.[122]

Os desdobramentos deste decreto conduziriam à independência do Brasil. A questão era polêmica e as determinações, com contornos poucos definidos, geraram uma série de questionamentos sobre como seria o novo modelo de gestão administrativa. Tal situação, aliada aos interesses locais e diversos, fez com que em cada região aflorassem movimentos ou insurreições que tinham nuances particulares. De forma bem objetiva, o documento punia os opositores e considerava benemérito todos aqueles que defendessem a regeneração política.

A documentação do *Projeto Resgate* é bem rica de informações nesse sentido e permite delinear um quadro conjuntural sobre o impacto que o decreto causou na vida administrativa das províncias e no cotidiano das principais capitais.[123] No Rio de Janeiro estavam marcadas as eleições para a escolha dos deputados das pro-

119 SILVA, Maria Beatriz Nizza da. *A cultura luso-brasileira – da reforma da Universidade Lisboa à independência do Brasil.* Lisboa: Estampa, 1999, p. 260.

120 ARRUDA, José J. A. *Planos para o Brasil projetos para o mundo.* São Paulo: Alameda, 2022, p. 204.

121 MOTA, Carlos Guilherme; NOVAIS, Fernando. *A Independência Política.* São Paulo: Moderna, 1986, p. 44.

122 *Decreto de 24 de abril de 1821. Declara legítimos os Governos estabelecidos, ou que se estabelecerem nos Estados Portuguezes de Ultramar, para abraçarem a causa da regeneração política.* Disponível em: < https://www.planalto.gov.br/ccivil_03/atos/dim/1821/dim-24-4-1821.htm>. Acesso em: 11 out. 2023..

123 MOTA, Carlos Guilherme; NOVAIS, Fernando. *A Independência Política.* São Paulo: Moderna, 1986, p. 45.

víncias às Cortes de Lisboa. O clima era tenso e a população assistia aos embates com apreensão. O grupo liderado por Joaquim Gonçalves Ledo e José Clemente Pereira defendia a formação de uma junta provisória similar àquela que tinha se estabelecido na Bahia. Pelas determinações, ficavam excluídos do governo Marcos de Noronha e Brito, o conde dos Arcos, e do príncipe d. Pedro.

D. João VI deixou o porto do Rio de Janeiro no dia 26 de abril de 1821, em meio a uma série de incertezas. O embarque do monarca foi feito de forma discreta. Não se desejava grandes manifestações, pois havia por parte da população uma grande insatisfação com o seu retorno a Portugal. Na realidade, d. João VI era refém de uma situação da qual não tinha mais condições de agir, quando muito reagir. Uma esquadra composta de onze navios conduziu o rei, sua família e membros da corte. Para muitos, esta retirada significava um novo momento no processo da independência brasileira.

Após a partida de d. João VI, os habitantes de diferentes províncias manifestaram a fidelidade à causa monárquica portuguesa, com os moradores da Bahia.[124] Nesse momento, as Juntas Provisionais de Governo já se encontravam a trabalhar para a eleição dos seus deputados às Cortes Constituintes de Portugal. A Junta do Pará, que havia aderido ao movimento de "regeneração", participou formalmente o encaminhamento das medidas tomadas, sem ter ciência da partida do soberano para Lisboa.[125] As distâncias e as dificuldades de comunicação impediam que as informações tivessem maior celeridade. Pode-se dizer que o regresso de d. João VI a Portugal deu ensejo a formação de uma corrente política que passou a defender a ideia de separação do Brasil de Portugal.[126]

Em junho de 1821, Jorge de Avilez Zuzarte de Sousa Tavares, enquanto tenente-general e governador das Armas da Corte e Província do Rio de Janeiro, com suas tropas organizou uma Junta provisória de governo no Rio de Janeiro, conforme determinação das Cortes Gerais. No seguimento d. Pedro foi instado a jurar a bases da constituição, assim como obrigado a demitir o conde dos Arcos e nomear uma junta governativa. Temia-se que a influência democrática, que avançara pela América espanhola, pudesse ganhar forças em terras brasileiras, provocando efeitos catastróficos, como a fragmentação territorial. O motim ficaria conhecido com a "Bernarda".[127]

124 AHU_ACL_CU_005, Cx. 263, D. 18574.

125 AHU_ACL_CU_013, Cx. 150, D. 11616.

126 HOLANDA, Sérgio B. (dir.) *História Geral da Civilização Brasileira – O Brasil Monárquico*. 6 ed. São Paulo: Difel, 1985, Tomo II, vol. I., p. 163.

127 *D. Pedro I. Proclamações, Cartas, Artigos de Imprensa*. Intr. De Pedro Calmon. Anot. De Cybelle de Ipanema. Rio de Janeiro: Imprensa Nacional, 1972.

A dissonância de interesses começa a ficar mais nítida quando as Cortes Gerais, reunidas em 14 de junho de 1821, se manifestaram contrárias ao decreto publicado no Rio de Janeiro, datado de 23 de janeiro, do mesmo ano, no qual constava a negociação de um empréstimo a favor do Banco do Brasil. Em 21 de junho, a Junta Provisional da Bahia formalizou o seu desligamento do Rio de Janeiro e vinculou-se diretamente às Cortes de Lisboa. Na mesma época, ocorria a adesão de São Paulo à causa, mas com submissão ao Rio de Janeiro. O governador e capitão-general João Carlos Augusto de Oeynhausen-Gravenbourg anunciou a nova ordem constitucional. O anúncio deu ensejo a motins militares, causados pela demora no pagamento de soldos. Foi eleita uma junta governativa, com a intervenção de José Bonifácio de Andrada e Silva, que se encontrava em São Paulo. Para a presidência foi escolhido o nome do próprio general Oyenhausen.

A notícia do regresso da família real chegou a Portugal no final de junho. No dia 3 de julho a esquadra foi avistada na foz do Tejo. O monarca foi recebido com a vênia devida e as suas preocupações passaram a se concentrar nas exigências das Cortes Gerais.[128] A volta de d. João VI não resolveu os problemas, já que a permanência de d. Pedro no Brasil, como príncipe regente, não era esperada. Novas medidas são adotadas para exigir o regresso dele a Portugal, a fim de administração do império voltasse a estar totalmente centralizada em Portugal.

D. João VI, seguindo as determinações das Cortes, informou d. Pedro, que enviava avisos e ordenações que deveriam ser cumpridos. Cabia à d. Pedro obedecer ao que lhe era determinado. No que dizia respeito às tropas, d. João VI prometia enviar ao Brasil soldados que ficassem submetidos ao príncipe regente. Finalizava a missiva reforçando os vínculos familiares: "Resta-me dizer-te que de muitos recados meus a Princesa [Leopoldina], segurando-lhe a minha constante amizade,[129] e abraços os meus Netos, [130] e tu recebe a benção deste teu Pai que muito te ama".[131]

Enquanto isso, as determinações das Cortes Gerais eram seguidas na íntegra em diferentes províncias. Em julho, o governador de Alagoas, Sebastião Francisco de Melo e Póvoas, enviou ofício ao secretário de estado da Marinha e Ultramar,

128 *Documentos para a História das Cortes Gerais da Nação Portuguesa* (1820-1825). Lisboa: Imprensa Nacional, 1883, tomo I, p. 212-213.

129 *Lei de 1º. De outubro de 1821 – Determina a viagem do Principe Real por alguma Cortes da Europa.* Disponível: <http://www.planalto.gov.br/ccivil_03/leis/lim/LIM-1-10-1821.htm>. Acesso em: 11 out. 2023.

130 Naquele momento o casal tinha dois filhos: Maria da Glória (1819-1853) e João Carlos (1821-1822).

131 BA – Cota 54-IX-49, nº 15.

Joaquim José Monteiro Torres, bem como ao presidente do Congresso, discorrendo sobre o estabelecimento do governo provisório na província de Alagoas.[132]

Os debates nas Cortes Gerais, após a chegada dos deputados eleitos pelas províncias brasileiras em agosto de 1821, passaram a contemplar de forma mais direta o papel do Brasil no império português. Os deputados portugueses evidenciavam constantemente a perda do poderio político econômico de Portugal e buscavam de todas as formas questionar a inadequação da autonomia político-administrativa do Brasil. Esta ação, ao invés de reposicionar Portugal entre as potências europeias, acabou por lançar o país numa grave crise econômica e política. Os deputados brasileiros passaram a defender que para se definir uma estratégia era preciso conhecer as necessidades das terras tropicais e estabelecer uma legislação específica. Foram realizadas reiteradas tentativas de acordo dos deputados brasileiros com a ala dos deputados mais conservadores das Cortes, mas as intransigências fizeram com que a ideia de um Brasil unido a Portugal ficasse cada vez mais insustentável. Deve-se destacar que os interesses de negociantes de grosso trato foram responsáveis por dificultar o processo, bem como as divergências existentes entre os deputados brasileiros que, oriundos de províncias diferentes, agiam de maneira independente, sem ter uma visão sistêmica. Em suma, pode-se dizer que haviam impasses que dificultavam o repensar dos vínculos políticos-institucionais entre Portugal e Brasil, no esteio de uma ordem constitucional.

O movimento liberal constitucionalista, na medida em que avançavam os debates, percebeu a dificuldade em resgatar a centralidade política em Portugal, bem com em resolver os impasses advindos das questões econômicas. Ficava evidente que a recuperação do império dependia da retomada de práticas de exclusivismo comercial da metrópole. Tal situação não era admissível para a maioria dos deputados brasileiros. As sessões que ocorrem no decorrer de 1822 mostram que a questão principal se atinha ao reordenamento das relações comerciais. Em pauta estava: Era possível impor ao Brasil subordinação as restrições comerciais, muito similares àquelas que existiram no período colonial? A resposta dos deputados brasileiros era "não", pois estes defendiam a paridade e a manutenção da liberdade comercial que fora conquistada. A resposta dos deputados portugueses, em especial dos mais conservadores, era que a subordinação era natural e que era a melhor alternativa para um bem maior, que favorecia a todos, defendendo que cada um dos reinos tinha papeis diferentes na dinâmica comercial.

132 AHU_ACL_CU_004, Cx. 7, D. 475.

No âmbito político a polêmica oscilava entre a centralização da administração do reino em Portugal, ou a existência de uma monarquia dual, o que significava ter um outro centro de administração no Brasil. O que se pode notar é um conflito de argumentos e pontos de vista. Em alguns discursos perpassa a seguinte ideia: o Brasil poderia ser um Reino, mas não seria um Reino igual a Portugal, uma vez que não teria nenhuma autonomia política e administrativa. A questão era complexa e eivada de diferentes matizes de pensamentos políticos e interesses particulares. Os impasses se adensaram na questão comercial, mas outros pontos também eram alvo de questionamentos como o papel e a esfera de atuação dos tribunais, a nova configuração das províncias e seu funcionamento, a questão escrava, dentre outras questões. A heterogeneidade do império atlântico português era grande e foi difícil estabelecer uma base mínima para discussão. As discordâncias se avolumavam e os discursos radicais ganhavam intensidade em Lisboa. As notícias, do que acontecia nas Cortes Gerais e os embates entre deputados brasileiros e portugueses, chegavam as terras tropicais de forma fragmentada por comunicação oficial, bem como pelos periódicos e panfletos/manifestos que circularam. Tal situação contribuía para exaltar os ânimos de revolta contra uma imposição ou determinação que não estava clara, nem definida. A especulação era grande e ficava evidente que havia um grande jogo de interesse no entorno de d. Pedro.

As Cortes Gerais sabiam que permanência do príncipe regente no Brasil dificultava o avançar dos debates. A permanência do príncipe regente no Rio de Janeiro, atuando como um poder executivo, concorria com as Cortes e reforçava a autonomia do Brasil em relação a Portugal. Desta forma, foi preciso convencer, de todas as forças possíveis, que d. Pedro e sua família regressassem a Europa. As províncias do Sul do Brasil habilmente se articularam para pressionar para que d. Pedro não regressasse a Portugal, alertando para a possibilidade de um rompimento definitivo, dos laços que união do Brasil com a antiga metrópole.[133] Além disso, pontuavam que estava em risco a integridade do território, pois havia chance que levantes locais ocorressem. Outro temor era o perigo da insurgência dos escravos, que desordenaria o sistema produtivo.

Em Lisboa, no dia 29 de agosto, os primeiros deputados pernambucanos tomaram assento nas Cortes de Lisboa, dando início a participação nos debates das sessões que transcorrem. O que ficava evidente, principalmente após o regresso de

---

133 HOLANDA, Sérgio B. (dir.) *História Geral da Civilização Brasileira – O Brasil Monárquico*. 6 ed. São Paulo: Difel, 1985, Tomo II, vol. I., p. 174.

d. João VI a Portugal, era que as reformas modernizantes não avançariam, nem tampouco haveria maior autonomia para uma elite colonial.

Em 29 setembro de 1821, as Cortes exigiram que d. Pedro retornasse para a Europa a fim de completar os seus estudos. Definia que ele, logo após a sua chegada, passasse a "viajar incognito ás Côrtes e Reinos de Hespanha, França e Inglaterra". Nesta jornada ele seria acompanhado por pessoas "dotadas de luzes, virtudes e adesão ao systema constitucional", que fossem nomeadas para tal tarefa.[134] Também se definiu pela extinção de tribunais e repartições públicas, o que evidenciava o desejo de imposição de um novo modelo administrativo. No dia primeiro de outubro, as Cortes Gerais promulgaram um decreto que determinava provisoriamente a forma de administração política e militar das províncias do Brasil. Pela nova definição, estas passariam as se dirigidas pelos "governadores de armas", os quais estavam diretamente subordinados a Lisboa e não estavam submetidas as juntas governativas locais.[135] Era evidente que se tentava de todas as formas obrigar d. Pedro a regressar a Portugal e assim embaraçar o movimento de autonomia que estava em curso. Tendo em conta as manifestações e atos de rebeldia, as Cortes Gerais, em 18 de outubro, definiram pelo envio de um contingente maior de soldados para Rio de Janeiro e Pernambuco, a fim de imporem sua vontade. Em meio a esta turbulência, em 31 de setembro há a incorporação do Uruguai ao Brasil com o nome de Província Cisplatina.

A situação financeira do Brasil era caótica. Na Província do Rio de Janeiro não havia numerário para sustentação do aparelho administrativo. Isto agravou o quadro de crise e serviu de combustível para os inimigos da regência. D. Pedro sabia que havia forças que desejavam proceder a ruptura política do Brasil. Apesar do apoio recebido de alguns segmentos sociais, o príncipe regente não tinha certeza da sustentação política que poderia receber de outras províncias, nem se teria condições de governar num cenário tão adverso. Deve-se acrescer a este cenário a falta de forças militares que pudessem atuar em defesa dos interesses do Brasil. D. Pedro não ocultou de d. João VI que havia movimentos que desejavam conduzi-lo ao poder. Sabia que havia tramas, mas procurava não se envolver nem esboçar re-

---

134 *Lei de 1º de Outubro de 1821 – Determina a viagem do Príncipe Real por algumas Cortes da Europa*. Disponível em: <http://www.planalto.gov.br/ccivil_03/leis/lim/LIM-1-10-1821.htm>. Acesso em: 11 out. 2023..

135 *Decreto de 1º de Outubro de 1821 – Determina provisoriamente a forma de Administração Política e Militar das Provinciais do Brazil*. Disponível em: <http://www.planalto.gov.br/ccivil_03/decreto/historicos/dim/DIM-01-10-1821.htm>. Acesso em: 11 out. 2023.

ceptividade, uma vez que tal situação poderia comprometer o império como um todo. D. Pedro, por reiteradas vezes, tentou enfatizar a sua popularidade, que vinha tanto das camadas menos favorecidas, como dos grupos que detinham poder econômico. As diferentes representações feitas nas províncias de São Paulo e do Rio de Janeiro mostravam que havia interesse na permanência dele no Brasil. Na medida do possível, o regente procurou demonstrar a sua habilidade para administrar algumas crises. Contudo, estas se multiplicavam e ganhavam intensidade e cada vez mais ficava impraticável conciliar interesses distintos.

Dissonâncias regionais ficavam evidente como é possível notar no ofício do presidente do governo de São João das Duas Barras (Goiás), desembargador Joaquim Teotónio Segurado, à Comissão Especial de Negócios Políticos do Brasil, sobre a instalação de um governo provisório fora da capital da província de Goiás, nomeadamente na comarca da Palma, além disso revelava que havia interesses diferentes de província para província, que não poderiam ser esquecidos. Assim se manifestou Joaquim Teotónio Segurado:

> A instalação de hu*m* Governo Provizorio fóra da Capital da Provincia, e ate mesmo fóra da Cabeça da Comarca he hu*m* procedimento novo na resolução da regeneração Portugueza, e Brazileira, deve cauzar admiração: vai-se rasgar o véo deste enigma: advirtindo primeiro que o De*zembargad*or Segurado não tem correspondências algu*m*as: elle cortou todas, por q*ue* na creação da Villa e Comarca da Palma se lhe interceptavão todas as cartas: assim só sabe algu*m*as noticias, q*ue* cazualmente vão á aquella Comarca, e as que adquirio há pouco na Cidade de Goiaz. Em Janeiro do prez*ent*e anno foi chamado á aquella Cid*ad*e pello Gen*er*al: então não só vio a maior p*ar*te dos papeis publicos, que o G*ener*al recebia; mas este lhe comunicou o odio, que consagra a El-rei, posto q*ue* se mostra-se m*ui*to A*mig*o do P*rincip*e Reg*ent*e: dezenvolveo-lhe o g*ran*de partido, q*ue* há no Rio contra Portugal, e o qual mais se faz certo em hu*m* folheto, q*ue* naquella Cid*ad*e sahio na lingoa Franceza. Por outra p*ar*te vio o De*zembargad*or Segurado o acertado sistema da Bahia, q*ue* julga ser o de todas as mais Prov*íncia*s do Norte: vio que a Prov*ínci*a de Goiaz, pella sua demaziada extensão de Sul a Norte não concorda, nem pôde concordar em hu*m* mesmo sistema, por serem diversos os seus interesses: a Comarca de Goiaz tem interesse em seguir o sistema do Rio: a Comarca da Palma só tem interesse, só quer abraçar a sorte do seu legitimo soberano, só quer adoptar a Const*ituiç*am q*ue* se fizer pellas Cortes Constit*uint*es reunidas em Lisboa só quer, e não pode senão querer o sistema, q*ue* seguirem Bahia, e Pará: q*ue* são as unicas Prov*íncia*s com q*ue*

> tem relaçoens comerciais. Com estas idéas sahio o Seguràdo *para* a sua Comarca em meio de Julho com ordem do Gen*eral* *para* fazer Corr*eio*s antes de sahir para Lisboa, por q*ue* ainda q*ue* a esse tempo não estive-se feita a eleição dos Deput*ados* já o Gen*eral* os tinha dezignado, e com efeito essas /fl. 1v/ mesmos forão eleitos.[136]

De Natal, o governador da província do Rio Grande do Norte, José Inácio Borges, em ofício ao rei, d. João VI, informou sobre os procedimentos que foram observados para eleição da Junta Provisória Constitucional, de modo que ele fosse substituído no governo daquela província. No documento é feito um histórico sobre o assunto, mostrando a circulação de informações entre as províncias, destacando que havia um "estado de incertezas".[137]

Em 3 de novembro, na cidade de Salvador, ocorreu uma tentativa de deposição da junta submissa às Cortes, tendo como um dos líderes o coronel Felisberto Gomes Caldeira. O levante foi reprimido e os envolvidos foram deportados para Lisboa. As Cortes definiram pela nomeação do brigadeiro Ignácio Luís Madeira de Melo, como governador de armas da Bahia, o que gerou insatisfação e não eliminou as revoltas.[138] Na região central da cidade de Salvador, há manifestações contrárias a d. Pedro e os confrontos são graves com saques de lojas e casas.

As determinações das Cortes Gerais, definidas no começo de outubro, chegaram ao Rio de Janeiro em dezembro de 1821 e aceleraram o desejo de emancipação, que estava presente em grupos que se viam lesados com a iminente situação do Brasil regressar à condição de colônia.[139] A notícia, do possível retorno de d. Pedro, gerou uma onda de apoio ao príncipe. As províncias de São Paulo, Minas Gerais e Rio de Janeiro enviaram mensagens, manifestando o desejo de que as ordens das Cortes não fossem cumpridas. A permanência de d. Pedro no Brasil significava a manutenção da condição de Reino Unido.[140] Em linhas gerais, a mensagem a ser transmitida era clara: a perda da autonomia do Brasil era inconcebível. D. Pedro, em carta a d. João VI, datada de 15 dezembro, relata a pressão que recebia, deixando claro o que ouvia: "ou vai, nós nos declaramos independentes, ou fica, e então conti-

136 AHU_ACL_CU_008, Cx. 56, D. 2943

137 AHU_ACL_CU_018, Cx. 10, D. 657.

138 Sobre Madeira de Melo ver: SILVA, Maria Beatriz Nizza. *Semanário Cívico: 1821-1823*. Salvador: EDUFBA, 2008.

139 PROENÇA, Maria Cândida. *A Independência do Brasil*. Lisboa: Colibri, 1999, p. 36.

140 AHU_ACL_CU_023, Cx. 30, D. 1376.

nuamos a estar unidos e seremos responsáveis pela falta de execução das Ordens do Congresso; e demais, tanto os ingleses europeus como os americanos ingleses nos protegem na nossa independência no caso de ir Sua Alteza".[141]

D. João VI, no decorrer de sua estada no Rio de Janeiro, favoreceu uma elite que ficou no entorno da família real e se viu desamparada parcialmente com o regresso do monarca a Portugal. Este grupo, que assediava d. Pedro, será o grande propagador da ideia de que a Revolução de 1820 punha fim da paridade do Brasil como Reino Unido. Tal situação ficava cada vez mais visível, na medida em que as Cortes buscavam afirmar a soberania de Portugal em relação ao Brasil. Os deputados portugueses, que defendiam a supremacia de Portugal em relação à colônia, acusavam os deputados brasileiros de levantarem questões que conturbavam o cenário político e que tinham como fim claro separar o Brasil de Portugal.

Na *Representação dirigida à Sua Alteza Real o Príncipe Regente do Brasil pelo Governo, Senado da Câmara e Clero da Província de São Paulo*, datada do final de dezembro de 1821, *é apresentada a posição de parcela dos políticos brasileiros. Estes se posicionavam de maneira explícita contra os planos estabelecidos pelas Cortes*, os quais procuravam lucrar com os recursos das terras brasileiras e reestabelecer o monopólio comercial. Sem hesitação, era revelado o desejo separatista, que poderia contar com apoio de nações estrangeiras. Alegavam que os decretos das Cortes, que definiam a independência dos poderes civil, militar e da Junta da Fazenda Pública poderiam gerar inconvenientes. Advertiam que era mais prudente a centralização da união das Províncias na figura do príncipe regente, que poderia agir como poder executivo, deferindo e determinando o que fosse de interesse de todos. Também eram favoráveis a criação de um Supremo Tribunal de Justiça para que este acompanhasse o Executivo até que as Cortes Gerais definissem um modelo final de administração para o império.[142] Na essência, o que se nota era uma insatisfação em relação ao processo de organização das estruturas de poder, que não levavam em conta a dinâmica existente e colocava em confronto os diferentes poderes. Era preciso estabelecer os justos limites de cada um.

No dia 31 de dezembro, no Rio de Janeiro, o juiz de fora José Clemente Pereira, em ofício ao secretário de estado das Cortes Gerais e Extraordinárias da Nação

---

141 *Cartas e mais peças officiaes dirigidas a sua magestade o senhor D. João VI pelo principe real o senhor D. Pedro de Alcantara (...)*. Lisboa: Imprensa Nacional, 1822, p. 20.

142 "Ofício de 22 de março de 1822, enviado pelo Governo Provisional de Minas Gerais a José Bonifácio, Ministro dos Negócios do Reino", in: *As Juntas Governativas e a Independência*. Rio de Janeiro: Conselho Federal de Cultura/Ministério da Justiça/Arquivo Nacional, 1973, p. 873-877.

Portuguesa, João Baptista Felgueiras, esclarecia que a opinião pública pedia que fosse suspenso o retorno de d. Pedro a Portugal, enfatizando que a vontade dominante era manter a estreita relação com a metrópole.[143] O vice presidente de Minas Gerais, José Teixeira da Fonseca Vasconcelos, deu conta da situação das movimentações ocorridas depois da partida de d. João VI e das novas orientações políticas. Ele foi enfático ao pleitear os direitos dos brasileiros:

> Sobre os fundamentos expendidos ainda se manifestão outros igualmente dignos de attenção. Se a Nação Portugueza he livre, e independente, e se forma dos Portuguezes de ambos os Hemispherios, como então podemos nós ser patrimonio de Portugal sem offensa dos Artigos 16, e 20 das Bazes da Constituição? Como, e com que autoridade se tem decidido dos nossos direitos e destinos sem assistencia dos nossos Reprezentantes? Não está o Brazil emancipado, e não he um Reino, a quem competem suas legáes attribuições? /fl. 2v/ Como reduzi-lo despoticamente a uma desprezivel colonia, privando-o da Augusta Prezença de Vossa Alteza Real, extinctos seus Tribunaes para crescer a desgraça na razão da distancia? Não será da maior necessidade, que formemos uma só familia com vinculos indissoluveis, e que sejão iguaes, e tambem indissoluveis os nossos direitos? Nós estamos bem seguros delles, conhecemos os nossos recursos, a nossa pozição, e não ignoramos o estado de Portugal.[144]

Os representantes de São Paulo, Rio de Janeiro e Minas Gerais entendiam que a articulação política destas províncias era vital para dar continuidade a paridade do Reino do Brasil. Desejavam também que outras províncias aderissem ao bloco como Rio Grande de São Pedro, Goiás e Mato Grosso. Todas desejavam ter maior autonomia provincial em relação ao Rio de Janeiro. O jogo político era complexo, uma vez que o andamento das ações dava ensejo a celebração de novas alianças. Por conseguinte, havia sempre a necessidade de reordenamentos, conforme as notícias circulavam e reverberavam. As Cortes Gerais não foram capazes de fazer concessões para sedimentar um acordo. Um dos grandes impasses foi a tentativa de eliminar os privilégios que haviam sido concedidos por d. João VI. Para os habitantes do Brasil era claro que as vantagens conquistadas não poderiam ser retiradas, nem tampouco a perda do status de Reino Unido. Considerava-se que o sistema administrativo imposto pelas Cortes era desorganizador, pois estabelecia autoridades independentes

143 AHU_ACL_CU_017, Cx. 288, D. 20401.

144 AHU_ACL_CU_011, Cx. 188, D. 1394.

umas das outras, sem deixar claro campos de atuação, pairavam muitas dúvidas sobre as competências legais de cada um. Era lembrado constantemente que a amizade entre Portugal e Brasil dependia da forma como as Cortes tratariam a ex-colônia.

Em primeiro de janeiro, no *Manifesto de Sua Alteza Real O príncipe regente constitucional e defensor perpétuo do reino do Brasil aos povos deste reino*, d. Pedro afirma:

> [...] Acordemos pois, generosos habitantes deste vasto e poderoso império, está dado o grande passo da vossa independência e felicidade a tanto tempo preconizadas pelos grandes políticos da Europa. Já sois um povo soberano; já entrastes na grande sociedade das nações independentes, a que tínheis todo o direito [...]
>
> [...] Brasileiros em geral! Amigos, reunamo-nos; sou vosso compatriota, sou vosso Defensor; encaremos, como único prêmio de nossos suores, a honra, a glória, a prosperidade do Brasil. Marchando por esta estrada ver-me-eis sempre à vossa frente, e no lugar do maior perigo. A minha felicidade (convencei-vos) existe na vossa felicidade: é minha glória reger um povo brioso e livre. Dai-me o exemplo das vossas virtudes e da vossa união. Serei digno de vós. Palácio do Rio de Janeiro em primeiro de agosto de 1822. [145]

O ritmo das informações e reações do que acontecia pelo território brasileiro eram diferentes. Em Aracati (Ceará), no dia 9 de janeiro de 1822, a Câmara felicitou d. João VI pela chegada a Lisboa.[146] Enquanto isso, no Rio de Janeiro, a ebulição política era grande. José Clemente Pereira, na condição de presidente do Senado, apresentou ao príncipe um abaixo assinado com mais de oito mil assinaturas. O documento, redigido por frei Francisco de Sampaio, solicitava que o príncipe regente permanecesse no Rio de Janeiro. Aproveitando o ato da entrega, José Clemente Pereira realizou um discurso, alertando para o desejo das Cortes Gerais de rever a condição do Brasil, enquanto Reino Unido. A cidade do Rio de Janeiro ficou em alvoroço, quando se espalhou a notícia de que práticas do "antigo sistema colonial" voltariam a funcionar. A insatisfação era grande e a adesão à permanência de d. Pedro ganhou maior envergadura. A declaração pública do príncipe regente, realizada no Paço da Cidade naquele mesmo dia, que ficaria

---

145 *Manifesto de Sua Alteza Real O príncipe regente constitucional e defensor perpétuo do reino do Brasil aos povos deste reino.* Rio de Janeiro: Imprensa Nacional, 1822.

146 AHU_ACL_CU_006, Cx. 22, D. 1339.

conhecida como o "dia do Fico", teria desdobramentos mais graves.[147] Devemos lembrar que este episódio não pode ser visto apenas como uma reação às determinações das Cortes. D. Pedro já vinha elaborando uma estratégia de ação desde outubro de 1821, sendo que uma das vias de ação passava por tornar público o seu desejo de permanecer em terras tropicais. Aguardava o momento mais oportuno para externar sua posição. A manifestação de que permaneceria no Rio de Janeiro, se configurava como um foco de resistência às Cortes Gerais. A situação ficaria mais tensa na medida em que o príncipe regente se mostrava propenso a ceder aos interesses de uma elite brasileira e desrespeitar as determinações vindas de Portugal. Lúcia Maria Bastos Pereira das Neves destacou, com propriedade, que no "dia do Fico" não estava clara ideia de separação e que o momento que foi eivado de sentidos contraditórios cheio de articulações políticas momentâneas.[148] Prevalecia a ideia de um império luso-brasileiro e que d. Pedro precisava reagir de maneira mais contundente as pressões que recebia.[149]

No dia 11 de janeiro, as tropas portuguesas da Divisão Auxiliadora, fiéis as Cortes Gerais, entraram em confronto com as tropas brasileiras, rebelando-se contra a decisão de d. Pedro permanecer no Brasil. Jorge de Avilez Juzarte de Sousa Tavares, comandante das Armas e defensor dos interesses das Cortes Gerais, agiu com seus soldados e tomou o Morro do Castelo, passando a atacar as tropas comandadas por d. Pedro. O tenente-general Joaquim Xavier Curado mais quatro mil milicianos e cidadãos agiram para apoiar o príncipe regente. Os embates, que se espalharam pela cidade do Rio de Janeiro e causariam turbulências graves, forçaram d. Pedro a tomar medidas drásticas. A primeira determinação adotada foi a proibição do desembarque de tropas portuguesas que vinham substituir a Divisão Auxiliadora.[150] Outra medida, claramente de oposição às Cortes, foi a nomeação de um novo ministério, em 16 de janeiro. Nesta ocasião ocorreu a nomeação de José Bonifácio de Andrada e Silva para o Ministério do Reino e Estrangeiros, Caetano Pinto de Miranda Montenegro, para a pasta de Fazenda e Justiça, Joaquim de

147 Ver: GRAHAM, Maria. *Diário de uma viagem ao Brasil: e de uma estada nesse país durante parte dos anos de 1821, 1822 e 1823.* São Paulo: Companhia Editora Nacional, 1956, p. 212.

148 HOLANDA, Sérgio B. (dir.) *História Geral da Civilização Brasileira – O Brasil Monárquico.* 6 ed. São Paulo: Difel, 1985, Tomo II, vol. I, p. 165.

149 NEVES, Lúcia Maria Bastos Pereira das Neves. *Corcundas e Constitucionais*: A Política da independência (1820-1822). Rio de Janeiro: RENAVAM/FAPERJ, 2002, p. 299.

150 LUSTOSA, Isabel. *Insultos impressos: a guerra dos jornalistas na Independência (1821-1823).* São Paulo: Companhia das Letras, 2000, p. 130-135.

Oliveira Álvares, como ministro da Guerra, e Manuel Antônio Farinha, conde de Souzel, como Ministro da Marinha.[151]

Os embates entre as tropas de d. Pedro e as de Jorge de Avilez fizeram com que este pedisse demissão do cargo em 11 de janeiro. A tensão era grande porque as tropas portuguesas se encontravam aquarteladas na Praia Grande. D. Pedro nomeou Joaquim Xavier Curado para assumir o governo de armas da Corte e Província do Rio de Janeiro, em substituição ao demissionário, e agiu de forma cautelosa, pois havia a possibilidade de um conflito mais intenso. Negociações políticas eram engendradas.

Na fase seguinte, Jorge de Avilez justificou sua maneira de agir, alegando que atuava para conservar a unidade e indivisibilidade da monarquia, conforme o juramento feito às Bases da Constituição.[152] De uma forma direta, o discurso de Avilez apontava para o fato de quem descumpria as determinações da Corte era d. Pedro, apoiado em manobras políticas. Deixava claro que só regressaria a Portugal depois que recebesse ordens das Cortes Gerais para assim agir, enfatizando sua disposição para defender os interesses e a integridade da nação portuguesa. Uma das questões que estava em jogo era a autoridade do príncipe regente e a autonomia e liberdade do Reino do Brasil e não diretamente da emancipação.

José Bonifácio de Andrada e Silva se destacara no cenário político que se apresentava naquele momento. Este, enquanto vice-presidente da junta governativa da província de São Paulo, foi o autor de *Lembranças e apontamentos do Governo Provisório da província de São Paulo para seus deputados*. O documento sintetizava os principais parâmetros que deveriam guiar a participação dos deputados nas Cortes.[153] A orientação dada era para que fosse defendida a ideia coexistência de dois centros políticos: um em Portugal e outro no Brasil. O monarca d. João VI continuaria a exercer o poder em Lisboa, enquanto d. Pedro permaneceria no Rio de Janeiro como regente do Reino. Além disso, outro ponto a ser debatido era a convocação de uma Assembleia Constituinte no Brasil. Estas duas condições eram totalmente contra aos desejos das Cortes Gerais.[154]

151 Sobre o pensamento de José Bonifácio de Andrada e Silva ver: MARTINEZ, Paulo Henrique. "O ministério dos Andradas (1822-1823). JANCSÓ, István. *Brasil: Formação do Estado e da nação*. Sao Paulo: Hucitec; Unijui; Fapesp, 2003. p. 469-496.

152 Ver: ARAÚJO, Cristina. "O Reino Unido de Portugal, Brasil e Algarves, 1815-1822", in: *Revista de Historia das Ideias*. Coimbra: Universidade de Coimbra, 1992, vol. 14, p. 233-261.

153 HOLANDA, Sérgio B. (dir.) *História Geral da Civilização Brasileira - O Brasil Monárquico*. 6 ed. Sao Paulo: Difel, 1985, Tomo II, vol. I, p. 174-177.

154 BERBEL, Márcia Regina. *A nação como artefato*. Deputados do Brasil nas cortes portuguesas (1821-1822). São Paulo: Hucitec/FAPESP, 2006, p. 192-196.

A decisão de permanecer no Brasil fez com que d. Pedro assumisse um antagonismo claro em relação às Cortes. Nos meses seguintes ao "dia do Fico", ele conseguiu reunir no seu entorno grupos insatisfeitos com as determinações vindas de Portugal e conquistou um maior espaço político, na medida e que passou a agir com maior autonomia.

A maçonaria foi atuante na defesa da permanência de d. Pedro no território brasileiro. Em nenhuma hipótese aceitava a ideia de retorno.[155] As duas facções da maçonaria brasileira apoiaram as ideias em prol da independência. Uma delas, considerada mais radical e liderada por Joaquim Gonçalves Ledo defendia ideias republicanas. A outra, comandada por José Bonifácio de Andrada e Silva entendia que a solução era um regime de monarquia constitucional, que mantivesse d. Pedro no comando da nação.[156] *O príncipe regente*, sem hesitações, participou das duas facções que buscavam conquistar o apoio dele. As lojas maçônicas foram celeiro de debates importantes, que acabaram ganhando amplitude junto ao corpo social. O manifesto que resultou no "dia do Fico" é um exemplo importante, bem como a aclamação de d. Pedro como "Defensor Perpetuo do Brasil". Deve-se também considerar que a rede de lojas maçônicas, espalhadas pelo território brasileiro, foram o meio pelo qual a disseminação da Proclamação da Independência chegou a diferentes partes do Brasil.

D. Pedro ao proclamar o "Fico" deu voz ao conjunto de forças que o apoiavam, manifestando que tinha sustentação política e que estava ciente das lutas que estavam a caminho. Ao mesmo tempo, ele deixava claro a sua capacidade de exortar a população e comandar tropas. O evento público se configurou como uma instância de legitimação da figura de d. Pedro perante as forças de oposição presentes no Rio de Janeiro e nas Cortes, em Portugal. Ao definir por permanecer no Brasil, ele considerou a hipótese de ser forçado a realizar enfrentamentos, inclusive contra as tropas portuguesas. Para que isto fosse possível, era preciso garantir cada vez mais apoio político e militar no seu entorno, o que significava reforçar o reconhecimento de sua autoridade como regente. Ele também tinha ciência que elementos mais radicais poderiam promover a anarquia, fazendo com que a situação fugisse ao controle. Ficava claro que havia um grande receio com rebeliões, como ocorrera no contexto espanhol. Temia-se a revolta dos escravos e o "desgoverno".

---

155 MOTA, Carlos Guilherme; NOVAIS, Fernando. *A Independência Política*. São Paulo: Moderna, 1986, p. 50.

156 CARVALHO, José Murilo de. *Cidadania no Brasil. O longo Caminho*. 3ª ed. Rio de Janeiro: Civilização Brasileira, 2002, p. 27.

A primeira organização de um governo brasileiro, em 16 de janeiro de 1822, mostrava que a independência era inevitável, pois todas as decisões das Cortes Gerais deveriam passar pela aprovação de d. Pedro. Aguardava-se os próximos acontecimentos para que medidas mais efetivas fossem tomadas. Como era previsível, tempos depois, as Cortes determinaram que d. Pedro dissolvesse o novo governo e cancelasse a convocação feita para a Assembleia Constituinte. O tom da determinação estava longe de ser amigável.

Enquanto isso, em Portugal, os debates se Assembleia Constituinte se acirraram. Em 11 de janeiro de 1822, os deputados paulistas tomaram assento nas Cortes em Lisboa e tinham um programa com vários artigos, dentre eles estava o da manutenção de d. Pedro no Rio de Janeiro e a garantia do estatuto político do Brasil como Reino Unido de Portugal e Algarves.[157] A despeito dos questionamentos feitos, as Cortes Gerais definiram novas medidas que sinalizavam para a perda de autonomia conquistada pelo Brasil.[158] Pela lei, de 18 de janeiro, foram extintos os tribunais criados no Rio de Janeiro, a partir de 1808. Por conseguinte, os procedimentos para tramitação voltaram a ser iguais aos que existiam antes da criação.[159]

José Clemente Pereira, enquanto juiz de fora, remeteu um ofício ao secretário das Cortes Gerais e Extraordinárias, João Batista Felgueiras, esclarecendo sobre os acontecimentos ocorridos nas províncias de São Paulo e Minas Gerais. No documento cogitava a provável suspensão da saída dos deputados mineiros até que se tivesse conhecimento sobre as deliberações. Aproveitava o ensejo para manifestar a insatisfação em relação aos acontecimentos do dia 12 de janeiro, causados pelas Divisão Auxiliadora. Terminava o documento destacando: "Concluo, informando a V*ossa* Excel*ência* que se o Soberano Congresso nega a estas Provincias o que lhe vão pedir, *parece inevitavel o rezultado de huma decidida separação de Portugal*: que tal he a opinião dominante!!!".[160]

157 *Lembranças e apontamentos do governo provizorio da Provincia de São Paulo para os seus deputados, mandados publicar por ordem de Sua Alteza Real, o principe regente do Brasil: a instancias dos mesmos senhores deputados.* Rio de Janeiro: Typographia Nacional, 1821.

158 BERBEL, Márcia Regina. "Os apelos nacionais nas cortes constituintes de Lisboa (1821/22)", in: MALERBA, Jurandir. (org.). *A Independência do Brasil: Novas dimensões.* Rio de Janeiro: FGV, 2006, p. 192-196.

159 *Lei de 18 de janeiro de 1822 – Extingue os Tribunaes creados no Rio de Janeiro e estabelece a fórma de Administração das Províncias do Brazil.* Disponível em: <http://www.planalto.gov.br/ccivil_03/leis/lim/LIM-18-1-1822.htm>. Acesso em: 11 out. 2023. E *Collecção das Leis do Imperio do Brazil.* Rio de Janeiro: Imprensa Nacional, 1887, parte I, p. 5-7.

160 AHU_ACL_CU_017, Cx. 289, D. 20421 – grifo nosso.

Os pronunciamentos de insatisfação não partiram apenas do Rio de Janeiro. O comandante da corveta Princesa Real, José Xavier Bressane Leite, comunicava a Joaquim Monteiro Torres, secretário de Estado de Marinha e Ultramar, sobre o desacordo que tivera coma Junta Governativa Provisória de Pernambuco, acerca da retirada das tropas portuguesas do território pernambucano. Na cidade do Recife, predominava um partido contrário aos europeus, que hostilizava as tropas constitucionais. No decorrer da tomada do Forte do Brum, pela população, um sargento do batalhão fora executado.[161] Os ânimos estavam exaltados e havia descompassos. A Junta Provisória do governo da Paraíba, na mesma época, dava conta que na capitania do Rio Grande do Norte ocorrerá um embate entre o ouvidor da comarca e Joaquim Torquato Soares Raposo da Câmara, tendo como foco da celeuma a tentativa de realização de uma segunda eleição para forçar a instalação de novo governo.[162] No Maranhão, conforme carta da Junta Provisória do Governo para Joaquim Monteiro Torres, a posse do governo daquela província transcorrera com toda a normalidade.[163] O mesmo aconteceu na Província do Espírito Santo, conforme ofício da Junta Provisória.[164] Em outras províncias é possível notar que as juntas governativas seguiam as determinações das Cortes Gerais, como na Vila de Cuiabá e na Vila de Desterro da Ilha de Santa Catarina.[165]

Em meados de fevereiro, as tropas de Avilez deixaram a cidade do Rio de Janeiro e os rumores eram que d. Pedro articulava para se impor como governante, a despeito da autoridade das Cortes Gerais. As expectativas eram grandes, em parte alimentadas pela imprensa periódica.[166] Em 15 de fevereiro de 1822, d. Pedro escreveu a d. João VI, esclarecendo que a deputação eleita por Minas Gerais não embarcaria para Portugal, enquanto não estivesse clara a posição das Cortes sobre a permanência do príncipe regente no Brasil. Explicitava claro que os deputados se oporiam a isto de todas as formas. Esta posição deveria ser compartilhada com o Congresso Soberano para que este deliberasse acertadamente, considerando as representações que seguiam do Brasil, enviadas por fluminenses, mineiros e pau-

161 AHU_ACL_CU_015, Cx. 285, D. 19495.

162 AHU_ACL_CU_014, Cx. 50, D. 3463.

163 AHU_ACL_CU_009, Cx. 168, D. 12238.

164 AHU_ACL_CU_007, Cx. 8, D. 547.

165 AHU_ACL_CU_010, Cx. 44, D. 2218 e AHU_ACL_CU_021, Cx. 10, D. 609.

166 LUSTOSA, Isabel, *Insultos impressos: a guerra dos jornalistas na Independência* (1821-1823). São Paulo: Companhia das Letras, 2000.

listas. Nos documentos eram expostos os verdadeiros sentimentos do povo. No dia seguinte, o príncipe regente escreveu novamente a d. João VI, dando conta que criara um Conselho de Estado, que atendia aos interesses da Nação, deixando claro seu desejo de manter a monarquia luso-brasileira e que não possuía nenhuma ambição enquanto regente do vasto Reino do Brasil.[167]

A questão ganhou contornos mais intensos em 16 de fevereiro de 1822. Nesta data, d. Pedro criou o Conselho de Procuradores Gerais das Províncias do Brasil, que tinha como função assessorar o príncipe regente na tomada de decisões.[168] A ideia havia surgido na loja maçônica Grande Oriente do Brasil, tendo como mentores Joaquim Gonçalves Ledo, José Clemente Pereira, Januário da Cunha Barbosa e Luís Pereira da Nóbrega.[169] A *ação afrontava as Cortes Gerais e mostrava que d. Pedro não se submetia a autoridade destas.*[170] Nem todas as províncias se manifestaram de forma favorável. Algumas juntas governativas questionaram a legitimidade do poder de d. Pedro, em especial as províncias do Norte, que estavam alinhadas com as Cortes Gerais.

D. Pedro, em meio as pressões que sofria e sem condições de antever de uma forma mais adequada os desdobramentos de algumas ações, agiu de forma hesitante. Poderia gozar de liderança, mas carecia de apoio e precisava de sustentação política para poder agir contra as determinações das Cortes. [171] Na medida que os debates avançavam ficava evidente que a separação do Brasil de Portugal estava na iminência de ocorrer, dependia apenas de um conflito mais grave para que os laços fossem rompidos. A situação era irreversível e se buscava um novo sistema econômico que atendesse a interesses tão dispares. Era um desafio a ser resolvido.

Em Vila Rica, então capital das Minas Gerais, se constituíra a Junta Provincial cuja composição dava sinais de que poderia não reconhecer a autoridade de d. Pedro. A documentação aponta para uma acirrada disputa entre forças políticas mineiras,

---

167 *D. Pedro I. Proclamações, Cartas e Artigos de Imprensa.* Cartas de 15 e 16 de fevereiro.

168 PRADO Júnior, Caio. "O Tamoio e a política dos Andradas na Independência do Brasil", in: PRADO Júnior, Caio. *Evolução Política do Brasil e outros estudos.* São Paulo: Brasiliense, 1969, p. 186.

169 *Decreto de 16 de fevereiro de 1822 – Crêa o Conselho de Procuradores Geraes das Provincias do Brasil.* Disponível em: <https://www2.camara.leg.br/legin/fed/decret_sn/anterioresa1824/decreto-38926-16-fevereiro-1822-568227-publicacaooriginal-91623-pe.html>.

170 HOLANDA, Sérgio B. (dir.) *História Geral da Civilização Brasileira – O Brasil Monárquico.* 6 ed. São Paulo: Difel, 1985, Tomo II, vol. I.

171 MOTA, Carlos Guilherme; NOVAIS, Fernando. *A Independência Política.* São Paulo: Moderna, 1986, p. 51.

que almejavam ter o controle do governo da Província e por decorrência o comando de eleição dos deputados mineiros para as Cortes. As articulações políticas de d. Pedro em Minas Gerais e em São Paulo eram frágeis e exigiam atenção do regente. Era imperante uma ação mais próxima para apaziguar os ânimos e afastar as desconfianças sobre si. A viagem empreendida por d. Pedro a Minas Gerais, entre março e abril de 1822, visou buscar o comprometimento das lideranças locais ao sistema constitucional, mas debaixo da sua autoridade. Na visita que realizou a Minas Gerais, d. Pedro destituiu as juntas governativas e convocou novas eleições para a Província. Tal medida foi tomada porque o governo provisório agia com arbitrariedade, o que gerou abusos e as consequentes reclamações do povo. As lideranças mineiras deixaram claro que atuariam de maneira mais incisiva para defenderem os seus interesses, chegando a realizar enfrentamentos, caso fosse necessário. A viagem permitiu que d. Pedro compreendesse o clima político tenso no interior do território, ao mesmo tempo em que tentava acalmar os ânimos e garantir a ordem político-social. Pode-se dizer que a visita de d. Pedro a Minas Gerais foi importante para reforçar uma imagem de união entorno da sua figura, o que era fundamental para angariar apoio. D. Pedro, ao chegar no Rio de Janeiro, exultante com a acolhida recebida, escreveu a d. João VI, participando detalhes da sua viagem e o êxito que obtivera na sua empreitada. Em especial, ele chamou a atenção para o fato de que os direitos proclamados pelas Cortes deveriam ser demonstrados em atos efetivos. O reclamo era que, enquanto as Cortes não definissem a constituição, as leis e concessões feitas anteriormente deveriam continuar em vigor. Neste processo, a figura de José Bonifácio de Andrada e Silva foi importante na medida em que ele foi o responsável por construir um discurso de defesa dos direitos de d. Pedro e de criar a imagem de "Defensor Perpetuo do Brasil". A ideia basilar era que apenas o príncipe regente seria capaz de reunir os interesses de diferentes segmentos da sociedade e das províncias que compunham o Reino do Brasil.

Pode-se dizer que não havia uma unidade de pensamento entre as províncias, mas sim alguns interesses em comum. Como esclarecem os documentos, as controvérsias eram muitas e em grande parte resultavam da falta de conhecimento ou ausência de informações do que ocorria em outras partes do território brasileiro, em especial no Rio de Janeiro. Em março de 1822, a presença de deputados paulistas na Assembleia Constituinte acabou por gerar mais embates. António Carlos Ribeiro de Andrada, em um discurso radical, defendeu a paridade entre os habitantes do Brasil e os que habitavam o reino de Portugal, o que significava na prática iguais direitos.[172]

172 BERBERL, Márcia Regina. *A Nação como Artefato – Deputados do Brasil nas Cortes Portuguesas – 1821-1822*. São Paulo: Hucitec/FAPESP, 2006, p.167.

Um marco dos debates foi a indicação, em 4 de janeiro de 1822, para a formação de uma Comissão que tivesse como objetivo principal elaborar um projeto de nortearia as relações comerciais de Portugal. Esta Comissão deveria ser formada por deputados portugueses e brasileiros, com representantes das principais praças de comércio. A ideia era constituir um pacto entre portugueses de ambos os hemisférios de maneira que fosse possível garantir a prosperidade de todos. A Comissão foi composta pelos deputados brasileiros: Pedro Rodrigues Bandeira e Luís Paulino d'Oliveira Pinto da França: e pelos deputados portugueses: Hermano José Braancamp de Almeida Castelo Branco, Luiz Monteiro, Manoel Alves do Rio. A evolução dos debates acalorados avançou pelos meses seguintes. Com acusações de ambos os lados, muitas delas devido à entendimentos errados ou ilações indevidas. Para alguns deputados estava claro que o Brasil não poderia voltar ao estado de colônia, tendo seus portos fechados aos estrangeiros. Esta constatação era clara e reforçada pelo posicionamento inglês de fazer valer os compromissos assumidos por Portugal.[173] A chegada dos deputados paulistas ao Congresso há uma intensificação do discurso de defesa dos direitos concedidos ao Brasil a partir da chegada da família real. A criação da Comissão Especial dos Negócios Políticos do Brasil, em 12 de março, pelas Cortes Gerais mostra como era importante discutir, em específico, temas concernentes às terras tropicais. A Comissão era composta por doze membros, sendo seis do Brasil e seis de Portugal.

A nomeação do general Madeira para o governo da Bahia, feita pelas Cortes Gerais, não foi acertada, tendo em conta a forma rígida como conduziu o processo, influenciado por um grupo político que tinha interesses particulares. Respeitador das leis, aplicava-as de maneira rigorosa e não estabelecia diálogo com os opositores.[174] O apoio da Bahia as Cortes Gerais fez com que diferentes orientações políticas se manifestassem, tornando o cenário bem conturbado.

Nessa ocasião, o Convento de Nossa Senhora da Conceição da Lapa, vizinho ao quartel da Mouraria, foi invadido e a abadessa Joana Angélica foi morta a golpes de baioneta. Ao final do confronto, comerciantes, proprietários de terras e militares de Salvador manifestaram seu apoio a Madeira de Melo. Aqueles que apoiavam d. Pedro se virão obrigados a deixar a cidade e buscar proteção na região do Recôncavo. Num relato coevo, era destacado que havia pessoas mal intencionadas

---

173 ROCHA, Antonio Penalves. *A recolonização do Brasil pelas Cortes*. São Paulo: Editora Unesp, 2009, p. 64.

174 FRANÇA, António d'Oliveira Pinto da. *Cartas Baianas 1821-1824*. São Paulo: Companhia Editora Nacional, 1980, p. XX-XXI.

que acirravam os ânimos para se aproveitarem da situação. A Junta Provincial eleita nada podia atalhar, porque de fato nada governava. Todos os dias era insultada por cartas que circulavam na imprensa, na sua maioria insufladas por comerciantes que se opunham ao nacionalismo brasileiro.[175]

As notícias sobre as movimentações de rebeldia na Bahia e sobre a decisão de d. Pedro permanecer no Brasil acabaram por acirrar as rivalidades e deram ensejo para que circulassem informações falsas de que as Cortes já tinham definido pela volta do Brasil a situação de colônia.[176] Como bem observou Antonio Penalves Rocha, ao analisar a documentação, "as Cortes não pretendiam recolonizar o Brasil, no sentido preciso de restaurar o exclusivo como existira antes de 1808".[177] Era defendida a ideia de livre comércio e deveriam ser estabelecidas novas práticas pautadas por um "pacto comercial", como parte integrante de um projeto maior que era a reorganização comercial do Reino Unido. As alternativas propostas para tal situação não contemplavam uma distribuição igual de benefícios, o que acabou por ser um foco de discórdias. Portugal receberia a maioria dos benefícios econômicos, enquanto o Brasil se limitava a ter lucros reduzidos, como fornecedor de produtos tropicais. Penalves Rocha, explicita que não havia sinais de que a reorganização do comércio do Reino Unido causasse "perdas a curto prazo às classes dominantes". Por conseguinte, o processo de independência não pode ser visto apenas por meio dos embates ocorridos entre os deputados, em Lisboa, devido ao realinhamento das relações comerciais. Em meio a confusão, as Cortes Gerais buscaram esclarecer a população sobre a situação e evitar que os problemas se avolumassem.

Nos debates em curso, teve papel de relevo Antônio Carlos Ribeiro de Andrada Machado e Silva, porta-voz da bancada paulista nas Cortes. Devidamente instruído pelo irmão José Bonifácio de Andrada e Silva, ele defendeu a autonomia político-administrativa do Brasil, com a correspondente liberdade da atividade comercial. Nas sessões em que fez intervenções, ele apresentou ideias que postulavam interes-

---

175 FRANÇA, António d'Oliveira Pinto da. *Cartas Baianas 1821-1824*. São Paulo: Companhia Editora Nacional, 1980, p. 45-48.

176 ROCHA, Antonio Penalves. *A recolonização do Brasil pelas Cortes*. São Paulo: Editora Unesp, 2009, p. 65. Ver: LEMOS, Antonio Cleber da Conceição. " 'Felizes Sucessos da Bahia': Disputas na narrativa da revolução constitucionalista na Bahia ao longo das Cortes Gerais de Lisboa (1821-1822), in: *Revista Nordestina de História do Brasil*. Cachoeira: Universidade Federal do Recôncavo da Bahia, v. 1, n. 1, jul./dez. 2018.

177 ROCHA, Antonio Penalves. *A recolonização do Brasil pelas Cortes*. São Paulo: Editora Unesp, 2009, p. 82.

ses diferentes e por vezes contraditórios.[178] Para Antônio Penalves Rocha, Antonio Carlos Ribeiro de Andrada e seu grupo divergiam da maioria dos deputados, pois "antevia um Reino Unido constituído de nações autogovernadas, cuja propriedade seria impulsionada pelo livre comércio".[179] Os embates e as intransigências dos diferentes grupos atuantes nas Cortes fizeram com que as fissuras existentes fossem sendo aprofundadas e o império ultramarino português sofresse um abalo sísmico. Antônio Penalves Rocha destaca, com propriedade, que as: "Cortes não tinham intenção alguma de, ao pé da letra, promover a recolonização, como comprova o projeto do decreto sobre as relações comerciais, pois sabiam, como os brasileiros, que as circunstâncias históricas inviabilizariam o restabelecimento do exclusivo". Havia um esforço para se chegar a um consenso, pois as Cortes "acreditavam que o projeto de relações comerciais produziria benefícios mútuos ao Brasil e a Portugal, muito embora o comércio dentro do espaço do Reino Unido devesse servir de arrimo à 'regeneração' de Portugal". A grande questão que emergia era: Depois da abertura dos portos, seria possível, ou não, que Portugal voltasse a ter domínio comercial sobre o Brasil? Para Penalves Rocha, a ideia de recolonização "como está presente na memoria nacional brasileira portuguesa, foi uma invenção historiográfica". A documentação existente corrobora que "nunca houve tentativa de recolonização do Brasil pelas Cortes, e sim que a noção de recolonização serviu inicialmente para expressar um sentimento criado pela mentalidade reinol de um grupo de brasileiros".[180]

Uma hipótese aventada nos debates e considerada como conciliatória era a formação de dois Congressos, um em Portugal e outro no Brasil. Esta seria uma forma de conquistar autonomia legislativa e administrativa, se mantendo o governo comum. A discussão nas Cortes Gerais se tornou cada vez mais exaltada e a incompatibilização de ideias mostrava que uma via conciliatória seria impossível. O governo vintista não se apercebeu que as convulsões revolucionárias tinham alterado os rumos do Antigo Regime de forma irreversível. Tal situação incluía o crescimento das consciências de uma elite colonial que há algum tempo manifestava o desejo de uma emancipação política, caso reformas modernizadoras não fossem empreendidas. Segundo Mota e Novais, os princípios liberais, de maneira contraditória, foram

178 ROCHA, Antonio Penalves. *A recolonização do Brasil pelas Cortes*. São Paulo: Editora Unesp, 2009, p. 89 e p. 102.

179 ROCHA, Antonio Penalves. *A recolonização do Brasil pelas Cortes*. São Paulo: Editora Unesp, 2009, p. 104-105.

180 ROCHA, Antonio Penalves. *A recolonização do Brasil pelas Cortes*. São Paulo: Editora Unesp, 2009, p. 116 e p. 117.

utilizados para legitimar o fim dos da dependência colonial e ao mesmo tempo justificar a manutenção da escravidão e da dominação senhorial.[181]

Em 1822, é publicado um documento importante que permite entrever as ideias que circulavam em Portugal e que nortearam as ações das Cortes. Na *Memória dos Trabalhos da Comissão para o Melhoramento do Comércio nesta Cidade de Lisboa, Criada por Determinacao das Cortes Gerais, Extraordinárias e Constituintes da Nação Portuguesa de 28 de agosto de 1821* é possível identificar que a questão do restabelecimento do monopólio ou da criação de um novo sistema de trocas comerciais era fundamental.[182] O texto foi elaborado por vinte e quatro comerciantes de Lisboa. No discurso perpassa a ideia de uma decadência de Portugal que precisava ser estancada. Parte dessa situação se devia as concessões feitas por d. João VI, as quais precisavam ser reavaliadas. A ideia era encontrar um mecanismo que multiplicasse as riquezas e guindasse o reino a sua posição de outrora. Segundo o documento, havia muitos obstáculos a serem transpostos e era preciso estimular a atividade industrial e comercial. Por conseguinte, era proposto uma situação de "mútua utilidade" entre Brasil e Portugal. A forma como essa se processaria era dúbia, pois os produtos produzidos nas terras tropicais seriam para consumo exclusivo de Portugal, o que configurava uma situação próxima ao monopolismo. A nova configuração entendia que o comércio entre Brasil e Portugal seria a de cabotagem, feita exclusivamente por navios portugueses, cujas cargas estariam isentas das taxas de exportação. No texto eram apresentados outros detalhes sobre a dinâmica comercial a ser posta em prática. Pode-se dizer que o pensamento da Comissão não seguia princípios doutrinários claros, pois suas decisões se mostravam contraditórias em alguns aspectos.[183]

Valentim Alexandre evidencia no seu estudo a intensificação do nacionalismo português e as tentativas de preservação do império. Os debates entre os grupos designados "integracionistas" e "conciliadores" fornecem a dimensão dos impasses. O primeiro grupo, liderados pelo deputado Manuel Fernandes Tomás, [184] líder da revolução do Porto, colocam no cerne dos debates a defesa de uma nação soberana

181 BERBEL, Márcia Regina. *A Nação como Artefato*. São Paulo: HUCITEC, 2006. p. 28.

182 *Memória dos Trabalhos da Comissão para o Melhoramento do Comércio nesta Cidade de Lisboa, Criada por Determinacao das Cortes Gerais, Extraordinárias e Constituintes da Nação Portuguesa de 28 de agosto de 1821, etc.* Lisboa: Na Typographia Rollandiana, 1822.

183 ROCHA, Antonio Penalves. *A recolonização do Brasil pelas Cortes*. São Paulo: Editora Unesp, 2009, p. 58-81.

184 ARAÚJO, José Maria Xavier de. *A Revolução de 1820*. Lisboa: Caleidoscopio, 2006, p. 67-69.

e integrada, considerando todas as terras coloniais. Os "conciliadores", que tinham como principal expoente Manuel Borges Carneiro, entendiam que a conjuntura delineada exigia que fosse negociado um certo grau de autonomia para as províncias do Brasil, sem renunciar à nação unida.[185] Na prática, eles defendiam igualdade política de todas as partes do império.[186] Os acontecimentos seguintes mostraram que o congresso português, extremamente míope e pouco conciliatório, perdera a oportunidade de recuperar rapidamente o combalido reino. A luta pela manutenção e controle do comércio do Brasil acabou por lançar Portugal numa situação econômica mais grave. As medidas repressivas acabariam por levar a perda de uma parte importante do império colonial português.

Na troca de correspondência entre as Cortes de Lisboa e d. Pedro, no decorrer de 1822, é evidente a tensão que existia entre os dois centros governativos. Não podemos deixar de destacar que a existência destes dois centros de autoridade tornava difícil a atuação das Cortes Gerais e a integração do império, principalmente por esta desejar a centralização do poder em Portugal. A tensão no Rio de Janeiro e em outras partes do Brasil crescia devido aos problemas sociais e aos interesses de diferentes grupos políticos, que aproveitavam do momento para ganhar protagonismo político, conforme é possível constatar pela documentação do *Projeto Resgate*. As insurreições locais, ao mesmo tempo que evidenciam a insatisfação reinante, mostram que havia um perigo latente: o possível levantamento de escravos e da população das camadas menos favorecidas.[187]

Em março de 1822 chegaram ao Rio de Janeiro notícias dos debates e decisões que ocorriam nas Cortes de Lisboa. A insatisfação era grande, como podemos observar na imprensa do período. Os mais exaltados questionavam a legitimidade da ação dos deputados nas Cortes. Isto fez com que no âmbito do Brasil se intensificasse o discurso de ruptura política, caso as Cortes Gerais não fizessem as devidas concessões. O periódico *Reverbero Constitucional Fluminense*, por meio de artigos

185 ALEXANDRE, Valentim. *Os sentidos do império – questão nacional e questão colonial na crise do antigo regime português*. Lisboa: Afrontamentos, 1993, p. 574.

186 VAQUINHAS, Irene; CASCÃO, Rui. "Evolução da sociedade em Portugal: a lenta e complexa afirmação de uma civilização burguesa", in: MATTOSO, José (dir.); TORGAL, Luís Reis e ROQUE, João Lourenço (coords.), *História de Portugal*. Lisboa: Círculo de Leitores, 1993, V: O Liberalismo (1807-1890), p. 441-457.

187 SOUZA, Iara Lis Carvalho. *A Independência do Brasil*. Rio de Janeiro: Jorge Zahar, 1999, p. 150-169.

de Gonçalves Ledo e Januário da Cunha Barbosa, em 30 de abril, defendeu a criação de um império brasileiro. Ideia que vai ganhando novos adeptos.

Em Lisboa não era desconhecida a insatisfação que conquistava impulso do outro lado do Oceano Atlântico. Os conciliadores tentaram evitar maiores conflitos, receosos de perdas. O clima político se acirrou nos meses seguintes e cada fez mais os deputados do Brasil se uniram a ideia de um poder Executivo único, composto por um rei, em Portugal, e o príncipe no Brasil.

No Rio de Janeiro, os elementos mais radicais insuflavam o povo por meio de pasquins e proclamações que eram afixadas nas portas das igrejas e nos cantos das ruas, o que acabava por gerar intranquilidade pública. O equilíbrio social era frágil e havia o medo de que os escravos cativos aproveitassem da situação para se sublevarem. D. Pedro mostrou sua autoridade soberana em relação as Cortes com a decisão número 40, de 4 de maio de 1822, a qual determinava que não se desse execução a nenhum decreto das Cortes portuguesas, sem que antes tivesse o "Cumpra-se" de d. Pedro. Na Bahia, os confrontos entre as tropas brasileiras e portuguesas acirradas, evidenciando as dissonâncias que havia pelo território brasileiro.[188]

Em meio as turbulências, em 13 de maio de 1822, d. Pedro recebeu o título de *Defensor Perpétuo do Brasil*, oferecido pelo Senado da Câmara do Rio de Janeiro, com apoio da maçonaria, fato que indicava que sua autoridade "deixava de derivar exclusivamente de um poder hereditário para ser confirmada pela vontade popular".[189] Era o reconhecimento da autoridade e liderança do príncipe regente na defesa da monarquia constitucional e da integridade da nação portuguesa. A ideia implícita era que o Brasil deveria ter as suas próprias Cortes, o que garantiria uma autonomia em tudo que fosse necessário. A premissa era que se não houvesse igualdade de direitos não haveria união entre Brasil e Portugal.[190]

A imprensa periódica veiculou uma série de artigos que apontavam para o fato que as iniciativas das Cortes criavam obstáculos para a regência de d. Pedro. Além disso, argumentavam que as medidas repressivas e controladoras que se desejavam impor não permitiam outra alternativa senão o rompimento dos laços que união o Brasil e a Portugal. A argumentação era vigorosa e teve repercussão na sociedade.

---

188 *Collecção das decisões do governo do Imperio do Brazil de 1822.* Rio de Janeiro: Imprensa Nacional, 1887, p. 32.

189 NEVES, Lúcia M. B. P. das. *Corcundas e Constitucionais. A cultura política da Independência (1820- 1822).* Rio de Janeiro: Revan, 2002, p. 340.

190 *Atas do Conselho de Procuradores-Gerais das Províncias do Brasil* (1822/1823), in: *Publicações do Arquivo Nacional.* Rio de Janeiro: Arquivo Nacional, 1918. V. 18, p. 17- 45.

Em 23 de maio, o presidente do Senado da Câmara do Rio de Janeiro, José Clemente Pereira, apresentou a d. Pedro uma representação que solicitava a convocação de uma Assembleia Geral das Províncias do Brasil, que deveria ser eleita por voto popular, com poderes legislativos e constitucionais.

No dia primeiro de junho, d. Pedro convocou o Conselho de Procuradores das Províncias para uma reunião no dia seguinte. No encontro, os conselheiros solicitaram ao príncipe regente a convocação de uma Assembleia Geral Constituinte e Legislativa, com a finalidade de elaboração uma constituição que atendesses aos interesses e necessidades do Brasil. D. Pedro, sem hesitar, assina a convocação no dia 3 de junho.[191] Na prática, tal ato de insubordinação, configurava a independência política de Portugal, deixando claro que as ações empreendidas pelas Cortes Gerais enveredavam por caminhos errados, ao desejarem que antigas práticas coloniais voltassem a funcionar. A convocação atendia às demandas internas do Brasil, evidenciando que o processo de ruptura estava sendo gestado. Como bem salientou Sérgio B. Holanda, convocar a Constituinte no Brasil era o mesmo que declarar a soberania nacional.[192] As desobediências do príncipe regente podem ser vistas como uma forma de ganhar tempo e tentar buscar reunir no seu entorno um maior número de apoiantes a questão da emancipação. No documento, d. Pedro informa que seria formada uma Assembleia Constituinte e Legislativa composta de deputados das províncias do Brasil, os quais seriam eleitos conforme instruções a serem expedidas.

O que aconteceu no Rio de Janeiro irá se espalhar pelas províncias de forma gradual. As notícias vindas da Bahia eram que tudo estava calmo, e o bom espírito constitucional era mantido, depois da tormenta. Contudo, d. Pedro, por meio de carta, ordenou que Madeira de Melo se retirasse para Portugal, dando início a novas perturbações. A Vila de Cachoeira se rebela, contra Madeira de Melo, e aclama d. Pedro como regente e Perpétuo Defensor e Protetor do Reino do Brasil. Os embates são retomados e só findariam em julho de 1823.

Em Pernambuco, as informações davam conta que no dia 6 de abril, o Batalhão Ligeiro foi recebido no largo do Pelourinho com grande algazarra e desordem e palavras de "mata branco". Contudo, o governo conseguiu restabelecer a ordem, sem

191 OLIVEIRA, Cecília H. L. de S. *A astúcia liberal: relações de mercado e projetos políticos no Rio de Janeiro (1820-1824)*. Bragança Paulista: EDUSF/Ícone, 1999, p. 182-205.

192 HOLANDA, Sérgio B. (dir.) *História Geral da Civilização Brasileira – O Brasil Monárquico*. 6 ed. São Paulo: Difel, 1985, Tomo II, vol. I., p. 172.

grandes dificuldades.[193] No Rio Grande do Sul a situação era adversa. O presidente do governo provisório e governador das armas daquela província, João Carlos de Saldanha Oliveira Daun, remeteu ofício ao secretário de estado dos Negócios do Reino, Filipe Ferreira de Araújo e Castro, reclamando sobre a falta de notícias de Portugal e sobre a inevitabilidade de o Brasil meridional se separar de Portugal.[194] A situação de rebeldia se intensificaria nos meses seguintes, como podemos notar na proclamação feita acerca da situação das tropas portuguesas em Montevidéu, após notícias da ameaça da separação do Brasil.[195]

Em 19 de junho, d. Pedro mandou publicar as instruções para convocação da Assembleia Geral Constituinte e Legislativa do Brasil. Neste documento eram apresentadas as regras para escolha dos eleitores os procedimentos a serem adotados.[196] O texto deixava claro que havia interesse na manutenção dos laços políticos com Portugal, desde que as leis a serem formuladas fossem condizentes com a realidade brasileira, o que em outras palavras significava a necessidade de existência de um corpo legislativo no Brasil.[197]

D. João VI, tolhido pelas Cortes, aconselhava ao filho que agisse com prudência e cautela, para que não acirrasse a ira dos mais conservadores. Esta situação, de alguma maneira, foi compreendida com uma autorização para agir. D. Pedro, d. João VI e um grupo de apoiadores acreditavam que era possível, de maneira articulada, retomar o modelo absolutista. D. Pedro, ao demonstrar seu poder e controle enquanto príncipe regente, evidenciava que possuía condições para combater contra as Cortes Gerais, em outras palavras, o absolutismo sobrevivente lutava contra a monarquia constitucional, que se delineava naquele momento. Em Lisboa, na sessão de 17 de junho, foi apresentado um ato adicional à constituição, proposto por uma comissão de deputados brasileiros que tratava das relações políticas entre os dois Reinos e da organização política do Brasil. Apesar dos esforços não houve consenso.

A proposta de Convocação da Assembleia Geral Constituinte e Legislativa do Brasil foi encaminhada para as Cortes Gerais deliberarem sobre o assunto, o que

193 AHU_ACL_CU_003, Cx. 45, D. 3621.

194 AHU_ACL_CU_019, Cx. 13, D. 817.

195 AHU_ACL_CU_019, Cx. 13, D. 817.

196 *Collecção das decisões do governo do Imperio do Brazil de 1822*. Rio de Janeiro: Imprensa Nacional, 1887, p. 42-49.

197 Nesse mesmo dia d. Pedro escreveu para d. João VI, ver: *Cartas de D. Pedro, Principe Regent do Brasil a seu pae D. Joao VI, Rei de Portugal (1821-1822)*. São Paulo: Editora Typographia Brasil, De Rothschild & Cia, 1916, p. 104.

ocorreu em julho do mesmo ano. Após embates, a proposição do príncipe regente foi derrotada. Não havia consenso entre os deputados brasileiros, muitos deles votando contra a existência de um Assembleia Constituinte nos trópicos. As Cortes Gerais, percebendo o aumento da tensão e mesmo contrariada, aceitaram que d. Pedro permanecesse no Rio de Janeiro, desde que seguisse as suas determinações.[198] Todavia outras medidas foram tomadas para controlar a rebeldia do príncipe regente. Desde junho diferentes embarcações partiram de Portugal para o Brasil trazendo soldados para reforçar as tropas portuguesas. Ciente de que ataques estavam em curso, d. Pedro declarou que se capturassem as embarcações, consideradas inimigas, e que fossem incendiadas ou afundadas. Pela Declaração, de primeiro de agosto de 1822, d. Pedro proibiu o desembarque no Brasil de tropas portuguesas, sem seu consentimento expresso, deixando claro que a independência estava efetivada. Pelo documento é possível notar que a independência política estava decretada e que se falava na possibilidade, ou não, de manutenção de vínculos com Portugal.[199] Em 6 de agosto de 1822, o príncipe regente, no "*Manifesto às Nações Amigas*", esclarece as artimanhas das Cortes em retomar práticas do sistema colonial.[200] É possível denotar que estavam esgotadas as tentativas de uma composição de interesses entre as Cortes Gerais e d. Pedro. Havia sido negado ao Brasil a existência de um Poder Executivo, bem como o funcionamento de tribunais. Era inadmissível que Portugal comandasse com baionetas e que o Brasil fosse "reduzido ao antigo estado colonial, e de comércio exclusivo". Sem rodeios, d. Pedro se apresentando como chefe de uma nação livre, afirma que o Brasil: "proclama á face do Universo a sua independência política". O manifesto tem o seguinte teor:

> Desejando Eu, e os Povos, que Me reconhecem como Seu Principe Regente, Conservar as relações politicas, e commerciaes com os Governos, e Nações Amigas deste Reino, e continuar a merecer-lhes a approvação e estimação, de que se fez credor o caracter Brazileiro; *Cumpre-Me expôr-lhe succinta, mas verdadeiramente a série dos factos emotivos, que Me*

198 SOUZA, Iara Lis Carvalho. *Pátria coroada* – o Brasil como corpo político autônomo – 1780-1831. São Paulo: Unesp, 1998, p. 142.

199 *Proclamação de 1o de agosto de 1822 – Esclarece os Povos do Brazil das causas da guerra travada contra o Governo de Portugal.* Disponível em: <https://www2.camara.leg.br/legin/fed/procla_sn/anterioresa1824/proclamacao-41282-1-agosto-1822-575736-publicacaooriginal-99010-pe.html>. Acesso em: 11 out. 2023.

200 LEITE, Renato Lopes. *Republicanos e libertários: pensadores radicais no Brasil da independência.* Rio de Janeiro: Civilização Brasileira, 2000, p.160-180.

> *têm obrigado a annuir á vontade geral do Brazil, que proclama á face do Universo a sua Independencia politica*; e quer como Reino Irmão, e como Nação grande e poderosa, conservar illesos e formes seus imprescriptiveis direitos, contra os quaes Portugal sempre attentou, e agora mais que nunca, depois da decantada Regeneração politica da Monarchia pelas Côrtes de Lisboa. [...].[201]

A contundência deste documento, conforme alguns estudiosos, se deve à influência da maçonaria. No dia 5 de agosto 1822, d. Pedro fora eleito grão-mestre do Grande Oriente, o que configurava uma condição de destaque e liderança. Posteriormente, em 20 de agosto, Joaquim Gonçalves Ledo, na reunião da Loja, declarou que era chegada à ocasião de se proclamar a independência do Brasil. Em 9 de setembro, sem ter conhecimento do ato de d. Pedro na região do Ipiranga, no dia 7, Gonçalves Ledo apresentou moção a favor da proclamação da Independência do Brasil. A situação se mostrava complexa. Nem todas as províncias aderiram à causa de d. Pedro. Na Bahia, os oficiais da Vila Nova Real de El-Rey do Rio São Francisco prestaram fidelidade às Cortes e às autoridades da Bahia e de Sergipe encabeçadas por Madeira de Mello.[202] Todavia, nem todas as localidades seguiriam pelo mesmo caminho. A Junta Provisória do Governo informou ao secretário de estado dos Negócios do Reino, Filipe Ferreira de Araújo e Castro sobre os acontecimentos separatistas nas vilas de Itabaiana, Santo Amaro das Grotas, Porto Alegre, Propiá e Prado.[203]

No dia 13 de agosto, tendo em conta que partiria no dia seguinte para São Paulo, d. Pedro entregou o poder a d. Leopoldina, nomeando-a chefe do Conselho de Estado e Princesa Interina do Brasil. A rotina dos despachos era mantida, sob supervisão de d. Leopoldina, que ficava sob com a presidência do Conselho de Estado, que continuaria a se reunir nos dias determinados. Ela tinha autorização para tomar todas as ações que se fizessem "necessárias e urgentes ao bem e salvação do estado; e tudo me dará imediatamente parte para receber a minha aprovação e ratificação, pois espero que nada obrará que não seja conforme às leis existentes e aos sólidos

201 *Manifesto de 6 de agosto de 1822 – Sobre as relações políticas e commerciaes com os governos, e nações amigas.* Disponível em: <https://www2.camara.leg.br/legin/fed/manife_sn/anterioresa1824/manifestosemnumero-41437-6-agosto-1822-576171-publicacaooriginal-99440-pe.html>. Acesso em: 11 out. 2023.

202 AHU_ACL_CU_081, Cx. 6, D. 495.

203 AHU_ACL_CU_005, Cx. 273, D. 19102.

interesses d'Estado".[204] D. Pedro deixou a cidade do Rio de Janeiro no 14 de agosto, tendo como destino São Paulo. O seu deslocamento até aquela província tinha como objetivo acalmar os ânimos. No dia 29 agosto, d. Pedro presidiu a escolha do novo governo provisório, sendo reeleito João Carlos Augusto de Oyenhausen-Gravenburg. No dia 5 de setembro, ele sua comitiva desceram a Serra do Mar até a cidade Santos, regressando em seguida. D. Pedro partiu para São Paulo, tendo ciência que as determinações de Portugal eram incompatíveis com as reinvindicações vindas de diferentes partes da colônia. A conciliação era algo que não se consolidaria, deixando espaço apenas para uma solução: a ruptura dos laços que uniam o Brasil com Portugal.

Nesse interim, a escuna Princesa Real, que tinha como comandante o tenente Carlos Maria Mazza, chegou ao Rio de Janeiro com o correio de Portugal. Este militar foi recebido pela princesa d. Leopoldina. Dizia ele na missiva ao rei d. João VI "fui-me aprezentar à Sua Alteza a Princeza Real (que na auzencia de Sua Alteza Real o Principe Regente) estava antão emcarregada do governo, e a quem dei parte da minha commissão como tãobem ao Ministro de Estado dos Negocios da Marinha, unicas autoridades à quem julguei dever dirigir-me".[205] Ele era portador das imposições das Cortes Gerais que conduziram ao rompimento dos laços que uniam o Brasil a Portugal.

No dia 7 de setembro de 1822, nas colinas do Ipiranga, d. Pedro foi interceptado pelo alferes Francisco de Castro Canto e Melo.[206] Este era o portador de cartas enviadas do Rio de Janeiro. Na correspondência havia uma carta de José Bonifácio de Andrada e Silva, que informava sobre a proximidade da chegada de tropas portuguesas para atacar o Rio de Janeiro e coibir as manifestações dos partidários da independência. Para ele, era preciso deixar claro que d. Pedro e o Brasil não seriam mais prisioneiros da Cortes e que a ruptura se efetivaria. D. Leopoldina também enviou cartas que reforçavam esta linha de pensamento.[207]

204 *Decretos, Cartas e Alvaras de 1822*, parte II, p. 42.

205 AHU_ACL_CU_017, Cx. 290, D. 20568.

206 "Memoria sobre a declaração de independência, escripta pelo major Francisco de Castro Canto e Mello, gentil-homem da imperial câmara, comendador da ordem de Christo, oficial da do Cruzeiro e cavaleiro da de Aviz, etc". Anexo à biografia do "Conselheiro Manoel Joaquim do Amaral Gurgel", in: *Revista do Instituto Histórico e Geográfico Brasileiro*. Tomo XLI, Parte Segunda, 1878, p. 333.

207 LEOPOLDINA. *Cartas de uma Imperatriz*. São Paulo: Estação Liberdade, 2006, p. 410.

No final daquela tarde, d. Pedro e sua tropa entraram na vila de São Paulo, sendo saudados pelos sinos. A notícia, do episódio ocorrido as margens do riacho do Ipiranga, logo se espalhou.[208] D. Pedro seguiu com a comitiva para a cidade de São Paulo, onde foi recepcionado, como mencionamos. Naquela noite, compareceu ao teatro da Ópera, portando no braço, o dístico de ouro "Independência ou Morte", preso por um laço de fita verde e amarelo. O padre Idelfonso Xavier Ferreira, diante do camarote de d. Pedro gritou três vezes: "Viva o primeiro rei brasileiro!". Era a primeira exaltação pública do futuro soberano. No dia seguinte ao brado de Independência, d. Pedro fez a seguinte declaração aos paulistanos, explicando o motivo da sua ação. Dizia ele:

> O amor que Eu consagro ao Brazil em geral, e á Vossa Provincia em particular, por ser aquella, que perante Mim e o Mundo inteiro fez conhecer primeiro que todos o systema machiavelico, desorganisador e faccioso das Côrtes de Lisboa, Me obrigou a vir entre vós fazer consolidar a fraternal união e tranquilidade, que vacillava e era ameaçada por desorganizadores, que em breve conhecereis, fechada que seja a Devassa, a que Mandei proceder. Quando Eu mais que contente estava junto de vós, chegam noticias, que de Lisboa os traidores da Nação, os infames Deputados pretendem fazer atacar ao Brazil, e tirar-lhe do seu seio seu Defensor: Compre-Me como tal tomar todas as medidas, que Minha Imaginação Me suggerir; e para que estas sejam tomadas com aquella madureza, que em taes crises se requer, Sou obrigado para servir ao Meu Idolo, o Brazil, a separar-Me de vós (o que muito Sinto), indo para o Rio ouvir Meus Conselheiros, e providenciar sobre negocios de tão alta monta. Eu vos Asseguro que cousa nenhuma Me poderia ser mais sensivel do que o golpe que Minha Alma soffre, separando-Me de Meus Amigos Pulistanos, a quem o Brazil e Eu Devemos os bens, que gozamos, e Esperamos gozar de uma Constituição liberal e judiciosa, Agora, Paulistanos, só vos resta conservardes união entre vós, não só por ser esse o dever de todos os bons Brazileiros, mas tambem porque a Nossa Patria está ameaçada de soffrer uma guerra, que não só nos ha de ser feita pelas Tropas, que de Portugal forem mandadas, mas igualmente pelos seus servis partidistas, e vis emissarios, que entre Nós existem atraiçoando-Nos. Quando as Autoridades vos não administrarem aquella Justiça imparcial, que dellas deve ser inseparavel, representai-Me, que eu Providenciarei. A Divisa do Brazil deve ser – INDEPENDENCIA OU MORTE – Sabei que, quando Trato da Causa Publica, não tenho amigos, e validos em occasião alguma.

208 OBERACKER JR, Carlos H. "'O grito do Ipiranga'- Problema que desafia os historiadores: certezas e dúvidas acêrca de um acontecimento histórico", in: *Revista de História* [s. l.] v. 45, n. 92, p. 457.

> Existi tranquillos: acautelai-vos dos facciosos sectarios das Côrtes de Lisboa; e contai em toda a occasião com o vosso Defensor Perpetuo. – Paço, em 8 de Setembro de 1822. PRINCIPE REGENTE.[209]

Em 7 de setembro de 1822, ao proclamar a independência, d. Pedro estava ciente das composições políticas que o haviam apoiado. A via escolhida, de cariz mais conservador, tinha como preocupação dar um revigoramento ao aparelho de Estado e favorecer um processo de desenvolvimento mais acentuado para a jovem Nação.[210] A priori, as três províncias que aderiram à independência foram Rio de Janeiro, São Paulo e Minas Gerais, seguido do Rio Grande Sul. As outras províncias, enfrentando disputas políticas internas, hesitaram e questionaram se era conveniente ou não aderir, pensavam nos interesses locais, que variavam de região para região. O processo de consolidação da independência será longo e terá que enfrentar diferentes tipos de movimentos, em especial daqueles que tinham ideais republicanos e separatistas como a Confederação do Equador (1824).[211]

A Proclamação da Independência não pôs fim aos reclamos da sociedade. Era preciso definir uma constituição que garantisse os diretos de todos, em especial que regulasse o poder do soberano. O grande desafio era harmonizar os interesses e conflitos que se arrastavam por algum tempo. Era preciso impedir o avanço das ideias republicanas, porque estas poderiam contaminar o corpo social e conduzir a emancipação para caminhos fora do controle de uma elite que rondava d. Pedro. No dia 18 de setembro de 1822, já no Rio de Janeiro, d. Pedro se apresentou ao público no Teatro São João. O momento efusivo ela para celebrar o rompimento dos vínculos com Portugal.[212] Três dias depois, por meio de decreto, o imperador criou os símbolos nacionais, a Nação recebia uma identidade própria.[213] Logo após a sua chegada ao Rio de Janeiro foram dadas ordens para que circulares fossem enviadas

209 *Coleção de Leis do Império do Brasil* – 8/9/1822, Página 142 Vol. 1 (Publicação Original)

210 Sobre a construção da memória do "7 de Setembro", ver: OLIVEIRA, Cecília H. de S. "A independência do Brasil – memória histórica e comemorações", in: OLIVEIRA, Cecília H. de S. *Ideias em confronto*. São Paulo: Todavia, 2022, p. 189-223.

211 MOTA, Carlos Guilherme; NOVAIS, Fernando. *A Independência Política*. São Paulo: Moderna, 1986, p. 55.

212 No dia 18 de setembro, por Decreto, é criada a bandeira nacional e o escudo de armas do Império do Brasil.

213 CARVALHO, José Murilo de. *Cidadania no Brasil. O longo Caminho*. 3ª ed. Rio de Janeiro: Civilização Brasileira, 2002, p. 26.

para as províncias, comunicando que a aclamação do soberano estava prevista para 12 de outubro.[214]

A aclamação de D. Pedro, primeiro festejo cívico do Brasil independente, ocorreu no campo de Santana na mesma data em que ele completava 24 anos de idade. A coroação e a sagração do imperador ocorreram no dia 1º de dezembro. Nesta mesma data foi criada a ordem honorífica Imperial da Ordem do Cruzeiro. A coroação não pôs fim as incertezas. As preocupações e indefinições continuavam em meio as disputas entre os diferentes grupos que buscavam ter protagonismo na organização do Estado brasileiro. Nesse momento, José Bonifácio de Andrada e Silva definiu pela interrupção do periódico *Reverbero Constitucional Fluminense* e *Correio do Rio de Janeiro*, ambos conduzidos por grupos contrários aos seus interesses. Seu objetivo era inibir as críticas ao governo de d. Pedro.

Nem todas as províncias aderiam à independência e os embates foram grandes. A imprensa acompanhou esta movimentação e registrou a agitação que havia nesse contexto. Na Vila de Parnaíba, no Piauí, o governador de armas João José da Cunha Fidié, em ofício dirigido ao secretário de Estado dos Negócios Estrangeiros e Guerra, Cândido José Xavier, mostrava-se fiel a d. João VI, mas havia aqueles que eram contra o sistema constitucional, o que deixava a província em desordem.[215] No Pará, a tensão era grande. A Junta Provisória do Governo Civil participou ao ministro Filipe Ferreira de Araújo e Castro, sobre as prisões realizadas em 18 de setembro na cidade de Belém e a crescente divisão entre europeus e brasileiros.[216]

O Brasil atravessava sérios problemas econômicos com as transformações que estavam em curso advindas da Revolução Industrial. A exploração aurífera decaíra significativamente e a produção do açúcar não atingia os preços elevados de outrora e a exportação declinara. A produção do algodão acenava como promissora, tendo em conta a produção de tecidos inglesa.[217] Faltava dinheiro para fazer funcionar a máquina pública. O "Manifesto de Falmouth", de 20 outubro de 1822, apresentou de forma mais clara quais seriam as práticas comerciais que seriam empreendidas com a independência. A tensão continuava nas ruas do Rio de Janeiro, uma vez que as ideias republicanas estavam em voga. Para neutralizar a atuação de republicanistas, foi instalada uma devassa

214 *O Espelho*. Número 89. 24/09/1822.

215 AHU_ACL_CU_016, Cx. 31, D. 1667.

216 AHU_ACL_CU_013, Cx. 158, D. 12046.

217 Para o entendimento da mutação do mercantilismo ao comércio livre consultar: ARRUDA, José J. A. *Planos para o Brasil projetos para o mundo*. São Paulo: Alameda, 2022, p. 45-86.

contra José Gonçalves Ledo, Januário da Cunha Barbosa, Luís Pereira da Nóbrega, José Clemente Pereira, Manuel Alves Branco, João Soares Lisboa, Pedro José da Costa Barros e padre Antônio João Lessa, considerados como conspiradores. Estes serão condenados e deportados, com exceção de Gonçalves Ledo que conseguiu fugir para Buenos Aires.

Em Portugal, na sessão de 24 de setembro de 1822, sem conhecimento do que tinha acontecido em São Paulo, as Cortes Gerais entenderam que para resolver o problema de confronto de interesses era preciso a criação de uma regência no Brasil, conforme estabelecia constituição portuguesa, assinada nessa ocasião.[218] Por decorrência, era exigido o retorno do príncipe regente num prazo de trinta dias, sob a ameaça da perda dos direitos ao trono português. Contudo, nem todos os deputados brasileiros juraram a Constituição.

As Cortes condenaram a emancipação do Brasil e os deputados foram favoráveis a recuperação, pela força, das terras brasileiras, buscando reverter o quadro da independência. Contudo, esta alternativa se mostrava extremamente inviável, tendo em conta a falta de recursos financeiros e humanos de Portugal para empreender uma expedição militar contra o Brasil. A Constituição Portuguesa de 1822 recebeu várias criticas e acabou sendo foco de discórdia entre portugueses. Muitas câmaras demonstraram o seu descontentamento, vindo a se manifestar militarmente como em Vila Viçosa e Elvas. Nos anos subsequentes longos debates sobre a constituição serão realizados, causando fissuras desastrosas no Estado português.

No âmbito da política externa, depois da Revolução de 1820, Portugal se mantinha com a aliança tradicional com a Grã-Bretanha e a possibilidade de uma composição com as forças liberais de Espanha. A Europa da Santa Aliança, extremamente conservadora e antiliberal, não esboçou nenhuma tentativa de proximidade com Portugal, nem tampouco deu apoio a nação, mediante a emancipação do Brasil. Pode-se dizer que a corte austríaca, analisando o jogo político, entendia que a independência brasileira era vantajosa para os interesses de Francisco I, pois d. Leopoldina estava casada com d. Pedro.

Um dos grandes obstáculos do imperador brasileiro foi a conquista do reconhecimento da independência.[219] Diversas missões diplomáticas foram empreendi-

218 Dos quarenta e seis representantes das províncias brasileiras, trinta e seis assinaram o documento.

219 ALEXANDRE, Valentim. "A desagregação do Império: Portugal e o reconhecimento do Estado brasileiro (1824-1826)". In: *Análise Social*, vol. XXVIII (121), 1993 (2º), p. 309-341. Disponível em: http://analisesocial.ics.ul.pt/documentos/1223290651A0nXZ4uu3Yj11RW5.pdf. Acesso em: 11 out. 2023.

das para angariar o apoio de outras nações para a causa brasileira, sem que tivessem o devido êxito. Por outro lado, entre o final de 1822 e 1825, Portugal procurou de todas as maneiras se valer dos meios diplomáticos para conseguir apoio à sua demanda, que era no sentido oposto. Nesse cenário, a Grã-Bretanha se mostrou favorável à emancipação do Brasil, não escondendo o seu apoio a d. Pedro. [220]

Após a independência e principalmente no decorrer de 1823, d. Pedro terá o desafio de equacionar as forças presentes na sociedade. A questão se tornava complexa na medida em que transcorriam os debates na Assembleia Constituinte, os quais deixavam evidente o desejo de se limitar os poderes do monarca na Constituição.[221] D. Pedro, por reiteradas vezes, demonstrou não aceitar, em hipótese alguma, a diminuição do seu poder. Enquanto isso, o imperador estruturava um aparelho administrativo próprio, que tinha como referencial o modelo português. Este processo será longo e exigirá acomodações de velhos sistemas com novas demandas. Por conseguinte, a fase inicial desse processo será eivada de dúvidas.

Os anos compreendidos entre 1823 e 1826 foram de um lento processo de reorganização da estrutura administrativa e jurídica do Estado brasileiro.[222] A instabilidade do império era grande, devido à diferentes fatores, exigindo uma série de negociações e alterações nas relações internas de poder. Era vital para a consolidação da monarquia a garantia de estabilidade, a fim de que a classe dirigente tivesse os seus interesses preservados. A tarefa não era fácil, pois havia divergências sobre o modelo do aparelho administrativo e jurídico, que variava de região para região.[223]

Em 3 de maio de 1823, no Rio de Janeiro, é aberta a Assembleia Constituinte. D. Pedro, no seu discurso, registrou que ficara extremamente honrado ao receber o título Defensor Perpétuo do Brasil. Reconhecia que um dos momentos mais importantes para afirmar a nova fase do Brasil foi o "dia do Fico". Naquele dia, com apoio do povo, ele garantiu o início de uma fase nova para todos. Medidas administrativas foram tomadas para que o desenvolvimento do Brasil fosse garantido. No seu discurso perpassa a ideia de que a emancipação do Brasil era fruto de um consenso do reconhecimento da sua autoridade, bem como do desejo de maior au-

220 PROENÇA, Maria Cândida. *A Independência do Brasil.* Lisboa: Colibri, 1999, p. 55.

221 HOLANDA, Sérgio B. (dir.) *História Geral da Civilização Brasileira – O Brasil Monárquico.* 6 ed. São Paulo: Difel, 1985, Tomo II, vol. I, p. 185.

222 SODRÉ, Nelson Werneck. *História da Imprensa no Brasil.* Rio de Janeiro: Civilização Brasileira, 1966, p. 50-51.

223 BERBEL, Márcia R. *A nação como artefato: deputados do Brasil nas Cortes Portuguesas (1821-1822).* São Paulo: Hucitec, 1999.

tonomia política e econômica. Enquanto Defensor Perpetuo do Brasil, ele afirmava que deveria ser concebida uma constituição "exequível", que pusesse barreiras "ao despotismo, quer real, quer aristocrático, quer democrático", e que afugentasse a anarquia. Lembrava também da importância de se criar recursos financeiros para o funcionamento do Estado brasileiro, que nascia endividado. A alternativa encontrada para fazer frente às dificuldades iniciais foi a obtenção de empréstimos junto à Inglaterra, para saldar as dívidas, que se avolumavam. Nesta fase transitória, até que se definisse um novo texto constitucional, foram adotados disposições, regimentos, leis e alvarás do período joanino. Uma nova etapa do debate político tinha início. Se fazia necessário equalizar as ideias conservadoras, com as ideias radicais e encontrar uma via para o funcionamento da nação.[224]

A sessão inaugural da Assembleia Geral Constituinte e Legislativa, bem como as reuniões subsequentes, evidenciou a diversidade de discursos sobre a liberdade, os direitos individuais e o liberalismo em um ambiente de ideias efervescentes.[225] A composição da Câmara era muito heterogênea e formada por matizes políticas variadas, deixando flagrante que havia diferentes ideias de ordenação político-institucional. As demandas eram muitas e o projeto constitucional foi sendo tecido muito mais em função dos problemas presentes, do que em relação à construção de uma nação, pensando no futuro. Persistiam dificuldades que vinham do período colonial. Havia critérios econômico-financeiros que excluíam a maioria da população brasileira. A ordem escravocrata era mantida e o programa de direitos era reduzido. Pode-se afirmar que a aristocracia brasileira conquistara o que lhe interessava, ou seja, a garantia do livre comércio e manutenção do modo de produção baseado na mão de obra escrava.[226]

Uma questão granjeou a atenção dos debates: a concentração de poderes no Executivo. Havia aqueles que defendiam que, para garantir a integridade do império, era preciso um poder Executivo forte. Outros, influenciados pelas ideias de federalismo, entendiam que deveria haver maior autonomia das províncias. Esta questão foi somada a outras que sinalizavam para a complexidade da organização

224 PIMENTA, João Paulo G. "A independência do Brasil como uma revolução: história e atualidade de um tema clássico", in: *História da Historiografia*. Ouro Preto: UFOP, número 3, 2009, p. 71.

225 SLEMIAN. Andréa, *Sob o Império da Lei. Constituição e unidade nacional na formação do Brasil (1822 1834)*. São Paulo Hucitec, 2009, p. 57-77.

226 MOTA, Carlos Guilherme; NOVAIS, Fernando. *A Independência Política*. São Paulo: Moderna, 1986, p. 57.

do Estado baseado nas ideias liberais. D. Pedro, cioso de seu poder, manteve uma postura inflexível em relação às tentativas de limitação de seu poder. Para ele, era inconcebível que o poder executivo ficasse submetido ao poder legislativo.

Em 20 de janeiro de 1823, o general Carlos Frederico Lecor, barão de Laguna, comandante das tropas brasileiras, declarou bloqueio à cidade de Montevidéu, que então pertencia ao território do império português. No local, as tropas portuguesas estavam estacionadas e resistiram a aceitar a independência brasileira. Os confrontos foram intensos até 18 de novembro quando foi realizada a assinatura de uma convenção entre o general luso, Álvaro da Costa de Sousa Macedo e o general Lecor, definindo a retirada dos portugueses da Província Cisplatina.

No Piauí, na cidade de Oeiras, o governador das Armas, tenente coronel Joaquim dos Sousa Martins, comunicou ao comandante da Primeira Companhia do Corpo de Pedestres, Roberto Vieira Passos, sobre a aclamação de d. Pedro e o juramento da independência feito nesta cidade.[227] Em 13 de março de 1823, na Vila de Campo Maior, também no Piauí, ocorreram embates entre a população da região, com apoio dos cearenses e maranhenses, contra as tropas portuguesas, lideradas pelo major João José da Cunha Fidié.

Para expulsar as tropas portuguesas lideradas pelo brigadeiro Ignácio Luís Madeira de Melo na Bahia, d. Pedro I enviou, em janeiro de 1823, uma esquadra de navios comandada por lorde Thomas Cochrane, como almirante da Marinha e pelo coronel Francisco de Lima e Silva. Enquanto isso, conforme registro da Junta Provisória da Bahia ao secretário de Estado dos Negócios do Reino, Filipe Ferreira de Araújo e Castro, embates decorriam e ataques eram feitos aos levantes em Pirajá e Ilha de Itaparica.[228] As embarcações chegaram a Salvador em começo de maio, tendo início os confrontos, com a declaração do bloqueio do porto de Salvador.[229] O objetivo principal era forçar a rendição das tropas portuguesas que resistiam à independência. Em meados de junho, há uma tentativa fracassada de Thomas Cochrane de invadir a baía de Todos os Santos. Nova investida foi realizada no final desse mesmo mês. Acuado, o general português Madeira de Melo decidiu deixar a cidade, em dois de julho.[230]

No Pará a Junta Provisório Revolucionário comunicou a Filipe Ferreira de Araújo e Castro, ministro e secretário de Estado dos Negócios do Reino sobre os

227 AHU_ACL_CU_016, Cx. 32, D. 1676.

228 AHU_ACL_CU_005, Cx. 275, D. 19203.

229 AHU_ACL_CU_003, Cx. 45, D. 3666.

230 AHU_ACL_CU_005, Cx. 277, D. 19289.

embates que estavam acontecendo, destacava a fuga dos revoltosos daquela província para outras, onde se partilhavam ideias contrárias a união com Portugal.[231] No Maranhão também ocorrem confrontos entre aliados de d. Pedro I e as tropas portuguesas. Em 17 de novembro de 1822, quando a notícia da Independência chegou àquela província, a Junta da Provisória declarou que se manteria fiel a Portugal, alegando que o dever e o interesses comuns assim o exigiam. Na fase seguinte, começaram os confrontos.[232] A guerra só terminou em 28 de julho de 1823, com a derrota das tropas portuguesas. Neste episódio, a atuação de Cochrane foi extremamente violenta.[233] Ele pilhou São Luís do Maranhão e foi considerado pela população como um pirata, louco por riquezas, que libertou a cidade.[234] No extremo oposto, na região da bacia do rio da Prata, o conde de Subserra, Manoel Inácio Pamplona Corte Real, que exercia o cargo de secretário de estado da Marinha e Ultramar de Portugal determinou ao brigadeiro e comandante interino Álvaro da Costa de Sousa de Macedo ordens para que ocorresse a retiradas das forças de mar e terra da praça de Montevidéu e da banda Oriental do Rio da Prata. A região passou, a partir de então, a fazer do território brasileiro.[235]

Enquanto isso, em Portugal, entre 27 de maio e 3 de junho de 1823 ocorreu um golpe de Estado que ficaria conhecido como "Vilafrancada". Era a primeira tentativa de se pôr fim ao regime liberal instaurado com a Revolução de 1820. O movimento, que contou com a participação ativa de d. Carlota Joaquina de Bourbon e de d. Miguel, tinha como objetivo dissolver as Cortes Gerais e retomar o modelo absolutista. Pode-se dizer que o movimento liberal de Espanha e a recém proclamação do Brasil contribuíram para que a ação ganhasse força. A perda das terras americanas gerou uma grande frustação em diferentes classes sociais que alimentavam a esperança de volta ao regime absolutista. O governo liberal prontamente agiu para controlar os revoltosos. D. João VI interveio para que as forças absolutistas e ultrarreacionárias fossem derrotadas. Controlada a situação, buscou-se chegar a um ponto de equilíbrio, apesar de ser claro um ambiente de instabilidade e tensões. Em

231 AHU_ACL_CU_013, Cx. 160, D. 12214.

232 ASSUNÇÃO, Mattias Röhrig. "Miguel Bruce e os 'horrores da anarquia' no Maranhão, 1822-1827", in: JANCSÓ, I. (org.). *Independência: história e historiografia*. São Paulo: Hucitec/ Fapesp, 2005, p. 345-378.

233 AHU_ACL_CU_009, Cx. 175, Doc. 12703

234 AHU_ACL_CU_009, Cx. 177 Doc. 12773

235 AHU_ACL_CU_065, Cx. 4, D. 217.

3 de junho, d. João VI obteve vitória no movimento de contrarrevolução e determinou a dissolução das Cortes portuguesas. A situação não se acalma e as manobras conspiratórias continuariam no entrono do monarca. Nova trama ocorreria, ficando conhecida como "Abrilada". D. João VI, rejeitando o regresso do absolutismo, assumiu o compromisso de definir uma nova constituição. Tal situação despertava desconfiança e embates. D. Carlota Joaquina e d. Miguel articularam seus apoios para tentarem um golpe de Estado. Em 29 de Abril de 1824, liberais foram presos e a cidade de Lisboa foi ocupada por forças militares absolutistas, que aclamaram d. Miguel. D. João VI, surpreendido com a ação, foi feito refém. Após intervenção diplomática, ele conseguiu refúgio numa embarcação inglesa, ancorada no Tejo, e em 9 de maio destituiu d. Miguel das funções de general. O golpe de Estado acabou derrotado. Tendo em conta o acinte cometido, d. Miguel foi desterrado para Viena, deixando Portugal no dia 13 de maio.[236]

Os ecos da Vilafrancada se fizeram presentes no Brasil e exigiram de d. Pedro habilidade para enfrentar os embates.[237] As inquietações, que não eram poucas, aumentaram e as divergências entre brasileiros e portugueses foi potencializada.

No Rio de Janeiro, em primeiro de setembro de 1823 foi apresentado o primeiro projeto da constituição brasileira pelo deputado relator Antônio Carlos Ribeiro de Andrada Machado e Silva. O debate entre os deputados se intensificara e questões polarizam as atenções, como a limitação dos poderes do Executivo, contrariando os anseios de d. Pedro. Em 16 novembro, o imperador determinou a dissolução da Assembleia Geral Constituinte, mandando prender e deportar alguns deputados. No dia seguinte, por meio de decreto, o imperador definiu pela realização de eleições para deputados de uma nova Assembleia Geral Constituinte. As críticas a d. Pedro eram acirradas e pairava no ar a possibilidade de atos de sublevação. A repressão contra deputados fez com que os ânimos ficassem mais exaltados. Cada vez mais o soberano era visto com um governante conservador e ligado, em demasia, aos portugueses absolutistas. Os opositores demonstravam vigor liberal.[238] Ao dissolver a primeira constituinte brasileira, d. Pedro

236 Numa cópia de carta de d. Pedro I para d. João VI, datada de 15 de junho de 1824, o imperador revela sua leitura sobre os acontecimentos. Ver: Arquivo Histórico do Museu Imperial – Casa Imperial do Brasil – II-POB-15.07.1824-PI.B.c

237 VARGUES, Isabel Nobre e TORGAL, Luís Reis. "Da revolução à contra-revolução: vintismo, cartismo, absolutismo. O exílio político", in: MATTOSO, José. *História de Portugal – O liberalismo (1807-1890)*. Lisboa: Estampa, 1993, p. 65-87.

238 MOTA, Carlos Guilherme; NOVAIS, Fernando. *A Independência Política*. São Paulo: Moderna, 1986, p. 57-58.

ganhou um crítico algoz: José Bonifácio de Andrada e Silva. Este defendia mudanças mais profundas, deixando claro que era preciso dar liberdade aos escravos e criar políticas públicas que pudessem incorporá-los como cidadãos. As discussões eram tensas e os confrontos também. Numa carta data de 19 de julho de 1823, José Bonifácio traçou um perfil pouco abonador de d. Pedro, diz ele: "no Principe não havia sistema nem plano, de modo que era atirado para lá e para cá entre o partido português e os demagogos. Não se compenetrava de nenhuma forte medida. A um momento de grande fraqueza seguia-se um da maior violência".[239] Em 11 de dezembro de 1823, d. Pedro I apresentou um novo projeto de Constituição que foi elaborado pelo conselho formado por João Severiano Maciel da Costa, Luiz José de Carvalho e Mello, Clemente Ferreira França, Marianno José Pereira da Fonseca, João Gomes da Silveira Mendonça, Francisco Villela Barboza, barão de Santo Amaro, Antônio Luiz Pereira da Cunha, Manoel Jacinto Nogueira da Gama e José Joaquim Carneiro de Campos.

Em 15 de outubro de 1823 a população de Belém do Pará realizou saques contra os oficiais e negociantes portugueses e ingleses. Concomitantemente, os milicianos brasileiros se rebelaram contra os oficiais. A repressão aos manifestantes foi intensa, acendendo ainda mais a insatisfação reinante. Pela lei de 20 de outubro de 1823 foi definido que o governo das províncias seria reorganizado. As juntas provisórias de governo foram extintas, sendo definido a criação do cargo de presidente da província e o estabelecimento dos conselhos gerais provinciais.[240] A província do Rio Negro jurou fidelidade ao imperador, em 9 de novembro. Lentamente a adesão das províncias à causa da independência ocorria. No dia 18 de novembro, a província Cisplatina, que havia sido incorporada em 1821 ao território brasileiro e que estava sob o poder do general português Álvaro da Costa de Sousa de Macedo, capitulou e o poder foi entregue ao general Carlos Frederico Lecor.

No período seguinte, há embates entre brasileiros e portugueses, em diferentes localidades brasileiras, estimulados por divergências políticas e questões econômicas, evidenciando que o processo de independência do Brasil não se deu de forma tão pacífica, como se tentou fazer crer. A questão da liberdade de imprensa foi um dos assuntos alvo de debates e controvérsias. Alguns periódicos e panfletos foram

---

239 RAMIREZ, Ezekiel Stanley. *As relações entre a Áustria e o Brasil*. São Paulo: Companhia Editora Nacional, 1968, p. 33.

240 *Lei de 20 de outubro de 1823 Dá nova fórma aos Governos das Provincias, creando para cada uma dellas um Presidente e Conselho*. Disponivel em: <https://www2.camara.leg.br/legin/fed/lei_sn/anterioresa1824/lei-40978-20-outubro-1823-574639-publicacaooriginal-97736-pe.html>. Acesso em: 11 out. 2023.

perseguidos devido às ideias que defendiam. O motivo alegado era que eles desestabilizavam o débil poder monárquico. Em 22 de novembro, d. Pedro declarou a liberdade de imprensa, estabelecendo penas para abusos que fossem cometidos nos casos de ataque à religião, ao governo e à ordem do Império.[241] A relação de d. Pedro com a imprensa se manteve oscilante e pouco amistosa. Os periódicos atacavam a figura do imperador de várias maneiras, promovendo uma instabilidade indesejável. Por meio do decreto de 8 de março de 1824, d. Pedro I mandou realizar devassa sobre vários periódicos, pasquins e panfletos que pudessem causar danos a ordem pública da Corte.[242] Agia para garantir alguma estabilidade para o seu governo.

Apesar das atribulações políticas, as negociações acerca da independência do Brasil continuavam. D. João VI enviou ao Rio de Janeiro uma comitiva chefiada por António de Saldanha de Oliveira e Souza, conde de Rio Maior, com instruções secretas para que fosse realizada a reconciliação dos dois reinos. O monarca português não tinha avaliado com cuidado o quanto era crítica a situação. Ele desejava ser novamente reconhecido como soberano dos reinos de Portugal, Brasil e Algarves. Em contrapartida, concederia ao Brasil a possibilidade de regular o poder legislativo e fazia outras concessões. A delegação tinha poderes para negociar alternativas desde que a independência fosse revertida. A Inglaterra não viu com bons olhos a tentativa de Portugal buscar uma negociação, sem a aquiescência da Inglaterra, o que gerou desconforto para a coroa portuguesa.[243]

Em 23 de dezembro de 1823, George Canning, Secretário das Relações Exteriores da Grã-Bretanha, manifestou as bases que deveriam envolver o acordo do reconhecimento da independência brasileira.[244] A Grã-Bretanha entendia que as tratativas entre Portugal e Brasil não deveriam versar sobre a reunião dos dois reinos debaixo de um monarca, mas sim partir do pressuposto que havia dois sistemas monárquicos independentes. Deixava claro que para a Europa era interessante que se constituísse e se consolidasse uma monarquia no Brasil. Além disso, esclarecia que estava a caminho da Inglaterra um representante brasileiro para negociar o acordo por intermédio do governo britânico.

241 *Decreto de 22 de novembro de 1823 – Manda executar o projecto de lei da Assembléa Constituinte sobre liberdade de imprensa.* Disponível em: <http://www.planalto.gov.br/ccivil_03/decreto/historicos/dim/DIM-22-11-1823.htm>. Acesso em: 11 out. 2023.

242 *Collecção das decisões do Governo do Imperio do Brazil de 1824.* Rio de Janeiro: Imprensa Nacional, 1886, p. 14.

243 HOLANDA, Sérgio B. (dir.) *História Geral da Civilização Brasileira – O Brasil Monárquico.* 6 ed. São Paulo: Difel, 1985, Tomo II, vol. I, p. 347-349.

244 FREITAS, Caio de. *George Canning e o Brasil.* São Paulo: Cia Editora Nacional, 1958. 2 vols.

Estes esclarecimentos, em específico, evidenciam que a Grã-Bretanha tinha interesse no processo de negociação da independência e desejava ter ambas as monarquias sob sua zona de influência. George Canning evidencia que não havia mais espaço para discussão de um possível retorno do Brasil a situação de colônia.[245] Deixava claro que a política externa britânica se manteria a mesma para todas as colônias emancipadas, ou seja, reconheceria a independência, desde que as metrópoles demonstrassem incapacidade para restabelecer nelas a sua autoridade. Para ele, a melhor alternativa era que o processo de separação se fizesse sem guerras, o que evitaria mais prejuízos para ambos os lados. A Grã-Bretanha também explicitou que não desejava que a França, a Espanha e a Santa Aliança realizassem intervenções na América.[246] As potências europeias, não desejando dar início a uma guerra contra a Grã-Bretanha, resolveram não transigir nas tratativas que envolviam a negociação da independência brasileira. Os Estados Unidos, por meio da Doutrina Monroe instituída em 1823, tentaram se posicionar, alertando para a inconveniência de intervenção europeia no continente americano.[247] A despeito de tal manifestação, a Grã-Bretanha continuou a conduzir o processo.

Apesar de Portugal esboçar tentativas de voltar a submeter o Brasil, nenhuma delas conseguiu avançar por falta de sustentação. Faltavam recursos financeiros a nação portuguesa. Além disso, Portugal não conseguiu o envolvimento de outros governos para restaurar a sua legitimidade. D. João VI, em setembro de 1823, almejou conquistar o apoio da Áustria para acordo da independência. O governo austríaco, depois de um longo período, manifestou que poderia atuar nas negociações, sinalizando que estas não poderiam envolver a reunião do Brasil com Portugal. O que ficava cada vez mais claro para a monarquia portuguesa era que a independência do Brasil já estava consolidada perante as demais nações da Europa. Faltava apenas que fosse celebrado um acordo de composição entre os dois países, a fim de que pontos obscuros ficassem resolvidos. Deve-se mencionar que a despeito de muitas nações não manifestarem o apoio a independência do Brasil, a postura foi de manter a continuidade das transações comerciais, sem que isto significasse um envolvimento político. A única nação que se demonstrou disposta a apoiar Portugal era a Rússia que chegou a manifestar a possibilidade de apoio as tropas portuguesas.

245 PROENÇA, Maria Cândida. *A Independência do Brasil.* Lisboa: Colibri, 1999, p. 62-63.

246 HOLANDA, Sérgio B. (dir.) *História Geral da Civilização Brasileira – O Brasil Monárquico.* 6 ed. São Paulo: Difel, 1985, Tomo II, vol. I, p. 335.

247 Canning não desejava que os EUA participassem do processo de negociação da independência brasileira. HOLANDA, Sérgio B. (dir.) *História Geral da Civilização Brasileira – O Brasil Monárquico.* 6 ed. São Paulo: Difel, 1985, Tomo II, vol. I, p. 338.

Os interesses econômicos da Grã-Bretanha, na independência brasileira, estavam diretamente ao processo de expansão industrial inglesa e na conquista de novos mercados consumidores na América Latina. O Brasil se apresentava com um excelente fornecedor de matérias primas e um potencial comprador das manufaturas inglesas. Por decorrência, era interessante que as bases do Tratado de Comércio de 1810 fossem mantidas. D. Pedro, para obter apoio, acenou para os ingleses com a promessa de garantir as mesmas condições estabelecidas no Tratado de Comércio de 1810, o que era altamente favorável e assegurava os interesses ingleses. Em relação à Portugal, d. Pedro foi explícito na proibição do comércio de qualquer província brasileira com a antiga metrópole.[248] Em fevereiro de 1824, José Pedro Neto Albuquerque escreveu ofício ao conde de Subserra, Manoel Ignácio Pamplona Corte Real, então secretário de estado da Guerra, discorrendo sobre os prejuízos sofridos nos confrontos com as tropas brasileiras. Animado, ele acreditava que a restauração do poder português, ressaltando para a facilidade em se dominar o norte do Brasil. Ledo engano.

Em 25 de março de 1824, d. Pedro I jurou solenemente a Constituição da nação brasileira. O texto definia que o imperador era "inviolável e sagrado", conforme art. 99, sendo ele detentor do poder Moderador.[249] O texto constitucional apresentou um novo sistema de funcionamento administrativo, principalmente no âmbito do judiciário, o que exigiu elaboração de legislação complementar para atender às demandas que surgiram. O texto constitucional reconhecia quatro poderes políticos: Executivo, Judicial, Legislativo e Moderador. Na sua essência o poder executivo estava centralizado na figura do imperador. O poder Legislativo era composto de duas câmaras, a dos Deputados e a do Senado. Os desafios da jovem nação eram muitos. Era preciso encontrar um ponto de equilíbrio entre o modelo constitucional instaurado e o universo mental eivado de absolutismo. Outorgada a constituição, foram definidas eleições para deputados, senadores e membros dos conselhos gerais das províncias.

A Constituição outorgada tinha como objetivo principal garantir a viabilidade do governo de d. Pedro I e a estabilidade institucional, uma vez que os principais movimentos de revolta tinham sido debelados.[250] Isto era importante porque até aquele momento Portugal não tinha reconhecido a independência do Brasil. Pode-se questionar se a Constituição de 1824 contribuiu, ou não, para transformar a so-

248 AHU_ACL_CU_ 015, Cx. 288, D. 19846.

249 MONTEIRO, Tobias. *História do Império (O primeiro reinado).* Belo Horizonte/São Paulo: Itatiaia/Edusp, 1982, p. 19-46.

250 AHU_ACL_CU_013, Cx. 162, D. 12384.

ciedade brasileira. Há grandes questionamentos sobre a distribuição de benefícios, numa sociedade dominada por uma elite de base escravocrata.

Em 26 de maio de 1824, os Estados Unidos reconhecem a independência do Brasil.[251] No ano seguinte outras nações também se manifestam favoravelmente como: México (9 de março), Inglaterra (18 de outubro), França (25 de outubro), *Áustria* (30 de dezembro) e outras que aconteceram no decorrer de 1826.

As manobras políticas de d. Pedro para outorgar a constituição tiveram repercussões negativas. Em junho de 1824, as câmaras municipais de Recife e Olinda se manifestaram contra o juramento da Constituição do Império. Em 2 de julho, Manuel de Carvalho Paes de Andrade, no Recife, proclama a Confederação do Equador. A proposta era reunir no mesmo governo federativo as províncias de Paraíba, Pernambuco, Rio Grande do Norte e Ceará. No avançar do movimento, a Confederação do Equador assumiu o poder na Paraíba. Os portos foram bloqueados e falta mantimentos logo se fez sentir, provocando maior insatisfação com a nova ordem política.[252]

Em agosto, os revoltosos avançaram pelo Rio Grande do Norte, enquanto isso, tropas imperiais chegaram a Pernambuco. Os enfrentamentos ocorreram até 17 de setembro, quando os revoltosos foram derrotados. A monarquia mostrou o seu braço firme, definindo pela punição dos principais líderes.[253] Em 13 de janeiro de 1825, na Fortaleza das Cinco Pontas no Recife, ocorreu o fuzilamento de um dos líderes do movimento: Frei Caneca. Outros revoltosos foram julgados e sentenciados a prisão perpétua. A Confederação do Equador com seus ideais republicanos sinalizava para o fato de que a independência não estava totalmente consolidada. Frei Caneca via com reticências as hesitações de d. Pedro e alertava para o fato que isto poderia conduzir a um sistema absoluto, o que significava passar por um movimento de "recolonização". Além disso, era alertado que havia desigualdades entre as atribuições do Senado e da Câmara de Deputados, o que poderia ser foco de opressão, já que o Senado possuía mais poderes e era constituído por um grupo de aristocratas ávidos em defenderem seus interesses.[254]

251 HOLANDA, Sérgio B. (dir.) *História Geral da Civilização Brasileira – O Brasil Monárquico.* 6 ed. São Paulo: Difel, 1985, Tomo II, vol. I, p. 367-371.

252 AHU_ACL_CU_ 015, Cx. 289, D. 19881; e AHU_ACL_CU_ 015, Cx. 289, D. 19893.

253 AHU_ACL_CU_017, Cx. 293, D. 20728.

254 MOTA, Carlos Guilherme; NOVAIS, Fernando. *A Independência Política.* São Paulo: Moderna, 1986, p. 59.

Enquanto não ocorria o reconhecimento oficial da independência do Brasil, havia uma série indefinições no que concernia aos procedimentos administrativos a serem seguidos. Neste rol se destacam os pedidos de autorização de viagens e passaportes.[255] Passada a fase conturbada dos confrontos, momento em que ocorreu a movimentação de pessoas do Brasil para Portugal devido à instabilidade política, identifica-se que alguns cidadãos regressaram às terras tropicais para darem continuidade as atividades que exerciam. Para tanto, precisavam de autorização para realizar o deslocamento.[256] Outro ponto, que também foi bem controverso, dizia respeito ao pagamento e/ou promoção de soldados e outros oficiais que passaram da responsabilidade de Portugal para o Brasil.[257] Nesse período também ocorreu a avalição dos prejuízos sofridos, para ambos os lados. Foram realizados levantamentos das perdas que se deram durante o confronto, dentre eles, os dos navios da praça de Lisboa que foram tomados ou destruídos pela esquadra do Rio de Janeiro.[258]

Em 9 de abril de 1825, d. Pedro I definiu pela construção de um monumento em memória da proclamação da Independência do Brasil no sítio do Ipiranga, em São Paulo.[259] Entretanto, o reconhecimento por Portugal não havia sido efetivado. A celebração de um acordo já se arrastava por um tempo extremamente longo, conforme posição dos diplomatas britânicos. As pressões sobre Portugal aumentaram, fazendo com que fosse aceito como mediador o experiente diplomata Charles Stuart. Além da negociação do reconhecimento, ele tinha instrução para alinhavar um acordo comercial com o Brasil e outro referente à abolição da escravatura. A habilidade com que conduziu a questão permitiu que as partes se compusessem e houvesse um acordo, que vinha ao encontro dos interesses da Grã-Bretanha. Deve-se ressaltar que agentes austríacos haviam antecedido a visita de Charles Stuart e orientado d. Pedro a receber o diplomata britânico e considerar, com atenção, a proposta que seria apresentada.[260] O cenário interno era multifacetado e algumas câmaras advogavam que d. Pedro deveria implantar um regime absolutista, con-

255 AHU_ACL_CU_013, Cx. 163, D. 12443.

256 AHU_ACL_CU_ 003, Cx. 46, D. 3734 e AHU_ACL_CU_ 003, Cx. 46, D. 3734.

257 AHU_ACL_CU_ 015, Cx. 289, D. 19920, AHU_ACL_CU_009, Cx. 177, Doc. 12847, e AHU_ACL_CU_009, Cx. 177, Doc. 12854.

258 AHU_ACL_CU_017, Cx. 293, D. 20787.

259 *Decisões do governo do Império do Brazil de 1825*. Rio de Janeiro: Imprensa Nacional, 1883. Decisão no. 85, de 9 de abril de 1825, p. 55.

260 AHU_ACL_CU_ 003, Cx. 46, D. 3721.

forme registra o ofício de Francisco Antônio de Miranda ao secretário de estado Marinha e Ultramar, Joaquim José de Monteiro Torres. O imperador já havia se pronunciado sobre o assunto afirmando que: "não comvinha ao Imperio do Brazil o Sistema obscellente".[261]

Depois de intensas negociações, por meio de carta patente assinada por d. João VI, datada de 13 de maio de 1825, é legitimada a independência do Brasil. O documento também confirmava o direito de sucessão de d. Pedro ao trono de Portugal. Pelo documento d. João VI estabelecia que: "O Reino do Brazil será daqui em diante tido, havido e reconhecido com a denominação de Imperio, em logar da de Reino que antes tinha", deixando claro que a: "administração, tanto interna como externa, do Imperio do Brazil, será distincta e separada da administração dos Reinos de Portugal e Algarves". Acrescentava que: "por a sucessão das duas Corôas, Imperial e Real, directamente pertencer a Meu sobre todos muito Amado e Prezado Filho, o Principe Dom Pedro, n'elle, por este Meu Acto e Carta Patente, Cedo e Transfiro já de Minha livre vontade o pleno exercício da soberania do Imperio do Brazil para o governar, denominando-se Imperador do Brazil, e Principe Real de Portugal e Algarve, com a plena soberania d'estes dois Reinos e seus dominios".[262]

No processo de conferências, conduzidas por George Canning para ultimar o reconhecimento da independência do Brasil, fica evidente que Portugal tentou argumentar sobre uma administração independente do Brasil, mas sob a soberania de d. João VI, o que não acabou por acontecer. Até o último momento Portugal tentou evitar a separação do Brasil, mas não obteve apoio para tal feito. A Grã-Bretanha, analisando a situação que se delineava, procurou debater e deixar claro os artigos referentes à sucessão das coroas de Portugal e Brasil, assunto de extrema importância. Outro aspecto que mereceu atenção especial foi o artigo que tratava da garantia que a ideia de independência não seria expandida para outras colônias que pertenciam a Portugal.

O acordo foi celebrado, após diversas conferências realizadas nos meses de julho e agosto de 1825, entre o conde de Porto Santo, António de Saldanha da Gama, representante de d. João VI, e os plenipotenciários de d. Pedro I, os conselheiros de Estado Francisco Vilela Barbosa, José Egídio Álvares de Almeida, o barão de

261 AHU_ACL_CU_017, Cx. 294, D. 20831.

262 *Colleeção dos Tratados, Convenções, Contratos e actos públicos celebrados entre a coroa de Portugal e as mais potencias desde 1640 até ao presente*. Lisboa: Imprensa Nacional, 1857, tomo V, p. 504.

Santo Amaro e o ministro Luís José de Carvalho Melo, visconde com a grandeza da Cachoeira. Um dos primeiros pontos tratados era o da cessação de hostilidades e a instauração da paz e aliança entre as duas nações. Uma permissa deveria ser respeitada "o esquecimento das desavenças passadas".[263] Outros pontos importantes eram: a restituição dos bens e propriedades apreendidos durante os confrontos; a liberação de detidos; a segurança dos bens de raiz; a indenização dos particulares lesado e dos ofícios vitalícios, concedidos antes da partida de d. João VI para Portugal. No âmbito da dinâmica comercial, entre Portugal e o Brasil, deveria ser realizado um acerto das contas entre as duas coroas, sendo garantida a liberdade para comerciantes portugueses atuarem nos portos brasileiros, tendo como taxa alfandegária provisória 15%. O Tratado de Independência do Brasil foi assinado em 29 de agosto de 1825 e ficou conhecido como Tratado do Rio de Janeiro, ou Tratado de Paz, Amizade e Aliança luso-brasileiro.[264]

D. João VI posteriormente reconheceu que, conforme pedido de d. Pedro I, havia ratificado o tratado, fazendo sacrifícios, desejando que a felicidade dos povos reinasse. Portugal ao reconhecer a independência do Brasil permitiu que outras nações também o fizessem como França, Áustria, [265] Santa Sé, [266] Rússia, etc. Na etapa seguinte, foi importante comunicar a diferentes órgãos administrativos do Estado, tanto de Portugal, como do Brasil, que novas práticas de relação comercial e diplomáticas seriam aplicadas. Em novembro de 1825, Joaquim José Monteiro Torres escreve para o marquês de Viana, major-general da armada, João Manoel de Menezes, ordenando que fossem admitidos nos portos portugueses e nos domínios ultramarinos os navios de guerra e mercantes com bandeira brasileira.[267] A celebração do acordo exigiu que outras medidas fossem tomadas, para aclarar detalhes

---

263 Tratado do Rio de Janeiro, 29 de agosto de 1825, artigo IV.

264 Sobre o longo processo de negociações, d. Pedro I esclareceu a d. João VI em carta datada de 3 de setembro de 1824. Ver: Arquivo Histórico do Museu Imperial – Casa Imperial do Brasil – I-POB-03.09.1825-PI.B.c. Ver: *Convenção Adicional ao Tratado de Paz, Amizade e Aliança da mesma data entre D. Pedro I, Imperador do Brasil, e D. João VI, el-Rei de Portugal entre o Império do Brasil e o Reino de Portugal.* Disponível em: <https://concordia.itamaraty.gov.br/detalhamento-acordo/12>. Acesso em: 11 out. 2023.

265 HOLANDA, Sérgio B. (dir.) *História Geral da Civilização Brasileira – O Brasil Monárquico.* 6 ed. São Paulo: Difel, 1985, Tomo II, vol. I, p. 372.

266 HOLANDA, Sérgio B. (dir.) *História Geral da Civilização Brasileira – O Brasil Monárquico.* 6 ed. São Paulo: Difel, 1985, Tomo II, vol. I, p. 377.

267 AHU_ACL_CU_017, Cx. 295, D. 20922.

sobre a separação que se processava oficialmente a partir daquele momento, da qual fez parte Charles Stuart e Carlos Matias Pereira.[268]

Enquanto novos fluxos administrativos não eram consolidados, pairavam dúvidas no que dizia respeito à solicitação de passaportes e autorizações para circulação de pessoas.[269] Há também uma troca intensa de requerimentos, solicitando cópias e/ou transferências de documentos, principalmente de oficias das tropas de diferentes localidades.[270]

A morte de d. João VI, em 10 de março de 1826, traria um novo momento para o processo de independência do Brasil. Pelo acordo de reconhecimento da independência, d. Pedro I era o herdeiro do trono português e por decorrência as duas coroas voltaram a se unir, muito antes do que se esperava. O fato agitou os debates no Rio de Janeiro.

Em 6 de maio de 1826, d. Pedro I abriu os trabalhos da primeira Assembleia Geral Legislativa do Brasil que era composta por duas câmaras, a saber: senado vitalício, composto a partir da nomeação imperial, e outra de deputados, eleitos por três anos. A nação dava seus passos na construção de uma identidade própria. No período que vai de 1826 até 1831 d. Pedro I mostrou a sua incapacidade em manejar as pressões políticas e os anseios liberais. Questionamentos eram feitos ao texto constitucional e a forma de agir do imperador. Foram comuns os reclamos dos deputados contra os ministros que não respeitavam o corpo legislativo e não pautavam suas ações conforme o texto constitucional. O envolvimento de d. Pedro em questões da sucessão da coroa portuguesa foi utilizado como argumento contra o imperador, intensificando as desconfianças quanto ao seu liberalismo. A imprensa mantinha o debate acesso contra o governo com discursos extremamente agressivos. O que era alvo de escândalo e de solicitações de medidas que viessem a reprimir a circulação de textos que abusavam da liberdade de imprensa. O primeiro reinado chegaria ao fim com a abdicação de 7 de abril de 1831.

Paulo de Assunção

268 AHU_ACL_CU_017, Cx. 295, D. 20924.

269 AHU_ACL_CU_013, Cx. 164, D. 12514, AHU_ACL_CU_005, Cx. 281, D. 19589 e AHU_ACL_CU_009, Cx. 179, Doc.: 12962

270 AHU_ACL_CU_013, Cx. 164, D. 12526, e AHU_ACL_CU_021, Cx. 10, D. 618.

Transcrições

Todos os documentos são precedidos por um VERBETE, no qual se procede à classificação da sua tipologia (carta, relação, tratado, apontamentos, resposta etc.), identificação do destinatário ou assunto abordado, local e data de redação e respectiva referência arquivística. Nestes sumários são ainda indicadas as diferentes vias, quando existentes.

As regras de transcrição paleográfica adotadas assentam num compromisso entre a edição diplomática e a edição crítica, tendo por base uma atitude de fidelidade aos manuscritos.

Assim, com o objetivo prioritário de facilitar a leitura dos documentos, sem se perder de vista a sua forma de época, seguem-se, na generalidade, as regras preconizadas por Eduardo Borges Nunes:

- respeita-se a grafia das palavras, mantendo-se os arcaísmos fonológicos e lexicais presentes no texto;
- mantêm-se os grafemas <i>, <j>, <y> e <u>, <v>, apesar de os caracteres de cada um destes grupos serem utilizados com o mesmo valor fonético, bem como as consoantes geminadas;
- desdobram-se em itálico as abreviaturas das palavras;
- respeitam-se as nasalações;
- assinalam-se as mudanças de fólios;
- respeitam-se os sublinhados dos textos;

- mantém-se o sistema de acentuação e pontuação, excetuando os casos em que o autor introduz a maiúscula para iniciar uma nova frase e não assinala o final da frase anterior com a respectiva pontuação;
- respeitam-se as maiúsculas e minúsculas do original;
- procede-se à separação e reunião de palavras e partes de palavra de acordo com o uso moderno, de forma a facilitar a sua compreensão;
- utiliza-se o apóstrofo e nas palavras enclíticas recorre-se ao hífen;
- em nota de rodapé assinalam-se os acidentes do texto (espaços em branco, palavras riscadas, repetidas, entrelinhadas e borrões) e os lapsos cometidos, que são comuns no caso do copista. De forma a que a legibilidade do documento não fique comprometida, procede-se à correção das palavras no corpo do próprio texto, remetendo-se para a respectiva nota a forma utilizada pelo autor ou copista;
- restituem-se algumas correções de palavras entre parênteses retos;
- quando houver dúvida, na leitura paleográfica de uma palavra do manuscrito, assinala-se com: (?);
- utiliza-se (sic) para identificar palavras grafadas de forma incomum;
- não se transcrevem os reclamos;
- respeita-se a disposição dos documentos nas fórmulas iniciais e finais.

1821

1821, Março, 2, Rio Negro
CARTA do ouvidor do Rio Negro, Domingos Nunes Ramos Ferreira para o rei [D. João VI], a comunicar ter tomado posse do cargo. Anexo: 1 documento
AHU-Rio Negro, cx. 20, D. 36
AHU_ACL_CU_020, Cx. 18, D. 735.

Senhor

Tenho a honra de fazer subir com esta á Reál Prezença de Vossa Magestade a Certidão, por onde consta que no dia 9 de Janeiro do Corrente anno tomei Posse do Lugár de Ouvidor desta Comarca de Rio Negro, de que V*ossa* Mag*estad*e houve por bem fazer-me Merce. Barra do Rio Negro 2 de Março E 1821.

O ouvidor da Comarca Domingos Nunes Ramos Ferreira
/fl. 1v/
Manoel Freire de Mendonça Escrivão da Correição por Commissão do Doutor Ouvidor Geral e Corregedor da Commarca etc.

Certifico e posto por fe que revendo o Livro de Vereaçoens da Camera da Villa de Barcellos nele a folhas cento e quarenta e nove se acha o Auto de posse que se deu ao Doutor Ouvidor Gerál e Corregedor da Commarca Domingos Nunes Ramos Ferreira o qual o seu theor he o seguinte = Autto de Posse que se da ao Ouvidor

Geral desta Commarca de Rio Negro Domingos Nunes Ramos Ferreira = Aos nove dias do mez de Janeiro de mil oitocentos e vinte e hum annos nesta Villa Capital de Barcellos tomou posse de Lugar de Ouvidor o Doutor Domingos Nunes Ramos Ferreira ao qual se lhe deo posse em acto de Camera em prezença do Juiz Ordinario Vereadores e mais officiaes da Camera ditta em fe de tudo mandarão lavrar o dito termo em que assignarão o dito Ministro e a Camera de que tudo dou fe. E eu Joaquim Lourenço do Rego Escrivão da Camera que o escrevij = Domingos Nunes Ramos Ferreira = O juiz Ordinario Joze da Roza = Bento Ribeiro de Carvalho veredor = Do Procurador Felipe de Souza Coelho estava hu*m*a Cruz = E não se continha mais em o dito auto de posse que aqui bem e fielmente /fl. 2/ transcrevi por Certidão sem couza que duvida faça e ao mesmo Livro e folhas me reporto que por empedimento do Escrivão da Camera esta extrahi e a passei e vai por mim assignada. Barcelos 13 de Janeiro de 1821. E eu Manoel Freire de Mendonça Escrivão que o escrevi e assignei.

Manoel Freire de Mendonça

/fl. 2v/ branco

/fl. 3/

Na sequência é apresentada uma segunda via do mesmo documento.

1821, Março, 3, Recife

PROCLAMAÇÃO (cópia) do [governador da província de Pernambuco, Luís do Rego Barreto, ao povo da dita província sobre a necessidade de se manter a fidelidade ao monarca e às leis Portuguesas.

AHU_ACL_CU_015, Cx. 282, D. 19212.

Copia

Proclamação

Luiz do Rego Barreto, do Consêlho de Sua Magestade, Fidalgo da Caza Real, Commendador das Ordens de Christo e Torre e Espada[1], Condecorado com a Cruz

1 NT: A Ordem de Nosso Senhor Jesus Cristo foi criada pelo Papa João XXII, em 1319, atendendo aos pedidos do rei D. Dinis. A Ordem da Torre e Espada foi uma ordem militar fundada por D. Afonso V de Portugal no ano de 1459. Era a mais elevada Ordem de Cavalaria do Reino de Portugal.

Grande das sette Batalhas por Sua Magestade Britanica, Marechal de Campo dos Reais Exercitos, Commandante em Chefe da Divizão de Pernambuco, Governador e Capitão General da mesma Capitania.

Pernambucanos. Vós tendes dado a conhecer ao Mundo, que o crime de huns poucos de homens, não hé o crime de huma Provincia inteira.

A fidelidade aos Nossos Soberanos, e as Leis da nossa Patria, a constancia na adversidade, e o vallor em sustentar o caracter Nacional, forão sempre o timbre dos Pernambucanos. Os vossos campos ainda vos recordão os tropheos das victorias que nelles ganhastes contra os inimigos da Patria.

Pernambucanos. Hé chegado o tempo de mostrardes o vosso verdadeiro caracter as vossas virtudes politicas. A opinião publica as luzes do Seculo demandão novas Instituições fundadas sobre principios liberaes, que igualmente concorrão para a /fl. 1v/ grandeza, e prosperidade dos Monarchas, e para a ventura dos Póvos.

Pernambucanos. O Governo conhece os vossos dezejos, e vai leva-los como a mais justa suplica ao Throno do Nosso Augusto Monarcha: não necessitais de outra expressão. A Camara do Recife convocada, os Ministros, Officiaes Generaes, e Superiores, homens bons de todas as Ordem do Estado, sem diferença de Americanos ou Europeos que tudo hé huma só familia, e eu com todos elles temos interpretado as vossas intenções.

O Nosso Monarcha vai corôar os vossos dezejos; porque nunca o Monarcha teve outras vistas que não fossem a fortuna dos seus vassallos.

Descançai Pernambucanos: tereis novas instituições recebe-las-heis das augustas Mãos do Nosso Soberano. Elle as dará, e este dom preciozo fará eterna a sua Memoria.

Entretanto permanecei obedientes as Leis estabelecidas, aos Magistrados, que são os seus Guardas; e dai assim ao Mundo hu*m* grande exemplo de moderação, e heroismo. Estas Leis vos protegerão; más attendei q*ue* ellas mesmas severamente hão-de castigar todo aquelle que ouze faltar aos seus deveres, perturbando a Ordem publica: /fl. 2/ assim serão inexoraveis. Recife de Pernambuco 3 de Março de 1821 = Luiz do Rego Barreto.

Jozé Francisco Manuel Monteiro
Secretario do Governo

1821, Maio, 2, Bahia
REPRESENTAÇÃO dos habitantes da Província da Bahia ao rei [D. João VI] mostrando a sua fidelidade à causa monárquica portuguesa.
AHU-Baía, cx. 6, doc. 20.AHU_ACL_CU_005, Cx. 263, D. 18574.

Segunda via *Número* 3
Senhor

Quando os fieis, e leaes Vassalos de Vossa Magestade, habitantes d'esta Villa, e rica Provincia não tivessem tão sobejos motivos de adorar a Augusta, e Sagrada Pessoa de Vossa Magestade, bastaria para isso a Carta Regia de 28 de Março do corrente anno2, com que Vossa Magestade nos honrou.

2 NT: Refere-se à Carta Régia de 28 de Março de 1821, que approva o auto do juramento prestado na capital da Provincia da Bahia á Constituição que estão fazendo as Côrtes de Portugal e igualmente as nomeações para o Governo Provisional. Conforme o texto: "Presidente e Membros da Junta Provisorial do Governo da Bahia. Eu El-Rei nos Envio muito saudar. Tendo sido sempre os Meus constantes desvellos o bem e augmento da Monarchia, que Deus confiou aos Meus Cuidados e governo, e prosperidade de todos os Meus vassallos, que muito consiste na conservação da ordem e tranquilidade; não me podiam ser indifferentes nem os acontecimentos de Portugal, nem os anciosos desejos dos Meus vassalos de ver melhorada a forma do Governo, elevando-se a Monarchia Constitucional. Sendo porém este objecto de tanta importancia e consideração, exigia as mais serias meditações e combinações para que, sem se offender essencialmente o deposito sagrado da Autoridade Real, que Eu devo deixar ilesa a Meus Augustos Successores, se conseguissem os resultados felizes de um Governo Representativo solidamente constituido, no qual, por meio de uma bem entendida e reciproca influencia dos poderes, que constituem a soberania, se estabelecessem solidamente as bases de uma bem regulada liberdade civil e politica, compativel com o imperio das leis, manutenção da ordem, e socego publico e felicidade commum. E quando Eu já havia mandado dar as providencias que parecerem justas e adequadas para consolidar o Throno, e assegurar a felicidade de todos os Meus vassallos, não Hesitei, pelos desejos de condescender com os votos dos Meus vassallos, de adoptar e jurar no dia 26 de Fevereiro proximo passado a Constituição que se está formando nas Côrtes Extraordinarias congregadas em Lisboa, para ter logar em todo o Meu Reino Unido, e gozarem igualmente das vantagens della os habitantes dos tres Reinos. Havendo-se porém antecipado os dessa Provincia, tomando a resolução que Me participaes em a vossa carta de 12 dito, a qual dirigindo-se ao mesmo fim, e pelos mesmos motivos, veiu a coincidir, e conformar-se com a Minha Real deliberação, que já vos Mandei communicar por Aviso de 26 de Fevereiro, que for circular para todas as Provincias deste Reino e Dominios: Sou servido approvar o auto de juramento, a que se procedeu no dia 10 dito nos Paços do Conselho dessa cidade, cuja copia fizestes subir á Minha Real Presença, e igualmente as vossas nomeações para o Governo Provisional dessa Provincia; não Me restando mais do que

Nella copia Vossa Magestade mui fielmente os Paternaes Sentimentos de Seu Regio, e Piedozo Coração, que tanto se desvella, pela felicidade de Seus Vassalos sempre por V[o]ssa3 Magestade considerados, como filhos.

Nella Poem Vossa Magestade os habitantes désta Provincia a cobro de todo o receio de haverem incorrido o Desagrado de Nossa Magestade o que; segundo elles são inocentes, e fieis Vassalos de Vossa Magestade lhes seria sobremaneira dolorozo; ao contrario Vossa Magestade Generoso, e Magnifico, como sempre se lhe tem amostrado, benignamente declara que o acontecimento do dia 10 de Fevereiro do corrente anno coincidira, e se conformamos com a Real Deliberação de Vossa Magestade de Acquiescer aos votos, e necessidades dos seus Povos do Brazil, que dezejavão *h*aver uma Constituição, que se está formando em as /fl. 1v/ Cortes Geraes, Extraordinarias, e Constituintes dos Reynos de Portugal, e Algarves, e formar com os habitantes d'elles huma só familia debaixo do Paternal Governo de Vossa Magestade, e de Sua Augusta Descendencia. Nella finalmente Dá Vossa Magestade Sua Real Approvação ao Auto de Juramento, a que se procedeo no dito dia 10 de Fevereiro nos Paços do Conselho d'esta Cidade, e ás nomeaçoens, que de nós forão feitas para o Governo d'esta Provincia. Que titulos para eterna gratidão de nós outros, e de todos os habitantes d'ella! Da nossa parte outro modo não temos de reconhecer divida tão avultada, que satisfazendo pontualmente as Recommendaçoens, que Vossa Magestade se Digna fazer-nos, e d´aquella dos habitantes, elles a saldarão, esperamos nós, com sentimentos mui vivos de amor respeito, e adhezoes á Sagrada Pessoa de Vossa Magestade, e á Sua Augusta Familia. Bahia 20 de Maio de 1821.

Aos Reaes Pés de Vossa Magestade /fl. 3/ humildemente se prostrão.

De Vossa Magestade

---

recommedar-vos a vossa maior vigilancia, não só para que se empregue a necessaria moderação e exacção na distribuição da justiça, e em todos os ramos da publica administração, mas tambem para que se não dissolva a união com as mais partes deste Reino do Brazil, como base essencial para firmar e consolidar a que Estabeleci pela Carta de Lei de 16 de Dezembro de 1815 com as de Portugal e Algarves, e que Fiz proclamar nesta Corte no memoravel dia 26 do passado. E Espero do vosso zelo pelo bem publico, e pela prosperidade desta Monarchia, que dirijaes nesta conformidade o espirito publico, e conserveis a ordem e tranquilidade que devem gozar os habitantes dessa grande e rica cidade e Provincia, a quem muito prezo pela sua importancia e serviços, e até por ser a primeira parte destes vastos Estados a que aportei com grande regosijo publico, e satisfação Minha. Escripta no Palacio do Rio de Janeiro em 28 de Março de 1821. REI. Para o Presidente e Membros da Junta Provisional do Governo da Bahia".

3 Apesar do rasgão no manuscrito, é possível identificar a palavra pelo sentido do texto.

Os mais fieis, e leaes Vassalos

Luiz M*ano*el Moura Cabral Presidente
Paulo José de Mello Azevedo e Britto V*ice* P*residente*
Jozé Fernandes da Silva Freire
Manoel Pedro de Freitas Guimarães
Francisco de Paula e Oliveira
Francisco Jozé Pereira
Francisco Antonio Filgueiras
José Ant*onio* Ro*driguez* Vianna
/fl.4/ José Lino Coutinho

1821, Maio, 18, Pará
CARTA da Junta Provisional do Governo para o rei [D. João VI], demonstrando-se fiel à Nação portuguesa, com o fim de gozarem das mesmas leis, informando que se encontram já a trabalhar para a eleição dos seus deputados às Cortes Constituintes de Portugal.
Anexo: 2a. via, representação
AHU_ACL_CU_013, Cx. 150, D. 11616.

Em Sessão de 17 de [Maio]4 1821
Senhor

Logo que foi publicado nesta Provincia a digna, e quaze inspirada eleição de Deputados as Côrtes Geráes, Extraordinarias e Constituintes da Nação Portugueza virão os Paraenses com júbilo completamente justificada a nobre confiança, que os animára a jurar-lhes no *primeiro* de Janeiro antecipada obediencia. Em verdade, que vantagens não tem Vossa Magestade feito já lucrar aos Habitantes de Portugal, e quais não assegúra, a toda a Nação em ambos os Hemispherios!

Vossa Magestade, Reunindo pelas Suas eminentes qualidades em torno de Si, a confiança /fl. 1v/ publica, tem feito emudecer qualquer partido (se ainda algum ha) contrário áo novo sistéma Politico tem com o ascendente das suas virtudes, com a madureza, e acerto das suas deliberações conciliado o Respeito, e conside-

4 Palavra ilegível. É possível identificar a palavra pelo sentido do texto.

ração dos Estrangeiros, mesmo daquelles, que pareçião ao principio formar dos acontecimentos, de 24 de Agosto, e 15 de Setembro hu*m*a opinião desfavoravel;5 e finalmente tem lançado os inabalaveis fundamentos da prosperidade Nacional, publicando as bazes luminózas da Constituição, Rezultado Sublime da mais consumada prudencia, e sabedoria /fl. 1v/ Será impossivel, que o paternal Coração do nosso adorado Monarcha, o Senhor D*om* João *sext*o não se encline a ir elle mesmo, ou mandar algu*m*a pessôa da sua Augusta Familia a cooperar para a felicidade dos Seus Povos com hu*m*a assemblêa tão condigna das suas virtudes. Então deverá a Nação mais este beneficio áo superior merecimento de seos Augustos reprezentantes.

Supplicamos pois a Vossa Magestade em nosso nome, e de todo o Povo desta Provincia, queira acolher sem offença da sua modéstia este publico testemunho de gra/fl. 2/tidão, e com elle os mais firmes protestos da nossa obediencia, e as mais sinceras felicitações pela sua instalação.

Pará 18 de Maio de 1821.

[assinaturas]

O Vigario Capitular Romualdo Ant*oni*o de Seixas, Presid*en*te
O Juiz de Fora Joaquim Per*ei*ra de Macedo, V*ice* Prezid*en*te
O Cor*on*el João P*erei*ra Villaça
O Coronel Francisco Jose Rodrigues Barata
O Cor*on*el Geraldo Joze d'Abreu
Francisco Gonçalves Lima
Joze Ro*drigue*s de Castro Goez
Joao da Fonseca Freitaz
Fran*cis*co Jozé de Faria

*Segund*a via
/fl. 2/ branco
/fl. 2v/
Ficão inteirados[6]

Quando por Officio de 5 de Fevereiro tivemos a honra de participar á Junta Provizional do Governo Supremo de Portugal a heroica rezolução, que havião toma-

5 NT: Refere-se à Revolução do Porto que irrompeu no dia 24 de agosto. Em 15 de setembro, um movimento de oficiais subalterno, de Lisboa, com apoio da burguesia e parte da população, depôs a regência, aderindo à Revolução do Porto.

6 Acrescentado com outra letra: "Ficão inteirados".

do o Povo, e Trópas desta Cidade no memoravel dia *primeiro* de Janeiro, nada mais então nos era possivel fazer, por não termos ainda recebido documentos, que nos certificassem a adhesão posto que provavel da maior parte das Villas da Provincia.

Agóra porem que temos já recebido de todas os respectivos Actos, levamos á Augusta Prezença de Vossa Magestade o original incluzo, pelo qual em nome do Povo de toda esta Provincia adherimos, e nos incorporamos com a Nação Portugueza /fl. 3/reconhecemos a Soberania das Côrtes Geráes, Extraordinárias, e Constituintes rezidentes em Lisbôa, com o expresso fim de gozar-mos a mesma Constituição Politica, e Direitos, e obrigaçoens d´ella consequentes, de que gozarem os Povos de Portugal. 7 Queira Deos abençoar estar união!

Temos também a honra de prevenir a Vossa Magestade, que posto que nos occupamos já dos trabalhos relativos á Eleição dos nossos Deputados, esta se não poderá infelizmente vereficar tão cedo, como dezejamos, attendidas as grandes distancias da Provincia, a incerteza das viagens, e mesmo a incapacidade dos Juizes, Indios em grande parte. /fl. 3v/

Ficamos dispostos a jurar, e fazer jurar as bazes da Constituição na fórma por Vossa Magestade prescripta no Decreto de 9 de Março de 1821.

Pará 18 de Maio de 1821.

[assinaturas]

O Vigario Capitular Romualdo Ant*oni*o de Seixas, Presid*en*te

o Juiz de Fora Joaquim Per*eir*a de Macedo, V*ice* Presid*en*te

O Cor*on*el João P*erei*ra Villaça

O Coronel Francisco Joze Rodrigo Barata

O Coronel Geraldo Jozé d'Abreu

Franc*is*co Joze de Faria

Joze Ro*driguez* de Castro Goes

Francisco Gonçalves Lima

João da Fonseca Freitaz

/fl. 4/

Anno do Nascimento de Nosso Senhor Jezus Christo de mil oitocentos e vinte hum aos dezoito dias do mez de Maio, nesta Cidade de Santa Maria de Belem do Gram Pará, no Palacio do Governo, achando-se prezentes os abaixo assignados, Prezidente, Vice-Prezidente, e Deputados das Junta Provizoira do Governo da Provincia, por elles foi dito na minha prezença, e na das Testemunhas no fim d´este

7 No ms. encontra-se um espaço em branco.

assignadas, que em conformidade com o votto manifestado, e jurado pelo Povo d´esta Provincia desde o dia primeiro de Janeiro do prezente anno, elles por si, e em nome do mesmo Povo adherião, e se incorporavão com a Nação Portugueza, e reconhecião a Soberania das Cortes Geraes Extraordinarias e Constituintes rezidentes em Lisbôa, com o expresso fim de gozarem da mesma Constituição Politica, e Direitos, e obrigaçoens d´ella consequentes, de que gozarem os Habitantes de Portugal. E mandarão, que d´este Acto se fizesse hum **duplicatum** [duplicado] para ser enviado ás Cortes /fl. 4v/ em segunda via, e mais se extrahissem quatro Copias autenticas hu*m*a das quaes fosse aprezentada a El-Rey o Senhor Dom João Sexto, outra á Regencia de Portugal, outra se remettesse á Camara, e outra ficasse na Secretaria do Governo. E forão Testemunhas prezentes a este Acto o Brigadeiro João Antonio Rodrigues Martins, e o Dezembargador Joaquim Clemente da Silva Pombo, que como taes assignarão no fim d´elle. E eu Geraldo Jozé d´Abreu, Deputado, e Secretario Interino o escrevi.

[assinaturas]

O Vigario Capitular Romualdo Ant*oni*o de Seixas, Presid*en*te
o Juiz de Fora Joaquim Pereira de Macedo, V*ice* Presid*en*te
O Cor*on*el João P*ere*ira Villaça
O Coronel Francisco Joze Rodrigo Barata
O Coronel Geraldo Jozé d'Abreu
Fran*cis*co Joze de Faria
Joze Ro*driguez* de Castro Goes
Francisco Gonçalves Lima
João da Fonseca Freitaz

João Antonio Rod*riguez* Martins Como testemunha
Joaquim Clemente da S*il*va Pombo Como testemunha

1821, Julho, 11, Alagoas
OFÍCIO do governador de Alagoas Sebastião Francisco de Melo e Póvoas ao secretário de estado da Marinha e Ultramar [Joaquim José Monteiro Torres] sobre o estabelecimento do Governo Provisório da província de Alagoas.
Anexo: 2 vias dirigidas ao presidente do Congresso Nacional e lembrete
AHU-ALAGOAS, cx. 4, doc. 36.
AHU_ACL_CU_004, Cx. 7, D. 475.

Alagoas 11-7-821[8]
Ill*ustríssi*mo e Ex*celentíssi*mo Sen*ho*r

Alagôas 11-7-821[9]

Com particular satisfação, em dezempenho do meu dever, tenho a honra de participar a V*ossa* Ex*celênci*a os acontecimentos que tiverão lugar nesta Provincia, desde que a ella chegou a Fausta Notícia dos Gloriosos Acontecimentos dos Memoraveis Dias 24 de Agosto, e 15 de Setembro do ano proximo passado, até o dia 9 de Julho do corrente, em que se estabelecêo o Governo Provisorio existente.

Logo que nesta Provincia se promulgou aquella agradavel Noticia, seus habitantes dérão provas de desejar unir-se a tão Sagrada Causa comtudo, a pequenez dêlla, e o receio das grandes forças das circunvisinhas fez, com que estes fossem reprimidos por algum tempo: e me obrigarão a acauteladamente observar os movimentos dellas, com especialidade da de Pernambuco, d'onde tudo devia recear, pelos acontecimentos políticos que ali tinhão tido lugar.[10] A declaração da Provincia da Bahia, e o conhecimento que teve da disposição de parte dos póvos da de Pernambuco, me animou a convocar as Camaras da Villa de Maceió, então lugar da minha residencia, e Alagôas Cabêça da Commarca /fl. 1v/ e os principaes habitantes de huma e outra: a officialidade de *primeir*a, *segund*a Linha, e Ordenanças, e depois de lhes expôr individuadamente todos os acontecimentos havidos na Mãi Patria, lhes fiz ver as vantagens que em geral, e em particular resultarião da união d´esta Provincia ao Systema Constitucional; e que por consequencia, eu estava prompto, e resolvido a, em nome de todos os habitantes, rogar a Sua Magestade se Digna-se

8 Acrescentado com outra letra: "Alagoas 11-7-821".

9 Acrescentado com outra letra: " Alagôas 11-7-821".

10 NT: Refere-se à Revolução de 1817.

Liberalisar a esta Provincia a Constituição que formasse o Augusto Congresso congregado n'essa Capital; ao que depois de breve discução, unanimemente anuirão, de que se formou competente Auto no dia 2 de Abril. No dia 15 do mesmo mez, recebi hum exemplar do Memoravel Decreto de 26 de Fevereiro, que immediatamente o fiz publico, e expedi as ordens convenientes para que no dia 26 do mesmo mez se prestasse o devido Juramento em todas as Villas da Provincia; o que se praticou, com a maior solemnidade possivel, e geral satisfação: e expedi igualmente as Ordens para as Eleições dos Deputados da Provincia. No dia 5 de Julho, pude obter, hum exemplar /fl. 2/ das Bazes da Constituição; e logo fiz passar as Ordens para igualmente serem juradas; comtudo estas ordens não chegarão a ser logo expedidas, pela noticia dos acontecimentos do dia 5 de Junho no Rio de Janeiro, e a inopinada chegada a esta Provincia do Brigadeiro Graduado ex Governadôr de Sergipe d'El Rei, Luiz Antonio da Foncêca Machado, onde já se fazia suspeito, não só pelos Papeis Publicos, como por noticias particulares: o que poz o Pôvo na maiór consternação e desasocêgo, temendo que atraiçoadamente os obrigassem a pegar em armas contra a Provincia da Bahia, e a separarem-se da Causa comum: á vista d'isto, não poupei meio algum de prudencia, e persuasão para socegar a estes animos, e persuadir-lhes, que taes rumores erão unicamente filhos do têrror panico, sem fundamento algum, e que nada tinhão, nem devião recear: isto não foi bastante para desvanecer seus temores, e achando-se juntos os Eleitores de Paroquia para elegerem os de Commarca, foi apresentado áquella Assembléa hum requerimento, em que pedião huma nóva fórma de Governo; a qual me diregio huma Deputação / fl. 2v/ para me fazer conhecer os dezejos dos póvos, ao que promptamente annuhi, recusando porem, o acceitar a Presidencia do Novo Governo, que me offerecião; cuja repulsa, de modo algum admittirão; dizendo-me: que aquella era a vontade de unanime dos póvos; e que desde logo me fazião responsável a El-Rei; e ao Augusto Congresso, de todo, e qualquer acontecimento sinistro, que de tal repulsa se seguisse: esta terrivel ameaça, me obrigou em fim a acceitar tal Presidencia, e acompanhando á sobredita Deputação ao Lugar da reunião, tive a satisfação de recebêr geral applauso pela minha total condescendencia aos seus desejos: Passou-se immediatamente á Eleição do Governo, e de seus Membros, por meio de escrutinio; e foi eleito o Governo existente, como tudo cónsta dos Termos, que elle faz subir á Presença de V*ossa* Excel*ênci*a. Seria faltar ao mais Sagrado Devêr, se occultasse a V*ossa* Excel*ênci*a, que para a bôa ordem com que tudo foi feito, contribuío summamente a coadjuvação, e prudentes conselhos com que me auxiliou o actual Ouvidor da Commarca Jose Antonio Ferreira Bracklami, a favôr do qual /fl. 3/ devo chamar a particular attenção de V*ossa* Ex*celência*. A conduta do Tenente Coronel Ajudante d'ordens do Governo Manoel Duarte Coelho, he digna de louvôr; e o Capitão de Artilharia, Commandante interino do Corpo de Tropa de Linha, João Eduardo Pereira Colaço Amado, deu as mais evidentes provas do seu bom caracter, adhesão ao Systema Constitucional, e intelligencia, tanto em conselho, como na disciplina, e subordinação, em que mantêve o Côrpo de seu Commando; e sem o seu auxilio talvez seria bem difficultoso, e até impossivel tão feliz resultado em hum tal acontecimento; o que me parece o faz digno da Benificencia de Sua Magestade, a favôr do qual a imploro, por intervenção de V*ossa* Ex*celênci*a, não só por este assignalado serviço, como por muitos outros que tem prestado ao Estado. Só me resta rogar a V*ossa* Ex*celênci*a se Digne suscitar-me a Aprovação de Sua Magestade á conduta que tenho observado em tão delicadas circunstancias, sem ordens, nem Instrucções em que me podesse apoiar, faltando-me igualmente os Conhecimentos precisos para /fl. 3v/ desempenhar o Emprego em que me achava, tendo unicamente ardentes desejos de bem servir ao Estado.

D*eus* G*uard*e a V*ossa* Ex*celênci*a. Alagôas 11 de Julho de 1821.

Ill*ustríssi*mo e Ex*celentissi*mo S*enho*r Ministro e Secretario de Estado dos Negocios da Marinha

[assinatura] Sebastião Fran*cis*co de Mello e Póvoas[11]

*primeir*a via

/fl. 4/ branco

/fl. 4v/

*Segund*a via do Offic*io* de 11 de Julho pend*ente* do Prezid*en*te da Junta de Gove*rno* da Prov*inci*a das Alagoas

Ja se deu conta da *primeir*a[12]

Guarde-se com a pr*imeir*a via

Alagoas 11-7-821[13]

Ill*ustríssi*mo e Ex*celentíssi*mo S*enho*r

---

11 NT: Sebastião Francisco de Mello e Póvoas (1775-1830) foi governador das capitanias do Rio Grande do Norte (1812-1816) e de Alagoas (1819-1822).

12 Acrescentado com outra letra: "*Segund*a via do Offic*io* de 11 de Julho pend*ente* do Prezid*ent*e da Junta de Gove*rno* da Prov*inci*a das Alagoas / Ja se deu conta da *primeir*a".

13 Acrescentado com outra letra: "Guarde-se com a pr*imeir*a via / Alagoas 11-7-821".

Com particular satisfação, em dezempenho do meu dever tenho a honra de participar a V*ossa* Exc*elênci*a os acontecimentos que tiverão lugar nesta Provincia, desde que a ella chegou fausta noticia dos Gloriosos Acontecimentos dos memoraveis Dias 24 de Agosto, e 15 de Setembro do anno proximo passado, até o dia 9 de Julho do corrente, em que se estabelecêo o Governo Provisorio existente.

Logo que nesta Provincia se promulgou aquella agradavel noticia, seus habitantes derão provas de desejar unir-se a tão Sagrada Cauza; comtudo, a pequenez della, e o receio das grandes forças das circumvesinhas; fez com que estes fossem reprimidos por algu*m* tempo; e me obrigarão a acauteladamente observar os movimentos dêllas, com especialidade da de Pernambuco, d'onde tudo devia receiar, pelos acontecimentos políticos que ali tinhão tido lugar: a declaração da Provincia da Bahia; e o conhecimento que tive da dispozição de parte dos Povos da de Pernambuco, me animou a convocar as Camaras da Villa de Maceió, então lugar da minha residencia, e das Alagôas Cabêça da Commarca, e os principaes habitantes de huma e outra; a officialidade /fl. 5/ da *primeir*a, *segund*a Linha, e Ordenanças, e depois de lhes expôr individuadamente todos os acontecimentos havidos na Mãi Patria, lhes fiz ver as vantagens que em geral, e em particular resultarião da união desta Provincia ao systema Constitucional; e que por consequencia, eu estava prompto, e resolvido a, em nome de todos os habitantes, rogar a Sua Magestade se Digna-se Liberalisar a esta Provincia a Constituição que formasse o Augusto Congresso congregado n´essa Capital; ao que, depois de breve discução, unanimemente anuirão, do que se formou o competente Auto no dia 2 de Abril. No dia 15 do mesmo mez, recebi hum exemplar do Memoravel Decreto de 26 de Fevereiro; que immediatamente o fiz publico, e expedi as ordens convenientes para que no dia 26 do mesmo mez se prestasse o devido Juramento em todas as Villas da Provincia; o que se praticou, com a maior solemnidade possivel, e geral satisfação; e expedi igualmente as Ordens para as Eleições dos Deputados da Provincia. No dia 5 de Jullho, pude obter, hum exemplar das Bazes da Constituição, e logo fiz passar as Ordens para igualmente serem juradas; comtudo estas ordens não chegarão a ser logo expedidas, pela /fl. 5v/ noticia dos acontecimentos do dia 5 de Junho no Rio de Janeiro, e a inopinada chegada a esta Provincia do Brigadeiro Graduado ex Governadôr de Sergipe d'El Rei, Luiz Antonio da Foncêca Machado, onde já se fazia suspeito, não só pelos Papeis Publicos, como por noticias particulares; o que poz o povo na maiór consternação e dezasocego, temendo que atraiçoadamente os obrigassem a pegar em Armas contra a Provincia da Bahia, e a separarem-se da Cauza commum: á vista d'isto, não poupei meio algum de prudencia, e persuasão para socegar estes animos, e persuadir-lhes, que taes rumores erão unicamente filhos do terror panico, sem fundamento algum, e que nada tinhão, nem devião receiar: isto não foi bastante para desvanecer seus temores, e achando-se juntos os Eleitores de Paroquia para elegerem os de Commarca, foi apresentado áquella Assembléa hum requerimento, em que pedião huma nova fórma de Governo; a qual me diregio huma Deputação para me fazer conhecer os dezejos dos póvos, ao que promptamente annui, recusando porem, o acceitar a Presidencia do Novo Governo, que me offerecião; cuja repulsa, de modo algum admittirão; dizen/fl. 6/ do-me: que aquella era a vontade de unanime dos Povos; e que desde logo me fazião responsável a El-Rei; e ao Augusto Congresso, de todo, e qualquer acontecimento sinistro, que de tal repulsa se seguisse: Esta terrivel ameáça, me obrigou emfim a acceitar tal Presidencia, e acompanhando a sobredita Deputação ao lugar da reunião, tive a satisfação de receber geral aplauso pela minha total condescendencia aos seus desejos: passou-se immediatamente á Eleição do Governo, e de seus Membros, por meio de escrutinio, e foi eleito o Governo existente, como tudo consta dos Termos, que elle faz subir á Presença de V*ossa* Ex*celênci*a. Seria faltar ao mais Sagrado Dever, se occultasse a V*ossa* Ex*celênci*a, que para a bôa Ordem com que tudo foi feito, contribuio summamente a coadjuvação e prudentes concelhos, com que me auxiliou o actual Ouvidôr da Commarca, Jozé Antonio Ferreira Bracklami, a favôr do qual devo chamar a particular atenção de V*ossa* Ex*celênci*a. A conduta do Tenente Coronel Ajudante d'Ordens do Governo Manoel Duarte Coelho, he digna de louvôr; e o Capitão d'Artilheria, Commandante interino do Côrpo de Tropa de Linha, João Eduardo Pereira Colaço Ama/fl. 6v/ do, deu as mais evidentes provas do seu bom caracter, adhesão ao Systema Constitucional, e intelligencia, tanto em conselho, como na disciplina e subordinação do Corpo de seu Commando; e sem o seu auxilio, talvez seria bem difficultoso, e até impossivel tão feliz resultado em hum tal acontecimento; o que me parece o faz digno da Benificencia do Augusto Congresso, a favôr do qual a imploro, por intervenção de V*ossa* Ex*celênci*a, não só por este assignalado serviço, como por muitos outros que tem prestado ao Estado. Só me resta rogar a V*ossa* Ex*celênci*a se Digne suscitar-me a Aprovação do Augusto Congresso á conduta q*ue* tenho observado em tão delicadas circunstancias, sem ordens, nem Instrucções em que me podesse apoiar, faltando-me igualmente os conhecimentos precisos para desempenhar o Emprego em que me achava, tendo unicamente ardentes desejos de bem servir ao Estado.

D*eus* G*uard*e a V*ossa* Ex*celênci*a. Alagôas 11 de Julho de 1821.

Ill*ustríssi*mo e Ex*celentíssi*mo Sen*ho*r Presidente do Augusto Congresso Nascional

[assinatura] Sebastião Fran*cis*co de Mello e Póvoas

*segund*a *vi*a
/fl. 7/
Com*selho* de Ultramar Sess*ão* 20 de Fevereiro[14]

13.
Alagoas
11-7-821[15]

Ill*ustríssi*mo e Ex*celentíssi*mo Sen*ho*r

Com particular satisfação, em dezempenho do meu devêr tenho a honra de participar a V*ossa* Ex*celênci*a os acontecimentos que tiverão lugar nesta Provincia, desde que a ella chegou a Fausta Notícia dos Gloriosos Acontecimentos dos Memoraveis Dias vinte e quatro de Agosto, e quinze de Setembro do anno proximo passado, até o dia nove de Julho do corrente, em que se estabelecêo o Governo Provisorio existente.

Logo que nesta Provincia se promulgou aquella agradavel Noticia, seus habitantes dérão provas de desejar unir-se a tão Sagrada Cauza comtudo, a pequenez dêlla, e o receio das grandes forças das circumvisinhas fez, com que estes fossem reprimidos por algu*m* tempo; e me obrigarão a acauteladamente observar os movimentos d´ellas, com especialidade da de Pernambuco, d'onde tudo devia recear, pelos acontecimentos políticos que ali tinhão tido lugar: a declaração da Provincia da Bahia, e o conhecimento que tive da disposição de parte dos Póvos da de Pernambuco, me animou a convocar as Camaras da Villa de Maceió, então lugar da minha residencia, e a Alagôas, Cabeça da Commarca e os principaes habitantes de huma e outra; a officialidade da *primeir*a, *segund*a Linha, e Ordenanças; e depois d*e* lhes expôr individuadamente todos os acontecimentos havidos na Mãi Patria, lhes fiz vêr as vantagens que em geral, e em particular resultarião da união /fl. 7v/ desta Provincia ao Systema Constitucional, e que por consequencia, eu estava prompto,

14 Acrescentado com outra letra: "Com*selho* de Ultramar Sess*ão* 20 de Fevereiro".

15 Acrescentado com outra letra: "13. / Alagoas/ 11-7-821".

e resolvido a, em nome de todos os habitantes, rogar a Sua Magestade se Digná-se Liberalisar a esta Provincia a Constituição que formasse o Augusto Congresso congregado n´essa Capital; ao que depois de breve discussão, unanimemente anuirão, de que se formou competente Auto no dia dois de Abril. No dia quinze do mesmo mez, recebi hum exemplar do Memoravel Decreto de 26 de Fevereiro, que immediatamente o fiz publico, e expedi as ordens convenientes para que no dia 26 do mesmo mez se prestasse o devido Juramento em todas as Villas da Provincia; o que se praticou, com a maior solemnidade possivel, e geral satisfação; e expedi igualmente as Ordens para às Eleições dos Deputados da Provincia. No dia 5 de Julho, pude obter, hum exemplar das Bazes da Constituição; e logo fiz passar as Ordens para igualmente serem juradas; comtudo estas ordens não chegarão a ser logo expedidas, pela noticia dos acontecimentos do dia 5 de Junho no Rio de Janeiro, e a inopinada chegada a esta Provincia do Brigadeiro Graduado ex-Governadôr de Sergipe d'El Rei, Luiz Antonio da Foncêca Machado, onde já se fazia suspeito, não só pelos Papeis Publicos, como por noticias particulares; o que poz o Povo na maior consternação e dezasocêgo, temendo que atraiçoadamen/fl. 8/te os obrigassem a pegar em Armas contra a Provincia da Bahia, e a separarem-se da Cauza commum: á vista d'isto, não poupei meio algum de prudencia, e persuasão para socegar seus animos, e persuadir-lhes, que taes rumores erão unicamente filhos do terror panico, sem fundamento algum, e que nada tinhão, nem devião recear: isto não foi bastante para desvanecer seus temores, e achando-se juntos os Eleitores de Paroquia para elegerem os de Commarca, foi apresentado áquella Assembléa hum requerimento, em que pedião huma nova fórma de Governo; a qual me diregio huma Deputação para me fazer conhecer os dezejos dos póvos, ao que promptamente annuí, recusando porem, o acceitar a Presidencia do Novo Governo, que me offerecião; cuja repulsa, de modo algum admittirão; dizendo-me; que aquella era a vontade de unanime dos póvos; e que desde logo me fazião responsável a El-Rei; e ao Augusto Congresso, de todo, e qualquer acontecimento sinistro, que de tal repulsa se seguisse: esta terrivel ameáça, me obrigou emfim a acceitar tal Presidencia; e acompanhando a sobredita Deputação ao Lugar da reunião, tive a satisfação de recebêr geral applauzo pela minha total condescendencia aos seus desejos: Passou-se immediatamente á Eleição do Governo, e de seus Membros, por meio de escrutinio, e foi eleito o Governo existente, como tudo consta dos Termos, que elle faz subir á Presen/fl. 8v/ça de V*ossa* Ex*celênci*a. Seria faltar ao mais Sagrado Dever, se occultasse a V*ossa* Ex*celênci*a, que para a bôa ordem com que tudo foi feito, contribuio summamente a coadjuvação e prudentes conselhos com que me auxiliou o actual Ouvidôr da Commarca, Jozé

Antonio Ferreira Bracklami, a favôr do qual devo chamar a particular attenção de V*ossa* Exc*elênci*a. A conduta do Tenente Coronel Ajudante d'Ordens do Governo Manoel Duarte Coelho, he digna de louvôr; e o Capitão d'Artilheria, Commandante interino do Corpo de Tropa de Linha, João Eduardo Pereira Collaço Amado, deu as mais evidentes provas do seu bom caracter, adhesão ao Systema Constitucional, e intelligencia, tanto em conselho, como na disciplina, e subordinação, em que manteve o Corpo de seu Commando; e sem o seu auxilio talvez seria bem difficultoso, e até impossivel tão feliz resultado em hum tal acontecimento; o que me parece o faz digno da Benificencia do Augusto Congresso, a favôr do qual a imploro, por intervenção de V*ossa* Exc*elênci*a, não só por este assignalado serviço, como por muitos outros que tem prestado ao Estado. Só me resta rogar a V*ossa* Exc*elênci*a se Digne suscitar-me a Aprovação do Augusto Congresso á conduta q*ue* tenho observado em tão delicadas circunstancias, sem ordens, nem Instrucções em que me podesse apoiar, faltando-me igualmente os Conhecimentos precisos para desempenhar o Emprego em /fl. 9/ que me achava, tendo unicamente ardentes dezejos de bem servir ao Estado.

D*eus* G*uard*e a V*ossa* Exc*elênci*a. Alagôas 11 de Julho de 1821.

Ill*ustríssi*mo e Ex*celentíssi*mo S*enho*r Presidente do Augusto Congresso Nascional

primeira Via [assinatura] Sebastião Francisco de Mello e Póvoas

1821, Outubro, 13, Cavalcante
OFÍCIO do [presidente do Governo Provisório de São João das Duas Barras, desembargador] Joaquim Teotónio Segurado, à [Comissão Especial dos Negócios Políticos do Brasil], sobre a instalação de um governo provisório fora da capital da província de Goiás, nomeadamente na comarca de Palma.
Anexos: 3 docs.
AHU-GoiásAHU_ACL_CU_008, Cx. 56, D. 2943.

Em sessão de 26 de Março de 1822

Manifesto, q*ue* ás Cortes Constituintes reunidas em Lisboa, a El-rei, ao Principe Reg*ente* e a toda a Nação faz o Dez*embargad*or Joaquim Theotonio Segurado.

A Com*is*são Especial sobre os Negocios Politicos do Brasil

A instalação de hu*m* Governo Provizorio fóra da Capital da Provincia, e ate mesmo fóra da Cabeça da Comarca he hu*m* procedimento novo na resolução da regeneração Portugueza, e Brazileira, deve cauzar admiração: vai-se rasgar o véo deste enigma: advirtindo primeiro que o De*zembargad*or Segurado não tem correspondências algu*m*as: elle cortou todas, por q*ue* na creação da Villa e Comarca da Palma se lhe interceptavão todas as cartas: assim só sabe algu*m*as noticias, q*ue* cazualmente vão á aquella Comarca, e as que adquirio há pouco na Cidade de Goiaz. Em Janeiro do preze*nt*e anno foi chamado á aquella Cid*ad*e pello Gen*er*al: então não só vio a maior p*ar*te dos papeis publicos, que o G*ener*al recebia; mas este lhe comunicou o odio, que consagra a El-rei, posto q*ue* se mostra-se m*ui*to A*migo* do P*rincip*e Reg*ente*: dezenvolveo-lhe o g*ran*de partido, q*ue* há no Rio contra Portugal, e o qual mais se faz certo em hu*m* folheto, q*ue* naquella Cid*ad*e sahio na lingoa Franceza. Por outra p*ar*te vio o De*zembargad*or Segurado o acertado sistema da Bahia, q*ue* julga ser o de todas as mais Prov*íncia*s do Norte: vio que a Prov*ínci*a de Goiaz, pella sua demaziada extensão de Sul a Norte não concorda, nem pôde concordar em hu*m* mesmo[16] sistema, por serem diversos os seus interesses: a Comarca de Goiaz tem interesse em seguir o sistema do Rio: a Comarca da Palma só tem interesse, só quer abraçar a sorte do seu legitimo soberano, só quer adoptar a Const*ituiç*am q*ue* se fizer pellas Cortes Const*ituint*es reunidas em Lisboa só quer, e não pode senão querer o sistema, q*ue* seguirem Bahia, e Pará: q*ue* são as unicas Prov*ínci*as com q*ue* tem relaçoens comerciais. Com estas idéas sahio o Seguràdo p*ar*a a sua Comarca em meio de Julho com ordem do Gen*er*al p*ar*a fazer Corr*ei*os antes de sahir para Lisboa, por q*ue* ainda q*ue* a esse tempo não estive-se feita a eleição dos Deput*ad*os já o Gen*er*al os tinha dezignado, e com efeito essas /fl. 1v/ mesmos forão eleitos. (o que he prova da liberdade, com q*ue* se fez a elleição) sendo hu*m* delles o De*zembargad*or Segurado, ao qual se remeteo o titulo competente, que recebeo no Arraial de Trahiras[17]. Naquelle Arraial sondou o animo dos Povos, e vio que elles querem Rei e Cortes no Rio de Janeiro: ouvio dizer, e vio carta, q*ue* confirmava a noticia de q*ue* o Povo do Rio não tinha correspondido ás Aclamaçoens, q*ue* o Principe Regente deo a El-rei no dia, em q*ue* se jurarão as bazes da Constituição: no

16 Entrelinhado: "mesmo".

17 NT: Atual Traíras, próximo a Niquelândia, município no norte de Goiás. O arraial se desenvolveu, no século XVIII, a partir da exploração de lavras de ouro, nas margens do rio Traíras.

mesmo Arraial lhe derão a noticia, de que o Rio não queria mandar Deputados ás Cortes de Lisboa. O Dez*embargad*or Segurado não tem a certeza de que sejão verdadeiras taes noticias; podem ser calumniozas; mas no fim podem ser verdadeiras, e em tal cazo saindo elle p*ara* Lisboa, ficava esta Comarca ao dezampáro: ao primeiro aceno do Gen*era*l de Goiaz, ella havia unir-se ao Rio de Janeiro, separando-se por necessidade da boa cauza do seu devêr, e dos seus interesses. Vio pois a necessidade de sair de Trahiras, como Paîz inimigo, e que o unico meio de salvar a maior parte da Comarca era crear hu*m* Governo Proviz*ori*o independente da Capital, e do seu chefe. Não escolheo a Villa da Palma para assento do Governo, apezar de ser cabeça da Comarca, por ser de mais facil acesso, e menos defensavel: escolheo sim Cavalcante, rodeado de Serras, e por conseq*uenci*a facil a sua[18] defeza. Por isso chegando a Cavalcante declarou o seu intento a quatro sugeitos, e com elles e mais pessoas da Governansa, e alguns soldados, e Vigario, aos quaes se fez a declaração depois de reunidos,[19] se instalou o Gov*erno*: e o q*ue* teve efeito a 14 de Set*embr*o. Tal he a declaração, que o Dez*embargad*or Segurádo faz ou para ser castigádo, se errou, ou p*ara* ser escuzado e livre de prepotencias, se fez o q*ue* devia, como bom Portuguez. Cavalcante 13 de Out*ubr*o de 1821.

Joaq*ui*m Theotonio Segurado.

/fl. 2/

A*mig*o do C*oração*

Aqui me meterão a Prezid*ent*e de hu*m* Gov*ern*o Provizor*i*o da Comarca de S*ão* João das duas Barras, vulgo Comarca da Palma. Ainda q*ue* no off*ici*o se diz, q*ue* querião mandar Tropa de auxilio: isso traz comsigo m*ui*ta despeza: e chega tarde: comtudo talvez, q*ue* vindo algu*m*as forças p*ar*a o Urubû, p*ar*a nos auxiliarem em cazo de necessid*ad*e não seria máo: todo o mal se deve esperar do Gen*era*l de Goiaz M*ano*el Ign*aci*o de S*am*Paio, q*ue* por força q*ue*r ser Gen*era*l contra a vont*ad*e do Povo. Creio q*ue* não mandará contra nós Tropa: porem se a mandar, jogaremos as cartas. Remeto-te duas proclamaçoens sobre esse objecto. Vejo-me só, no rigor da palavra. Querem Gov*ern*o Proviz*ori*o, porem eu sou o Prezid*ent*e, e Secret*ari*o: eu necessito

18 Entrelinhado: "sua".

19 Palavras riscadas: "e immediatam*ent*e".

fazer rascunhos de tudo, q*uan*to se escreve; e p*ara* sobrecarga não tenho hu*m* offi*ci*al de Secretaria, e ate nem papel: Eu vou dando com a cabeça pellas paredes. Não tenho formularios de Secretarias: enfim he hu*m* Gov*erno* Provizor*io* m*ui*to exquizito: porem antes elle do q*ue* o bicho = General =. O Corr*eio* deve sahir dessa Cid*ad*e p*ara* o Urubû todos os mezes; /fl. 2v/ creio q*ue* em 20 dias poderá vir: estabeleção o d*ito* Corr*eio* por man*ei*ra q*ue* tinha quazi dia certo de chegar ao Urubu p*ara* q*ue* o Corr*eio* de cá chegue no m*es*mo tempo[20] e trazerem as malas. Estabeleça o Gov*erno* Provizor*io* dessa Prov*ínci*a o preço dos portes do Corr*eio*: eu acho q*ue* 100 reis de hu*m*a carta de 2/8 *oitav*as de peso he m*ui*to bast*ante*; e augmentar 50% por cada 2/8 *oitav*as: porem se quizerem seguir a Legislação a noti*ci*a vamos andando, mas he pezada. das gazetas bastarão dez reis por cada *oitav*a. Manda-me gazetas etc. escreve-me, e fala-me francam*ent*e tendo a certeza de q*ue* esta Comarca ha de por força seguir a sorte da Bahia; e por modo nenhu*m* queremos unir-nos á Comarca de Goiaz, a qual fica mais á mão do Rio de Janeiro; e de cujos moradores desconfio. Antes desta Broega[21], eu sahi Deput*ad*o para ás Cortes por esta Prov*ínci*a: o povo não quiz, q*ue* eu sahi-se por q*ue* me quiz p*ara* Prezid*ent*e; e por q*ue* eu não podia ser nomeado por estar empregado, dize-me os teos sentim*ent*os a este respeito: e bom será q*ue* ouças o voto dos nossos A*mig*os de Lisboa, /fl. 3/ aos q*ua*es não escrevo, porq*ue* não posso. Com efeito lá me parece man*ei*ra q*ue* eu vá dar hu*m*a viagem em vão a L*ixbo*a, estando cazado com Filhos, Faz*en*da de Gado, Cazas, e alguns Escravos: he viver tristem*ent*e porem já agora q*ue* farei, senão sugeitar-me ao meu fado? Aqui so embargárão huns sete contos de reis, q*ue* das rendas publicas são desta Comarca p*ara* á Junta de Goiaz, onde ha necessid*ad*e não há Lei: mas dize o q*ue* te parece sobre este objecto. Fiz q*ue* este Governo se declara-se Governo Provizorio de toda a Prov*ínci*a de Goiaz; mas participei p*ara* os morad*o*res de Goiaz, q*ue* esta prezidencia he interina, e enq*uan*to elles tiverem General: que despedido este, podem formar o seu Gov*erno* Provizor*io* mas dando-lhe a entender, q*ue* nós não nos apiaremos da burra, pello q*ue* pertence a esta Comarca, e já pedimos ás Cortes, ao Rei, e ao Principe Reg*ente* q*ue* queremos ficar separados. Nos fechos dos offi*ci*os manda pôr lacre, e o sinete: por q*ue* he traste, q*ue* ainda não temos.

A D*eus* invejo a tua sorte, e de todos os A*mig*os q*ue* estão lidando com gente: lembra-te /fl. 3v/ pois do...[22]

---

20 Entrelinhado: "tempo".

21 NT: Broega é aqui utilizado no sentido de grande confusão.

22 Pontos no ms.

Teu A*migo*
Segurado

Cavalcante 25 de Set*embr*o de 1821.

P. S.
A 14 deste se estabeleceo o Gov*erno* Proviz*orio*: nomeou-se hu*m* Ouv*id*or interino com dois adjuntos.

/fl. 4/
Goyanos

A Provincia de Goiaz he, talvez, a mais pobre do Brazil, e comtudo he a unica, que inda conserva no seu ceio um Capitão General; he a unica, que ainda se ve obrigada a pagar a hum empregado publico hum soldo de quazi seis contos de reis. Quatorze mil cruzados so a hum homem, q*ue* governa contra a vontade do Povo! Quatorze mil cruzados, que chegão para pagar soldo a setenta bravos deffensores da Patria! Que he isto, Goianos? Tendes forças, tendes direito a expulsá-lo, e consentis que elle continue a governar-vos? E a governar-vos com hum braço de ferro? Não tendes animo? não tendes valor? fallai; nos estamos reunindo forças sufficientes que chegão para vos auxiliar-mos, e ajudar-mos a extinguir o nome de Capitão General. Sim, nos iremos, e vos estabelecereis o vosso Governo provizorio, a imitação de todo o resto do Brazil. Mas quererá Manoel Ignacio de Sampaio ser vosso Rei? a vos compéte conhecer suas intençõens; nos sabemos, que instalamos em Cavalcante o nosso Governo Provizorio sem effuzão de sangue, sabemos, que estamos livres de Capitão General, e que so dependemos da Cortes de Lisbôa, do Senhor Dom João *sext*o e do Principe Regente. Cavalcante Salla do Governo 22 de Set*embr*o de 1821.
[assinatura]
P*residente* Joaquim Theotonio Seg*ura*do
V*ice* Franc*isc*o Joaq*ui*m Coelho de Mattos
M*ano*el Ant*oni*o de Moura Tellez.
Joze Zeferino de Aze*ve*do
João Luiz de Souza
Joaq*ui*m Rod*ri*g*uez* Pe*reira*
Luiz Pereira de Lemos
Joaq*ui*m dos S*ant*os e Vascon*ce*los

/fl. 4v/

Povos Palmenses, e Goianos

Quando o Porto arvorou o Estandarte da Liberdade, e da regeneração Portugueza havia em Lisbôa hum Governo nomeado por Sua Magestade: Cavalcante arvora o Estandarte da Liberdade Goiana rezidindo em Goiaz, hum Governador tãobem nomeado por sua Magestade. Os Portuenses tiverão a approvação do melhor dos soberanos, conseguirão as acclamaçòes geraes, e cubrirão-se de hu*ma* gloria eterna. E não teremos nós os moradores de Cavalcante a mesma approvação, as mesmas acclamaçoens, a mesma gloria? Goianos, e Palmenses, todo o homem livre tem direito a gozar da sua liberdade, e evitar os vexames q*ue* o opprimen. Vós sabeis a q*ue* vexames tendes estado sugeitos pelo espasso de tão dilatados annos, e agora q*ue* todos os Povos do Brazil tem sacudido o jugo dos Capitaens Generaes, agora, q*ue* Cavalcante vos dá o mesmo exemplo, sereis vós os unicos, q*ue* tereis a paciencia de continuar a suportar as algemas, e as Cadeias, em q*ue* temos jazido escravizados[23]? Tendes por ventura medo de que o General de Goiaz venha com as suas forças carregar-nos de mais duras cadeias, ou arrancar-nos os coraçoens? Povos, nem elle tem forças, nem q*ue* as tivesse deixa de conhecer q*ue* não deve dar hum passo contrario as idéas de todos os bons Portuguezes. Que forças tem elle? cincoenta soldados de linha? desses necessita em Goiaz para conservar o seu Despotismo: e alem disso sabe q*ue* temos mil bravos e destemidos certanejos (como elle nos chama) q*ue* sepultarião os seus soldados nas gargantas das serras q*ue* nos rodeião. Tem Miliciano? Tãobem nos os temos: todos são irmaons, todos tem o mesmo interesse: se pois cá os mandar, elles em lugar de balas nos offerecerão ramos de Oliveira, e depois de termos firmado a nossa união com libaçoens à Santa Constituição, iremos todos desterrar para longe de nós hum Ente monstruozo chamado = Capitão General = Porem não Palmenses, não tenhamos susto: ainda q*ue* o General tivesse muitos Escravos fieis para nos poder tao bem reduzir a escravidão, não se animaria nas actuaes circunstancias a dar hum escandalo geral aos cidadãos do Reino Unido; o ataque agora he so feito ao emprego de General: mas nesse cazo os ataques serião dirigidos a Manoel Ignacio de Sampaio; e onde escaparia elle do justo resentimento[24] de hu*ma* Nação inteira? Povos abir os olhos, e vereis q*ue* no Brazil ja não ha Governadores e Capitães Generaes, não ha mais Juntas de Fazenda arbitrarias na

23 Entrelinhado: "z".

24 Entrelinhado: "re".

sua administração; não há mais Ouvidores, nem Juizes, q*ue* nos seus despaxos sigão os seus interesses, os seus caprixos e as suas paixoens: tudo está mudado: os Povos ja não são governados por Bachás[25], mas por Governos provizorios, compostos dos home*ns* mais sabios, e mais honrados de cada Província: as Juntas da Fazenda dão todos os mezes ao Povo conta da sua administração, os Magistrados nos seus despachos so temem vista a lei: Entretanto q*ue* todo o Brazil tem mudado de figura, será Goiaz a unica Provincia; q*ue* fique pasmada, e insensivel a seus males? Goianos, e Palmenses, nós os habitantes de Cavalcante arvoramos o Estandarte da Liberdade, e estamos promptos a derramar a ultima pinga de sangue para sellar a nossa obra: seja o nosso Estandarte o ponto da nossa reunião, e nós todos seremos felices. Viva a nossa Religião catholica, Vivão Sen*ho*r D. João *sext*o o Principe Regente, e toda a Caza de Bragança, Viva a Constituição q*ue* em Lisboa está firmando a felicidade do Reino Unido, Vivão as comarcas da Palma e de Goiaz, e viva Cavalcante Sala do Governo 17 de *Setem*bro de 1821.

[assinaturas]

Presidente Joaq*ui*m Theotonio Seg*ura*do

V*ice* Francisco Joaq*ui*m Coelho de Mattos

M*ano*el Ant*oni*o de Moura Tellez.

Joze Zeferino de Aze*ve*do

João Luiz de S*o*uza

Luiz Pereira de Lemos

Joaq*ui*m dos S*ant*os e Vascon*ce*los

Joaq*ui*m Ro*driguez* Pere*ira*

1821, Novembro, 17, Natal

CARTA do [governador da Província do Rio Grande do Norte], José Inácio Borges, ao rei [D. João VI] sobre os procedimentos que tem efectuado para a eleição da Junta Provisória Constitucional, de modo a ser substituído no governo da província.

Anexo: edital de convocação de eleições (cópia)

AHU-RIO GRANDE DO NORTE, Cx. 10, d. 11 e 43

AHU_ACL_CU_018, Cx. 10, D. 657.

25 NT: O termo correto seria Paxá ou Pasha, normalmente utilizado para designar os governadores de províncias do império Otomano.

17 Fevereiro 1822[26]

17 Senhor

Convencido de que a tarefa de Governar Povos, era superior á minha capacidade; pedi á El Rei em 16 de novembro de 1819, dia em que findei o trienio deste Governo, que houvesse de me nomear Successor, ou que pelo menos me concedesse hu*ma* licença para vir a Corte, e como me constasse depois, que as Camaras, e as mais Corporações havião pedido a minha conservação, insisti na minha primeira tenção, se juntando segunda supplica em data de 31 de Dezembro do mesmo anno.

Como porem ainda assim não fosse deferido, instei com terceira, e quarta depois da retirada de El-Rei, a Sua Alteza Real o Principe Regente do Brazil, o qual deferindo-me agora com a licença, determinou-me no mesmo Avizo que entregasse o Governo ás Pessoas dezignadas na Lei Ordem que ja me não era possivel cumprir, tanto pelo descredito em que tem ainda o actual Ouvidor aliaz comprehendido naquelle numero de Pessoas, quanto porque a opinião Publica não sofreria outro Governo que não tivesse o caracter de Constitucional. Vacilei portanto algu*ns* dias, entre a concideração de se não haver ainda Decretado pelo Soberano Congresso a extinção dos Governos do Antigo Regimen existentes no Brazil, e a força dos meus principios liberaes a favor da Grande Cauza da nossa Regeneração, agravando mais o meu embaraço o silencio do Povo em pronúnciar a sua adherencia ás Doutrinas da Mai Patria, e não menos a difficuldade de conseguir huma Representação Nacional que excluindo toda, e qualquer suspeita de illigitimidade, pòdesse ele[ger][27] com acerto o Governo que me devia succeder, a fim de que se não repetissem aqui as dolorozas secnas aqui deo lugar o conflicto entre Goaiana, e o Reci[fe][28] de Pernambuco, que ainda ao longe me fazião estremecer de amargura.

Neste estado de incerteza chega [me][29] /fl. 1v/ a mão o Diario do Governo N*úmero* 206, e apoz délle a copia do Decreto do Soberano Congresso datado no *Primeir*o de Setembro deste anno, e inteirado por hum e outro documento das me-

26 Acrescentado com outra letra: "17 Fevereiro 1822".

27 Apesar pouca legibilidade no manuscrito, é possível identificar a palavra pelo sentido do texto.

28 Apesar pouca legibilidade no manuscrito, é possível identificar a palavra pelo sentido do texto.

29 Apesar pouca legibilidade no manuscrito, é possível identificar a palavra pelo sentido do texto.

didas que se havião tomado para Pernambuco, deliberei immediatamente adopta-las corigindo-ma á letra da sua dispozição, e para não retardar o estabelecimento do novo Governo, deliberei igualmente que o dia 3 do proximo mez de Dezembro, aprasado para a reunião dos Eleitores de Parochia, fosse o mesmo para a Eleição da Junta Provizoria, precedendo esta Eleição a das mais Assembleas, que tem de Elleger os Deputados para as Cortes, o que tudo fiz saber ao Público pelo Edital que ofereço na copia incluza.

Logo que entregou o Governo passarei á Pernambuco, e dáli a essa Corte, a cumprir o Sagrado Dever de me aprezentar ao Soberano Cóngresso, e a procurar os necessarios remedios á minha atenuada saude.

Deos Guarde a Vossa Magestade

Cidade de Natal 17 de Novembro de 1821.

Joze Ignacio Borges

/fl. 2/ branco

/fl. 2v/

Copia

Joze Ignacio Borges, Commendador da Ordem de Christo, Coronel de Artilharia Addido de Estado Maior do Exercito, e Governador da Provincia do Rio Grande do Norte por Sua Magestade Fidelissima que Deos Guarde etc.

Faço saber, que tendo obtido licença de Sua Alteza Real o Principe Regente do Reino do Brazil para ir á Corte; tenho deliberado entregar o Governo desta Provincia á hu*m*a Junta Constitucional, organizada de sete Membros inclusive o Presidente, e Secretario, a qual deverá ser nomeada pelo Congresso dos Eleitores de Parochia sob a Presidencia da Camara desta Cidade, tanto por ser esta a legitima Assembleia Representativa da Provincia, como por se cumprir assim o que Determinarão para a Provincia de Pernambuco as Córtes Gerais, Extraordinarias, e Constituintes da Nação reunidas em Lisboa pelo seu Decreto do primeiro de Setembro proximo passado, e do qual dará copia ao Governo que me succeder para lhe servir do Regimento emquanto não for alterado pelas mesmas Cortes, e tendo para cumprimento de tudo, feito expedir ja pelo Corregedor da Camara, as mais pozitivas, e terminantes Ordens para convocar os Eleitores de Parochia, está aprazado o dia trez do proximo mez de Dezembro pára a celebração da referida Assemblea, perante a qual apresentarei pessoalmente o Real Avizo de licença que me foi concedida, para ser inserido na Acta que se fizer da Instalação do Governo. E para que chegue a notticia de todos mandei publicar a som de Caixas o presente Edital; que vai por mim assinado, e sellado com o sinete das minhas Armas, o qual se affixará no lugar mais publico desta Cidade, depois de Registado na Secretaria deste Governo, e enviando Exemplares á todas às Villas desta Provincia. Dado na Cidade de Natal aos nove dias de Novembro de mil oitocentos a vinte hum = Joze Ignacio Borges.

O P*adr*e Manoel Pinto de Castro que serve de Secretario do Governo

1821, Dezembro, 24, São Paulo
REPRESENTAÇÃO (cópia) do governo de São Paulo ao príncipe regente [D. João], solicitando a sua permanência no Estado do Brasil
AHU-São Paulo, cx. 29, doc. 26.
AHU_ACL_CU_023, Cx. 30, D. 1376.

São Paulo 1821, 24, dez*em*bro[30]
Cópia
Em Sessão de 15 de Março de 1822

Á Com*iss*ão Especial dos Negocios Politicos do Brazil

Senhor – Tinhamos ja escritpo á V*ossa* A*lteza* R*eal* antes que pelo ultimo Correio recebermos a Gazeta extraordinaria do Rio de Janeiro de 11 do corrente, e apenas fixamos nossa attenção sobre o primeiro Decreto das Cortes acerca da organização dos Governos Provicinciaes do Brazil, logo fervâo em novos corações uma nobre indigançăo; por que vimos nelle exarado o systema da anarchia, e da escravidão; mas o segundo pelo qual V*ossa* A*lteza* R*eal* deve regressar para Portugal a fim de viajar. incognito sómente pela Hespanha, França e Inglaterra, cauzou-nos um verdadeiro horror.

Nada menos se pertende do que dezunir-nos, enfraquecer-nos, e até deixa-nos em mizera orfandade, arrancando do seio da grande Familia Brasileira o unico Pay commum, que nòs restava depois de terem esbulhado o Brazil do benefico Fundador deste Reyno o Augusto Pay de V*ossa* A*lteza* R*eal*. [31] Enganão-se assim

30 Acrescentado com outra letra: "São Paulo 1821, 24, dezembro".

31 No ms. encontra-se um espaço em branco.

o esperamos em Deos, que hé o vingador das injustiças; Elle nos dará coragem, e sabedoria.

Se pelo art*igo* 21 das Bazes da Constituição[32], que approvamos, e juramos, por serem principios de Direito publico universal, os Deputados de Portugal se virão obrigados a Determinar, que a Constituição que se fizesse em Lisboa só obrigaria por óra os Portuguezes rezidentes naquelle Reyno, e quanto aos que rezidem nas outras /fl. 1v/ tres partes do Mundo, ella sómente se lhes tornaria commum quando seus legitimos Reprezentantes declarassem ser esta a sua vontade; como agora esses Deputados de Portugal, sem esperarem pelos do Brazil, ouzão já legislar sobre os interesses mais sagrados de cada Provincia, e de um Reyno inteiro? Como ouzão desmembra-lo em porções dezatadas, isoladas sem lhes deixarem um centro comum de força, e de união? Como ouzão roubar a V*ossa* A*lteza* R*eal* o lugar-Tenencia que seu Augusto Paij nosso Rey lhe concedera? Como querem despojar o Brazil do Dezembargo do Paço e Meza da Consciencia e Ordens, Conselho da Fazenda, Junta do Commercio, Caza da Supplicação; e de tantos outros estabelecimentos novos, que ja promettião futuras prosperidades? P*ar*a onde recorrerão os Povos desgraçados a bem de seus interesses economicos, e judiciaes? Hirão agora, depois de acostumados por 12 annos a recursos promptos, a sòffrer outra vez como viz Colonos, as delongas, e trapaças dos Tribunaes de Lisboa, atravez de duas mil legoas do Oceano, onde os suspiros dos vexados perdião todo o alento e esperança? Quem o crerá depois depois de tantas palavras meigas, mas dolosas de reciproca igualdade, e de felicidades futuras !!!

Na Sessão de 6 de Agosto passado disse o Deputado das Cortes Pereira /fl. 2/ do Carmo, (e disse uma verdade eterna) que a Constituição era o pacto social, em que se expressavão, e declaravão as condições pelas quaes uma Nação se quer constituir em Corpo politico; e que o fim desta Constituição hé o bem geral de todos os indeviduos, que devem entrar neste pacto social. Como pois ouza agora uma mera fracção da grande Nação Portugueza, sem esperar a concluzão desse solemne pacto Nacional, attentar contra o bem geral da parte principal da mesma, qual o vasto e riquissimo Reyno do Brazil, despedaçando-o em mizeros retalhos, e pertendendo

32 NT: O artigo 21 menciona: "Somente à Nação pertence fazer a sua Constituição ou lei fundamental, por meio de seus representantes legitimamente eleitos. Esta lei fundamental obrigará por ora somente aos portugueses residentes nos reinos de Portugal e Algarves, que estão legalmente representados nas presentes Cortes. Quanto aos que residem nas outras três partes do mundo, ela se lhes tornará comum, logo que pelos seus legítimos representantes declarem ser esta a sua vontade".

arrancar por fim do seu seio o Reprezentante do Poder Executivo, e aniquilar de um golpe de penna todos os Tribunaes e Estabelecimentos necessarios á sua existencia e futura prosperidade? – Este inaudito despotismo, este horrorozo perjurio politico, de certo não o merecia o bom e generozo Brazil. [33] Mas enganão os inimigos da Ordem nas Cortes de Lisbôa se se capacitão, que podem ainda illudir com vans palavras e ocos Fantasmas o bom sizo dos honrados Portuguezes de ambos os Mundos.

Note V*ossa* A*lteza* R*eal*, que se o Reyno de Irlanda, que faz uma parte do Reyno Unido da Gran Bretanha, apezar de ser infinitamente pequeno em comparação dos (sic) vasto Reyno do Brazil, e estar separado da Inglaterra por um estreito braço de már, que se atravessa em /fl. 2v/ poucas horas, todavia conserva um Governo geral, ou Vice-Reynado, que reprezenta o Poder Executivo do Rey do Reyno Unido, como poderá vir a cabeça de ninguem, que não seja ou profundamente ignorante, ou loucamente atrevido, pertender, que o Vastissimo Reyno do Brazil haja de ficar sem centro de actividade, e sem Reprezentante do Poder Executivo; como igualmente sem uma mola de energia e direcção das nossas Tropas para poderem obrar rapidamente, e de mãos dadas a favor da defeza do Estado contra qualquer imprevisto ataque de inimigos exterior, ou contra as dezordens e facções internas, que procurem atacar a segurança publica e a união reciproca das Provincias!

Sim Augusto Senhor he impossivel que os habitantes do Brazil, que forem honrados, e se prezarem de ser homens, e mórmente os Paulistas possão já mais consentir em taes absurdos, e despotismos: sim Augusto Senhor, V*ossa* A*lteza* R*eal* deve ficar no Brazil quaesquer que sejão os projectos das Cortes Constituintes, não só para nosso bem geral, mas até para a independencia e prosperidade futura do mesmo Portugal. Se V*ossa* A*lteza* R*eal* estiver, o que não hé crivel, pelo deslumbrado e indecorozo Decreto de 29 de *Setem*bro34, alem de perder para o Mundo

33 No ms. encontra-se um espaço em branco.

34 NT: Refere-se ao Decreto de 1º de outubro de 1821, que determinava provisoriamente a forma de Administração Política e Militar das Províncias do Brasil. O documento foi redigido pelas Corte Gerais em 29 de setembro de 1821. O teor do decreto é o seguinte: "D. João por Graça de Deos e pela Constituição da Monarchia Rei do Reino Unido de Portugal, Brazil, e Algarves, d'alem Mar em Africa, etc. Faço saber a todos os meus Subditos que as Côrtes Decretaram o seguinte: / As Côrtes Geraes Extraordinarias e Constituintes da Nação Portugueza, Havendo prescripto o conveniente systema de Governo, e Administração Publica da Provincia de Pernambuco, por Decreto de 1 do presente mez; e reconhecendo a necessidade de dar as mesmas, e outras semelhantes providencias a respeito de todas as mais Provincias do Brazil, Decretam

a dignidade de homem, e de Principe, tornando se escravo de um pequeno /fl. 3/

---

provisoriamente o seguinte: / 1º Em todas as Provincias do Reino do Brazil, em que até o presente haviam Governos Independentes, se crearão. Juntas Provisorias de Governo, as quaes serão compostas de sete Membros naquellas Provinciais, que até agora eram governadas por Capitães Generaes; a saber: Pará, Marahão, Pernambuco, Bahia, Rio de Janeiro, S, Paulo Rio Grande do Sul, Minas Geraes, Matto Grosso e Goyaz; e de cinco Membros em todas as mais Provincias, em que até agora não havia Capitães Geraes, mas só Governadores, incluídos em um e outro numero o Presidente e Secretario. / 2º Serão eleitos os Membros das mencionadas Juntas por aquelles Eleitores de Parochia da Provincia, que puderem reunir-se na sua Capital, no prazo de dous mezes, contados desde o dia em que as respectivas autoridades da mesma Capital receberem o presente Decreto. / 3º Serão nomeados os Membros da Juntas Provisorias do Governos entre os Cidadãos mais conspicuos por seus conhecimentos, probidade e adherencia ao Systema Constitucional; sendo além disto de maioridade, estando no exercicio dos seus direitos, e possuindo bastantes meios de subsistencia, ou provenham de bens de raiz, ou de commercio, industria ou empregos. / 4º Será antes de todos eleito o Presidente, depois o Secretario, e finalmente os outros cinco, ou tres Membros, segundo a classificação expressa no art 1º, sem que tenha logar a nomeação de Substitutos. Poderá recahir a eleição em qualquer dos Membros do Governo, que se achar constituido na Provincia, bem como em qualquer dos Eleitores; e quando for eleito algum Magistrado, Official de Justiça, ou Fazenda, ou Official Militar, não exercerá seu emprego em quanto fôr Membro do Governo. / 5º O Presidente, Secretario, e mais Membros das Juntas Provisorias, além dos ordenados, e vencimentos que por qualquer outro titulo lhes pertençam, perceberão annualmente a gratificação de 1:000$000 naquellas Provincias, que até agora tinham Capitães Generaes, e 600$000 em todas as outras Provincias. / 6º Fica competindo às Juntas Provisorias de Governo das Provincias do Brazil toda a autoridade, e jurisdicção na parte civil, economica administrativa, e de policia, em conformidade das Leis existentes, as quaes serão religiosamente observadas, e de nenhum modo poderão ser revogadas, alteradas, suspensas, ou dispensadas pelas Juntas do Governo. / 7º Todos os Magistrados e Autoridades Civis ficam subordinadas às Juntas do Governo, nas materias indicadas no artigo antecedentes, excepto no que fôr relativo ao poder contencioso, e judicial, em cujo exercicio serão somente responsaveis ao Governo do Reino e às Côrtes. / 8º As Juntas fiscalisarão o procedimento do Empregados Publicos Civis, e poderão suspendel-os dos seus empregos, quando commettam abusos de jurisdicção, precedendo informações, e mandando depois formar-lhes culpas no termo de oito dias, que será remettida à competente Relação para ser ahi julgada na fôrma das Leis, dando as mesmas Juntas immediatamente conta de tudo ao Governo do Reino para providenciar como fôr justo, e necessario. / 9º A Fazenda Publica das Provincias do Brazil continuará à ser administrada, como até ao presente, segundo as Leis existentes, com declaração porém que será Presidente da Junta da Fazenda o seu Membro mais antigo (exceptuando o Thesoureiro, e Escrivão, nos quaes nunca poderá recahir a Presidencia), e todos os Membros da mesma Junta da Fazenda serão collectiva e individualmente responsaveis ao Governo do Reino, e às Côrtes por sua administração. /10. Todas as Provincias, em que até agora havia Governadores, e Capitães Generaes, terão daqui em diante Generaes encarregados do Governo das Armas, os quaes serão considerados como são os Governadores das Armas da Provincia de Portugal, ficando extincta a denominação de Governadores e Capitães Generaes. / 11. Em cada uma das Provincias, que até agora não

numero de dezorganizadores, terá tambem que responder, perante o Céo do rio de sangue que decerto vai correr pelo Brazil com a sua auzencia; pois seus Povos, quaes trigres raivozos, acordarão de certo do sono amadornado, em que o velho despotismo os tinha sepultado, e em que a astucia de um novo e Machiavelismo Constitucional os pertende agora conservar. Nós rogamos portanto a V*ossa* A*lteza* R*eal* com o maior fervor, ternura e respeito haja de suspender a sua volta para a Europa, por onde o quererem fazer viajar, como um Pupillo, rodeado de Aios, e de espias; nós lhe rogamos, que se confie corajozamente no amor, e fidelidade dos seus Brazileiros, e mórmente dos seus Paulistas, que estão todos promptos a verter a ultima gota de seu sangue, e a sacrificar todos os seus haveres para não perderem o Principe idolatrado, em Quem tem posto todas as esperanças bem fundadas da sua felicidade, e da sua honra Nacional. Espere pelo menos V*ossa* A*lteza* R*eal* pelos Deputados nomeados por este Governo, e pela Camara desta Capital, que devem quanto antes levar á Sua Augusta Prezença nossos ardentes dezejos, e firmez rezo-

---

tinham Governadores e Capitães Generaes, mas só Governadores será d'ora em diante incumbido o Governo das Armas a um Official de Patente Militar até Coronel inclusivamente. /12. Vencerão mensalmente a titulo de gratificação os Governadores das Armas das Provincias do Brazil, no caso do art. 10, a quantia de 200$000; e os Commandantes das Armas, nos termos do art. 11, a quantia de 50$000. / 13. Tanto os Governadores, de que trata o art. 10, como os Commandantes das Armas, na fórma do art. 11 se regularão pelo Regulamento de 1 de junho de 1678 em tudo o que se não acha alterado por Leis, e Ordens posteriores, suspensa nesta parte somente o Alvará de 21 de Fevereiro de 1816. No caso de vacancia, ou impedimento, passará o Commando à Patente de maior Graduação, e antiguidade, que estiver na Provincia, ficando para este fim sem effeito o Alvará de 12 de Dezembro de 1770. /14. Os Governadores e Commandantes, das Armas de cada uma das Provincias serão sujeitos ao Governo do Reino, Responsaveis a elle, e às Côrtes, e independentes das Juntas Provisorias do Governo, assim como estas o são delles, cada qual nas materias de sua respectiva competencia; devendo os Governadores, e Commandantes das Armas communicar às Juntas, bem como estas a elles por meio de officios concedidos em termos civis e do estylo, quanto entenderem ser conveniente ao Publico Serviço. / 15. Igualmente se entendem a respeito de Pernambuco qualquer das referidas providencias, que se não achem no Decreto de 1 corrente, o qual fica ampliado, e declarado pelo presente Decreto. / 16. As respecitivas Autoridades serão effetiva e rigorosamente responsaveis pela prompta e fiel execução deste Decreto. / Paço das Côrtes 29 de Setembro de 1821. / Portanto mando a todas as Autoridades, a quem o conhecimento, e execução do referido Decreto pertencer, que o cumpram, e o executam tão inteiramente como nelle se contém. Dado no Palacio de Queluzem ao 1º de Outubro de 1821. /EL-REI com guarda. /. JOAQUIM JOSÉ MONTEIRO TORRES. /Carta de Lei pela qual Vossa Magestade manda executar o Decreto das Côrtes Geraes Extraordinarias e Constituintes da Nação Portugueza, sobre o estabelecimento das Juntas Provisorias e Governo das Armas nas Provinvias do Brazil. / Para Vossa Magestade ver. / Lourenço Antonio de Araújo a fez.

luções. Dignando-se acolhe-lhos, e ouvi-los com o amor e attenção que lhe devem merecer os seus Paulistas.

Á Augusta Pessôa de V*ossa* A*lteza* R*eal* guarde Deos muitos annos. 35 Palacio do Governo de S*ão* Paulo 24 de Dezembro /fl. 3v/ de 1821// João Carlos Augusto Oeynhausen = Prezidente, Joze Bonifacio de Andrada e S*ilv*a, Vice-Prezidente = Martins Francisco Ribeiro d'Andrada, Secretario = Lazaro Joze Gonçalves, Secretario, - Miguel Joze de Oliveira Pinto, Secretario, Miguel Joze de Oliveira Pinto, Secretario = M*ano*el Ro*driguez* Jordão = Francisco Ignacio de Souza e Queiros = João Ferreira de Oliveira Bueno = Ant*oni*o Leite Pereira da Gama Lobo = Daniel Pedro Müller = André da Silva Gomes = Francisco de Paula e Oliveira = Ant*oni*o Maria Quartin.

1821, Dezembro, 31, Rio de Janeiro
OFÍCIO do juiz de Fora, José Clemente Pereira, ao [secretário de estado das Cortes Gerais e Extraordinárias da Nação Portuguesa], João Batista Felgueiras, sobre a opinião pública que pede ao príncipe regente que suspenda o seu retorno à Corte de Portugal, enquanto suplicam ao soberano Congresso pela sua permanência no Brasil; informa também que a vontade dominante é manter a estreita relação com Portugal.
Anexo: ofícios, periódicos, lembrete; Obs.: docs. impressos
AHU-Rio de Janeiro
AHU_ACL_CU_017, Cx. 288, D. 20401.

[??]36 de Março 1822[37]
Com*i*ção Especial dos Negocios Politicos do Brasil38

Ill*ustríssi*mo e Ex*celentíssi*mo Sen*h*ôr

35 No ms. encontra-se um espaço em branco.

36 Ilegível devido à uma rasura.

37 Acrescentando com outra letra: "de Março 1822".

38 Acrescentando com outra letra: "Com*i*ção Especial dos Negocios Politicos do Brasil».

Tenho a muito destincta honra remeter a V*ossa* Excelência por segunda via um officio de 12 do corrente: e ao seu co[n]teudo39 devo accrescentar, que a opin[ão]40 publica se tem exaltado cada dia a [?]41 mais no projecto de rogar a Sua Al[te]za42 Real o Principe Regente que suspenda a sua viagem, emquanto se supplica ao Soberano Congresso, que Decrete a permanencia do Mesmo Senhor no Brazil: e tenho noticia de q*ue* se expedirão proprios a S*ão* Paulo, e Minas, encarregados de solicitar que estas Provinciais dirijão reprezentações iguaes.

Pelos impressos, que acompanho, verá V*ossa* Ex*celênci*a mais exclarecidamente qual he a opinião hoje dominante nesta Cidade, bem demonstrada, não tanto pelo seu contexto como pelo acolhimento que elles tem43 recebido tão universal; que todos os seus [??] /fl. 1/ [???]44 tem sido consumidos rapidamente, e o N*úmero* 1 da Malagueta ja foi reimpresso. Apezar porem, de algumas expressões mais vivas; que os mesmos congregão, eu posso assegurar a V*ossa* Ex*celênci*a que a vontade dominante he de manter huma estreita união com a Mai Patria, e sustentar a Constituição, sempre que se conceda ao Brazil a permanencia de hum Chefe do Poder Executivo, que seja Delegado, ou Lugar Tenente do Rey em Portugal, e pelo menos huma Deputação permanente de Cortes, com poderes competentes, e os mesmos Tribunaes, que ficarem conservadas, ou se criarem em Portugal.

E funda-se esta pertenção na difficuldade que se offerece de obter os effeitos proprios do Poder Executivo, rezidente em Portugal, na delonga necessaria para poder /fl. 2/ supplicar ás Cortes a interpretação, [das]45 Leis, e algumas promptas providencias, que os cazos extraordinarios exigirem.

Os que tem vistas mais profu[ndas]46 accrescentão como razão poderoza que se fatearem no Brazil os dois ranços sobreditos dos Poderes Legislativo, e Executivo à sua independencia he infalivel: e argumentão para convencer com as observações praticas que offerece a marcha que todas as Capitanias vão trilhando; das quaes algumas tem principiado ja a descobrir hum tom de independencia forti-

39 A condição do manuscrito apenas permite a leitura da palavra pelo sentido do texto.

40 A condição do manuscrito apenas permite a leitura da palavra pelo sentido do texto.

41 Ilegível devido à uma rasura.

42 A condição do manuscrito apenas permite a leitura da palavra pelo sentido do texto.

43 Entrelinhado: "tem".

44 Um rasgão impossibilita a leitura da palavra.

45 A condição do manuscrito apenas permite a leitura da palavra pelo sentido do texto.

46 A condição do manuscrito apenas permite a leitura da palavra pelo sentido do texto.

ficando-se, e preparando as suas tropas, como se diz de Pernambuco, e Minas, arrogando-se esta ultima hum extranho poder deliberativo, que tem por fim não cumprir os Decretos do Soberano /fl. 2v/ Congresso, que não convierem á mes[ma][47] Capitania, e preparando-se [p]ara cunhar moeda Provincial; direito que lhe não compete; alem de outros factos, que devem estar prezentes ao Soberano Congresso.

Estas razões, juntas á identidade de sentimentos manifestados pela Provincia de S*ão* Paulo nas instrucções, que deo aos seus Deputados, tem feito entender aqui, ainda aos mais sensatos que as pertenções sobreditas, não só são vantajozas aos interesses privativos do Brazil, mas igualmente aos de Portugal, como unico meio de conservar a união reciproca, de que ambos os Reinos necessitão para serem felizes.

Fielmente tenho eu relatado a /fl. 3/ V*ossa* Ex*celênci*a o estado da opinião publica, q[ue][48] fica dominando aqui á sahida [des]te[49] correio; e não deixarei de continuar a transmittir a V*ossa* Ex*celênci*a o mais que for occorrendo a este respeito, para que sendo prezente ao Soberano Congresso. Lhe não possão faltar os conhecimentos certos do expendido, na occazião, em que tive de atar o nó indissoluvel de pa[z][50] e confraternidade, que, deve conservar unidos em hum só Reino Portugal – Brazil – e Algarves.

Deos Guarde a V*ossa* Ex*celênci*a

Rio de Janeiro, Dezembro 31 de 1821.

Ill*ustríssi*mo e Ex*celentíssi*mo Sen*ho*r João Baptista Felgueiras.

O Juiz de Fora – Joze Clemente Pereira

/fl. 3v/ branco

/fl. 4/

*Segund*a Via

Ill*ustríssi*mo e Ex*celentíssi*mo Sen*ho*r

Tenho a muito distincta honra de levar ao conhecimento de V*ossa* Ex*celênci*a para ser prezente ao Soberano Congresso, que por virtude de huma Portaria da

47 A condição do manuscrito apenas permite a leitura da palavra pelo sentido do texto.

48 A condição do manuscrito apenas permite a leitura da palavra pelo sentido do texto.

49 A condição do manuscrito apenas permite a leitura da palavra pelo sentido do texto.

50 A condição do manuscrito apenas permite a leitura da palavra pelo sentido do texto.

Secret[aria]51 d'Estado dos Negocios do Brazil, que [por]52 estar auzente o Ouvidor da Commarca me foi dirigida no dia 10 do corrente, acabo de expedir na data de hoje as ord*ens* necessarias para se reunirem nesta Cidade os Eleitores Parochiais desta Provincia no dia 25 de Janeiro proximo futuro, a fim de se proceder a Eleição da Junta Provizoria de Governo na forma da Carta de Lei do *primeiro* de Outubro.

Pede o meu officio, que por esta occazião informe mais a V*ossa* Ex*celênci*a que esta Cidade fica em huma grande commoção pela partida de sua Alteza Real, motivada muito principalmente pela desconfiança geral que se tem concebido, de que o novo sistema de Juntas Provizoria de /fl. 4v/ Governo, com Generaes encarregados do Governo das Armas independentes [de]llas, 53 tende a dezunir o Brazil para o reduzir ao antigo estado de Collonia, e a tirar-lhe a sua liberdade de Commercio: por se ter principiado a tractar dos Negócios deste Reino, sem se esperar pela reunião de todos os seus Deputados, contra o que se tinha decidido no Soberano Congresso: por se ter enunciado a abolição de todos os Tribunaes, e principalmente da Caza da Supplicação: e por se finalmente voto muito geral, que os negocios do Brazil se regulassem na forma das Instrucções dadas pela Junta Provizoria da Capitania de S*ão* Paulo aos seus Deputados, que ja devem ter chegado ao conhecimento do Soberano Congresso.

Devo accrescentar, que he geral o voto de rogar a Sua Alteza Real, que /fl. 5/ demore a sua viagem por estas rasões e at[é]54 por se achar muito addiantada a grav[i]dez55 de Sua Alteza Real, a Senhor [Prin]ceza56 do Reino Unido: e parece ser [de]cidida57 a opinião de que assim se reprezente ao Soberano Congresso: com[o]58 tãobem, de que se recommende ao S*enh*ôr. Deputados desta Provincia huma decidida adherencia ás sobreditas instrucções de S*ão* Paulo.

51 A condição do manuscrito apenas permite a leitura da palavra pelo sentido do texto.

52 A condição do manuscrito apenas permite a leitura da palavra pelo sentido do texto.

53 A condição do manuscrito apenas permite a leitura da palavra pelo sentido do texto.

54 A condição do manuscrito apenas permite a leitura da palavra pelo sentido do texto.

55 A condição do manuscrito apenas permite a leitura da palavra pelo sentido do texto.

56 A condição do manuscrito apenas permite a leitura da palavra pelo sentido do texto.

57 A condição do manuscrito apenas permite a leitura da palavra pelo sentido do texto.

58 A condição do manuscrito apenas permite a leitura da palavra pelo sentido do texto.

No meio de tudo isto he de esperar, qu[e]59 os sentimentos deste Povo se limitem ás medidas de supplicas ao Soberano Congresso, e recommendações aos seus Representantes na forma que levo dito.

Deos Guarde a V*ossa* Exc*elênci*a

Rio de Janeiro, Dezembro 12 de 1821.

Ill*ustríssi*mo e Exc*elentíssi*mo Sen*h*or João Baptista Felgueiras

O Juiz de Fora
Jozé Clemente Pereira
/fl. 5v/
Comissão Especial
dos Negocios Politicos do
Brasil
Março 16 de 1822

Juiz de Fora do Rio de Jan*ei*ro Officio de 31 de Dezembro remettendo varios Periodicos daquella Prov*ínci*a sobre negocios politicos do Brazil.

/fl. 6/

Hu*m* offic*i*o do Juiz de fora do Rio de Jan*ei*ro em datta de 31 de Dez*em*bro acompanhan*d*o a *segund*a via de sua conta de 12 do m*es*mo mês; e accrescentando, q*ue* cada dia se tem mais exaltado a op*ini*ão publica, no proposito de rogar ao Pr*incip*e R*ea*l q*ue* suspenda o seu regresso athe ulterior deliberação das Cortes, 60 tem not*ici*as que61 se expedirão proprios a S*ão* Paulo e Minas p*ara* fazer iguaes representantes. Mando 62 varios impressos d'onde diz, q*ue* consta o esp*iri*to publ*ic*o e ajunta as suas

59 A condição do manuscrito apenas permite a leitura da palavra pelo sentido do texto.

60 Sequência de palavras riscadas.

61 Entrelinhado: "tem not*ici*as que".

62 Palavras riscadas.

observ*açõ*es e obra, 63 as pretenções politi*c*as dos habit*an*tes sobre o 64 est*ad*o do Brazil.

Com*iss*ão Esp*eci*al etc.

[Segue exemplar original do *REVERBERO CONSTITUCIONAL* de *Primeir*o DE JANEIRO DE 1822, 15 de Novembro de 1821 e *Primeir*o de Dezembro de 1821, respectivamente]

1821, Minas Gerais
Copia em pública-forma da representação enviada ao Rei por José Teixeira da Fonseca Vasconcelos, vice-presidente do governo de Minas Gerais, quando o Rei regressou a Corte de Lisboa, dando conta da situação das Minas Gerais, dentro do quadro de novas orientações políticas.
AHU-MINAS GERAIS, cx. 188, doc. 25.
AHU_ACL_CU_011, Cx. 188, D. 1394

Cópia

Senhor
Minas Gerais (1821?)65

Logo que se fizerão publicos os Decretos das Cortes de 29 de Setembro do anno passado sobre a nova forma dos Governos Provizorios, e da retirada de V*ossa* A*lteza* R*eal* deste Reyno do Brazil para o de Portugal, foi tal a commoção do Povo, e Governo da Provincia de Minas Geraes, que julgárão ter a hydra do Despotismo erguido o seu collo para os reduzir a peor estado do que aquelle, de que acabavão de sahir pelos actos da venturoza Regeneração Política garantida pela installação das Córtes Geraes, e Extraordinarias em Lisbôa, e tomando o Governo em consideração o estado de desgosto, em que todos se achavão, e as funestas consequencias, que desgraçadamente rezultarião da execução d'aquelles Decretos, propôz-se a en-

63 Sequência de palavras riscadas.

64 Entrelinhado: "sobre o".

65 Acrescentado com outra letra: "Minas Gerais (1821?)".

viar-me a esta Corte para ser o orgão de communicação dos sentimentos, que os animão a procurar na Augusta Prezença de V*ossa* A*lteza* R*eal* o remedio de tantos males.

Não he possivel, Senhor, acreditar-se que o grande bem da nossa Regeneração Política tantas vezes, e por tantos modos manifestado ao Mundo inteiro, se tornasse em uma esperança ephemera, e illuzoria, que murchasse em flôr. Desgraçadamente assim acontece pelos novos principios estabelecidos, no todo contrarios ao bem da Ordem social, com as quais não só se ameaça a roina total deste Reino do Brazil, se não tambem a subversão do de Portugal, e Algarves. 66 Olhando-se pois para a nova forma dos Governos Provizorios adoptada com generalidade do de Pernambuco para as /fl. 1v/ mais Provincias, que não estão felismente em iguaes circunstancias, observa-se á primeira vista um systema desorganizador, dividindo nos, e estabelecendo quatro autoridades independentes umas das outras, que de necessidade se devem considerar em uma temivel lucta pela independencia da sua creação, e unica responsabilidade ás Cortes, donde rezultará uma guerra intestina entre todas estas por conflicto de jurisdicções, sem que o Povo ache apoio em alguma para segurança individual, e de propriedade: quanto mais que os Generaes encarregados do Governo das Armas serão novos Proconsules, e Collossos do Despotismo, que supplantem sem remedio os Direitos do Cidadão, que inutilmente procurará soccorro nas Cortes atravéz de duas mil legoas, sendo talvez antes reduzido a pó pela força armada á dispozição de um prepotente, ainda favorecido com uma gratificação mensal. E supposto Augusto Senhor, seja esta nova forma de Governos provizoriamente inculcada, todavia os males, que delles se esperão, são tão rapidos, e graves, que exigem prompto remedio, sendo mais prudente e necessario preveni-llos, que cura-los: accrescendo tambem pela sua execução o grande mal de rivalidade de cada um dos Governos pela extensão de poderes dos ditos Proconsules, que arbitrariamente formarão Estados em Estado; sendo ainda maior se de mãos dadas tentarem abuzar do sagrado vinculo do juramento de fidelidade contra o Artigo 19 das Bazes da Constituição.

O outro, em que se /fl. 2/ determina, que V*ossa* A*lteza* R*eal* regresse quanto antes para Portugal, e que passe a viajar incognito ás Cortes e Reinos de Hespanha, França, e Inglaterra, sendo acompanhado de pessóàs dotadas de luzes, virtudes, e adhezão ao Systema Constitucional, considerando-se a continuação da rezidência de V*ossa* A*lteza* R*eal* nesta Corte não só desnecessaria; mas até indecoroza á Sua

66 No ms. encontra-se um espaço em branco.

Alta Ierarquia, offerece uma nova prova do Systema desorganizador, roubando-nos a esperança de ter-mos em *Vossa Alteza Real* um centro commum de união das Provincias deste Reino, para onde devem confluir todos os raios do circulo deste Edificio Politico; e he sobremaneira offensivo á Alta Grandeza, e Ierarquia de *Vossa Alteza Real*, e aos habitantes deste Reino do Brazil, tanto por não ser devidamente appreciada a preeminencia da Augusta Pessôa de *Vossa Alteza Real* como tambem por considerar-se o Brazil recolonizado, e por isso indigno de possuir em seu seio o herdeiro do Throno.

Sobre os fundamentos expendidos ainda se manifestão outros igualmente dignos de attenção. Se a Nação Portugueza he livre, e independente, e se forma dos Portuguezes de ambos os Hemispherios, como então podemos nós ser patrimonio de Portugal sem offensa dos Artigos 16, e 20 das Bazes da Constituição? Como, e com que autoridade se tem decidido dos nossos direitos e destinos sem assistencia dos nossos Reprezentantes? Não está o Brazil emancipado, e não he um Reino, a quem competem suas legáes attribuições? /fl. 2v/ Como reduzi-lo despoticamente a uma desprezivel colonia, privando-o da Augusta Prezença de *Vossa Alteza Real*, extinctos seus Tribunaes para crescer a desgraça na razão da distancia? Não será da maior necessidade, que formemos uma só familia com vinculos indissoluveis, e que sejão iguaes, e tambem indissoluveis os nossos direitos? Nós estamos bem seguros delles, conhecemos os nossos recursos, a nossa pozição, e não ignoramos o estado de Portugal. Por ventura ignorão as Cortes, que os argumentos produzidos em o Manifesto de 15 de Dezembro de 1820, podem ser retorquidos em beneficio da nossa Cauza? Quem hoje desconhece, que as doces, e lisonjeiras expressões da Proclamação de 13 de Julho de 1821 são dolozas, e insidiosas? Acazo ignora-se, que no Soberano Congresso se tenhão avaliado tão pouco os conhecimentos dos Brazileiros até ao ponto de dizer um dos seus Deputados, que duvidava, houvesse entre os mais instruidos, quem soubesse o que era Constituição, e affirmar outro em suas Parábolas, que o Brazil he Reino Unido ao de Portugal, sómente na apparencia, não sendo mais que uma miserrima colonia, donde lhe tem vindo sempre mal, e nunca bem? Que paradoxo! Só a Provincia de Minas Geraes dês do anno de 1700 até 1819 tem pelo calculo das quatro Cazas de Fundição produzido 553 milhões e meio de ouro, que nellas se fundio, não entrando em linha de conta o valor dos Diamantes, pedras preciosas, e o rendimento de outras muitas Collectas. /fl. 3/

Não fica pois claro, qual seja a morada do Soberano Congresso? Dever-se-hão cumprir os dois Decretos, em que se acha traçada a nossa escravidão, recebendo nós mesmos por excesso de bôa fé as algemas, e os grilhões? Não por certo: estamos ja promptos a defender os nossos direitos até derramar a ultima gôta de sangue pela nossa liberdade tão vergonhozamente atraiçoada. Se Portugal he patria de heróes, tambem o Brazil a deve ser; e tem sido, segundo mostra a Historia Braziliense. A nossa Cauza he santa, e justa o Céo a protegerá. Nós unidos aos nossos briozos Paulistas, nossos conjunctos em sangue, amizade, costumes, e bravura nada temos a temer, cooperando de accordo com as mais Provincias unidas, igualmente distinctas em valor, e sentimentos.

Queira portanto V*ossa* A*lteza* R*eal* acolher benigno a nossa reprezentação, conservando-se entre nós, como centro commum de união, revestido do Poder Executivo para o exercer constitucionalmente sobre as Provincias unidas, com assitencia de dois Conselheiros, por cada uma dellas, nomeados por meio de Eleições legaes, e amoviveis pelo Povo, se não desempenharem os seus deveres, além da responsabilidade em que ficão constituidos, conservando-se os Governos Provizorios no seu exercicio regular, até que as Cortes, moderando a acceleração de suas decizões, providenciem legalmente, como he de esperar, o que fôr justo e de razão: menos sobre o regresso de V*ossa* A*lteza* R*eal*, que já mais deixará de ser o centro commum de /fl. 3v/ de união, e do Poder Executivo neste Reino, para que entre nós se celebrem Cortes Legislativas, e se forme o systema das Leis especiaes, adquadas (sic) ao mesmo, e tenha cada Provincia em si todos os Tribunaes competentes, indispensaveis a commodo de seus habitantes.

Desta forma, Augusto Senhor, será V*ossa* A*lteza* R*eal* o nosso Numen Tutelar, que faça desviar de nós, o quadro dos horrores da Anarquia, e dos desastrozos males, que nos esperão, a exemplo da America Hespanhola, fazendo-se credor do nosso eterno reconhecimento, e das bençãos da Posteridade, sendo finalmente V*ossa* A*lteza* R*eal* a gloria, e ornamento deste vasto, e riquissimo Reino do Brazil.=

O Vice Prezidente do Governo de Minas Geraes, encarregado da Deputação = Joze Teixeira da Fonseca Vasconcellos.

Està conforme

Joaquim Guilherme da Costa Posser

1822

1822, janeiro, 9, Aracati
CARTA da Câmara da vila do Aracati ao rei [D. João VI], felicitando-o pela chegada à capital do reino.
AHU_ACL_CU_006, Cx. 22, D. 1339.

Responda-se[67]
Respondido em 23 de maio de 1822[68]

Senhor
P*rovíncia* do Ceará[69]

A Camara da Villa do Aracati, na Provincia do Ceará-Grande possuida dos mais puros sentimentos de amor, submissão e respeito á Pessoa de Vossa Magestade, tem a honra de hir, por este modo aos pez do Trono felecitar a Vossa Mag*estad*e por sua feliz chegada á Capital do Reino, e ao mesmo tempo agradecer a Vossa Mag*estad*e sua tão justa, q*uan*to Paternal Deliberação de voltar á sua Cid*ad*e de Lix*bo*a, aonde, com seo solemne Juram*en*to, no Augusto Congresso da Nação soube pôr o ultimo

67 Acrescentado com outra letra: "Responda-se".

68 Acrescentado com outra letra: " Respondido em 23 de maio de 1822".

69 Acrescentado com outra letra: "Província do Ceará".

remate á nossa prezente, e duradoura ventura, aprazendo-lhe sanccionar a nossa Regeneração Política, unico manancial de nossa Grandeza futura.

Graças pois sejão dadas a Vossa Magestade p*o*r tão heroicos feitos; Graças sejão dadas ao Rei Augusto, que como Pai desvelado p*o*r seus suditos fieis /fl. 1v/ se esmera em procurar-lhes a fortuna, e a felicid*ade*. D*eus* G*uard*e a Vossa Mag*estad*e p*o*r m*ui*tos e delatados annos. Aracati em Veriacãode 9 de jan*ei*ro de 1822.

[assinaturas]

O Juiz de Fora Prezidente
Francisco Rodrigues Cordeiro
Antonio Joze Souza Lima
Manoel G*onçalvez* Valente
Jozé da Fonceca Silva
João Rodrigues Abrantes
Eduardo de Castro Silva

1822, Janeiro, 20, Rio de Janeiro

OFÍCIO do juiz de fora do Rio de Janeiro, José Clemente Pereira, ao [secretário das Cortes Gerais e Extraordinárias], João Batista Felgueiras, sobre os acontecimentos ocorridos nas províncias de São Paulo e Minas Gerais; sobre a provável suspensão da saída dos deputados mineiros até o resultado do soberano congresso acerca das pretensões do Brasil; e os desagradáveis acontecimentos do dia 12 de Janeiro principiados pelas inconsiderações da Divisão Auxiliadora; informando que é inevitável a separação de Portugal, se o congresso negar o pedido das províncias.
AHU-Rio de Janeiro cx. 284, docs. 19.
AHU_ACL_CU_017, Cx. 289, D. 20421.

Em Sessão 20 de Abril de 1822[70]
Com*i*cão dos Negocios Politicos do Brasil[71]
Ill*ustríssi*mo e Ex*cellentíssi*mo Sen*h*or

70 Acrescentado com outra letra: " Em Sessão 20 de Abril de 1822".

71 Acrescentado com outra letra: " Com*i*cão dos Negocios Politicos do Brasil".

Tenho a muito destincta honra de levar ao conhecimento de V*ossa* Excel*ênci*a os impressos incluzos, [72] e com o seu conteudos [in]formo[73] a V*ossa* Excel*ênci*a. dos acontecimentos, que aqui tiverão lugar no dia 9 do corrente, annunciados nos meus officios antecedentes.

De S*ão* Paulo, e Minas acabão de chegar Deputados encarregados de aprezentar a V*ossa* A*lteza* R*eal* pertenções iguaes desta Provincia.

Tenho motivos para crer que Minas suspenderá a sahida dos seus Deputados, até esperar a ultima determinação do Soberano Congresso sobre as pertenções do Brasil, e que os não mandará no cazo de ser desfavoravel.

Por este navio devem chegar a essa Corte noticias exactas dos deza/fl. 1v/ gradaveis acontecimentos do dia 12 do corrente, principiados pelas incoside[raçõ]es[74] da Divizão Auxiliadora: eu delles nada posso informar a V*ossa* Excel*ênci*a porque não conheço com a certeza necessaria o principio, e andamento dos mesmos.

Concluo, informando a V*ossa* Excel*ênci*a que se o Soberano Congresso nega a estas Provincias o que lhe vão pedir, parece inevitavel o rezultado de huma decidida separação de Portugal: que tal he a opinião dominante !!!

Deos Guarde a V*ossa* Excel*ênci*a. Rio, 20 de Janeiro de 1822.

Ill*ustríssi*mo e Ex*celentíssi*mo Sen*h*or João Baptista Felgueiras

O Juiz de Fora
Joze Clemente Pereira
/fl. 2/branco

72 NT: Do documento microfilmado não consta nenhum impresso anexo.

73 A condição do manuscrito apenas permite a leitura da palavra pelo sentido do texto.

74 A condição do manuscrito apenas permite a leitura da palavra pelo sentido do texto.

1822, Fevereiro, 9, [Pernambuco]
OFÍCIO do capitão de fragata e comandante da corveta Princesa Real, José Xavier Bressane Leite, ao Joaquim José Monteiro Torres, sobre a atual situação das embarcações corveta Voador e transporte Quatro de Abril, seu desacordo com a Junta Governativa Provisória da província de Pernambuco em relação às determinações das Cortes de 28 de outubro relativas às Forças Navais na dita província e à retirada das tropas Portuguesas do território pernambucano; relatando ainda o estado de Recife, onde predomina um partido contrário aos europeus; a tomada do forte do Brum pela população; a impunidade para os crimes cometidos e o apedrejamento da Tropa Constitucional, ocorrendo a morte de um sargento do Batalhão de Portugal.
Anexos: 3 docs.
AHU_ACL_CU_015, Cx. 285, D. 19495.

Ill*ustríssi*mo e Ex*celentissi*mo Sen*ho*r

Pelo Navio São João Baptista, que sahio d'aqui a 21 de Janeiro, officiei a V*ossa* Ex*celênci*a participando a minha chegada a este Porto, a 24 de Novembro, e que ainda faltavão a reunir-se a Corvêtta = Voador =, e o Transporte = Quatro d'Abril, os quaes eû separei ao quarto dia de viagem, pelos motivos que expondo no Officio incluzo, (1)[75] que dirigi ao Governador das Armas de Pernambuco, e pela sua Resposta. (2)[76] Por estas ponderozas razões ordenei ao Commandante da Corvêtta = Voador = desse concerva ao dito Transporte, e eû segui viagem com o resto da Expedição?
Os ditos dois navios não podendo ganhar este Porto, fundearão na Ponta Negra no dia 29 de Dezembro, onde receberão algu*m*a agoa e mantimentos, e no dia 8 de Janeiro se fizerão de véla. Faltando-lhes os mantimentos, e não podendo avançar mais p*ar*a o Sul, vierão segunda vez procurar a Costa, e fundearão na Bahia da Traição[77] em 24 de Janeiro. Consta que o Transporte está muito arruinado, e que a Corvetta já se fizerá de véla, portanto estou-a /fl. 1v/ esperando a toda a hora.

75 NT: Do documento microfilmado não consta este ofício.

76 NT: Do documento microfilmado não consta este ofício.

77 NT: Baía da Traição no atual Estado da Paraíba.

Remetto os Officios que o Commandante me dirigio (3 e 4)[78]. A Tropa dezembarcou, e está acantonada na Parahiba.

Estou tão convencido da temeridade que cometi em alterar as Ord*ens*, que pesso Perdão a Sua Magestade, mas confio que o mesmo Senhor acreditará, que só as incalculaveis utelidades que eû ante-via a bem do Seu Serviço, e da Nação me poderião rezolver a semilhante deliberação; mais custoza para mim, que expôr a vida nos mais arriscados combates.

Já partecipei a V*ossa* Ex*celênci*a que estava em dezarmonia com a Junta do Governo, por não combinar-mos na intrepertação das Determinações das Cortes, em 23 de Outubro, relativas ás Forças Navaes em Pernambuco.

Pesso a V*ossa* Ex*celênci*a ilustrações a este respeito.

Os rescentes escandalozos acontecimentos em Pernambuco, são bem notorios eû os previ e reciei logo á minha chegada, (e para isso nao era necessario grande /fl. 2/ penetração). Como V*ossa* Ex*celênci*a forçozamente ha de ter documentos autenticos, para firmar o seu joizo, lemito-me a expôr o horrorozo estado em que se acha esta Capital.

Há hum partido muito nomerozo, apoiado por quazi toda a Tropa do Paiz, e por influencia superior, o qual partido está em manifesta opozição ao Systema Constitucional, notrindo hum rancor interno aos Europeôs. A principal Fortaleza, que domina toda povoação, está em poder de Tropas da maior disconfiança, q*ue* até recuzarão acceitar o Commandante que o General nomeou p*ar*a a dita Fortaleza, o que deu cauza a huma contra-ordem para se retirar o dito Commandante. [79] As portas do Trem abrem-se logo que haja tomultos popolares, para que os amotinadores se armem. 1700 Armas faltão no Trem, e algumas pessas de Artelharia. Crimes os mais atrozes, e de leza Nação? se cometem diariamente, e ficão impúnes, por que os Menistro estão sem auctoridade /fl. 2v/ nem força que os apoie. As medidas de prodencia e passeficação que o General tem adoptado: nenhum effeito bom tem produzido, e só o rigor da força os poderá conter.

A nossa Tropa Constitucional, foi aponnada, e apedrejada pela canalha; Seguirão-se quatro dias de comoções popolares, sendo a maior no dia 25 de Janeiro, em que morreû hum Sargento do Batalhão de Portugal, e dois homens do Pôvo, porem consta que se ocultou a morte de muito mais.

---

78 NT: Do documento microfilmado não consta este ofício.

79 No ms. encontra-se um espaço em branco.

Eû estava nas mais apuradas circontancias, via a Sagrada Cauza da Nação e d'El-Rey trahida, e abandonada; a escura e arriscada pulitica do General, nada me deixava prevêr dos seus planos; não sei pôr que razão, elle guardava silencio, e rezérva para comigo, dando pouco pêzo ás minhas reflexões, e a meus offerecimentos, hum dos quaes consta do Officio que remeto (5)[80]. Julguei por tanto necessario abrir-me com elle, declarando-lhe que eû sopunha a Cauza da Nação trahida, e me / fl.3/ julgava só, e nésse cazo rezolveria então como me paressesse; em concequencia do que, se franqueou comigo há trez dias, e tem continuado.

Eû estou rezolvido a lançar mão de todas as medidas, que estiverem a meu alcance, por extraordinarias que sejão. Por ora tenho obrado passivamente, procurando todos os meios para obtêr mantimentos, e o mais necessario para a prompteficação d'este Navio, cuja prezença n'este Porto lhe faz grande opreção, e ciume, pela minha inflecibilidade ás suas tentativas; sei que o partido do bem, confia muito n'este Navio e que muitas pessôas pertendem mandar seus dinheiros, e preciozidades para bordo; por todos estes motivos me concervo aqui fundeado, apezar de ter tido grandes dezejos de hir á Parahiba, vêr se aquelle Governo poderia mandar alguma força, que unida ao mais Batalhão de Portugal, que lá está, podesse vir auxiliar o nosso partido, mas temo que na minha auzencia, haja aqui alguma /fl. 3v/ revolução, a qual julgo eminente.

Não fui avizado para o Concelho extraordinario que se fêz, em que se tomou a escandaloza deliberação, de se reembarcarem as Tropas que vierão de Portugal; e só depois de descedido este attentádo, hé que o Governo, e o General me comonicarão estar o meu Navio destinado para Comboyar os Transportes; ao Governo não me opúz, para me não tornar mais suspeito, porem ao Governador, segnefiquei-lhe a minha reprovação absoluta a semilhante medida; e que, se em cazo extremo se visse obrigado a retirar-se, e fizesse, mas fosse dezembarcar a Tropa na Parahiba, donde podia emprehender alguma tentativa, esperando no entanto pelas Ordens d'El Rey, sem as quaes de maneira alguma se devia retirar, e só assim eû me prestaria a dar-lhe Comboy.

A falta da Corvetta Voador, e do Brigue Escuna = D. Maria Zeferina, que ainda se acha dentro, pela lentura com que tem fabricado, me tem sido muito sensivel; se eû /fl. 4/ tivesse tido a felicidade de poder contar com estes Navios, talvez as couzas tivessem tomado hu*m* aspecto mais favoravel.

80 NT: Do documento microfilmado não consta este ofício.

O Transporte Grão cruz d'Aviz, ainda se acha aqui, porque o Governo, não quer tomar sobre si a responsabilidade de o mandar sem Comboy, e eû muito menos; em o Brigue Escuna, acabando de fabricar, o que julgo será em poucos dias, immediatam*en*te vai dar concerva ao d*ito* Transporte.

A Junta do Governo, quiz affretar o d*ito* Transpórte, para tornar a levar a Tropa, porem discordarão no ajuste; e julgo que n'estes vinte dias não apromptarão o outro Transporte, o que dará tempo a chegar talvez a Expedição do R*io* de Janeiro.

Ontem chegou o Correio de Lisboa, a Escuna Leopoldina, talvez as noticias que troxe fação alguma impressão favoravel, porem presuado-me q*ue* a dezordem esta muito adiantada, e que só medidas violentas, e fortes poderão produzir bom effeito.

Agora me dizem ter chegado o correio da Parahiba, e por elle consta estar a Corvetta /fl. 4v/ Voador = e o Transporte, fundeados n'aquelle Porto com, a Tropa a bordo, e que os habitantes se opoem ao seu dezembarque. Porem isto não me consta de officio.

Deos Guarde à V*ossa* Ex*celênci*a Bordo da Corvetta Princeza Real, surta[81] Lameirão de Pernambuco 9 de Fevereiro de 1822.

Ill*ustríssi*mo e Ex*celentíssi*mo Sen*ho*r Joaquim Jozé Monteiro Torres

Joze Xavier Bressane Leite
Capp*ita*m de Frag*a*ta Com*andan*te.

1822, Fevereiro, 18, Paraíba
CARTA da Junta Provisória do Governo da Paraíba, ao rei [D. João VI], sobre o fato acontecido na capitania do Rio Grande, envolvendo o ouvidor e Joaquim Torquato Soares Raposo da Câmara, na tentativa de forçar uma segunda eleição.
Anexo: 1 doc.AHU-Paraíba, mç. 38
AHU_ACL_CU_014, Cx. 50, D. 3463.

Em sessão de 23 d'Abril de 1822[82]

81 NT: Surta no sentido de saída (movimento de ir do interior para o exterior).

82 Acrescentado com outra letra: "Em sessão de 23 d'Abril de 1822".

A Com*i*ção dos Negocios Coloniais do Brasil[83]
Senhor

Cumpre á Junta Provizoria do Governo da Provincia da Parahiba levar á Augusta Prezença do Soberano Congresso os Successos e factos que tiverão lugar na Provincia limitrofe do Rio Grande do Norte, e de que a Junta Provizoria do Governo della fez participante a esta pelo seu officio junto.

Esta Junta não devendo, nem podendo ingerir no cazo; principalmente depois que aquella o a[??]lou[84] ao Soberano Congresso e á Sua Magestade Constitucional, limitou-se apenas, a oferecer decente, e seguro azilo nesta Provincia as pessoas, que compoem aquella Junta, no cazo de que julgassem exigido a sua segurança /fl. 1v/ pessoal.

Todavia fica esta Junta de observação, para dar as providencias, que estiverem ao seu alcanse, se o cazo que a guerra civil, em fações comessem a produzir estragos nos Cidadãos daquella Provincia, que tem direito á protecção das limitrofes: por isso que são Portuguezes, sugeitos as mesmas Leis, e seguidores da m*es*ma Santa Cauza Constitucional.

Ao Soberano Congresso prospere, felicite e Guarde Deus por muitos annos. Parahiba em Sessão da Junta Provizoria do Governo 18 de Fevereiro de 1822.

João de Araujo da Cruz Prezidente

/fl. 2/
[assinatura]

Galdino da Costa Villar
João Marinho Falcão
Augusto Xavier de Carvalho

/fl. 2v/
Ill*ustríssi*mo e Ex*celentíssi*mo Senhores

He do nosso dever participar a V*ossas* Ex*celênci*as como Gove*rno* de Prov*ínc*ia vezinha o execrando cazo acontecido nesta Cid*ad*e contra o legitimo Gove*rno* Provizorio desta, p*ara* V*ossas* Ex*celênci*as tomarem as medidas q*ue* lhes parecer justa de punição de semilhante insurgencia, evitando o mao exemplo que delle rezulta.

83 Acrescentado com outra letra: "A Com*i*ção dos Negocios Coloniais do Brasil».

84 Palavra ilegível. Pelo sentido pode ser: "apelou".

No dia *primeir*o do corrente tivemos noticia certa q*ue* o Ouv*id*or desta Com*arc*a havia insinuado a Joq*ui*m Torcato Soares Rapouzo da Camara q*ue* se lhe fizesse hum requerim*en*to com trinta pessoas assignadas, a fim de invocar os Elleitores de Parochias seg*un*da vez p*ar*a nova installação de Gov*erno*; q*ue* elle assim o faria executar, e neste interim se fazia hum Gov*ern*o Temporario a exemplo do q*ue* se havia feito em Goiana[85]; e se o d*ito* Torcato conseguisse o assignado lhe daria em premio hum dos Officios mais pingue[86] de Escr*iva*m dos da Comarca.

No dia 2 appariceo na mao do m*es*mo Torcato huma proclamação movendo os Povos, p*ar*a esse fim: tendo apparecido 20 dias antes outra contra os Europeos incitando o Publico p*ar*a os apunhallar, a q*ua*l foi p*or* nos cassada, e mandamos fixar nos lugares publicos outra dispersuadindo aquele damnado sistema, e mostrando o amor, e união q*ue* deve haver nos Nascionais de hum e outro Hemispherio.

No dia 3 prepara o m*es*mo /fl. 3/Torcato em sua caza bebidas espirituozas, embriagando a todos q*ue* pela sua porta passavão, e aspario[87] de assentirem o seo convite, os fazia assignar; e alguns q*ue* ainda assim m*es*mo rezistião os intimidava com gravissimos crimes formalizados pelo Ouvidor assima nomeado.

Sendo-nos isso participado p*or* pessoas de maior probid*ad*e, e de adhesão á cauza constitucional, fazendo-nos ver q*ue* se encaminhava este feito a huma completa anarchia, q*ue* era assás damnosa ao Sistema Constitucional, e nos requerião a mais prompta providencia p*ar*a obstar tão terrivel cathastrophe; assentou-se em Sessão de 4 prender-se o Ouv*id*or a ordem das Cortes e de Sua Magestade Constitucional, e ao Cap*ita*m Torcato a ordem do Gov*ern*o, mandando-os recolher a Fortaleza em Quarteis separados, e incomunicaveis entre si, p*ar*a ver se esta providencia tão instantanea cessaria o revolucionario incendio.

Determinou-se ao Juiz Ordinario Ouv*id*or pela lei passasse a devassar do cazo, e fizesse revista nos papeis do Ouv*id*or, e achando algum de espirito anticonstitucional, o aprehendesse, e juntasse á m*es*ma devassa: p*or* q*ue* elle pelas suas conversacões dava bem a conhecer o q*uan*to abomina esta nova ordem de couzas: este acordão foi posto em execução: e vendo o Sarg*ento* Mor /fl. 3v/ Com*andan*te do B*atalha*m de Linha Antonio Germano Cavalc*an*te, os assignantes do requerim*en*to,

85 NT: Refere-se à Goiana munícipio do estado do Pernambuco.

86 NT: Pinge, no sentido de mais "rendoso", ou vantajoso.

87 NT: No sentido de avexar, mortificar. Ver: Silva, Antonio de Morais. Bluteau, Rafael. *Diccionario da lingua portugueza composto pelo padre D. Rafael Bluteau, reformado, e accrescentado por Antonio de Moraes Silva natural do Rio de Janeiro*. 1. ed. Lisboa, Simão Tadeu Ferreira, MDCCLXXXIX [1789]. 2v.: vol. I, p. 204.

e alguns moderados conven[ci]dos[88] da sua parcialidade com capa de constitucionais, *que* se [???][89] a tomar conhecim*en*to judicial desse facto, o *que* indispensavelm*en*te havião ser comprehendidos culpados, aconteceo *que* no dia 6 ás 7 horas da noite se nos denunciou *que* as 6 horas da manhã seg*uin*te marchava o Sarg*ento* Mor Com*andan*te com o B*atalha*m armado e municiado, e duas peças de Ca*m*panha, a depor o Gove*rno* existente, e fazer *que* a Camara debaixo das bocas de fogo fizesse installar hum Gove*rno* Temporario, the *que* se podesse reunir os Elleitores de Parochias p*ara* nova elleição de Governo Provizorio.

No m*es*mo momento mandamos chamar o Sargento Mor Com*andan*te da Fortaleza, *que* á esta hora estava na Cid*ad*e e outros Cidadãos Benemeritos de Authorid*ad*es Publicas e em consulta deliberou-se m*an*dar chamar o sobred*it*o Com*andan*te Germano, pelo Ajud*an*te do Batalham, *que* prez*en*te se achava, e indo o d*it*o a chama-llo, respondêo *que* fosse elle Ajud*an*te p*ara* o Quartelam*en*to; p*ara* onde elle tãobem se dirigia: mandando-se seg*un*da vez o m*es*mo Ajud*an*te chama-l-lo, *que* viesse p*ara* haver consulta sobre este objecto, respondeo ja do Quartelam*en*to *que* estava a testa do seo B*atalha*m, e *que* delle não podia sair: e fazendo-nos hum officio instando pela sua vinda, com os seos Officiais p*ara* a d*it*a consulta com segurança da sua pessoa, a ver se p*or* este meio se evitava aq*ue*le tumulto em concide/ fl. 4/rado, reforçando o officio, da p*ar*te das Cortes, e de sua Magestade viesse a dita consulta; a nada obedeceo; respondendo officialm*en*te que em obedencia da p*ar*te das mesmas Cortes e de Sua Magestade, he *que* o prohibia o poder se apartar da tropa do seo Batalham, e *que* as 6 horas da manhãa se notaria[90] na caza da Camara p*ara* com os Membros della por em execução o Decreto das Cortes de 29 de *Setem*bro proximo passado[91], e com efeito na hora assignallada prezentou-se com o B*atalha*m municiado de polvora e balla duas peças de ca*m*panha carregadas de metralhas, e mandando chamar a Camara; e p*or* não estar está dentro da Cid*ad*e só sim o Juiz; determinou se organizasse esta com os Senadores dos annos preteritos, e convocasse mais Povo p*ara* se proceder a elleição de hum Gove*rno* Temporario de Sinco Membros, determinando *que* todos *que* se juntassem assignassem hum

88 A condição do manuscrito apenas permite a leitura da palavra pelo sentido do texto.

89 Palavra ilegível.

90 NT: No sentido de tomar conhecimento judicial

91 NT: Refere-se ao Decreto de 1° de outubro de 1821, que determinava provisoriamente a forma de Administração Política e Militar das Províncias do Brasil. O documento foi redigido pelas Corte Gerais em 29 de setembro de 1821.

requerim*en*to q*ue* elle havia prezentado, feito em nome do Povo, p*ara* elle auxiliar com a força armada a expulsão do Gov*erno*: o q*ue* assim se executou pelo terror das bocas de fogo, sofrendo alguns ameaços, e improperios, aq*ue*les q*ue* duvidavão assignar, sendo a maior parte dos assignantes pessoas da plebe.

Depois disso passou-se a elleição do Governo: forão logo refutados pelo dito Com*andan*te tres q*ue* sairão q*ue* não era do seo gosto; tendo parte na votação p*or* escripta the alguns Tambores do Batalham, e comple /fl. 4v/ tando-se deste modo a elleição; officio-nos a Camara p*ara* darmos posse a este intruzo, e anarchico Gov*erno* elleito a testa de huma força armada, suffocando os nobres sentim*en*tos de m*ui*tos Cidadãos Benemeritos; respondemos q*ue* a posse pertencia a ella dar, a da nossa parte, o ceder-mos do Gov*erno* p*el*a força dispotica, insurgente, e imporporcionada a nossa, q*ue* nos sucumbia, ficando livre o direito de reprezentar-mos ás Cortes, e a El-Rei Constitucional todo esta fato.

Passados pouco menutos se nos prezentou na salla do Gov*erno* o Professor de Grammatica Latim Franc*is*co Xavier Garcia, [??]dissimo[92] reconhecido p*or* todos, com o titulo de Prezidente, q*ue* desde a installação deste Gov*erno* Provizorio ainda não tinha vindo por votar obediencia ao Gov*erno* p*or* abominar a Constituição, e o pobre velho Boticario, q*ue* só tem o orrdenado de oitenta mil reis com mais de setenta annos de idade, convulso, m*ui*to sordido, e de igual Sistema do Prezidente, como Membro, p*ara* tomarem conta da Secretária, dizendo-nos q*ue* os dous Membros q*ue* faltavão, e o Secretario tinha a Camera o mandado abonnar p*or* morarem fora; ao q*ue* lhe respondemos que p*or* nosso gosto não entregavamos o Governo, só sim p*el*as razões /fl. 5/ assim expendidas da força armada q*ue* nos surprendia; e disto mandamos lavrar hum termo a vista do Prezidente e Membro do Gov*erno* entruzo Temporario.

Este Gov*erno* que á força de armas cede o direito de governar, foi elleito p*or* todos os Elleitores da Parochia da Provincia a pluralidade absoluta de votos, sem a mais leve suspeita de suborno, e oppressão, p*oi*s nem os malevolos revolucionarios disso merecerão, em conformid*ade* do Decreto do *primeiro* de *Setem*bro do anno proximo passado com sete Membros, e reduzido a sinco em observancia do Decreto de 29 do d*it*o mez e anno, tirados os dous de menos votos, achava-se legalm*en*te organizado; tendo em si o gov*erno* das Armas: p*or* q*ue* deixando o ex Governador Joze Ignacio Borges huma portaria ao Sarg*ento* Mor da Fortaleza M*ano*el Freire de Freitas, p*ara* lansar mão do Gov*erno* das Armas, logo q*ue* se instalasse o

92 Palavra parcialmente ilegível.

Gov*erno* Provizorio e querendo pôr o d*it*o em execução unido com o Sarg*ento* Mor Com*andan*te do B*atalha*m Germano, houve huma sublevação no Povo, e desgosto geral no Batalham; o q*ue* vendo o d*it*o Freitas, entregou o Commando do dito Gov*erno* das Armas ao Gov*erno* elleito Provizorio, q*ue* o conservou lhe o dia da insurreição po*r* não haver Official a q*ue*m o confiasse, /fl. 5/ dando-se de tudo isto parte commo se pedia individuação as Cortes pa*ra* decidir; o q*ue* não esperava o anticonstitucional Sarg*ento* Mor Com*andan*te Germano, e todo os mais habitantes desta Capital, por fazer publico isto m*es*mo o Gov*erno* jazendo o Povo na mais tranquilla paz, e satisfação, som*en*te descontentes este conciliato de q*ue* erão Chefes o Ouv*id*or; e Com*andan*te Germano po*r* não figurarem no Governo pa*ra* opprimirem, aquelle ao publico com as suas costumadas injustiças, abuzos de jurisdicção, recebim*en*tos de peitas e exceço extraordinario de custas, alem do determinado no Regimento, e este po*r* serem desprezadas as suas imposturas, calumnias, e orgulho na opinião publica dos Benemeritos Constitucionais; a vista do q*ue* deixamos a discrição de V*ossa*s Ex*celênci*as apoiarem o restabelecim*en*to da Constituição nesta pobre e pequena Cidade, onde ella não florecerá emquanto existir nella o dito Ouvidor, e Sargento Mor Germano e hum pequeno numero dos seos satelites, que inspirão, e movem o Batalham contra o sistema anticonstitucional. Deos guarde a V*ossa* Ex*celênci*a /fl. 5v/ Rio – Grande do Norte 10 Fev*erei*ro de 1822.

Ill*ustríssi*mos e Ex*celentíssi*mos Senhores da Junta do Gov*erno*
Provizorio da Provincia da Paraiba do Norte
[assinaturas]
Joaq*ui*m Joze do Rego B*arr*os
Francisco Antonio Lumachi Mello[93]
Luiz de Albuquerque Maranhão
Antonio da Rocha Bizerra
Manoel de Mello Montenegro Pessôa.

93 NT: É Padre.

1822, Fevereiro, 19, Maranhão
CARTA da Junta Provisória do Governo do Maranhão para o secretário de estado de Marinha e Ultramar, Joaquim José Monteiro Torres, sobre a tomada de posse do governo daquela província.
Anexo: 1 doc.
AHU_ACL_CU_009, Cx. 168, D. 12238.

N*úmero* 1

Ill*ustríssi*mo e Ex*celentíssi*mo S*enh*or

A Junta Provisoria do Governo da Provincia do Maranhão participando a V*ossa* Ex*celênci*a a sua instalação no dia 16 do corrente mez, como se verefica no Auto de Juramento e Posse juntos, espera que V*ossa* Ex*celênci*a sê digne de levar á Presença Augusta de Sua Magestade a inclusa Participação que esta Junta lhe derige pela Secretaria d'Estado dos Negocios do Ultramar.

Deos Guarde a V*ossa* Ex*celênci*a. Maranhão 19 de Fevereiro de 1822.

Ill*ustríssi*mo e Ex*celentíssi*mo S*enh*or Joaquim Jozé Monteiro Torres.
[assinaturas]

Fr*ei* Joaquim Bispo, Prezid*ent*e
Felipe de Barros Vasconcellos
Antonio Ro*driguez* dos Santos
Thomas Tavares da *Silv*a
João Fran*cis*co Leal

<u>*Primeira* Via</u>

/fl. 1v/ branco
/fl. 2/
Copia
Auto de Juramento, e Posse da Junta Provizoria de Governo da Provincia do Maranhão, elleita em 15 de Fevereiro de 1822.

Anno do Nacimento de Nosso Senhor Jezus Christo de mil oitocentos e vinte dous aos dezasseis de Fevereiro, nesta Cidade de S*ão* Luiz, Capital da Província, na

Igreja Cathedral, appareceo o Ill*ustríssi*mo e Ex*celentíssi*mo Governador Provizório Bernardo da Silveira Pinto da Fonceca do Conselho de Sua Magestade, para o fim de dar posse aos membros elleitos; para formarem a Junta Provizória da Província, na conformidade da Carta de Ley do primeiro de Outubro de mil oitocentos e vinte hum e sendo ahi tãobem os dittos Membros, a saber, Prezidente o Excellentissimo e Reverendissimo Bispo Diocesano Dom Fr*ei* Joaquim de Nossa Senhora da Nazareth, Secretário Sebastião Gomes da Silva Belford: e mais Membros e Chefe de Esquadra Felippe de Barros e Vasconcellos, Thomas Tavares da Silva, o Dezembargador João Francisco Leal, o Coronel Antonio Rodrigues dos Santos: faltando o Membro, Tenente Caetano Joze de Souza, por ser elleito auzente; em presença do Senado da Camara, Cabido da Cathedral, Clero, Nobreza, e Povo da Cidade, tendo sido lida por mim em alta voz o traslado do Autto de Eleição dos Membros da mencionada Junta, prestarão o Juramento na forma da Ley, e do modo seguinte: Sua Ex*celenci*a Rev*erendíssi*ma em mãos do Ex*celentíssi*mo Governador Provizorio, jurando = manter, e observar a Religião Catholica, e Apostolica Romana, ser obediente e fiel a El Rey o Senhor Dom J*oão* Sexto, e aos seus sucessores, e Real Dynastia; e igualmente obedecer ás Cortes e religiozamente observar a Constituição, e /fl. 2v/ todas as leis existentes, na conformidade da Carta de Ley da creação das Juntas Provizorias, e Administrativas do Brazil, do primeiro de Outubro de mil oitocentos e vinte hum, = depois do que S*ua* Ex*celênci*a Rev*erendíssi*ma o recebeu pelos mesmos termos, de todos os mais Membros da Junta; e prestado o Juramento tomou a ditta Junta Posse do Governo: e assim a houve o ditto Ex*celentíssi*mo Governador Provizorio por empossada do que tudo para constar lavrei o presente autto, em que todos assignarão comigo Antonio Marques da Costa Soares, Official Maior da Secretaria, servindo de Secretario, que o escrevi = Frei Joaquim Bispo Prezidente do Governo Provizorio = Bernardo da Silveira Pinto = Sebastião Gomes da Silva Belford = Felipe de Barros e Vasconcellos = Thomaz Tavares da Silva = João Francisco Leal = Antonio Rodrigues dos Santos =

Esta conforme. Maranhão Secretaria do Governo 19 de Fevereiro de 1822.

Antonio Marques da Costa Soares
Official maior

1822, Março, 13, Vitória
OFÍCIO da Junta Provisória do Governo da Província do Espírito Santo ao [Secretário de Estado da Marinha e Ultramar], [Joaquim] José Monteiro Torres a informar do auto da sua Eleição assinada pelo Secretario de Governo, Luís da Silva Alves d 'Azambuja e Suzano. Anexo: auto de eleição (01 doc. 01 fl.)
AHU-Espírito Santo, cx. 8, doc. 37
AHU_ACL_CU_007, Cx. 8, D. 547.

A Junta Provizoria de Governo da Prov[in]cia[94] do Espirito Santo tem a honra de dirigir a Vo[ssa][95] Excellencia o acto incluso de sua Eleição por [???][96] assignada por Luiz da Silva Alves d´Azambuja e Suzano Secretario deste Governo, participando a su[a][97] installação na conformidade da Carta da Lei de *Primeiro* de Outubro do anno proximo passado, para q[ue][98] Vossa Excellencia o leve á Prezença de Sua Mag[est]ade.[99]

Deos Guarde a Vossa Excellencia. [100] Victoria 13 de Março de 1822.

Ill*ustríssi*mo e Exc*elentíssi*mo S*enho*r Jozé Monteiro Torres
[assinaturas]
José Nunes da Silva Pires
Presidente
Luiz da Silva Alves d'Azambuja Susano
Secretario
José Rib*ei*ro Pinto
Sebastião Vi*ei*ra Machado
[nome ilegível][101]
/fl. 1v/ branco

94 A condição do manuscrito apenas permite a leitura da palavra pelo sentido do texto.

95 A condição do manuscrito apenas permite a leitura da palavra pelo sentido do texto.

96 Palavra ilegível.

97 A condição do manuscrito apenas permite a leitura da palavra pelo sentido do texto.

98 A condição do manuscrito apenas permite a leitura da palavra pelo sentido do texto.

99 A condição do manuscrito apenas permite a leitura da palavra pelo sentido do texto.

100 No ms. encontra-se um espaço em branco.

101 Ilegível devido à microfilmagem inadequada.

/fl. 2/

O Escrivão da Camara Manoel Ribeiro da Silva remetta á Secretaria do Governo desta Provincia por cópia, o Auto da Eleição a que procedêo a Mesa Eleitoral para a installação do Governo Provizorio, e quem forão as pessoas que sahirão eleitas para o dito Governo, tudo com individuação, e clareza. Vitoria cinco de Março de mil oitocentos e vinte dous = João Antonio Pientznauer. Juiz Ordinario = Manoel Ribeiro da Silva Escrivão da Camara desta Villa da Victoria Capitania do Espirito Santo, por Provizão da Secretaria do Governo desta Provincia, etcetera = Certifico que revendo o Livro actual que serve para as Relaçoens nelle a folhas vinte e trez verso, athe folhas vinte e quatro se acha o Auto da Eleição para Secretario, e Escrutinadores para a Eleição da Junta dos Membros do Governo Provizorio, e a folhas vinte e quatro verso, the folhas vinte cinco se acha o outro termo de Eleição que tãobem fizerão os Eleitores de Parochia da Provincia para toda a Corporação dos Membros da Junta do Governo Provizorio, que o theor de huma, e outra Eleição são o seguinte = Auto de eleição = Auto de Eleição que mandarão fazer os Illustrissimos Eleitores de Parochia desta Provincia sobre a Eleição de Secretario e Escrutinadores, Prezidindo o Juiz Ordinario o Cirurgião-mor Joam Antonio Pientznauer, e mais officiaes da Camara, como abaixo se declara = Anno do Nascimento de Nosso Senhor Jezús Christo de mil oitocentos e vinte dous, ao primeiro dia do mez de Março do dito anno, nesta Villa da Victoria Cabeça da Commarca da Capitania do Espirito Santo. Em a Parochia Matriz da mesma, onde se reunirão os Illustrissimos Eleitores de Parochias da Provincia abaixo assignadas, estando prezente o Juiz Presidente, e mais corporação da Camara tãobem abaixo assignados, para prezidirem a Eleição que se havia fazer de Secretario, e Escrutinadores para a Eleição [linha ilegível][102] /fl. 2v/ [linha ilegível][103] e vinte e hum, em que Sua Magestade manda executar o Decreto das Cortes Gerais, e Extraordinarias Constituintes da Nação Portugueza; e logo os Illustrissimos Eleitores elegeram pela pluralidade de votos para Secretario o Capitão Luiz da Fraga Loureiro com seis votos, e para Escrutinadores o Capitão mor Jozé Ribeiro Pinto com cinco votos, e o Capitão João Antonio de Moraes com seis votos, que forão examinados os votos pelos mesmos Eleitores, perante a Corporação da Camara, que unanimamente forão por todos approvados; de que para constar fiz este Auto em que todos os mencionados assignarão, e eu Luiz da Fraga Loureiro Secretario que escrevi, e assignei = João Antonio Pientznauer

102 Ilegível devido à microfilmagem inadequada.

103 Ilegível devido à microfilmagem inadequada.

Juiz Ordinario = Ignacio Pereira de Amorim = José Alves Vianna = Ignacio Pinto Ribeiro = Francisco Caetano Simoins = Jozé Ribeiro Pinto = João Antonio de Morais = Jozé Nunes da Silva Pires = o Padre Francisco Ribeiro Pinto = Manoel Jozé Ramos = Sebastião Vieira Machado = o Padre Manoel Alves de Souza = Vicente Ferreira = Francisco Pinto Homem de Azevedo = Francisco Ferreira de Quadros = Joaquim Gomes de Jezús = Manoel d'Assumpção Pereira = Francisco Gonsalves dos Banhos = Jozé da Rocha Coutinho = Luiz da Fraga Loureiro Secretario Eleitor = Termo de Eleição que fizerão os Illustrissimos Eleitores de Parochia da Provincia, de toda a corporação dos Membros da Junta do Governo, Provizorio, Prezidindo a Corporação da Camara como atraz fica mencionado = Ao primeiro dia do mez de Março de mil oitocentos e vinte dous nesta Villa de Nossa Senhora da Victoria Cabeça da Commarca da Capitania do Espirito Santo, na Parochia da mesma onde se achavão presentes os Illustrissimos Eleitores Parochiáis da Provincia abaixo assignados, com a Corporação da Camara tãobem assignados, a [104] [abaixo][105] assignados para effeito de se /fl. 3/ [linha ilegível][106] solennidade de Direito, sahirão eleitos pela plurali[da]de[107] de votos, para Prezidente o Reverendo Vigario da Vi[la][108] de Guaraparim Jozé Nunes da Silva Pires com sete voto[s pa]ra[109] Secretario Luiz da Silva Alves d'Azambuja e Susa[no] [110] com onze votos, e para os trez Membros do mesmo Go[verno][111] Provizorio, primeiramente sahirão empatados o Capitão mor Jozé Ribeiro Pinto, com o Capitão João Antoni[o] Moraes, cada hum com quatro votos, que correndo segunda vez o escrutinio sahio o Capitão João Antonio d[e] [112] Moraes com seis votos, e o Capitão mor Jozé Ribeiro Pinto com oito votos, que pela pluralidade de votos [sa]hio[113] o primeiro Membro, que sendo examinado sa[io] Eleito, e approvado pelos mesmos Eleitores, e Camara. Na mesma sahio Eleito e se-

104 Palavras ilegíveis devido à microfilmagem

105 A condição do manuscrito apenas permite a leitura da palavra pelo sentido do texto.

106 Devido à microfilmagem.

107 A condição do manuscrito apenas permite a leitura da palavra pelo sentido do texto.

108 A condição do manuscrito apenas permite a leitura da palavra pelo sentido do texto.

109 A condição do manuscrito apenas permite a leitura da palavra pelo sentido do texto.

110 A condição do manuscrito apenas permite a leitura da palavra pelo sentido do texto.

111 A condição do manuscrito apenas permite a leitura da palavra pelo sentido do texto.

112 A condição do manuscrito apenas permite a leitura da palavra pelo sentido do texto.

113 A condição do manuscrito apenas permite a leitura da palavra pelo sentido do texto.

gundo Membro o Ca[pi]tão[114] Sebastião Vieira Machado, com cinco votos, pe[la][115] pluralidade dos mesmos votos: sahio mais o terceir[o][116] Membro o Capitão Jozé Francisco de Andrade Al[mei]da[117] Monjardim com cinco votos, que pela pluralida[de][118] dos mesmos foi approvado este, e os mais menciona[dos][119] por todos os Eleitores, Corporação da Camara, com ap[p]lauso[120] de todos os Cidadaõs que se achavão present[es][121] de que para constar fiz este termo em que todos assi[na]rão, e Eu Luiz da Fraga Loureiro Secretario da [Elei]ção[122] que o escrevi, e como Eleitor tãobem assignei = Antonio Pientzenauer Juiz Ordinario = Ignacio [Pe]reira[123] de Amorim = Jozé Alves Vianna = Igna[cio Pin]to[124] Ribeiro = Francisco Caetano Simoens = Joze Nunes [da][125] Silva Pires = Manoel da Assumpção Pereira = [João][126] Antonio de Moares = Francisco Gonsalves dos Ban[hos =][127] Manoel Jozé Ramos = Jozé da Rocha Coutinho = [Vi]cente[128] Pereira de Jezus = Jozé Ribeiro Pinto = Fra[ncisco][129] Ferreira de Quadros = Manoel Alves de Souza [Se]bastião[130] Vieira Machado = o Padre Francisco Riberio [Pin]to = Joaquim Gomes de Jezus =

114 A condição do manuscrito apenas permite a leitura da palavra pelo sentido do texto.

115 A condição do manuscrito apenas permite a leitura da palavra pelo sentido do texto.

116 A condição do manuscrito apenas permite a leitura da palavra pelo sentido do texto.

117 A condição do manuscrito apenas permite a leitura da palavra pelo sentido do texto.

118 A condição do manuscrito apenas permite a leitura da palavra pelo sentido do texto.

119 A condição do manuscrito apenas permite a leitura da palavra pelo sentido do texto.

120 A condição do manuscrito apenas permite a leitura da palavra pelo sentido do texto.

121 A condição do manuscrito apenas permite a leitura da palavra pelo sentido do texto.

122 A condição do manuscrito apenas permite a leitura da palavra pelo sentido do texto.

123 A condição do manuscrito apenas permite a leitura da palavra pelo sentido do texto.

124 A condição do manuscrito apenas permite a leitura da palavra pelo sentido do texto.

125 A condição do manuscrito apenas permite a leitura da palavra pelo sentido do texto.

126 A condição do manuscrito apenas permite a leitura da palavra pelo sentido do texto.

127 A condição do manuscrito apenas permite a leitura da palavra pelo sentido do texto.

128 A condição do manuscrito apenas permite a leitura da palavra pelo sentido do texto.

129 A condição do manuscrito apenas permite a leitura da palavra pelo sentido do texto.

130 A condição do manuscrito apenas permite a leitura da palavra pelo sentido do texto.

Francisco Pinto [Homem][131] de Azevedo = Luiz da Fraga Loureiro = E nada [ilegível][132] /fl. 3v/ [ilegível][133] 1822
[Luiz da Silva Alves d'Azambuja][134] Susano
[S]ecretario[135]
[linhas ilegíveis][136]
/fl. 4/ branco
/fl. 4v/
/fl. 5/ Espírito Santo 1822

1822, Março, 18, Vila de Cuiabá
OFÍCIO da Junta Governativa da província de Mato Grosso para o [secretário de estado da Marinha e Ultramar] Joaquim José Monteiro Torres, acusando o recebimento da notícia da chegada de [D. João VI] a Portugal; e da promulgação da Constituição Portuguesa, agradecendo o envio dos diários e decretos das Cortes Gerais.
Anexo: extrato
AHU_ACL_CU_010, Cx. 44, D. 2218.

Ill*ustríssi*mo, e Ex*celentíssi*mo Sen*h*or

Esta Junta Governativa Provizoria da Provincia de Mato Grosso, installada na Cidade do Cuiabá, teve a honra, e satisfação de receber o officio de V*ossa* Ex*celênci*a, em data de 13 de Julho do anno passado, [137] e fazendo publico o seu conteudo, vio

131 A condição do manuscrito apenas permite a leitura da palavra pelo sentido do texto.

132 Ilegível devido à microfilmagem inadequada.

133 Ilegível devido à microfilmagem inadequada.

134 A condição do manuscrito apenas permite a leitura da palavra pelo sentido do texto.

135 A condição do manuscrito apenas permite a leitura da palavra pelo sentido do texto.

136 Ilegível devido à microfilmagem inadequada.

137 A proclamação é a seguinte: "PROCLAMAÇÃO DE 13 DE JULHO DE 1821
As Côrtes Geraes e Extraordinarias da nação portugueza aos habitantes do Brazil.
A heroica resolução, que haveis tomado, de seguir a causa da patria, e correr a sorte de seus valorosos filhos, acabou de consolidar para sempre o magestoso edifico da liberdade e da independencia nacional.
Promettendo adoptar a Constituição Politica, que fizerem as Côrtes Geraes e Extraordinarias,

com sumo prazer, que os votos de todos os habitantes desta mais consideravel parte

vós contrahistes a obrigação de adoptar tambem as Bases, que ellas já decretaram, e que a Nação tem abraçado e jurado como preliminares de sua venturosa regeneração.
Nellas vereis lançados com mão segura, e acautelada os traços fundamentaes desse maravilhoso monumento, que vai ser levantado pelo sublime esforço da constancia e da virtude sobre as ruinas do despotismo, e da arbitrariedade.
Nellas vereis o mais seguro apoio da felicidade dos Portuguezes, porque ellas encerram a declaração autentica dos direitos do homem, a salvaguarda das suas franquezas, e o resumo de suas relações sociaes, intimamente ligados com sua existencia politica.
Uma religião santa, professada e sustentada com o fundamento da moral publica, e como fonte perenne da geral prosperidade. Um Monarcha Constitucional como primeiro Magistrado e chefe da nação, que o escolheu. Direito de succession ao throno para evitar as commoções dos interregnos. Poderes soberanos, emfim, distinctos e separados, mas deveres e obrigações mutuas do Rei para com o seu Povo, e do Povo para com o Rei, são outros tantos principios sanccionados nas Bases, que afiançam a felicidade da nação, elevando-a ao eminente logar, que ella deve accupar entre as grandes nações, e fixando para toda a duração dos seculos a época mais brilhante, e mais gloriosa de seus fastos, e acontecimentos politicos.
Brazileiros! O Congresso não duvidava de vossos sentimentos patrioticos, e liberaes, mas elle respeitava o direito, que só a vós pertencia de manifestar competentemente vossos desejos. Decretou por isso, que vós farieis parte da grande familia Portugueza, logo que tivesseis declarado vossa adhesão ao novo pacto social, que ella acabava de fazer. Assim, quando vós repetistes com tanto enthusiasmo o grito, que resoou do Douro ao Tejo; quando vós fizestes conhecer tão solemne, e espontaneamente a vossa vontade, vós prendestes maravilhosamente em laços indissoluveis um a outro hemispherio; e pela mais depurada e solida politica, vós unistes em um só interesse os interesses de tantos habitantes, separados por centenares, e centenares de leguas.
É preciso comtudo que vossos Deputados venham completar o quadro da representação nacional para auxiliar as Côrtes em suas laboriosas tarefas, e tomar nas deliberações a parte que devem ter. O Congresso irá entretanto continunado a marcha augustam, firme e regular, com que tem principiado a reforma dos abusos, que opprimem a nação.
A liberdade da imprensa, esta irmã gemea da liberdade civil e politica, esta filha querida dos Governos representativos, é hoje o primeiro, e mais apreciavel direito do cidadão Portuguez. A Inquisição e a Inconfidencia, verdadeiros monstros na ordem social, e horrivel invento dos despotas, e dos tyrannos, já não existem. A humanidade e a razão têm recobrado seus fôros. Os differentes ramos da publica administração vão tomando uma nova face: a marcha dos negocios já é outra.
Uma severa economia preside a despeza da Fazenda Nacional, que não será mais consumida em disperdicio, ou indiscretas mercês, e não merecidas tenças. O Thesouro Publico, entregue a mãos fieis e vigilantes não será mais a preza de ambiciosos aulicos, nem de perversos conselheiros. Uma judiciosa fiscalisação dá já esperanças de que a nação poderá pagar em poucos annos a divida, que tem reconhecido, sem augmentar mais tributos, e sem faltar ás urgencias diarias. Uma caixa de amortisação com fundos proprios, applicados a este objecto segura os credores do Estado, e restabelece o credito do Governo.
Trata-se da reforma, e reducção do exercito até ao ponto em que seja bastante para fazer a

da Provincia, que reconhece a sua authoridade, se unirão aos della para renderem

---

vossa e a nossa segurança, e cuida-se da marinha de guerra a tal ponto arruinada, que só se conhece agora pelos dispendiosos, e quasi inuteis estabelecimentos que della nos restam. Hoje é demonstrada a necessidade de levar ao mais perfeito estado, que fôs possivel, esta parte da força publica.

Não ha com effeito outro meio de restabelecer nosso commercio, conservar o senhorio de nossos mares defender as suas costas e fazer respeitar nossa bandeira, mas as Côrtes têm projectado diminuir neste ramo o apparato, augmentando a realidade.

Os Ministros e empregados publicos são vigiados em sua conducta, e a sua responsabilidade é já effectiva. Muitos têm sido demittidos por indignos dos logares que accupavam.

Fiscalisam-se os salarios; e os ordenados são postos na proporção, que devem ter em um systema constitucional. Não haverão mais officios creados só para empregar homens, e esses quasi sempre indignos de qualquer emprego.

Tem adoptado outras muitas medidas sobre diversos ramos de publico e universal interesse. A agricultura, o commercio, e a industria, como fontes de riqueza nacional, têm merecido do Congresso um particular cuidado e vigilancia.

Muitas destas geraes providencias, que fazem o objecto de differentes decretos das Côrtes, são applicaveis ao Brazil, e portanto vós ides gozar já dos bens, que dellas resultam; mas convem admittir o principio, de não de fazem reformas senão com tempo, e que mais tempo ainda é necessario para lhes dar execução, consistencia e estabilidade.

Comtudo um meio se offerece muito prompto de certo, para remediar em grande parte vossos males; e é que o Governo de vossas Provincias, regulado de modo, que vosso estado tão imperiosamente exige, seja logo entregue a homens probos e verdadeiramente constitucionaes, que plantem entre vós este venturoso systema, debaixo do plano de moderação, e suavidade, que se tem seguido com tanta energia. Conhecereis então por uma feliz experiencia quaes são as vantagens, que hão de resultar-vos da vossa adhesão á Constituição, que as Côrtes estão fazendo, e vereis quanto é bello e magnifico o futuro, que ella vos apresenta, e afinaça.

É preciso porém ter em grande consideração as circumstancias em que nos achamos. Nenhum Estado pôde substituir sem força physica, e sem força moral: mas aquela é quasi sempre perdida sem esta. Para conservar ambas devemos portanto estreitar cada vez mais nossas relações politicas. Os sentimentos fraternaes que a natureza nos inspira; a consoladora idéa de que temos todos a mesma origem, e a lembrança até de que tem pesado sobre nós as mesmas desgraças, nos persuade de que devemos ter tambem todos a mesma fortuna.

E na verdade que outra cousa é mais conforme a nossos mutuos interesses? Habitando o paiz mais fertil, e mais rico dos que se conhecem, nós não precisamos para sermos venturosos sinão de boas leis, e executadas por um Governo bem organizado, e que saiba tirar todo partido, que offerece nossa vantajosa situação.

Este Governo existe já. Cada dia se vai melhorando o systema administrativo: cada dia augmenta a força da opinião, que reconhece a necessidade de manter a nova ordem das cousas; porque ella dá já em resultado verdadeiros bens de que não tinhamos gozado nunca. Esta é hoje a convicção de todos os Portuguezes: os que a não adquiriram ainda, perderam já este nome.

El-Rei acaba de chegar a este Reino, e a sua entrada em Lisbôa deu nova occasião aos habitantes e ao Congresso de menifestarem o amor, que consagram á sua pessoa, e a veneração, que

Graças ao Omnipotente pela feliz viagem, e chegada do mais Pio dos Soberanos, e de sua Augusta Familia, á sempre Nobre e Leal Cidade de Lisboa; e marca o dia 3 de Julho, por hum dos mais venturozos para todo o Portugal, e em geral, para o Reino unido, por ser aquelle, em que o mesmo Senhor jurou as Bazes da Constituição.

---

tem por suas virtudes. Não faltou demonstração alguma publica do respeito, que lhe é devido: e, no meio da maior ordem, e tranquilidade foi geral a satisfação, e alegria da capital ao tornar a ver o seu Monarcha Constitucional. O juramento solemne, que Sua Magestade deu na presença das Côrtes, promettendo observar, e fazer observar as Bases da Constituição, poz o ultimo sello á confiança publica, e acabou de socegar aquelles que se lembravam de duvidar de seus sentimentos, só porque elle chegara cercado desses homens máos, que tão grande parte tiveram nas desgraças da patria. As Côrtes manifestaram a necessidade de os separar para longe de uma cidade, á qual tanto escandalo tem dado. Com isso conseguiram elles tambem escapar a outras demonstrações do desprezo publico, que os acompanhará, todavia, em qualquer parte, em que se acharem.

Tal é, habitantes do Brazil, nossa politica situação; e á vista della, que mais podemos nós desejar? É mantida a nossa liberdade; protegida a nossa segurança, e respeitada a nossa propriedade; que maiores ou que mais solidas vantagens offerecerá portanto qualquer outra fórma de governo? Acaso poderemos nós illudir-vos ainda com essa idéa chimerica de uma liberdade pouco menos que illimitada? Acaso seria possivel conseguil-a sem commoções, sem violencias e sem desgraças? E conseguida, de que nos serviria ella? Seriamos nós porventura mais felizes?

As luzes do seculo registram hoje tão arriscados como indiscretos desejos, e uma desgraçada experiencia tem convencido os homens de que devem viver livres, mas que essa liberdade deve tambem ser exercitada de modo, que se previnam as revoluções violentas, e se mantenha a maior harmonia entre a legislação, e os conhecimentos uteis á humanidade, e necessarios á felicidade dos Povos. É preciso respeitar o voto geral das nações.

Lançai os olhos pela historia, e vereis qual tem sido o resultado das lutas dos partidos, e das facçoes. O estrago, a assolação e a morte, companheiros inseparaveis da anarchia, e da guerra civil, foi sempre, e está sendo ainda hoje a sorte dos paizes, em que as paixões fomentam a desunião e a discordia entre os seus concidadãos.

Habitantes do Brazil! Continuai a imitar a moderação, que nesta época memoravel tem manifestado vossos irmãos. É só no secego, e na união dos sentimentos patrioticos, que se formam os costumes, e se adquirem esses habitos, essencialmente necessarios para a mudança que fizemos. – Não é de outro modo que se fortalece um espirito publico, e um caracter nacional, esta virtude, verdadeira origem de todas as outras virtudes sociaes e civicas; que distigue, e ennobrece os povos civilisados, e de que os Portuguezes não são menos capazes, nem precisam menos.

Brazileiros! Nossos destinos estão ligados: vossos irmãos não de reputarão livres, sem que vós o sejaes tambem: vivei certos disso; e convencei-vos de que os seus Deputados, como representantes de toda a nação, estão promptos a secrificar até a sua propria existencia para que ella seja tão livre e tão feliz, quanto o pode e o merece ser.

Peço das Côrtes 13 de Julho de 1821. – José Joaquim Ferreira de Moura, Presidente. – João Baptista Felgueiras, Deputado Secretario. – Agostinho José Freire, Deputado Secretario.

Este povo benemerito, que a Junta Governa, se encheo do mais fervorozo entuziasmo ao publicar-se a Proclamação, que o Soberano Congresso Nacional dirigio aos Brasileiros e deo provas, não equivocas do quanto confia nas sabias Luzes dos Heroes da Patria, dos seus Regeneradores, que esforçando-se em promover a sua felicidade, repartirão, em balança igual, os bens a Portugal, e ao Brazil.

A Junta recebeo, com o supracitado officio, os Diarios, e Decretos das Cortes Gerais, Estraordinarios, e Constituintes da Nação, e pouco depois a segunda via de hu*ma*, e outra caixa; e agora, dirigindo-se a V*ossa* Ex*celênci*a, lhe roga se digne levar á Presença do Soberano Congresso o maço incluso, em que dá conta da nova forma de Governo, que teve lugar nesta Provincia, das ponderosas rasoens, que /fl. 1v/ a occasionarão, e dos successos, que se seguirão ao memoravel dia 20 de Agosto; successos, que tendo retardado a eleição dos Deputados desta Provincia, retardarão igualmente a sua partida, que se há de effectuar no dia 10 do mez proximo venturo.

Deos Guarde a V*ossa* Ex*celênci*a. Cuiabá em Junta de 18 de Março de 1822.

Ill*ustríssi*mo, e Ex*celentíssi*mo S*enh*or Joaquim José Monteiro Torres
[assinaturas]
Luiz Bispo de Ptolemaida, Presidente
Jeronimo Joaq*ui*m Nunes
Joao José Guim*arã*es e Silva
Agostinho Luiz Gularte Pereira
Felix Merme
Antonio Navarro de Abreu
Luiz D'Alincourt – Deput*ado* Secret*ario*
André GaudeiLey
José da Silva Guimarães
/fl. 2/
J*un*ta de Mato Grosso

Acusando a recepção do off*icio* q*ue* me participa a chegada de S*ua* Mag*estad*e a esta capital.

E tambem a dos Diarios das Cortes. [138] E as duas segundas vias de ambas as cousas.

---

138 No ms. encontra-se um espaço em branco.

Remetta-se ás Cortes o Maço a q*ue* se refere o off*íci*o incluso.[139]
Remetteu em 6 Set*em*bro 1822.[140]

Rep*artiçã*m *Primeira* em 5 *Setem*bro 1822.

G. F. de Moares

1822, Maio, 28, vila do Desterro da Ilha de Santa Catarina
CARTA do presidente da Junta do Governo Provisório Jacinto Jorge dos Anjos, ao rei [D. João VI] sobre a realização, em 23 de Setembro de 1821, da eleição da Junta do Governo Provisório e do envio da ata da eleição e sua adesão à causa constitucional ao soberano Congresso das Cortes e ao rei D. João VI.
Anexo: ata de eleição
AHU-Santa Catarina, cx. 13, doc. 24.
AHU_ACL_CU_021, Cx. 10, D. 609.

Em sessão de 26 de Agosto de 1822[141]
ouvida com agrado a Constituição[142]

Em observancia da Carta de Ley do primeiro d'Outubro do anno passado, que manda executar o Decreto de Vossa Magestade de 23 de Setembro do mesmo, se procedeu nesta Província a eleição da Junta do Governo Provisorio délla, como mostra a Acta inclusa por Copia.

A Junta, que foi installada, e entrou no exercicio de suas funcçõens a 22 do presente mez, apressa se em ir aprezentar-se por este meio a Vossa Magestade, para offerecer-lhe os mais firmes protestos de adhesão á Causa Constitucional, áo Soberano Congresso das Cortes, e a El-Rey o Senhor Dom João Sexto. Estes são também os sentimentos do Povo désta Provincia, sempre fiel e submisso, que não conhece /fl. 1v/odiosas rivalidades, nem insultantes epithetos, que espera tranquillo da Sabedoria do Corpo Legistlativo o remedio de seus males, que são os de toda

139 Acrescentado com outra letra: "Remetta-se ás Cortes o Maço a q*ue* se refere o off*íci*o incluso".

140 Acrescentado com outra letra: "Remetteu em 6 Set*em*bro 1822".

141 Acrescentado com outra letra: "Em sessão de 26 de Agosto de 1822".

142 Acrescentado com outra letra: "ouvida com agrado a Constituição".

a Nação, e que está prompto a fazer os maiores sacrifícios para ajudar a manter a união e indivisibilidade do Reyno, a qual lhe pode dar entre os mais o lugar que lhe compete.

A Junta aproveta esta occasião para felicitar á Nossa Magestade pelo feliz successo de Seus gloriosos trabalhos, e faz os mais ardentes votos para que se concluão, e tenhão o desejado exito:

Villa do Desterro na Ilha de Santa Catharina 28 de Maio de 1822.

[assinaturas]

O Prezidente Jacinto Jorge dos Anjos Correa

O Secretario Jozé da Silva Mafra

João Betancourt Pere*ira* Maxa*d*o e S*ou*za

Francisco Luis do Livramento

Joaquim de S*an*ta Anna Campos

/fl. 2/

Copia

Continuação da Acta do Governo Provizorio d'esta Provincia.

E logo no mesmo dia mêz e anno retro declarado pelo meio dia, tendo vottado o Doutor Ouvidor Prezidente, e Eleitores da Igreja Matris desta Villa, de assistirem ao Santo Sacrificio da Missa Solemne do Espirito Santo, que selebrou com a maior Dignidade Ecclesiastica o Reverendo Vigario da Vara Joaquim de Santa Anna Campos, que igualménte fez o discurso que a Ley ordena, e achando-se todos reunidos nas Cazas do Paço do Conselho, a portas abertas, e assentados todos os ditos Eleitores sem preferencia, Ordenou Prezidente principiasse a Sessão, lendo eu o Capitulo quarto da Instruçoens que regulão a prezente Eleição, ao que saptisfiz: Depoiz fez o Prezidente a pergunta do artigo quarenta e nove, respectivamente a Conloio, ou Suborno a que todos responderão, que avião votar segundo suas consciencias; e em consequencia do que propôz a votação quem avia servir de Prezidente na Junta do Governo Provizorio, que se hia a instalar, e correndo o Escrutinio, lansando nelle cada hum dos Eleitores o seu voto por bilhete, sahio Eleito com pluralidade absoluta de vinte e hum vôtos o Senhor Capitão Mór Jacinto Jorge dos Anjos Corrêa, que de facto ficou legalmente Eleito. Depoiz propôsse a votação o Secretario, e não tendo avido no primeiro Escrutinio pluralidade legal e desempatados, o Sargento M*o*r Francisco Maxado de Souza, com o Senhor Sargento Mór Joze da Silva Mafra, obteve este desoito votos, pelo que entrando em segundo Escrutinio com o S*enho*r Duarte Silva que havia tido treze votos, obteve o dito S*enho*r Sargento mór Mafra, dezoito votos sobre quatorze, que unicamente teve o dito Gen*era*l Diogo, pelo que se ouve o dito Sen*ho*r Mafra /fl. 2v/ por Eleito legalmente Secretario do Governo Provizorio, que se vai instalar: Passou-se depoiz a votação do primeiro Membro do dito Governo, e não tendo havido tãobem pluralidade absoluta, entrarão em Segundo Escrutinio, o Sen*ho*r Capitão João de Betancourt Pereira Maxado e Souza, com o Senhor Sargento Mór Francisco Luiz do Livramento, ficando Eleito o dito Sen*ho*r Capitão João de Bitancourt Pereira, com vinte votos: Procedendo-se da mesma forma a Eleição do Segundo Membro da Junta do dito Governo, e entrando em Segundo Escrutinio por falta de pluralidade absoluta, o Sen*ho*r Sargento Mór Francisco Luiz do Livramento, com o Sen*ho*r Vigario da Vara Joaquim de Santa Anna Campos, ficou Eleito o dito Sen*ho*r Sargento Mor com dezecete votos, contra quinze, com o que se julgou legalmente Membro do dito Governo; e passando-se finalmente a votação do ultimo Membro por não aver pluralidade legal, entrarão em segundo Escrutinio os de pluralidade o Reverendo Sen*ho*r Vigario da Vara Joaquim de Santa Anna Campos, e o Sen*ho*r Sargento mor Jozé Cezarino da Roxa, ficando Eleito com vinte votos, o dito Sen*ho*r Reverendo Vigario da Vara Joaquim de Santa Anna Campos, pelo que se ouve por feita legalm*en*te esta Eleição, ficando assim Eleito o Governo Provizorio, na forma seguinte = Prezidente = O Sen*ho*r Capitão Mór Jacinto Jorge dos Anjos = Secretário o Sen*ho*r Major Jozé da Silva Mafra = Membros = O Sen*ho*r Capitão João de Betancourt Pereira Maxado e Souza = O Sen*ho*r Sargento Mór Francisco Luiz do Livramento = O Sen*ho*r Vigario da Vara Joaquim de Santa Anna Campos. Do que tudo para constar mandara fazer esta Acta de Eleição, em que eu Francisco Maxado de Souza, Secretario que o Escrevi e asignei com o Prezidente, Escrutinadores, e Eleitores = Manoel Jozé d'Albuquerque = /fl. 3/ Jacinto Jorge dos Anjos Corrêa = João de Betancourt Pereira Maxado e Souza, Jozé Cezarino da Roxa, Francisco Maxado e Souza, José Luiz do Livramento, Manoel Antonio da Luz = Joaquim Soares Coimbra = O Vigario Jeronimo Francisco Coelho = Thomas Jozé Freire = João Antonio Tavares Manoel Francisco de Souza Medeiros = Andre Alves Talha = Thome da Rocha Linhares = Francisco Jozé Ramos = Manoel Antonio da Silva = João de Amorim Pereira = Domingos de Souza Pereira = O Vig*ari*o Bernardo da Cunha Bruchado = Joaquim Jozé d'Oliveira = Miguel Francisco da Costa = Joaquim Gonsalves da Luz = Joaquim Fernandes Dias = Antonio Carvalho Bueno = Domingos Jozé da Costa = Pedro Pires Salgado = Thomaz Jozé da Costa = Francisco de Paula Leite Bressane = Camilo de Miramar Freitas Noronha = O Vigario Antonio Vicente da Cunha = O Vigario Jozé Dias de Sequeira = o Coadjutor Marcelino Jozé da Silv*ei*ra = o Padre Vicente Ferreira dos

Santos Cordeiro. Passos do Conselho em Sessão da Junta Eleitoral aos 20 de Maio do anno de 1822 = E eu Francisco Maxado de Souza, Secretario da dita Junta Escrevi = O Ouvidor Prezidente = Manoel Joze d´Albuquerque = O Escrutinador Jacinto Jorge dos Anjos Corrêa – O Escrutinador João de Bitancourt Pereira Maxado Souza = O Secretario Franciso Maxado de Souza.

Está conforme
O Secretario do Governo
José da Silva Mafra

1822, Junho, 8, Rio de Janeiro
INFORMAÇÃO [extrato] sobre a chegada da escuna Leopoldina, vinda do Rio de Janeiro; informando que o comandante não adianta notícias do Rio de Janeiro; da Bahia confirma as últimas notícias, incluindo mesmo a do bom espírito constitucional; e de Pernambuco confirma todas as notícias e acrescenta que no dia 6 de Abril o Batalhão Ligeiro foi recebido no Largo do Pelourinho com grande algazarra e desordem e palavras de "mata branco", tendo contudo, o governo restabelecido a ordem; informando os passageiros transportados.
AHU-Rio de Janeiro, cx.284, doc. 106.
AHU_ACL_CU_003, Cx. 45, D. 3621.

Guarde-se[143]
Novidades da Escuna = Leopoldina = entrada hoje
8 de Junho de 1822.

O Commandante não adeanta noticia alguma do Rio de Janeiro, onde á sua sahida ficavão S*uas* A*ltezas* R*eais* de perfeita saude.

Da Bahia confirma as ultimas noticias, incluindo mesmo a do bom espirito Constitucional, que reina na maior, e melhor parte dos habitantes d'aquella Provincia; onde tudo ficava em soccego.

Igualmente confirma todas as noticias, que modernamente se tem recebido de Pernambuco, e accrescenta que no dia 6 de Abril se apresentára o denominado Batalhão = Ligeiro = no Largo do Pelourinho, e com grande algazarra, e dezordem

143 Acrescentado com outra letra: "Guarde-se".

proferirão a palavra = Mata branco = Que este signal anarquico não produzira os infelizes rezultados que se podião esperar: porque o Governo tomára tão energicas medidas, que atalhando o mal, quazi na sua origem, fez restabelecer a Ordem, e pode-se dizer que Pernambuco estava em soccego.

Relação dos Passageiros

Raymundo X*av*ier Cout*inh*o e 6 pessoas da fam*íli*a Negoc*iante*

Antonio Pinto Lopes............ [144] d*ito* /fl. 1v/

Francisco Joze da Silva Braga Negociante

Créados da Caza Real

Manuel M*artin*s da Fonceca /

Domingos Innocencio Ribeiro /

Antonio Alves dos Santos /

Bento Ant*oni*o de Grenha, e 2 pessoas da família.

1822, Junho, 20, Porto Alegre

OFÍCIO do [presidente do governo provisório e governador das Armas da província do Rio Grande do Sul], João Carlos de Saldanha Oliveira Daun, ao secretário de estado dos Negócios do Reino, [Filipe Ferreira de Araújo e Castro], sobre a falta de notícias de Portugal, a inevitabilidade de o Brasil meridional se separar de Portugal, reafirmando o pedido de demissão dos cargos que ocupa e pedindo para voltar a Montevidéu e reintegrar a Divisão dos Voluntários Reais. AHU-Rio Grande do Sul, cx. 20, doc. 61

AHU_ACL_CU_019, Cx. 13, D. 817.

Ill*ustríssi*mo e Ex[*celentíssim Senhor*][145]

Em o meu Officio de 10 de Março dirigido ao Ministro e Secretario de Estado do Ultramar, que remetti por primeira, e segunda vias, dei huma exacta conta da installação do Governo Provizorio nesta Provincia, e dos motivos por que se não se cumprio o Decreto N*úmero* 124[146]. A proximidade desta Provincia á do Rio de Janeiro

144 Pontos no ms.

145 A condição do manuscrito apenas permite a leitura da palavra pelo sentido do texto.

146 NT: Refere-se ao Decreto de 1º de outubro de 1821, que determinava provisoriamente a forma de Administração Política e Militar das Províncias do Brasil. O documento foi redigido pelas Corte Gerais em 29 de setembro de 1821. Ver nota 34.

e as estreitas relações commerciaes que entre ambas as Provincias existem, constituem esta em huma total dependencia daquella; e porisso não he para admirar que a opinião publica destes Povos seguice; e continuem a seguir a direcção que lhes foi indicada do Rio de Janeiro.

Terriveis tem sido as Colizoens em que me tenho visto sem receber desde Outubro do anno passado hum só Officio dessa Corte, e cessando ao mesmo tempo comigo, toda a [corres]pondencia[147] do Ministro do Rio de Janeiro: entregue a mim mesmo, e sem instrucçoens para me dirigir, o meu principal cuidado tem sido manter esta Provincia em união entre si, e sem oppor á opinião publica, dar-lhe comtudo a direcção a menos desfavoravel á Grande Cauza em que os Portuguezes se achão empenhados; e posso a severar a V*ossa* Excelênc*i*a que com trabalho tenho conseguido estes dois fins.

Logo porem, que as noticias do Rio de Janeiro me fizerão persuadir que as couzas se dispunhão para desligar de Portugal, pelo menos a parte Meridional do Brazil, e que esta Provincia lhe hera inevitavel adherir ao Systema das Provincias limitrofes; julguei do meu dever pedir a S*ua* A*lteza* R*eal* a demissão dos empregos que exercito, o que fiz em 3 de Maio proximo passado; porque nenhum Diploma tenho recebido que me confira o Governo das Armas, rogando ao mesmo tempo a premissão de regressar a MonteVideo a unir-me á Divizão de Voluntarios Reais de El-Rei a que pertenço. Petição esta que repeti por segunda e terceira via. [148] Espero que S*ua* A*lteza* R*eal* tenha a bem /fl. 1v/ á minha Supplica; porem devo prevenir a V*ossa* Excelênc*i*a para que me faça a honra de o fazer prezente á Sua Magestade, que em caso contrario, e verificando-se a dezunião com Portugal (o que Deos não premitta) me sera forçozo abandonar esta Provincia, mesmo sem consentimento de S*ua* A*lteza* R*eal*, pois que razão alguma poderá haver no Mundo que me possa obrigar a ser prejuro, ou a destinar os meus leaes, e Patrioticos sentimentos.

Rogo mais a V*ossa* Excelênc*i*a, que fazendo ver a Sua Magestade quaes são minhas intençõens, queira ao mesmo tempo fazer-me a honra de beijar por mim a Regia Mão do Mesmo Augusto Senhor por quem faço incessantes votos ao Ceo para que dilate e prospere Sua Precioza Vida.

Deos Guarde a V*ossa* Excelênc*i*a. Porto Alegre 20 de Junho de 1822.

---

147 A condição do manuscrito apenas permite a leitura da palavra pelo sentido do texto.

148 No ms. encontra-se um espaço em branco.

Ill*ustríssi*mo e Exc*elentíssi*mo *Senho*r Ministro e Secretario dos Negocios do Reino

João Carlos de Saldanha Oliveira e Daun

1822, Agosto, 5, Montevidéu
OFÍCIO de Conselho Militar da Divisão dos Voluntários Reais d'El Rei, ao secretário das Cortes Gerais Extraordinárias e Constituintes da Nação Portuguesa, sobre uma proclamação feita acerca da situação das tropas portuguesas em Montevidéu após notícias chegadas referentes a ameaça de separação do Brasil.
Anexo: ofício, proclamação, carta. AHU-Montevidéu, cx. 3, doc. 9.
AHU_ACL_CU_065, Cx. 3, D. 196.

Do Governo
Ill*ustríssi*mo e Exc*elentíssi*mo *Senho*r
Montevidéu 5-8-1822[149]

O Conselho Militar da Divizão dos Voluntários Reaes d'El-Rey, tem a honra de dirigir por via de V*ossa* Exc*elênci*a ao Augusto Conhecimento de Sua Magestade, a Carta junta, e Documentos que inclûe, rogando a V*ossa* Exc*elênci*a a sua aprezentação.

Deos Guarde a V*ossa* Exc*elênci*a. Monte Videô em Conselho Militar 5 d'Agosto de 1822.

Ill*ustríssi*mo e Exc*elentíssi*mo *Senho*r Secretario das Cortes Geraes Extrordinarias e Constituintes da Nação Portugueza.

Barão de Laguna
Prez*iden*te
D*om* Alvaro da Costa de Souza de Macedo
Brigadeiro, Vice Prezidente
João Nepomuceno de Macedo
Major vogal
Joze de Barros Abreu
Major vogal
Manoel Jeremias Pinto

149 Acrescentado com outra letra: "Montevidéu 5-8-1822".

Capitão vogal
Vicente Jose d'Almeida
Capitão vogal

/fl. 1v/

Claudio Caldeira Pedrozo
Tenente Ajudante vogal
Antonio Joze Peixoto
Primeiro Ten*ente* Vogal
Joze Maria de Sá Camêllo
Secretario Vogal

/fl. 2/
Copia

Ill*ustríssi*mo e Ex*celentíssi*mo Sen*ho*r

O Conselho Militar da Divizão dos Voluntarios Reaes d'El-Rey, envia a V*ossa* Ex*celênci*a a adjunta Proclamação, a fim de que chegando ao conhecimento de V*ossa* Ex*celênci*a possa digna e respeitozamente ser prezente a Sua Alteza Real, e ao mesmo tempo pondera a V*ossa* Ex*celênci*a para satisfação do mesmo Augusto Senhor, que só motivos de honra e melindre como filhos do Exercito de Portugal, e subditos de Sua Magestade o Senhor D*om* Joao VI, e dezejos pelo bem e interesses da Divizão o movera a dar aquelle passo no dia 28 de Junho; e mais por que tendo de regressar com brevidade á Europa, em conformidade das Reaes Ordens, não lhe podia ser aprazivel e increparem-no alli de pouco amante da May Patria, e argui-lo de ter olhado com indiferença as discuções de Politica domestica de que pode dimanar prejuizo á fraternidade do Reino Unido: assim espera que dignando-se V*ossa* Ex*celênci*a persuadir-se destas considerações, sejão ellas com os leaes sentimentos que o animão ellevadas com respeito e submissão á prezença de Sua Alteza Real: rogando a V*ossa* Ex*celênci*a queira asseguar ao mesmo Augusto Senhor dos seos fieis, e inalteraveis protestos de amor; respeito e devida obediencia á sua Real Pessoa, a quem dezeja dilatados annos de vida para felicidade da Grande Familia Portugueza.

Deos Guarde a V*ossa* Ex*celênci*a MonteVideo em Conselho Militar 10 de Julho de 1822.

Ill*ustríssi*mo e Ex*celentíssi*mo Sen*ho*r Joaquim d'Oliveira Alvares.

Barão da Laguna
Prez*iden*te
D*om* Alvaro da Costa de Souza de Macedo
Brigadeiro Vice Presidente
João Nepomuceno de Macedo
Major Vogal
Joze de Barros Abreu
Major Vogal

/fl. 2v/

Manoel Jeremias Pinto
Capitão vogal
Vicente Jose d'Almeida
Capitão vogal
Claudio Caldeira Pedrozo
Ten*en*te Ajudante vogal
Antonio Joze Peixoto
Primeiro Ten*ent*e Vogal
Joze Maria de Sá Camêllo
Secretario Vogal

/fl. 3/ branco
/fl. 3v/ branco
/fl. 4/
Proclamação

Officiaes de todos os Córpos, e Repartiçõens, Empregados Civis com Graduação militar, Officiaes inferiores, e Soldados da Divisão de Voluntarios Reaes d'El-Rey: o Cônsul Militar magoado no fundo d'alma pela nova deliberação tomada por quatro Provincias do Brazil, e approvada por *Sua Alteza* o Principe Real do Reino Unido, se vê na penoza indevida obrigação de vos informar do estado em que nos achamos; e ainda que vós o podeis estar pelo propicio publicar do Rio de Janeiro isto não absolve do seu dever fixar com vôses.

Companheiros d'armas, a Província que vós, com as Tropas do Reino do [Bra]zil, [150] pacificastes, e que vós guardais a Provincia de Montevideo !!! se diz colligada com as outras quatro para o novo systema à que se propôe o Brazil. Este Reino

150 A condição do manuscrito apenas permite a leitura da palavra pelo sentido do texto.

que lhe não poderia chamar sua, se vossas fadigas, se [vos]sos[151] serviços a não tivessem posto no estado de escolha; se vosso sangue derramado, e se vossa conducta nobre e digna de Portuguezes lhe não tivesse [res]tituido[152] seus direitos, este Reino, ou para melhor dizer o Governo do Rio de Janeiro, acceitou para formar cauza separada do nosso Portugal, a [Le]gação[153] de huma Provincia que vós guarneceis, e que vós occupais; e sem attender nosssa firme adhezão, e respeito devido ao Soberano Congresso da Nação, [d']El Rei, [154] e á nossa honra, conta, que esses que outorgavão poderes ao Doutor Obes[155], possão do mesmo modo nomear Reprezentantes para proseguir o Man[do][156] de separar o Brazil de Portugal; e que nós tranquillos expectadores, mudos guardas, e pusillanimes Portuguezes nos deixamos arrastar, e consentir no tropel de innovaçoens !!! Companheiros d'Armas, nosso silencio deve acabar; muito embora nossos Irmãos Brazileiros se julguem com direito de escolher novo Governo; à Nação pertençe o decidi-lo; mas o Reino Unido, a Europa, o Mundo inteiro deve conhecer que não temos parte em tão ruinozos [pla]nos[157]; que nosso pensar he o mesmo que no meio de transportes d'alegria manifestámos, e jurámos no sempre memoravel Dia 20 de Março do anno preterito: que respeitâmos a Nação, que amâmos o Rei, e que sabemos o que devemos.

Voluntarios Reaes! eis o para que vos convida o Conselho Militar elle está convencido que todos vos achais possuidos dos mesmos sentimentos que afoitamente, e com soleminidade o pode manifestar; mas elle deseja [con]sultar[158] as Corporaçoens, elle quer sêr auxilliado pellas luzes de todos, e de todos [??][159] o meio que devêmos adóptar. Conselho Militar em Montivideo 28 de Ju[lho] 1822.

Barão da Laguna
Prez*iden*te

151 A condição do manuscrito apenas permite a leitura da palavra pelo sentido do texto.

152 A condição do manuscrito apenas permite a leitura da palavra pelo sentido do texto.

153 A condição do manuscrito apenas permite a leitura da palavra pelo sentido do texto.

154 A condição do manuscrito apenas permite a leitura da palavra pelo sentido do texto.

155 NT: Refere-se à Lucas José Obes (1782-1838), que foi deputado no parlamento português em 1820.

156 A condição do manuscrito apenas permite a leitura da palavra pelo sentido do texto.

157 A condição do manuscrito apenas permite a leitura da palavra pelo sentido do texto.

158 A condição do manuscrito apenas permite a leitura da palavra pelo sentido do texto.

159 Palavra ilegível.

/fl. 4v/

Dom Alvaro da Costa de Souza de Macedo
Brigadeiro, Vice Prezidente
João Nepomuceno de Macedo
Major Vogal
Joze de Barros Abreu
Major Vogal
Manoel Jeremias Pinto
Capitão vogal
Vicente Jose d'Almeida
Capitão vogal
Claudio Caldeira Pedrozo
Tenente Ajudante vogal
Antonio Joze Peixoto
Primeiro Ten*ent*e Vogal
Joze Maria de Sá Camêllo
Secretario Vogal

/fl. 5/ branco
/fl. 5v/ branco
/fl. 6/

Senhor

As noticias do Rio de Janeiro chegadas a esta Cidade no mêz de Junho proximo passado mostrando aspecto do Reino do Brazil se separar da Sede da Monarquia, e mesmo deste Estado Cis-platino se colligar com aquelle Reino, quando a sua incoroporação teve lugar ao Reino Unido de Portugal, Brazil, e Algarves derão motivo aqui o Conselho Militar da Divizão dos Voluntarios Reaes d'El-Rey, firme nos protestos d'amor a Vossa Magestade, e adhesão à Cauza do Reino Unido, manifestasse à mesma Divizão, por meio da Proclamação inclusa, as circunstancias em que nos achavamos, pedindo a todas as Reparticoens, e Córpos o seu parecer a este respeito, e a maneira por que se devia participar a Vossa Magestade que esta Tropa nada tem concorrido para aquelle plano, e como os pareceres assim obtidos diversificão, e obstão portanto a que se publique, debaixo de unanimidade da Divisão, o Manifesto que o Conselho tinha projectado toma o expediente de offerecer a Vossa Magestade os ditos pareceres, a fim de que Vossa Magestade se Digne conhecer por elles os Sentimentos da mesma Divizão.

Deos Guarde a Vossa Magestade por Muitos e Dilatados Annos. Monte-Video em Conselho Militar 5 d'Agosto de 1822.

Barão da Laguna
Prez*iden*te

/fl. 6v/

D*om* Alvaro da Costa de Souza de Macedo
Brigadeiro, Vice Prezidente
João Nepomuceno de Macedo
Major Vogal
Joze de Barros Abreu
Major Vogal
Manoel Jeremias Pinto
Capitão vogal
Vicente Jose d'Almeida
Capitão vogal
Claudio Caldeira Pedrozo
Tenente Ajudante vogal
Antonio Joze Peixoto
*Primeir*o Ten*ent*e Vogal
Joze Maria de Sá Camêllo
Secretario Vogal

1822, Agosto, 25, Vila Nova
CARTA dos Oficiais da Câmara de Vila Nova Real de El Rey do Rio São Francisco prestando fidelidade às Cortes e às autoridades da Bahia e de Sergipe encabeçadas por Madeira de Melo.
AHU-Sergipe, cx. 9, doc. 26
AHU_ACL_CU_081, Cx. 6, D. 495.

Sergipe / 25-8-822[160]
Senhôr

160 Acrescentado com outra letra: " Sergipe /25-8-822".

Supremo Comgresso, Alta[s][161] Cortes da Nação Portugueza pela mão de Deos unidas para Salvação do seu escolhido Povo esta Camara de Villa nova R[eal][162] de El-Rei do Rio de Sam Francisco, Commarca de Sergipe d'El-Rei, não tendo expreço em dignas de tam elevado Tribunal, e querendo ao mesmo tempo dar algum testemunho, e quanto agradecia as Sabi[as][163] e devolozas fadigas desse tam Supremo Adejunto, timido se recolhia ao Silençio. Mas logo que os Altos feitos de Vossa Magestade se multip[li]cão[164] mais, e mais; logo que o nosso espirito se tem despertado pela conheçida Benovolencia de Vossa Magestade, seja /fl. 1v/ Então licito dizer, que a Vós, Supremo Comgresso, Saudamos, e agradecemos tantos benefiçios. [165] A primeira Vós da Constituição foi sim adimiravel, porem a descuberta da maquina da revolução contra o Sistema Constituçional foi milagrozo. [166] E que diremos das prontas, e bem dadas Providençias para se rechaçarem, e suffocarem os volcoens de algumas Provinçias Facciozas deste Continente do Brazil !...[167]

Sim, Senhor, a nós toca mais, do que a nenhum outro povo do Brazil agradeçer á Deos, e a Vossa Magestade tam, acertadas providençias, pois se em 1817 nós fomos os primeiros, que vimos com disgosto as /fl. 2/ injurias feitas contra Deos, contra o Rei, contra a Nação, e tambem os primeiros em rebate-las, da mesma forma temos agora sido testemunha dos Criminozos factos dos Facciozos da Provinçia das Alagoas. [168] Na verdade, Senhor, Cauza dó, luto, e pranto ver nesta Villa tantas familias expatriadas, deixando todos os seos bens huns, e outros deixando a doce Vida naquella ingrata Provinçia, sem mais outro Crime, do que o ser Europeo. [169] Ainda mais ver a Igreja Matris da Villa fronteira do Penedo interdicta, e manchada com o sangue homano por cauza de huma raivoza prizão nella mesmo tentada! [170] Mas, Senhor, não he na dita Villa do Penedo, que houve maior estrago; pois exceptuando os seos Facciozos, e Máos Chefes, o demais Povo tem sido muito honrra-

161 A condição do manuscrito apenas permite a leitura da palavra pelo sentido do texto.

162 A condição do manuscrito apenas permite a leitura da palavra pelo sentido do texto.

163 A condição do manuscrito apenas permite a leitura da palavra pelo sentido do texto.

164 A condição do manuscrito apenas permite a leitura da palavra pelo sentido do texto.

165 No ms. encontra-se um espaço em branco.

166 No ms. encontra-se um espaço em branco.

167 Pontos no ms.

168 No ms. encontra-se um espaço em branco.

169 No ms. encontra-se um espaço em branco.

170 No ms. encontra-se um espaço em branco.

do. [171] Tambem agora, Supremo Congresso, temos sido os primeiros em rabater os Criminozos, os quaes ja em certo modo estão moderado[s][172], /fl. 2v/ se bem que ainda existem naquella Província os originarios de tam grande mal sem Castigo. [173] O Insigne Madeira, o Nosso Governador da Comarca, e o Nosso Ouvidor todos igualmente se desvelão; porem a nós mais do que a ne*n*hum, tornamos a dizer, pertençe agradeçer a Vossa Magestade a pronta expedição da força armada, e mais sabias providençias, que Vossa Magestade tem dado; pois nós eramos os prinçipaes odiados por isso que ja em 1817 tinhamos defendido a Relegião, o Rei, e a Nação. [174] Já temos pois dado a Deós Graças, a Vossa Magestade feliçitação, nada mais resta a dezejar se não que Vossa Magestade, soberano Congresso, asseite /fl. 3/ agradavelmente estas nossas rusticas; porem sinçeras expreçoens. Nós como sempre juramos, perpetua obediençia: Deos Guarde a Vossa Magestade por muitos annos. Villa Nova Real de El-Rei do Rio de Sam Francisco em Vereação de 25 de Agosto de 1822.

O Juiz ordinario Leandro Pereira da Silva
Veriador Fortunato Antonio Ribeiro da Cunha
Veriador Antonio Rodrigues d'Amorim
Veriador José Guilherme da Silva Martins
Procurador João de Deos do Amparo

1822, Outubro, 8, Bahia
OFÍCIO da Junta Provisória do Governo da Bahia ao [secretário de estado dos Negócios do Reino] Filipe Ferreira de Araújo e Castro, sobre os acontecimentos separatistas nas vilas de Itabaiana, Santo Amaro das Grotas, Porto Alegre, Propiá e Prado.
Anexo: 2a. via.
AHU-Baía, cx. 262, doc. 36 e 42.
AHU_ACL_CU_005, Cx. 273, D. 19102.

N*úmero* 29

171 No ms. encontra-se um espaço em branco.

172 A condição do manuscrito apenas permite a leitura da palavra pelo sentido do texto.

173 No ms. encontra-se um espaço em branco.

174 No ms. encontra-se um espaço em branco.

Ill*ustríssi*mo e Exc*elentíssi*mo Sen*h*or

A Junta Provisoria de Governo da Provincia da Bahia leva ao conhecimento de V*ossa* Exc*elênci*a para subir á Augusta Presença de S*ua* Magestade El-Rey o Senhor D*om* João *sext*o, e das Soberanas Cortes da Nação a relação dos acontecimentos que ulteriormente tem tido lugar n'esta Provincia depois do ultimo officio no. 26 em data de 14 de Setembro proximo. As Villas de S*ão* Francisco, S*an*to Amaro, Caixoeira, Maragogipe, Jaguaripe, e as do interior Inhambupe, Itapicurú e mesmo a Ilha de Itaparica se conservão todas no mesmo estado de separação désta Capital, sem que se saiba o que néllas se passa, constando apenas, que as avançadas d'aquelles Povos se tem aproximado pelo lado do suburbio da Soldedade, e tem tido alguns pequenos choques com as das Tropas aqui estacionadas, assim como que se tem ja por veses travado pequenos combates entre as Canhoneiras, e alguns pontos vesinhos da beira mar, sobre cujas individuações só o Governo das Armas póde competentemente informar: continua a falta de noticias da Comarca da Jacobina, talvez por se achar cortada a communicação pelo Reconcavo; na de Ilheos todas as Villas tem já seguido o exemplo de Valença, proclamando a Regencia de sua Altesa Real, o que consta por pessoas fidedignas d'ali vindas; não obstante o que, algumas d'aquellas Villas tem continuado a curiar a esta Cidade os seus generos, ao contrario do que acontece com o Reconcavo, cujo commercio e communicação estão de todo interceptados: a Comarca de Sergipe da qual esta Capital se fornecia agora de alguma porção de gado, pela falta da do interior, e mesmo de algum /fl. 1v/ milho, e outros objectos da sustentação do Povo, acha-se em pertubação, e parece ter igualmente proclamado, segundo noticias dadas pelo Ouvidor interino, e outras pessoas, que acabão de chegar aqui, as quaes, por sahirem d'aquelles lugares logo que principiarão a pôr-se em agitação, nada sabem informar circunstanciadamente, asseverando apenas que, havendo concordado n'aquella proclamação as Tropas da Estancia, em que as de opinião contaria fundarão suas esperanças, e não tendo sido possivel enviar-se á Camara o reforço que havia pedido, infallivelmente toda ella devia sucumbir; da Comarca de Porto Seguro, consta por noticias dadas pelo Juiz Ordinario da Cabeça da mesma Comarca, que na Villa de Belmonte, a primeira da parte do Norte, se receava a passagem da força, que dominava na Camara de Ilheos, e a Camara da Villa de S*ão* Matheus mostra officialmente iguaes receios pelo lado da Capitania do Espirito Santo; cumprindo observar, que a interceptar-se a grande exportação das farinhas que a dita Comarca de Porto Seguro faz para esta Cidade, terá ella de soffrer grandemente, achando-se ja privada das que lhe erão fornecidas pelo districto de Nazareth no Reconcavo.

Os habitantes d'esta Cidade consternados pelos actuais movimentos militares, todos tem os olhos fitos na barra na esperança, de que se receba ainda do paternal Governo d'El-Rey, e da Sabedoria do Soberano Congresso algum remedio extraordinario, que sobre a Provincia do abismo de males, em que vai precipitar-se: conciliação, e só conciliação, he o meio determinar dissensões entre irmãos: /fl. 2/ a Junta, satisfasendo ao dever mais sagrado que lhe impoem o seu cargo, reclama com toda a urgencia em nome da razão, da justiça, e da humanidade aquelle remedio, ja implorado em seus ultimos officios.

Deos Guarde a V*ossa* Ex*celenci*a. Palacio do Governo da Bahia 8 de Outubro de 1822.

Ill*ustríssi*mo e Ex*celentíssi*mo S*enho*r Filippe Ferreira d'Araujo e Castro.
[assinaturas]
Francisco Vianna Prezidente
Francisco Carneiro de Campos Secretario
Manoel Ign*aci*o da Cunha Menezes
Jozé Cardozo Pereira de Mello
Antonio da Silva Telles

Na sequência, segunda via do mesmo documento com igual teor.

1822, Dezembro, 22, Vila de Parnaíba
OFÍCIO do [governador das Armas do Piauí], João Joséda Cunha Fidié, ao [secretário de estado dos Negócios Estrangeiros e Guerra] Cândido José Xavier, sobre as congratulações que fez juntamente com o povo, aclamado o rei [D. João VI], as Cortes, e participando a fuga para o Ceará dos principais mentores, os sediciosos do dia 19 de Outubro, que estão contra os sistema constitucional.
AHU-Piauí, cx. 24, doc. 31
AHU_ACL_CU_016, Cx. 31, D. 1667.

[???][175]

175 Texto ilegível inserido por outra mão.

Tenho a honra de participar a Vossa Excellencia para levar ao Conhecimento de Sua Magestade, que no dia 17 do corrente me acampei a hum quarto de Legoa distante desta Villa, tendo nessa tarde dirigido á Camara o Offício da Copia N*úmero* 1, [176] e havendo em resposta delle, o Officio Copia N*úmer*o 2, [177] entrei nesta Villa no dia 18 pela manhâ; mandando formar a Tropa em Linha no largo da Matriz com frente á Caza da Camara, aonde me dirigi logo, e se remediarão os acontecimentos do dia 19 de Outubro restituindo-se esta Villa ao feliz Sistema Constitucional como Vôssa Excellencia conhecerá pela Copia N*úmer*o 3, [178] transferindo-se depois a d*it*a Camara em Secção para a Matriz acompanhada, e seguida de todas as pessoas q*ue* havião assistido, e sido testemunhas daquelle acto, e mais Pôvo que voluntariamente se ajuntou, em cuja Igreja se cantou hum The deum a que todos assitirão cheios de alegria, e com profundo respeito; findo o qual saio a Camara seguida de todas as Pessoas que a elle havião assistido convidando-se para levantar os Vivas a El-Rei o Senhor João Sexto, ás Cortes, de Lisboa, á nossa Constituição, e á nossa Santa Relegião: cujos vivas forão repetidos pela Tropa, e Povo: findos os quaes, eu mandei dár trez descargas de fogo de alegria correspondendo a cada hu*m*a dellas a Canhoeira Infante D*om* Miguel, com sete tiros de Pessa compassando assim a Salva Real, succedendo-lhes muitos repiques de sinos, tiros de pedreiros, e fuguetes que se ouvião por toda a Villa; despois do que eu fiz repitir os mesmos vivas que a Camara havia dado, augmentando o da União de Portugal, e Brazil; cujos vivas forão repetidos com louvavel enthuziasmo, e aplaudidos com repiques de Sinos, e fuguetes que por toda a parte se ouvião subir ao ár, aparecendo á noute a Villa illuminada, e o mesmo /fl. 1v/ succedeo no dia desenove, e vinte aplaudindo a canhoeira de Guerra estas demonstrações de alegria, com hu*m*a salva em cada noute ao pôr das luminarias, dando aos Habitantes desta Villa demonstrações do seu prazer com m*ui*to fogo do ár, tornando mais agradaveis estas noutes a Orquesta de Muzica que tocava durante o tempo das luminarias.

Fugirão para a Provincia do Ceará os principais mestres dos acontecimentos do dia 19 de Outubro, e segundo as insinuações que tenho achão-se algu*n*s em Granja deligenciando seduzir aquelles Póvos, a virem contra esta Provincia, e outros tem ido em Comissões.

Poucos dias antes da m*inh*a chegada, tiverão a ouzadia de mandarem encravar as Pessas que existião na Barra levando algu*m*as rodas das Carretas das quais ja hu*m*a foi achada.

176 NT: Do documento microfilmado não consta este ofício.

177 NT: Do documento microfilmado não consta este ofício.

178 NT: Do documento microfilmado não consta este ofício.

O Comm*andan*te do Brigue Infante D*om* Miguel q*ue* se achava no Iguaraçû com *huma* canhoeira armada, e mais Embarcações miudas entrou nesta Villa a rogos da Camara dias antes da mi*nh*a chegada em consequencia de algu*m*as desagradaveis noticias que corrião, havendo-me dado p*ar*te de tudo, que eu aprovei, agradecendo, e louvando ao d*it*o Comm*andan*te a actividade, zello e maneira como o se havia prestado p*ar*a o bom ser, e sucego desta Villa que hoje julgo segura, e quieta; não obstante haverem os sedeciozos pertendido perturbar os expiritos, expalhando noticias atterradoras. [179] Cumpre-me informar a Vôssa Excellencia que a tranquilidade, e bom ser da Prov*ínci*a do Ceará, só depende de hu*m*a força auxiliadora, que apôe os Constitucionais daquella Prov*ínci*a que se achão sufocados, e oprimidos por algu*ns* cobardes sedeciozos, /fl. 2/ que o não deixão respirár; o que me paresse prudente comunicar a Vôssa Excellencia.

Reciozos aquelles sedeciozos comessão a Guarnecer as extremas daquella Provincia, chegando ainda ontem á frente da Barra (onde tenho um Destacam*en*to) de deseseis homens armados para guarnecer aquelle ponto.

Deos Guarde a Vôssa Excellencia.

P*alaci*o do Governo das Armas na Villa da Parnahiba 22 de Dezembro de 1822.

Ill*ustríssi*mo e Ex*cellentíssi*mo Senhor Candido Jozé Xavier

Reg*is*to
João Joze da Cunha Fidié
M*estr*e e Governador das Armas

1822, Dezembro, 29, Lisboa
CARTA do comandante do correio escuna Princesa Real, 10. tenente Carlos Maria Mazza, ao rei [D. João VI], relatando a sua viagem de Lisboa ao Rio de Janeiro, informando que o príncipe regente se encontrava ausente [em São Paulo] no final de agosto que foi recebido pela princesa D. Leopoldina.
AHU-Rio de Janeiro cx. 285, doc. 99.
AHU_ACL_CU_017, Cx. 290, D. 20568.

Senhor

179 No ms. encontra-se um espaço em branco.

Tenho a honra de participar à V*oss*a Mag*esta*de com todo o devido respeito, que commandando o correio Escuna Princeza Real, em observancia das ordens que recebi de V*oss*a Mag*esta*de expedidas pela Secretaria d'Estado dos Negocios da Marinha, sahi deste porto de Lisboa p*ara* o do Rio de Janeiro, no dia 17 de Junho deste anno, e conformando-me com as instrucções que me forão dadas pelo Conselho do Almirantado, fiz escala na Ilha da Madeira onde emtreguei, na Cidade do Funchal, as malas das cartas, no dia 25 do d*ito* mez. Continuando despois a minha viagem aportei na Ilha de S*ão* Tiago de Cabo Verde no dia 5 de Julho, onde tãobem emtreguei as malas e cartas que de Lisboa p*ara* ali trazia. Navegando despois com ventos quasi sempre do *terceir*o quadrante só pude conseguir emtrar no Rio Janeiro no dia 29 de Agosto onde larguei ancora as 8 h*oras* da tarde.

No dia seg*uin*te fui-me aprezentar à S*ua* A*lteza* a Princeza Real (que na auzencia de S*ua* A*lteza* R*eal* o Principe Reg*en*te) estava antão emcarregada do governo, e a quem dei parte da minha commissão como tãobem ao Ministro de Estado dos Negocios da Marinha, unicas autoridades à quem julguei dever dirigir-me.

Nos dias seg*uin*tes à minha chegada veio à meu bordo, por diversas vezes, a Mestrança do Arsenal da Marinha p*ara* fazer vistoria a Escuna, a qual despois de feitas as averiguações, foi julgada incapaz de navegar, porque a mastreação se achava em máo estado, e o casco inteiram*en*te podre. Fiquei, comtudo, esperançado de ter o commando do Brigue S*ão* Boaventura que se tinha promptificado p*ara* correio, E o que tudo me fazia esperar. Forão, porem baldadas as minhas esperanças, pois que chegando S*ua* A*lteza* R*eal* o Principe Reg*en*te da sua viagem de S*ão* Paulo no dia 14 de Setembro, no dia 15 deo o Commando do d*ito* Brigue /fl. 1v/ ao d*ito* T*enente* Commmand*an*te da Escuna Princeza Real, digo Escuna Leopoldina, cuja Escuna [180] se destinou p*ara* ser armada em Guerra. No dia 18 se passou mostra de desarmam*en*to a Escuna de meu commando, recebendo eu ordem p*ara* passar a sua guarnição p*ara* bordo do Brigue S*ão* Boaventura, vindo eu tãobem de passagem nelle: o que tudo se executou.

Não me occureo, durante a minha viagem, cousa digna de ser mencionada.

Deos Guarde a V*oss*a M*agesta*de m*uito*s a*nno*s.

Bordo do sobred*ito* Brigue Surto no Tejo em 29 de Dezembro de 1822.

Carlos Maria Mazza
Primeiro T*enente*

180 Texto rasurado.

1822, Dezembro, 30, Pará
OFÍCIO da Junta Provisória do Governo Civil da província do Pará para o [ministro e secretário de estado dos Negócios do Reino], Filipe Ferreira de Araújo e Castro, sobre as prisões feitas no dia 18 de Setembro de 1822 na cidade de Belém do Pará, a crescente divisão entre europeus e brasileiros e renovando o juramento de adesão ao Sistema Constitucional.
Anexo: ofícios (cópia)
AHU_ACL_CU_013, Cx. 158, D. 12046.

N*úmero* 38 Il*lustríssi*mo e
Ex*celentíssi*mo Sen*ho*r

A Junta Provizoria do Governo Civil da Provincia do Grão Pará levou já ao conhecimento de Sua Magestade o rezultado das prizoens a que nesta Cidade de Belem se procedeo em 18 de Setembro ultimo; e ainda que se julgou de pouca preponderancia aquelle successo, comtudo a opinião publica tem progressivamente deteriorado desde aquelle momento; a divizão entre Europeos, e Brazileiros tem-se mostrado mais a descuberto; e, não menoscabando inteiramente as vozes populares, parece que a sonhada, e monstruoza independencia do Brasil, e união do Rio de Janeiro tem occupado o cerebro, e conversaçoens d'alguma gentalha a quem a sua disgraça convida incessantemente a entrar em novas mudanças, esperando encontrar melhor sorte em algumas d'ellas, e chegando a ter manifestado estas ideas por meio de pasquins, alguns dos quais equivalem a proclamações incendiarias, sem que nesta sua conducta tenha podido ser abrangida pelo poder das Leis. [181] Nenhuma noticia exacta tem esta Junta a respeito do exposto pois que as partes de Policia que diariamente lhe são transmittidas [n]ada tem contido a semilhante respeito de maneira que os incinuados pasquins apenas passarão pela vista desta Junta por o Ouvidor Geral da Comarca lhos mostrar depois de ter enviado o Officio (Documento N*úmero* 2) que teve lugar em consequencia do officio documento N*úmero* 1. No entanto que estes incessantes embates políticos renascem, e se perdem nos rumores publicos, esta Junta tem a indisivel satisfação de noticiar a V*ossa* Ex*celênci*a, que todos os honrados Europeos, e Brasileiros desta Provincia se conservão inabalaveis no seu Juramento de adhesão a Portugal, e de obediencia ás /fl. 1v/ Cortes de Lisbôa, e a El-Rey Constitucional o Senhor D*om* João Sexto, e promptos a deffender a todo o custo a cauza Constitucional. Tal hé o fiel esboço da opinião publica desta

181 No ms. encontra-se um espaço em branco.

Provincia, que esta Junta, sem tocar os seus dous extremos de absoluta quietação ou de exaltada commoção, pode offerecer a V*ossa* Exc*elênci*a para o pôr na Prezença do Soberano Congresso, e de Sua Magestade El-Rey Constitucional o Senhor D*om* João Sexto a fim de dar as providencias, que julgar apropriadas, entre as quaes deve ter o primeiro lugar a remessa de duas Corvetas segundo já se expôz.

Deos G*uard*e a V*ossa* Exc*elênci*a. Pará no Palácio do Governo em 30 de Dezembro de 1822.

Ill*ustríssi*mo e Exc*elentíssi*mo Sen*ho*r Felippe Ferreira d'Araujo e Castro.
[assinaturas]
Antonio Correa de Lacerda, Presidente
João Pereira da Cunha e Queiroz. Secretario
Joaquim Pedro Moraes Bitancourt
Jose Joaquim da Silva
Balthazar Alvarez Pestana
Jozé Rodrigues Lima
Manoel Gomes Pinto
/fl. 2/
Copia N*úmero* 1

A Junta Provizoria do Governo Civil desta Provincia, leva ao seu conhecimento, que ha muito nao tem recebido a Parte Semanal dos movimentos de Policia, segundo se lhe tinha ordenado o que inculca assaz que não deve ter havido novidade sobre semilhante objecto; faz-se no entanto necessario, que V*ossa* M*ercê* haja de declarar a fim de se dirigirem a Sua Magestade as competentes participações, se desde os ultimos acontecimentos decididos em 19 de Outubro, tem chegado ao seu conhecimento alguma novidade de Policia, principalmente no que diz respeito a conservação do Systema Constitucional, e adhesão a Sua May-Patria = Deos Guarde a V*ossa* M*ercê*. Pará no Palacio do Governo em 20 de Dezembro de 1822. Antonio Corrêa de Lacerda Prezid*en*te João Per*eir*a da Cunha e Queiros, Secret*ario* Jaoq*ui*m Pedro de Moraes Bitancourt José Joaq*ui*m da Silva = Balthazar Alvares Pestana = José Rodrig*uez* Lima = Manoel Gomes Pinto = Sen*hor* D*esembargad*or Ouv*id*or Geral.

Está conf*orme*

O Off*ici*al Maior Geraldo Jozé d'Abreu

/fl. 2v/ branco

/fl. 3/
N*úmero* 2
Ill*ustrissi*mo e Excel*entissi*mo Sen*hor*

He verdade que ha m*ui*to tempo não tenho dado parte dos acontecim*en*tos de Policia, e isto p*or* varias razoens, *primeira* p*or*q*ue* não tem havido couza notavel e o q*ue* tem havido tem sido couzas, q*ue* não obrigão a procedim*en*to ex officio, e que se castigão com simples correção e disto m*es*mo tem havido pouco; *segund*a p*or* q*ue* os meus afazeres se tem augmentado cada vez mais a ponto de serem invenciveis a qualquer Ministro, seja quem quer que for; *terceir*a p*or*q*ue* me lembro que o Comand*ante* da Policia dá a V*ossa* Excel*ênci*a huma p*ar*te diaria, e p*or* esta sabe V*ossa* Excel*ênci*a o m*es*mo que eu sei, e da p*ar*te diaria do Carcereiro sabe V*ossa* Excel*ênci*a o castigo, que mando dar aos escravos a soltura de algumas pessoas etc. etc., e daqui rezulta ser a parte que dou desnecessaria, e toda /fl. 3v/via toma-me tempo, que eu posso empregar em couzas mais uteis emq*uan*to a prosperar o systhemâ Constitucional V*ossa* Excel*ênci*a bem sabe que a tempo, a esta p*ar*te se tem conhecido hu*m* partido nesta Cidade ja bastante grande a favor da cauza do Rio de Jan*e*iro he verdade que p*or* ora não he[182] couza, que meta medo, e que possa contrabalancar o partido constitucional. Tem apparecido pasquins, versos e proclamaçoens affixados nas esquinas desta Cidade bastante incediarias, e p*or* isso eu ja principiei huma devassa, e amanham o farei ver a V*ossa* Excel*ênci*a.

Deos G*ua*rde a V*ossa* Excel*ênci*a. Pará 23 de Dez*em*bro de 1822.

O Ouvidor da Com*ar*ca
Francisco Carn*e*iro Pinto V*iei*ra de Mello

182 Entrelinhado: "he".

1823

1823, janeiro, 25, Oeiras do Piauí
OFÍCIO do governador das Armas, tenente-coronel, Joaquim de Sousa Martins, ao capitão comandante da Primeira Companhia do Corpo de Pedestres, Roberto Vieira Passos, sobre a aclamação de D. Pedro I como imperador constitucional do Brasil e o juramento da independência pelo povo, Câmara, clero e tropas de Oeiras e as providências tomadas para se manter o juramento à independência na dita cidade e a resistência às tropas organizadas pelo ex-governador das Armas do Piauí, João José da Cunha Fidié.
AHU-Paraíba, maço 38
AHU_ACL_CU_016, Cx. 32, D. 1676.

No dia de hontem 24 do corrente foi aclamado Sua Magestade Imperial o Senhor D*om* *Pedro* 1º Imperador Constitucional do Brasil e Deffençor perpetuo, e jurada a Independencia geralmente pelos Povos, Camara, Clero, Tropa, e a officialidade desta Cidade unidos ao sistema Publico de toda Provincia cujo sistema he o do Brazil inteiro e he muito conforme a vontade do nosso Augusto Imperador. Sendo do nosso dever por honra e brio da Nação sustentar a cauza do Brazil com a Espada na mão.

Nesta occaziaõ taõ bem Officio ao ex Governador das Armas o Ill*ustrissimo* S*enho*r João Joze da Cunha Fidié que fassa destacar as Tropas que se achão nessa Villa debaixo das suas ordens, fazendo-lhe ver os motivos, as razoens as Ordens, e decretos e a opinião geral que por isso tudo tem mudado de figura o Governo, eu estou certo no carater daquele Senhor Probidade, e prudencia que ha de assumir as razoens das sircunstancias empppreendidas , e naõ se há de opôr a hum principio intempestivo, más cazo assim aconteça :não obedessa jamais as suas ordens e de cõmu acordo com todos os Comma*ndant*es de Compa*nhi*as aos quaes Officio nesta occaziaõ, e com as mesmas ordens para se retirarem com as suas Tropas aos lugares de seus domicillios, sendo porem (fl. 2v) que haja oposição naquelle Senhor o que não he de esperar, será prezo, e conduzido desta Cidade.

Ao Cap*itão* Manoel Pimenta de Sampaio officio mais sircunstanciadamente determinando-lhe o Destacamento que deve lá deixar voltando com as mais Tropas do seo Corpo p*ara* esta Cidade.

Espero pois da sua honra e Probidade q*ue* terá os iquaes sentimentos da nossa Naçaõ inteira.

Deos Guarde a V*ossa* M*agestade*. Quartel do Governo das Armas de Oeiras 25 de Janeiro de 1823.

Joaquim de Souza Martins

Tenente-Coronel Governador das Armas

Senhor Ca*pitão Comandante* Roberto *Vieira* Passos

Cap*i*tão Com*andant*e da 1ª Comp*anhi*a do Corpo de Pedestres

1823, fevereiro, 12, Baía

OFÍCIO da Junta Provisória do Governo da Baía ao [secretário de estado dos Negócios do Reino], Filipe Ferreira de Araújo e Castro, comunicando o ataque a Pirajá e Ilha de Itaparica.

Anexo: 2ª via.

AHU_ACL_CU_005, Cx. 275, D. 19203.

N.52

23-12 Fev*ereiro*

1823

12 Fev*ereiro*

Ill*ustrissi*mo e Ex*cellentissi*mo Sen*h*or

A Junta Provisoria de Governo da Provincia da Bahia leva ao conhecimento de V*ossa* Ex*cellencia* para subir á Augusta Presença de S*ua* Magestade El Rey S*enho*r D. João 6º, e das Soberanas Cortes, q*ue* esta Provincia continua no mesmo estado q*ue* já foi participado nos officios 36 e seguintes, enviados pela Galera Conceição. Depois do ataque de Pirajá, ainda se tentou outro por mar com Barcas Canhoneiras no dia 7 de Dezembro passado, sobre a povoação da Ilha de Itaparica fronteira á Cidade: os dissidentes continuarão a atacar frequentemente nossas linhas de defesas, sendo mais consideraveis os ataques feitos nos dias 24, e29 do mesmo mez; porem a Junta não póde participar as circunstancias d'estas operações Militares, q*ue* se fazem sem conhecimento seu, nem os resultados, de q*ue* apenas tem noticias vagas, q*ue* correm sempre encontradas e duvidosas, o q*ue* sem duvida fará o Governador das Armas com a precisa exactidão.

Tem sido extraordinária a emigração dos Naturaes do paiz para o Reconcavo, e Provinciais do Sul; dezampararão seus officiais quasi todos os Empregados nas Cazas da Moeda, Alfan /fl. 2v/dega, Arsenal da Marinha, Vedoria, (?), Contadoria da Fazenda, e Secretaria do Governo, huns talvez p*ara* se unirem aos dissidentes, e outros aterrados pelos boatos q*ue* espalhão os terroristas de assassinios, saques, e incendios; não contribuindo pouco para a emigração d'estes,e de muitas famílias, a falta absoluta de viveres, e a carestia dos generos do Paiz, entre os quaes forão dous Membros da Junta o Secretario Dez*embargad*or Francisco Carneiro de Campos; e o Bacharel Jose Cardoso Pereira de Mello, achando-se reduzida a mesma Junta só ao Presidente e a dous de seus Membros; os quaes apezar de conhecerem perfeitamente a sua reallidade, p*ara* se ter nesta Cidade estabelecido o systema de Governo Militar, e que apesar da rectidão de suas intençoens nada podem fazer a benefício da Provincia toda em armas, com tudo um religiozo cumprimento da Lei, que os honram, se conservárão firmes nos seus lugares, hé q*ue* d'elles obtenhão a demisão q*ue* p*or* Tantas vezes tenho pedido á El Rey, e ás Soberanas Cortes.

Todos os dias apparecem negocios de tal transcendencia, que sahindo da marcha ordinária, ou não /fl. 3/cabendo nas attribuições da Junta, ella se vê no maior embaraço p*ara* sua decisão; ora pretende-se suprir a Divisão de Voluntarios Reais D' El Rey, estacionada na Provincia de Monte Video com as rendas d'esta Provincia, estanques pela falta do Commercio e arrecadação de direitos, e já absorvidas pela Tropa e Esquadra aqui necessárias p*ara* a própria defesa; ora q*ue* se comprem pela Fazenda Publica generos de comestíveis importados em Navios Estrangeiros, para prevenir a falta, quando especuladores particulares recusão compra-los em rasão dos altos preços, ou pelo receio de baixa pela maior concorrência que d'elles possa vir: querem humãs vezes, *que* se não dê despachos aos Navios Nacionais p*ara* os portos d'este Continente, *que* tem adherido ao governo do Rio de Janeiro, noutras vezes *que* se mande bloquear aquelles portos, como tudo será prezente á El Rey pelas Secretarias d' Estado dos Negocios do Reyno, e da Fazenda, á vista dos officiais, *que* nésta occasião se remettem.

Quaisquer medidas porem *que* sobre estes objectos tenha adoptado a Junta, p*ara* lhe parecerem fundadas em rasão e justiça, e guardando a moderação, *que* o melindroso estado das cousas requer, são/fl. 4/qualificadas de fraquesa e parcialidade, approvando-se sómente medidas arbitrarias e violentas, *que* muito podem piorar as nossas circunstancias. Agora apparece nésta Cidade hum Alvará de Sua Alteza Real, datado do Rio de Janeiro em 30 de Dezembro do anno findo, authorizando o Corso contra os Navios, *que* forem encontrados com o Pavilhão Portuguez, á vista do qual, e p*or* constar, *que* são sequestrados os *que* vão aos portos, *que* estão na obediência do governo do Rio de Janeiro, tem resolvido a Junta negar Passaportes aos Navios Nacionais p*ara* aquelles portos, esperando *que* El Rey e as Soberanas Cortes, tanto sobre este objecto, como d' outros, *que* a Junta tem levado a Sua Augusta Presença pelo intermédio de V*ossa* Ex*cellenci*a, se dignem das positivas decisoens, *que* marquem a linha de conducta, *que* ella deve guardar em circunstancias tão extraordinárias.

Deos G*uard*e a V*ossa* Ex*cellenci*a Palácio do Governo da Bahia
12 de Fevereiro de 1823.[1]
Il*ustrissi*mo e Ex*cellentissi*mo S*enho*r Filippe Ferreira d' Araujo e Castro
Francisco Vicente Vianna Presidente
Manoel Ignacio da C*ost*a Menezez
Antonio da Silva Telles

[ant. 1823, abril, 9]
OFÍCIO (extrato) do [governador das Armas da província da Bahia], brigadeiro [Inácio Luís] Madeira [de Melo], informando que a Bahia está quase toda sublevada; sobre a falta de víveres e de dinheiro; a necessidade de mais tropas; e a conveniência em bloquear-se os portos do Rio de Janeiro e de Pernambuco.
Obs.: ver ofício em AHU_ACL_CU_005, Cx. 274, D. 19151.
AHU_ACL_CU_003, Cx. 45, D. 3666.

1 Na sequência é apresentada uma segunda via do mesmo documento.

Acuzou-se de (?)em 9 de abril do1823

O Brigadeiro Madeira em Offício de 28 de Novembro de 1822 expõem o seguinte. —

Que a Provincia da Bahia está quasi toda sublevada. Que a difficuldade de víveres he grande, e será cada vez maior. Que para se fazer huma guerra acharia, se necessário maior numero de tropas; Pede q*ue* se lhe mandem.

Que seria muito conveniente bloquear o Porto do Rio de Janeiro, assim como o de Pernambuco; que bem reconheço que hum tal projeto exige muitas forças marítimas, e grandes despezas; — mas que esse he o modo de segurar a Bahia, — e empregar depois as suas forças em alguma outra Província—Que há grande falta de dinheiro—Remeto documentos que mostrão a difficuldade do achar recursos par*a* o Corpo de Voluntários de El Rey, e receo m*ui*to a sorte daquelles indivíduos.

1823, julho, 8, Pará
OFÍCIO (2ª via) de Junta Provisória Revolucionária, para o [ministro e secretário de Estado dos Negócios do Reino], Filipe Ferreira de Araújo e Castro, sobre a fuga dos revoltosos daquela província para outras onde se partilhavam as mesmas ideias subversivas contra a união entre Portugal e a província do Pará.
AHU_ACL_CU_013, Cx. 160, D. 12214.

Nº14
Ill*ustrissi*mo e Ex*cellentissi*mo Sen*ho*r
8 de Julho 1823

Constando á esta Junta que alguns dos Individuos que por determinação do Conselho convocado no dia 2 de março, havião sido Removidos para fora da Capital como suspeitos, e perigosos, se tinhão evadido para a Provincia Limitrofe de Goyaes pelo Rio Tocantins e receando com razão, que animados do Espirito de Vingança[2] procurassem persuadir aquelles Povos já Revolucionados, á qual fizessem huma incursão pelo mesmo Rio, sobre os Estabelecimentos; e Villas mais

2 As palavras "Espirito de Vingança" encontram-se entrelinhadas no texto.

proximas pertencentes a esta Provincia; Cuja empreza bem que encontre muitos obstáculos he todavia possível resolver esta (?)só que se cortasse toda a communicação desta com aquella Provincia,fazendo para isso afixar Editaes; mais também, que se restabelecesse o Antigo Registro de Alcobaça, como pozição mais propria para fortificar-se e servir de Barreira as quaesquer tentativas dos insurgentes.

Existindo as mesmas razoens respectivamente a Provincia do Cuyabá, e Mato Grosso, que pelos Rios Madeira e Tapajós confina com esta, resolven-se d'accordo com o Governador de Armas que no lugar mais apropriado para hum Posto Militar se creasse hum Registro que até agora não havia sobre o dito Rio Tapajós. O que esta Junta tem a honra de participar a V*ossa* Ex*cellenci*a /fl.2v/para o fazer chegar ao Conhecimento de

S*ua* Magestade.

Deos Guarde a V*ossa* E*xcelenci*a

Pará no Palacio do Governo em 8 de Julho de 1823

Ill*ustrissim*o e Ex*cellentissi*mo Sen*ho*r Felippe Ferreira de Araujo e Castro

Joaquim Correa da Gama e Paiva Prezidente

Giraldo Joze d'Abreu Secretario

Francisco Cust*odi*o Corrêa

Joaquim Antonio da Silva

João Baptista Ledo

2ª Via

1823, julho, 23, Lisboa

OFÍCIO do [secretário de estado dos Negócios da Guerra e interinamente dos da Marinha e do Ultramar], conde de Subserra, [Manuel Inácio Martins Pamplona Corte Real], ao chefe de divisão da Armada Real e comandante da Esquadra, João Félix Pereira de Campos, enviando carta régia do rei D. João VI ordenando a evacuação das forças de mar e terra da Província da Baía.

AHU_ACL_CU_005, Cx. 277, D. 19289.

Inclusa achará V*ossa* S*enhori*a huma Carta Regia, que Sua Magestade El Rey Nosso Senhor Ha por bem escrever a V*ossa* S*enhori*a nesta occazião.

Deos Guarde V*ossa* S*enhori*a. Lisboa no Palacio da Bemposta, em 23 de Julho de 1823

Conde de Subserra

Sen*ho*r João Felipo Pereira de Campos(fl. 2)

João Felipo Pereira de Campos, Chefe da Divisão da Minha Armada Real, e Commandante em Chefe da Esquadra estacionada no mar da Bahia: Eu El Rey vos Envio muito saudar. — Havendo Encarregado o Conde do Rio Maior, e o Desembargador Francisco José Vieira de passagem á Corte do Rio de Janeiro, com a importante Commissão de junto do Meu Sobre todos muito Amado, e Presado Filho Primogenito Dom Pedro de Alcantara, tratarem de restabelecer a harmonia, evitando-se a desintelligencia que infelizmente tinhão suscitado as perfidas violencias da facção que insidiosamente se havia levantado nestes Reynos, e que em todas as suas sinistras maquinações só tenha por objecto a perda da Monarquia Portugueza em geral: Fui Outrosim Servido autoriza-lo para igualmente alli tratarem dos arranjos necessarios para a evacuação das Forças de Mar e Terra que se achão nessa Provincia da Bahia e de tudo quanto for mais adequado para que assim melhor se execute; avisando-vos, bem como ao Brigadeiro Ignacio Luiz Madeira de Mello, dos termos em que tiveram corrido: Por tanto Ordeno-vos que, com a sua participação procedaes logo á mencionada evacuação, pois em todo o sobredito vos devereis inteiramente conformar ao que em Meu Real Nome vos for communicado pelos referidos Commissarios todos, ou por aquelles que sobreviverem, e não forem comprehendidos em qualquer letigio,embaraço,que perturbe a algum delles do exercicio desta Commisão que a todos Fui Servido Encarregar,ficando a força que tendes debaixo do vosso comando assim dependente do que elles vos participarem que he do Meu Serviço, e do Meu sobre todos muito Amado e Presado Filho. O que tudo assim cumprireis. Escrita em Lisboa, no Palacio da Bemposta aos vinte e hum de Julho de mil oitocentos vintes e trez://:

Rey

Para João Felipo Pereira de Campos

Rey //://

/fl. 3/

Por El Rey

A João Felipo Pereira de Campos

Chefe de Divizão, Commandante em Chefe da Esquadra estacionada no Mar da Bahia

1823, julho, 23, [Lisboa]
OFÍCIO do [secretário de estado da Marinha e Ultramar], conde de Subserra [Manoel Inácio Pamplona Corte Real], ao brigadeiro ajudante-general e comandante interino da Divisão dos Voluntários Reais d'El Rei, D. Álvaro da Costa de Sousa de Macedo, encaminhando-lhe uma carta régia que ordenava a retirada das forças de mar e terra da praça de Montevidéu e da banda Oriental do Rio da Prata.
Anexo: carta régia.
AHU-Montevidéu, cx. 3, doc. 25.
AHU_ACL_CU_065, Cx. 4, D. 217.

Monte Video 23-7-1823

Incluza achara V*oss*a S*enhori*a huma Carta Regia que Sua Magestade El Rey Nosso Senhor Ha por bem escrever a V*oss*a Senhoria nesta occaziaõ.

Deos Guarde a V*oss*a S*enhori*a. Lisboa no Palacio da Bemposta em 23 de Julho de 1823

Conde de Subserra

S*enh*or Dom Alvaro da Costa de Souza de Macedo

(fl.2v)

Em branco

(fl.3)

Dom Alvaro da Costa de Souza de Macedo, Commandante das Forças em Monte Video, ou na sua falta quem suas vezes fizer: Eu El Rey vos envio muito saudar: Havendo encarregado o Conde do Rio Maior, o Dezembargador Francisco José Vieira de passarem á Corte do Rio de Janeiro, com a importante commissaõ de junto de meu Sobre Todos muito amado e Prezado Filho Primogenito D. Pedro de Alcantara tratarem de restabelecer a harmonia, evitando-se a desintelligencia que infelizmente se havia levantado nestes Reinos ,o que em todas as mais sinistras maquinações só tinha por objecto a perda de toda a Monarchia Portugueza em geral: Fui outro sim Servido authorizallos para igualmente alli tratarem dos arranjos necessarios para a evacuação das Forças de Mar e Terra que se acham nessa Praça e Banda Oriental do Rio da Prata; e de sedo o mais quanto fôr adequado para que assim devidamente se proceda; avizando-vos dos termos em que tiverem corrido a semelhante respeito: Por tanto ordeno-vos que com a sua participação procedais logo á mencionada evacuação pois em todo o sobredito, vos devereis inteiramente conformar ao que ,em Meu Real Nome vos fôr communicado pelos referidos commissarios todos, ou por aquelles que sobreviverem, e não forem comprehendidos em qualquer legitimo impedimento, que perturbe a algum delles do exercicio desta Commissão que a todos fui servido Encarregar,ficando a força que tendes debaixo do seu Commando assim dependente do que eles vos participarem que he do Meu Serviço, e do Meu sobre Todos muito Amado Filho Primogenito Dom Pedro de Alcantara. O que sendo assim cumprirais. Escrita no Palacio da Bemposta aos vinte e tres de Julho de mil oitocentos e vinte e tres//:

Rey

Para Dom Alvaro da Costa de Souza de Macedo

Commandante das Forças em Monte Video, ou na sua falta quem suas vezes fizer.

(fl. 5v)

Por El Rey

A Dom Alvaro da Costa de Souza de Macedo

Commandante da Força em Monte Video, ou na sua falta quem suas vezes fizer.

1823, agosto, 16, Maranhão

OFÍCIO do Lord Cochrane para o ministro e secretário de Estado da Marinha e Ultramar, Manuel Inácio da Costa Quintela, remetendo uma relação dos oficiais e tropas prisioneiras na capitulação da cidade de São Luís do Maranhão e outros documentos comprovativos da atuação do conde de Cavaleiros, D. Gregório José Antônio de Eça e Meneses.

Em anexo: 2 certidões.

AHU_ACL_CU_009, Cx. 175.Doc.: 12703

Ill*ustrissim*o e Exc*ellentissi*mo Se*nho*r

Tenho a Honra de remeter inclusa a V*ossa* Ex*cellen*cia, huma relação do numero de officiais e Tropa [de] prisioneiros de Guerra pela Capitulação desta praça, embarcados abordo dos navios Constitucional e Conde de Cavaleiros para procederem a Portugal—Tambem tenho a honra de remeter a V*ossa* Ex*cellen*cia copias dois documentos, hum dos quaes mostra que o Conde de Cavaleiros leva Bandeira parlamentar, e o outro a obrigação do mestre da dita Galera de parte de seus donos pagar a quantia ali mencionada, e mandar a Galera para o Rio de Janeiro, o qual arranjo rogo a V*ossa* Ex*cellen*cia haja de mandar executar, os donos não comprindo com a obrigação feita de sua parte.

Deos Guarde V*ossa* Ex*cellen*cia

Maranhão 16 de Agosto de 1823

Lorde Cochrane

Ill*ustriss*imo e Ex*cellentiss*imo *Senho*r

Ignacio da Costa Quintela

Ministro da Marinha

/fl. 2/

Em branco

/fl. 3v/

Saibam todos que o presente virem, que eu João de Souza Pereira, mestre da Galera Portugueza Conde de Cavaleiros, prometo a Sua Excell*encia* o Almirante Lord Cochrane pela parte dos donos registrados da dita Galera Christovão Manoel Gomes F*ilh*o residentes no Porto, que a dita Galera sendo presa legal da Náo de S*ua* M*agestade* I*mperador Pedro I* pela capitulação do Maranhão, e permitida a levar tropa para Portugal com Bandeira parlamentar que elle o dito Christovão Manoel Gomes F*ilh*o dono da dita Galera Conde de Cavaleiros pagará ou mandará pagar por conta do dito Lord Cochrane a W*illia*n May Jackson no Rio de Janeiro a quantia de três contos de reis dentro de dois meses desta datta, ou mandará a dita Galera para o Rio de Janeiro como acima fica especificado, declarando-se por este Instrumento que alguma falta da parte do dono Christovão Manoel Gomes F*ilho* de cumprir este contrato, ficarão sujeitas as propriedades do dito dono a serem tomadas e confiscadas em qualquer parte que /fl. 4/se acharem — :*São* L*uiz* d*o* Maranhão no dia 19 de Agosto de 1823.—

João de Souza Pereira

W*illia*n Jackson- Testemunha

14 (?) [18]23[3]

/fl. 5/

Em branco

3 Segue-se entre colchetes a correção do ano.

1823, agosto, 20, São Luís do Maranhão
OFÍCIO da Junta Provisória e Administrativa do Governo do Maranhão para o secretário de Estado dos Negócios da Guerra, Manuel Gonçalves de Miranda, dando conta da obediência política ao imperador D. Pedro I por parte da dita Junta Provisória e dos membros dos corpos militares.
AHU_ACL_CU_009, Cx. 175 Doc.: 12705

Nº 2

Ill*ustrissim*o e Ex*cellentissi*mo Sen*ho*r

Tendo de voltar a esta Provincia a Tropa da Primeira Linha, que daqui foi remmetida pelo Governo passado com o pretexto de suspeitas Independentes, e achando-se esta Provincia adherida ao Systema de obediencia ao Nosso Augusto Imperador, e Deffensor Perpetuo do Brasil, o Senhor Dom Pedro primeiro, cumpre á esta Junta Provisoria do Governo actual,participar a Vossa Excellencia, que ficando a officialidade Portugueza, partão na primeira occasião acompanhados unicamente pelo seu Chefe o Coronel Manoel de Souza Pinto de Magalhäens; todos os outros, que formão o Corpo da dita Tropa sendo Brasileiros.

Deos Guarde a Vossa Excellencia muitos annos. São Luiz do Maranhão 20 de Agosto de 1823[4]

Ill*ustrissi*mo e Ex*cellentissi*mo Senhor Secretario de Estado
dos Negocios da Guerra em Portugal
Miguel Ign*aci*o dos Sa*nt*os Freire e Bruce Prezid*ente*
Pedro Ant*oni*o Per*eir*a Pinto do Lago Sec*retari*o
Joze Joaquim Vieira Belfort
/fl. 2v/Lourenço de Castro Belfort
Antonio Joaquim Lamagner Galvão
Antonio Raimundo Belfort Per*eir*a de Burgos
Fabio Gomes da S*ilv*a Belfort

/fl. 3/ Em branco

4 O ano do documento encontra-se sublinhado.

1824

1824, fevereiro, 12, [Pernambuco]
EDITAL do presidente da província de Pernambuco, Manoel de Carvalho Paes de Andrade, comunicando as determinações do imperador D. Pedro I acerca da proibição do comércio com Portugal.
Obs.: documento impresso.
AHU_ACL_CU_015, Cx. 288, D. 19846.

EDITAL

Sendo hum dos primeiros cuidados, e dever da Naçaõ belligerante empregar todos os meios, que estiverem a seu alcance em distruir as forças, e obstruir os recursos da Naçaõ inimiga, para exhausta de forças aceder á huma paz vantajosa ,e permanente,e tendo em conseguencia deste Direito Natural, e Publico Decretado o Augustissimo Imperador Constitucional e Deffensor Perpetuo do Brazil o Senhor D. Pedro Primeiro, a aprehençaõ dos vazos Portuguezes, e propriedades dos mesmos, e a interceptaçaõ do commercio com aquella Naçaõ—de Portugal nada, nada, naõ queremos nada—e sendo igualmente indubitavel, que quem quer os fins franguea de bom grado todos os meios, que tendem á consegui-lo, e que onde ha a mesma identidade de razaõ existe a mesma disposiçaõ, e que tudo quanto está no espirito da Lei he comprehendido na sua sancsaõ.

O Governo querendo dar huma deciziva prova de quanto ambiciona dar sempre cumprida execuçaõ as determinaçoens do mesmo Augustissimo Senhor; declara, que está no espirito dos Decretos, e Declaraçoens Imperiaes a prohibição da introdução dos generos da agricultura, e indústria de Portugal nos Portos desta Provincia, ou sejaõ importados em navios Brazileiros, ou Estrangeiros, a quem se naõ offende na liberdade do seu amplo commercio por estar dantes prohibido pelos antigos Tratados, e pelo ultimo do Commercio celebrado com a Inglaterra; antes por este meio de Direito das Gentes se evita, que ambiciozos Portuguezes abuzando da dignidade das Naçoens, e sua boa fé fretem navios a incautos Mestres para introduzirem nesta Provincia os generos Portuguezes, ficando todos, os que forem aprehendidos sujeitos as penas de contrabando, tanto a respeito do genero, como da pessoa, que os conduzir: e para que chegue á noticia de todos será este publicado na forma do costume, e afixado nos lugares públicos expedindo-se logo copias as Estaçoens competentes para darem execuçaõ na parte, que lhe competir.

Palacio do Governo de Pernambuco 12 de Fevereiro de 1824.

Manoel de Carvalho Paes d' Andrade, Presidente.

1824, fevereiro, 22, Portimão

OFÍCIO de José Pedro Neto Albuquerque ao [secretário de estado da Guerra e interinamente da Marinha e Ultramar e ministro assistente ao Despacho, conde de Subserra], Manoel Inácio Pamplona Corte Real, sobre a situação política na Corte do Rio de Janeiro, os prejuízos para Portugal, da sua confiança na restauração do poder português; e da facilidade em se dominar o Norte do Brasil, onde não há um inimigo de Portugal que ele não conheça; oferecendo-se para uma secretaria de governo de qualquer das províncias do norte, visto os conhecimentos que tem do Piauí, Ceará e Maranhão.

AHU-Rio de Janeiro, cx. 287, doc. 26.

AHU_ACL_CU_017, Cx. 292, D. 20646.

Ill*ustrissi*mo e Exc*ellentissi*mo Senhor

He indezivel o prazer, jubilo, e alegria, que se tem derramado nos coraçoens dos Verdadeiros Portuguezes pelas correntes noticias das energicas medidas, que o nosso Sapientissimo Governo empreende sobre os Negocios Politicos d'America; elles saõ, a todos os respeitos, d'extrema necessidade; oposto que a muitos, que se dizem Politicos, pareçaõ naõ só contrarios aos verdadeiros interesses d'aquelles Povos, mas tambem intempestivos e de nenhum effeito: com tudo, postas em pratica, se conhecerá, que o seo bom exito se encerra em limites os mais estreitos.

Todos os que, como eu, teem pleno conhecimento d'aquelle Paiz, contaõ com a Restauração delle, e com a indennizaçaõ de taõ exubirantes prejuízos, que o selvagem furor brasiliense tem cauzado a Portugal. Na verdade, Ex*cellentissi*mo Senhor, qual será, de tantos roubados, injuriados, e insulltados, qual será, digo, o Portuguez que naõ irá em socorro de sua propriedade, ou mesmo em socorro de hum Paiz, que he capáz de manter o homem o mais inerte, e o mais (fl.2v) pulsillamine? Nada mais facil do que subjugar o Norte do Brasil desde Rio de S*ão* Francisco até o Rio Amazonas, cuja porçaõ de terreno tinha pizado muitas vezes, e onde naõ há hum só ignimigo de Portugal que eu naõ conheça.

Por cujo motivo tenho a liberdade de ir aos pés de V*ossa* Ex*cellenci*a oferecer os limitados conhecimentos, que dezouto annos de experiencia me fiseraõ adquirir d'aquelle Paiz, promettendo dizer sobre elle o que sinto. E rogo ao mesmo tempo a V*ossa* Ex*cellenci*a se digne empregarme no Real Serviço de S*ua* M*agestade* naquelle continente; asseverando a V*ossa* Ex*cellenci*a o que poderei mostrar por Documentos, e livre de toda a preocupação, que talves V*ossa* Ex*cellenci*a encontre em mim as forças, que se requerem, para nas circunstancias actuais ajudar a manejar os Negocios de huma Secretaria de Governo de qualquer das Provincias do Norte, com especialidade do Ceará, Piauhi ou Maranhaõ.

Deos Guarde a V*ossa* Ex*celenci*a

(fl.3)

Muitos annos

De Vossa Excellencia

Ill*ustrissi*mo e Ex*cellentissi*mo Senhor Manoel Ignacio Martins Pamplona

O mais submisso e reverente súbdito.

Portimaõ 22 de Fev*erei*ro

1824

Joze Pedro Neto Albuquerque

1824, maio, 3, Gibraltar
OFÍCIO de José Agostinho Tarral, para o [secretário de estado da Marinha e Ultramar], conde de Subserra, [Manuel Inácio Martins Pamplona Corte Real], sobre a chegada da galera [dinamarquesa] "Palmbaum", proveniente do Pará, trazendo notícias da revolta no Pará e da expulsão dos Militares de 1ª e 2ª Linhas, negociantes e outros.
Anexo: 2ª via e lembrete.
AHU_ACL_CU_013, Cx. 162, D. 12384.

Respondido em 21 de maio de 1824

Tenho a honra de participar a V*ossa* Ex*celenci*a que hontem chegou a este Porto com 59 dias de viagem do Pará a Galiota Dinamarqueza Palmbaum trazendo ao seu bordo varios Passageiros Portugueses entre elles os Ill*ustrissi*mos Sen*ho*res Coronel Antonio Joaquim de Barros e Vasconcellos, o Tenente Coronel Matthias Joaquim de Britto, e relatão que no dia 25 de Fevereiro houve hum tumulto n'aquella Cidade, do qual resultou que a Junta Provisoria do Governo, composta de 5 Membros, foi ordenando successivamente a expulsão de todos os Portuguezes pertencentes ao Exercito (1ª e 2ª Linha) Negociantes, e outras pessoas respeitáveis.

Que o Consul Inglez representou a dita Junta se ella respondia pela seguridade das vidas, e bens dos Individuos da sua Nação alli residentes, ao q*ue* contestou na negativa em virtude do que aprezavão Embarcações, e se retirou junto com elles para a Ilha Barbada; e q*ue* chegou huma Escuna de Guerra Franceza, enviada pelo Governo de Cayena para proteger o commercio da sua Nação, a qual em vista d'estes acontecimmentos recebeo ao seu bordo os Francezes que se quizerão embarcar, e alguns Portuguezes a quem offereceo passagens.

Hoje entrou o Brique Inglez= Concordia=procedente de Pernambuco com 73 dias, e o seu Ca*pitão* :declara que a hora da partida lhe disse o seu Consul, que se esperava do Rio de Janeiro Lord Cochrane com huma Nao e duas Fragatas, conduzindo tropas para socegar aquella Cidade.

Deos Guarde a V*ossa* Ex*cellencia*
Gibraltar 3 de Maio de 1824
Ill*ustrissi*mo e Ex*cellentissi*mo Sen*ho*r
Conde de Subserra

José Agostinho Parral
/fl. 2v/Marinha
Accusem recepção
Executado em 21 de Maio de 1824
/fl. 3/ 2ª via

1824, julho, 29, Gibraltar
OFÍCIO de José Agostinho Parral ao [secretário de Estado da Guerra], conde de Subserra, [Manoel Inácio Pamplona Corte Real], sobre a chegada do brigue americano Active, vindo da província de Pernambuco, trazendo notícias da falta de mantimentos na dita província em razão do bloqueio de seu porto, avisa ainda a chegada de outras embarcações com notícias de Argel e Cádiz.
AHU_ACL_CU_ 015, Cx. 289, D. 19881.

Respond*ido* em 14 de Ag*ost*o de 1824[1]

Tenho a honra de participar a V*ossa* Ex*cellenci*a que segundo noticias (?)06 navios Inglezes continuarão o fogo contra Argel no dia 19. E o Paquete Inglez chegado de Malta diz que achando-se no dia 24 d'altura d'aquelle Porto ouvio grande fogo d' Artilharia.

Hontem à noite chegou o Brigue Americano= Active=seu Cap*itão* Hichet procedente de Pernambuco com 52 dias de viagem, e diz que por causa do bloqueio principiarão a escacear os mantimentos n'aquella Cidade.

Acaba de entrar outro Brique americano e o seu Capitão relatou que hontem avistou cruzando sobre Cadiz huma Divisão Franceza composta de duas Naos, sete Fragatas, hum Brigue e duas Escunas.

Deos Guarde Vossa Ex*cellenci*a Gibraltar 29 de Julho de 1824.
Ill*ustrissi*mo e Ex*cellentissi*mo *Senho*r Conde de Subserra
José Agostinho Parral
Officio N.125

1 Abaixo da primeira linha segue a inscrição de uma palavra ilegível por estar bastante apagada. Na sequência, identifica-se a data parcialmente ilegível pelo mesmo motivo acima relatado, como sendo a de 29 -7-1824, uma vez que, no contexto, é mesma data que consta na assinatura do documento.

1824, setembro, 27, Gibraltar
OFÍCIO de Antônio Cerqueira de Carvalho ao [secretário de estado da Guerra], conde de Subserra, [Manoel Inácio Pamplona Corte Real], informando a situação no Rio de Janeiro e em Pernambuco, as tropas que saíram daquela capital para a dita província comandadas por Cochrane; bem como o ouro e a prata levado ao Rio de Janeiro correspondente a parte do empréstimo feito em Londres pelo Brasil. Anexo: ofício (cópia).
AHU-Rio de Janeiro, cx. 288, docs. 54, 56.
AHU_ACL_CU_017, Cx. 293, D. 20728.

Ac*uzo* a recepçaõ em 12 de Outubro de 1824

Ill*ustrissi*mo e Ex*cellentissim*o Sen*ho*r

Acuzo [a] recepção do Oficio que V*ossa* Ex*ellenci*a me dirigio em 19 de Fevereiro passado.

No dia 2 d'Agosto ultimo chegou da Inglaterra ao Rio de Janeiro a Corveta de guerra Ingleza= Sparrouhawk= Comandante R.S. Dundas levando a seu bordo em ouro e prata, trezentas mil libras Esterlinas, parte do emprestimo feito em Londres.

[A] Dita Corveta chegou hontem do Rio de Janeiro a esta Bahia em 47 dias com noticia de que no mesmo dia 2 do mez passado, tinha sahido huma Esquadra do Rio de Janeiro, Comandada por Cochrane, com dois mil e tantos homens tropa de dezembarque contra Pernambuco.

Esta manhã amanheceu aqui fundiado o meu Brique Mary chegado de Pernambuco em 38 dias de viagem, e na sua sahida já o Cochrane ali ficava, e disem que a tropa já tinha dezembarcado na Costa, mas ignora-se em que parte. Rogo a V*ossa* Ex*cellenci*a se digne levar á prezença de Sua Magestade estas minhas participaçoens. Deos Guarde a Vossa Excellencia por muitos annos.

Gibraltar 27 de setembro de 1824.

Ill*ustrissim*o e Ex*cellentissi*mo Sen*ho*r Conde de Subserra

A*nton*io Cerqueira Carvalho

(fl.2)

Copia

1824, setembro, 27, Gibraltar
OFÍCIO de José Agostinho Parral ao [secretário de Estado da Guerra], conde de Subserra, [Manoel Inácio Pamplona Corte Real], sobre a chegada do brigue inglês Mary, trazendo notícias sobre o levantamento do bloqueio do porto da província de Pernambuco e a permanência de uma fragata de guerra brasileira registrando a entrada de navios no dito porto.
AHU_ACL_CU_ 015, Cx. 289, D. 19893.

Passou=se Avizo em 15 de outubro de 1824

Tenho a honra de participar a V*ossa* Ex*cellenci*a que acaba de chegar o Brigue Inglez= Mary= Cap*itão V. Scrivanich,* procedente de Pernambuco com 38 dias de viagem ,e as noticias que traz são de que depois de levantado o bloqueio d'aquelle Porto, chegou huma Fragata de Guerra Brazileira, e se conservou na altura do mesmo registrando todas as Embarcaçõens que entravaõ e saiaõ e aprisionou hum Brigue e huma Escuna armados pertencentes ao dito Porto: que avizou o Commandante da Fragata aos Consules que no dia 18 d'Agosto ia novamente estabelecer-se o bloqueio, os quaes lhe contestaraõ que sendo as marés muito baixas não poderiaõ sair as Embarcações, e lhes foi concedido até o dia 24: que no dia 18 chegou a Náo= Principe Dom Pedro= com o Lord Cochrane; e abordo da dita Fragata disseraõ-lhe que a Náo veio comboiando 2000 homens de Tropas do Rio de Janeiro, as quaes tinhaõ desembarcado nas Alagoas : que continuava a desordem em Pernambuco: principalmente contra os Europeos; e que se supunha que as Tropas do Rio entrariaõ n'aquella Cidade sem oposição.

As cartas do Rio de Janeiro trazidas /fl. 2v/pela Fragata de Guerra Ingleza = Sparrouhawk com 47 dias de viagem, alcançaõ até 9 d'agosto, e relataõ que houve n'aquelle Porto embargo desde o dia 26 de julho até 2 d'agosto em que saio a expediçaõ composta de huns 1800 homens e 8 Barcos de Guerra e enclusive a Náo.

Deos Guarde V*ossa* Ex*cellenci*a Gibraltar: 27 de setembro de 1824.

Illustrissimo e Excellentissimo Conde de Subserra

José Agostinho Parral

/fl. 3/

Em branco

(fl.2)

Copia

Conhecendo que a antecipação de hum informe enviado sobre as forças, estado da defesa, e Espirito publico do Rio de Janeiro, muito pode influir no assunto das deliberaçoens do Governo; de bom grado me presto a satisfazer as informaçoens que V*ossa* Ex*cellenci*a de mim exige, sobre este objecto, em que me cumpre dizer que a força maritima com Armamento no Rio de Janeiro consta de huma Nau, huma Corveta e hum Brigue e em desarmamento, huma Fragata e hum Brique.

Em Pernambuco, tres Fragatas, tres Brigues, e duas Escunas, Rio da Prata, huma Corveta, hum Brigue, cinco Escunas.

Em Commissão oculta que sahio no mesmo dia 12 de julho, da minha sahida, huma Fragata, huma Corveta, duas Escunas. As Guarniçoens deminutas, e em grande parte de Homens de cor e pouco adestrados no serviço do Mar.

Em quanto a defesa do Porto, he antiga com algum grao de milhoramento nas Fortalezas, e a Nau Vasco como bataria flutuante, flanqueando a laje. Constoume que núm ponto fóra da Barra se hia colocar huma nova bataria, mans por hora estava em projecto. O Sistema de defesa da Costa, he conforme ao fulano que se adoptou para esse fim em conseguencia do (fl.2v) reconhecimento geral da Costa que se fez no tempo de D*om* Rodrigo de Sousa Coutinho.

A Tropa de linha na Capital monta só a tres mil homens tinhaõ-se espedido Ordens para baixarem Tropas de Minas mas era publico ter avido algumas repugnancias na execução em conseguencia dos que forão contra Ordens.

O partido Europeu eh numeroso eh decedido pela cauza de Portugal e os Brasileiros vão progreçivamente perdendo o entusiasmo pello seu Imperador. D*eos* G*uarde* V*ossa* M*ercê*. [A] bordo do transporte Libertas surto no Fayal aos 18 de Set*em*bro de 1824=S*enho*r Porfirio Antonio Caminha=assignado Joze Xavier Bersane Leite –Capp*ita*õ de Fragata Graduado

Esta conforme o Original :B ordo do Bergantim Constança em 27 de Setembro de 1824

Porfirio Antonio Caminha

Ten*ente* Comm*andan*te

1825

1825, Janeiro, 3, Alfeite

PASSAPORTE do secretário de Estado da Marinha e Ultramar, conde de Subserra, Manuel Inácio Pamplona Corte Real, autorizando o fabricante Manuel Esteves do Amaral a seguir viagem de Lisboa para a província do Pará.

Anexo: requerimento e atestação.

AHU_ACL_CU_013, Cx. 163, D. 12443.

Reformou-se en 13 de Julho de 1825[1]
Pará
3 – janeiro -1825 [2]

O Conde de Sub-Serra, Conselheiro de Estado, Ministro Assistente ao Despacho, Gentil = Homem da Camara de Sua Magestade, Gram – Cruz de Santo Alexandre Nevski[3], da Legião de Honra, e da Insigne Ordem de Carlos Terceiro[4],

---

1 Acrescentado com outra letra: "Reformou-se en 13 de Julho de 1825".

2 Acrescentado com outra letra: "Pará / 3 – janeiro -1825".

3 NT: Refere-se à Ordem Imperial de Santo Alexandre Nevsky, instituída em 1725, por Catarina I da Rússia para agraciar cidadãos ilustres que serviram com honra ao Império.

4 NT: Refere-se à Real e Muito Distinguida Ordem de Carlos III, instituída em 1771, por Carlos III, da Espanha, para condecorar cidadão atuaram para benefício de Espanha.

Encarregado do Expediente das Secretarias de Estado dos Negocios da Guerra, e da Marinha, e do Ultramar etc.

Faço saber aos que este Passaporte, virem, que da Cidade de Lisboa, faz viagem para o Pará, com escalla por alguma das Provincias do Brazil, Manoel Esteves do Amaral, fabricante, cazado, de idade de cincoenta annos, natural de Selorico, levando comsigo; hum escravo Joaquim e huma escrava Joaquina, mina de Nação.

Manda Sua Magestade todas as Pessoas, a quem o conhecimento deste pertencer, lhe não ponhão impedimento algum a fazer a dita viagem. Em fé do que se lhe deô Passaporte por mim assinado, e Sellado com o Sello das Armas Reaes. Palacio do Alfeite, em 3 de Janeiro de 1825. [5]

[assinatura] Conde de Subserra
Por Ordem de Sua Excellencia
Joaquim Pedro da Costa

/fl. 1v/
Registada a f*olha* 80 do livro *décimo segund*o dos Passaportes de Passageiros.
/fl. 2/ branco
/fl. 2v/ branco
/fl. 3/
Passou-se Passaporte em 3 de Janeiro de 1825.
Pará
30 – Dezembro – 1824[6]

Senhor

Diz Manoel Esteves do Amaral, que elle pertende regreçar ao Brazil, a Cidade do Grão Pará, com Escalla por outras Provinçias, aonde o acazo ou circunstançias, prezentes o fação dirigir levando em sua Companhia os Escravos – Joaquim, e Joaquina, Nãção Minna; próprios do seu dominio, visto have-llos conduzido quando Emigrou, e ter-lhe Vossa Magestade feito a Graça de os poder consservar em Captiveiro; e por que se acha sem embaraço pella Poliçia como prova o documento incluzo; razão p*or*que

P*ede* a Vossa Magestade lhe faça á Graça mandar dar o seu Passaporte

5 Na sequência há uma repetição desta mesma folha.

6 Acrescentado com outra letra: "30 – Dezembro – 1824".

E Receberá Merce

Lixboa 30 de dezembro de 1824 como Procurador

Francisco Mendes da Silva Figueiredo[7]

/fl. 3v/
Na sequencia documento repetido de igual teor
/fl. 4/

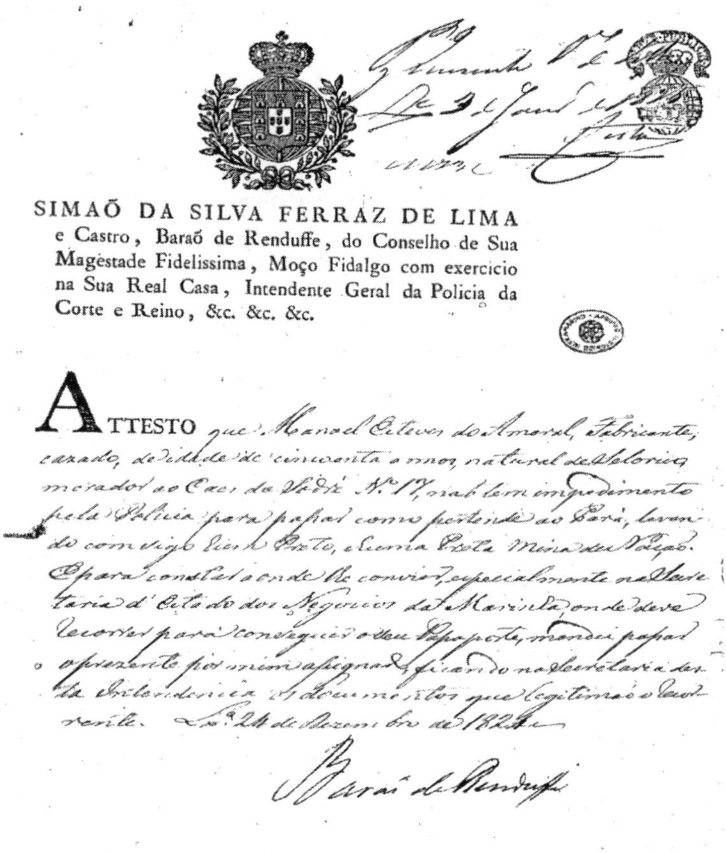

SIMAÕ DA SILVA FERRAZ DE LIMA e Castro, Baraõ de Renduffe, do Conselho de Sua Magestade Fidelissima, Moço Fidalgo com exercicio na Sua Real Casa, Intendente Geral da Policia da Corte e Reino, &c. &c. &c.

ATTESTO que Manoel Esteves do Amaral, Fabricante, cazado, de idade de cincoenta annos, natural de [illegible], morador ao Caes do Sodré N.º 17, não tem impedimento pela Policia para passar como pertende ao Pará, levando comsigo [illegible] Preto, e [illegible] Preta Mina de Nação. E para constar aonde lhe convier, especialmente na Secretaria d'Estado dos Negocios da Marinha, onde deve recorrer para conseguir o seu Passaporte, mandei passar o prezente por mim assignado, ficando na Secretaria desta Intendencia os documentos que legitimão o recorrente. Lxa 24 de Dezembro de 1824

Barão de Renduffe

7 Na sequência há uma repetição desta mesma folha.

1825, janeiro, 3, Lisboa
AVISO do [secretário de Estado da Guerra], conde de Subserra, [Manoel Inácio Pamplona Corte Real], ao secretário de Estado da Marinha e Ultramar, ordenando o pagamento do alferes do Segundo Batalhão de Caçadores da província de Pernambuco, João Leite Botelho, pela Tesouraria Geral das Tropas com a guia competente. Anexo: 1 doc.
AHU_ACL_CU_ 015, Cx. 289, D. 19920.

Ministério da Guerra 2a. Direcção 1a. Repartição[8]

Participou-se ao Gov*ernad*or dos Acores em 10 de Dez*emb*ro de 1824. E ao Min*istr*o da Faz*en*da.[9]

Ill*ustríssi*mo e Exc*elentíssi*mo Senhor

Tenho a honra depreimir a V*ossa* Exc*elênci*a que El-Rey Nosso Senhor Houve por bem nesta data Mandar liquidár na Thezouraria Geral das Tropas os vencimentos do Alferes do *Segund*o Batalhão de Caçadores de Pernambuco, João Leite Botelho, assim como conferir-lhe a competente Guia, afim de passar de fuctu-ro a ser abonado na Ilha de *São* Miguel, a respeito do que fica tambem instruido o Ministro e Secretario de Estado dos Negócios da Fazenda.

Deus Guarde a V*ossa* Exc*elênci*a Secretaria d'Estado dos Negocios da Guerra em 3 de 1825.

Ill*ustríssi*mo Exc*elentíssi*mo S*enh*or Ministro e Secret*ári*o d'Estado dos Negocios da Marinha, e do Ultramar.

Conde de Subserra

/fl. 1v/

Ill*ustríssi*mo e Exc*elentíssi*mo S*enh*or

Tenho a honra de communicar a V*ossa* Exc*elênci*a, que as Ordens para a Junta da Fazenda das Ilhas dos Açôres satisfazer o Soldo ao Alferes de Pernambuco João Leite Botelho; que vai residir na Ilha de *São* Miguel, e sobre o que V*ossa*

8 Texto impresso: " Ministério da Guerra 2a. Direcção 1a. Repartição".

9 Acrescentado com outra letra: " Participou-se ao Gov*ernad*or dos Acores em 10 de Dez*emb*ro de 1824. E ao Min*istr*o da Faz*en*da".

Ex*celênci*a Officiou-me em 3 do corr*en*te; já forão expedidas em 16 de Dezembro do anno próximo passado, em consequencia de outro Officio de V*ossa* Ex*celênci*a datado em 10 daquelle mez; o que então tive a honra communicar a V*ossa* Ex*celênci*a na mesma data de 16 de Dez*em*bro.

Deos Guarde a V*ossa* Ex*celênci*a Erario Regio, em 12 de Janeiro de 1825.

Ill*ustríssi*mo e Ex*celentíssi*mo *Senh*or Conde de Subserra

[assinatura] Conde da Povoa[10]

1825, Janeiro, 26, Sitio do Alfeite

AVISO do rei D. João VI, para o conselheiro do Conselho Ultramarino, visconde de Manique, Pedro Antônio de Pina Manique Nogueira Matos de Andrade, sobre o pedido de pagamento do soldo por inteiro ao sargento-mor de Milícias da província do Maranhão, Antônio Joaquim Leitão Bandeira.

AHU_ACL_CU_009, Cx. 177, Doc. 12847

Maranhão
1825
26 janeiro[11]

Sua Magestade He Servido que o Conselho Ultramarino consulte o que parecer sobre o conteudo no Requerimento incluzo de Antonio Joaquim Leitão Bandeira, Sargento Mór de Milicias da Provincia do Maranhão, no qual pede-se lhe mande pagar o soldo por inteiro. O que participo a V*ossa* *Senhori*a para assim o fazer prezente no mesmo Conselho.

Deos Guarde a V*ossa* *Senhori*a. Sitio do Alfeite em 26 de Janeiro de 1825.

[assinatura] Joaquim Joze Monteiro Torres

Cumpra-se, e registe-se Lixboa *primeir*o de Fev*erei*ro 1825.

E R*eceberá* Merce

10 NT: Henrique Teixeira de Sampaio (1774-1833), primeiro conde da Póvoa, que exerceu funções de Secretário de Estado dos Negócios da Fazenda entre 1823 e 1825.

11 Acrescentado com outra letra: "Maranhão / 1825 / 26 janeiro".

Senhor Visconde de Manique[12]
do Intendente
Reg*ist*ada a f*olha* 278 v*erso* do l*ivr*o 12 de Mandados
/fl. 1v/ No. 16

1825, Março, 19, Lisboa
CARTA do secretário interino do Conselho Ultramarino, Filipe José Stockler, para o rei D. João VI, sobre o pedido de confirmação de patente, por Inácio País Vieira, no posto de tenente da 3a companhia de Índios, da província do Maranhão.
Em anexo: 6 documentos.
AHU_ACL_CU_009, Cx. 177, Doc. 12854

Não tem lugar por ora, para este meio.
L*ixbo*a 23 de M*ar*ço de 1825.[13]
E R*eceberá* Merc*e*
Senhor

Em cumprimento do Despacho do *primeir*o de Fevereiro proferido no requerimento de Ignacio Paes Vieira offereço a informação, que ja dei em 30 de Outubro do anno proximo passado, á qual só me cumpre acrescentar, que segundo as ordens Regias anteriores á tranzição da Corte para o Rio de Janeiro; não devia haver nas Capitanias do Brazil outros Corpos Militares com patentes confirmadas por V*ossa* Mag*esta*de se não os de Milicais, e Ordenanças. Nestes não comprehendeão Regimentos de Indios, e portanto se acreção de taes corpos se conciderou permitida em virtude da Carta Regia de seis de Junho de 1815, nem por isso se segue, que o seu plano fosse aprovado por V*ossa* Mag*esta*de e sem que procedesse esta aprovação nenhuma Patente a elles relativos deveria ser confirmada á vista das Ordens, que prohibirão a todos os Governadores passar patente de Postos cuja existencia não tivesse a aprovação de V*ossa* Mag*esta*de. Se na Capitania do Maranhão se reconhecesse actualmente a authoridade de V*ossa* Mag*esta*de seria precizo mandar /

12 NT: Pedro António de Pina Manique Brito Nogueira de Matos de Andrade (1773-1839), primeiro visconde de Manique do Intendente.

13 Acrescentado com outra letra: "Não tem lugar por ora, para este meio./ L*ixbo*a 23 de M*ar*ço de 1825."

fl. 1v/ informar o Governador e Capitão General com a preciza especificação para perfeita illustração d'este negocio, mas na conjuntura prezente persuado-me, que a prudencia pede que se sobre esteja no deferimento de requerimento d'esta natureza. V*ossa* Mag*esta*de porém Mandará, o que for servido. Lisboa 19 de Março de 1825.

No impedimento do Secretario
Felippe Joze Stoqueler
/fl. 2/

Informe o Secretario L*ixbo*a o *primeir*o de Fev*ereir*o 1825.

E R*eceberá* Merce[14]
Senhor

Diz Ignacio Pais Vieira que Mandando-se lhe expedir pella Secretaria de Estado dos Negocios de Guerra a confirmação da Patente de Tenente da *Terceir*a companhia de Indios, da Comarca do Maranhão, baixarão os papeis com Avizo respectivo á Secretaria do Conselho de Guerra, onde fazendo-se a Sup*plic*a o competente propos e, se disse haver dar caminho na Patente expedida, e querendo o Sup*licant*e requerer entrou com salva, não existem os papeis na Secret*ari*a daquelle conselho, e se disse existirem nesta, o que se confirmou p*o*r resposta que se deu á Secretaria de Estado da existencia dos papeis neste Consellho Ultramarino, a quem se mandou requer por desp*ach*o de 7 de Jan*ei*ro corr*en*te, em que se diz = Requeira o Sup*licant*e pella repartição da Marinha, p*o*r que todos os papeis relativos ao Ultramar forão remetidos do Conselho da Guerra p*ar*a o do ultramar = Nestes termos Recorre o Sup*licant*e, e

P*ede* a V*ossa* Mag*esta*de se digne Mandar-lhe paçar na respectiva Secretaria Certidão por onde conste da existencia, ou não dos papeis do Sup*licant*e.
Como Procur*ad*or
Pedro Joze Moreira
E R*eceberá* Merce

14 Acrescentado com outra letra: "Informe o Secretario L*ixbo*a o *primeir*o de Fev*ereir*o 1825. / E R*eceberá* Merce".

/fl. 2v/ branco
/fl. 3/ Requeira Immediatam*en*te
L*i*xb*oa* 3 de *Novem*bro 1824.[15]

R. V. P. E R*eceberá* Merce

Senhor

O Sup*licant*e Ignacio Pais Vieira requer se lhe expressa, por este Tribunal, Patente de confirmação do Posto de Tenente a que promoveo o Governador do Maranhão; e com efeito dos papeis incluzos, remetidos do Conselho de Guerra, se ve*m* que pella Secretaria de Estado se expedio ordem áquele Conselho para que se de expedisse porem não se acha despacho de cumprim*en*to, nem consta de haver-se lavrado, e pode ser que encontrando algum motivo o Tribunal consultase a V*ossa* Mage*stad*e. Faz prezumir que asim acontecesse o ver-se que o Sup*licant*e passou de Porta bandeira a Tenente, o que não parece conforme ao disposto no *parágraf*o 18 do Alvara de 17 de Dezembro de 1802. [16] Tambem incluo a Carta Regia derrogada ao d*ito* Governo, observando assim o despacho de 15 de Fev*er*eiro de 1823 que manda seja prezente todas as suas que houver requerim*en*tos desta natureza. [17] Á vista de tudo V*ossa* Mage*stad*e determinara o que for justo. Lisboa 30 de *outu*bro de 1824.
No impedimento do Secretario
Felippe Joze Stoqueler
/fl. 3v/branco
/fl. 4/

Informe o Secretario L*ixbo*a 20 de *Outu*bro 1824.[18]
E R*ecebera* Merce

Senhor

15 Acrescentado com outra letra: "Requeira Immediatam*en*te /L*i*xb*oa* 3 de *Novem*bro 1824".

16 No ms. encontra-se um espaço em branco.

17 No ms. encontra-se um espaço em branco.

18 Acrescentado com outra letra: "Informe o Secretario L*ixbo*a 20 de *Outu*bro 1824".

Diz Ignacio Pais Vieira, Alferes da Comp*anhi*a avulça de Indios da V*ila* de Guimarães comarca do Maranhão, que elle requereo a V*ossa* Mag*esta*de pello seu Conselho de Guerra, a comfirmação da sua Patente, o que se lhe mandou expedir, e como os papeis relativos a negocios do Ultramar paçarão daquelle conselho, a este Motivo p*o*r que o Sup*licant*e Recorre, e

P*ede* A V*ossa* Mag*esta*de lhe mandar expedir a confirmação de Patente referida pellos papeis q*ue* se vem existir na Secretaria deste Regio Tribunal, p*ar*a cujo fim selley se fação as buscas percizos.

Como Proc*urad*or

Pedro Joze Moreira

E R*eceberá* M*e*rce

/fl. 4v/ branco

/fl. 5/

Secretaria Geral

*Primeir*a Rep*arti*çam

Manda El Rey, pela Secretaria d'Estado dos Negocios da Guerra, remetter ao Conselho de Guerra o incluzo Requerimento de Ignacio Paz Vieira promovido a Tenente da Companhia dos Indios criada na Villa de Guimaraes, pelo Governador das Armas da Província do Maranhão como próva pela Patente junta, a fim de que pelo mesmo Concelho, se lhe mande passar nova Patente, como o Supp*licant*e requer. Palacio da Bemposta, 9 de Abril de 1823.

[assinatura] Manoel Gonçalves de Miranda

/fl. 5v/ branco

/fl. 6/

Secr*etari*a Geral N*úmero* 114

Senhor

Diz Ignacio Paz Vieira, que pella Patente Junta, mostra que pello Marechal encarregado do Governo das Armas da Provincia do Maranhão, foi promovido ao Posto de Tenente da primeira Companhia de Indios da Villa de Guimarens, d*it*a Provincia, e porque preciza de ser confirmado por V*ossa* Mag*esta*de, o mesmo Sup*licant*e

P*ede* a Vossa Mag*esta*de se digne conceder-lhe a Graça da Regia confirmação expedindosse-lhe a competente Patente.

Em 8 de Abril de 1823.
Como Proc*urad*or
Pedro Joze Moreira E R*eceberá* Merce
/fl. 6v/

Agostinho Antonio de Faria, Fidalgo Cavalleiro da Caza de Sua Magestade, Marecheal de Campo do Exercito Nacional e Real, Encarregado do Governo das Armas da Provincia do Maranhão etc. Faço saber aos que esta minha Carta Patente virem que em virtude da Carta Regia de 6 de Junho de 1815 que me authoriza, e manda regular, e Organizar os Corpos de Millicias desta Provincia n'hum estado mais apto; e proficuo para o Serviço Nacional e Real conforme as Reaes Ordens, e Regulamentos estabelecidos a este respeito; e attendendo aos merecimentos, e qualidades, que concorrem na pessoa de Igncio Pais Vieira. Port*a* Bandeira do Regimento de Milicias da Villa de Guimaraes: Hei por bem provello, como por esta o provo no Posto de Tenente da Primeira Companhia de Indios novamente criada na mesma Villa pela reforma de Antonio Malaquias Tenente do extinto Regimento de Indios; e servirá o ditto Posto emquanto Sua Magestade Constitucional não Mandar o contrario, sendo obrigado a aprezentar na Secretaria deste Governo com a brevidade possivel esta Patente comfirmando pelo Mesmo Senhor, na conformidade da Carta Regia de 5 de Outubro de 1807; / e gozará de todas as honras, privilegios, liberdades, ezempções, e franquezas, que em rezão do mesmo Posto lhe competirem. Pelo que mando ao Comman[do][19] da mencionada Companhia que por tal o reconheça honre, e estime, e deixe servir, e exercitar este Posto; e aos Officiaes, Inferiores, e Soldados, que lhe forem subordinados, que em tudo lhe obedeção, cumprão e guardem suas ordens por êscrito, e de palavra em que for do Serviço Nacional, e Real como devem e são obrigados; e elle jurará de cumprir com as suas obrigações, na forma do estillo, de que se fará assento nas costa desta Carta Patente, que por firmeza de tudo lhe mandei passar por mim assignada, e sellada com o signete das minhas Armas, e se registará aonde tocar. Dada na cidade de São Luis do Maranhão aos trinta dias do Mez de Setembro do Anno de Nascimento de Nosso Senhor Jezus Christo de mil oitocentos e vinte e dous. Eu Domingos Joze Cerqueira Secretario deste Governo a fiz escrever.

[assinatura] Agostinho Antonio de Faria

19 Apesar do rasgão no manuscrito, é possível identificar a palavra pelo sentido do texto.

Patente porque V*ossa* Excel*ência* há por bem prover a Ignacio Paz Vieira Port*a* Bandeira do Regimento de Milicias da Villa de Guimarães em Tenente da Primeira Companhia de Indios novamente criada na mesma Villa, pela reforma de Antonio Malaquias, Tenente do extinto Regimento de Indios, como assima se declara.

Para V*ossa* Excel*ência* ver

/fl. 7/

Em Promoção de 15 de Setembro de 1822.

Reg*ista*da a f*olha* 27 v*erso* do *primeiro* L*ivro* de Patentes Mar*anh*am
Secretaria de Governo das Armas 30 de setembro de 1822.

[assinatura] Dom*ing*os Joze Cerqueira

Deo juramento de fidelidade as Bandeiras Quartel da Villa de Guimarães 3 de Fevereiro de 1823
[assinatura] Joaquim Manoel Mafra
Capp*it*am Com*andante*

N*úmero* 750
P*aga* q*uantia* 1:600 reis de sello
Maranhão 30 de Sett*em*bro de 1822

[assinatura] Magalhaens [assinatura] Porcellim

/fl. 7v/ Secret*aria* de Guerra

1825, Março, 27, S. João da Foz do Douro (Porto)
OFÍCIO de Francisco Antônio de Gouveia Ferraz de Miranda para o secretário de Estado dos Negócios da Marinha e Ultramar, Joaquim José Monteiro Torres, sobre as notícias fornecidas pelo mestre do bergantim português Bela Escolha, vindo do Maranhão, relativamente às movimentações do general Cochrane e do general Lima, (sic) na defesa da província do Maranhão.
Em anexo: 1 documento.
AHU_ACL_CU_009, Cx. 177, Doc. 12855

Acusou-se a Recepção em 2 de Abril de 1825[20]
Maranhão 27-3-825[21]

Exc*elentíssi*mo Senhor

Por diferentes Avizos pela secretaria d'Estado dos Negocios da Marinha Ultramar desde 1823 até janeiro de 1825 me incumbe, de participar tudo quanto ocurrer de novo, e fôr interessante ao conhecimento do Ministerio, e ao Real Serviço o que munto prezo e continuarei tanto q*ue* fôr do Agrado de sua Magestade, e de V*oss*a Exc*elênci*a. Apezar de que não sei a quem devo dirigir as minhas participações: porque pela Secretaria d'Estado dos Negocios da Guerra reçevi huma resposta em vinte nove de janeiro devendo segundo o meu pareser vir pela secretaria de V*oss*a Exc*elênci*a como a pertencente a Marinha.

Levo ao conhecimento de V*oss*a Exc*elênci*a as Noticias que deu o Mestre do Bergatim Portugues Bella Escolha vindo do Maranhão /fl. 1v/ com secenta dias de viagem, dise ficava tudo em sucego – o géneral Cockcran, ficava ali com tres embarcaçoes de guerra, alguns dos Membros do Antigo Governo forão prezos remetidos para o rio de janeiro, forão tumadas Algumas embarcações hidas de Portugal – o Sistema Antigo; tinha dezarmado toda a Tropa e feito no lugar della Millicias: passageiro tras hum Alferes sego – de feridas que recebeu – este navio emtrou em vinte dois do currente. – Mais emtrou em vinte sinco do currente o Bergantim Portugues Deus te goarde de Pernambuco com 48 dias de viagem, e prenguntado [22] o mestre pelas noticias daquella Provincia dise tudo ficava sucegado, emquanto ali prezistiram tres Batalhoens /fl. 2/ mandados do Rio de janeiro, o governo he o General Lima[23], embarcaçoes de guerra do Rio – huma Fragata hum Brigue, e duas escunas – tem asim mesmo comifscado Algumas Embarcaçoes hidas de Portugal – e por ora o sucego hé Comand*an*te Mellindre dise mais que inforcarão tres individos dos que tinhão cometido os sisazinas no dia tres de setembro do Anno passado: – não tem avido mais novidade alguma que não sejão poucas nesta Provincia o mais tudo esta sucegado – ontem emtrou pela primeira vés o Barco de vapór.

20 Acrescentado com outra letra: "Acusou-se a Recepção em 2 de Abril de 1825".

21 Acrescentado com outra letra: "Maranhão 27-3-825".

22 Riscado: "no".

23 NT: Refere-se à José Joaquim de Lima e Silva (1787-1855) que atuou na Bahia para expulsar as tropas de Inácio Luis Madeira de Melo.

Deus goarde a V*ossa* Exc*elênci*a Muntos Annos

São João da Fôz do Douro 27 de Março de 1825.

/fl. 2v/
Exc*elentíssi*mo Senhor Joaquim Joze Monteiro Torres – Secretario dos Negocios da Marinha Ultramar:
Francisco Ant*ôni*o de Gouveia Ferraz de Miranda

/fl. 3/ acusar a recepção

[ant. 1825, Abril, 6]
REQUERIMENTO do mestre do navio Aurora, Francisco José de Oliveira, sendo seu senhorio, Antônio Gomes Barroso, ao [rei D. João VI], com escala no Rio de Janeiro e de volta para Lisboa.
Anexo: atesto, passaporte (traslado)
AHU- Buenos Aires, cx. 1, doc. 41
AHU_ACL_CU_ 003, Cx. 46, D. 3721.

Buenos Aires 1825[24]
Senhor

Diz Francisco Jozé de Oliveira, Mestre do Navio Aurora de que he Senhorio Antonio Gomes Barrozo Filho Rezidente no Rio de Janeiro, que elle segue viagem para Buenos Aires com Escalla pello Rio de Janeiro, e de volta p*ar*a a mesma cidade de Lisboa,

P*ede* a V*ossa* Mag*estad*e seja servido mandar-lhe dár seu Paçaporte Real.

E R*eceberá* M*erce*

/fl. 1v/
Deo-se Parecer novo em 6 de Abril de 1825[25]

24 Acrescentado com outra letra: "Buenos Aires 1825".

25 Acrescentado com outra letra: " Deo-se Parecer novo em 6 de Abril de 1825".

/fl. 2/

Na Secretaria da Real Junta do Commercio, Agricultura, Fabricas e Navegação na data de hoje assignou termo de juramento Francisco Jozé de Oliveira, declarando ser mestre do navio = Aurora = de que he Senhorio Antonio Gomes Barrozo filho residente no Rio de Janeiro, pelo ter mandado construir ha muitos annos na Cidade da Bahia; e que não tem nelle interesse pessoa alguma estrangeira: e apresentando huma Publica forma Passaporte, que ultimamente lhe fôra dado no Rio de Janeiro a tornou a receber Lisboa seis de Abril de mil oitocentos e vinte e cinco. Na auzencia do Deputado Secretario Jozé Antonio G*onçalvez* a fez escrever

[assinatura] Jozé Antonio Gonçalves

/fl. 2v/ branco

/fl. 3/
Lugar do Sello do Governo do Rio de Janeiro, em estampa = Francisco Viléla Barboza do Conselho de Estado de Sua Majestade Imperial, Grão Cruz da Ordem Imperial do Cruzeiro, Cavaleiro da Ordem de Christo, Coronel Graduado do Imperial Corpo dos Engenheiros, Ministros, e Secretario de Estado do Negocios da Marinha e Inspectôr Geral da Marinha etc. Faço saber, aos que este Passaporte virem, que deste Porto do Rio de Janeiro, fáz viagem para Gibraltar, de donde há de voltar a esta Corte, o Navio Aurora, de que hé Mestre Christianno Jozé de Moura, e Proprietário António Gomes Barrozo, subditos deste Império, sem que no ditto Navio, tenha parte pessoa alguma Estrangeira. E por que na hida ou vólta, póde ser encontrado em quaesquer Mares ou Portos, pellos Cabos e officiáes das Náos, e mais Embarcações do mesmo Império Ordena o Imperador do Brazil, lhe não ponhão impedimento algum. E recomenda, aos das Armadas, e Esquadra, e /fl. 3v/ Esquadras, e mais Embarcações dos Reis Principes, Repúblicas, Potentados Amigos e Aliádos desta Corôa, lhe não Embaracem seguir sua viagem, antes para a fazer lhe dem a ajuda e favor de que necessitar, na certeza de que aos recomendados, pellos seus Principes, se fará o mesmo e igual tratamento. Em fé do que lhe mandou dar este Passaporte por mim assignado, e sellado com o Sello Grande das Armas Imperiáes. Dado no Pallácio do Rio de Janeiro, em sinco de Novembro do Anno do Nascimento de Nosso Senhor Jezús Christo de mil oitocentos e vinte e quatro =

Francisco Villéla Barboza = Lugar de Outro Sello do mesmo Governo, gravado em papel com obreia = Por ordem de Sua Excelencia = Antonio, Alvez d'Araujo Ledo = Registado a folhas cento e quarenta e trez do Livro seisto de Passaportes de Navios. Secretaria de Estado em oito de Novembro de mil oitocentos e vinte e quatro = Bernardo de Souza Dias = E trasladado o concertei com o próprio /fl. 4/ original, que me foi aprezentado, a que me repórto, e o tornei a entregar. Lisboa sinco d'Abril de mil oitocentos e vinte e sinco annos. Eu Feliciano Jozé da Silva Tabellião que sobrescrevi e asignei em p*rimeir*o.

[??][26] L*ix*b*o*a [??][27]
Em testemunho
[assintura] Cap*it*am Feliciano J*oz*e da S*ilv*a

1825, Abril, 23, Lisboa
RELAÇÃO dos navios da praça de Lisboa que foram tomados ou destruídos pela esquadra ou governo do Rio de Janeiro.
Anexo: ofício (minuta).
AHU-Rio de Janeiro, cx. 289, doc. 38.
AHU_ACL_CU_017, Cx. 293, D. 20787.

Relação
dos Navios de que tenho noticia, da
Praça de Lisboa
tomados ou destruidos pela Esquadra ou
Governo do Rio de Janeiro.

A - 1 Aurora (Brigue) tomado em Pernambuco, e restituido -
2 Alexandre *Primeir*o (Galera) hindo para Pernambuco, foi tomada pela Esquadra e mandada para a Bahia: Restituida.
B 3 Bizarria (Galera) tomada pela Esquadra
C 4 Caridade (Galera) Idem
5 Constitucional (Galera) tomada no Maranhão e vendida
D 6 D*om* Domingos (Galera) como a *Segund*a

26 Palavras ilegíveis.

27 Palavras ilegíveis.

F 7 Flor do Tejo (Galera) tomada pela Esquadra – Roubada – E depois retomada pela nova Fragata Perola

8 Fenis (Galera) tomada, e destruida pela Esquadra; mas veio para Lisboa

G 9 General Noronha (Brigue) tomado no Pará, e remettido para o Rio de Janeiro, com toda a sua Carregação.

10 General Lecor (Galera) tomada no Rio de Janeiro.

11 Grão Pará (Galera) tomada e destruida pela Esquadra, mas veio para Lisboa

H 12 Harmonia (Galera) tomada pela Esquadra e remettida para a Bahia, e d'aqui para Rio de Janeiro, onde anda em serviço

/fl. 1v/

I 13 – Imperador Alexandre (Galera) tomada pela Esquadra no Maranhão; e alli mesmo perdidas, sob Comando do Capp*it*am de Presa

14 Joaquim Guilherme (Galera) tomada em Pernambuco, donde veio para Lisboa com Emigrados mandados por aquelle Governo.

15 Incomparavel (Galera) tomada pela Esquadra em Pernambuco e mandada para o Rio de Janeiro onde foi restituida

L 16 Lord Welington (Galera) tomada em Pernambuco

* 17 – Leal Portugues (Galera) tomada e vendida pelo Governo do Rio de Janeiro

**

P 18- Paquete de Pernambuco (Brigue) tomado pelo Governo da Bahia: navegado por elle, e perdido.

19 Principe Real (Galera) tomada pela Esquadra.

20 Praseres e Alegria (Galera) tomada do Para para Lisboa, e remetida para o Rio de Janeiro

21 – Paquete do Ceará (Brigue) tomado; e vendido.

22 Pombinha de Lisboa (Galera) tomada no Maranhão, e mandada para o Rio de Janeiro, e alli restituida.

/fl. 2/

S *** 23- Sociedade Felis (Galera) tomada no Maranhão, e vendida

* T 24. Triunfo da Inveja (Brigue) tomado pela Esquadra

25 – Triunfo do Mar, ou Chocalho, (Galera) tomada em Pernambuco; mas restituida p*ar*a conduzir tropa mandada por aquele Governo p*ar*a Lisboa.

* M 26 – Maria (Galera) tomada no Pará; e vendida com toda a sua Carregação

** N 27 Nova Amazona (Galera) tomada pela Esquadra

***S *São* Nicoláo (Galera) tomada pelo Governo em Pernambuco -

N. B. Os Asteriscos inculca a chamada a seus devidos lugares, segundo as letras do alfabeto.

Da Praça do Porto tambem forão tomados alguns Navios que não vão incluidos na lista acima porque delles ignoro os nomes e o numero.

Lisboa 23 d'Abril de 1825.

/fl. 2v/

Ill*ustríssi*mo e Ex*celentíssi*mo

Respondendo ao Officio de V*ossa* Ex*celênci*a em data de 6 do corrente sobre o calculo aproximativo do valor das Embarcações e petrechos navaes deixados no Brasil, tenho a honra de dizer a V*ossa* Ex*celênci*a q*ue* pode V*ossa* Ex*celênci*a mandar formar relação não só dos artigos, de q*ue* tracta o dito officio, mas de outra qualquer quantia que se deva reputar como divida do Brazil.

Deos G*uard*e a V*ossa* Ex*celênci*a Secretaria d'Estado dos Negocios Estrangeiros, em 9 de Abril de 1825.

Ill*ustríssi*mo e Ex*celentíssi*mo Joaquim José Monteiro Torres

[assinatura] Conde do Porto Santo[28]

1825, Julho, 1, Lisboa

REQUERIMENTO do mestre da galera Piedade, Rosendo Antônio da Silva sendo seu senhorio, Antônio José de Amorim, ao rei [D. João VI], solicitando passaporte para fazer viagem para Buenos Aires, com escala no Rio de Janeiro.

Anexo: atestado, passaporte (traslado] AHU-Buenos Aires, cx. 1, doc. 45

AHU_ACL_CU_ 003, Cx. 46, D. 3734.

Buenos Aires (1825)[29]

Senhor

28 NT: António Saldanha da Gama (1778-1839) foi nomeado, em 1825, por D. Isabel Maria para o cargo de Ministro e Secretário de Estado dos Negócios da Fazenda.

29 Acrescentado com outra letra: "Buenos Aires (1825)".

Diz Rozendo Antonio da Silva, Mestre da Galera Piedade, de que he Senhorio Antonio Joze de Amorim, Rezidente em Pernambuco; que elle pertende seguir viage para Buenos Aires com Escalla pello Rio de Janeiro, e de volta p*a*ra esta Cidade de Lisboa, e portanto.

P*ede* a V*ossa* Mag*estad*e seja servido mandar-lhe dar Paçaporte

E R*eceberá* Merce

/fl.1v/ branco
/fl. 2/

Na Secretaria da Real Junta do Commercio, Agricultura, Fabricas, e Navegação no dia de hoje assignou termo de juramento Rozendo Antonio da Silva, declarando ser Mestre da Galera = Piedade = de que he Senhorio Antonio Joze de Amorim, residente em Pernambuco, pelo ter mandado comprar nesta cidade, denominando-se = Mariana Flora = ser de construção estrangeira e não ter nella interesse pessoa alguma estrangeira; apresentando a escritura de compra na qual se ve ter pago os competentes Direitos na Mêza do Passo da Madeira cujo documento tomou a receber. Lisboa o primeiro de Julho de mil oitocentos e vinte e cinco. Na auzencia do Deputado Secretario

[assinatura] Jozé Ant*onio* Go*nçalv*es

/fl. 2v/ branco
/fl. 3/

Martinho Bartholomeu Rodrigues, Escrivão do Juizo de India e Mina, e de todos os mais Portos e Terras Ultramarinas nesta Cidade de Lisboa e seu Termo por Sua Magestade Fedellissima El Rey que Deos Guarde etc.

Certifico que sou Escrivão de huns Autos que tem o seguinte

Titulo

Auttos Civeis de Protesto Maritimo, e ratificação de outros feitos no Már em razão da fuga da Gallera Portugueza denominada = Marianna Flora = do Porto de Pernambuco, depois de ter sido confiscada com todo o carregamento pelo Governo aly dominante = Autor = João Pereira da Cruz = na qualidade de Cappitão

da ditta Gallera = Contra = Os Interessados na sua Carga, Casco, e Seguradores, e quem mais por direito competir.
Não contem mais o titulo dos dittos autos, dos quaes se me pedio por Certidão o seguinte:

Autuação

Aos dezoito de Dezembro de mil oittocentos e vinte e tres, annos, nesta Cidade de Lisboa e meu Escriptorio autuei a seguinte Petição /fl. 3v/

Petição e Termos de Protestos Nauticos, que tudo me foi aprezentado pelo Supplicante João Pereira da Cruz, de que para constar lavrei este Termo que eu Martinho Bartholomeu Rodrigues o escrevi.

Petição

Diz João Pereira da Cruz, Cappitão da Gallera, denominada = Marianna Flora, que tendo sahido com a mesma Gallera do Porto desta Cidade, com destino ao de Pernambuco, para onde conduzia huma, carga de varios effeitos, do consumo daquelle Paiz, de conta de diverços: chegou com effeito ao refferido Porto do seu destino, em vinte e quatro de Outubro do anno proximo passado: Estando o Supplicante fundeado naquelle Porto recebeo ordem para hir a terra, e levar todos os seus Papeis rellactivos a esta Gallera, ou Sua Carga, que sendo aprezentados no Registo da Barra, não forão mais restituidos; ordenou-se ao Supplicante de hir-se aprezentar-se ao Governo; e declarando que a Gallera e seu carregamento ficarão confiscados: Certificado o Supplicante do estado das Couzas naquelle Paiz, e sabendo que a Gallera de seu Commando, /fl. 4/ assim como o seu carregamento se achava confiscada, como Propriedade Portugueza, sorte que tiverão as outras mais Embarcaçoins Portuguezas, que de boa fé tinhão procurado aquelle Porto, rezolveo embarcar para bordo da sua Gallera, e que com effeito executou; e chegando a bordo expôz aos seus offeciaes, e Equipagem, as circunstancias em que se achavão: e lhes propôz a fuga com a ditta Gallera, prometendo-lhes as suas soldadas por inteiro, e hum quarto por cento do vallor do mesmo carregamento: Determinado o Supplicante a vereficar a fuga, secundado por seus offeciaes, e Tripulação se fez de vella, pelas oitto horas da noute, sendo obrigado a picar a Amarra, deixando e abandonando o resto cortado com o ferro, que a ella estava talingado[30], isto para com mais rapidez se dezembaraçar, e tambem para não ser sentido das Fortalezas, de que estava proximo, quando intentasse suspender o ditto ferro. Do refferido se fez logo a bordo o competente termo de Protesto Nautico, que junto se offereçe em primeiro lugar, offerecendo-se em segundo, outro termo de Protesto, que o Supplicante imaginou para saptisfazer a qualquer, Embarcação que, encontrando-o, o interrogasse sobre os seus /fl. 4v/ Passaportes e Despachos; Tendo finalmente o Supplicante a fortuna de escapar a tantos perigos, depois de huma viagem cheia de incomodos, e privaçoins, acaba de chegar a este Porto; e pertende ratificar aquelles Protestos, e novamente protestar na mais solemne forma de Direito a fim de o estabelleçer a favor e contra quem pertencer; protestando outro sim por avaria grossa e ordinaria, e por todos os mais direitos e accoins que lhe competirem, e for licito, não só para haver todas as justas e devidas indennizaçoins mas tambem para se haverem como justificados os motivos de tal procedimento: Portanto = Pede a Vossa Senhoria a mercê de mandar tornar-lhe seu Termo de Protesto e ratificação na forma expendida, para se julgar por Sentenca com precedencia das Intimacoins, vistoria e justificação do estillo e recebera mercê.

Despacho

Como requer – Lopes

Termo Nautico

Protesto que faço eu João Pereira da Cruz, Cappitão que sou da Gallera Portugueza / fl. 5/ denominada = Marianna Flora = a favor de quem pertencer o direito tiver, por todos os riscos, e perjuizos pensados e não pensados; pelo intento que intentei a fim de Salvar a dita Gallera, e seu carregamento, que já se achava tudo confiscado, na minha viagem que fiz de Lisboa para Pernambuco; gastando, de viagem cincoenta e hum dias; ao lugar das Laminhas debaixo das fortalezas, em dia vinte e quatro de Outubro de mil oittocentos vinte e tres, pelas dez horas da manha; e pelo meio dia veio a vizita da saude, a meu bordo, e mandando-me levar todos os meus papeis para

30 NT: Talingado no sentido de atado. SILVA, Antonio de Moraes. *Diccionario da lingua portugueza composto pelo padre D. Rafael Bluteau, reformado, e accrescentado por Antonio de Moraes Silva natural do Rio de Janeiro.* Lisboa: Simão Tadeu Ferreira, 1789, vol. II, p 752.

terra pertencentes aos despachos da ditta Gallera; conduzi-me e mediatamente para a terra; e sendo rezistados pelo rezisto da Barra, e me manda aprezentar todos os papeis, e tambem o livro da Carga; os quaes mos não tornou a entregar, mandando-me hir aprezentar ao Governo; e perguntando eu Cappitão pellos Despachos de Navio; me responderão que os despachos se não entregavão mais, visto que a Propriedade he Portugues, e seu Carregamento que ficava tudo confiscado, e neste cazo me fui / fl. 5v/ informar com alguns Negociantes a que elles me nomearão cinco Navios que já se achavão confiscados, onde herâo hum, o Joaquim Guilherme, e outro o Brigue Aurora, e tres dittos do Porto, neste cazo me pude conduzir para meu bordo; fazendo huma falla, aos meus offeciaes, e tripulação de tudo já, especeficado, dezendo-lhe eu Cappitão, que no cazo de estarem promptos de seguir o meu intento de fugir com a dita Gallera, para o Porto de Lisboa, que eu Cappitão lhe affiançava a ditta Gallera e seu carregamento pelas suas soldadas, e tambem mais hum quarto por cento do vallor do seu carregamento; neste cazo todos estiverão promptos para seguir o meu intento, que pelas oito horas da noite me fez de vella; e para me fazer mais rapido me vi obrigado a mandar picar a amarra, por cauza das Fortalezas, pois estava muito proximo, a ellas; com cincoenta braças de Filame e hum Ferro de quatorze quintaes, com sua boia de aduellas e hum arenque de quinze braças, de cinco polgadas de vitolla, e amarra de quartoze ditas de vittola, tudo novo, neste cazo fui veleijando na volta do Sul, a fim de /fl. 6/ quando principiasse a romper o dia de terra me não podessem ver; tal e qual assim acconteçeo; agora eu Cappitão de novamente protesto a favor de quem pertencer o direito tiver por todos os riscos que possão acontecer pela falta de meu Passaporte Real, e mais papeis pertencentes, aos despachos da dita Gallera, nesta viagem que vou fazer para Lisboa, bordo na Gallera a vella vinte e quatro de Outubro de mil oittocentos vinte e tres = Cappitão João Pereira da Cruz = Piloto = Francisco Nunes Lopes = contra mestre Clemente Jozé Marques = Do Despenseiro Jozé Joaquim huma cruz = Marinheiros Jozé das Neves = Luis da Costa = De Rofino Marques, huma Cruz = De Bernardo Antonio Jacinto, huma Cruz = De Andre Domingues, huma Cruz = De Antonio de Almeida huma Cruz, = De Manoel dos Santos huma Cruz = De Matheos de Lima huma Cruz = De Duarte Pedrozo huma cruz = Manoel Antonio Pinto = De Manoel Joaquim huma Cruz = De Thome dos Santos huma Cruz.

Termo de Protesto

Aos dezoito de Dezembro de mil oittocentos /fl. 6v/ vinte e tres, annos, nesta Cidade de Lisboa, e meu Escriptorio compareceo João Pereira da Cruz, Cappitão da Gallera,

Marianna Flora = que conheco pelo proprio e por elle me foi ditto, e manifestado; que na qualidade refferida ratificava os Protestos Nauticos que precedem protestando novamente na mais solemne e valioza forma de Direito, contra e a favor de quem deve protestar, em razão da fuga que projectou e effectuou com a ditta Gallera do Porto de Pernambuco, depois de ter sydo confiscada pelo Governo alli dominante tudo na conformidade do seu requerimento a folhas duas que ofereçe como parte integrante deste Termo, que assignou. E eu Martinho Bartholomeu Rodrigues, o escrevi = João Pereira da Cruz.

Sentença

Julgo o protesto, sua ratificação e vistoria, por Sentença e para sua vallidade lhe interponho minha authroridade Judiçial e Custas ex cauza = Lisboa quatorze de Fevereiro de mil oittocentos vinte e quatro = Daniel Jozé Ignacio Lopes.
E com /fl. 7/ o theôr do refferido fiz extrahir a prezente Certidão com refferencia aos proprios Auttos a que me reffiro; Em fé do que vai por mim subscripta e assignada, em Lisboa aos seis de Dezembro de mil oittocentos vinte e quatro: E eu Martinho Bartholomeu Rodrigues a subscrevi e assignei.
[assinatura] Martinho B*artholo*meu Ro*driguez*

1825, Julho, 15, [Porto]
OFÍCIO de Francisco Antônio de Miranda ao secretário de estado da Marinha e Ultramar, Joaquim José de Monteiro Torres, sobre as notícias obtidas com a chegada do Rio de Janeiro da galera Fama; informando que três câmaras do Império haviam pedido a implantação do regime absolutista e que o imperador já tinha respondido negativamente às mesmas com uma portaria.
AHU-Rio de Janeiro, cx. 290, doc. 18.
AHU_ACL_CU_017, Cx. 294, D. 20831.

Accusado a recep*ção* em 18 de Julho de 1825.[31]

Ex*celentíssi*mo Senhor

31 Acrescentado com outra letra: "Accusado a recep*ção* em 18 de Julho de 1825."

Dou parte a V*ossa* Exc*elênc*ia que no dia doze do corrente chegou a Barra a galera Portugueza Fama do Rio de Janeiro com 54 dias de viagem obtive de fora da Barra para derigir a V*oss*a Exc*elênci*a as noticias, seguintes q*ue* constava dos Diarios tres Cameras do Imperio avião pedido abessolútismo, constava mais que o Imperador ja por huma Portaria tinha respondido as ditas Cameras, que não comvinha ao Imperio do Brazil o Sistema obscellente, e nada mais constava a partida deste navio do Brazil veremos quando emtrar – dizendo mais que a malla das Cartas deste Navio ainda não veio para a Terra, em rezão de huma grande questão que tras o piloto mór Ajudante e todo o corpo dos pilotos contra os goardas Mores da saude. Como já participei anteriormente; pertendem estes senhores – /fl. 1v/ a apossarçe com pertesto da comcervação da saude das Embarcaçoes que só servem para o trafico de pilotos fora da Barra; obrigando ao piloto Mor leve hum delegado dos mesmos goardas Mores chamado goarda Bandeira dentro de sua catraia para fazer a primeira vezita da saude fora da Barra; e logo q*ue* o navio Emtra[32] outra do goarda Menór segindosse logo outra dos guardas Mores – ficando as Embarcacoes com tres vizitas da saude por Emtrada e o modo como ellas são feitas; o Piloto Mór não contente tais abuzos pergudicias ao comerçio – o imtendente da Marinha conhece o modo como tais vezitas são feitas Ajuda e tem mam, ontem vierão de Baçar o Escrivão e meirinhos e Foi emtertando as cartas não bem para /fl. 2v/ a terra e o comercio padese perzistem em fazer tres vezitas, alem de as não vezitar os Domingos nem dia santo ficando porisso retida a Embarcação e os paageiros empatados a bordo; só neste Porto acontece; emquanto as mais noticias tudo esta em sucego – Logo que entre o navio que por a Barra estar perdida e seca não tem emtrado darei parte do que Esteve ao meu Alcançe. [33] Deus goarde a V*oss*a Exc*elên*cia Muitos Annos.

São João da Fos 15 de Julho de 1825.

Ex*celentíssi*mo Sen*ho*r Joaquim Joze Monteiro Torres, secretario d'Estado dos Negocios da Marinha e Ultramar

D*om* Franc*isc*o Ant*oni*o de Miranda

32 Entrelinhado: "Emtra".

33 No ms. encontra-se um espaço em branco.

1825, Novembro, 15, Mafra
AVISO (cópia) do [secretário de estado dos Negócios da Marinha e Ultramar], Joaquim José Monteiro Torres, para o [marquês de Viana], major-general [da Armada, D. João Manoel de Menezes], ordenando que sejam admitidos nos portos do Reino e nos domínios ultramarinos os navios tanto de guerra como mercantes com bandeira brasileira, visto o tratado de paz e aliança firmado no Rio de Janeiro entre o rei de Portugal e Algarves, D. João VI e o imperador do Reino do Brasil, seu filho, D. Pedro.
AHU-Rio de Janeiro, cx. 290, doc. 79.
AHU_ACL_CU_017, Cx. 295, D. 20922.

P*ara* o Reg*is*to

P*ara* o Major General

Ill*ustríssi*mo e Ex*celentíssi*mo S*enho*r Havendo sua Mag*estad*e Fidelissima por sua Carta Patente de 13 de Maio do corrente anno créado, e reconhecido o Brazil, Imperio Independente dos Reinos de Portugal e Algarve cedendo, e transferindo desde logo a soberania do mesmo Imperio na Pessoa de seu Augusto Filho, O Senhor Principe Dom Pedro; e havendo-se em consequencia disto concluido um Tratado de paz e alliança entre os dous Estados firmado no Rio de Janeiro em 29 de Agosto do corrente anno, e ratificado por Sua Mag*estad*e Fidell*íssi*ma na data de hoje: He o Mesmo Augusto Senhor Servido ordenar que desta mesma data em diante sejão admtidos nos Portos destes Reinos e nos dos Dominios Ultramarinos os Navios tanto de Guerra como Mercantes, com Bandeira Brazileira. O que participo a V*ossa* Ex*celênci*a para /fl. 1v/ sua intelligencia e devida execução.

D*eos* G*uar*de a V*ossa* Ex*celênci*a. Palacio de Mafra em 15 de Novembro de 1825.

Joaquim José Monteiro Torres

Na mesma conformid*ade*, e data o escreveo

P*ara* o Cons*elh*o de Mar
Ao Insp*et*or do Ars*en*al Re*a*l da Mar*inh*a

Com*andant*e do Reg*imen*to do Porto
Cap*it*am do P*or*to de Setubal
Intend*en*te da Mar*inh*a do Porto

Regis*tada*

1825, Novembro, 18, [Lisboa]
OFICÍO do [secretário de estado dos Negócios Estrangeiros], conde de Porto Santo, [Antônio de Saldanha da Gama], ao [secretário de estado da Marinha e Ultramar], Joaquim José de Monteiro Torres, informando que a corveta Lealdade, que conduziu ao Rio de Janeiro o encarregado de negócios Carlos Matias Pereira e o oficial inglês da embaixada inglesa, deve ficar às ordens de sir Charles Stuart, indo, contudo, prevenido o respectivo comandante para não sair daquela Corte sem tomar as ordens do Imperador do Brasil, D. Pedro I. Anexo: ofício, ofícios (cópias), aviso.
AHU-Rio de Janeiro, cx. 290, docs. 82, 84.
AHU_ACL_CU_017, Cx. 295, D. 20924.

Av*is*o ao Com*issari*o da Corveta Leald*ad*e em 20 de Nov*em*bro de 1825.[34]

Ill*ustríssi*mo e Exc*elentíssi*mo S*enh*or

Em resposta ao Officio que tive a honra de receber de V*ossa* Exc*elênci*a com data de 15 do corrente; tenho a communicar a V*ossa* Exc*elênci*a que a Corveta Lealdade, depois de ter conduzido ao Rio de Janeiro o Encarregado de Negocios Carlos Mathias Pereira, e o Official Inglez mandado pelo Embaixador de Inglaterra; deve ficar ás ordens de Sir Charles Stuart[35]; indo comtudo prevenido o respectivo commandante de não partir dáquelle Porto sem tomar as de Sua Magestade o Imperador do Brazil. Logo pois que se tiver pronta a expedição, eu farei a V*ossa* Exc*elênci*a o necessario aviso para V*ossa* Exc*elênci*a ordenar a sahida da Corvêta.

Deus Guarde a V*ossa* Exc*elênci*a Secretaria d'Estado dos Negocios Estrangeiros em 18 de Novembro de 1825.

34 Acrescentado com outra letra: "Av*is*o ao Com*issari*o da Corveta Leald*ad*e em 20 de Nov*em*bro de 1825.".

35 NT: Charles Stuart (1779-1845) diplomata britânico que atuou no processo de reconhecimento da independência do Brasil.

Ill*ustríssi*mo e Ex*celentíssi*mo Se*nh*or Joaquim Jozé Monteiro Torres

Conde de Porto Santo

/fl. 1v/ branco
/fl. 2/

Reg*ist*ada
P*ara* o Com*andant*e da Corveta Leald*ad*e
João P*edr*o Nolasco da Cunha

V*ossa* Mer*c*e amanhãa se deverá fazer de vella, p*ara* o q*ue* previnirá as pessoas, q*ue* tem de conduzir a bordo da Corveta do seu com*and*o, sendo assim da sua commisão dirigir-se em direitura ao Porto do Rio de Jan*ei*ro, fazendo todas as delig*ênci*as de conseguir com toda a brevid*ad*e, apprezentando-se ali a Sir Charles Stuart, ás ordens de q*ue*m ficará; na intellig*enc*ia de q*ue* não partirá daquelle Porto sem tomar as de S*ua* Mag*estad*e o Imperador do Brazil.

Incluzas achará V*ossa* Mer*c*e as Cartas de credito p*ar*a náquelle Porto poder occorrer ás despezas, q*ue* possão ser necessarias, recommendando a V*ossa* Mer*c*e n'este artigo a maior economia possivel limitando-se inicialmente ás q*ue* forem indispensaveis.

D*eus* G*uard*e a V*ossa* Mer*c*e. Mafra em 20 de Nov*em*bro de 1825 –
J*oaquim* J*osé* de M*onteir*o T*orres*

Reg*ist*ada
/fl. 2v/ branco
/fl. 3/
Reg*ist*ada

P*ara* o Sub Insp*et*or do Correio G*er*al
Loureiro Ant*oni*o d'Araujo

Previno a V*ossa* Mer*c*e de que o com*andant*e da Corveta Lealdade até a meia noute de hoje deverá ahi mandar buscar a malla da correspond*ên*cia p*ara* o Rio de Jan*ei*ro.

D*eus* guarde a V*ossa* Mer*c*êe. Mafra em 20 de Novembro de 1825 – J*oaquim* J*osé* de M*onteir*o T*orres*

Reg*ista*da

/fl. 3/ branco
/fl. 4/

Av*is*o ao Com*andant*e da Corveta Leald*ade* = em 20 de Nov*em*bro de 1825.

Illustríssimo e Excelentíssimo Senhor

Passo ás mãos de V*ossa* Exc*elênci*a as Cartas de Credito incluzas assignadas pelas Caixas do Contrato Geral do Tabaco para o Commandante da Corveta Lealdade destinada para o Rio de Janeiro levar em sua companhia para poder occorrer as despezas que possão ser necessarias.

Deos Guarde a V*ossa* Exc*elênci*a. Erario Regio em 11 de Novembro de 1825.

Illu*stríssi*mo e Ex*celentíssi*mo S*enho*r Joaquim Joze Monteiro Torres

[assinatura] Dom Miguel Antonio de Mello

/fl. 4v/ branco
/fl. 5/
Av*is*o ao Major G*ener*al em 15 de Nov*em*bro de 1825.

Ill*ustríssi*mo e Ex*celentíssi*mo S*enho*r

Sua Magestade he servido ordenar que na Embaracação, que deve hir ao Rio de Janeiro se prompetifique lugar para Carlos Mathias Pereira, e sua Familia, e para hum official de Marinha Inglez, que deve hir na mesma Embarcação. O que participo a V*ossa* Exc*elênci*a para sua intelligencia e execução.

Deos Guarde a V*ossa* Exc*elênci*a. Palacio de Mafra, em 14 de Novembro de 1825.

[assinatura] Conde de Porto Santo

S*enho*r Joaquim Joze Monteiro Torres.

1826

Ant. 1826, Janeiro, 13
REQUERIMENTO de Francisco José Teixeira, para o rei [D. João VI], solicitando passaporte com destino à província do Pará.
Anexo: certidão.
AHU_ACL_CU_013, Cx. 164, D. 12514.

Passou-se Passaporte em 13 de Janeiro de 1826.

Senhor

Diz Francisco Jozé Teixeira que elle pertende paçar da Cidade do Porto para a Provincia do Pará, levando comsigo sua molher Elidonia Joaquina; e Tres de menores Idades, o que mostra pello documento.

Pede a V*ossa* Mage*stad*e Imperial Real seja servido mandar-lhe dár Paçaporte p*ar*a o d*it*o Transporte

E R*eceberá* Merce

/fl. 1v/ branco
/fl. 2/

O Provedor e Deputados da Ill*ustríssi*ma Junta
da Administração da Companhia Geral da Agricultura
das Vinhas do Alto Douro.

Fazemos certo: que Francisco Jozé Teixeira e sua mulher Elidónia Joaquina, emigrados do Brazil e de prezente rezidentes nesta Cidade do Porto; justificárão perante o Dez*embargad*or Juiz Conservador desta Companhia, que pertendem transportar-se para a Província do Pará, levando comsigo tres filhos de menor idade; que não tem comettido crime algum; e do Auto de confrontação feito nas pessôas dos Justificantes, na prezença do dito Ministro, perante o qual justificárão serem os próprios, consta, que o primeiro Justificante mostrou ter trinta e seis annos de idade pereceo mais ou menos, cabêllos louros sobre ólhos ditos, ólhos castanhos, rôsto comprido, nariz alto, e estatura ordinaria; a segunda Justificante sua mulher, mostrou ter trinta e dous annos de idade, pouco mais ou menos, cabêllos prêtos, sobre ólhos ditos, ólhos castanhos rôsto comprido, nariz alto, estatura ordinaria: O que tudo consta do Instrumento de Justificação que aprezentárão julgado por Sentença, e de que pagárão os competentes sellos. [36] Comprovando-se o referido intento e destinação, não só pela mencionada Justifcação; mas tambem pelas informaçoens que da /fl. 2v/ parte da mesma Ill*ustríssi*ma Junta se terárão, em virtude de cujas averiguaçoens, e em cumprim*en*to das Ordens de Sua Magestade Imperial e Real expedidas a esta Ill*ustrissi*ma Junta, á do Commercio, e ao Chanceller da Relação e Caza desta Cidade do Porto em 26 d'Agosto de 1761, se passou a prezente para por ella requerêrem na dita Real Junta do Commercio: E vai escripta por Bento José Moreira Official Ajudante da Secretaria da mesma Companhia. [37] Porto em Junta de 10 de Janeiro de 1826.

João Antonio Frederico Ferro a fez escrever
E Francisco de Souza Cirne de Madureira
João Ribeiro de Faria
Manoel Guerner
Thomas Silva Ferreira
Jose de Meirelles Guedes de Carvalho
Visconde de S*an*ta Martha – Manoel[38]

36 No ms. encontra-se um espaço em branco.

37 No ms. encontra-se um espaço em branco.

38 NT: Manuel Gregório de Sousa Pereira de Sampaio (1766-1844), primeiro Visconde de Santa Martha, por decreto de 19 de novembro de 1824.

1826, Abril, 10, Lisboa
OFÍCIO de João Gonçalves Marques ao [oficial da secretaria de estado da Marinha e Ultramar], Manuel José Maria da Costa e Sá, sobre Manuel José de Almeida, um dos principais negociantes da Baía, imigrado em Lisboa, que pretende passar ao Rio de Janeiro.
AHU-Baía, cx. 271, doc. 19
AHU_ACL_CU_005, Cx. 281, D. 19589.

Ill*ustríssi*mo Ex*celentissi*mo S*enho*r

Esta pretenção em q*ue* julgo não haver inconveniente, antes ser um acto de caridade, q*ue* pelo teor da mesma carta V*ossa* S*enhori*a pode conhecer e entender q*ue* tomarei respeitosam*en*te o [???]lho[39] à sua superior [???][40].
/fl. 1v/
Baía
10 Abril 1826[41]

Ill*ustríssi*mo S*enho*r M*ano*el José M*ari*a da Costa e Sá

Muito meu Am*igo* e Irm*ão*

Achando-se nesta Capital o S*enho*r M*ano*el Jose d'Alm*ei*da hum dos principais Negociantes da Bahia, o qual tendo-se visto obrigado a emigrar d'aquella Cidade; e abandonar os avultados interesses da sua casa pelos motivos então existentes, dezeja agora, que as couzas parece, se achão mais tranquilas passar ao Rio de Janeiro para desde ali com mais facilid*ad*e dirigir os Negocios da ref*eri*da sua Caza, a cujo effeito pede ao Commandan*t*e Vasconcellos lhe concedesse passagem em Naú D*om* João *sext*o o que prontamente fez; porem disse-me não o poderia receber a bordo sem expressa ordem do Ministro Secretario d'Estado, por cujo motivo roga a V*ossa Senhoria* o obsequio de me obter a dita ordem, ou dizer-me se se deve fazer algum Requerimento para ser p*or* V*ossa Senhoria* presentado ao Ministro. Desculpe os reiterados incommodos, e sou com perfeita consideração.

39 Um carimbo impede a leitura da palavra, provavelmente: "conselho".

40 Um carimbo impede a leitura da palavra, provavelmente: "pessoal".

41 Acrescentado com outra letra: "Baía 10 Abril 1826".

De V*ossa* S*enhoria*

O mais att*ento* am*igo* e obrig*ado*

[assinatura] João Gonçalves Marques

Seg*un*da feira 10 de Abr*il* de 1826.

1826, Abril, 14, Lisboa
REQUERIMENTO dos oficiais das Tropas de Linha e Milícias do Pará, para o rei [D. Pedro IV], solicitando certidão do conteúdo da carta régia de 5 de Outubro de 1807, dirigida ao Conde dos Arcos enquanto governador da província do Pará.
AHU_ACL_CU_013, Cx. 164, D. 12526.

Passe do que constar não havendo inconveniente. Paço em 19 de Abril de 1826.

Pará
14-Abri-1826[42]

Senhor

Dizem os supplicantes abaixo assignados, que para o bem de sua justiça se lhe fáz precizo, que pela Secretaria dos Negocios da Marinha se lhes passe p*or* Certidão o theor da Cárta Regia de 5 de Outubro de mil, oitocentos e sette, dirigida ao Ex*celentíssi*mo Conde dos Arcos, como Governador e Capitão Generál que então éra da Provincica do Pará. E porque se lhe não póssa extrahir a sobredita Certidão, sem Despacho de V*ossa* Magest*a*de.

P*ede* a V*ossa* Magestade seja servido attendendo ao referido, defirir aos Supp*licantes*; como muy respeitúozamente Requerem

E R*eceberá* Merce.

Lixboa 14 de Abril de 1826

João Pedro da Costa Capi*t*am do P*rimeiro* Reg*imento* d'Linha do Pará

42 Acrescentado com outra letra: "Pará / 14-Abri-1826".

Joaquim Joze Jordão Cap*it*am do S*egund*o Regim*en*to de Lisboa

/fl. 1v/

Nesta Secretaria de Estado dos Negócios da Marinha, e do Ultramar, a folhas cento e cincoenta e seis do Livro dezoito, onde se registão os Officios dirigidos ao Vice-Rey, e Capitão General de Mar; e Terra do Estado do Brazil, se acha registada a Carta Regia que os Supplicantes mencionão, cujo theôr he o seguinte. -

= Carta Regia =

Conde dos Arcos, Vice-Rey, e Capitão General de Mar, e Terra do Estado do Brazil: Amigo: Eu o Principe Regente vos Envio muito saudar, como áquelle que Amo sendo-lhe prezente que, algum dos Officiaes das Tropas de Linha, e Milicias dessa Capitania se achão privados do exercicio dos Postos em que forão por Mim confirmados, por não terem tirado as suas respetivas Patentes, o que lhes não he imputavel pela falta de correspondencia, ou descuido de seus Procuradores neste Reino: E Attendendo ao referido: Hey por bem Ordenar, que todos os Officiaes de Tropa paga, cujas Promoções forão por Mim confirmadas, ou os de Milicias, que, segundo a jurisdição que vos Tenho concedido, tiverem Patentes vossas, e os que daqui em diante se achasem em similhante cazo sirvão os Postos em que estiverem, ou forem providos, e cobrem o seu competente soldo, se o tiverem, não obstante não aprezentarem as suas Patentes de Confirmação, as quaes sempre deverão tirar pelo Conselho Ultramarino, ainda que por ora, e emquanto não Dou outra providencia, sou servido não fixar tempo para esta aprezentação – O que assim cumprireis, não obstante quaesquer ordem, ou Dispozições em contrario – Escripta no Palacio de Nossa Senhora d'Ajuda, em cinco de Outubro de mil oitocentos e sete = Principe = Para o Conde dos Arcos =

/fl. 2/

Nesta mesma conformidade; e data se escrevo ao Governador, e Capitão General da Capitania do Pará =

E para constar se passou a prezente. Secretaria de Estado dos Negocios da Marinha, e do Ultramar, em 21 de Abril de 1826.

Em auzencia do Official Maior
Joaquim Guilherme da Costa Posser

[ant. 1826, Junho, 17]
REQUERIMENTO do ajudante do Primeiro Regimento de Milícias da Província de Santa Catarina, Lúcio Antônio da Silva Ribeiro Bonjardim, ao rei [D. João VI], solicitando ordem para retirar carta patente no Conselho Ultramarino.
AHU-Santa Catarina, cx. 13, doc. 35.
AHU_ACL_CU_021, Cx. 10, D. 618.

Ao G*overno* da P*rovínci*a em 17 de Junho de 1826.

Senhor
Recebi o ducumento incluzo, Lisboa 22 de Junho d'1826.

Santa Catarina (17 Junho 1824)[43]

Diz Lucio Antonio da Silva Riberio Bomjardim, Ajudante do *Primeir*o Regimento de Milicias da Provincia de Santa Catherina, como mostra do documento junto, que para tirár a sua Patente preciza que V*ossa* Magestade mande expedir Ordem para este fim ao Conselho do Ultramár, visto que tendo já requerido pelo Ministro da Guerra, se lhe pôs por despácho que requeresse pela Marinha.

P*ede* a V*ossa* Magestade seja servido assim o mandar,

[assinatura] Lucio Antonio da Silva Ribeiro Bomjardim.

E R*eceberá* Merce

1826, Outubro, 24
REQUERIMENTO de Francisca Ludovina de Lima à infanta regente D. Isabel Maria, solicitando o auxílio da comissão encarregada da subscrição a favor dos imigrados do Brasil para se transportar com mais três filhos para a província do Maranhão.
AHU_ACL_CU_009, Cx. 179, Doc.: 12962

43 Acrescentado com outra letra: "Santa Catarina (17 Junho 1824)".

Requereu pelo Ministerio dos Negocios do Reino.
Paço, em 24 d'Outubro de 1826 // Quintella[44]
Ao G*overno* da P*rovínci*a na mesma data[45]

Maranhão
24-X-826[46]
Serenissima Senhora

Diz D*ona* Francisca Ludovina de Lima Mulher do Cappitão de Artilharia da Provinica do Maranhão Joaquim Jozé da S*ilv*a, que tendo vindo para este reino em companhia de seu marido por motivos que ocurreão no Brazil, tem não só supp*li-cant*e sufrido duenças como tambem a mais famillia; e como se veja com tres filhos menores e nada mais tenha p*ara* sua subsistencia do q*ue* o soldo de seu marido pertende transportar-se á sobre dita Provincia do Maranhão, más como se veja falta de meios para o poder fazer, implora o patrocinio de V*ossa* Alteza Serenissima para q*ue* se digne manda-lla socorrer pela subscripção a favor dos imigrados do Brazil visto se achar falta de meios p*ara* huma longa viagem para que

P*ede* a V*oss*a Alteza Serenissima seja servida tomar em consideração o exposto da supp*lic*a e mandar que a Comissão emcarregada da subscripção a favor dos imigrados do Brazil lhe preste alguns socorros para se poder transportar, e mais tres filhos p*ara* a sobredita Provincia de cuja graça.

E R*eceberá* Merce

L*ixbo*a 24 de *Outu*bro de 1826.
Por seu Procurador
Joaq*uim* Jozé da S*ilv*a

44 Acrescentado com outra letra: "Requereu pelo Ministerio dos Negocios do Reino. / Paço, em 24 d'Outubro de 1826 // Quintella".

45 Acrescentado com outra letra: "Ao G*overno* da P*rovínci*a na mesma data".

46 Acrescentado com outra letra: "Maranhão / 24-X-826".

Instrumento de pesquisa dos documentos sobre a Independência do Brasil existentes no Arquivo Histórico Ultramarino de Lisboa

FUNDO: CONSELHO ULTRAMARINO
1820-1826
PROJETO RESGATE BARÃO DO RIO BRANCO

Brasil Geral AHU_ACL_CU_003

1	**1821, Outubro, 30, São Salvador dos Campos dos Goitacazes** **CARTA do major comandante** de Caçadores no. 4, Antônio Aureliano Rolão, major comandante do Esquadrão no. 3, Pedro Augusto Nolasco Pereira da Cunha e do major do Regimento no. 12 da 2ª. Linha, Miguel Joaquim Prestes, ao rei [D. João VI], solicitando a vila seja condecorada uma junta provisória de governo; e que seja livre da influência da sua cidade capital; relatando os acontecimentos recentes na vila. Anexo: ofícios (cópias), ofício, requerimento (cópia), certidão, parecer, Gazeta de 17 de Julho de 1821, Obs.: doc. Impresso; m. est. AHU-Bahia, cx. 254, doc. 44. **AHU_ACL_CU_003, Cx. 44, D. 3565.**
2	**[ca. 1821]** REQUERIMENTO de Caetano José da Silva ao [rei D. João VI], solicitando passaporte para retornar a São Paulo com escala no Rio de Janeiro, visto ter ido à Corte para acompanhar o deputado Diogo Antonio Feijó. AHU- Rio de Janeiro, cx. 200, doc. 102. **AHU_ACL_CU_003, Cx. 44, D. 3584.**
3	**1821, Março, 13, Lisboa** OFÍCIO do [secretário das Cortes Gerais e Extraordinárias], João Batista Felgueiras, ao [secretário de estado da Marinha e Ultramar], Inácio da Costa Quintela, informando a revogação da portaria que transferida a Academia dos Guardas Marinhas do Rio de Janeiro para Lisboa. Obs.: ver portaria AHU_ACL_CU_017, Cx. 289, D. 20440; anexo lembrete AHU- Rio de Janeiro, cx. 284, doc. 51. **AHU_ACL_CU_003, Cx. 44, D. 3597.**

4	**1821, Junho, 8, Rio de Janeiro** INFORMAÇÃO (extrato] sobre a chegada da escuna Leopoldina, vinda do Rio de Janeiro; informando que o comandante não adianta notícias do Rio de Janeiro; da Bahia confirma as últimas notícias, incluindo mesmo a do bom espírito constitucional; e de Pernambuco confirma todas as notícias e acrescenta que no dia 6 de Abril o Batalhão Ligeiro foi recebido no Largo do Pelourinho com grande algazarra e desordem e palavras de "mata branco", tendo contudo, o governo restabelecido a ordem; informando os passageiros transportados. AHU-Rio de Janeiro, cx.284, doc. 106. **AHU_ACL_CU_003, Cx. 45, D. 3621.**
5	**1821, Junho, 17, Rio de Janeiro** PORTARIA do [secretário de estado dos Negócios da Marinha no Rio de Janeiro], Manuel Antônio Farinha, ao secretário de estado da Marinha e Ultramar em Lisboa, [Joaquim José Monteiro Torres], informando que o príncipe regente [D. Pedro] recebera e cumprira a portaria de 16 de Março de 1822, assim como a Resolução das Cortes Gerais e extraordinárias da Nação Portuguesa, com data de 13 do mesmo mês e ano, relativa à conservação da Academia dos Guardas-marinhas no Rio de Janeiro, que a acompanhava. AHU-Pará, n. v. 826. **AHU_ACL_CU_003, Cx. 45, D. 3625.**
6	**1821, Julho, 8, Queluz** CARTA (cópia) do [secretário de estado da Guerra], Cândido José Xavier ao [secretário das Cortes Gerais e Extraordinárias], João Batista Felgueiras remetendo ofícios da Junta de Governo da província de Goiás, de Janeiro deste ano, em que dão conta dos sucessos que ocorrerão naquela província desde o juramento da Constituição. Anexo: ofícios (cópias), ofícios (extratos). AHU-Bahia, cx. 3, doc. 288. **AHU_ACL_CU_003, Cx. 45, D. 3631.**
7	**[ca. 1822]** CARTA da [Junta Governativa da Bahia] ao rei [D. João VI], sobre a revolução do Brasil, informando ter sido convocada uma Assembléia Geral Legislativa e Constituinte no Rio de Janeiro, e em Pernambuco já se proclamou a regência do príncipe [D. Pedro], conforme alguns impressos publicados; e o povo e alguns regimentos militares estão se armando para fazer uma revolução; mas que as tropas fiéis a Portugal farão o possível para se sustentarem até a chegada de tropas do Reino. Obs.: m. est. AHU-Bahia, cx. 273, doc. 83. **AHU_ACL_CU_003, Cx. 45, D. 3658.**
8	**[ca. 1822]** MEMÓRIA sobre os efeitos para o Império português da independência do Brasil; a situação do príncipe [D. Pedro]; o ambiente político da América espanhola; o papel dos Estados Unidos da América. Obs.: doc. em francês AHU-Brasil-Geral, doc. 75. **AHU_ACL_CU_003, Cx. 45, D. 3659.**

9	**[post. 1822]** REQUERIMENTO do marinheiro Francisco Antônio Torres, que foi preso para ir na fragata Niterói que deveria ir bloquear o porto da Bahia, ao rei [D. João VI], solicitando ser libertado e restituído à sua pátria. Anexo: lembrete. AHU-Rio de Janeiro, cx. 301, doc. 155. **AHU_ACL_CU_003, Cx. 45, D. 3660.**
10	**1823, janeiro, 9, [Lisboa]** REQUERIMENTO de Gould Irmãos & Companhia ao rei [D. João VI], solicitando pagamento da carne que venderam para a expedição da Bahia. Obs.: ver ofício em AHU_ACL_CU_005, Cx. 279, D. 19420; anexo certidão. AHU-Bahia, cx. 265, doc. 9. **AHU_ACL_CU_003, Cx. 45, D. 3662.**
11	**1823, janeiro, 20, Belém do Pará** OFÍCIO dos procuradores da província de Mato Grosso, João de Pina Macedo e José de Sousa Guimarães, ao secretário de estado do Reino, Filipe Ferreira de Araújo e Castro, informando que o deputado de Mato Grosso que deveria se apresentar na Cortes de Portugal ainda não recebeu as ordens régias, por terem as mesmas ficado retidas no Pará. Anexo: ofício. AHU-Pará, n.v. 795. **AHU_ACL_CU_003, Cx. 45, D. 3663.**
12	**[ant. 1823, abril, 9]** OFÍCIO (extrato) do [governador das Armas da província da Bahia], brigadeiro [Inácio Luís] Madeira [de Melo], informando que a Bahia está quase toda sublevada; sobre a falta de víveres e de dinheiro; a necessidade de mais tropas; e a conveniência em bloquear-se os portos do Rio de Janeiro e de Pernambuco. Obs.: ver ofício em AHU_ACL_CU_005, Cx. 274, D. 19151. **AHU_ACL_CU_003, Cx. 45, D. 3666.**
13	**[post. 1823, maio, 31]** REQUERIMENTO de Tomás José da Silva ao rei [D. João VI], solicitando passaporte para passar a um dos portos livres do Brasil. Anexo: atestado. AHU-Rio de Janeiro, cx. 322, doc. 16. **AHU_ACL_CU_003, Cx. 45, D. 3674.**
14	**1823, julho, 9, Lisboa** CARTA do capitão da 1ª Companhia de Artilharia da Província do Maranhão, Anselmo Joaquim da Silva, ao rei [D. João VI], solicitando a sua promoção no posto de sargento-mor do Regimento de Artilharia da cidade da Bahia, em reconhecimento dos seus serviços e atendendo às dificuldades de convivência com o governador de Armas da Província do Maranhão, [Agostinho Antônio de Faria]. Obs.: ver requerimento, AHU_ACL_CU_009, Cx. 174, D. 12648; ofício, Cx. 173, D. 12538; consulta, Cx. 174, D. 12596. **AHU-Bahia, cx. 266, doc. 91.** **AHU_ACL_CU_003, Cx. 45, D. 3675.**

15	**1823, julho, 21, Lisboa** AVISO do [secretário de estado da Marinha e Ultramar em Lisboa], conde Subserra, [Manuel Inácio Pamplona Corte Real], a José Maria de Moura, determinando que, a pedido da Junta de Governo da Província do Pará, se proceda ao reforço da guarnição militar existente naquela Província, com mais um batalhão de tropas da Bahia, pagando-se lhes os soldos e aquartelamentos competentes, por forma a prestar melhor auxílio às populações no momento conturbado que atualmente vivem. Obs.: ver ofícios em AHU_ACL_CU_013, cx. 159, D. 12120, e cx. 160, D. 12175. AHU-Rio de Janeiro, cx. 286, doc. 34. **AHU_ACL_CU_003, Cx. 45, D. 3677.**
16	**1823, dezembro, 4, [Lisboa]** OFÍCIO (cópia) do [secretário de estado da Guerra], conde de Subserra, [Manuel Inácio Martins Pamplona Corte Real], ao [governador de Angola], Cristóvão Avelino Dias, ordenando que cesse imediatamente o sequestro dos bens dos brasileiros, restituindo-se a propriedade aos seus donos, franqueando-se o tráfico, comércio e relações com o Brasil segundo o uso antigo. **AHU_ACL_CU_003, Cx. 45, D. 3692.**
17	**1824, janeiro, 13, Lisboa** REQUERIMENTO do alferes do batalhão de Infantaria de linha do Rio Grande do Norte, José Pereira de Azevedo ao [rei D. João VI], solicitando a promoção ao posto de major agregado ao Regimento de Milícias de Rio Grande do Norte. Anexo: requerimentos. AHU-Rio Grande do Norte, cx. 10, docs. 31, 35. **AHU_ACL_CU_003, Cx. 45, D. 3694.**
18	**1824, janeiro, 25, Lisboa** OFÍCIO de Manuel José Maria de Canelas ao [secretário de estado da Guerra], conde de Subserra, [Manuel Inácio Martins Pamplona Corte Real], remetendo para despacho requerimento do [proprietário de navios] João Ventura Rodrigues; sobre os comissionados à diligência dos pinhais; o adiamento da partida de Vernhagen; recomendando não se publicarem as partes relativas ao Rio de Janeiro. AHU-Bahia, cx. 267, doc. 22. **AHU_ACL_CU_003, Cx. 45, D. 3695.**
19	**1824, abril, 23, [Lisboa]** OFÍCIO do [secretário de estado dos Negócios da Guerra], conde de Subserra, [Manuel Inácio Pamplona Corte Real], **à Secretaria de estado da Marinha e Ultramar**, remetendo o requerimento do coronel do 2º Regimento de Infantaria de Linha da Província do Pará, Francisco José Rodrigues Barata, para que se possa averiguar sobre os motivos da sua vinda a Portugal. Obs.: ver requerimentos, AHU_ACL_CU_013, cx. 162, D. 12363, D. 12380; ofício, 013, cx. 160, D. 12221. AHU-Pará, n.v. 801. **AHU_ACL_CU_003, Cx. 45, D. 3702.**

20	**[ant. 1825, Abril, 6, Lisboa** REQUERIMENTO do mestre do navio Aurora, Franciso José de Oliveira, sendo seu senhorio, Antônio Gomes Barroso, ao [rei D. João VI], com escala no Rio de Janeiro e de volta para Lisboa. Anexo: atesto, passaporte (traslado) AHU-Buenos Aires, cx. 1, doc. 41 **AHU_ACL_CU_ 003, Cx. 46, D. 3721.**
21	**1825, Abril, 27, Lisboa** CARTA da Junta Real da Fazenda dos Arsenais do Exército ao rei [D. João VI], remetendo a conta da importância de artigos apetrechados enviados ao Brasil desde Janeiro de 1808 e que não voltaram ao Arsenal. Anexo: Relações AHU-Brasil-Geral, doc. 39 **AHU_ACL_CU_ 003, Cx. 46, D. 3723.**
22	**1825, Abril, 28, Lisboa** OFÍCIO do [oficial da Contadoria Fiscal das Tropas], Antônio Firmo Felner, ao [secretário de estado da Guerra], conde de Barbacena [Francisco Furtado de Castro do Rio de Mendonça e Faro], remetendo a conta das despesas pagas pela Tesouraria Geral das Tropas aos corpos expedicionários que foram destacados para o Brasil desde o ano de 1822 até que recolheram aos quartéis. Anexo: relações, aviso (cópia) AHU-Brasil-Geral, doc. 40 **AHU_ACL_CU_ 003, Cx. 46, D. 3724.**
23	**1825, Maio, 11, Lisboa** CARTA de Domingos José Cardoso ao rei [D. João VI], remetendo a conta geral da despesa dos fornecimentos à Legião Lusitana, à expedição para o Brasil, às famílias dos oficiais militares, aos destacamentos do Pará e Maranhão e esquadrão da Legião da Bahia. Anexo: mapas AHU-Brasil-Geral, doc. 41 **AHU_ACL_CU_ 003, Cx. 46, D. 3725.**
24	**1825, Maio, 11, Lisboa** CARTA da Junta Real da Fazenda dos Arsenais do Exército ao rei [D. João VI], remetendo mapas dos artigos deixados no Brasil pelos corpos expedicionários. Anexo: relações e mapas AHU-Brasil-Geral, doc. 42 **AHU_ACL_CU_ 003, Cx. 46, D. 3726.**
25	**1825, Maio, 18, Lisboa** CARTA da Junta Real da Fazenda dos Arsenais do Exército ao rei [D. João VI], remetendo mapa dos artigos deixados no Brasil pelos destacamentos de Artilharia que para lá foram desde o ano de 1822. Anexo: relação e mapa AHU-Brasil-Geral, doc. 43 **AHU_ACL_CU_ 003, Cx. 46, D. 3727.**

26	**1825, Maio, 31, Lisboa** OFÍCIO do [secretário de estado da Guerra], conde de Barbacena [Francisco Furtado de Castro do Rio de Mendonça e Faro], ao [secretário de estado da Marinha e Ultramar], Joaquim José Monteiro Torres, remetendo o extrato das contas parciais de todas as despesas feitas pelo Arsenal Real do Exército com artilharia e apetrechos enviados para o Brasil desde 1808 e que nunca foram destacados de 1820 e regressaram devido as circunstâncias políticas. Obs.: m. est.: anexo mapa AHU-Brasil-Geral, doc. 44 **AHU_ACL_CU_ 003, Cx. 46, D. 3730.**
27	**1826, Abril, 17, Lisboa** LEMBRETE do [secretário de estado da Marinha e Ultramar], Joaquim José Monteiro Torres, sobre mandar para bordo da nau D. João VI o sargento e soldado pertencentes ao Exército do Brasil, que se acham agregados ao corpo da Brigada Real da Marinha. AHU-Brasil-Geral, doc. 74 **AHU_ACL_CU_003, Cx. 46, D. 3766.**

Alagoas AHU_ACL_CU_004

28	**1821, Julho, 11, Alagoas** OFÍCIO do governador de Alagoas Sebastião Francisco de Melo e Póvoas ao secretário de estado da Marinha e Ultramar [Joaquim José Monteiro Torres] sobre o estabelecimento do Governo Provisório da província de Alagoas. Anexo: 2 vias dirigidas ao presidente do Congresso Nacional e lembrete AHU-ALAGOAS, cx. 4, doc. 36. **AHU_ACL_CU_004, Cx. 7, D. 475.**
29	**1821, Julho, 11, Alagoas** OFÍCIO do governador de Alagoas Sebastião Francisco de Melo e Póvoas ao [secretário dos Negócios Militares do estado do Brasil] Carlos Frederico Caula sobre o estabelecimento da Junta do Governo Provisório da província de Alagoas, e a solicitar autorização para regressar a Portugal para tratar da sua saúde e bens. AHU-ALAGOAS, cx. 4, doc. 37. **AHU_ACL_CU_004, Cx. 7, D. 476.**
30	**1821, Agosto, 1, vila de Alagoas** CARTA da Junta do Governo Provisório da província de Alagoas ao rei [D. João VI] sobre a instalação da mesma Junta. AHU-ALAGOAS, cx. 4, doc. 39. **AHU_ACL_CU_004, Cx. 7, D. 477.**
31	**1821, Agosto, 1, vila de Alagoas** OFÍCIO da Junta do Governo Provisório da província de Alagoas ao [membro da Junta Provisional do Governo Supremo do Reino] Francisco Maximiano de Sousa a enviar o auto da eleição e nomeação dos deputados da mesma província. Anexo: auto (cópia) AHU-ALAGOAS, cx. 4, doc. 35. **AHU_ACL_CU_004, Cx. 7, D. 478.**

32	**1821, Agosto, 1, vila de Alagoas** OFÍCIO da Junta do Governo Provisório da província de Alagoas ao [membro da Junta Provisional do Governo Supremo do Reino em Lisboa] Francisco Maximiano de Sousa a enviar cópia do termo de instalação da mesma Junta. Anexo: termo (cópia) AHU-ALAGOAS, cx. 4, doc. 35. **AHU_ACL_CU_004, Cx. 7, D. 479.**
33	**1821, Agosto, 1, vila de Alagoas** OFÍCIO do presidente e representante da Junta do Governo Provisório da província de Alagoas, Sebastião Francisco de Melo e Póvoas ao presidente do Congresso Nacional em Lisboa sobre a partida dos deputados da província às Cortes. AHU-ALAGOAS, cx. 4, doc. 38. **AHU_ACL_CU_004, Cx. 7, D. 480.**
34	**[ant. 1821, Novembro, 7, vila de Maceió** REQUERIMENTO dos comerciantes da vila de Maceió à Junta Provisional do Governo da província de Alagoas a pedir que o secretário da mesma Junta ou o escrivão da Junta da Fazenda Real passe certidão dos termos ou acordos da Junta da Fazenda Real na instalação do governo da província, sua residência e das repartições fiscais da mesma vila, e sua transferência para a vila de Alagoas. AHU-ALAGOAS, cx. 4, doc. 40. **AHU_ACL_CU_004, Cx. 7, D. 488.**
35	**1821, Novembro, 12, Alagoas** OFÍCIO da Junta Provisional do Governo da província de Alagoas ao secretário de estado da Marinha e Ultramar Joaquim José Monteiro Torres sobre a recepção da notícia e comemorações da chegada da família real a Lisboa, das Bases e Projecto da Constituição e Decretos do Soberano Congresso. AHU-ALAGOAS, cx. 4, doc. 32. **AHU_ACL_CU_004, Cx. 7, D. 489.**
36	**1821, Novembro, 20, Alagoas** OFÍCIO da Junta Provisional do Governo da província de Alagoas ao [secretário de estado da Marinha e Ultramar] Joaquim José Monteiro Torres a enviar relatório das novidades e alterações na administração militar e da fazenda na província. Obs.: ofício no. 1. Anexo: relatório, 2ª. via, lembrete e parecer. AHU-ALAGOAS, cx. 4, doc. 43. **AHU_ACL_CU_004, Cx. 7, D. 490.**
37	**1821, Novembro, 20, Alagoas** OFÍCIO da Junta Provisional do Governo da província de Alagoas ao [secretário de estado da Marinha e Ultramar] Joaquim José Monteiro Torres sobre o estabelecimento da capital da província na vila de Alagoas ou na de Maceió. AHU-ALAGOAS, cx. 4, doc. 44. **AHU_ACL_CU_004, Cx. 7, D. 491.**

38	**1821, Fevereiro, 7, Alagoas** OFÍCIO da Junta Provisional do Governo da província de Alagoas ao secretário de estado do Reino Inácio da Costa Quintela a enviar cópia do auto de eleição do novo governo da província, a administração do comando militar pela mesma Junta por falta de nomeação, o sossego e tranquilidade pública, e a aderência ao sistema constitucional. Obs.: ofício no.1. Anexo: docs. Comprovativos e 2ª. via. AHU-ALAGOAS, cx. 5, doc. 6. **AHU_ACL_CU_004, Cx. 7, D. 504.**
39	**1821, Fevereiro, 7, Alagoas** OFÍCIO da Junta Provisional do Governo da província de Alagoas ao presidente do Congresso Nacional sobre o cumprimento do decreto relativo à eleição do novo governo da província, o sossego e tranquilidade pública, e a aderência ao sistema constitucional. Obs.: ofício no. 1. Anexo: 2a. via. AHU-ALAGOAS, cx. 5, doc. 8. **AHU_ACL_CU_004, Cx. 7, D. 505.**
40	**1821, Maio, 6, Alagoas** OFÍCIO da Junta Provisional do Governo da província de Alagoas ao presidente do Congresso Nacional a enviar cópia de decretos do príncipe regente do Brasil, D. Pedro, relativo ao alistamento voluntário nas tropas de linha e ao Conselho de Estado no Rio de Janeiro composto por procuradores gerais das províncias, que a mesma Junta não deu cumprimento por estarem em contravenção com o poder legislativo das Cortes Constituintes. Obs.: ofício no. 1. AHU-ALAGOAS, cx. 5, doc. 13 e 16. **AHU_ACL_CU_004, Cx. 7, D. 509.**
41	**1821, Maio, 6, Alagoas** OFÍCIO da Junta Provisional do Governo da província de Alagoas ao secretário de estado do Reino [Filipe Ferreira de Araújo e Castro] a enviar cópia de decretos do príncipe regente do Brasil, D. Pedro, relativos ao alistamento de voluntários nas tropas de linha e ao Conselho de Estado no Rio de Janeiro composto pelos procuradores gerais das províncias, que a mesma Junta não deu cumprimento por estarem em contravenção com o poder legislativo da Cortes Constituintes. Obs. Ofício no. 3. Anexo: decretos (cópias) e ofício no. 1 ao presidente do Congresso Nacional. AHU-ALAGOAS, cx. 5, doc. 14. **AHU_ACL_CU_004, Cx. 7, D. 510.**
42	**1821, Junho, 22, Alagoas** OFÍCIO da Junta Provisional do Governo da província de Alagoas ao presidente do Congresso Nacional sobre o sossego e tranquilidade pública da província e a aderência ao sistema constitucional. Obs. Ofício no. 2. AHU-ALAGOAS, cx. 5, doc. 18. **AHU_ACL_CU_004, Cx. 7, D. 516.**

43	**1821, Junho, 22, Alagoas** OFÍCIO da Junta Provisional do Governo da província de Alagoas ao secretário do Reino [Felipe Ferreira de Araújo e Castro] sobre o sossego e tranquilidade pública da província e aderência ao sistema constitucional. Obs. Ofício no. 5. AHU-ALAGOAS, cx. 5, doc. 18. **AHU_ACL_CU_004, Cx. 7, D. 517.**
44	**1821, Julho, 11, Alagoas** OFÍCIO da Junta do Governo Civil e Militar da província de Alagoas ao secretário de estado do Reino [Filipe Ferreira de Araújo e Castro] a enviar cópia das actas sobre a aclamação solene do príncipe D. Pedro de Alcântara por Regente e Perpétuo Protector e Defensor do Brasil de modo a evitar-se uma guerra civil e demissões de empregados públicos europeus civis e militares que se transportam para Lisboa. Anexo: actas (cópias) carta e lembretes. AHU-ALAGOAS, cx. 5, doc. 22 e 23. **AHU_ACL_CU_004, Cx. 7, D. 519.**
45	**1821, Julho, 15, vila de Alagoas** CARTA do vereador e procurador da Câmara da vila de Alagoas ao rei [D. João VI] sobre os acontecimentos relativos à aclamação do príncipe D. Pedro de Alcântara por Regente e Perpétuo Protector e Defensor do Brasil sob o pretexto de evitar-se uma guerra civil. Anexo: cartas de usança. AHU-ALAGOAS, cx. 5, doc. 24. **AHU_ACL_CU_004, Cx. 7, D. 520.**
46	**1821, Setembro, 28, Lisboa** PARECER da Comissão da Fazenda do Ultramar das Cortes Constituintes sobre o requerimento de Francisco Lopes de Araújo em que pede a conservação do pagamento do ordenado que vencia como escrivão da Conservatória das Matas de Alagoas ou ofício com ordenado equivalente, tendo em atenção que a Junta Provisional do Governo da província extinguiu a dita Conservatória e todos os seus empregos. Anexo: requerimento e docs. comprovativos. AHU-ALAGOAS, cx. 5, doc. 7. **AHU_ACL_CU_004, Cx. 7, D. 523.**
47	**1824, março, 20, Lisboa** OFÍCIO do [ministro assistente ao despacho e secretário de estado da Guerra] conde de Subserra [Manuel Inácio Pamplona Corte Real] ao secretário de estado da Marinha [conde de Subserra, Manuel Inácio Pamplona Corte Real] a enviar os ofícios da Junta Provisional do Governo da província de Alagoas com as acusações dos oficiais do corpo da tropa de linha da mesma província contra o tenente-coronel Joaquim Antônio de Almeida Pinto, que foi remetido para a cidade do Rio de Janeiro, por ser oposto ao sistema constitucional, e as cópias das portarias expedidas sobre o assunto. Anexo: ofícios nº 10/1821 e 1/1822, docs. comprovativos e portarias (cópias). AHU ALAGOAS, cx. 4, doc. 45. **AHU_ACL_CU_004, Cx. 7, D. 529**

Bahia AHU_ACL_CU_005

48	**1821, Janeiro, 25, Bahia** CARTA PATENTE do governador da Bahia, conde da Palma, D. Francisco de Assis Mascarenhas, nomeando Herculano António da Fonseca para o posto de capitão da 2ª Companhia do Real Corpo de Artilheiros guarda-costas do príncipe real. AHU-Baía, cx. 253, doc. 2. **AHU_ACL_CU_005, Cx. 263, D. 18526.**
49	**1821, Fevereiro, 12]** CARTA de Francisco de Almeida a Francisco Pinto Soares informando sobre as revoltas ocorridas na Bahia naquele momento. AHU-Baía, cx. 253, doc. 5. **AHU_ACL_CU_005, Cx. 263, D. 18533.**
50	**1821, Fevereiro, 13, Bahia** OFÍCIO do secretário da Junta Provisional da Bahia, José Caetano de Paiva Pereira, ao governador de Sergipe de El-Rei, ordenando que se preste o juramento de obediência à referida Junta. AHU-Baía, cx. 253, doc. 7. **AHU_ACL_CU_005, Cx. 263, D. 18535.**
51	**1821, Fevereiro, 18, Bahia** CARTA da Junta Provisional do Governo da Bahia ao Congresso Nacional declarando a sua adesão às decisões deste. AHU-Baía, cx. 253, doc. 8 e 9. **AHU_ACL_CU_005, Cx. 263, D. 18538.**
52	**1821, Fevereiro, 18, Bahia** OFÍCIO dos membros da Junta Provisional do Governo da Bahia à Junta Provisional do Governo Supremo de Portugal sobre as atividades da Tropa de guarnição da cidade da Bahia durante a defesa dos interesses do Reino Unido de Portugal, Brasil e Algarve. Anexo: 3 docs. AHU-Baía, cx. 6, doc. 9. **AHU_ACL_CU_005, Cx. 263, D. 18539.**
53	**1821, Março, 28, Bahia** OFÍCIO da Junta Provisional do Governo da Bahia a Fernando Luís de Sousa Barradas, relativo às notícias que circulam no Rio de Janeiro e que ainda não foram recebidas oficialmente pela referida Junta. Anexo: ofício. AHU-Baía, cx. 253, doc. 23. **AHU_ACL_CU_005, Cx. 263, D. 18563.**
54	**1821, Maio, 2** MAPA da força que embarcará para a Bahia e que compõe a Legião Constitucional Lusitana. AHU-Baía, cx. 253, doc. 31. **AHU_ACL_CU_005, Cx. 263, D. 18573.**

55	**1821, Maio, 2, Bahia** REPRESENTAÇÃO dos habitantes da Província da Bahia ao rei [D. João VI] mostrando a sua fidelidade à causa monárquica portuguesa. AHU-Baía, cx. 6, doc. 20. **AHU_ACL_CU_005, Cx. 263, D. 18574.**
56	**1821, Maio, 2, Bahia** REPRESENTAÇÃO dos habitantes da Província da Bahia ao rei [D. João VI] mostrando a sua fidelidade à causa monárquica portuguesa. AHU-Baía, cx. 6, doc. 20. **AHU_ACL_CU_005, Cx. 263, D. 18574.**
57	**1821, Maio, 12, Bahia** OFÍCIO do governador de Sergipe de El-Rei, Carlos César Burlamaque, preso no forte do mar Bahia, ao secretário de estado dos Negócios do Reino, Inácio da Costa Quintela, remetendo vários documentos, nos quais justifica e garante a sua fidelidade. Anexo: 13 docs. AHU-Baía, cx. 253, doc. 41. **AHU_ACL_CU_005, Cx. 263, D. 18581.**
58	**1821, Maio, 13, Bahia** OFÍCIO da Junta Provisional do Governo da Bahia ao [secretário de estado da Marinha e Ultramar] Francisco Maximiliano de Sousa, comunicando as opiniões do tenente Sebastião José Batista, comandante do correio escuna Leopoldina, sobre a regeneração política da nação, expressa numa sessão da referida Junta. Anexo: 2 docs. AHU-Baía, cx. 253, doc. 42. **AHU_ACL_CU_005, Cx. 263, D. 18582.**
59	**1821, Maio, 21, Bahia** OFÍCIO da Junta Provisional do Governo da Bahia a Joaquim Pedro Gomes de Oliveira sobre a defesa dos interesses da mesma Província junto das Cortes de Portugal referentes ao *grito da Liberdade Constitucional.* AHU-Baía, cx. 6, doc. 25. **AHU_ACL_CU_005, Cx. 263, D. 18589.**
60	**1821, Maio, 21, Bahia** CARTA (cópia) do padre Bernardo Luís Ferreira ao secretário do governo José Francisco Maciel Monteiro, relativo à situação da Bahia naquele momento. AHU-Baía, cx. 253, doc. 46. **AHU_ACL_CU_005, Cx. 263, D. 18590.**
61	**1821, Maio, 22, Bahia** CARTA da Junta Provisional do Governo da Bahia ao rei [D. João VI] expondo a razão de todos os atos tomados em relação à capitania de Sergipe. AHU-Baía, cx. 253, doc. 48. **AHU_ACL_CU_005, Cx. 263, D. 18592.**

62	**1821, Junho, 3, Bahia** OFÍCIO da Junta Provisional do Governo da Província da Bahia ao secretário de estado dos Negócios Estrangeiros conde dos Arcos, D. Marcos de Noronha e Brito, participando a celebração do Ato de Juramento que os membros do governo, o Senado da Câmara e os chefes de autoridades e corporações eclesiásticas, civis e militares, prestaram à Constituição portuguesa. Anexo: manifesto Obs: documento impresso AHU-Baía, cx. 253, doc. 56. **AHU_ACL_CU_005, Cx. 264, D. 18602.**
63	**1821, Junho, 9, Bahia** OFÍCIO do presidente da Junta Provisional do Governo da Bahia, Luis Manuel de Moura Cabral a Joaquim Pedro Gomes de Oliveira sobre as querelas existentes entre o dito Governo com a Província do Rio de Janeiro, por questões de administração da Justiça e da Fazenda. Anexo ofício (cópia) AHU-Baía, cx. 6, doc. 29. **AHU_ACL_CU_005, Cx. 264, D. 18606.**
64	**1821, Junho, 16, Bahia** CARTA (2ª. via) da Junta Provisional do Governo da Província da Bahia ao rei, [D. João VI], informando sobre as mudanças feitas em alguns ramos da administração pública, em especial na da Justiça e Fazenda. Anexo ofício (cópia) AHU-Baía, cx. 253, doc. 63. **AHU_ACL_CU_005, Cx. 264, D. 18613.**
65	**1821, Junho, 21, Bahia** CARTA da Junta Provisional do Governo da Bahia ao rei [D. João VI] referente à instalação da Regência do Brasil por Decreto de 22 de Abril Anexo: 2 docs. AHU-Baía, cx. 253, doc. 68. **AHU_ACL_CU_005, Cx. 264, D. 18623.**
66	**1821, Junho, 29, Lisboa** OFÍCIO do cônsul geral da França em Portugal ao [secretário de estado de Marinha e Ultramar], Francisco Maximiliano de Sousa sobre os oficiais franceses engajados na expedição da Bahia. AHU-Baía, cx. 253, doc. 75. **AHU_ACL_CU_005, Cx. 264, D. 18630.**
67	**1821, Junho, 30, Bahia** CARTA da Junta da Fazenda Nacional da província da Bahia ao rei [D. João VI] acerca do funcionamento da mesma. Anexo: 2 docs. AHU-Baía, cx. 253, doc. 76 e 77. **AHU_ACL_CU_005, Cx. 264, D. 18631.**

68	**1821, Julho, 26, Bahia** RELATÓRIO (cópia) da receita e despesa da província da Bahia entre 1817 e 1820, enviado pela Junta Provisional do Governo da Bahia ao rei [D. João VI] Anexo: 9 docs. AHU-Baía, cx. 253, doc. 81. **AHU_ACL_CU_005, Cx. 264, D. 18640.**
69	**1821, Julho, 28, Bahia** OFÍCIO da Junta Provisional do Governo da Província da Bahia ao [secretário de estado da Marinha e Ultramar], Francisco Maximiliano de Sousa, comunicando o motivo da demora dos deputados baianos em partirem para as Cortes Extraordinárias em Lisboa. Anexo: ofício (2ª. via) AHU-Baía, cx. 253, doc. 83. **AHU_ACL_CU_005, Cx. 264, D. 18643.**
70	**1821, Julho, 28, Bahia** OFÍCIO da Junta Provisional do Governo da Bahia ao [secretário de estado da Marinha e Ultramar], Francisco Maximiliano de Sousa, comunicando o recebimento do ofício deste, no qual congratula-se com o povo da Bahia. AHU-Baía, cx. 253, doc. 84. **AHU_ACL_CU_005, Cx. 264, D. 18644.**
71	**1821, Julho, 28, Bahia** OFÍCIO da Junta Provisional do Governo da Bahia ao [secretário de estado da Marinha e Ultramar], Francisco Maximiliano de Sousa, comunicando o motivo da demora dos deputados baianos em destinarem-se às Cortes Extraordinárias, Gerais e Constituintes. AHU-Baía, cx. 253, doc. 85. **AHU_ACL_CU_005, Cx. 264, D. 18645.**
72	**1821, Agosto, 7, Lisboa** OFÍCIO do [presidente] das Cortes Gerais, João Batista Selgueiras ao [secretário de estado da Marinha e Ultramar], Joaquim José Monteiro, louvando a ação patriótica da Junta Provisional da Bahia. AHU-Baía, cx. 253, doc. 88. **AHU_ACL_CU_005, Cx. 264, D. 18651.**
73	**1821, Agosto, 8, Lisboa** CARTA de Manuel Lopes de Figueiredo ao rei [D. João VI] comunicando a entrada do Correio Treze de Maio no porto de Lisboa. Anexo: sumário de testemunhas AHU-Baía, cx. 253, doc. 89. **AHU_ACL_CU_005, Cx. 264, D. 18652.**
74	**1821, Agosto, 9, Bahia** OFÍCIO da Junta Provisional do Governo da Bahia, ao presidente das Cortes Gerais, Extraordinárias e Constituintes da Nação Portuguesa, [João Batista Selgueiras] comunicando a saída do desembargador José Caetano de Paiva Pereira do governo, sem qualquer licença ou aviso. AHU-Baía, cx. 253, doc. 90. **AHU_ACL_CU_005, Cx. 264, D. 18653.**

75	**1821, Agosto, 21, Lisboa** OFÍCIO do [presidente] das Cortes Gerais, João Batista Selgueiras, ao [secretário de estado da Marinha e Ultramar], Joaquim José Monteiro Torres, referente à solicitação de demissão de José Caetano de Paiva Pereira, membro e secretário da Junta Provisional do Governo da Bahia. AHU-Baía, cx. 253, doc. 95. **AHU_ACL_CU_005, Cx. 264, D. 18666.**
76	**1821, Agosto, 25, Bahia** OFÍCIO da Junta Provisional do Governo da Bahia ao presidente das Cortes Gerais Extraordinárias e Constituintes da Nação [João Batista Filgueiras] agradecendo a remessa da força auxiliar para socorro da Bahia. Anexo: 2ª. via. AHU-Baía, cx. 253, doc. 103 e 107. **AHU_ACL_CU_005, Cx. 264, D. 18674.**
77	**1821, Agosto, 25, Bahia** CARTA da Junta Provisional do Governo da Bahia ao rei [D. João VI] congratulando-o pelo juramento da Constituição. Anexo: 2ª. via. AHU-Baía, cx. 253, doc. 104 e 112. **AHU_ACL_CU_005, Cx. 264, D. 18675.**
78	**1821, Agosto, 26, Bahia** OFÍCIO da Junta Provisional do Governo da Bahia ao secretário de estado da Marinha e Ultramar, Francisco Maximiliano de Sousa, comunicando a chegada, no porto da cidade da Bahia, do comboio que transportava a legião Constitucional Lusitana, bem como do caloroso tratamento dispensado à referida tropa. AHU-Baía, cx. 253, doc. 113. **AHU_ACL_CU_005, Cx. 264, D. 18682.**
79	**1821, Agosto, 27, Bahia** OFÍCIO do tenente ajudante geral da charrua São João Magnânimo, Caetano José Peixoto, ao secretário de estado dos Negócios da Guerra, Antônio Teixeira Rabelo, comunicando a chegada no porto da cidade da Bahia, a tropa destinada ao socorro desta. Anexo: 4 docs. E 2ª. via. AHU-Baía, cx. 253, doc. 114 e 115. **AHU_ACL_CU_005, Cx. 264, D. 18683.**
80	**1821, Setembro, 4, Bahia** OFÍCIO do tenente-coronel ajudante geral da charrua Príncipe Real, Caetano José Peixoto, ao secretário de estado dos Negócios da Guerra, António Teixeira Rabelo, referente aos problemas ocorridos com a Legião Constitucional Lusitana durante a sua estada no Convento do Carmo da cidade da Bahia. Anexo: 2 docs. AHU-Baía, cx. 254, doc. 1. **AHU_ACL_CU_005, Cx. 265, D. 18691.**

81	**1821, Setembro, 19, Bahia** OFÍCIO (cópia) do comandante da Força Marítima da Bahia, Tristão Pio dos Santos, ao [secretário de estado da Marinha e Ultramar], Joaquim José Monteiro Torres, referente à notícia de uma revolta em Pernambuco e o envio de forças para a referida Província. AHU-Baía, cx. 254, doc. 39. **AHU_ACL_CU_005, Cx. 265, D. 18706.**
82	**1821, Setembro, 20, Bahia** CARTA do cabido da Sé Metropolitana da cidade da Bahia parabenizando e congratulando-se com o rei [D. João VI] pelo sucesso da viagem de retorno à corte de Lisboa. AHU-Baía, cx. 254, doc. 16. **AHU_ACL_CU_005, Cx. 265, D. 18707.**
83	**1821, Setembro, 30, Bahia** OFÍCIO da Junta Provisional do Governo da Bahia ao presidente das Cortes Gerais, Extraordinárias e Constituintes da nação, [João Batista Felgueiras], comunicando a eleição dos Deputados da província da Bahia às referidas Cortes. AHU-Baía, cx. 254, doc. 27. **AHU_ACL_CU_005, Cx. 265, D. 18719.**
84	**1821, Setembro, 30, Bahia** OFÍCIO da Junta Provisional do Governo da Bahia ao [secretário de estado dos Negócios do Reino]. Inácio da Costa Quintela, comunicando a partida, para Lisboa, dos Deputados da província da Bahia às Cortes Gerais. Anexo: ofício (2ª. via) AHU-Baía, cx. 254, doc. 28. **AHU_ACL_CU_005, Cx. 265, D. 18720.**
85	**1821, Outubro, 9, Lisboa** OFÍCIO do [presidente] das Cortes Gerais, João Batista Selgueiras, ao [secretário de estado da Marinha e Ultramar], Joaquim José Monteiro, referente ao desembarque, no porto de Lisboa, de José Caetano de Paiva Pereira, ex-secretário da Junta Provisória ao governo da Bahia. AHU-Baía, cx. 254, doc. 35. **AHU_ACL_CU_005, Cx. 265, D. 18729.**
86	**1821, Novembro, 7, Bahia** PUBLICAÇÃO denominada "Semanário Cívico" sobre os acontecimentos da independência na Bahia. AHU-Baía, cx. 254, doc. 47. **AHU_ACL_CU_005, Cx. 265, D. 18744.**
87	**1821, Novembro, 7, Bahia** REPRESENTAÇÃO dos comerciantes da Bahia ao rei [D. João VI] em que se queixam das violências ocorridas na Bahia e pedem a instalação do governo Constitucional da Província, bem como a permanência das tropas Lusitanas na cidade até o estabelecido do sistema constitucional. AHU-Baía, cx. 254, doc. 48. **AHU_ACL_CU_005, Cx. 265, D. 18745.**

88	**1821, Novembro, 13, Bahia** OFÍCIO da Junta Provisional do Governo da Bahia ao secretário de estado dos Negócios do Reino, Inácio da Costa Quintela, comunicando o recebimento dos exemplares dos Diários do governo, bem como a Lei da Liberdade de Imprensa. Anexo: ofício (2ª via) AHU-Baía, cx. 254, doc. 51. **AHU_ACL_CU_005, Cx. 265, D. 18754.**
89	**1821, Novembro, 13, Bahia** OFÍCIO da Junta Provisional do Governo da Bahia ao secretário de estado dos Negócios do Reino, Inácio da Costa Quintela, referente a um comunicado das Secretaria dos Negócios da Marinha e Ultramar sobre a deliberação das Cortes Soberanas. AHU-Baía, cx. 254, doc. 52. **AHU_ACL_CU_005, Cx. 265, D. 18755.**
90	**1821, Novembro, (...), Bahia** OFÍCIO do coronel comandante da Legião Constitucional Lusitana, João de G. Osório, a Manuel de Brito Marinho, da Secretaria dos Negócios da Guerra, referente à atuação dos soldados da Legião frente a uma movimentação popular, ocorrida na praça do Palácio, na Bahia, no dia 3.1.1821. Anexo: cópia de 1 documento. AHU-Baía, cx. 254, doc. 56. **AHU_ACL_CU_005, Cx. 265, D. 18760.**
91	**1821, Dezembro, 11, Lisboa** OFÍCIO do capitão tenente e comandante da charrua São João Magnânimo, Francisco de Borba Pereira de Sá, ao [secretário de estado da Marinha e Ultramar], Joaquim José Monteiro Torres, referente à chegada dos deputados às Cortes na corveta Regeneração e na charrua Príncipe. Anexo: 3 docs. AHU-Baía, cx. 254, doc. 63. **AHU_ACL_CU_005, Cx. 265, D. 18768.**
92	**1821, Dezembro, 11, Bahia** CARTA PATENTE da Junta Provisional do Governo da Bahia nomeando Boaventura Ferreira da Rocha para o posto de capitão da 7ª Companhia do Real Corpo de Artilheiros guarda-costas do Príncipe Real. AHU-Baía, cx. 254, doc. 64. **AHU_ACL_CU_005, Cx. 265, D. 18769.**
93	**1821, Dezembro, 12, Lisboa** OFÍCIO de Luís Paulino de Oliveira ao [secretário de estado da Marinha e Ultramar], Joaquim José Monteiro Torres, comunicando que alugara uma casa aos Deputados, pela província da Bahia, José Lino Coutinho, Cypriano José Barata de Almeida e o Padre Francisco Agostinho Gomes. AHU-Baía, cx. 254, doc. 65. **AHU_ACL_CU_005, Cx. 265, D. 18770.**

94	**1821, Dezembro, 12, Bahia** CARTA PATENTE da Junta Provisional do Governo da Bahia nomeando Tomas Caetano para o posto de 2º tenente da 6ª Companhia do Real Corpo de Artilheiros guarda-costas do Príncipe Real. AHU-Baía, cx. 254, doc. 66. **AHU_ACL_CU_005, Cx. 265, D. 18771.**
95	**1821, Dezembro, 12, Bahia** CARTA PATENTE da Junta Provisional do Governo da Bahia nomeando Joaquim Lidoro de Castro para o posto de 2º tenente da 3ª Companhia do Real Corpo de Artilheiros guarda-costas do Príncipe Real. AHU-Baía, cx. 254, doc. 67. **AHU_ACL_CU_005, Cx. 265, D. 18772.**
96	**1821, Dezembro, 12, Bahia** CARTA PATENTE da Junta Provisional do Governo da Bahia de reforma de Manuel Gonçalves Neto para o posto de 2º tenente da 7ª Companhia do Real Corpo de Artilheiros guarda-costas do Príncipe Real. AHU-Baía, cx. 254, doc. 68. **AHU_ACL_CU_005, Cx. 265, D. 18773.**
97	**1821, Dezembro, 12, Bahia** CARTA PATENTE da Junta Provisional do Governo da Bahia nomeando Luís Ribeiro da Cunha para o posto de 2º tenente da 4ª Companhia do Real Corpo de Artilheiros guarda-costas do Príncipe Real. AHU-Baía, cx. 254, doc. 69. **AHU_ACL_CU_005, Cx. 265, D. 18774.**
98	**1821, Dezembro, 13, Bahia** CARTA PATENTE da Junta Provisional do Governo da Bahia nomeando José Manuel Fernandes para o posto de 2º tenente da 1ª Companhia do Real Corpo de Artilheiros guarda-costas do Príncipe Real. AHU-Baía, cx. 254, doc. 71. **AHU_ACL_CU_005, Cx. 265, D. 18776.**
99	**1821, Dezembro, 18, Lisboa** OFÍCIO (cópia) de Lourenço António de Araújo aos governadores interinos da Província da Bahia, dando conta dos festejos e comemorações relativas à chegada do rei D. João VI em Lisboa. AHU-Baía, cx. 254, doc. 81. **AHU_ACL_CU_005, Cx. 265, D. 18786.**
100	**1821, Dezembro, 22, Bahia** OFÍCIO da Junta Provisional do Governo da Bahia ao [secretário de estado da Marinha e Ultramar] Joaquim José Monteiro Torres sobre o cumprimento do disposto nas portarias no. 4, 6, 7, 8, 9, 10, 11, 12 3 13, remetidas por D. João VI. AHU-Baía, cx. 254, doc. 85. **AHU_ACL_CU_005, Cx. 265, D. 18791.**

101	**1821, Dezembro, 22, Bahia** OFÍCIO da Junta Provisional do Governo da Bahia ao [secretário de estado da Marinha e Ultramar] Joaquim José Monteiro Torres, agradecendo os elogios tecidos pelo rei [D. João VI] à referida Junta. Anexo: ofício (2a. via) AHU-Baía, cx. 254, doc. 89. **AHU_ACL_CU_005, Cx. 265, D. 18795.**
102	**1822, Janeiro, 2, Lisboa** OFÍCIO da Junta da Fazenda da Marinha ao rei [D. João VI] sobre o empréstimo concedido ao barão de Quintela para organização da Expedição da Bahia. Anexo: 2 docs. AHU-Baía, cx. 255, doc. 1. **AHU_ACL_CU_005, Cx. 266, D. 18800.**
103	**1822, Janeiro, 4, Lisboa** AVISO do [presidente das Cortes Gerais] João Batista Felgueiras ao [secretário de estado dos Negócios da Marinha e Ultramar] Joaquim José Monteiro Torres, remetendo o ofício da Junta Provisória do Governo da Bahia datado de 14 de Dezembro de 1821, solicitando providências. AHU-Baía, cx. 255, doc. 2. **AHU_ACL_CU_005, Cx. 266, D. 18801.**
104	**1822, Janeiro, 31, Bahia** OFÍCIO da Junta Provisória do Governo da Bahia ao [secretário de estado dos Negócios do Reino] Filipe Ferreira de Araújo e Castro sobre o rigor na nomeação da nova Junta Provisória de Governo da Bahia. AHU-Baía, cx. 255, doc. 27. **AHU_ACL_CU_005, Cx. 266, D. 18824.**
105	**1822, Fevereiro, 3, Bahia** OFÍCIO da Junta Provisória do Governo da Bahia ao [secretário de estado dos Negócios do Reino] Filipe Ferreira de Araújo e Castro sobre a eleição, instalação e juramentos dos novos membros que compunham a nova Junta de Governo. Anexo: 4 docs. AHU-Baía, cx. 255, doc. 30, 32 e 33. **AHU_ACL_CU_005, Cx. 266, D. 18828.**
106	**1822, Fevereiro, 3, Bahia** OFÍCIO do [secretário do Governo da Bahia] Manuel Pedro de Freitas Guimarães ao encarregado dos Negócios da Guerra, Cândido José Xavier sobre a instalação da nova Junta Provisória da Bahia. AHU-Baía, cx. 255, doc. 31. **AHU_ACL_CU_005, Cx. 266, D. 18829.**
107	**[ant. 1822, Fevereiro, 16]** REPRESENTAÇÃO de várias pessoas presas na Bahia pelo Governo Provisório e conduzidas a bordo da fragata D. Pedro, ao rei [D. João VI] solicitando sejam soltas em virtude de não terem cometido crime algum contra as bases da Constituição. AHU-Baía, cx. 255, doc. 39. **AHU_ACL_CU_005, Cx. 266, D. 18837.**

108	**[ant. 1822, Fevereiro, 16]** IMPRESSOS relativos aos motins dos dias 19 e 20 Fevereiro de 1822 na cidade da Bahia. Obs.: inclui o periódico baiana Idade d'Ouro do Brasil. AHU-Baía, cx. 256, doc. 3. **AHU_ACL_CU_005, Cx. 267, D. 18846.**
109	**1822, Março, 6, Bahia** CARTA do governador das Armas da Província da Bahia, Inácio Luís Madeira de Melo ao rei [D. João VI] sobre o estado de sublevação que se encontra a mesma província. Anexo 6 docs. (com 2ª via) AHU-Baía, cx. 256, doc. 4 e 7. **AHU_ACL_CU_005, Cx. 267, D. 18847.**
110	**1822, Março, 7, Bahia** OFÍCIO do governador das Armas da Bahia Inácio Madeira de Melo ao rei [D. João VI] sobre as sublevações ocorridas na Bahia por ocasião de sua nomeação. Anexo 15 docs. (com 2ª via) AHU-Baía, cx. 256, doc. 9 e 10. **AHU_ACL_CU_005, Cx. 267, D. 18850.**
111	**1822, Março, 8, Bahia** OFÍCIO da Junta Provisória do Governo da Bahia [ao secretário de estado dos Negócios do Reino]. Filipe Ferreira de Araújo e Castro sobre as sublevações ocorridas na cidade da Bahia, nos dias 19 e 20 de Fevereiro por ocasião da posse do governo das Armas o brigadeiro Inácio Luís Madeira de Melo. Anexo 18 docs. (com 2ª via) AHU-Baía, cx. 256, doc. 5. **AHU_ACL_CU_005, Cx. 267, D. 18851.**
112	**1822, Março, 11, Bahia** OFÍCIO da Junta Provisória do Governo da Bahia ao [secretário de estado dos Negócios do Reino] Filipe Ferreira de Araújo e Castro remetendo as gazetas que serão publicadas na cidade da Bahia. AHU-Baía, cx. 256, doc. 15. **AHU_ACL_CU_005, Cx. 267, D. 18855.**
113	**1822, Março, 13, Bahia** RELATÒRIO da investigação feita pelo governador das Armas Inácio Luís Madeira de Melo, acerca dos acontecimentos ocorridos no forte de São Pedro da Bahia entre os dias 16 e 21 de Fevereiro de 1822. Anexo: cópia. AHU-Baía, cx. 256, doc. 19. **AHU_ACL_CU_005, Cx. 267, D. 18859.**
114	**1822, Março, 16, Bahia** CARTA da Câmara da Cidade da Bahia ao rei [D. João VI] sobre o sucedido naquela cidade por ocasião da nomeação de Inácio Luís Madeira de Melo para o posto de governador das Armas da Província Anexo: 10 docs. AHU-Baía, cx. 256, doc. 26. **AHU_ACL_CU_005, Cx. 267, D. 18866.**

115	**1822, Março, 17, Bahia** CARTA de Inácio Luís Madeira de Melo ao rei [D. João VI] sobre o sucedido na cidade da Bahia por ocasião da sua nomeação para o posto de governador das Armas daquela Província, e solicitando instruções a respeito dos procedimentos que teve diante da difícil situação que se instalara. Anexo: carta (2ª. via) AHU-Baía, cx. 256, doc. 28 e 29. **AHU_ACL_CU_005, Cx. 267, D. 18867.**
116	**1822, Março, 17, Bahia** CARTA do governador das Armas da Bahia, Inácio Luís Madeira de Melo ao rei [D. João VI] sobre as sublevações ocorridas na Bahia no dia 19 de Fevereiro. Anexo: 32 docs. AHU-Baía, cx. 256, doc. 32. **AHU_ACL_CU_005, Cx. 268, D. 18869.**
117	**1822, Março, 27, Bahia** IMPRESSO relativo aos movimentos ocorridos na Bahia entre 19 e 22 de Fevereiro. Obs.: incluindo o suplemento ao semanário cívico no. 55. AHU-Baía, cx. 256, doc. 40. **AHU_ACL_CU_005, Cx. 268, D. 18881.**
118	**1822, Abril, 2, Bahia** CARTA do governador das Armas da Bahia, Inácio Luis Madeira de Melo ao rei [D. João VI] expondo os últimos acontecimentos no Brasil, e especialmente na Bahia, alertando para o risco de se perder esta importante parte da monarquia Portuguesa. AHU-Baía, cx. 257, doc. 2. **AHU_ACL_CU_005, Cx. 268, D. 18883.**
119	**1822, Abril, 2, Bahia** CARTA do governador das Armas da Bahia, Inácio Luís Madeira de Melo ao rei [D. João VI] sobre a situação política actual do Brasil e da Bahia. AHU-Baía, cx. 257, doc. 3, 4 e 5. **AHU_ACL_CU_005, Cx. 268, D. 18884.**
120	**1822, Abril, 6, Bahia** OFÌCIO da Junta Provisória do Governo da Bahia [secretário de estado dos Negócios do Reino] Filipe Ferreira de Araújo e Castro, remetendo as gazetas publicadas na cidade da Bahia, de 8 de Março a 5 de Abril do corrente. AHU-Baía, cx. 257, doc. 12. **AHU_ACL_CU_005, Cx. 268, D. 18891.**
121	**1822, Abril, 11, Bahia** OFÌCIO (cópia) da Junta Provisória do Governo da Bahia ao ministro José Bonifácio de Andrada e Silva relativo às modificações no pacto social em organização no soberano Congresso da Nação. AHU-Baía, cx. 257, doc. 15. **AHU_ACL_CU_005, Cx. 268, D. 18894.**

122	**1822, Abril, 16, Cachoeira]** OFÌCIO (cópia) do capitão-mor da vila de Cachoeira, José António Fiúza de Almeida; ao [secretário de estado dos Negócios da Marinha e Ultramar, Inácio da Costa Quintela] notificando a existência de três partidos revolucionários naquela vila, um de brasileiros, outro de europeus e outro de negros, que vem causando reboliços e desordens. Anexo: ofício (cópia) AHU-Baía, cx. 257, doc. 20-21. **AHU_ACL_CU_005, Cx. 268, D. 18898.**
123	**1822, Abril, 27, Bahia** OFÍCIO da Junta Provisória do Governo da Bahia ao [secretário de estado dos Negócios do Reino] Filipe Ferreira de Araújo e Castro sobre a devassa que se mandou fazer devido às sublevações de 19 e 20 de Fevereiro de 1822. Anexo: ofício (cópia) AHU-Baía, cx. 257, doc. 34. **AHU_ACL_CU_005, Cx. 268, D. 18916.**
124	**1822, Abril, 27, Bahia** CARTA do governador das Armas da Província da Bahia, Ignácio Luís Madeira de Melo ao rei [D. João VI] sobre os acontecimentos ocorridos na cidade da Bahia de 15 a 21 de Fevereiro do ano de 1822. Anexo: carta (2ª. via) AHU-Baía, cx. 257, doc. 37 e 38. **AHU_ACL_CU_005, Cx. 268, D. 18919.**
125	**1822, Maio, 18, Bahia** OFÍCIO da Junta Provisória do Governo da Bahia ao secretário de estado dos Negócios do Reino, Filipe Ferreira de Araújo e Castro, remetendo os jornais publicados na Bahia. AHU-Baía, cx. 257, doc. 46. **AHU_ACL_CU_005, Cx. 269, D. 18930.**
126	**1822, Maio, 18, Bahia** CARTA do governador das Armas da Província da Bahia, Inácio Luís Madeira de Melo ao rei [D. João VI] comunicando o esforço para se manter a paz na Bahia, através da contenção dos movimentos realizados pelos diversos partidos, bem como pela repressão a um motim encabeçado por negros, de um engenho na Ilha de Itaparica. Anexo: 2 docs. AHU-Baía, cx. 257, doc. 49. **AHU_ACL_CU_005, Cx. 269, D. 18933.**
127	**1822, Maio, 18, Bahia** CARTA do governador das Armas da Província da Bahia, Inácio Luís Madeira de Melo ao rei [D. João VI] sobre o alvoroço ocorrido na vila de Cachoeira por ocasião da divulgação do projeto da Comissão Especial dos Negócios do Brasil para a reforma do Governo. Anexo: 4 docs. AHU-Baía, cx. 257, doc. 50. **AHU_ACL_CU_005, Cx. 269, D. 18934.**

128	**1822, Maio, 18, Bahia** OFÍCIO de Inácio Luís Madeira de Melo, brigadeiro governador das Armas da Província da Bahia ao rei [D. João VI] sobre a situação da Bahia. Anexo: 2 docs. AHU-Baía, cx. 260, doc. 34. **AHU_ACL_CU_005, Cx. 269, D. 18936.**
129	**1822, Junho, 1, Bahia** DECRETO (cópia) do príncipe regente [D. Pedro] instalando o Conselho de procuradores Gerais das Províncias do Brasil. AHU-Baía, cx. 258, doc. 1. **AHU_ACL_CU_005, Cx. 269, D. 18946.**
130	**1822, Junho, 3, Bahia** DECRETO (cópia) do príncipe regente [D. Pedro] convocando Assembleia Geral Constituinte e Legislativa composta de Deputados eleitos das Províncias do Brasil. AHU-Baía, cx. 258, doc. 2. **AHU_ACL_CU_005, Cx. 269, D. 18948.**
131	**1822, Junho, 9, Queluz** ORDEM RÈGIA para o oficial da Armada mais antigo que tiver comandando navio de guerra, para o comandante da corveta Calipso e para a Junta Provisória do Governo da Bahia com instruções relativas à expedição da Bahia. Anexo: 2 docs. AHU-Baía, cx. 258, doc. 13. **AHU_ACL_CU_005, Cx. 269, D. 18956.**
132	**1822, Junho, 10, Bahia** CARTA dos Habitantes da Bahia, adeptos da Monarquia Portuguesa ao rei [D. João VI] expondo os acontecimentos relativos à independência que têm ocorrido na referida Província. Anexo: 3 docs. AHU-Baía, cx. 258, doc. 14. **AHU_ACL_CU_005, Cx. 269, D. 18958.**
133	**1822, Junho, 10, Queluz** OFÍCIO do secretário de estado dos Negócios do Reino, Filipe Ferreira de Araújo e Castro, ao presidente das Cortes Gerais, João Batista Filgueiras, remetendo ofícios da Junta Provisória do Governo da Bahia e os papéis referentes ao embarque das tropas da expedição do Rio de Janeiro. Anexo: 8 docs. AHU-Baía, cx. 258, doc. 15. **AHU_ACL_CU_005, Cx. 269, D. 18959.**
134	**1822, Junho, 15, Queluz** OFÍCIO (cópia) do secretário de estado dos Negócios do Reino, Filipe Ferreira de Araújo e Castro, ao presidente das Cortes Gerais, João Batista Filgueiras, remetendo ofício da Junta Provisória do Governo da Bahia referente a devassa dos acontecimentos dos dias 19 e 20 Fevereiro. Anexo: ofício (cópia). AHU-Baía, cx. 258, doc. 18. **AHU_ACL_CU_005, Cx. 269, D. 18967.**

135	**[post. 1822, Junho, 17]** NOTA do brigadeiro Ignácio Luís Madeira de Melo, governador de Armas da Bahia, referente a medidas por ele adotadas. Anexo: Manifesto (impresso) AHU-Baía, cx. 258, doc. 20. **AHU_ACL_CU_005, Cx. 269, D. 18971.**
136	**1822, Junho, 22** CARTA (extrato) do [governador das Armas da Província da Bahia, Inácio Luís Madeira de Melo] ao rei [D. João VI] comunicando a situação de desordem existente na referida província. Anexo: 35 docs. AHU-Baía, cx. 258, doc. 33. **AHU_ACL_CU_005, Cx. 269, D. 18984.**
137	**1822, Junho, 26, Bahia** CARTA dos oficiais da Câmara ao rei [D. João VI] sobre a anarquia que ameaça a cidade. Anexo: termo (cópia). AHU-Baía, cx. 258, doc. 11. **AHU_ACL_CU_005, Cx. 270, D. 18990.**
138	**1822, Junho, 27, Bahia** PORTARIA da Junta Provisória do Governo da Bahia deliberando sobre os abusos cometidos pelos escritores e jornalistas da referida cidade no que diz respeito aos acontecimentos da independência. AHU-Baía, cx. 258, doc. 22. **AHU_ACL_CU_005, Cx. 270, D. 18994.**
139	**1822, Julho, 1, Inhambupe** CARTA (cópia) dos oficiais da Câmara da Vila de Inhambupe reafirmando a aclamação de D. Pedro como príncipe regente do Brasil. Obs.: sem indicação do destinatário. Anexo: requerimento (cópia) AHU-Baía, cx. 259, doc. 1. **AHU_ACL_CU_005, Cx. 270, D. 18998.**
140	**1822, Julho, 2, Bahia** OFÍCIO da Junta Provisória do Governo da Bahia ao [secretário de estado dos Negócios do Reino], Filipe Ferreira de Araújo e Castro, justificando o fato de não ter ocorrido eleições do novo deputado ordinário da Província para as Cortes Gerais. Anexo: 2 docs. AHU-Baía, cx. 259, doc. 3 e 4. **AHU_ACL_CU_005, Cx. 270, D. 19000.**
141	**1822, Julho, 3, Bahia** OFÍCIO (cópia) da Junta Provisória do Governo ao [secretário de estado dos Negócios da Marinha e Ultramar, Inácio da Costa Quintela] sobre os delitos cometidos por abuso da liberdade de imprensa. AHU-Baía, cx. 259, doc. 8. **AHU_ACL_CU_005, Cx. 270, D. 19003.**

142	**1822, Julho, 6, Bahia** CARTA da Junta Provisória do Governo da Bahia ao rei [D. João VI] relatando os últimos acontecimentos que agitaram a Província, envolvendo dois partidos: o dos que querem a união da Província às demais do Reino e o dos que pregam a separação. Anexo: 25 docs. AHU-Baía, cx. 259, doc. 12, 15 e 21. **AHU_ACL_CU_005, Cx. 270, D. 19007.**
143	**1822, Julho, 7, Bahia** CARTA do governador das Armas da Província da Bahia Inácio Luís Madeira de Melo ao rei [D. João Vi] relatando o ocorrido na vila da Cachoeira por ocasião da aclamação do príncipe D. Pedro a regente do Brasil. Anexo: 31 docs. AHU-Baía, cx. 259, doc. 18 e 19. **AHU_ACL_CU_005, Cx. 270, D. 19011.**
144	**1822, Julho, 7, Itapicurú** CARTA (cópia) da Câmara da vila de Itapicurú sobre a aclamação do Príncipe D. Pedro, regente e defensor perpétuo do Reino do Brasil, na referida vila. Obs.: sem indicação do destinatário. Anexo: certidão (cópia) AHU-Baía, cx. 259, doc. 20. **AHU_ACL_CU_005, Cx. 270, D. 19012.**
145	**1822, Julho, 8, Bahia** OFÍCIO (cópia) da Junta Provisória do Governo da Bahia ao [governador das Armas da referida Província, Inácio Luis Madeira de Melo] participando o recebimento de uma carta do príncipe real, pelo paquete Infante D. Sebastião. Anexo: 5 docs. AHU-Baía, cx. 259, doc. 27. **AHU_ACL_CU_005, Cx. 271, D. 19018.**
146	**1822, Julho, 8, Bahia** CARTA (2ª. via) do governador das Armas da Bahia, Inácio Luís Madeira de Melo, ao rei [D. João VI] referente ao ofício da Junta Provisória que comunica o recebimento de uma carta do príncipe regente. Anexo: 8 docs. AHU-Baía, cx. 259, doc. 28 e 29. **AHU_ACL_CU_005, Cx. 271, D. 19019.**
147	**1822, Julho, 9, Bahia** CARTA do governador das Armas da Bahia, Inácio Luís Madeira de Melo, ao rei [D. João VI] sobre o ofício da Junta Provisória acerca das cartas régias enviadas pelo príncipe regente. Anexo: 4 docs. AHU-Baía, cx. 259, doc. 32. **AHU_ACL_CU_005, Cx. 271, D. 19022.**

148	**1822, Julho, 13, Bahia** OFÍCIO (cópia) da Junta Provisória do Governo da Bahia para o desembargador ouvidor-geral do Crime referente a Lei de liberdade de imprensa. AHU-Baía, cx. 260, doc. 41. **AHU_ACL_CU_005, Cx. 271, D. 19026.**
149	**1822, Julho, 15, Bahia** OFÍCIO (cópia) da Junta Provisória do Governo da Bahia para o ouvidor-geral do Crime sobre as informações dadas pelo referido acerca da Lei da Liberdade de Imprensa. AHU-Baía, cx. 260, doc. 42. **AHU_ACL_CU_005, Cx. 271, D. 19027.**
150	**1822, Agosto, 7, Valença** REPRESENTAÇÃO da Câmara da Vila da Valença aos oficiais da Câmara da Vila de Camamu, aclamando o príncipe regente D. Pedro, como protector e defensor do reino do Brasil. AHU-Baía, cx. 261, doc. 3. **AHU_ACL_CU_005, Cx. 271, D. 19046.**
151	**1822, Agosto, 9, Gibraltar** INFORMAÇÃO (cópia) do capitão de Mar e Guerra José Maria Monteiro sobre as milícias provenientes da Bahia no que se refere a luta pela independência. AHU-Baía, cx. 261, doc. 6. **AHU_ACL_CU_005, Cx. 271, D. 19048.**
152	**1822, Agosto, 15, Bahia** OFÍCIO de José Joaquim Alves ao secretário de estado da Marinha e Ultramar, Inácio da Costa Quintela sobre a interrupção da navegação em alguns pontos da Bahia pelos revoltosos e medidas adotadas por Ignácio Madeira de Melo. Anexo: 3 docs. AHU-Baía, cx. 261, doc. 7. **AHU_ACL_CU_005, Cx. 271, D. 19049.**
153	**1822, Agosto, 21, Bahia** OFÍCIO da Junta Provisória do Governo da Bahia ao [secretário de estado dos negócios do Reino] Filipe Ferreira Araújo e Castro sobre os assuntos propostos pelos Deputados da Província ao poder executivo. Anexo: 7 docs. AHU-Baía, cx. 261, doc. 17. **AHU_ACL_CU_005, Cx. 271, D. 19057.**
154	**1822, Agosto, 21, Bahia** OFÍCIO (2ª. via) da Junta Provisória do Governo da Bahia ao [secretário de estado dos Negócios da Justiça], José da Silva Carvalho remetendo cópia do ofício dirigido à Junta pelo ouvidor-geral e corregedor de Porto Seguro contendo dúvidas sobre o artigo 1º da Lei 136. Anexo: oficio (cópia) AHU-Baía, cx. 261, doc. 19. **AHU_ACL_CU_005, Cx. 271, D. 19059.**

155	**1822, Agosto, 22, Bahia** INFORMAÇÃO. (cópia) do Presidente da Junta Provisória do Governo da Bahia sobre a conspiração para deposição da Junta. AHU-Baía, cx. 261, doc. 20. **AHU_ACL_CU_005, Cx. 271, D. 19061.**
156	**1822, Agosto, 27, Bahia** CARTA (cópia) da Junta Provisória do Governo ao [secretário de estado da Marinha e Ultramar Inácio da Costa Quintela] comunicando que a Câmara da Vila de Valença proclamou a Regência de Sua Alteza Real. AHU-Baía, cx. 261, doc. 26. **AHU_ACL_CU_005, Cx. 271, D. 19067.**
157	**1822, Agosto, 27, Bahia** OFÍCIO da Junta Provisória do Governo da Bahia para Filipe Ferreira de Araújo e Castro, Ministro e Secretário de Estado dos Negócios do Reino, comunicando a situação em que se encontra a Província e suas demais Câmaras. Anexo: 23 docs. AHU-Baía, cx. 261, doc. 27 e 28. **AHU_ACL_CU_005, Cx. 271, D. 19068.**
158	**1822, Agosto, 28, Bahia** CARTA do [governador das Armas da Província da Bahia] Inácio Luís Madeira de Melo ao rei [D. João VI] relatando os acontecimentos na Bahia. Anexo: 2 docs. AHU-Baía, cx. 261, doc. 34 e 35. **AHU_ACL_CU_005, Cx. 271, D. 19072.**
159	**1822, Agosto, 28, Bahia** CARTA do governador das Armas da Província da Bahia Inácio Luís Madeira de Melo ao rei [D. João VI] relatando a sua campanha e medidas adotadas na Bahia. Anexo: 157 docs. AHU-Baía, cx. 261, doc. 30 e 31; cx. 260, doc. 35, 36, 37, 38. **AHU_ACL_CU_005, Cx. 272, D. 19073.**
160	**1822, Agosto, 29, Bahia** OFÍCIO da Junta Provisória do Governo da Bahia do [secretário de Estado dos Negócios de Guerra] Cândido José Xavier comunicando o recebimento da Portaria da Secretaria de Estado dos Negócios da Guerra e Carta Régia em que comunicava a referente Junta haver encarregado o brigadeiro Inácio Luís Madeira de Melo para o Governo das Armas da referida Província. Anexo: ofício (2ª. via) AHU-Baía, cx. 261, doc. 36. **AHU_ACL_CU_005, Cx. 272, D. 19075.**
161	**1822, Agosto, 29, Bahia** OFÍCIO de José Joaquim Alves ao secretário de estado da Marinha e Ultramar Inácio da Costa Quintella acusando recepção de Portaria e comunicando que continuava fiel a referida portaria. AHU-Baía, cx. 261, doc. 42. **AHU_ACL_CU_005, Cx. 272, D. 19081.**

162	**1822, Setembro, 7, Bahia** OFÍCIO (cópia) do comandante da Força Marítima da Bahia, José Joaquim Alves, ao secretário de estado da Marinha e Ultramar, Inácio da Costa Quintela, comunicando insurreição em várias províncias. Anexo: 1 doc. AHU-Baía, cx. 262, doc. 11. **AHU_ACL_CU_005, Cx. 272, D. 19089.**
163	**1822, Setembro, 7, Bahia** OFÍCIO da Junta Provisória do Governo da Bahia ao [secretário de estado dos Negócios do Reino] Filipe Ferreira de Araújo e Castro informando as eleições de deputados. Anexo: ofício (2ª. via) AHU-Baía, cx. 262, doc. 20. **AHU_ACL_CU_005, Cx. 272, D. 19094.**
164	**1822, Outubro, 4, Bahia** OFÍCIO da Junta Provisória do Governo da Bahia ao [secretário de estado dos Negócios do Reino] Filipe Ferreira de Araújo e Castro sobre as as eleições de deputados. Anexo: 6 docs. e 2ª. via. AHU-Baía, cx. 262, doc. 30 e 31. **AHU_ACL_CU_005, Cx. 273, D. 19097.**
165	**1822, Outubro, 8, Bahia** OFÍCIO da Junta Provisória do Governo da Bahia ao [secretário de estado dos Negócios do Reino] Filipe Ferreira de Araújo e Castro sobre os votos das câmaras das vilas de Santo Amaro das Grotas, Itabaiana, Propiá, Porto Alegre e Prado. Anexo: 2ª. via. AHU-Baía, cx. 262, doc. 35 e 41. **AHU_ACL_CU_005, Cx. 273, D. 19101.**
166	**1822, Outubro, 8, Bahia** OFÍCIO da Junta Provisória do Governo da Bahia ao [secretário de estado dos Negócios do Reino] Filipe Ferreira de Araújo e Castro, sobre os acontecimentos separatistas nas vilas de Itabaiana, Santo Amaro das Grotas, Porto Alegre, Propiá e Prado. Anexo: 2ª. via. AHU-Baía, cx. 262, doc. 36 e 42. **AHU_ACL_CU_005, Cx. 273, D. 19102.**
167	**1822, Outubro, 8, Bahia** CARTA de [governador das Armas da Província da Baía], Inácio Luís Madeira de Melo, ao rei [D. João VI], sobre as campanhas das tropas constitucionais na Província e o afundamento do paquete inglês. Anexo: 27 docs. e 2ª. via. AHU-Baía, cx. 262, doc. 5, 6, 9, 10, 12, 14, 18, 24, 25, 26, 27, 28, 70. **AHU_ACL_CU_005, Cx. 273, D. 19104.**
168	**1822, Outubro, 8, Bahia** CARTA do [governador das Armas da Província da Baía], Inácio Luís Madeira de Melo, ao rei [D. João VI], enfatizando a sua fidelidade. Anexo: 5 docs. AHU-Baía, cx. 262, doc. 43; cx. 264, doc. 30. **AHU_ACL_CU_005, Cx. 273, D. 19105.**

169	**1822, Outubro, 8, Bahia** CARTA do [governador das Armas da Província da Baía], Inácio Luís Madeira de Melo, ao rei [D. João VI], comunicando a aclamação de D. Pedro pelo povo de Estância e demais acontecimentos. Anexo: 27 docs. e 2ª. via AHU-Baía, cx. 262, doc. 44; cx. 261, doc. 4. **AHU_ACL_CU_005, Cx. 273, D. 19106.**
170	**1822, Outubro, 8, Lisboa** CONSULTA do Conselho do Almirantado ao rei [D. João VI], sobre o conselho de guerra nomeado para julgar o 1º tenente da Armada Nacional, José da Costa Couto. Anexo: 3 docs. AHU-Baía, cx. 262, doc. 45. **AHU_ACL_CU_005, Cx. 273, D. 19107.**
171	**1822, Outubro, 8, Bahia** OFÍCIO da Junta Provisória do Governo da Bahia ao [secretário de estado dos Negócios do Reino], Filipe Ferreira de Araújo e Castro, enviando periódicos impressos na Bahia. AHU-Baía, cx. 262, doc. 46. **AHU_ACL_CU_005, Cx. 273, D. 19108.**
172	**1822, Outubro, 25, Bahia** OFÍCIO do [comandante das Forças Armadas], José Joaquim Alves, ao [secretário de estado da Marinha e Ultramar] Inácio da Costa Quintela, comunicando a chegada ao porto da Baía do brigue Boaventura. Anexo: 5 docs. AHU-Baía, cx. 262, doc. 63. **AHU_ACL_CU_005, Cx. 273, D. 19126.**
173	**1822, Outubro, 26, Bahia** OFÍCIO da Junta Provisória do Governo da Baía ao [secretário de estado dos Negócios da Justiça e interino da Guerra], José da Silva Carvalho, sobre a chegada do brigue Boaventura. AHU-Baía, cx. 262, doc. 64. **AHU_ACL_CU_005, Cx. 273, D. 19127.**
174	**1822, Novembro, 6, Bahia** OFÍCIO da Junta Provisória do Governo da Baía ao [secretário de estado dos Negócios do Reino], Filipe Ferreira de Araújo e Castro, acusando o recebimento da carta régia que participa a remessa de uma força de mar e terra. AHU-Baía, cx. 263, doc. 5. **AHU_ACL_CU_005, Cx. 274, D. 19133.**
175	**1822, Novembro, 8, Bahia** OFÍCIO da Junta Provisória do Governo da Baía ao [secretário de estado dos Negócios do Reino], Filipe Ferreira de Araújo e Castro, enviando os periódicos Semanário Cívico, Idade de Ouro, Sentinela e Baluarte. AHU-Baía, cx. 263, doc. 14. **AHU_ACL_CU_005, Cx. 274, D. 19139.**

176	**1822, Novembro, 10, Bahia** OFÍCIO da Junta Provisória do Governo da Baía ao [secretário de estado dos Negócios do Reino], Filipe Ferreira de Araújo e Castro, sobre os choques ocorridos em Piraja entre a tropa portuguesa e a que ali se achava do partido contrário. Anexo: 2ª. via AHU-Baía, cx. 263, doc. 21 e 22. **AHU_ACL_CU_005, Cx. 274, D. 19141.**
177	**1822, Novembro, 11, Bahia** CARTA do governador das Armas da Província da Baía, Inácio Luís Madeira de Melo, ao rei [D. João VI], relatando os acontecimentos na Baía e expondo os motivos por que não se conseguiu parar a insurreição. Anexo: 5 docs. e 3 vias. AHU-Baía, cx. 263, doc. 23, 27, 28 e 29; cx. 265, doc. 6 **AHU_ACL_CU_005, Cx. 274, D. 19142.**
178	**1822, Novembro, 11, Bahia** OFÍCIO da Junta Provisória do Governo da Baía ao [secretário de estado dos Negócios do Reino], Filipe Ferreira de Araújo e Castro, remetendo um ofício da Câmara da Vila de Caravelas comunicando a aclamação de D. Pedro como Imperador Constitucional. Anexo: 1 doc. e 2ª. via AHU-Baía, cx. 263, doc. 24 e 25. **AHU_ACL_CU_005, Cx. 274, D. 19143.**
179	**1822, Novembro, 28, Bahia** CARTA do governador das Armas da Província da Baía, Inácio Luís Madeira de Melo, ao rei [D. João VI], sobre os acontecimentos na Baía e a situação das forças portuguesas estacionadas no Brasil. Anexo: 12 docs. e 2ª. vias AHU-Baía, cx. 263, doc. 34 e 37. **AHU_ACL_CU_005, Cx. 274, D. 19151.**
180	**1822, Dezembro, 6, Bahia** OFÍCIO da Junta Provisória do Governo da Baía ao [secretário de estado dos Negócios do Reino], Filipe Ferreira de Araújo e Castro, sobre a eleição de deputados conforme a Lei No. 189. Anexo: 30 docs. e 2ª. via AHU-Baía, cx. 264, doc. 5 e 6; cx. 262, doc. 30 e 31. **AHU_ACL_CU_005, Cx. 274, D. 19157.**
181	**1822, Dezembro, 7, Bahia** OFÍCIO da Junta Provisória do Governo da Baía ao [secretário de estado dos Negócios do Reino], Filipe Ferreira de Araújo e Castro, referente à eleição de novas câmaras de acordo com a Lei no. 202. Anexo: 2 docs. e 2ª. via AHU-Baía, cx. 264, doc. 7 e 9. **AHU_ACL_CU_005, Cx. 274, D. 19158.**

182	**1822, Dezembro, 14, Bahia** CARTA do governador das Armas da Província da Baía, Inácio Luís Madeira de Melo, ao rei [D. João VI], relatando os confrontos ocorridos na Baía contra as tropas do general Labatut. Anexo: 3 docs. e 2ª. vias AHU-Baía, cx. 264, doc. 23, 27, 28 e 29. **AHU_ACL_CU_005, Cx. 275, D. 19169.**
183	**1822, Dezembro, 16, Bahia** OFÍCIO da Junta Provisória do Governo da Baía ao [secretário de estado dos Negócios do Reino], Filipe Ferreira de Araújo e Castro, acusando o recebimento de 8 exemplares da Constituição Portuguesa e das Leis no. 217, 219, 223, 227, 231, 232, 233, 234. Anexo: 2ª. via AHU-Baía, cx. 264, doc. 31 e 32. **AHU_ACL_CU_005, Cx. 275, D. 19172.**
184	**1822, Dezembro, 16, Bahia** OFÍCIO do [capitão-de-mar-e-guerra, comandante da fragata Constituição], José Joaquim Alves, ao secretário de estado da Marinha e Ultramar, Inácio da Costa Quintela, acusando o recebimento da portaria de aprovação das medidas adoptadas para defesa da Província da Baía. AHU-Baía, cx. 264, doc. 33. **AHU_ACL_CU_005, Cx. 275, D. 19173.**
185	**1822, Dezembro, 23 Bahia** CARTA do [governador das Armas da Província da Baía] Inácio Luís Madeira de Melo, ao rei [D. João VI], sobre a prestação de socorro à Divisão de Voluntários Reais de El-Rei. Anexo: 20 docs. e 3 vias. AHU-Baía, cx. 264, doc. 37, 40, 41, 42 e 43. **AHU_ACL_CU_005, Cx. 275, D. 19179.**
186	**1822, Novembro, 13, Bahia** OFÍCIO da Junta Provisional do Governo da Bahia ao secretário de estado dos Negócios do Reino, Inácio da Costa Quintela, comunicando o recebimento dos exemplares dos Diários do governo, bem como a Lei da Liberdade de Imprensa. Anexo: ofício (2ª via) AHU-Baía, cx. 254, doc. 51. **AHU_ACL_CU_005, Cx. 265, D. 19754.**

187	**1823, janeiro, 7, Lisboa** OFÍCIO do [conselheiro da Junta da Fazenda da Marinha], Carlos May, ao [secretário de estado da Marinha e Ultramar], Inácio da Costa Quintela, comunicando o envio para a Baía, pelos navios Grão-Pará e Leal Português, de artilharia e balas para a fragata Constituição, construída na Província da Baía. **AHU_ACL_CU_005, Cx. 275, D. 19185**.
188	**1823, janeiro, 13, Lisboa** REQUERIMENTO do alferes de infantaria de linha João Joaquim Barbosa ao rei [D. João VI], solicitando pagamento das comedorias da expedição da Baía, que venceu ao regressar ao reino. Anexo: 2 docs. **AHU_ACL_CU_005, Cx. 275, D. 19189.**

189	**1823, janeiro, 13, Lisboa** OFÍCIO do [secretário de estado da Marinha e Ultramar], Inácio da Costa Quintela, ao [secretário das Cortes], João Baptista Felgueiras, enviando, para ser presente ao Congresso, ofícios do comandante da Esquadra e intendente da Marinha da Baía, [João Félix Pereira de Campos]. **AHU_ACL_CU_005, Cx. 275, D. 19190.**
190	**1823, janeiro, 14, Lisboa** OFÍCIO do [oficial da Marinha] Veríssimo António Ferreira da Costa ao [secretário de estado da Marinha e Ultramar], Inácio da Costa Quintela, sobre o pedido do presidente da Regência do Brasil de oficiais da Marinha, que indo desligados da esquadra da Baía, possam ser empregados nas faltas que surgirem. **AHU_ACL_CU_005, Cx. 275, D. 19191.**
191	**[ant. 1823, janeiro, 21, Lisboa]** REQUERIMENTO do consignatário da escuna Olinda, Bernardo Miguel de Oliveira Borges, ao rei [D. João VI], solicitando que a referida escuna possa ser expedida para a Baía, de onde veio expressamente com a correspondência para o rei, sem dependência de despachos, como se pratica com os navios ao serviço da nação. **AHU_ACL_CU_005, Cx. 275, D. 19193.**
192	**1823, fevereiro, 2, Baía** OFÍCIO do chefe de divisão e comandante da Esquadra, João Félix Pereira de Campos, ao [secretário de estado da Marinha e Ultramar], Inácio da Costa Quintela, sobre a adesão dos povos da Baía à insurreição, a falta de viveres para as tropas, o bloqueio da Baía e os insucessos dos assaltos à Ilha de Itaparica. Anexo: 8 docs e 2ª via. **AHU_ACL_CU_005, Cx. 275, D. 19194.**
193	**Fevereiro, 4, Lisboa** AVISO do [secretário de estado dos Negócios do Reino], Filipe Ferreira de Araújo e Castro, ao [secretário de estado da Marinha e Ultramar, Inácio da Costa Quintela], comunicando a suspensão da partida da Regência nomeada para o Brasil. **AHU_ACL_CU_005, Cx. 275, D. 19197.**
194	**1823, fevereiro, 7, Lisboa** AVISO do [secretário das Cortes], João Baptista Felgueiras, ao [secretário de estado da Marinha e Ultramar], Inácio da Costa Quintela, sobre a concessão de escusa a Lourenço Rodrigues de Andrade e Marcos António de Sousa de deputados às Cortes, para que foram eleitos, respectivamente por Santa Catarina e Baía. **AHU_ACL_CU_005, Cx. 275, D. 19199**
195	**1823, fevereiro, 12, Baía** OFÍCIO da Junta Provisória do Governo da Província da Baía ao [secretário de estado dos Negócios do Reino], Filipe Ferreira de Araújo e Castro, enviando o auto do juramento à Constituição Política da Monarquia Portuguesa dos membros da Junta Provisória de Governo e dos empregados nas repartições da Secretaria da mesma Junta. Anexo: auto de juramento. **AHU_ACL_CU_005, Cx. 275, D. 19200.**

196	**1823, fevereiro, 12, Baía** OFÍCIO do secretário do Governo das Armas da Província da Baía, José Botelho de Araújo, ao secretário de estado dos Negócios do Reino, Filipe Ferreira de Araújo e Castro, enviando o auto do juramento à Constituição Política da Monarquia Portuguesa dos empregados da Secretaria do Governo das Armas da Província da Baía. Anexo: auto de juramento. **AHU_ACL_CU_005, Cx. 275, D. 19201.**
197	**1823, fevereiro, 12, Baía** OFÍCIO do [governador das Armas da Província da Baía], Inácio Luís Madeira de Melo, ao secretário de estado dos Negócios do Reino, Filipe Ferreira de Araújo e Castro, enviando os autos do juramento à Constituição Política da Monarquia Portuguesa dos oficiais do Estado Maior, adidos, sem exercício, licenciados, reformados e imigrados. Anexo: autos de juramento. **AHU_ACL_CU_005, Cx. 275, D. 19202.**
198	**1823, fevereiro, 12, Baía** OFÍCIO da Junta Provisória do Governo da Baía ao [secretário de estado dos Negócios do Reino], Filipe Ferreira de Araújo e Castro, comunicando o ataque a Pirajá e Ilha de Itaparica. Anexo: 2ª via. **AHU_ACL_CU_005, Cx. 275, D. 19203.**
199	**1823, fevereiro, 12, Baía** OFÍCIO da Junta Provisória do Governo da Província da Baía ao [secretário de estado dos Negócios do Reino], Filipe Ferreira de Araújo e Castro, sobre o auxílio solicitado pelo Conselho Militar da Divisão dos Voluntários Reais que ocupa a banda oriental do rio da Prata. Anexo: 1 doc. **AHU_ACL_CU_005, Cx. 275, D. 19204.**
200	**1823, fevereiro, 12, Baía** OFÍCIO da Junta Provisória do Governo da Província da Baía ao [secretário de estado dos Negócios do Reino], Filipe Ferreira de Araújo e Castro, remetendo cópia da correspondência com o chefe de divisão comandante da Esquadra, João Félix Pereira de Campos, sobre a não concessão de passaporte às embarcações portuguesas para os portos do Brasil que se acham sublevados. Anexo: 2 docs. **AHU_ACL_CU_005, Cx. 275, D. 19206.**
201	**1823, fevereiro, 13, Baía** OFÍCIO da Junta Provisória do Governo da Província da Baía ao [secretário de estado dos Negócios do Reino], Filipe Ferreira de Araújo e Castro, enviando os periódicos Idade D' Ouro e Semanário Cívico. **AHU_ACL_CU_005, Cx. 276, D. 19208.**
202	**1823, fevereiro, 13, Baía** CARTA do [governador das Armas da Província da Baía], Inácio Luís Madeira de Melo, ao rei [D. João VI], sobre as dificuldades com a estagnação do comércio, a falta de géneros e acerca da expansão do movimento de insurreição. Anexo: 6 docs, extracto, 2ª via e minuta de ofício resposta. **AHU_ACL_CU_005, Cx. 276, D. 19209.**

203	**1823, fevereiro, 15, Baía** CARTA do [governador das Armas da Província da Baía], Inácio Luís Madeira de Melo, ao rei [D. João VI], sobre as lutas pela independência do Brasil na Baía. Anexo: 2 vias. **AHU_ACL_CU_005, Cx. 276, D. 19212.**
204	**1823, fevereiro, 16, Baía** OFÍCIO do chefe de divisão comandante da Esquadra, João Félix Pereira de Campos, ao [secretário de estado da Marinha e Ultramar], Inácio da Costa Quintela, sobre a guerra da independência na Baía. Anexo: 3 docs **AHU_ACL_CU_005, Cx. 276, D. 19213.**
205	**1823, fevereiro, 18, Baía** OFÍCIO do capitão comandante do 1º Regimento da 2ª linha da Província da Baía, Manuel de Oliveira, ao secretário de estado dos Negócios da Guerra, [Cândido José Xavier], remetendo certidão do auto de juramento da Constituição Política da Monarquia Portuguesa decretada pelas Cortes Constituintes. Anexo: 2 docs. **AHU_ACL_CU_005, Cx. 276, D. 19215.**
206	**1823, fevereiro, 21, Baía** OFÍCIO da Junta Provisória do Governo da Província da Baía ao [secretário de estado dos Negócios do Reino, Filipe Ferreira de Araújo e Castro], sobre os ataques dos insurgentes e a adesão ao governo do Rio de Janeiro por parte das vilas de Porto Seguro e São Mateus. Anexo: 6 docs. **AHU_ACL_CU_005, Cx. 276, D. 19219.**
207	**1823, março, 3, Lisboa** OFÍCIO do [conselheiro da Junta da Fazenda da Marinha], Carlos May, ao [secretário de estado da Marinha e Ultramar], Inácio da Costa Quintela, sobre as exigências das companhias seguradoras para fazerem o seguro dos géneros remetidos para a Baía. **AHU_ACL_CU_005, Cx. 276, D. 19227.**
208	**1823, março, 4, [Lisboa]** AVISO do [secretário de estado dos Negócios do Reino], Filipe Ferreira de Araújo e Castro, ao [secretário de estado da Marinha e Ultramar, Inácio da Costa Quintela], remetendo ofício da Junta Provisória do Governo da Província da Baía acerca da representação feita por 655 cidadãos para que se mandasse bloquear os portos do Rio de Janeiro, Pernambuco e Alagoas. Anexo: 8 docs. **AHU_ACL_CU_005, Cx. 276, D. 19229.**
209	**1823, março, 13, Lisboa** REQUERIMENTO do procurador dos habitantes leais da Baía e outros portugueses imigrados de várias províncias, Francisco Mendes da Silva Figueiró, ao rei [D. João VI], solicitando providências de apoio aos direitos e propriedades dos súbditos portugueses. Anexo: certidão. **AHU_ACL_CU_005, Cx. 276, D. 19232.**

210	**1823, março, 20, Lisboa** CARTA do procurador dos habitantes leais da Baía e outros portugueses imigrados de várias províncias, Francisco Mendes da Silva Figueiró, ao rei [D. João VI], sobre as dificuldades que experimentam os seus constituintes. **AHU_ACL_CU_005, Cx. 276, D. 19233**
211	**1823, março, 22, Baía** CARTA do [governador das Armas da Província da Baía], Inácio Luís Madeira de Melo, ao rei [D. João VI], sobre as notícias vindas do Rio de Janeiro do reforço dos insurrectos e apelando para o reforço da Armada e ajuda de Lisboa, sem o qual considera que o Brasil se perderá. Anexo: 7 docs, 2ª via e extracto **AHU_ACL_CU_005, Cx. 276, D. 19235.**
212	**1823, março, 22, Baía** CARTA do [governador das Armas da Província da Baía], Inácio Luís Madeira de Melo, ao [secretário de estado da Marinha e Ultramar], Inácio da Costa Quintela, remetendo mapas das forças da 1ª e 2ª Linha da Província da Baía. Anexo: mapa e extracto **AHU_ACL_CU_005, Cx. 276, D. 19236.**
213	**1823, março, 24, Baía** OFÍCIO do [comandante do Regimento de Artilharia da 2ª Linha da Província da Baía], Francisco Belém, ao [secretário de estado dos Negócios da Guerra], Manuel Gonçalves de Miranda, remetendo certidão do auto do juramento da Constituição Política da Monarquia Portuguesa, prestado pelos oficiais do seu regimento. Anexo: 2 docs. **AHU_ACL_CU_005, Cx. 276, D. 19237.**
214	**1823, março, 24, Baía** OFÍCIOS do chefe de divisão comandante da Esquadra, João Félix Pereira de Campos, ao [secretário de estado da Marinha e Ultramar], Inácio da Costa Quintela, sobre as operações da sua esquadra na Baía desde o dia 16 fevereiro. Anexo: 10 docs, 2ª via e extracto. **AHU_ACL_CU_005, Cx. 276, D. 19238.**
215	**1823, março, 27** OFÍCIO do comandante da fragata Constituição, Joaquim Maria Bruno de Morais, ao secretário de estado da Marinha e Ultramar, Inácio da Costa Quintela, remetendo cópia das instruções que recebeu do comandante da Esquadra da Baía. Anexo: instruções (cópia). AHU-Baía, cx. 265, doc. 51 **AHU_ACL_CU_005, Cx. 276, D. 19239.**
216	**1823, março, 31, [Lisboa]** OFÍCIO do 2º tenente, comandante do Bergantim D. Sebastião; António Francisco Vicente Heitor ao [secretário de estado da Marinha e Ultramar, Inácio da Costa Quintela], remetendo mapa do estado actual da guarnição do bergantim e relatando a viagem da Baía a Lisboa, de acordo com as ordens do chefe de divisão comandante da Esquadra, João Félix Pereira de Campos. Anexo: mapa. **AHU_ACL_CU_005, Cx. 276, D. 19241.**

217	**1823, abril, 4, Lisboa** OFÍCIO do [conselheiro da Junta da Fazenda da Marinha], Carlos May, ao [secretário de estado da Marinha e Ultramar], Inácio da Costa Quintela, a dar conhecimento de ter recebido do Tesouro Público dinheiro para pagamento do contrato do transporte da tropa da expedição da Baía Anexo: recibo. **AHU_ACL_CU_005, Cx. 276, D. 19245.**
218	**1823, abril, 4, [Baía]** OFÍCIO do chefe de divisão comandante da Esquadra, João Félix Pereira de Campos, ao [secretário de estado da Marinha e Ultramar], Inácio da Costa Quintela, sobre a evolução da guerra de independência, o reforço da esquadra da Baía e solicitando aumento da força marítima e mais meios de manutenção. Anexo: 2 docs. **AHU_ACL_CU_005, Cx. 276, D. 19246.**
219	**1823, abril, 23, Lisboa** OFÍCIO do [oficial da 1ª Repartição do Ministério da Guerra], Hermano Estanislau Orlando, remetendo à Secretária-geral cópia da portaria de 13 de fevereiro sobre a Divisão de Voluntários Reais de El-Rei. Anexo: 2 docs. **AHU_ACL_CU_005, Cx. 276, D. 19256.**
220	**1823, abril, 28, Baía** OFÍCIO do chefe de divisão comandante da Esquadra, João Félix Pereira de Campos, ao [secretário de estado da Marinha e Ultramar], Inácio da Costa Quintela, sobre a preparação da esquadra para socorrer os Voluntários Reais, a nomeação de comandante interino para a esquadra, em virtude da sua doença, o capitão-de-mar-e-guerra Manuel de Vasconcelos Pereira de Melo, e o ataque às forças comandadas pelo almirante Cochrane. Anexo: 2 docs. **AHU_ACL_CU_005, Cx. 276, D. 19257.**
221	**[ant. 1823, maio, 10, Recife]** REQUERIMENTO dos moradores na Vila da Cachoeira, José de Azevedo Mota Santa Rosa e Joaquim Marinho de Azevedo, ao rei [D. João VI], solicitando aviso para serem conduzidos gratuitamente da vila do Recife, para onde foram levados acorrentados pelo governo daquela vila, para a Baía. Anexo: 1 doc. **AHU_ACL_CU_005, Cx. 276, D. 19258.**
222	**1823, maio, 16, Baía** CARTA do [juiz de fora dos Órfãos da Cidade da Baía], Francisco José Pacheco, ao rei [D. João VI], expondo as violências e injustiças de que tem sido alvo e solicitando provimento no lugar de intendente do ouro, juiz de fora do Cível ou corregedor da comarca. Anexo: 35 docs. **AHU_ACL_CU_005, Cx. 276, D. 19260.**

223	**[post. 1823, maio, 25, Lisboa]** REQUERIMENTO do marinheiro da escuna Canhoneira nº 5, Anastácio Vicente Carrilho, ao rei [D. João VI], pedindo para ser mandado regressar com ajuda de custo à Província da Baía, onde foi ferido e prisioneiro em defesa do regime constitucional, e remetido preso para Lisboa pelo governo de Pernambuco. Anexo: 2 docs. **AHU_ACL_CU_005, Cx. 276, D. 19262.**
224	**1823, maio, 26, Baía** OFÍCIO do chefe de divisão comandante da Esquadra, João Félix Pereira de Campos, ao [secretário de estado da Marinha e Ultramar], Inácio da Costa Quintela, relatando combates havidos com o inimigo na Baía, enviando relação dos mortos feridos e sobre a sua demissão de comandante. Anexo: 13 docs. **AHU_ACL_CU_005, Cx. 276, D. 19263.**
225	**1823, maio, 31, Baía** OFÍCIO do [governador das Armas da Província da Baía], Inácio Luís Madeira de Melo, ao secretário de estado dos Negócios da Guerra, Manuel Gonçalves de Miranda, remetendo mapas dos diferentes corpos da 1ª e 2ª Linha da Província da Baía, bem como dos que estão nos hospitais. Anexo: 1 doc. **AHU_ACL_CU_005, Cx. 276, D. 19265.**
226	**1823, junho, 3, Baía** CARTA da Junta do Governo Provisório da Baía ao rei [D. João VI] participando ter tomado posse do referido governo, faltando a este acto o presidente e outro membro, e fazendo protestos da mais firme adesão à causa constitucional. Anexo: lembrete. **AHU_ACL_CU_005, Cx. 277, D. 19267.**
227	**1823, junho, 6, Baía** OFÍCIO do coronel comandante da Legião de Caçadores da Baía, Francisco de Paula e Oliveira, ao secretário de estado dos Negócios da Guerra, Manuel Gonçalves de Miranda, sobre o seu trabalho em favor da Nação Portuguesa. **AHU_ACL_CU_005, Cx. 277, D. 19269.**
228	**1823, junho, 9, Baía** OFÍCIO do chefe e comandante da Esquadra, Joaquim Félix Pereira de Campos, ao [secretário de estado da Marinha e Ultramar], Inácio da Costa Quintela, relatando as lutas pela independência na Baía e medidas adoptadas. Anexo: 4 docs. **AHU_ACL_CU_005, Cx. 277, D. 19270.**
229	**1823, junho, 21, Baía** OFÍCIO do chefe e comandante da Esquadra, Joaquim Félix Pereira de Campos, ao [secretário de estado da Marinha e Ultramar], Inácio da Costa Quintela, relatando o estado da referida esquadra, principalmente a falta de víveres e o pedido de ajuda do governador das Armas para evacuar a cidade. **AHU_ACL_CU_005, Cx. 277, D. 19274.**

230	**1823, julho, 6** TERMO de protesto (cópia) feito a bordo do navio Conde de Palma, pelo comandante 1º tenente José Franco, saído da Baía debaixo do comboio da nau D. João VI, contra o abandono do comboio pelo chefe de divisão comandante da Esquadra, João Félix Pereira de Campos. **AHU_ACL_CU_005, Cx. 277, D. 19279.**
231	**1823, julho, 7, Lisboa** CARTA RÉGIA (cópia) do rei D. João VI nomeando o marechal de campo Luís Paulino de Oliveira Pinto da França para encarregado da comissão de suspensão de armas e cessação de hostilidades na Baía. Anexo: 6 docs. **AHU_ACL_CU_005, Cx. 277, D. 19280.**
232	**1823, julho, 17, Lisboa** REQUERIMENTO do sargento-mor comandante, com funções de capitão-mor da vila de Marahú, comarca de Ilhéus, província da Baía, José Francisco Mendes, ao rei [D. João VI], solicitando transporte para a Baía e reintegração na posse dos seus bens, de que foi espoliado quando foi preso e enviado para Pernambuco e depois para a corte. Anexo: 2 docs. **AHU_ACL_CU_005, Cx. 277, D. 19284.**
233	**1823, julho, 21, Lisboa** AVISO do [secretário de estado dos Negócios da Guerra e interinamente dos da Marinha e do Ultramar], conde de Subserra, [Manuel Inácio Martins Pamplona Corte Real], a Agostinho António de Faria, ordenando que seja observada com particular cuidado a conduta militar e política dos oficiais de defesa da Província Baía **AHU_ACL_CU_005, Cx. 277, D. 19286.**
234	**1823, julho, 21, Lisboa** CARTA RÉGIA (cópia) do rei D. João VI ao chefe de divisão da Armada Real e comandante da Esquadra, João Félix Pereira de Campos, ordenando a evacuação das forças de mar e terra que se acham na Baía. **AHU_ACL_CU_005, Cx. 277, D. 19287.**
235	**1823, julho, 23, Lisboa** OFÍCIO do secretário de estado dos Negócios da Guerra e interinamente dos da Marinha e do Ultramar, conde de Subserra, [Manuel Inácio Martins Pamplona Corte Real], ao governador das Armas da Província da Baía, Inácio Luís Madeira de Melo, enviando carta régia do rei D. João VI ordenando a evacuação das forças de mar e terra da Província da Baía. **AHU_ACL_CU_005, Cx. 277, D. 19288.**
236	**1823, julho, 23, Lisboa** OFÍCIO do [secretário de estado dos Negócios da Guerra e interinamente dos da Marinha e do Ultramar], conde de Subserra, [Manuel Inácio Martins Pamplona Corte Real], ao chefe de divisão da Armada Real e comandante da Esquadra, João Félix Pereira de Campos, enviando carta régia do rei D. João VI ordenando a evacuação das forças de mar e terra da Província da Baía. **AHU_ACL_CU_005, Cx. 277, D. 19289.**

237	**1823, julho, 26, Baía** OFÍCIO do coronel comandante do 1° Batalhão Expedicionário do Regimento de Infantaria nº 5 António Pedro de Brito, ao [secretário de estado dos Negócios da Guerra], Manuel Gonçalves de Miranda, dando conta da situação do referido regimento que se acha prisioneiro. Anexo: 2 listas. **AHU_ACL_CU_005, Cx. 277, D. 19290.**
238	**1823, agosto, 25, Lisboa** AVISO do [secretário de estado dos Negócios da Guerra e interinamente dos da Marinha e do Ultramar, conde de Subserra, Manuel Inácio Martins Pamplona Corte Real], para José Maria de Campos, ordenando os exames necessários sobre a avaria feita à escuna Luísa, acabada de chegar da Baía com tropas portuguesas a bordo. Anexo: 1 doc. **AHU_ACL_CU_005, Cx. 277, D. 19295.**
239	**1823, agosto, 27, [Lisboa]** RELATO do capitão Bernardino da Costa Martins Sobrinho sobre a viagem do navio Grão-Pará, da Baía para Lisboa, transportando 281 praças do Batalhão nº 12 do exército de Portugal. **AHU_ACL_CU_005, Cx. 277, D. 19296.**
240	**1823, setembro, 9, [Lisboa]** OFÍCIO do [administrador interino do Hospital Real da Marinha], Guilherme Casimiro, ao [secretário de estado dos Negócios da Guerra e interinamente dos da Marinha e do Ultramar], conde de Subserra, [Manuel Inácio Martins Pamplona Corte Real], remetendo mapas diários dos militares da expedição da Baía que estão em tratamento no Hospital Real da Marinha e as certidões de óbito dos que morreram entre os dias 2 e 7. Anexo: 10 docs. **AHU_ACL_CU_005, Cx. 277, D. 19301.**
241	**1823, setembro, 10, [Lisboa]** OFÍCIO do chefe de divisão e comandante da Esquadra, João Félix Pereira de Campos, ao [secretário de estado dos Negócios da Guerra e interinamente dos da Marinha e do Ultramar], conde de Subserra, [Manuel Inácio Martins Pamplona Corte Real], com o relato circunstanciado dos acontecimentos que tiveram lugar desde o dia 9 de junho, na Baía, até à chegada da esquadra ao porto de Lisboa. Anexo: 38 docs. **AHU_ACL_CU_005, Cx. 277, D. 19302.**
242	**1823, setembro, 16, Lisboa** RELAÇÃO do capitão tenente, comandante [do porto de Lisboa], João de Fontes Pereira de Melo, das praças militares procedentes da Baía na corveta São Gualter, entrada no porto de Lisboa a 16 de setembro de 1823. **AHU_ACL_CU_005, Cx. 277, D. 19305.**

243	**1823, setembro, 16, [Lisboa]** OFÍCIO do [governador das Armas da Província da Baía], Inácio Luís Madeira de Melo, ao [secretário de estado dos Negócios da Guerra e interinamente dos da Marinha e do Ultramar], conde de Subserra, [Manuel Inácio Martins Pamplona Corte Real], remetendo mapas da força que compunha a divisão que comandava na Baía. Anexo: 4 mapas **AHU_ACL_CU_005, Cx. 277, D. 19306.**
244	**1823, setembro, 20, [Lisboa]** OFÍCIO do [intendente da Marinha da Baía], Joaquim José Correia, ao secretário de estado dos Negócios da Guerra e interinamente dos da Marinha e do Ultramar, conde de Subserra, [Manuel Inácio Martins Pamplona Corte Real], comunicando que o escrivão da Vedoria trouxe para Lisboa, na fragata Diana, todos os documentos pertencentes à Divisão das Tropas de Portugal e solicitando indicação do lugar em que devem ser entregues os ditos documentos. **AHU_ACL_CU_005, Cx. 277, D. 19309.**
245	**1823, novembro, 30** OFÍCIO do [embaixador extraordinário ao Brasil], conde de Rio Maior, [António de Saldanha Oliveira Juzarte e Sousa, ao [secretário de estado dos Negócios da Guerra e interinamente dos da Marinha e do Ultramar], conde de Subserra, [Manuel Inácio Martins Pamplona Corte Real], sobre o resgate de prisioneiros portugueses no Rio de Janeiro e a Divisão de Montevideu. **AHU_ACL_CU_005, Cx. 278, D. 19325.**
246	**1823, dezembro, 19, Porto** OFÍCIO do chefe de esquadra e intendente da Marinha, José Joaquim Rosa Coelho, ao [secretário de estado dos Negócios da Guerra e interinamente dos da Marinha e do Ultramar], conde de Subserra, [Manuel Inácio Martins Pamplona Corte Real], remetendo relato do mestre do bergantim São Manuel, José Monteiro Salazar, vindo da Baía, sobre os últimos acontecimentos na Baía. Anexo: relato. **AHU_ACL_CU_005, Cx. 278, D. 19328.**
247	**1823, dezembro, 22, Gibraltar** OFÍCIO do [cônsul de Gibraltar], José Agostinho Parral, ao [secretário de estado dos Negócios da Guerra e interinamente dos da Marinha e do Ultramar], conde de Subserra, [Manuel Inácio Martins Pamplona Corte Real], comunicando a chegada a Gibraltar de várias embarcações estrangeiras, provenientes da Baía, com passageiros portugueses a bordo, e dando conta das notícias chegadas da Baía, Rio de Janeiro e Pernambuco. **AHU_ACL_CU_005, Cx. 278, D. 19330.**
248	**1824, janeiro, 3, Lisboa** OFÍCIO do [inspector do Arsenal Real da Marinha], Carlos May, ao rei [D. João VI], sobre requerimento do proprietário do navio Harmonia, Manuel de Sousa Lobo, que, tendo sido fretado para conduzir tropas para a Baía, no seu regresso a Lisboa foi apresado pelo almirante Cochrane, pede para ser indemnizado do frete e valor do mesmo navio. **AHU_ACL_CU_005, Cx. 278, D. 19341.**

249	**1824, janeiro, 8, Gibraltar** OFÍCIO do [cônsul de Gibraltar], José Agostinho Parral, ao [secretário de estado dos Negócios da Guerra e interinamente dos da Marinha e do Ultramar], conde de Subserra, [Manuel Inácio Martins Pamplona Corte Real], dando conta das notícias trazidas da Baía pelo brigue inglês Two Friends, acabado de chegar ao porto de Gibraltar, procedente da Baía. **AHU_ACL_CU_005, Cx. 278, D. 19343.**
250	**1824, janeiro, 12, Lisboa** CARTA do [inspector do Arsenal Real da Marinha], Carlos May, ao rei [D. João VI] sobre requerimento de diversos oficiais que serviram em navios do comércio, que no porto da Baía se armaram em guerra, que solicitam pagamento de soldos e comedorias. **AHU_ACL_CU_005, Cx. 278, D. 19345.**
251	**1824, janeiro, 28, Lisboa** OFÍCIO do contador geral da Marinha, José António Teixeira Lobo, ao [secretário de estado dos Negócios da Guerra e interinamente dos da Marinha e do Ultramar], conde de Subserra, [Manuel Inácio Martins Pamplona Corte Real], sobre requerimento do comandante e mais oficiais dos navios mercantes, que foram armados em guerra na Baía, São Gualter e Restauração, que solicitam pagamento. Anexo: 3 docs. **AHU_ACL_CU_005, Cx. 278, D. 19358.**
252	**[ant. 1824, fevereiro, 16, Viana do Castelo]** REQUERIMENTO de Francisco António Torres, António Fernando e outros marinheiros da fragata Niterói da esquadra de Lord Cochrane, entrados em Viana do Castelo a bordo do iate Alegria de Viana e presos no Castelo da Barra, ao rei [D. João VI], pedindo certidão dos autos de prisão. **AHU_ACL_CU_005, Cx. 278, D. 19371.**
253	**1824, março, 4, Gibraltar** OFÍCIO do [cônsul de Gibraltar], José Agostinho Parral, ao [secretário de estado dos Negócios da Guerra e interinamente dos da Marinha e do Ultramar], conde de Subserra, [Manuel Inácio Martins Pamplona Corte Real], comunicando a chegada do brigue inglês Penguin, procedente da Baía, trazendo notícias do Brasil e um exemplar do projeto de constituição para o Império, e remetendo relação dos nomes dos presidentes e secretários do governo das diversas províncias do Brasil. Anexos: relação e 2ª via. **AHU_ACL_CU_005, Cx. 278, D. 19377.**
254	**1824, março, 5, Gibraltar** OFÍCIO do [cônsul de Gibraltar], José Agostinho Parral, ao [secretário de estado dos Negócios Estrangeiros], marquês de Palmela, [Pedro de Sousa Holstein], remetendo um exemplar da Capitulação de Montevideu. Anexos: 1 doc. **AHU_ACL_CU_005, Cx. 278, D. 19378.**

255	**1824, março, 12, Lisboa** OFÍCIO do [secretário de estado dos Negócios da Guerra], conde de Subserra, [Manuel Inácio Pamplona Corte Real], ao secretário de estado da Marinha e Ultramar, [conde de Subserra, Manuel Inácio Pamplona Corte Real], remetendo três conselhos de investigação que as Cortes Gerais tiraram referente aos acontecimentos que tiveram lugar na Baía em Fevereiro de 1822, envolvendo oficiais, sendo o primeiro relativo à conduta dos oficiais do Regimento de Artilharia de Linha, o segundo à dos oficiais do 1º Regimento de Linha e o terceiro à dos oficiais do corpo da Legião de Caçadores. Anexo: 6 docs. **AHU_ACL_CU_005, Cx. 278, D. 19380.**
256	**1824, março, 29, Lisboa** OFÍCIO do [inspector do Arsenal da Marinha], Carlos May, ao [secretário de estado dos Negócios da Guerra e interinamente dos da Marinha e do Ultramar], conde de Subserra, [Manuel Inácio Martins Pamplona Corte Real], sobre o pagamento dos oficiais do exército regressados da Baía. Anexo: 1 docs. **AHU_ACL_CU_005, Cx. 279, D. 19391.**
257	**1824, agosto, 6, Lisboa** CONSULTA do Conselho Ultramarino ao rei D. João VI sobre um Conselho de Guerra de cinco oficiais do Regimento de Artilharia da cidade de São salvador da Baía. Anexo: 2 docs. **AHU_ACL_CU_005, Cx. 279, D. 19434.**
258	**1824, setembro, 18, Guadiana** OFÍCIO do [comandante do caíque Piedade], António Vicente Scavinchio, ao [secretário de estado da Marinha e Ultramar], conde de Subserra, [Manuel Inácio Pamplona Corte Real], sobre a chegada ao porto de Faro do caíque português Santo António e Almas, trazendo soldados que chegaram a Gibraltar, vindos da Baía, e igualmente notícias dos últimos acontecimentos ocorridos no Brasil. **AHU_ACL_CU_005, Cx. 279, D. 19445.**
259	**1824, dezembro, 20, Lisboa** OFÍCIO do [inspector do Arsenal da Marinha], Carlos May, ao [secretário de estado da Marinha e do Ultramar], conde de Subserra, [Manuel Inácio Martins Pamplona Corte Real], remetendo relação dos presos vindos da Baía, no bergantim Providência, que se acham no presídio da Cova da Moura. Anexo: 5 docs. **AHU_ACL_CU_005, Cx. 280, D. 19472.**

260	**1825, Setembro, 10, Lisboa** OFÍCIO do secretário de estado dos Negócios da Guerra, conde de Barbacena, [Francisco Furtado de Castro do Rio de Mendonça e Faro], ao [secretário de estado da Marinha e Ultramar], Joaquim José Monteiro Torres, devolvendo o processo do réu Bernardino Alves de Araújo. Júnior, tenente-coronel do Regimento de Artilharia da Cidade da Baía, e outros oficiais no mesmo corpo, acusados, de terem pegado em armas contra a tropa portuguesa destacada naquela cidade. Anexo: processo. AHU-Baía, cx. 270, doc. 40 **AHU_ACL_CU_ 005, Cx. 281, D. 19548.**
261	**[ant. 1826, Janeiro, 5, Lisboa]** REQUERIMENTO de António Cardoso de Melo, imigrado da Baía, ao rei [D. João VI] solicitando passaporte para a Baía. Anexo: 2 docs. AHU-Baía, cx. 271, doc. 2 **AHU_ACL_CU_005, Cx. 281, D. 19578.**
262	**[ant. 1826, Janeiro, 17, Lisboa]** REQUERIMENTO de Bernardo António ao rei [D. João VI], solicitando pagamento pelo tempo de serviço nas barcas da cidade da Baía. Anexo: 6 docs. AHU-Baía, cx. 271, doc. 4 e 43 **AHU_ACL_CU_005, Cx. 281, D. 19579.**
263	**[ant. 1826, Janeiro, 21, Lisboa]** REQUERIMENTO de João Alves da Cunha ao rei [D. João VI], solicitando passaporte para regressar à Baía. Anexo: 2 docs. AHU-Baía, cx. 271, doc. 6 **AHU_ACL_CU_005, Cx. 281, D. 19580.**
264	**[ant. 1826, Janeiro, 21, Lisboa]** REQUERIMENTO de Domingos Francisco da Silva, imigrado da Baía, ao rei [D. João VI], solicitando passaporte para regressar à Baía. Anexo: atestado AHU-Baía, cx. 271, doc. 7 **AHU_ACL_CU_005, Cx. 281, D. 19581.**
265	**[ant. 1826, Fevereiro, 9, Lisboa]** REQUERIMENTO de Domingos Fonseca Rocha ao rei [D. João VI], solicitando passaporte para a cidade da Baía. Anexo: certidão AHU-Baía, cx. 271, doc. 11 **AHU_ACL_CU_005, Cx. 281, D. 19582.**
266	**[ant. 1826, Fevereiro, 14, Lisboa]** REQUERIMENTO de João Manuel Pereira dos Santos ao rei [D. João VI], solicitando passaporte para a Baía. Anexo: atestado AHU-Baía, cx. 271, doc. 12 **AHU_ACL_CU_005, Cx. 281, D. 19583.**

267	**[ant. 1826, Fevereiro, 16, Lisboa]** REQUERIMENTO de António Pereira Martins, imigrado da Baía, ao rei [D. João VI], solicitando passaporte para viajar para a Baía. Anexo: 2 docs. AHU-Baía, cx. 7, doc. 54 **AHU_ACL_CU_005, Cx. 281, D. 19584.**
268	**[ant. 1826, Fevereiro, 18, Lisboa]** REQUERIMENTO de João Francisco Alves ao rei [D. João VI], solicitando passaporte para viajar para a Baía. Anexo: atestado AHU-Baía, cx. 271, doc. 13 **AHU_ACL_CU_005, Cx. 281, D. 19585.**
269	**[ant. 1826, Fevereiro, 20, Lisboa]** LEMBRETE do requerimento de Francisco Labatt imigrado da Baía onde deixou seu estabelecimento e escravos, ao rei [D. João VI], solicitando apoio da Comissão a favor dos Imigrados do Brasil. AHU-Baía, cx. 271, doc. 15 **AHU_ACL_CU_005, Cx. 281, D. 19586.**
270	**[ant. 1826, Março, 1, Lisboa]** REQUERIMENTO de António Joaquim Pereira de Azevedo Vasconcelos ao rei [D. João VI], solicitando passaporte para viajar para a Baía. Anexo: certidão. AHU-Baía, cx. 271, doc. 16 **AHU_ACL_CU_005, Cx. 281, D. 19587.**
271	**[1826, Março, 30, Lisboa]** REQUERIMENTO de José António Ferreira, imigrado da Baía, à princesa regente infanta D. Isabel Maria], solicitando passaporte para regressar ao Brasil Anexo: 2 docs. AHU-Baía, cx. 271, doc. 17 **AHU_ACL_CU_005, Cx. 281, D. 19588.**

Ceará AHU_ACL_CU_006

272	**1821, maio, 14, Fortaleza** OFÍCIO do [governador do Ceará, Francisco Alberto Rubim], a Francisco Maxmiliano de Sousa [da Junta Provisional do Governo Supremo do Reino em Lisboa], acusando o recebimento da carta assinada pelo governador de Pernambuco, Luís do Rego Barreto, no qual participava haver el-rei jurado a constituição que se fizer pelas Cortes em Portugal, e dá-la ao seu reino no Brasil. Anexo: 2 via, lembre, ofício e cópia de termo de juramento. **AHU_ACL_CU_006, Cx. 22, D. 1310.**

273	**1821, agosto, 3, Fortaleza** OFÍCIO do governador do Ceará, Francisco Alberto Rubim, a Carlos Frederico da Cunha, referente ao juramento à Constituição Portuguesa na província do Ceará Anexo: certidões **AHU_ACL_CU_006, Cx. 22, D. 1316.**
274	**1821, agosto, 20, Fortaleza** OFÍCIO do governador do Ceará, Francisco Alberto Rubim, a Carlos Frederico da Cunha, sobre o juramento da Constituição pela vila do Crato. Anexo: cópias de cartas. **AHU_ACL_CU_006, Cx. 22, D. 1317.**
275	**1821, agosto, 22, Crato** OFÍCIO do ouvidor do Crato, José Joaquim Correia da Costa Pereira do Lago ao presidente das Cortes Gerais de Lisboa, [João Batista Filgueiras] sobre os acontecimentos decorridos naquela vila em função do juramento da Constituição. **AHU_ACL_CU_006, Cx. 22, D. 1318.**
276	**1821, novembro, 21, Fortaleza** OFÍCIO do governo interino do Ceará ao [secretário de estado dos Negócios da Marinha e Ultramar], Joaquim José Monteiro Torres, sobre o recebimento de exemplares relativos à lei sobre a liberdade de imprensa. **AHU_ACL_CU_006, Cx. 22, D. 1337.**
277	**[ca. 1821]** REPRESENTAÇÃO dos habitantes do Ceará [D. João VI], a pedir ordens para que se realizem as eleições dos deputados da referida província às Cortes. Anexo: 2a. via e lembrete **AHU_ACL_CU_006, Cx. 22, D. 1338.**

278	**1822, janeiro, 9, Aracati** CARTA da Câmara da vila do Aracati ao rei [D. João VI], felicitando-o pela chegada à capital do reino. AHU-CEARÁ, cx. 20, doc.1 **AHU_ACL_CU_006, Cx. 23, D. 1339.**
279	**1822, janeiro, 12, Fortaleza** OFÍCIO da Junta Provisória do governo do Ceará [secretário de estado dos Negócios da Marinha e Ultramar], Joaquim José Monteiro Torres, sobre o decreto que determina a forma do estabelecimento das Juntas Provisórias do governo das províncias do Brasil. Anexo: ofício AHU-CEARÁ, cx. 20, doc. 2 **AHU_ACL_CU_006, Cx. 23, D. 1340.**
280	**1822, janeiro, 12, Fortaleza** OFÍCIO da Junta Provisória do governo do Ceará [secretário de estado dos Negócios da Marinha e Ultramar], Joaquim José Monteiro Torres, acusando o recebimento de ofícios relativos a leis publicadas. Anexo: ofício AHU-CEARÁ, cx. 20, doc. 3 **AHU_ACL_CU_006, Cx. 23, D. 1341.**

281	**1822, fevereiro, 3, Fortaleza** OFÍCIO da Junta Provisória do Governo do Ceará [secretário de estado dos Negócios da Marinha e Ultramar], Joaquim José Monteiro Torres, remetendo relação dos deputados da província, cuja eleição foi realizada a 25 de dezembro de 1821. Anexo: 2a. via. AHU-CEARÁ, cx. 20, doc. 4 **AHU_ACL_CU_006, Cx. 23, D. 1342.**
282	**1822, fevereiro, 23, Fortaleza** OFÍCIO da Junta Provisória do Governo do Ceará ao Congresso Nacional referente à ida dos deputados constituintes para a Corte. AHU-CEARÁ, cx. 20, doc. 9 **AHU_ACL_CU_006, Cx. 23, D. 1348.**
283	**1822, fevereiro, 23, Fortaleza** CARTA da Câmara da vila de Fortaleza ao rei [D. João VI] sobre a instalação do governo interino no dia 17 de fevereiro. Anexo: certidão AHU-CEARÁ, cx. 20, doc. 10 **AHU_ACL_CU_006, Cx. 23, D. 1349.**
284	**1822, fevereiro, 24, Fortaleza** CARTA de Francisco Xavier Torres ao rei [D. João VI], anunciando que no dia 19 do corrente ano tomou posse do comando interino das Armas da província do Ceará. AHU-CEARÁ, cx. 20, doc. 11 **AHU_ACL_CU_006, Cx. 23, D. 1350.**
285	**1822, março, 13, Fortaleza** CARTA da Junta Provisória do Governo do Ceará ao rei [D. João VI], sobre a representação dos eleitores das vilas de Sobral, Amontada e Aracati, em que se queixam das extorsões e despotismo com que os seus párocos, José Gonçalves de Medeiros, José da Costa Correia Montês e Bulhões e Felix Antonio de Gusmão, violentam os seus direitos. Anexo: instrumento em pública forma. AHU-CEARÁ, cx. 20, doc. 12 **AHU_ACL_CU_006, Cx. 23, D. 1351.**
286	**1822, março, 21, Fortaleza** CARTA da Junta Provisória do Governo do Ceará ao rei [D. João VI], sobre o embarque dos deputados cearenses para Lisboa. AHU-CEARÁ, cx. 20, doc. 14 **AHU_ACL_CU_006, Cx. 23, D. 1353.**
287	**1822, abril, 27, Fortaleza** CARTA da Junta Provisória do Governo do Ceará ao rei [D. João VI], louvando a decisão do príncipe em conservar-se no Brasil. AHU-CEARÁ, cx. 20, doc. 21 **AHU_ACL_CU_006, Cx. 23, D. 1360.**

288	**1822, maio, 17, Fortaleza** CARTA da Junta Provisória do Governo do Ceará ao rei [D. João VI], em resposta à provisão de 19 de dezembro de 1821 sobre as autoridades constituídas e as repartições públicas da província do Ceará. Anexo: relação AHU-CEARÁ, cx. 20, doc. 26 **AHU_ACL_CU_006, Cx. 23, D. 1365.**
289	**1822, julho, 10, Queluz** OFÍCIO do [secretário de estado dos Negócios da Marinha e Ultramar], Cândido José Xavier, ao [presidente das Cortes Gerais], João Batista Filgueiras, remetendo ofícios e cartas do [governador das Armas do Ceará], Francisco Xavier Torres, sobre os tumultos ocorridos nas vilas de Jardim e Crato, bem como louvado o decreto príncipe regente de 16 de fevereiro. Anexo: ofícios e cartas. AHU-CEARÁ, cx. 20, doc. 32 **AHU_ACL_CU_006, Cx. 23, D. 1370.**
290	**1822, julho, 10, Queluz** OFÍCIO de Sebastião José de Carvalho ao [presidente das Cortes Gerais], João Batista Filgueiras, informando ter Sua Magestade desaprovado o procedimento da Junta da Fazenda do Ceará, no cumprimento que dera ao decreto e provisão que lhe foram dirigidos do Rio de Janeiro. Anexo: cópia de decreto, cópia de provisão e ofício. AHU-CEARÁ, cx. 20, doc. 34 **AHU_ACL_CU_006, Cx. 23, D. 1372.**
291	**1822, agosto, 5, Ceará** OFÍCIO da Junta Provisória do Governo do Ceará ao secretário de estado dos Negócios do Reino, Felipe Ferreira de Araújo Castro, referente à portaria sobre os cônsules portugueses de Prússia, Áustria, Nápoles e Sardenha. Anexo: cópia de decreto, cópia de provisão e ofício. **AHU_ACL_CU_006, Cx. 24, D. 1375.**
292	**1822, agosto, 23, Fortaleza** CARTA da Junta Provisória do Governo do Ceará ao rei [D. João VI], sobre a convocação da Assembleia Geral Constituinte e Legislativa no Brasil. AHU-CEARÁ, cx. 20, doc. 38 **AHU_ACL_CU_006, Cx. 24, D. 1378.**
293	**1822, agosto, 29, Fortaleza** OFÍCIO do [governador das Armas do Ceará], Francisco Xavier Torres, ao [secretário de estado dos Negócios da Marinha e Ultramar], Cândido José Xavier, sobre o envio de uma carta ao rei [D. João VI], que afirma não haver novidade que altere o sossego da província. AHU-CEARÁ, cx. 20, doc. 40 **AHU_ACL_CU_006, Cx. 24, D. 1380.**
294	**1822, setembro, 13, Fortaleza** OFÍCIO da Junta Provisória do Governo do Ceará ao secretário de estado dos Negócios do Reino, Filipe Ferreira de Araújo Castro, sobre a convocação da Assembleia Legislativa e Constituinte. Anexo: cópia de ofício. AHU-CEARÁ, cx. 20, doc. 44 **AHU_ACL_CU_006, Cx. 24, D. 1386.**

295	**1822, setembro, 28, Fortaleza** OFÍCIO da Junta Provisória do Governo do Ceará ao secretário de estado dos Negócios do Reino, Franciso Ferreira de Araújo Castro, sobre o fato da Câmara de Fortaleza não ter assistido ao cortejo de estilo no Palácio do Governo no dia 13 de maio. Anexo: cópia de ofício. AHU-CEARÁ, cx. 20, doc. 45 **AHU_ACL_CU_006, Cx. 24, D. 1387.**
296	**1822, novembro, 14, Fortaleza** OFÍCIO da Junta Provisória do Ceará ao secretário de estado dos Negócios do Reino, Francisco Ferreira de Araújo Castro, participando as sublevações contra a referida Junta, ocorrida na vila do Crato. Anexo: cópias de ofícios. AHU-CEARÁ, cx. 20, doc. 48 **AHU_ACL_CU_006, Cx. 24, D. 1394.**

297	**[ant. 1823, janeiro, 11]** REQUERIMENTO do alferes da 1ª Companhia do 3º Batalhão de Infantaria de Milícias do Ceará, José Simões Branquinho, ao rei [D. João VI], a pedir promoção para tenente. Anexo: consulta. AHU-CEARÁ, cx. 21, doc.10. **AHU_ACL_CU_006, Cx. 24, D. 1399**
298	**[ant. 1823, janeiro, 11]** REQUERIMENTO do alferes da 5ª Companhia do Batalhão Miliciano do Ceará, José Gomes de Albuquerque, ao rei [D. João VI], a pedir reforma. Anexo: requerimentos, certidões e consulta. AHU-CEARÁ, cx. 21, doc.11. **AHU_ACL_CU_006, Cx. 24, D. 1400.**
299	**[ant. 1823, janeiro, 11]** REQUERIMENTO do capitão do Regimento de Cavalaria Miliciana do Ceará, Antônio Francisco Braga, ao rei [D. João VI], a pedir a sua reforma no posto de sargento-mor. Anexo: certidões e consulta. AHU-CEARÁ, cx. 21, doc.12. **AHU_ACL_CU_006, Cx. 24, D. 1401.**
300	**[post. 1823, janeiro, 16]** REQUERIMENTO do alferes da Companhia de Milícias dos Voluntários do Comércio do Ceará, Antônio Nunes de Melo, ao rei [D. João VI], a pedir promoção para o posto de tenente. Anexo: cópia de provisão. **AHU_ACL_CU_006, Cx. 24, D. 1402.**
301	**[ant. 1823, fevereiro, 8]** REQUERIMENTO do padre Antônio José Moreira, que foi deputado nas Cortes, ao rei [D. João VI], a pedir passaporte para o Ceará. Anexo: certidao. AHU-CEARÁ, cx. 21, doc.2. **AHU_ACL_CU_006, Cx. 24, D. 1404.**

302	**1823, fevereiro, 17, Lisboa** CERTIDÃO do intendente geral da Polícia, João de Matos Vasconcelos Barbosa Magalhães, declarando nada constar contra o ex-deputado nas Cortes, padre Manuel Filipe Gonçalves. AHU-CEARÁ, cx. 21, doc.3. **AHU_ACL_CU_006, Cx. 24, D. 1405.**
303	**[ant. 1823, fevereiro, 20]** REQUERIMENTO do coronel graduado do 1º Regimento de Cavalaria Miliciana da província do Ceará, Manuel Pereira de Sousa e Castro, ao rei [D. João VI], a pedir reforma com soldo de sargento-mor. Anexo: certidão, ofícios e requerimentos. AHU-CEARÁ, cx. 21, doc.4. **AHU_ACL_CU_006, Cx. 24, D. 1406.**
304	**[ant. 1823, fevereiro, 20]** REQUERIMENTO de José Bezerra de Meneses ao rei [D. João VI], a pedir provimento no posto de sargento-mor efetivo do Regimento de Cavalaria Miliciana das vilas de Icó e Lavras. Anexo: certidões. AHU-CEARÁ, cx. 21, doc.5. **AHU_ACL_CU_006, Cx. 24, D. 1407.**
305	**[ant. 1823, fevereiro, 20]** REQUERIMENTO do sargento da Companhia de Voluntários do Comércio do Ceará, Manuel Alves de Carvalho, ao rei [D. João VI], a pedir o posto de alferes. Anexo: informação. **AHU_ACL_CU_006, Cx. 24, D. 1408.**
306	**[ant. a 1823, março, 3]** REQUERIMENTO de Antônio Nunes de Melo ao rei [D. João VI], a pedir provimento no posto de tenente da nova Companhia de Milícias, denominada Voluntários do Comércio da província do Ceará. Anexo: lembrete. AHU-CEARÁ, cx. 21, doc.6. **AHU_ACL_CU_006, Cx. 24, D. 1409.**
307	**1823, março, 3** FOLHA de remessa de requerimentos de José Simões Branquinho, alferes do 3º Batalhão de Milícias do Ceará, a pedir promoção para tenente. Anexo: lembrete. AHU-CEARÁ, cx. 21, doc.7. **AHU_ACL_CU_006, Cx. 24, D. 1410.**
308	**[ant. 1823, março, 6]** REQUERIMENTO de Manuel Álvares de Carvalho ao rei [D. João VI], a pedir provimento no posto de alferes da Companhia de Voluntários do Comércio da província do Ceará. Anexo: lembrete. AHU-CEARÁ, cx. 21, doc.8. **AHU_ACL_CU_006, Cx. 24, D. 1411.**

309	**[ant. 1823, julho, 30]** REQUERIMENTO do alferes da 1ª Companhia de Ordenanças da vila do Aquiraz, José Joaquim da Silva Braga, ao rei [D. João VI], a pedir transferência para a Nona Companhia da vila de Fortaleza. Anexo: consulta. AHU-CEARÁ, cx. 21, doc.9. **AHU_ACL_CU_006, Cx. 24, D. 1413.**
310	**1824, junho, 21** OFÍCIO de José Raimundo de Paços de Porbem Borba ao [secretário de estado dos Negócios da Marinha e Ultramar], conde de Subserra, Manuel Inácio Pamplona Corte Real, sobre proposta feita a respeito das províncias do Ceará e do Piauí. AHU-CEARÁ, cx. 21, doc.18. **AHU_ACL_CU_006, Cx. 24, D. 1419.**
311	**1824, setembro, 30, Gibraltar** OFÍCIO de José Agostinho Parral ao [secretário de estado dos Negócios da Marinha e Ultramar], conde de Subserra, Manuel Inácio Pamplona Corte Real, sobre as embarcações que saíram do Rio de Janeiro com tropas para o Ceará. AHU-CEARÁ, cx. 21, doc.22. **AHU_ACL_CU_006, Cx. 24, D. 1422.**
312	**1825, março, 9, Lisboa** DECRETO do rei [D. João VI] nomeando o ex-governador do Ceará, Manuel Inácio Sampaio e Pina Freire para conselheiro de Capa e Espada do Conselho Ultramarino. Anexo: bilhete. AHU-CEARÁ, cx. 21, doc.24. **AHU_ACL_CU_006, Cx. 24, D. 1423.**
313	**[ant. 1825, maio, 5, Lisboa** REQUERIMENTO do tenente de Cavalaria de Linha adido ao Estado Maior do Exército do Brasil, José de Abreu, ao rei [D. João VI], a pedir o hábito de Cavaleiro da Ordem de Cristo. Anexo: lembretes. AHU-CEARÁ, cx. 21, doc.25. **AHU_ACL_CU_006, Cx. 24, D. 1424.**
314	**[ant. 1825, maio, 26]** REQUERIMENTO de Filipe José Pestana ao rei [D. João VI], a pedir passaporte para o Ceará. Anexo: certidão. AHU-CEARÁ, cx. 21, doc.28. **AHU_ACL_CU_006, Cx. 24, D. 1426.**
315	**[ant. 1825, junho, 22]** REQUERIMENTO do ex-sargento da oitava Companhia das Ordenanças da vila de Fortaleza, Antônio Ribeiro Guimarães, ao rei [D. João VI], a pedir para retornar à referida Companhia. Anexo: recibo e lembrete. AHU-CEARÁ, cx. 21, doc.29. **AHU_ACL_CU_006, Cx. 24, D. 1427.**

316	**[ant. 1825, setembro, 30], Lisboa** REQUERIMENTO de Antônio Ribeiro da Fonseca Guimarães ao rei [D. João VI], a pedir passaporte para levar, para o Ceará, Maria Moreira de Sousa, sua mulher, e seu sobrinho, natural do Porto. Anexo: certidão. AHU-CEARÁ, cx. 21, doc.30. **AHU_ACL_CU_006, Cx. 24, D. 1428.**
317	**[1826, março, 9, Lisboa]** Passaporte emitido pelo secretário de estado dos Negócios da Marinha e Ultramar, Joaquim José Monteiro Torres, ao bergantim Miranda que faz viagem para o Ceará sob o comando de Joaquim Francisco Xavier. AHU-CEARÁ, cx. 21, doc.31. **AHU_ACL_CU_006, Cx. 24, D. 1429.**
318	**[ant. 1826, março, 10],** REQUERIMENTO de Antônio José de Miranda, senhorio do bergantim Miranda, ao rei [D. Pedro IV], a pedir bilhete para prosseguir os seus despachos e viagem para o Ceará. Anexo: requerimentos e passaporte. AHU-CEARÁ, cx. 21, doc.32, 33, 35 e 36. **AHU_ACL_CU_006, Cx. 24, D. 1430.**
319	**[ant. 1826, março, 31, Lisboa]** REQUERIMENTO de Joaquim Francisco Xavier Ferreira, mestre do bergantim Miranda, ao rei [D. Pedro IV], a pedir passaporte para o Ceará. Anexo: certidão. AHU-CEARÁ, cx. 21, doc.34. **AHU_ACL_CU_006, Cx. 24, D. 1431.**

Espírito Santo AHU_ACL_CU_007

320	**1821, Outubro, 13, Vila da Vitória** OFÍCIO do [Governador da Capitania do Espirito Santo], Baltasar de Sousa Botelho e Vasconcelos a João Batista Figueira a informar do juramento prestado pelo clero, tropa, nobreza e o povo em favor da Constituição. Anexo: ofício (01 doc. 01 fl.) AHU-Espírito Santo, cx. 8, doc. 35. **AHU_ACL_CU_007, Cx. 8, D. 544.**
321	**1821, Dezembro, 03, Vila da Vitória** OFÍCIO do [Governador da Capitania do Espírito Santo], Baltasar de Sousa Botelho de Vasconcelos a Joaquim José Monteiro Torres a informar do recebimento de correspondência enviada contendo exemplares do Diário do Governo, Portaria e Lei sobre Liberdade de imprensa. AHU-Espírito Santo, (Maranhão cx. doc.) **AHU_ACL_CU_007, Cx. 8, D. 545.**

322	**1822, Janeiro, 12, Vitória** OFÍCIO do [Governador da Capitania do Espírito Santo], Baltasar de Sousa Botelho e Vasconcelos, ao [Secretário de Estado da Marinha e Ultramar], Joaquim José Monteiro Torres a informar da Lei no. 124 aos Eleitores das Paroquias. AHU-Espírito Santo, cx. 8, doc. 36 **AHU_ACL_CU_007, Cx. 8, D. 546.**
323	**1822, Março, 13, Vitória** OFÍCIO da Junta Provisória do Governo da Província do Espírito Santo ao [Secretário de Estado da Marinha e Ultramar], [Joaquim] José Monteiro Torres a informar do auto da sua Eleição assinada pelo Secretario de Governo, Luís da Silva Alves d'Azambuja e Suzano. Anexo: auto de eleição (01 doc. 01 fl.) AHU-Espírito Santo, cx. 8, doc. 37 **AHU_ACL_CU_007, Cx. 8, D. 547.**
324	**1822, Maio, 8, Lisboa** CONSULTA do Conselho Ultramarino ao Rei D. João VI sobre o pedido do Tenente-Coronel e Coronel Graduado do Exército do Brasil, Joaquim de Sousa Quevedo Pizarro para ter o governo das armas da província do Espírito Santo. Anexo: documentos comprovativos (07 docs. 11 fls.) AHU-Espírito Santo, cx. 8, doc. 38 **AHU_ACL_CU_007, Cx. 8, D. 548.**
325	**1822, Junho, 4, Paço das Cortes** OFÍCIO de João Batista Filgueiras, ao [Secretário de Estado da Marinha e Ultramar], [Manuel] Inácio da Costa Quintela a informar da instalação da junta provisória de governo da província do Espírito Santo. AHU-Espírito Santo, cx. 8, doc. 38A. **AHU_ACL_CU_007, Cx. 8, D. 549.**

Goiás AHU_ACL_CU_008

326	**1821, Agosto, 27, Vila Boa** OFÍCIO do [governador e captião-general de Goiás], Manuel Inácio de Sampaio, ao Senhor Carlos Frederico de Caula, sobre o aparecimento de algumas proclamações susceptíveis de provocar desavenças entre europeus [Portugueses] e brasileiros, tendo como principal suspeitosa o padre Bartolomeu Marques, e os acontecimentos ocorridos durante as eleições dos deputados para o governo provisório e a representação de Goiás nas cortes de Lisboa. Anexos: 26 docs. AHU-Goiás **AHU_ACL_CU_008, Cx. 56, D. 2940.**

327	**1821, Setembro, 1, Goiás** OFÍCIO do [governador e captião-general de Goiás], Manuel Inácio de Sampaio, a Carlos Frederico de Caula, sobre os procedimentos do padre Lucas Freire de Andrade, ao qual se dá autoria das proclamações contra o governo e a provocação entre portugueses e brasileiros, e a sua expulsão de Goiás por exigência da população. Anexos: 22 docs. **AHU_ACL_CU_008, Cx. 56, D. 2941.**
328	**1821, Outubro, 13, Cavalcante** OFÍCIO do [presidente do Governo Provisório de São João das Duas Barras, desembargador] Joaquim Teotónio Segurado, à [Comissão Especial dos Negócios Políticos do Brasil], sobre a instalação de um governo provisório fora da capital da província de Goiás, nomeadamente na comarca de Palma. Anexos: 3 docs. AHU-Goiás **AHU_ACL_CU_008, Cx. 56, D. 2943.**
329	**1821, Dezembro, 10, Goiás** OFÍCIO do [governador e capitão-general de Goiás], Manuel Inácio de Sampaio, ao [secretário de estado da Marinha e Ultramar, sediado no Brasil, Joaquim José Monteiro Torres, sobre a eleição e partida de dois deputados representativos da província de Goiás nas cortes de Lisboa. AHU-Goiás **AHU_ACL_CU_008, Cx. 56, D. 2944.**
330	**1821, Janeiro, 7, Goiás** CARTA da Junta Administrativa da Província de Goiás, ao rei D. João VI, sobre a administração civil e militar da província. Anexos: 7 docs. AHU-Goiás **AHU_ACL_CU_008, Cx. 56, D. 2945.**
331	**1821, Janeiro, 21, Goiás** CARTA da Junta Administrativa da Província de Goiás, ao rei D. João VI, sobre o estado político, religioso e civil da província. AHU-Goiás **AHU_ACL_CU_008, Cx. 56, D. 2946.**
332	**1821, Janeiro, 25, Goiás** OFÍCIO dos membros da Junta Administrativa Provisória da Província de Goiás Francisco Xavier dos Guimarães Brito e Costa, João José do Couto Guimarães, António Pedro de Alencastro, Luís da Costa Freire de Freitas e Inácio Soares de Bulhões, ao [secretário de estado da Marinha e Ultramar, no Brasil], Joaquim José Monteiro Torres, solicitando a continuação do envio dos Diários e Leis do Governo do Reino, e as Bases da Constituição e todos os demais Decretos das cortes, para melhor orientação na administração da mesma província. Anexos: 3 docs. AHU-Goiás **AHU_ACL_CU_008, Cx. 56, D. 2948.**

Maranhão AHU_ACL_CU_009

333	**1821, Janeiro, 17, São Luís do Maranhão** CARTA da câmara da cidade de São Luís do Maranhão ao rei D. João VI, sobre a criação da Casa das Tulhas e do lugar de escriturário. Remetem-se para aprovação as Posturas da cidade de São Luís do Maranhão. Elogia-se a cooperação do governo nos trabalhos da câmara. Anexos: vários docs. **AHU_ACL_CU_009, Cx. 165, D. 12079.**
334	**1821, Abril, 30, São Luís do Maranhão** CARTA (1a. via) do governador Bernardo da Silveira Pinto da Fonseca ao rei D. João VI, expondo as razões que motivaram a mudança política verificada na capitania e analisando os seus deveres como homem público e como cidadão. Anexos: vários docs. e 2a. via. **AHU_ACL_CU_009, Cx. 166, D. 12094.**
335	**1821, Abril, 30, São Luís do Maranhão** CARTA (2a. via) do governador e capitão-general do Maranhão, Bernardo da Silveira Pinto da Fonseca ao rei D. João VI, reflectindo sobre as razões das mudanças políticas ocorridas na província do Maranhão e a sua posição perante as mesmas. Anexos: vários docs. **AHU_ACL_CU_009, Cx. 166, D. 12095.**
336	**1821, Maio, 4, Maranhão** CERTIDÃO do livro de acórdãos da Constituição. **AHU_ACL_CU_009, Cx. 166, D. 12096.**
337	**1821, Maio, 5, Maranhão** INSTRUÇÕES (cópia) do governador e capitão-general do Maranhão, Bernardo da Silveira Pinto da Fonseca, para o major José Teixeira Homem de Brederode relativas à comissão de que vai encarregado em Lisboa. **AHU_ACL_CU_009, Cx. 166, D. 12097.**
338	**1821, Junho, 1, São Luís do Maranhão** OFÍCIO (1a. via) do governador e capitão-general do Maranhão, Bernardo da Silveira Pinto da Fonseca, para Francisco Maximiliano de Sousa, apresentando a sua homenagem e felicitações à regência do Reino e remetendo 2a. via do ofício no qual participou os acontecimentos do dia 6 de Abril do mesmo ano. Anexo: 2a.via 1 lembrete **AHU_ACL_CU_009, Cx. 166, D. 12107.**
339	**1821, Julho, 12, Lisboa** OFÍCIO do secretário das Cortes Constituintes, João Batista Felgueiras, para o secretário de estado da Marinha e Ultramar, Joaquim José Monteiro Torres, para que sejam remetidos ao Congresso das Cortes Gerais os ofícios do governo do Maranhão que foram enviados à Regência do Reino, com a ordem de 25 de Junho passado, e também a informação do que a esse respeito se tem providenciado. Anexo: 1 ofício e 1 aviso **AHU_ACL_CU_009, Cx. 166, D. 12120.**

340	**1821, Agosto, 24, São Luís do Maranhão** OFÍCIO do governador e capitão-general do Maranhão, Bernardo da Silveira Pinto da Fonseca, para Francisco Maximiliano de Sousa, sobre a nomeação de uma Junta Consultiva para o governo daquela província. Anexo: portaria (cópia) **AHU_ACL_CU_009, Cx. 166, D. 12133.**
341	**1821, Agosto, 24, São Luís do Maranhão** OFÍCIO (2a. via) do governador e capitão-general do Maranhão, Bernardo da Silveira Pinto da Fonseca, para Francisco Maximiliano de Sousa, dando conta da recepção da Constituição e do juramento destas pelas autoridades civis, militares e eclesiásticas do Maranhão. Tece considerações sobre a relativa tranquilidade que se vive na província. **AHU_ACL_CU_009, Cx. 166, D. 12134.**
342	**1821, Agosto, 27, São Luís do Maranhão** OFÍCIO (2a. via) do governador e capitão-general do Maranhão, Bernardo da Silveira Pinto da Fonseca, para Francisco Maximiliano de Sousa, remetendo a proposta de promoção de vários oficiais que se distinguiram na regeneração política do Maranhão. Anexo: o referido documento. **AHU_ACL_CU_009, Cx. 166, D. 12137.**
343	**1821, Agosto, 28, São Luís do Maranhão** OFÍCIO do governador e capitão-general do Maranhão, Bernardo da Silveira Pinto da Fonseca, para Francisco Maximiliano de Sousa, sobe a notícia da tentativa de assassinato do governador de Pernambuco. Anexo: informação. **AHU_ACL_CU_009, Cx. 166, D. 12138.**
344	**1821, Agosto, 28, São Luís do Maranhão** OFÍCIO (2a. via) do governador e capitão-general do Maranhão, Bernardo da Silveira Pinto da Fonseca, para Francisco Maximiliano de Sousa, tecendo considerações sobre a tentativa de assassinato do capitão-general de Pernambuco e sobre a suposta existência no Brasil de uma oposição com aspirações ao poder. **AHU_ACL_CU_009, Cx. 166, D. 12139.**
345	**1821, Outubro, 6, São Luís do Maranhão** CARTA de Domingos José Ferreira ao rei D. João VI, sobre assuntos vários da província do Maranhão tais como comércio, agricultura, corso e pirataria, religião, conversão do gentio e Companhia de Jesus **AHU_ACL_CU_009, Cx. 166, D. 12150.**
346	**1821, Outubro, 20, Lisboa** REPRESENTAÇÃO do quarte do campo de Ourique do Maranhão para o senado da câmara da cidade de São Luís do Maranhão, solicitando seus ofícios junto à Metrópole no sentido de que o actual governador, Bernardo da Silveira Pinto da Fonseca, continue na referida função. Informação do corpo de artilharia. **AHU_ACL_CU_009, Cx. 167, D. 12161.**

347	**1821, Outubro, 22, Alcântara - Maranhão** CARTA da câmara de Alcântara ao rei D. João VI, solicitando que Bernardo Silveira da Fonseca continue no exercício do cargo de governador do Maranhão. Anexo: 1 ofício (com abaixo assinado). **AHU_ACL_CU_009, Cx. 167, D. 12166.**
348	**1821, Outubro, 23, Maranhão** REPRESENTAÇÃO de vários indivíduos (Abaixo assinado) para o senado da câmara da cidade de São Luís do Maranhão, considerando ser necessário, pra a tranquilidade e boa ordem, que o Maranhão continue a ser governado por Bernardo da Silveira Pinto da Fonseca. Anexo: abaixo assinado. **AHU_ACL_CU_009, Cx. 167, D. 12167.**
349	**1821, Outubro, 24, Maranhão** REPRESENTAÇÃO dos moradores do Maranhão ao rei D. João VI informando sobre o Estado do Maranhão e solicitando que o governador, o juiz de fora, entre muitos outros, sejam substituídos. Anexo: 1 requerimento, 1 ofício e abaixo assinado. **AHU_ACL_CU_009, Cx. 167, D. 12168.**
350	**1821, Outubro, 25, São Luís do Maranhão** OFÍCIO do governador e capitão-general do Maranhão, Bernardo da Silveira Pinto da Fonseca, para o secretário de estado da Marinha e Ultramar, Joaquim José Monteiro Torres, sobre a importância do juramento da Constituição Portuguesa. **AHU_ACL_CU_009, Cx. 167, D. 12169.**
351	**1821, Outubro, 25, São Luís do Maranhão** OFÍCIO do governador e capitão-general do Maranhão, Bernardo da Silveira Pinto da Fonseca, para o secretário de estado da Marinha e Ultramar, Joaquim José Monteiro Torres, a solicitar que transmitisse ao rei D. João VI os cumprimentos e felicitações suas e dos povos da província do Maranhão, pelo juramento das bases da Constituição Portuguesa. **AHU_ACL_CU_009, Cx. 167, D. 12170.**
352	**1821, Outubro, 26, Maranhão** CARTA da câmara da cidade de São Luís do Maranhão ao rei D. João VI, congratulando-o pela instalação do congresso nacional. Refere à existência de indivíduos perigosos para a consolidação do sistema constitucional. Anexo: 1 representação (cópia), 1 ofício e 2a. via. **AHU_ACL_CU_009, Cx. 167, D. 12173.**
353	**1821, Outubro, 26, São Luís do Maranhão** OFÍCIO do governador e capitão-general do Maranhão, Bernardo da Silveira Pinto da Fonseca, para o secretário de estado da Marinha e e Ultramar, Joaquim José Monteiro Torres, acusando a recepção de cópia do aviso das Cortes Gerais Extraordinárias, bem como dos impressos mencionados. **AHU_ACL_CU_009, Cx. 167, D. 12175.**

354	**1821, Outubro, 30, Viana** CARTA da câmara da vila de Viana ao rei D. João VI, felicitando o Congresso Nacional pela sua actuação e solicitando a permanência do actual governador Bernardo da Silveira Pinto da Fonseca no cargo. **AHU_ACL_CU_009, Cx. 167, D. 12177.**
355	**1821, Novembro, 2, São Luís do Maranhão** OFÍCIO do governador do Maranhão, Bernardo da Silveira Pinto da Fonseca, para o secretário de estado da Marinha e Ultramar, Joaquim José Monteiro Torres, dando conta da tranquilidade reinante no Maranhão e manifestando sua satisfação por saber que o rei D. João VI já chegara a Lisboa. **AHU_ACL_CU_009, Cx. 167, D. 12179.**
356	**1821, Novembro, 9, São Luís do Maranhão** OFÍCIO do governador do Maranhão, Bernardo da Silveira Pinto da Fonseca, para o secretário de estado da Marinha e Ultramar, Joaquim José Monteiro Torres, sobre ser útil a criação de uma imprensa e tipografia no Maranhão. **AHU_ACL_CU_009, Cx. 167, D. 12182.**
357	**1821, Novembro, 9, São Luís do Maranhão** OFÍCIO do governador do Maranhão, Bernardo da Silveira Pinto da Fonseca, para o secretário de estado da Marinha e Ultramar, Joaquim José Monteiro Torres, informando que alguns habitantes da capitania fugiram para a cidade de São Luís do Maranhão e daí para Lisboa. Mostra a sua preocupação com a necessidade de um governo mais presente para que não se desagregue a população. Anexo: 2a. via. **AHU_ACL_CU_009, Cx. 167, D. 12183.**
358	**1821, Novembro, 9, São Luís do Maranhão** OFÍCIO do governador do Maranhão, Bernardo da Silveira Pinto da Fonseca, para o secretário de estado da Marinha e Ultramar, Joaquim José Monteiro Torres, sobre a chegada do rei D. João VI a Lisboa e o juramento das Bases da Constituição Monárquica. Anexo: 2a. via e aviso **AHU_ACL_CU_009, Cx. 167, D. 12185.**
359	**1821, Novembro, 10, Caxias** OFÍCIO da câmara da vila de Caxias das Aldeias Altas do Maranhão para o Soberano Congresso Nacional, sobre o “fogo regenerador” (agitações políticas) que se desenvolveu na cidade do Porto e as suas consequências. Anexo: 2a. via e aviso **AHU_ACL_CU_009, Cx. 167, D. 12188.**
360	**1821, Novembro, 14, São Luís do Maranhão** OFÍCIO do governador e capitão-general do Maranhão, Bernardo Silveira Pinto da Fonseca, para Francisco Maximiliano de Souza, sobre um grupo de pessoas que têm como objectivo desacreditar o Governo, autoridade e cidadãos beneméritos. Informa que o chefe do grupo é amigo e sócio do célebre (Domingos José?) Martins de Pernambuco. Anexo: 1 aviso. **AHU_ACL_CU_009, Cx. 167, D. 12191.**

361	**1821, Novembro, 22, São Luís do Maranhão** OFÍCIO do governador do Maranhão, Bernardo Silveira Pinto da Fonseca, para o secretário de estado da Marinha e Ultramar, Joaquim José Monteiro Torres, sobre a convocação para eleição da Junta Provisória para o governo da província do Maranhão. Anexo: exemplar do jornal "Conciliador" **AHU_ACL_CU_009, Cx. 167, D. 12207.**
362	**1821, Dezembro, 22, São Luís do Maranhão** OFÍCIO do governador do Maranhão, Bernardo Silveira Pinto da Fonseca, para o secretário de estado da Marinha e Ultramar, Joaquim José Monteiro Torres, acusando a recepção de ofícios e portarias. **AHU_ACL_CU_009, Cx. 167, D. 12208.**
363	**1822, Janeiro, 21, Maranhão** OFÍCIO do bispo do Maranhão, D. Joaquim de Nossa Senhora da Nazaré, para o secretário de estado da Marinha e Ultramar, Joaquim José Monteiro Torres, sobre a aceitação da Constituição Portuguesa naquela província. Anexo: 1 carta pastoral impressa. **AHU_ACL_CU_009, Cx. 167, D. 12222.**
364	**1822, Janeiro, 22, São Luís do Maranhão** OFÍCIO do governador do Maranhão, Bernardo da Silveira Pinto da Fonseca, para o secretário de estado da Marinha e Ultramar, Joaquim José Monteiro Torres, sobre a eleição da Junta Provisória e a sua partida para o Reino. **AHU_ACL_CU_009, Cx. 167, D. 12224.**
365	**[ant. 1822, Janeiro, 31]** REPRESENTAÇÃO do comerciante António Martins da Silva para o Congresso das Cortes sugerindo uma série de medidas para revitalização da província do Maranhão. **AHU_ACL_CU_009, Cx. 167, D. 12230.**
366	**1822, Fevereiro, 19, São Luís do Maranhão** CARTA da Junta Provisória do Governo do Maranhão para o Congresso das Cortes, sobre a tomada de posse daquele governo. Anexo: 3 docs. **AHU_ACL_CU_009, Cx. 168, D. 12237.**
367	**1822, Fevereiro, 19, Maranhão** CARTA da Junta Provisória do Governo do Maranhão para o secretário de estado de Marinha e Ultramar, Joaquim José Monteiro Torres, sobre a tomada de posse do governo daquela província. Anexo: 1 doc. **AHU_ACL_CU_009, Cx. 168, D. 12238.**
368	**1822, Fevereiro, 19, São Luís do Maranhão** OFÍCIO da Junta Provisória do Governo da Província do Maranhão para o secretário de estado da Marinha e Ultramar, Joaquim José Monteiro Torres, sobre a sua instalação. Anexo: auto eleição (cópia), auto de juramento (impresso) e 1 portaria **AHU_ACL_CU_009, Cx. 168, D. 12239.**

369	**1822, Fevereiro, 19, São Luís do Maranhão** CARTA da Junta Provisória do Governo do Maranhão ao rei D. João VI, sobre a eleição daquele governo provisório. Anexo: 2 docs. **AHU_ACL_CU_009, Cx. 168, D. 12240.**
370	**1822, Fevereiro, 19, São Luís do Maranhão** OFÍCIO da Junta Provisória do Governo do Maranhão para o ministro da Guerra, cândido José Xavier, sobre o auto de juramento e posse daquele governo, bem como acusando a recepção da portaria relativa ao requerimento de João Raposo da Costa. Anexo: auto de juramento e 2a. via. **AHU_ACL_CU_009, Cx. 168, D. 12241.**
371	**1822, Fevereiro, 19, São Luís do Maranhão** OFÍCIO da Junta Provisória do Governo do Maranhão para o Congresso das Cortes, sobre a eleição e tomada de posse daquele governo provisório. Anexo: 3 docs. **AHU_ACL_CU_009, Cx. 168, D. 12242.**
372	**1822, Fevereiro, 19, São Luís do Maranhão** OFÍCIO da Junta Provisória do Governo do Maranhão para o ministro e secretário de estado dos Negócios do Reino, Filipe Ferreira de Araújo e Castro, remetendo o auto de juramento e posse daquele governo provisório. Anexo: 1 auto (cópia impressa) e 2a. via. **AHU_ACL_CU_009, Cx. 168, D. 12243.**
373	**1822, Fevereiro, 19, São Luís do Maranhão** CARTA da Junta Provisória do Governo do Maranhão ao rei D. João VI sobre a sua eleição. Anexo: 3 docs. e 1 portaria. **AHU_ACL_CU_009, Cx. 168, D. 12244.**
374	**1822, Março, 1, Lisboa** INFORMAÇÃO de amauense Anastácio José Pedroso relativa a várias representações de diversas câmaras da província do Maranhão apoiando a manutenção do Governo Provisório. **AHU_ACL_CU_009, Cx. 168, D. 12251.**
375	**1822, Março, 2, Queluz** PORTARIA do ministro e secretário dos Negócios da Guerra, Cândido José Xavier, para o ministro e secretário dos Negócios do Reino, Filipe Ferreira de Araújo e Castro, remetendo dois ofícios do governador da província do Maranhão, sobre a nomeação de uma Junta Consultiva e convocação para a eleição da Junta Provisória. **AHU_ACL_CU_009, Cx. 168, D. 12252.**
376	**1822, Abril, 22, São Luís do Maranhão** OFÍCIO da Junta Provisória do Governo para o ministro e secretário de estado dos Negócios do Reino, Filipe Ferreira de Araújo e Castro, sobre o bom funcionamento da dita Junta. Anexo: 2 docs. **AHU_ACL_CU_009, Cx. 168, D. 12285.**

377	**1822, Abril, 22, São Luís do Maranhão** OFÍCIO da Junta Provisória do Governo do Maranhão para o secretário de estado dos Negócios do Reino, Filipe Ferreira de Araújo e Castro, sobre a tranquilidade em que aquela província se encontra. **AHU_ACL_CU_009, Cx. 168, D. 12286.**
378	**1822, Abril, 6]** OFÍCIO do governador das Armas do Maranhão, Agostinho António de Faria para o secretário de estado dos Negócios de Guerra, Cândido José Xavier, sobre a adesão dos habitantes de São Luís do Maranhão ao Congresso das Cortes **AHU_ACL_CU_009, Cx. 169, D. 12302.**
379	**1822, Maio, 6, São Luís do Maranhão** OFÍCIO da Junta Provisória do Governo do Maranhão para o secretário de estado dos Negócios do Reino, Filipe Araújo e Castro, sobre dúvidas relativas às decisões emanadas quer do Rio de Janeiro quer de Lisboa. **AHU_ACL_CU_009, Cx. 169, D. 12303.**
380	**1822, Maio, 6, Maranhão** CARTA da Junta Provisória do Governo do Maranhão ao rei D. João VI sobre a decisão da Junta em suspender a execução de um decreto do príncipe regente. Anexo: 2a. via e 1 exemplar do Jornal " O Conciliador" **AHU_ACL_CU_009, Cx. 169, D. 12304.**
381	**1822, Maio, 8, Maranhão** OFÍCIO da Junta Provisória do Governo para o secretário de estado dos Negócios da Marinha, Manuel Inácio da Costa Quintela, sobre o impedimento da dita Junta no cumprimento das ordens do príncipe real, D. Pedro, como regente do Brasil, ponderadas com a situação política e local da dita província. Anexo: 6 docs. **AHU_ACL_CU_009, Cx. 169, D. 12305.**
382	**1822, Maio, 8, Maranhão** OFÍCIO da Junta Provisória do Governo do Maranhão para o secretário de estado da Marinha e Ultramar, Inácio da Costa Quintela, sobre a impossibilidade da Junta em cumprir as ordens do príncipe regente D. Pedro. Anexo: 5 docs. **AHU_ACL_CU_009, Cx. 169, D. 12306.**
383	**1822, Junho, 5, São Luís Maranhão** OFÍCIO da Junta Provisória do Governo do Maranhão para o ministro secretário de estado dos Negócios da Guerra, Cândido José Xavier, reiterando a sua fidelidade ao Congresso dos Cortes e ao rei D. João VI, face aos rumores independentistas vindos do Rio de Janeiro. Anexo: 7 docs. (2a. via) **AHU_ACL_CU_009, Cx. 169, D. 12324.**
384	**1822, Junho, 19, São Luís Maranhão** OFÍCIO do governador das Armas do Maranhão, Agostinho Antonio de Faria, para o ministro e secretário de estado dos Negócios da Guerra, Cândido José Xavier, sobre o mapa do estado da força dos corpos desta província e acerca da tranquilidade em que vive a mesma. Anexo: minuta de portaria **AHU_ACL_CU_009, Cx. 169, D. 12335.**

385	**1822, Junho, 28, São Luís Maranhão** OFÍCIO da Junta Provisória do governo para o ministro e secretário de estado dos Negócios do Reino, Filipe Ferreira de Araújo e Castro, sobre o nascimento da infanta D. Isabel Maria. Anexo: 2 docs. **AHU_ACL_CU_009, Cx. 169, D. 12344.**
386	**1822, Junho, 28, São Luís Maranhão** OFÍCIO da Junta Provisória do governo para o secretário de estado dos Negócios do Reino, Filipe Ferreira de Araújo e Castro, sobre o nascimento da infanta D. Isabel Maria. Anexo: carta régia (cópia) **AHU_ACL_CU_009, Cx. 169, D. 12347.**
387	**1822, Julho, 2, São Luís Maranhão** OFÍCIO da Junta Provisória do Governo para o ministro e secretário de estado dos Negócios do Reino, Filipe Ferreira de Araújo e Castro, sobre demonstrações públicas de respeito à Junta Provisória do Governo do Maranhão. Anexo: 2 docs. **AHU_ACL_CU_009, Cx. 170, D. 12350.**
388	**1822, Agosto, 2, Maranhão** OFÍCIO da Junta Provisória do Governo para o ministro e secretário de estado dos Negócios do Reino, Filipe Ferreira de Araújo e Castro, sobre a adesão dos habitantes ao sistema constitucional. Anexo: 3 docs. (2a. via) **AHU_ACL_CU_009, Cx. 170, D. 12365.**
389	**1822, Agosto, 2, Maranhão** OFÍCIO da Junta Provisória do Governo para o ministro e secretário de estado dos Negócios do Reino, Filipe Ferreira de Araújo e Castro, sobre a publicação da folha no. 108 do periódico maranhense "O Conciliador". Anexo: 7 docs. (2a. via) **AHU_ACL_CU_009, Cx. 170, D. 12366.**
390	**1822, Agosto, 2, Maranhão** OFÍCIO da Junta Provisória do Governo do Maranhão para o ministro e secretário de estado dos Negócios do Reino, Filipe Ferreira de Araújo e Castro, sobre as dificuldades em manter a ordem na Província do Maranhão. Anexo: 12 docs. (2a. via) **AHU_ACL_CU_009, Cx. 170, D. 12367.**
391	**1822, Agosto, 2, Maranhão** OFÍCIO do marechal-de-campo Agostinho António de Faria para o ministro e secretário de estado dos Negócios da Guerra, Cândido José Xavier, sobre a desunião entre os governos militar e civil e sobre as tentativas para manter a ordem na província. Anexo: 6 docs. **AHU_ACL_CU_009, Cx. 170, D. 12382.**

392	**1822, Agosto, 17, Maranhão** OFÍCIO da Junta Provisória do Governo para o ministro e secretário de estado dos Negócios do Reino, Filipe Ferreira de Araújo e Castro, sobre a conduta da escuna D. Maria da Glória, desde que chegou ao porto da cidade de São Luís do Maranhão, vinda da província do Rio de Janeiro. Aborda-se também a fidelidade do governo ao monarca constitucional expressa no periódico "O Conciliador". Anexo: 1 doc. (2a. via) **AHU_ACL_CU_009, Cx. 170, D. 12384.**
393	**1822, Agosto, 30, Maranhão** CARTA da Junta Provisória do Governo ao rei D. João VI sobre as relações entre o Brasil e Portugal e a posição da Junta Provisória do Governo da província do Maranhão. Anexo: 1 doc. (2a. via) **AHU_ACL_CU_009, Cx. 170, D. 12391.**
394	**1822, Agosto, 30, São Luís do Maranhão** CARTA da Junta Provisória do Governo ao rei D. João VI sobre a fidelidade da província do Maranhão à Coroa Portuguesa. **AHU_ACL_CU_009, Cx. 170, D. 12392.**
395	**[post. 1822, Setembro, 3]** OFÍCIO (cópia) sobre as eleições para o poder executivo nas Cortes Gerais. Anexo: vários ofícios (cópias) **AHU_ACL_CU_009, Cx. 170, D. 12399.**
396	**1822, Setembro, 5, Maranhão** CARTA dos oficiais da câmara da vila de São José de Guimarães ao rei D. João VI, sobre alguns rumores contra a dita câmara. Anexo: 8 docs. **AHU_ACL_CU_009, Cx. 170, D. 12402.**
397	**1822, Setembro, 16, São Luís do Maranhão** REPRESENTAÇÃO dos oficiais do 1o. Regimento de Milícias ao rei D. João VI, felicitando o monarca português por ter conseguido pôr fim a uma conspiração que contra si se formava e apresentado os respectivos sentimentos de fidelidade à Coroa portuguesa. **AHU_ACL_CU_009, Cx. 171, D. 12409.**
398	**1822, Setembro, 18, São Luís do Maranhão** OFÍCIO do governador das Armas do Maranhão, marechal Agostinho António de Faria, para o secretário de estado dos Negócios da Guerra, Cândido José Xavier, sobre as queixas da Junta Provisória do Maranhão quando das comemorações do aniversário da Regeneração Portuguesa. Anexo: 4 docs. **AHU_ACL_CU_009, Cx. 171, D. 12411.**
399	**1822, Setembro, 18, São Luís do Maranhão** REPRESENTAÇÃO da Junta Provisória do Governo ao rei D. João VI sobre a fidelidade à autoridade portuguesa e sobre o voto nacional. Anexo: 6 docs. (2a. via) **AHU_ACL_CU_009, Cx. 171, D. 12413.**

400	**1822, Setembro, (...), São Luís do Maranhão** OFÍCIO do marechal-de-campo Agostinho António de Faria para o ministro e secretário de estado dos Negócios da Guerra, Cândido José Xavier, sobre o sistema constitucional português e a fidelidade da província do Maranhão. **AHU_ACL_CU_009, Cx. 171, D. 12418.**
401	**1822, Outubro, 2, São Luís do Maranhão** OFÍCIO da Junta Provisória do Governo do Maranhão para Filipe Ferreira de Araújo e Castro, informando que na sua província ainda não se fazem sentir os ecos da independência proclamada no Rio de Janeiro e que os seus habitantes pretendem manter o vínculo de união com Portugal. **AHU_ACL_CU_009, Cx. 171, D. 12420.**
402	**1822, Novembro, 13, Maranhão** OFÍCIO da Junta Provisória do Governo da província do Maranhão para o ministro secretário de estado dos Negócios do Reino, Filipe Ferreira de Araújo e Castro, informando que a província do Maranhão reforça os laços de união a Portugal. Por outro lado, relata a sublevação ocorrida na vila da Parnaíba. Anexo: 2a. via. **AHU_ACL_CU_009, Cx. 171, D. 12450.**
403	**1822, Novembro, 13, São Luís do Maranhão** OFÍCIO da Junta Provisória do Governo da província do Maranhão para o ministro secretário de estado dos Negócios do Reino, Filipe Ferreira de Araújo e Castro, remetendo os seguintes docs.: um ofício que havia sido enviado à câmara da cidade de São Luís do Maranhão; um ofício que enviará à câmara de vila de São João da Parnaíba; a acta da vereação e o relatório dos acontecimentos ocorridos na sublevação do Piauí. Anexo: 4 docs. (2a. via) **AHU_ACL_CU_009, Cx. 171, D. 12451.**
404	**1822, Novembro, 17, São Luís do Maranhão** OFÍCIO da Junta Provisória e Administrativa do governo da província do Maranhão para o ministro secretário de estado dos Negócios do Reino, Filipe Ferreira de Araújo e Castro, remetendo uma proclamação de fidelidade da província do Maranhão a Portugal. O seu envio relaciona-se com a sublevação ocorrida no Piauí. Anexo: 1 doc. (impresso) **AHU_ACL_CU_009, Cx. 171, D. 12454.**
405	**1822, Novembro, 17, São Luís do Maranhão** CARTA da Junta Provisória e Administrativa do Governo da província do Maranhão ao rei D. João VI, remetendo os exemplares da Proclamação de Fidelidade a Portugal, em consequência da sublevação no Piauí. **AHU_ACL_CU_009, Cx. 171, D. 12455.**
406	**1822, Novembro, 29, São Luís do Maranhão** CARTA da Junta Provisória e Administrativa do Governo da província do Maranhão ao rei D. João VI, remetendo cópia de carta régia de 6 de Junho de 1815. **AHU_ACL_CU_009, Cx. 171, D. 12462.**

407	**1822, Dezembro, 18, São Luís do Maranhão** CARTA do sargento-mor interino Joaquim Raimundo Marques e oficiais do 10. Regimento de Milícias do Maranhão ao rei D. João Vi, elogiando o monarca pela assinatura da Constituição e demonstrando-se felizes pela união que o Maranhão mantém a Portugal. Anexo: 1 envelope. **AHU_ACL_CU_009, Cx. 171, D. 12475.**
408	**1823, janeiro, 7, Maranhão** CARTA da Câmara do Maranhão para o rei D. João VI, remetendo um manifesto no qual se publica a adesão dos habitantes do Maranhão ao sistema constitucional. Em anexo: o referido manifesto. **AHU_ACL_CU_009, Cx. 172, D. 12490**
409	**1823, janeiro, 9, São Luís do Maranhão** OFÍCIO do chanceler interino da Relação do Maranhão, José Leandro da Silva Sousa, para o ministro e secretário de Estado dos Negócios da Justiça, José da Silva Carvalho, sobre a revolta da vila da Parnaíba e a fuga do seu juiz de fora, João Cândido de Deus, para a província do Ceará Grande. Dá conta da impossibilidade de enviar um ministro para tirar devassa ao governador da dita província, devido às dissidências e ao clima de anarquia em que aí se vivem. Em anexo: 1 ofício (1ª e 2ª vias). **AHU_ACL_CU_009, Cx. 172, D. 12495**
410	**1823, janeiro, 10, Maranhão** OFÍCIO do governador das Armas do Maranhão, Agostinho Antônio de Faria, para o ministro e secretário de Estado dos Negócios da Guerra, Manuel Gonçalves de Miranda, queixando-se da falta de consideração para com os habitantes do Maranhão, por ainda se não ter dado resolução aos requerimentos e ofícios enviados para Lisboa. Em anexo: vários documentos. **AHU_ACL_CU_009, Cx. 172, D. 12496**
411	**1823, janeiro, 11, São Luís do Maranhão** OFÍCIO do governador das Armas do Maranhão, Agostinho Antônio de Faria, para o ministro e secretário de Estado dos Negócios da Guerra, Manuel Gonçalves de Miranda, sobre a chegada e juramento da Constituição. **AHU_ACL_CU_009, Cx. 172, D. 12498**
412	**1823, janeiro, 11, São Luís do Maranhão** OFÍCIO da Junta Provisória e Administrativa do Maranhão para o ministro e secretário de Estado dos Negócios do Reino, Filipe Ferreira de Araújo e Castro, expondo as razões que levaram à expulsão de João Casemiro Pereira da Rocha e Vasconcelos da província do Maranhão. Em anexo: vários documentos. **AHU_ACL_CU_009, Cx. 172, D. 12500**
413	**1823, janeiro, 11, São Luís do Maranhão** OFÍCIO da Junta Provisória e Administrativa do Governo do Maranhão para o ministro e secretário de Estado dos Negócios do Reino, Filipe Ferreira de Araújo e Castro, acusando a recepçao das portarias de 18 a 20 de outubro do ano anterior, (1822?) relativas ao juramento da Constituição do Maranhão. **AHU_ACL_CU_009, Cx. 172, D. 12501**

414	**1823, janeiro, 11, São Luís do Maranhão** OFÍCIO da Junta Provisória e Administrativa do governo da província do Maranhão para o ministro e secretário de Estado dos Negócios do Reino, Filipe Ferreira de Araújo e Castro, remetendo as portarias recebidas do governo do Rio de Janeiro e datadas de 5 e 21 de setembro do ano anterior (1822?). Em anexo: os referidos documentos e 1 informação. **AHU_ACL_CU_009, Cx. 172, D. 12504**
415	**1823, janeiro, 13, São Luís do Maranhão** CARTA PATENTE do governador das Armas do Maranhão, Agostinho Antônio de Faria, para o soldado da Companhia de Cavalaria Franca de São Luís do Maranhão, Luís Zeferino da Silva, provendo-o no posto de alferes da companhia agregada ao Regimento de Milícias do Arraial. (Documentação incompleta) **AHU_ACL_CU_009, Cx. 172, D. 12505**
416	**[post. 1823, janeiro, 17]** REQUERIMENTO de Sebastião Correia de Aguiar para o rei D. João VI, solicitando que se passe portaria para que se lhe lavre carta de confirmação da patente de alferes efetivo da 2ª companhia do 1º Regimento de Infantaria de Milícias de São Luís do Maranhão. Em anexo: 1 carta patente. **AHU_ACL_CU_009, Cx. 172, D. 12508**
417	**[ant. 1823, janeiro, 23]** REQUERIMENTO de Joaquim Manuel Mafra para o rei D. João VI, solicitando carta de confirmação da patente de capitão comandante da 1ª companhia de Índios da vila de Guimarães. Em anexo: carta patente. **AHU_ACL_CU_009, Cx. 172, D. 12512**
418	**[ant. 1823, fevereiro, 5]** REQUERIMENTO do capitão-de-fragata Custódio José da Silva Meneses ao rei D. João VI, para que lhe sejam abonadas as comedorias correspondentes à sua patente. **AHU_ACL_CU_009, Cx. 172, D. 12520**
419	**1823, fevereiro, 5** REQUERIMENTO do capitão da 7ª companhia do regimento da 1ª Linha do Maranhão, José Batista de Mendonça, para o rei D. João VI, solicitando a graça da condecoração do Hábito de São Bento de Avis. Em anexo: vários documentos. **AHU_ACL_CU_009, Cx. 172, D. 12521**
420	**1823, fevereiro, 7, Maranhão** OFÍCIO de Raimundo José Bruce para o ministro e secretário de Estado dos Negócios do Reino, Filipe Ferreira de Araújo e Castro, felicitando o rei D. João VI pelo juramento da Constituição da Monarquia e remetendo felicitações dos súbditos empregados na Inspeção do Algodão do Maranhão. Em anexo: a referida felicitação. **AHU_ACL_CU_009, Cx. 172, D. 12522**

421	**1823, fevereiro, 8, Maranhão** OFÍCIO do procurador da Câmara Manuel José de Medeiros para o secretário das Cortes Constituintes, remetendo a representação de alguns cidadãos e camaristas do Maranhão na qual se solicita socorro para a defesa do sistema constitucional e a manutenção da ordem na província. Em anexo: 2 vias da dita representação e 2 públicas formas. **AHU_ACL_CU_009, Cx. 172, D. 12524**
422	**1823, fevereiro, 8, São Luís do Maranhão** OFÍCIO do governador das Armas do Maranhão, Agostinho Antônio de Faria, para o ministro e secretário de Estado dos Negócios da Guerra, Manuel Gonçalves de Miranda, sobre os acontecimentos políticos verificados nas províncias do Piauí e do Ceará e sobre a ajuda militar que prestou à vila de Caxias de Aldeias Altas. Em anexo: vários documentos, entre eles uma proclamação impressa. **AHU_ACL_CU_009, Cx. 172, D. 12526**
423	**1823, fevereiro, 9, Maranhão** CARTA do deputado Manuel da Paixão dos Santos Zaqueu para o rei D. João VI, na qual tece algumas considerações sobre as insurreições da Parnaíba e do Ceará e sobre situação política em que se encontra a província do Maranhão, responsabilizando as juntas provisórias e a magistratura pelos males que aí se fazem sentir. Em anexo: vários documentos. **AHU_ACL_CU_009, Cx. 172, D. 12527**
424	**1823, fevereiro, 10, São Luís do Maranhão** OFÍCIO do governador das Armas do Maranhão, Agostinho Antônio de Faria, para o ministro e secretário de Estado dos Negócios da Guerra, Manuel Gonçalves de Miranda, sobre a proposta do ex-general Bernardo da Silveira Pinto da Fonseca para o aumento da força no corpo de Artilharia do Maranhão. Remete e dá o seu parecer sobre o plano do tenente-coronel comandante do corpo de Artilharia, Ricardo José Coelho, sobre a mesma matéria. Em anexo: 1 ofício do mesmo Ricardo José Coelho com o dito plano. **AHU_ACL_CU_009, Cx. 172, D. 12529**
425	**1823, fevereiro, 11, São Luís do Maranhão** CARTA da Junta Provisória e Administrativa do Governo da província do Maranhão para o rei D. João VI, sobre a adesão do Maranhão ao sistema constitucional e a sua fidelidade ao rei de Portugal. Referência à crise política que se vive no Piauí e no Ceará e a adesão das províncias do sul ao ideal da Independência. Solicita o envio de tropas para defesa da província contra a dissidência política. Em anexo: 2ª via, a dita cópia e 1 documento **AHU_ACL_CU_009, Cx. 173, D. 12533**
426	**1823, fevereiro, 11, São Luís do Maranhão** OFÍCIO da Junta Provisória e Administrativa do Governo da província do Maranhão para o ministro e secretário de Estado dos Negócios da Guerra, Manuel Gonçalves de Miranda, insistindo na necessidade do envio de tropas para a defesa contra inimigos externos e contra os partidos internos dissidentes. Dá conta da situação política das províncias do Norte do Brasil, nomeadamente Maranhão, Piauí (revolução da Parnaíba) e Ceará. Solicita o envio de uma embarcação de guerra veleira, dada a fraca condição de defesa das costas do Maranhão. Em anexo: 2ª via e 11 cópias. **AHU_ACL_CU_009, Cx. 173, D. 12534**

427	**1823, fevereiro, 12, São Luís do Maranhão** OFÍCIO da Junta Provisória e Administrativa do Governo da província do Maranhão para o ministro e secretário de Estado dos Negócios da Guerra, Manuel Gonçalves de Miranda, remetendo uma representação dos cidadãos de São Luís do Maranhão, na qual se solicita o envio de tropa para assegurar a ordem no Maranhão e também cinco cópias de ofícios do governador das armas do Piauí para o comandante do brigue de guerra Infante D. Miguel e alguns comandantes de distritos da província do Maranhão. Em anexo: os referidos documentos. **AHU_ACL_CU_009, Cx. 173, D. 12536**
428	**1823, fevereiro, 12, São Luís do Maranhão** OFÍCIO da Junta Provisória e Administrativa do Governo da província do Maranhão para o ministro e secretário de Estado dos Negócios da Guerra, Manuel Gonçalves de Miranda, no qual dá conta da eleição do deputado da divisão de São Luís do Maranhão, Manuel da Paixão dos Santos Zaqueu. Informa ainda não ter recebido a ata da eleição referente à divisão de Caxias. **AHU_ACL_CU_009, Cx. 173, D. 12537**
429	**1823, fevereiro, 26, São Luís do Maranhão** OFÍCIO do governador das Armas do Maranhão, Agostinho Antônio de Faria, para o ministro e secretário de Estado dos Negócios da Guerra, Manuel Gonçalves de Miranda, sobre o governo instalado no Piauí, a 24 de janeiro de 1823, e as queixas do comandante de armas do Piauí pela deserção das suas tropas. Em anexo: vários documentos. **AHU_ACL_CU_009, Cx. 173, D. 12555**
430	**1823, março, 1, Maranhão** CARTA da Câmara de São Luís do Maranhão ao rei D. João VI, acerca da legalidade e importância da Junta do Maranhão. **AHU_ACL_CU_009, Cx. 173, D. 12559**
431	**1823, março, 1, São Luís do Maranhão** OFÍCIO da Junta do Governo da província do Maranhão, para o ministro e secretário de Estado dos Negócios da Guerra, Manuel Gonçalves de Miranda, sobre a hostilidade dos habitantes do Ceará e Piauí, solicitando o envio de tropas para a manutenção da ordem no Norte do Brasil, e para reforçar a lealdade à monarquia. Em anexo: 5 documentos (cópias), 1 minuta e 2ª via. **AHU_ACL_CU_009, Cx. 173, D. 12560**
432	**1823, março, 26, São Luís do Maranhão** OFÍCIO da Junta Provisória do Governo do Maranhão para o ministro e secretário de Estado dos Negócios da Guerra, Manuel Gonçalves de Miranda, relatando a ocorrência de hostilidades nas capitanias do Piauí e Ceará, e a necessidade do envio de tropas portuguesas para socorrer o Norte do Brasil, uma vez que o auxílio militar do Pará não foi suficiente. Refere, ainda, a necessidade de se evacuar a vila da Parnaíba. Em anexo: 2ª via e 1 documento **AHU_ACL_CU_009, Cx. 173, D. 12566**

433	**1823, março, 26, Lisboa** OFÍCIO do governador de Armas do Maranhão, Agostinho Antônio de Faria, para o ministro e secretário de Estado dos Negócios da Guerra, Manuel Gonçalves de Miranda, sobre os esforços para defender a Província do Maranhão, e o estado desta e da sua congênere do Piauí após os conflitos. Em anexo: 10 documentos. **AHU_ACL_CU_009, Cx. 173, D. 12567**
434	**1823, março, 27, Maranhão** OFÍCIO do governador das Armas do Maranhão, Agostinho Antônio de Faria, para o ministro e secretário de Estado dos Negócios da Guerra, Manuel Gonçalves de Miranda, sobre o sucesso que teve o coronel comandante e chefe da tropa estacionada na vila de Caxias de Aldeias Altas, na margem esquerda do rio Parnaíba, face à investida das tropas do Piauí. Em anexo: 4 documentos. **AHU_ACL_CU_009, Cx. 173, D. 12568**
435	**1823, abril, 2** INFORMAÇÃO de Manuel Gaudêncio de Azevedo, sobre as duas companhias de Artilharia do Maranhão não serem suficientes e sobre a necessidade de se nomearem outros oficiais. **AHU_ACL_CU_009, Cx. 173, D. 12569**
436	**1823, abril, 12, Maranhão** OFÍCIO do governador das Armas da Província do Maranhão, Agostinho Antônio de Faria, para o ministro e secretário de Estado dos Negócios da Guerra, Manuel Gonçalves de Miranda, sobre a denúncia, feita por um soldado, da sedição que estava prevista para 5 de abril de 1823, com o objetivo de proclamar a Independência e assassinarem-se os membros dos governos. Em anexo: 1 documento. **AHU_ACL_CU_009, Cx. 173, D. 12577**
437	**1823, abril, 12, São Luís do Maranhão** OFÍCIO da Junta Provisória do Governo do Maranhão para o ministro e secretário de Estado dos Negócios da Guerra, Manuel Gonçalves de Miranda, sobre a necessidade de se enviarem tropas portuguesas para a dita Província, de modo a assegurar a paz e a união com Portugal, que se encontrava ameaçada pelas hostilidades das províncias do Ceará e Piauí. Em consequência da ameaça formal de guerra, alguns soldados das Tropas de Linha foram colocados na vila de Caxias. Em anexo: 2ª via e 1 documento **AHU_ACL_CU_009, Cx. 173, D. 12578**
438	**1823, abril, 14, Lisboa** OFÍCIO do Conselho de Administração da Marinha para o ministro e secretário de Estado dos Negócios da Marinha e Ultramar, Manuel Manuel Inácio da Costa Quintela, sobre a compra feita a João Antônio de Almeida de diversos artigos (bandeiras, chumbo, etc.), no valor 1.720 réis, sacando-se uma Letra sobre o tesoureiro-geral da Junta da Fazenda Nacional do Maranhão. **AHU_ACL_CU_009, Cx. 173, D. 12581**

439	**1823, abril, 15, Lisboa** INFORMAÇÃO do escrivão Manuel Gaudêncio de Azevedo, sobre a conduta do capitão de Artilharia da cidade de São Luís do Maranhão, Anselmo Joaquim da Silva, e da pretensão deste da promoção ao posto de major. Em anexo: 2 documentos. **AHU_ACL_CU_009, Cx. 173, D. 12582**
440	**[ant. 1823, abril, 25]** REPRESENTAÇÃO dos proprietários de navios ao rei D. João VI, solicitando que se lhes conceda uma embarcação de guerra para comboiar os navios para o Maranhão, uma vez que temem a investida de corsários. Em anexo: 1 representação. **AHU_ACL_CU_009, Cx. 174, D. 12587**
441	**1823, abril, 26, São Luís do Maranhão** OFÍCIO do governador das Armas da Província do Maranhão, Agostinho Antônio de Faria, para o ministro e secretário de Estado dos Negócios da Guerra, Manuel Gonçalves de Miranda, sobre os sucessos militares que tiveram lugar no rio Jenipapo e os acontecimentos posteriores. Em anexo: vários documentos. **AHU_ACL_CU_009, Cx. 174, D. 12589**
442	**1823, abril, 26, Lisboa** OFÍCIO do secretário de Estado da Marinha e Ultramar, Manuel Manuel Inácio da Costa Quintela, para o conselheiro administrativo da Marinha, Carlos May, sobre a carga remetendo do Arsenal do Exército para a Província do Maranhão. Em anexo: 3 documentos. **AHU_ACL_CU_009, Cx. 174, D. 12590**
443	**1823, abril, 26, São Luís do Maranhão** OFÍCIO do governador das Armas da Província do Maranhão, Agostinho Antônio de Faria, para o ministro e secretário de Estado dos Negócios da Guerra, Manuel Gonçalves de Miranda, sobre a importância da separação do Corpo de Polícia do Regimento de Linha do Maranhão para o sossego e tranquilidade da cidade de São Luís do Maranhão, sendo comandante do Corpo de Polícia o major José de Morais Madureira Lobo. Em anexo: vários documentos. **AHU_ACL_CU_009, Cx. 174, D. 12592**
444	**1823, abril, 26, Lisboa** REQUERIMENTO do 1º tenente da Companhia de Artilharia do Maranhão, José Fortunato da Rocha, e do 2º tenente da mesma companhia, Francisco Raimundo Correia de Faria, para o rei D. João VI, que se encontravam no Reino completando os seus estudos de Matemática. Uma vez que a Província do Maranhão se encontrava ameaçada, solicitam a sua reincorporação ao Corpo de Artilharia a que pertenciam. Em anexo: vários ofícios, portarias e informações. **AHU_ACL_CU_009, Cx. 174, D. 12594**
445	**1823, abril, São Luís do Maranhão** OFÍCIO da Junta Provisória do Governo do Maranhão para o ministro e secretário de Estado dos Negócios do Reino, Filipe Ferreira de Araújo e Castro, sobre a conclusão da eleição dos deputados da mesma província ao Congresso Nacional. Foram eleitos Manuel da Paixão dos Santos Zacheo e o padre José Antônio da Cruz Ferreira Tezinho. **AHU_ACL_CU_009, Cx. 174, D. 12598**

446	**1823, maio, 7, Palácio da Bemposta** PORTARIA da Secretaria de Estado dos Negócios da Guerra para o brigadeiro interino do Governo das Armas da província da Estremadura, sobre os soldados do Depósito Militar da Estrela que tenham a pretensão de servir voluntariamente nas companhias da província do Maranhão. **AHU_ACL_CU_009, Cx. 174, D. 12602**
447	**1823, maio, 16, Lisboa** OFÍCIO do Conselho de Administração da Marinha para o ministro e secretário de Estado dos Negócios da Marinha, Manuel Manuel Inácio da Costa Quintela, sobre o transporte de munições para a província do Maranhão no navio Diana. **AHU_ACL_CU_009, Cx. 174, D. 12615**
448	**[post. 1823, maio, 16]** REQUERIMENTO do 2º sargento Dâmaso José Pereira ao rei D. João VI, solicitando a confirmação da carta patente que o proveu no posto de alferes da 2ª companhia Avulsa de Índios, criada na vila do Paço. Em anexo: 1 documento. **AHU_ACL_CU_009, Cx. 174, D. 12617**
449	**1823, maio, 21, Lisboa** REQUERIMENTO do 1º tenente graduado do Corpo de Artilharia da Província do Maranhão, Miguel Antônio de Morais Cid, ao rei D. João VI, solicitando autorização para embarcar num navio de guerra com destino à província do Maranhão, para se poder apresentar ao respectivo corpo militar. Em anexo: 1 documento. **AHU_ACL_CU_009, Cx. 174, D. 12621**
450	**1823, maio, 22, São Luís do Maranhão** OFÍCIO do governador das Armas do Maranhão, Agostinho Antônio de Faria, para o ministro e secretário de Estado dos Negócios da Guerra, Manuel Gonçalves de Miranda, sobre o embarque para a Corte Portuguesa do brigadeiro Paulo José da Silva Gama, envolvido pela opinião pública nos acontecimentos do dia 5 de abril; sobre os ataques dos inimigos do Piauí e Ceará à dita província do Maranhão e as medidas tomadas a tal respeito. Em anexo: 6 documentos. **AHU_ACL_CU_009, Cx. 174, D. 12624**
451	**1823, maio, 23, São Luís do Maranhão** OFÍCIO do capitão-tenente e comandante do brigue de guerra Infante D. Miguel, Francisco de Salema Freire Garção, para o ministro e secretário de Estado dos Negócios da Marinha e Ultramar, Manuel Inácio da Costa Quintela, sobre os conflitos da província do Maranhão com as suas congêneres do Piauí e do Ceará. Em anexo: 1 documento. **AHU_ACL_CU_009, Cx. 174, D. 12626**
452	**[ant. 1823, maio, 24]** REQUERIMENTO do capitão do 1º Regimento de Milícias da vila de Caxias na Província do Maranhão, Bruno Antônio Meireles, ao rei D. João VI, solicitando a condecoração com o Hábito de Cristo pelos serviços prestados. Em anexo: 1 documento. **AHU_ACL_CU_009, Cx. 174, D. 12628**

453	**1823, junho, 10, Lisboa** AVISO do ministro e secretário de Estado dos Negócios da Guerra, Manuel Inácio Pamplona Corte Real, para a Junta Provisória do Governo do Maranhão, sobre a ocorrência da Vilafrancada e a dissolução do Congresso. Em anexo: 6 documentos (2ª via). **AHU_ACL_CU_009, Cx. 174, D. 12640**
454	**[post. 1823, junho, 10, Porto]** OFÍCIO do 2º tenente-graduado José Gonçalves Rocha para o secretário de Estado dos Negócios da Marinha e Ultramar, Manuel Manuel Inácio da Costa Quintela, sobre o transporte de dois deputados para as Cortes do Reino de Portugal. Em anexo: 1 documento. **AHU_ACL_CU_009, Cx. 174, D. 12643**
455	**1823, junho, 30, Lisboa** AVISO do ministro e secretário de Estado dos Negócios da Marinha e Ultramar, Manuel Inácio Pamplona Corte Real, para o marechal-de-campo Agostinho Antônio de Faria, sobre a Carta de Lei de 20 de junho do mesmo ano (1823), em que se proibiam as sociedades secretas. Em anexo: 3 documentos. **AHU_ACL_CU_009, Cx. 174, D. 12654**
456	**1823, junho, 30, Lisboa** AVISO do ministro e secretário de Estado dos Negócios da Marinha e Ultramar, Manuel Inácio Pamplona Corte Real, para a Junta Provisória do Governo do Maranhão, sobre a Carta de Lei de 20 de junho do mesmo ano (1823), relativa à proibição das sociedades secretas. Em anexo: 2 documentos. **AHU_ACL_CU_009, Cx. 174, D. 12655**
457	**1823, julho, 21, Lisboa** OFÍCIO de Manuel José Maria da Costa e Sá para o secretário de Estado dos Negócios da Marinha, Manuel Inácio Pamplona Corte Real, sobre a expedição das cartas régias que faltam assinar e o seu posterior envio para o Maranhão com o fim de pôr termo às hostilidades ocorridas nessa província. **AHU_ACL_CU_009, Cx. 175, D. 12670**
458	**1823, julho, 22, Maranhão** CARTA do bispo do Maranhão, D. fr. Joaquim de Nª Srª da Nazaré, para o rei D. João VI, sobre o estado de apuro em que se encontrava a província do Maranhão e a urgente necessidade de ser socorrida pelas tropas portuguesas. Em anexo: 1 documento. **AHU_ACL_CU_009, Cx. 175, D. 12672**
459	**1823, julho, 22, Maranhão** CARTA do coronel Antônio Rodrigues dos Santos para o rei D. João VI, sobre as dificuldades por que têm passado os europeus na província do Maranhão. Em anexo: vários documentos. **AHU_ACL_CU_009, Cx. 175, D. 12673**

460	**1823, julho, 22, Maranhão** OFÍCIO do governador de Armas da província do Maranhão, Agostinho Antônio de Faria, para o ministro e secretário de Estado dos Negócios da Marinha e Ultramar, Manuel Inácio Pamplona Corte Real, sobre as atividades dos independentes na província do Maranhão e as medidas seguidas pelos militares. Em anexo: 8 documentos. **AHU_ACL_CU_009, Cx. 175, D. 12674**
461	**1823, julho, 22, Lisboa** PROVISÃO do rei D. João VI, para o marechal-de-campo Agostinho Antônio de Faria, mandando cessar os conflitos na província da Bahia, atendendo aos efeitos funestos na província do Maranhão e solicitando o apoio dos habitantes maranhenses. **AHU_ACL_CU_009, Cx. 175, D. 12675**
462	**1823, julho, 23, Lisboa** AVISO do ministro e secretário de Estado dos Negócios da Marinha e Ultramar, Manuel Inácio Pamplona Corte Real, para a Junta Provisória do Governo do Maranhão, sobre a carta régia de 20 de julho do mesmo ano (1823), relativa à necessidade de apoio militar para a defesa da província do Maranhão contra os efeitos funestos provocados pelos conflitos na Bahia. Em anexo: 3 documentos. **AHU_ACL_CU_009, Cx. 175, D. 12676**
463	**1823, julho, 23, Lisboa** AVISO do ministro e secretário de Estado dos Negócios da Marinha e Ultramar, Manuel Inácio Pamplona Corte Real, para a Junta da Fazenda do Maranhão, sobre a carta régia de 21 de julho do mesmo ano (1823), na qual se expedia um batalhão para as províncias do Maranhão e Piauí. Em anexo: 1 documento. **AHU_ACL_CU_009, Cx. 175, D. 12677**
464	**1823, agosto, 4, Maranhão** GAZETA Extraordinária do Governo da Província do Maranhão (nº1). Entre vários assuntos destaca-se a Declaração da Independência Política da Província e a sua adesão ao Império. **AHU_ACL_CU_009, Cx. 175, D. 12690**
465	**1823, agosto, 5, Lisboa** OFÍCIO de Manuel José Maria da Costa e Sá para o secretário de Estado da Marinha e Ultramar, conde de Subserra, Manuel Inácio Pamplona Corte Real, remetendo diversos pedidos de apoio solicitados pela província do Maranhão com o fim de conservar a sua união com Portugal. Em anexo: 8 documentos. **AHU_ACL_CU_009, Cx. 175, D. 12693**
466	**1823, agosto, 8, Lisboa** AVISO do chefe do Estado-Maior, conde de Barbacena, Luís Antônio Furtado de Castro do Rio de Mendonça e Faro, para o ministro e secretário de Estado da Guerra, conde de Subserra, Manuel Inácio Pamplona Corte Real, sobre a proposta enviada pelo governador e capitão-general da capitania do Maranhão, visconde da Várzea, Bernardo da Silveira Pinto da Fonseca, relativa aos regimentos militares da mesma capitania e às nomeações dos seus oficiais. Em anexo: 5 documentos. **AHU_ACL_CU_009, Cx. 175, D. 12695**

467	**1823, agosto, 16, Maranhão** OFÍCIO do Lord Cochrane para o ministro e secretário de Estado da Marinha e Ultramar, Manuel Inácio da Costa Quintela, remetendo uma relação dos oficiais e tropas prisioneiras na capitulação da cidade de São Luís do Maranhão e outros documentos comprovativos da atuação do conde de Cavaleiros, D. Gregório José Antônio de Eça e Meneses. Em anexo: 2 certidões. **AHU_ACL_CU_009, Cx. 175, D. 12703**
468	**1823, agosto, 20, São Luís do Maranhão** OFÍCIO da Junta Provisória e Administrativa do Governo do Maranhão para o secretário de Estado dos Negócios da Guerra, Manuel Gonçalves de Miranda, dando conta da obediência política ao imperador D. Pedro I por parte da dita Junta Provisória e dos membros dos corpos militares. **AHU_ACL_CU_009, Cx. 175, D. 12705**
469	**1823, agosto, 20, Maranhão** OFÍCIO da Junta Provisória e Administrativa do Governo da província do Maranhão para o coronel Manuel de Sousa Pinto de Magalhães, solicitando o seu regresso a São Luís do Maranhão, mas tendo o cuidado de trazer consigo apenas os corpos militares compostos por brasileiros. Os portugueses que eventualmente viessem não poderiam ocupar quaisquer cargos militares. Em anexo: 1 ofício (cópia). **AHU_ACL_CU_009, Cx. 175, D. 12706**
470	**1823, agosto, 20, São Luís do Maranhão** OFÍCIO da Junta Provisória e Administrativa do Governo do Maranhão para o secretário de Estado da Marinha e Ultramar, Manuel Inácio Pamplona Corte Real, dando conta da obediência deste organismo ao poder do Imperador D. Pedro I. **AHU_ACL_CU_009, Cx. 175, D. 12707**
471	**1823, agosto, 20, Maranhão** OFÍCIO da Junta da Fazenda Imperial para o Presidente do Real Erário, solicitando o pagamento de uma letra de 11.583$181 relativa ao transporte de tropas portuguesas do Brasil para Portugal, efetuado por Lord Cochrane. Em anexo: 3 documentos. **AHU_ACL_CU_009, Cx. 175, D. 12708**
472	**[ant. 1823, agosto, 28], Lisboa** REQUERIMENTO de José Bonifácio de Araújo e Azambuja ao rei D. João VI, solicitando passaporte para se deslocar ao Maranhão. Em anexo: 1 atestação. **AHU_ACL_CU_009, Cx. 175, D. 12710**
473	**1823, agosto, 30, Lisboa** AVISO do ministro e secretário de Estado da Guerra, conde de Subserra, Manuel Inácio Pamplona Corte Real, para o intendente-geral da Marinha, Custódio José da Silva Meneses, solicitando que sejam marcados em todos os documentos dos arquivos os nomes dos membros que foram obrigados a jurar obediência. Em anexo: 1 subscrito. **AHU_ACL_CU_009, Cx. 175, D. 12711**

474	**1823, setembro, 13, Setúbal** OFÍCIO do guarda-mor da saúde, Hilário Manuel de Oliveira Banha para o secretário de Estado da Marinha e Ultramar, conde de Subserra, Manuel Inácio Pamplona Corte Real, dando conta das peripécias do navio Paquete de Setúbal, e remetendo relação das embarcações apresadas pela fragata de guerra Nethero. Em anexo: 1 mapa, 1 ofício e 1 certidão. **AHU_ACL_CU_009, Cx. 176, D. 12716**
475	**1823, setembro, 26, Lisboa** CONSULTA do Conselho Ultramarino ao rei D. João VI, sobre o requerimento de Manuel de Sousa Pinto de Magalhães, em que este pede a expedição da carta patente provendo-o no posto de coronel do Regimento de Linha da Província do Maranhão. Em anexo: 4 documentos. **AHU_ACL_CU_009, Cx. 176, D. 12722**
476	**1823, setembro, 26, Lisboa** CONSULTA do Conselho Ultramarino ao rei D. João VI, sobre o requerimento de Manuel de Sousa Pinto de Magalhães, em que solicitava a confirmação da carta patente no posto de coronel. Em anexo: 3 documentos. **AHU_ACL_CU_009, Cx. 176, D. 12723**
477	**1823, outubro, 6, Lisboa** AVISO do ministro e secretário de Estado da Guerra, conde de Subserra, Manuel Inácio Pamplona Corte Real, para o secretário de Estado da Marinha e Ultramar, Manuel Manuel Inácio da Costa Quintela, remetendo um ofício do tenente-coronel Joaquim José Pimentel Jorge, em que este se justificava por ter abandonado a frota que se dirigia do porto da Bahia para Lisboa. Em anexo: 3 documentos. **AHU_ACL_CU_009, Cx. 176, D. 12726**
478	**1823, outubro, 11, Lisboa** CONSULTA do Conselho da Guerra ao rei D. João VI, sobre o requerimento de Justino Alves Cotrim, em que solicitava confirmação de carta patente provendo-o no posto de alferes da Companhia de Infantaria de Linha da Província do Maranhão. Em anexo: 1 requerimento. **AHU_ACL_CU_009, Cx. 176, D. 12729**
479	**1823, outubro, 13, Lisboa** OFÍCIO do capitão-de-mar-e-guerra Francisco de Salema Freire Garção para o ministro e secretário de Estado da Guerra, conde de Subserra, Manuel Inácio Pamplona Corte Real, remetendo relação circunstanciada de todo o serviço que prestou no brigue Infante D. Miguel. Refere, ainda, aos distúrbios políticos que ocorreram na província do Maranhão. Em anexo: 4 documentos (muito importante o ofício dirigido a conde de Subserra). **AHU_ACL_CU_009, Cx. 176, D. 12731**
480	**1823, outubro, 16** OFÍCIO de Manuel José Maria da Costa e Sá para o ministro e secretário de Estado da Guerra, conde de Subserra, Manuel Inácio Pamplona Corte Real, inventariando os assuntos mais importantes publicados nos periódicos da província do Maranhão. Dá conta da situação de caos político e das atividades predatórias de Lord Cochrane. **AHU_ACL_CU_009, Cx. 176, D. 12734**

481	**[ant. 1823, outubro, 17]** REQUERIMENTO do capitão Manuel Coelho de Sousa ao rei D. João VI, solicitando suspensão da sua pena com o fim de poder reunir os elementos necessários para a sua defesa. Em anexo: 3 requerimentos. **AHU_ACL_CU_009, Cx. 176, D. 12735**
482	**1823, outubro, 24, Lisboa** REQUERIMENTO do capitão Joaquim José da Silva ao rei D. João VI, solicitando que lhe seja passada a carta patente no posto de capitão da 2ª companhia do Corpo de Artilheiros da província do Maranhão, para o qual foi nomeado por decreto real de 26 de março de 1821. Em anexo: 1 requerimento. **AHU_ACL_CU_009, Cx. 176, D. 12738**
483	**1823, novembro, 14, Lisboa** AVISO do secretário de Estado dos Negócios da Guerra, conde de Subserra, Manuel Inácio Pamplona Corte Real, para o ministro e secretário de Estado da Marinha e Ultramar, Manuel Manuel Inácio da Costa Quintela, remetendo ofício da Junta da Fazenda do Maranhão relativo ao pagamento do conserto de cem espingardas. Em anexo: 7 documentos. **AHU_ACL_CU_009, Cx. 176, D. 12744**
484	**1823, novembro, 14, Lisboa** AVISO do ministro e secretário de Estado dos Negócios da Guerra, conde de Subserra, Manuel Inácio Pamplona Corte Real, para o ministro e secretário de Estado da Marinha e Ultramar, Manuel Manuel Inácio da Costa Quintela, remetendo ofício da Junta da Fazenda da província do Maranhão relativo ao aumento do soldo das tropas da mesma Província. Em anexo: 1 ofício. **AHU_ACL_CU_009, Cx. 176, D. 12745**
485	**1823, novembro, 18, Lisboa** AVISO do ministro e secretário de Estado dos Negócios da Guerra, conde de Subserra, Manuel Inácio Pamplona Corte Real, para o secretário de Estado da Marinha e Ultramar, Manuel Manuel Inácio da Costa Quintela, remetendo as duas consultas do Conselho de Guerra sobre as graduações pretendidas pelo cirurgião do Maranhão, Jacinto José Guedes e pelo cirurgião da província de Alagoas, Tomás da Silva Correia. Em anexo: 2 consultas e 1 bilhete. **AHU_ACL_CU_009, Cx. 176, D. 12749**
486	**1823, dezembro, 1, Porto** AVISO do intendente José Joaquim da Rosa Coelho ao ministro e secretário de Estado dos Negócios da Guerra, conde de Subserra, Manuel Inácio Pamplona Corte Real, dando conta da chegada da escuna Glória, cujo dono era José Adrião da Rocha. Relata os problemas que este teve na província do Maranhão com Lord Cochrane e o estado de caos político naquela província, em que se ressaltava a perseguição aos europeus. **AHU_ACL_CU_009, Cx. 176, D. 12754**
487	**[ca.1823]** LISTA (minuta) de ofícios da Junta Provisória do Governo e do governador da província do Maranhão. **AHU_ACL_CU_009, Cx. 176, D. 12767**

488	**[ca. 1823]** MINUTA sobre as convulsões ocorridas na província do Maranhão. Pede ajuda a Portugal a fim de se poder controlar o estado de anarquia. (Documentação incompleta) **AHU_ACL_CU_009, Cx. 176, D. 12768**
489	**[ca. 1823]** RESUMO de Luís Gomes Ferreira sobre os acontecimentos políticos verificados na província do Maranhão e a existência no Brasil de uma facção favorável à Independência política da referida província. Em anexo: vários documentos. **AHU_ACL_CU_009, Cx. 176, D. 12770**
490	**1824, fevereiro, 7, Lisboa** OFÍCIO do desembargador José Leandro da Silva Sousa ao ministro da Guerra e Marinha, conde de Subserra, Manuel Inácio Pamplona Corte Real, fazendo relato circunstanciado da invasão da província do Maranhão pelas forças do Ceará e Piauí, da proclamação da independência do Brasil e do papel desempenhado por Lord Cochrane neste processo. **AHU_ACL_CU_009, Cx. 177, D. 12773**
491	**1824, fevereiro, 13, S. João da Foz - Porto** OFÍCIO de Francisco Antero de Miranda para o ministro da Guerra e Marinha, conde da Subserra, Manuel Inácio Pamplona Corte Real, sobre a chegada do bergantim português São José Bela Aliança, com carregamentos de arroz e algodão, e com notícias da cidade de São Luís do Maranhão relativas às desordens ali promovidas contra tudo o que fosse europeu. **AHU_ACL_CU_009, Cx. 177, D. 12777**
492	**1824, março, 3, Lisboa** DECLARAÇÃO do negociante João Ventura Rodrigues, declarando que o navio Constitucional, de que era proprietário, foi aprisionado no Maranhão pelo comandante Lord Cochrane, e, posteriormente, vendido. **AHU_ACL_CU_009, Cx. 177, D. 12785**
493	**1824, julho, 7, Lisboa** OFÍCIO do auditor-geral da Marinha, Rodrigo Antônio Teixeira Vahia, para o secretário de Estado dos Negócios da Marinha, conde de Subserra, Manuel Inácio Pamplona Corte Real, sobre a chegada da sumaca Gerves, trazendo notícias da situação anárquica em que se encontrava a província do Maranhão. Em anexo: 1 documento. **AHU_ACL_CU_009, Cx. 177, D. 12801**
494	**1824, outubro, 9, S. João da Foz do Douro (Porto)** OFÍCIO de Francisco Antônio de Gouveia Ferraz de Miranda para o ministro assistente do despacho da Guerra e da Marinha, conde de Subserra, Manuel Inácio Pamplona Corte Real, sobre a chegada de 33 passageiros no bergantim inglês Marta, entre eles o fr. Domingos da Conceição, deputado que foi nas Cortes pela província do Piauí, que entregou três gazetas da província do Maranhão, acerca do estado em que se encontra a referida província. Em anexo: Ofícios (cópias) e 3 nº da gazeta extraordinária da guerra da província do Maranhão. **AHU_ACL_CU_009, Cx. 177, D. 12831**

495	**1824, novembro, 10, Lisboa** LEMBRETE do secretário do governo do Maranhão, José Maria Trener, sobre o processo do 1º oficial piloto da Armada Real, Alexandre Miguel das Neves, que seguindo viagem para o Maranhão, foi preso e levado para o Rio de Janeiro. Solicita que seja atendido o seu pedido de pagamento, desde o dia em que foi libertado. **AHU_ACL_CU_009, Cx. 177, D. 12842**
496	**1825, Janeiro, 26, Sitio do Alfeite** AVISO do rei D. João VI, para o conselheiro do Conselho Ultramarino, visconde de Manique, Pedro Antônio de Pina Manique Nogueira Matos de Andrade, sobre o pedido de pagamento do soldo por inteiro ao sargento-mor de Milícias da província do Maranhão, Antônio Joaquim Leitão Bandeira. **AHU_ACL_CU_009, Cx. 177, D. 12847**
497	**[ant. 1825, Janeiro, 28]** REQUERIMENTO do cirurgião-mor e capitão do Regimento de Milícias da vila de Alcântara, Antônio Ferreira de Gouveia Pimentel, ao rei D. João VI, solicitando reforma no posto de tenente-coronel, com o soldo da sua antiga patente de cirurgião-mor, atendendo aos bons serviços prestados na província do Maranhão. **AHU_ACL_CU_009, Cx. 177, D. 12848**
498	**1825, Fevereiro, 1, Lisboa** OFÍCIO do secretário de Estado dos Negócios da Guerra, conde de Barbacena, Luís Antônio Furtado de Castro de Rio de Mendonça e Faro, para o secretário de Estado dos Negócios da Marinha e Ultramar, Joaquim José Monteiro Torres, sobre o requerimento do sargento-mor do 2º Regimento de Milícias da vila de Caxias, na província do Maranhão, Antônio Silvério Lopes. Em anexo: 2 documentos. **AHU_ACL_CU_009, Cx. 177, D. 12849.**
499	**1825, Março, 19, Lisboa** CARTA do secretário interino do Conselho Ultramarino, Filipe José Stockler, para o rei D. João VI, sobre o pedido de confirmação de patente, por Inácio País Vieira, no posto de tenente da 3ª companhia de Índios, da província do Maranhão. Em anexo: 6 documentos. **AHU_ACL_CU_009, Cx. 177, D. 12854**
500	**1825, Março, 27, S. João da Foz do Douro (Porto)]** OFÍCIO de Francisco Antônio de Gouveia Ferraz de Miranda para o secretário de Estado dos Negócios da Marinha e Ultramar, Joaquim José Monteiro Torres, sobre as notícias fornecidas pelo mestre do bergantim português Bela Escolha, vindo do Maranhão, relativamente às movimentações do general Cochrane e do general Lima, (sic) na defesa da província do Maranhão. Em anexo: 1 documento. **AHU_ACL_CU_009, Cx. 177, D. 12855**
501	**1825, Abril, 2, Lisboa** OFÍCIO do secretário de Estado dos Negócios da Guerra, conde de Barbacena, Luís Antônio Furtado de Castro de Rio de Mendonça e Faro, para o secretário de Estado dos Negócios da Marinha e Ultramar, Joaquim José Monteiro Torres, sobre os motivos da viagem a Portugal feita pelo 2º tenente de Artilharia da província do Maranhão Francisco Raimundo Correia de Faria. Em anexo: 3 documentos **AHU_ACL_CU_009, Cx. 178, D. 12856**

502	**1825, Abril, 15, Mafra** OFÍCIO do secretário de Estado dos Negócios da Guerra, conde de Barbacena, Luís Antônio Furtado de Castro de Rio de Mendonça e Faro, para o secretário de Estado dos Negócios da Marinha e Ultramar, Joaquim José Monteiro Torres, sobre a concessão de licença para o major de Artilharia do Maranhão, João Venâncio de Castro regressar àquela província. Em anexo: 1 documento. **AHU_ACL_CU_009, Cx. 178, D. 12858**
503	**1825, Abril, 22, Lisboa** OFÍCIO do secretário de Estado dos Negócios da Guerra, conde de Barbacena, Luís Antônio Furtado de Castro de Rio de Mendonça e Faro, para o secretário de Estado dos Negócios da Marinha e Ultramar, Joaquim José Monteiro Torres, sobre o requerimento do ajudante de Milícias de Infantaria do Mearim, na província do Maranhão, José Gonçalves Barbosa, e o fato de não se ter atendido ao pedido do requerente no que respeita a comedorias. **AHU_ACL_CU_009, Cx. 178, D. 12859**
504	**[ant. 1825, Abril, 23]** REQUERIMENTO do boticário José Vicente Miguéis ao rei D. João VI, pedindo passaporte para ir a Gibraltar e ao Maranhão. Em anexo: atestação. **AHU_ACL_CU_009, Cx. 178, D. 12860**
505	**1825, Abril, 23, Lisboa** REQUERIMENTO de Ludovina Laura da Silva e Azambuja ao rei D. João VI, pedindo passaporte para deslocar-se ao Maranhão. Em anexo: atestação. **AHU_ACL_CU_009, Cx. 178, D. 12861**
506	**1825, Abril, 29, S. João da Foz (Porto)]** OFÍCIO de Francisco Antônio de Gouveia Ferraz de Miranda para o secretário de Estado dos Negócios da Marinha e Ultramar, Joaquim José Monteiro Torres, sobre a chegada do bergantim português Joaninha, vindo do Maranhão, dando notícias das atividades militares do general Cochrane no porto da dita província e da situação tranqüila em que se encontrava a população. **AHU_ACL_CU_009, Cx. 178, D. 12863**
507	**1825, Maio, 14, Lisboa** OFÍCIO do secretário de Estado dos Negócios da Guerra, conde de Barbacena, Luís Antônio Furtado de Castro de Rio de Mendonça e Faro, para o secretário de Estado dos Negócios da Marinha e Ultramar, Joaquim José Monteiro Torres, sobre o requerimento do sargento-mor do 2º Regimento de Milícias da vila de Caxias, na província do Maranhão, Antônio Silvério Lopes. **AHU_ACL_CU_009, Cx. 178, D. 12864**
508	**[ant. 1825, Maio, 30]** REQUERIMENTO de Manuel José Fernandes Carneiro ao rei D. João VI, pedindo passaporte para deslocar-se ao Maranhão. Em anexo: atestação. **AHU_ACL_CU_009, Cx. 178, D. 12866**

509	**[post. 1825, Maio, 31]** REQUERIMENTO do mestre Teodoro Jansen de Lemos ao rei D. JoãoVI, pedindo passaporte para o bergantim Amizade ir a Gibraltar e ao Maranhão. Em anexo: declaração e justificação. **AHU_ACL_CU_009, Cx. 178, D. 12867**
510	**[ant. 1825, Junho, 1]** REQUERIMENTO do tenente de Milícias do Maranhão, Manuel Pereira Ramos, ao rei D. João VI, solicitando certidão da patente, que o confirmasse no dito posto. **AHU_ACL_CU_009, Cx. 178, D. 12868**
511	**1825, Junho, 3, Lisboa** REQUERIMENTO do major de Artilharia do Maranhão, João Venâncio de Castro, ao rei D. João VI, solicitando licença para regressar à sua província num dos transportes que deveriam conduzir os oficiais e o batalhão estacionados no Algarve. **AHU_ACL_CU_009, Cx. 178, D. 12870**
512	**1825, Junho, 7, Lisboa** OFÍCIO do secretário de Estado dos Negócios da Guerra, conde de Barbacena, Luís Furtado de Castro de Rio de Mendonça e Faro, para o secretário de Estado dos Negócios da Marinha e Ultramar, Joaquim José Monteiro Torres, sobre o motivo por que o 2º tenente de Artilharia do Maranhão, Francisco Raimundo Correia de Faria, viajou para Portugal. **AHU_ACL_CU_009, Cx. 178, D. 12871**
513	**1825, Junho, 14, Lisboa** CARTA do secretário interino do Conselho Ultramarino, Filipe José Stockler, para o rei D. João VI, sobre o requerimento de Joaquim Dinis Pereira de Castro relativo à criação da companhia de Índios, na província do Maranhão, solicitando a confirmação de sua nomeação para o posto de capitão. Em anexo: 2 documentos. **AHU_ACL_CU_009, Cx. 178, D. 12872**
514	**ant. 1825, Junho, 15]** REQUERIMENTO do tenente da Companhia Avulsa de Índios de São João de Cortes, José Antônio da Silva Barros, ao rei D. João VI, solicitando a confirmação do provimento no dito posto. Em anexo: 2 documentos. **AHU_ACL_CU_009, Cx. 178, D. 12873**
515	**1825, Junho, 18, Lisboa** CARTA do secretário interino do Conselho Ultramarino, Filipe José Stockler, para o rei D. João VI, sobre o pedido de confirmação no posto de capitão da 3ª companhia do 1º batalhão de Milícias da vila de São Bernardo, por Francisco Lopes da Costa e Silva, e sobre a criação de novos corpos de Milícias para a província do Maranhão. Em anexo: 2 documentos. **AHU_ACL_CU_009, Cx. 178, D. 12874**
516	**1825, Junho, 22, Lisboa** REQUERIMENTO do 2º tenente de Artilharia do Maranhão, Francisco Raimundo Correia de Faria, ao rei D. João VI, solicitando licença para se deslocar ao Rio de Janeiro, ficando adido ao batalhão do Maranhão. Em anexo: 1 documento. **AHU_ACL_CU_009, Cx. 178, D. 12875**

517	**[ant. 1825, Junho, 23]** REQUERIMENTO do mestre Joaquim José Fernandes ao rei D. João VI, pedindo passaporte para o bergantim Bela Escolha ir ao Maranhão e Pernambuco. Em anexo: declaração e justificação. **AHU_ACL_CU_009, Cx. 178, D. 12876**
518	**1825, Junho, 23, Lisboa** OFÍCIO do secretário de Estado dos Negócios da Guerra, conde de Barbacena, Luís Antônio Furtado de Castro de Rio de Mendonça e Faro, para o secretário de Estado dos Negócios da Marinha e Ultramar, Joaquim José Monteiro Torres, sobre a representação do tenente do destacamento do Regimento de Infantaria de Linha da província do Maranhão, João Teixeira Bacelar, que se encontrava na praça de Lagos. **AHU_ACL_CU_009, Cx. 178, D. 12877**
519	**1825, Junho, 25, Lisboa** DECRETO do rei D. João VI, concedendo a Gaspar Joaquim do Carmo demissão do posto de tenente do batalhão de Infantaria de Linha do Maranhão. **AHU_ACL_CU_009, Cx. 178, D. 12878**
520	**1825, Junho, 30, Lisboa** OFÍCIO do secretário de Estado dos Negócios da Marinha e Ultramar, Joaquim José Monteiro Torres, para o presidente do Conselho Ultramarino, conde do Rio Pardo, D. Diogo de Sousa, sobre o afastamento do destacamento de Linha do Maranhão, estacionado na praça de Lagos, como haviam requerido o tenente-ajudante Inocêncio Velez, o tenente João Teixeira Bacelar, o tenente quartel-mestre Manuel Pinto Gomes Lamego e o alferes Antônio José da Silva. Em anexo: 1 documento. **AHU_ACL_CU_009, Cx. 178, D. 12879**
521	**1825, Julho, 2, Lisboa** OFÍCIO do secretário de Estado dos Negócios da Guerra, conde de Barbacena, Luís Antônio Furtado de Castro de Rio de Mendonça e Faro, para o secretário de Estado dos Negócios da Marinha e Ultramar, Joaquim José Monteiro Torres, sobre o pedido de dispensa pretendida pelo ajudante do Regimento de Milícias do Mearim, na província do Maranhão, José Gonçalves Barbosa. Em anexo: 3 documentos. **AHU_ACL_CU_009, Cx. 178, D. 12880**
522	**1825, Julho, 3, Lisboa** CARTA do secretário interino do Conselho Ultramarino, Filipe José Stockler, para o rei D. João VI, sobre o pedido de carta patente de Antônio Teixeira Pinto Guimarães, confirmando a sua nomeação para o posto de alferes da vila de Vinhais, na província do Maranhão. Em anexo: 1 documento. **AHU_ACL_CU_009, Cx. 178, D. 12881**
523	**1825, Julho, 3, Lisboa** OFÍCIO do secretário de Estado dos Negócios da Guerra, conde de Barbacena, Luís Antônio Furtado de Castro de Rio de Mendonça e Faro, para o secretário de Estado dos Negócios da Marinha e Ultramar, Joaquim José Monteiro Torres, sobre o requerimento do comandante furriel da 4ª companhia do destacamento de Linha do Maranhão, Manuel José de Sousa, pedindo sua promoção ao posto de alferes, e sua remoção para qualquer dos domínios de África ou, em alternativa, para o Regimento de Infantaria nº 20. **AHU_ACL_CU_009, Cx. 178, D. 12882**

524	**1825, Julho, 7, Lisboa** REQUERIMENTO do capitão de Artilharia da província do Maranhão, Joaquim José da Silva, ao rei D. João VI, solicitando ser condecorado com a Ordem de Nª Srª da Conceição. Em anexo: vários documentos. **AHU_ACL_CU_009, Cx. 178, D. 12883**
525	**1825, Julho, 11, Lisboa** OFÍCIO do secretário de Estado dos Negócios Estrangeiros, conde de Porto Santo, Antônio de Saldanha da Gama, para o secretário de Estado dos Negócios da Marinha e Ultramar, Joaquim José Monteiro Torres, sobre o processo de degredo perpétuo proferido pelo Conselho de Justiça contra o soldado da 1ª companhia do Corpo Expedicionário do Maranhão, João Afonso. **AHU_ACL_CU_009, Cx. 178, D. 12884**
526	**1825, Julho, 13, Lisboa** REQUERIMENTO do capitão do Regimento de Infantaria de Linha da província do Maranhão, Antônio José de Carvalho, ao rei D. João VI, solicitando que se lhe passe patente no dito posto. Em anexo: 1 documento. **AHU_ACL_CU_009, Cx. 178, D. 12885**
527	**1825, Julho, 17, S. João da Foz do Douro (Porto)** OFÍCIO de Francisco Antônio de Gouveia Ferraz de Miranda para o secretário de Estado dos Negócios da Marinha e Ultramar, Joaquim José Monteiro Torres, sobre a chegada de três navios vindos do Brasil com a notícia da retirada do general Cochrane do porto do Maranhão, a bordo de uma fragata. **AHU_ACL_CU_009, Cx. 178, D. 12886**
528	**1825, Julho, 20, Lisboa** OFÍCIO do secretário de Estado dos Negócios Estrangeiros, conde do Porto Santo, Antônio de Saldanha da Gama, para o secretário de Estado dos Negócios da Marinha e Ultramar, Joaquim José Monteiro Torres, sobre o requerimento do sargento-mor do 2º Regimento de Milícias da vila de Caxias, Antônio Silvério Lopes. **AHU_ACL_CU_009, Cx. 178, D. 12887**
529	**[ant. 1825, Julho, 26]** REQUERIMENTO de Joaquim José de Carvalho ao rei D. João VI, solicitando auxílio monetário para o seu deslocamento ao Rio de Janeiro, atendendo às dificuldades por que tem passado. Em anexo: 2 documentos. **AHU_ACL_CU_009, Cx. 178, D. 12888**
530	**1825, Agosto, 2, Lisboa** CARTA do secretário interino do Conselho Ultramarino, Filipe José Stockler, para o rei D. João VI, sobre o pedido de confirmação de patente formulado pelo tenente do Regimento de Milícias do Maranhão, Manuel Pereira Ramos. Em anexo: vários documentos. **AHU_ACL_CU_009, Cx. 178, D. 12889**

531	**1825, Agosto, 4, Lisboa** REQUERIMENTO de Agostinho José da Cunha ao rei D. João VI, solicitando a interferência régia, através de aviso que ordenasse à Comissão dos Emigrantes do Brasil a concessão ao requerente do pagamento para as suas vestimentas. Em anexo: 3 documentos. **AHU_ACL_CU_009, Cx. 178, D. 12890**
532	**1825, Agosto, 16, S. João da Foz do Douro (Porto)]** OFÍCIO de Francisco Antônio de Gouveia Ferraz de Miranda para o secretário de Estado dos Negócios da Marinha e Ultramar, Joaquim José Monteiro Torres, sobre o estado de saúde de Manuel José da Silva Monteiro e a incapacidade deste para exercer o seu cargo. **AHU_ACL_CU_009, Cx. 178, D. 12891**
533	**1825, Agosto, 22, Lisboa** OFÍCIO do secretário de Estado dos Negócios da Guerra, conde de Barbacena, Luís Antônio Furtado de Castro de Rio de Mendonça e Faro, para o secretário de Estado dos Negócios da Marinha e Ultramar, Joaquim José Monteiro Torres, sobre o requerimento de Gaspar Joaquim do Carmo, tenente que foi do Regimento de Linha da província do Maranhão, pedindo que se lhe ajustem as suas contas na Tesouraria Geral das Tropas, por motivo da sua demissão daquelas funções. Em anexo: 5 documentos. **AHU_ACL_CU_009, Cx. 178, D. 12892**
534	**[post. 1825, Setembro, 5]** REQUERIMENTO de Joaquim Peixoto Guimarães ao rei D. João VI, pedindo passaporte para o brigue Flor do Maranhão ir ao Maranhão. Em anexo: declaração. **AHU_ACL_CU_009, Cx. 178, D. 12893**
535	**[post. 1825, Setembro, 6]** REQUERIMENTO do mestre Antônio José Ferreira Brandão ao rei D. João VI, pedindo passaporte para a galera Emilinda ir ao Maranhão. Em anexo: declaração e justificação. **AHU_ACL_CU_009, Cx. 178, D. 12894**
536	**[ant. 1825, Setembro, 7]** REQUERIMENTO do tenente da Companhia Avulsa de Índios de São João de Cortes, distrito da vila de Alcântara, José Antônio da Silva Barros, ao rei D. João VI, solicitando a entrega da carta patente original que o nomeava para o dito posto. Em anexo: 3 documentos. **AHU_ACL_CU_009, Cx. 178, D. 12895**
537	**[ant. 1825, Outubro, 10]** REQUERIMENTO do alferes do Regimento de Infantaria de Linha da província do Maranhão, Francisco Félix da Fonseca Pereira Pinto, ao rei D. João VI, solicitando autorização para ser novamente admitido ao exame do segundo ano dos Estudos Matemáticos da Academia Real da Marinha, em Lisboa. **AHU_ACL_CU_009, Cx. 178, D. 12896**

538	**[post. 1825, Outubro, 11]** REQUERIMENTO do mestre Diogo Estanislau de Meireles ao rei D. João VI, pedindo passaporte para o brigue-escuna "Despique" deslocar-se ao Maranhão. Em anexo: declaração e justificação. **AHU_ACL_CU_009, Cx. 178, D. 12897**
539	**[ant. 1825, Outubro, 22]** REQUERIMENTO de José Ferreira de Gouveia Pimentel ao secretário de Estado da Marinha e Ultramar, Joaquim José Monteiro Torres, pedindo passaporte para deslocar-se ao Maranhão. Em anexo: atestação. **AHU_ACL_CU_009, Cx. 178, D. 12898**
540	**[ant. 1825, Outubro, 24]** REQUERIMENTO de João Antônio Garcia de Abranches ao rei D. João VI, pedindo passaporte para deslocar-se ao Maranhão. Em anexo: atestação. **AHU_ACL_CU_009, Cx. 178, D. 12899**
541	**[ant. 1825, Outubro, 25]** REQUERIMENTO do alferes do Regimento de Infantaria de Linha da província do Maranhão, Francisco Félix da Fonseca Pereira Pinto, ao rei D. João VI, solicitando licença para freqüentar o Curso de Fortificação da Academia Real da Marinha. **AHU_ACL_CU_009, Cx. 178, D. 12900**
542	**[ant. 1825, Outubro, 29]** REQUERIMENTO de Félix José de Oliveira ao rei D. João VI, pedindo passaporte para deslocar-se ao Maranhão. Em anexo: atestação **AHU_ACL_CU_009, Cx. 178, D. 12901**
543	**[ant. 1825, Novembro, 3]** REQUERIMENTO de Ana Rita Augusta do Nascimento Crespo ao rei D. João VI, pedindo passaporte para deslocar-se ao Maranhão. Em anexo: justificação. **AHU_ACL_CU_009, Cx. 178, D. 12902**
544	**[ant. 1825, Novembro, 3]** REQUERIMENTO de Antônio Pires de Castro ao secretário de Estado da Marinha e Ultramar, Joaquim José Monteiro Torres, pedindo passaporte para deslocar-se ao Maranhão. Em anexo: atestação. **AHU_ACL_CU_009, Cx. 178, D. 12903**
545	**1825, Novembro, 3, Mafra** PASSAPORTE do ministro e secretário de Estado da Marinha e Ultramar, Joaquim José Monteiro Torres, para Ana Rita Augusta do Nascimento Crespo ir ao Maranhão. **AHU_ACL_CU_009, Cx. 178, D. 12904**
546	**[ant. 1825, Novembro, 5]** REQUERIMENTO de Manuel José Fernandes ao rei D. João VI, pedindo passaporte para deslocar-se à cidade de São Luís do Maranhão. Em anexo: atestação. **AHU_ACL_CU_009, Cx. 178, D. 12905**

547	**1825, Novembro, 14, Lisboa** PASSAPORTE do ministro e secretário de Estado da Marinha e Ultramar, Joaquim José Monteiro Torres, para o navio São Nicolau Augusto ir ao Maranhão. **AHU_ACL_CU_009, Cx. 178, D. 12906**
548	**1825, Novembro, 14, Lisboa** PASSAPORTE do ministro e secretário de Estado da Marinha e Ultramar, Joaquim José Monteiro Torres, para o brigue-escuna Esperança do Tejo ir ao Maranhão. **AHU_ACL_CU_009, Cx. 178, D. 12907**
549	**1825, Novembro, 14, Lisboa** PASSAPORTE do ministro e secretário de Estado da Marinha e Ultramar, Joaquim José Monteiro Torres, para o bergantim "Esperto" ir ao Maranhão. **AHU_ACL_CU_009, Cx. 178, D. 12908**
550	**1825, Novembro, 14, Lisboa** PASSAPORTE do ministro e secretário de Estado da Marinha e Ultramar, Joaquim José Monteiro Torres, para o brigue Triunfo do Brasil ir ao Maranhão. Em anexo: lembrete. **AHU_ACL_CU_009, Cx. 178, D. 12909**
551	**1825, Novembro, 28, Maranhão]** REQUERIMENTO do tenente-coronel de Milícias do Brasil, Joaquim José da Costa Portugal, ao rei D. João VI, solicitando ser condecorado com o Hábito da Ordem de Cristo. **AHU_ACL_CU_009, Cx. 178, D. 12910**
552	**[ant. 1825, Dezembro, 13]** REQUERIMENTO do senhorio do bergantim Esperto, Manuel José dos Santos Vieira, ao rei D. João VI, solicitando um bilhete de estilo para poder seguir viagem para o Maranhão transportando os pilotos Francisco José da Silva Rosa e José Joaquim da Silva. **AHU_ACL_CU_009, Cx. 178, D. 12912**
553	**[ant. 1825, Dezembro, 22]** REQUERIMENTO de João dos Santos de Figueiredo ao rei D. João VI, pedindo passaporte para deslocar-se ao Maranhão. Em anexo: 2 atestações. **AHU_ACL_CU_009, Cx. 178, D. 12913**
554	**[ant. 1825, Dezembro, 24, Lisboa** REQUERIMENTO de João Pereira Gomes ao rei D. João VI, pedindo passaporte para deslocar-se ao Maranhão. Em anexo: atestação. **AHU_ACL_CU_009, Cx. 178, D. 12914**
555	**1825, Dezembro, 29]** PASSAPORTE do ministro e secretário de Estado da Marinha e Ultramar, Joaquim José Monteiro Torres, para o padre José Antônio da Cruz Ferreira ir ao Maranhão. Em anexo: lembrete. **AHU_ACL_CU_009, Cx. 178, D. 12915**

556	**[ant. 1826, Janeiro, 5]** REQUERIMENTO de Manuel Antônio de Matos ao rei D. João VI, pedindo passaporte para deslocar-se ao Maranhão. Em anexo: atestação. **AHU_ACL_CU_009, Cx. 178, D. 12918**
557	**[post. 1826, Janeiro, 10], Lisboa** REQUERIMENTO de Antônio Manuel Ferreira Sampaio ao rei D. João VI, pedindo passaporte para o brigue Triunfo do Brasil ir ao Maranhão. Em anexo: declaração. **AHU_ACL_CU_009, Cx. 178, D. 12919**
558	**[ant. 1826, Janeiro, 13]** REQUERIMENTO de João Antônio da Cunha ao rei D. João VI, pedindo passaporte para deslocar-se ao Maranhão. Em anexo: atestação. **AHU_ACL_CU_009, Cx. 178, D. 12920**
559	**1826, Janeiro, 17, Lisboa** REQUERIMENTO do presbítero José Antônio da Cruz Ferreira Tezinho ao rei D. João VI, pedindo passaporte para deslocar-se ao Brasil. Em anexo: atestação. **AHU_ACL_CU_009, Cx. 178, D. 12921**
560	**1826, Janeiro, 17, Lisboa** ATESTAÇÃO do intendente-geral da Polícia, barão de Rendufe, Simão da Silva Ferraz de Lima e Castro, de que Antônio Pedro Felizardo não tem impedimento da polícia para ir ao Maranhão. **AHU_ACL_CU_009, Cx. 178, D. 12922**
561	**[ant. 1826, Janeiro, 21]** REQUERIMENTO de João Cândido da Costa e Campos ao rei D. João VI, pedindo passaporte para deslocar-se à cidade de São Luís do Maranhão. Em anexo: atestação. **AHU_ACL_CU_009, Cx. 178, D. 12923**
562	**1826, Janeiro, 23, Lisboa** REQUERIMENTO do brigadeiro graduado dos Reais Exércitos, Manuel José Xavier Palmeirim, ao rei D. João VI, solicitando seis meses de licença, com vencimento de soldo, para ir ao Maranhão buscar a sua família. Em anexo: 1 lembrete. **AHU_ACL_CU_009, Cx. 178, D. 12924**
563	**[ant. 1826, Janeiro, 27]** REQUERIMENTO de Francisco Antônio da Silva ao rei D. João VI, pedindo passaporte para deslocar-se ao Maranhão. Em anexo: atestação. **AHU_ACL_CU_009, Cx. 178, D. 12925**
564	**[ant. 1826, Janeiro, 28]** REQUERIMENTO de Antônio Francisco Lisboa ao rei D. João VI, solicitando autorização à Intendência da Marinha para que o navio de que é senhorio, possa seguir viagem para o Maranhão. **AHU_ACL_CU_009, Cx. 178, D. 12926**

565	**[post. 1826, Janeiro, 28]** REQUERIMENTO de João Plácido da Cruz ao rei D. João VI, pedindo passaporte para o navio São Nicolau Augusto ir ao Maranhão. Em anexo: declaração. **AHU_ACL_CU_009, Cx. 178, D. 12927**
566	**[ant. 1826, Janeiro, 30]** REQUERIMENTO do senhorio do navio São Nicolau, Bernardo José Fernandes, ao rei D. Pedro IV, solicitando licença para que o dito navio possa seguir viagem para o Maranhão. **AHU_ACL_CU_009, Cx. 178, D. 12928**
567	**[ant. 1826, Fevereiro, 3]** REQUERIMENTO do bacharel Constantino de Melo Pereira ao rei D. João VI, pedindo passaporte para deslocar-se ao Maranhão. Em anexo: atestação. **AHU_ACL_CU_009, Cx. 178, D. 12929**
568	**[1826, Fevereiro, 6, Lisboa]** DECRETO do rei D. João VI, concedendo ao doutor Lourenço de Arrochela Vieira de Almeida Malheiro um lugar de conselheiro no Conselho Ultramarino, para sua aposentadoria, com metade do ordenado que compete ao dito lugar. Em anexo: 1 bilhete. **AHU_ACL_CU_009, Cx. 178, D. 12930**
569	**[ant. 1826, Fevereiro, 8]** REQUERIMENTO de Manuel Antônio dos Santos Leal ao rei D. João VI, pedindo passaporte para deslocar-se ao Maranhão. Em anexo: atestação. **AHU_ACL_CU_009, Cx. 178, D. 12931**
570	**[ant. 1826, Fevereiro, 8]** REQUERIMENTO de Manuel Antônio do Rego ao rei D. João VI, pedindo passaporte para deslocar-se ao Maranhão. Em anexo: atestação. **AHU_ACL_CU_009, Cx. 178, D. 12932**
571	**[ant. 1826, Fevereiro, 8]** REQUERIMENTO de José de Sousa Coimbra ao rei D. João VI, pedindo passaporte para deslocar-se ao Maranhão. Em anexo: atestação **AHU_ACL_CU_009, Cx. 178, D. 12933**
572	**[ant. 1826, Fevereiro, 10]** REQUERIMENTO de Antônio Bernardo de Carvalho ao rei D. João VI, pedindo passaporte para deslocar-se ao Maranhão e Bahia. Em anexo: atestação **AHU_ACL_CU_009, Cx. 178, D. 12934**
573	**[ant. 1826, Fevereiro, 22]** REQUERIMENTO do tenente-coronel de Milícias do Iguará, José dos Santos Monteiro, ao rei D. João VI, solicitando que se passe despacho para que se lhe entreguem os seus documentos **AHU_ACL_CU_009, Cx. 178, D. 12936**

574	**[ant. 1826, Fevereiro, 25]** REQUERIMENTO de Henrique José ao rei D. João VI, pedindo passaporte para deslocar-se ao Maranhão. Em anexo: atestação. **AHU_ACL_CU_009, Cx. 178, D. 12937**
575	**1826, Fevereiro, 28, Lisboa** PASSAPORTE do ministro e secretário de Estado da Marinha e Ultramar, Joaquim José Monteiro Torres, para o bergantim Gratidão ir ao Maranhão e à Bahia. Em anexo: lembrete. **AHU_ACL_CU_009, Cx. 178, D. 12938**
576	**1826, Março, 2, Lisboa** PASSAPORTE do ministro e secretário de Estado da Marinha e Ultramar, Joaquim José Monteiro Torres, para a galera Conde de Palma ir ao Maranhão. **AHU_ACL_CU_009, Cx. 178, D. 12939**
577	**[ant. 1826, Março, 10]** REQUERIMENTO de Antônio Francisco de Lisboa ao rei D. João VI, solicitando que a Intendência da Marinha lhe passe bilhete de estilo para que a sua galera Conde de Palma, que leva por pilotos Manuel Melo e José Franco, siga viagem para o Maranhão. **AHU_ACL_CU_009, Cx. 178, D. 12940**
578	**[ant. 1826, Abril, 17]** REQUERIMENTO do 2º piloto da Armada Imperial e Real, José Francisco de Sousa, ao rei D. Pedro IV, solicitando provimento no cargo de mestre da Casa de Velas, no Arsenal Real da Marinha, outrora ocupado por seu pai e agora vago. **AHU_ACL_CU_009, Cx. 178, D. 12941**
579	**[ant. 1826, Maio, 12]** REQUERIMENTO do mestre Manuel de Faria e Sousa ao rei D. João VI, pedindo passaporte para deslocar-se ao Maranhão. Em anexo: declaração e justificação. **AHU_ACL_CU_009, Cx. 178, D. 12942**
580	**1826, Maio, 12, Lisboa** PASSAPORTE do ministro e secretário de Estado da Marinha e Ultramar, Joaquim José Monteiro Torres, para o brigue-escuna Despique do Maranhão ir ao Maranhão. Em anexo: lembrete. **AHU_ACL_CU_009, Cx. 178, D. 12943**
581	**[post. 1826, Maio, 12]** REQUERIMENTO do mestre Antônio Silveira Maciel, ao rei D. João VI, pedindo passaporte para o bergantim Santiago ir ao Maranhão. Em anexo: declaração e passaportes. **AHU_ACL_CU_009, Cx. 178, D. 12944**
582	**1826, Maio, 17, Lisboa** CONSULTA do Conselho Ultramarino ao rei D. Pedro IV, sobre o requerimento de José Luís Goarmon, no qual solicita que lhe seja entregue a patente de confirmação no posto de alferes de Milícias da vila de Caxias. Em anexo: o dito requerimento e outros documentos. **AHU_ACL_CU_009, Cx. 178, D. 12945**

583	**[post. 1826, Maio, 17, Lisboa]** REQUERIMENTO do mestre Antônio de Sousa Maciel ao rei D. João VI, pedindo passaporte para o brigue-escuna Concórdia ir ao Maranhão. Em anexo: declaração e justificação. **AHU_ACL_CU_009, Cx. 178, D. 12946**
584	**1826, Maio, 18, Lisboa** PASSAPORTE do ministro e secretário de Estado da Marinha e Ultramar, Joaquim José Monteiro Torres, para o brigue-escuna Concórdia ir ao Maranhão. Em anexo: lembrete. **AHU_ACL_CU_009, Cx. 178, D. 12947**
585	**[ant. 1826, Maio, 26]** REQUERIMENTO do senhorio do bergantim São Tiago, Antônio Francisco Lisboa, ao rei D. Pedro IV, solicitando bilhete para que o dito bergantim siga viagem para o Maranhão. **AHU_ACL_CU_009, Cx. 178, D. 12948**
586	**[ant. 1826, Junho, 21]** REQUERIMENTO de Francisco de Assis Oliveira ao rei D. Pedro IV, solicitando confirmação da sua carta de sesmaria junto ao rio Turiaçu, em terreno da vila de São José de Guimarães. Em anexo: vários documentos. **AHU_ACL_CU_009, Cx. 178, D. 12949**
587	**1826, Julho, 6, Lisboa** PASSAPORTE do ministro e secretário de Estado da Marinha e Ultramar, Joaquim José Monteiro Torres, para o bergantim Esperto ir ao Maranhão. **AHU_ACL_CU_009, Cx. 179, D. 12950**
588	**1826, Julho, 20, Lisboa** PASSAPORTE do ministro e secretário de Estado da Marinha e Ultramar, Joaquim José Monteiro Torres, para o bergantim Harmonia ir ao Maranhão. Em anexo: lembrete. **AHU_ACL_CU_009, Cx. 179, D. 12951**
589	**[post. 1826, Agosto, 3, Lisboa]** REQUERIMENTO do mestre José Domingues Carneiro ao rei D. João VI, pedindo passaporte para a galera Piedade ir ao Maranhão. Em anexo: declaração e passaporte. **AHU_ACL_CU_009, Cx. 179, D. 12952**
590	**[ant. 1826, Agosto, 4]** REQUERIMENTO de Bernardo José Fernandes ao rei D. Pedro IV, solicitando que a Intendência da Marinha lhe passe bilhete de estilo para que o seu navio São Nicolau Augusto, que leva por pilotos João Plácido da Cruz e José Cândido de Sousa, siga viagem para o Maranhão. **AHU_ACL_CU_009, Cx. 179, D. 12953**
591	**1826, Agosto, 4, Lisboa** PASSAPORTE do ministro e secretário de Estado da Marinha e Ultramar, Manuel Manuel Inácio da Costa Quintela, pedindo passaporte para a galera Piedade ir ao Maranhão. **AHU_ACL_CU_009, Cx. 179, D. 12954**

592	**1826, Agosto, 4, Lisboa** PASSAPORTE do ministro e secretário de Estado da Marinha e Ultramar, Manuel Inácio da Costa Quintela, para o navio São Nicolau Augusto ir ao Maranhão. **AHU_ACL_CU_009, Cx. 179, D. 12955**
593	**[ant. 1826, Agosto, 5]** REQUERIMENTO de Domingos Rodrigues ao rei D. Pedro IV, solicitando que a Intendência da Marinha lhe passe bilhete de estilo para que a sua galera Piedade, que leva por pilotos Alexandre Gomes da Silva e José Domingues Carneiro, siga viagem para o Maranhão. **AHU_ACL_CU_009, Cx. 179, D. 12956**
594	**[ant. 1826, Agosto, 14]** REQUERIMENTO do voluntário da Armada Real, Antônio José dos Santos, ao rei D. Pedro IV, solicitando que lhe sejam entregues os documentos que acompanharam o requerimento no qual pediu confirmação da patente de 2º tenente do Maranhão. **AHU_ACL_CU_009, Cx. 179, D. 12957**
595	**[post. 1826, Setembro, 7, Lisboa]** REQUERIMENTO do mestre Francisco José Moreira ao rei D. João VI, pedindo passaporte para o bergantim Bela Escolha ir ao Maranhão. Em anexo: declaração e justificação. **AHU_ACL_CU_009, Cx. 179, D. 12958**
596	**[ant. 1826, Setembro, 13]** REQUERIMENTO de Manuel José Junqueira ao rei D. Pedro IV, solicitando que a Intendência da Marinha lhe passe bilhete de estilo para que o seu brigue Esperança do Tejo, que leva por pilotos José Inácio da Silva e Antônio Rebelo, siga viagem para o Maranhão. **AHU_ACL_CU_009, Cx. 179, D. 12959**
597	**1826, Outubro, 11, Lisboa** PASSAPORTE do ministro e secretário de Estado da Marinha e Ultramar, Manuel Inácio da Costa Quintela, para o bergantim Gratidão ir ao Maranhão. Em anexo: lembrete. **AHU_ACL_CU_009, Cx. 179, D. 12960**
598	**1826, Outubro, 24, Lisboa** REQUERIMENTO do capitão da 2ª companhia de Artilharia do Maranhão, Joaquim José da Silva, à infanta regente D. Isabel Maria, solicitando licença, por tempo ilimitado, para ir com sua família para a província do Maranhão. **AHU_ACL_CU_009, Cx. 179, D. 12961**
599	**1826, Outubro, 24** REQUERIMENTO de Francisca Ludovina de Lima à infanta regente D. Isabel Maria, solicitando o auxílio da comissão encarregada da subscrição a favor dos imigrados do Brasil para se transportar com mais três filhos para a província do Maranhão. **AHU_ACL_CU_009, Cx. 179, D. 12962**
600	**[ant. 1826, Novembro, 2]** REQUERIMENTO de José Caetano ao rei D. Miguel, solicitando que a Intendência Geral da Polícia lhe passe novo aviso para que a escuna Leoa, de que é proprietário, fique isenta de levar capelão. **AHU_ACL_CU_009, Cx. 179, D. 12963**

601	**1826, Novembro, 8, Lisboa** PASSAPORTE do ministro e secretário de Estado da Marinha e Ultramar, Manuel Inácio da Costa Quintela, para a galera Conde de Palma ir ao Maranhão. **AHU_ACL_CU_009, Cx. 179, D. 12964**
602	**1826, Novembro, 25, Lisboa** OFÍCIO do major-general Carlos May para o ministro e secretário de Estado dos Negócios da Marinha, Manuel Inácio da Costa Quintela, dando o seu parecer sobre o requerimento do 2º oficial piloto da Armada Real, José Francisco de Sousa, que solicita seis meses de licença para fazer uma viagem ao Maranhão no navio de comércio Bizarria Triunfante. Em anexo: o dito requerimento. **AHU_ACL_CU_009, Cx. 179, D. 12965**
603	**[ant. 1826, Dezembro, 22, Lisboa]** REQUERIMENTO do prático Joaquim Maria ao rei D. Pedro IV, solicitando que seja posta a nota de sua efetivação na Contadoria da Marinha, por já se ter apresentado no seu posto. Em anexo: vários documentos. **AHU_ACL_CU_009, Cx. 179, D. 12966**
604	**[1826]** LEMBRETE relativo ao requerimento de José Luís Goarmon em que pedia a entrega da patente de confirmação no posto de alferes de milícias da vila de Caxias. **AHU_ACL_CU_009, Cx. 179, D. 12967**

Mato Grosso CU_010

605	**1821, Agosto, 16, Vila de Cuiabá** OFÍCIO do [governador da província de Mato Grosso] Francisco de Paula Magessi Tavares de Carvalho para o [secretário de estado da Marinha e Ultramar], Joaquim José Monteiro Torres, apresentando seus respeitosos sentimentos pelo regresso do soberano ao Reino. Anexo: extrato **AHU_ACL_CU_010, Cx. 44, D. 2211.**
606	**1822, Fevereiro, 16, Vila de Cuiabá** OFÍCIO da Junta Governativa da província de Mato Grosso para rei [D. João VI] congratulando-o pela instalação do Congresso Nacional Português. **AHU_ACL_CU_010, Cx. 44, D. 2215.**
607	**1822, Março, 18, Vila de Cuiabá** OFÍCIO da Junta Governativa da província de Mato Grosso para o [secretário de estado da Marinha e Ultramar] Joaquim José Monteiro Torres, acusando o recebimento da notícia da chegada de [D. João VI] a Portugal; e da promulgação da Constituição Portuguesa, agradecendo o envio dos diários e decretos das Cortes Gerais. Anexo: extrato **AHU_ACL_CU_010, Cx. 44, D. 2218.**

Minas Gerais CU_011

608	**1821, Agosto, 5, Sabará** CARTA missiva de Joaquim Manuel Faria Lima e Abreu, morador do Sabará, dirigida a Assembleia Nacional, contando ter fugido de Portugal para a Inglaterra quando da invasão de Junot, e depois para o Brasil, não tendo meios nem emprego para poder regressar ao Reino com a família como desejava. Solicita esses meios. AHU-MINAS GERAIS, cx. 188, doc. 23. **AHU_ACL_CU_011, Cx. 188, D. 13892.**
609	**1821, Minas Gerais** Copia em pública-forma da representação enviada ao Rei por José Teixeira da Fonseca Vasconcelos, vice-presidente do governo de Minas Gerais, quando o Rei regressou a Corte de Lisboa, dando conta da situação das Minas Gerais, dentro do quadro de novas orientações políticas. AHU-MINAS GERAIS, cx. 188, doc. 25. **AHU_ACL_CU_011, Cx. 188, D. 13894.**
610	**1821, Minas Gerais**] Ofícios, representações, autos de juramento relativo as Cortes Extraordinárias e a eleição dos novos governadores de Vila Rica e Mariana (12 processos) AHU-MINAS GERAIS, cx. 188, doc. 27. **AHU_ACL_CU_011, Cx. 188, D. 13896.**
611	**1822, Janeiro, 12, Queluz** OFÍCIO de Cândido José Xavier, funcionário da 2ª Repartição da Secretaria de Estado dos Negócios da Guerra, para o Ministério da Marinha, enviando o alferes Antônio Pedro Vaz para o Regimento de Cavalaria de Minas Gerais. Nº de inventário no catálogo: 13512 AHU-Minas Gerais, cx. 188, doc. 28 **AHU_ACL_CU_011, Cx. 188, D. 13897.**
612	**[post. 1822, Fevereiro, 7]** LEMBRETE dos papéis que existiam nas Comissões de Ultramar vindos de Minas Gerais. Nº de inventário no catálogo: 13511 AHU-Minas Gerais, cx. 188, doc. 29 **AHU_ACL_CU_011, Cx. 188, D. 13898.**
613	**1822, Março, 9**] LEMBRETES da Comissão do Ultramar das Cortes Constituintes, assinados por Alexandre Tomás de Morais Sarmento, sobre o destino a dar aos papéis vindos de Vila Rica e Maranhão. Nº de inventário no catálogo: 13513 AHU-Minas Gerais, cx. 188, doc. 30 **AHU_ACL_CU_011, Cx. 188, D. 13899.**
614	**1822, Abril, 15, Queluz** OFÍCIO de Cândido José Xavier, funcionário da 3ª Repartição do Ministério da Guerra, informando o Ministério da Marinha de que o capitão de Cavalaria em Minas Gerais, Paulo Antônio de Faria, se deve reunir ao seu Regimento. Nº de inventário no catálogo: 13519 AHU-Minas Gerais, cx. 188, doc. 31 **AHU_ACL_CU_011, Cx. 188, D. 13900.**

616	**1832, Novembro, 20, Lisboa** Ofício do Conde de Basto para Marquês de Sabugosa, pedindo um parecer sobre a representação de Frei Constatino de Santa Rita, administrador da Casa dos Catecumenos de Betim. Obs.: Falta a representação AHU-MINAS GERAIS, cx. 188, doc. 40. **AHU_ACL_CU_011, Cx. 188, D. 13909.**

Pará AHU_ACL_CU_013

617	**1821, Fevereiro, 5, Pará** OFÍCIO da Junta Provisória do Governo da província do Pará, para a Junta Provisória do Governo Supremo do Reino de Portugal, sobre a aclamação da população e o juramento ao rei [D. João VI], às Cortes e à Constituição Portuguesa. Anexo: 2 via, ofício e lembrete **AHU_ACL_CU_013, Cx. 150, D. 11600.**
618	**1821, Março, 11, Pará** OFÍCIO (cópia) do tenente-coronel Domingos Simões da Cunha, para os eleitores do Pará, sobre críticas ao abuso de poder e à má governação da Junta Provisória do Governo da província do Pará. **AHU_ACL_CU_013, Cx. 150, D. 11606.**
619	**1821, Maio, 18, Pará** OFÍCIO (cópia) do tenente-coronel Domingos Simões da Cunha, para os eleitores do Pará, sobre críticas ao abuso de poder e à má governação da Junta Provisória do Governo da província do Pará. Anexo: 2 via, representação. **AHU_ACL_CU_013, Cx. 150, D. 11616.**
620	**1821, Maio, 18, Pará** OFÍCIO (2a via) da Junta Provisional do Governo da província do Pará, para a Junta de Regência dos Reinos de Portugal e Algarve, remetendo cópia autêntica do acto de reconhecimento da soberania das Cortes Gerais, Extraordinárias e Constituintes de Portugal. Anexo: edital (Cópia) **AHU_ACL_CU_013, Cx. 150, D. 11617.**
621	**1821, Maio, 18, Pará** OFÍCIO (2a via) da Junta Provisional do Governo da província do Pará, para a Junta da Regência dos Reinos de Portugal e Algarve, rejubilando-se pela nomeação do rei [D. João VI] **AHU_ACL_CU_013, Cx. 150, D. 11618.**
622	**1821, Julho, 16, Pará** OFÍCIO da Junta Provisória do Governo da província do Pará, para [secretário da Junta Provisional do Governo Supremo do Reino em Lisboa], Francisco Maximiliano de Sousa, sobre a promoção de Domingos Simões da Cunha para o posto de tenente-coronel agregado ao 20. Regimento de Milícias da Guarnição do Pará e informando que o deputado da Junta Provisório do Governo do Pará, capitão de Milícias Manuel de Almeida Coutinho de Abreu leva alguns ofícios para serem presentes à Regência do Reino. **AHU_ACL_CU_013, Cx. 151, D. 11636.**

623	**1821, Julho, 17, Pará** CARTA da Junta Provisória do Governo da província do Pará para o rei [D. João VI], sobre as queixas que tem havido na capitania contra a sua actuação, propondo a sua substituição. **AHU_ACL_CU_013, Cx. 151, D. 11639.**
624	**1821, Julho, 17, Belém do Pará** OFÍCIO dos oficiais da Câmara da cidade de Belém do Pará para o [secretário de estado da Marinha e Ultramar], Joaquim José Monteiro Torres, congratulando-se pela nomeação de pessoas para a elaboração da Constituição Portuguesa. **AHU_ACL_CU_013, Cx. 151, D. 11640.**
625	**1821, Julho, 17, Belém do Pará** CARTA dos oficiais da Câmara da cidade de Belém do Pará para o rei [D. João VI], congratulando-se pelo regresso do rei a Portugal e desejando a prosperidade da Casa Real de Bragança e da Constituição Portuguesa. **AHU_ACL_CU_013, Cx. 151, D. 11641.**
626	**1821, Outubro, 24, Lisboa** AVISO do [secretário das Cortes Gerais e Extraordinárias da Nação Portuguesa], João Batista Filgueiras para o [secretário de estado da Marinha e Ultramar], Joaquim José Monteiro Torres, sobre a nomeação de um Governo para a Junta Provisória do Governo da província do Pará, conforme o decreto de criação de Juntas Provisórias do Governo nas províncias do Brasil. **AHU_ACL_CU_013, Cx. 151, D. 11683.**
627	**1821, Dezembro, 10, Pará** CARTA (2a. via) da Mesa da Junta Eleitoral da província do Pará, para o rei [D. João VI], sobre o desejo de ver os novos deputados da Junta exercerem as suas funções de forma idónea. Anexos: editais. **AHU_ACL_CU_013, Cx. 151, D. 11701.**
628	**1822, Janeiro, 23, Pará** OFÍCIO da Junta Provisória do Governo Civil da província do Pará, para o [ministro e secretário de estado dos Negócios do Reino], Filipe Ferreira de Araújo e Castro, sobre os deputados eleitos pelas comarcas do Pará e da Ilha Grande de Joanes para a sua representação nas Cortes Constituintes de Lisboa, e as dificuldades na partida dos mesmos para o Reino, devido à falta de embarcações, defendendo-se das acusações de Filipe Alberto Patroni Martins Maciel Parente; e acusa a recepção do decreto da Corte de 29 de Setembro de 1821. Anexos: lembretes. **AHU_ACL_CU_013, Cx. 152, D. 11716.**
629	**1822, Janeiro, 26, Pará** OFÍCIO do deputado da província do Pará às Cortes Extraordinárias Constituintes da Nação Portuguesa, Francisco de Sousa Moreira, para o [secretário das Cortes Gerais e Extraordinárias de Nação Portuguesa], João Baptista Felgueiras, sobre os motivos da sua demora na partida para o Reino, devido à falta de embarcação. Anexos: lembrete. **AHU_ACL_CU_013, Cx. 152, D. 11719.**

630	**1822, Janeiro, 26, Pará** OFÍCIO do desembargador José Ricardo da Costa Aguiar de Andrade, para o secretário das Cortes Gerais e Extraordinárias de Nação Portuguesa, João Baptista Felgueiras, sobre o seu pedido de licença para deixar o lugar de ouvidor-geral e corregedor da Comarca da ilha Grande de Joanes e Marajó para ir para São Paulo, província pela qual foi nomeado deputado às Cortes Constituintes [e extraordinárias da Nação Portuguesa], e informando das dificuldades encontradas na sua tentativa de embarque rumo àquela província. **AHU_ACL_CU_013, Cx. 152, D. 11720.**
631	**1822, Fevereiro, 10, Pará** OFÍCIO da Junta Provisória do Governo Civil da província do Pará, para o [ministro e secretário de estado dos Negócios do Reino], Filipe Ferreira de Araújo e Castro, acusando a recepção da portaria de 16 outubro de 1821 e dos decretos anexos, e expressando o seu contentamento pelo juramento da Constituição Portuguesa. **AHU_ACL_CU_013, Cx. 152, D. 11725.**
632	**1822, Março, 13, Pará** CARTA da Junta Provisória do Governo Civil da província do Pará para o rei [D. João VI], remetendo cópia do termo com os resultados da sua eleição, felicitando o monarca pelo seu governo e expressando obediência e adesão ao Sistema Constitucional Português. OBs.: m. est. **AHU_ACL_CU_013, Cx. 152, D. 11739.**
633	**1822, Março, 24, Lisboa]** OFÍCIO do bispo do Pará, D. Romualdo [de Sousa Coelho], para o [ministro e secretário de estado da Marinha e Ultramar, Manuel] Inácio da Costa Quintela, sobre a sua eleição como deputado pela província do Pará às Cortes Constituintes de Lisboa, e o seu estabelecimento no convento dos Barbadinhos franceses. **AHU_ACL_CU_013, Cx. 152, D. 11742.**
634	**1822, Abril, 20, Pará** OFÍCIO do governador de armas da província do Pará [brigadeiro] José Maria de Moura, para o ministro e secretário de estado dos Negócios da Guerra, Cândido José Xavier, sobre a sua chegada à província do Pará e o início do exercício das suas funções; do estado de anarquia e revolta em que se vive na província de Pernambuco; e tecendo importantes considerações quanto à situação vivida na província do Pará: sua tranquilidade política e civil, vantagens comerciais possibilitadas pela sua situação geográfica, e o papel dos jesuítas na civilização das aldeias indígenas. Anexo: ofício (extracto). **AHU_ACL_CU_013, Cx. 152, D. 11752.**
635	**1822, Abril, 20, Pará** OFÍCIO da Junta Provisória do Governo Civil da província do Pará, para o [secretário das Cortes Constituintes Gerais e Extraordinárias da Nação Portuguesa], João Baptista Felgueiras, sobre a questão da presidência da Junta da Justiça, a intromissão do ouvidor-geral da comarca de Santa Maria de Belém do Pará, Francisco Carneiro Pinto Vieira de Melo, e a convocação de um Conselho para tentar resolver a decisao final tomada pela referida Junta Provisória. Anexo: ofício (cópias). **AHU_ACL_CU_013, Cx. 152, D. 11754.**

636	**1822, Abril, 22, Pará** OFÍCIO da Junta Provisória do Governo Civil da província do Pará, para o [ministro e secretário de estado dos Negócios do Reino], Filipe Ferreira de Araújo e Castro, remetendo os autos do seu juramento e da tomada de posse, e manifestando a adesão dos membros daquela Junta, bem como dos habitantes da província, ao Sistema Constitucional Português. Anexo: autos de juramento (cópias) e 2a. via. **AHU_ACL_CU_013, Cx. 152, D. 11756.**
637	**1822, Abril, 22, Pará** CARTA (2a. via) da Junta Provisória do. Governo Civil da província do Pará para o rei [D. João VI], prestando homenagem e manifestando a sua adesão e obediência ao Sistema Constitucional Português. Anexo: autos de juramento (cópia). **AHU_ACL_CU_013, Cx. 152, D. 11757.**
638	**1822, Abril, 23, Pará** OFÍCIO da Junta Provisória de Governo Civil da província do Pará, para o [ministro secretário de estado dos Negócios do Reino], Filipe Ferreira de Araújo e Castro, sobre a forma de governo pela qual deve regular a capitania do Rio Negro que se acha soba a dependência da Junta Provisória do Governo Civil da província do Pará. Anexo: 2a. via, lembretes e parecer (minuta). **AHU_ACL_CU_013, Cx. 152, D. 11763.**
639	**1822, Abril, 23, Pará** OFÍCIO da Junta Provisória de Governo Civil da província do Pará, para o [ministro secretário de estado dos Negócios do Reino], Filipe Ferreira de Araújo e Castro, sobre o embarque dos deputados eleitos com destino ao Congresso Nacional, o doutor Francisco de Sousa Moreira, pela província do Pará, e o desembargador José Ricardo da Costa Aguiar de Andrade, pela província de São Paulo. Anexo: 2a. via. **AHU_ACL_CU_013, Cx. 152, D. 11765.**
640	**1822, Abril, 26, Pará** OFÍCIO do capitão de fragata graduado, José Joaquim da Silva para o [secretário de estado da Marinha e Ultramar, Manuel] Inácio da Costa Quintela, sobre a sua eleição como membro da Junta Provisória do Governo Civil da província do Pará. Anexo: lembrete. **AHU_ACL_CU_013, Cx. 152, D. 11773.**
641	**1822, Abril, 28, Santa Maria de Belém do Pará** OFÍCIO do governador de armas da província do Pará, brigadeiro José Maria de Moura, para o ministro e secretário de estado dos Negócios da Guerra, Cândido José Xavier, remetendo ofício que é dirigido pelo presidente da Junta de Truxillo ao comandante da Força Armada da Comarca do Rio Negro e solicitando ordens sobre a forma como devem agir os comandantes militares de fronteira com os chefes dos partidos espanhóis. Anexo: ofícios e periódico. Obs.: doc. em anexo impressos e escritos em espanhol. **AHU_ACL_CU_013, Cx. 152, D. 11781.**

642	**1822, Maio, 9, Santa Maria de Belém do Pará** OFÍCIO do governador de armas da província do Pará, brigadeiro José Maria de Moura, para o ministro e secretário de estado dos Negócios da Guerra, Cândido José Xavier, sobre as incompatibilidades que tem com a Junta Provisória do Governo Civil da província do Pará. **AHU_ACL_CU_013, Cx. 153, D. 11795.**
643	**1822, Maio, 22, Lisboa]** OFÍCIO do bispo do Pará, D. Romualdo [de Sousa Coelho], para o [secretário de estado da Marinha e Ultramar], Manuel Inácio da Costa Quintela, sobre o cumprimento que deu às determinações da portaria de 4 de Novembro de 1821, relativa À sua adesão ao Sistema Constitucional. Anexo: lembrete. **AHU_ACL_CU_013, Cx. 153, D. 11805.**
644	**1822, Maio, 25, Santa Maria de Belém do Pará** OFÍCIO do governador de armas da província do Pará, brigadeiro José Maria de Moura, para o ministro e secretário de estado dos Negócios da Guerra, Cândido José Xavier, remetendo guia que passou ao sargento de Pedestres, Bento Pires de Camargo, vindo do Mato Grosso, para que este pudesse regressar à sua província, e as dificuldades colocadas pela Junta Provisória do Governo Civil do Pará ao seu trabalho enquanto governador de armas. Anexo: guias, ofícios e 2a. via (cópias) **AHU_ACL_CU_013, Cx. 154, D. 11816.**
645	**1822, Maio, 25, Santa Maria de Belém do Pará** OFÍCIO do governador de armas da província do Pará, brigadeiro José Maria de Moura, para o ministro e secretário de estado dos Negócios da Guerra, Cândido José Xavier, sobre as formas de relacionamento entre ele e a Junta Provisória do Governo da província. Anexo:, ofícios e 2a. via (cópias e extracto) **AHU_ACL_CU_013, Cx. 154, D. 11818.**
646	**1822, Junho, 8, Pará** CARTA da Junta Provisória do Governo Civil da província do Pará, para o rei [D. João VI], acusando a recepção de um decreto do príncipe real D. Pedro de Alcântara, expedido do Rio de Janeiro e portaria assinada por José Bonifácio de Andrade e Silva, e renovando o seu compromisso de submissão à autoridade de [D. João VI]. Anexo:, decreto, ofícios e 2a. via (cópias) Obs.: doc. em anexo impresso. **AHU_ACL_CU_013, Cx. 154, D. 11824.**
647	**1822, Junho, 8, Pará** OFÍCIO da Junta Provisória do Governo Civil da província do Pará, para o [ministro e secretário de estado dos Negócios do Reino], Filipe Ferreira de Araújo e Castro, remetendo um decreto assinado pelo príncipe real D. Pedro de Alcântara, expedido do Rio de Janeiro e portaria assinada por José Bonifácio de Andrade e Silva, e renovando o seu compromisso de submissão à autoridade de [D. João VI]. Anexo:, decreto, ofícios e 2a. via (cópias) Obs.: doc. em anexo impresso. **AHU_ACL_CU_013, Cx. 154, D. 11825.**

648	**1822, Junho, 11, Pará** CARTA (cópia) da Junta Provisória do Governo Civil da província do Pará, para o rei [D. João VI], sobre a renovação, por parte das autoridades e habitantes da província, do juramento que fizeram ao Congresso Nacional, a Sua Majestade e à Constituição da Monarquia Portuguesa, afirmando não reconhecer qualquer outro centro de poder legislativo e executivo. **AHU_ACL_CU_013, Cx. 154, D. 11827.**
649	**1822, Junho, 17, Pará** CARTA dos oficiais inferiores do 2o. Regimento de Infantaria da 2a. Linha da província do Pará o rei [D. João VI], renovando o juramento de fidelidade ao monarca. Anexo: sobrescrito e carta (2a. via) **AHU_ACL_CU_013, Cx. 154, D. 11831.**
650	**1822, Junho, 02, Santa Maria de Belém do Pará** OFÍCIO do governador de armas da província do Pará, brigadeiro José Maria de Moura, para o presidente das Cortes Gerais Extraordinárias e Constituintes da Nação, [José Joaquim Ferreira de Moura], sobre a chegada da escuna "Maria da Glória" ao Pará, e as medidas adoptadas para dar a conhecer o documento transportado a bordo desta embarcação e que deveria entregar em todas as províncias, no qual se determinava que se nomeassem e enviassem ao Rio de Janeiro os procuradores autorizados para tratarem e promoverem os interesses do continente brasileiro; e renovando o juramento de fidelidade ao monarca. Anexo: cartas e sobrescrito. Obs.: m. est. **AHU_ACL_CU_013, Cx. 154, D. 11834.**
651	**1822, Junho, 20, Santa Maria de Belém do Pará** OFÍCIO do governador de armas da província do Pará, brigadeiro José Maria de Moura para o ministro e secretário de estado dos Negócios da Guerra, Cândido José Xavier, sobre a adesão da população ao sistema que mantém a fidelidade ao rei [D. João VI] e as informações que deu aos comandantes dos Corpos Militares acerca dos deveres que deveriam manter em virtude dos acontecimentos que se verificaram no sul do Brasil. Anexo: ofício (extracto) Obs.: m. est. **AHU_ACL_CU_013, Cx. 154, D. 11836.**
652	**1822, Junho, 21, Santa Maria de Belém do Pará** OFÍCIO do governador de armas da província do Pará, brigadeiro José Maria de Moura para o ministro e secretário de estado dos Negócios da Guerra, Cândido José Xavier, sobre a conduta dos militares, afirmando não permitir indisciplina nos seus subordinados e dando o seu parecer ao requerimento do capitão do 2o. Regimento de Infantaria do Pará, Joaquim António de Macedo informando que deverá ser concedida a demissão que requer, em virtude do seu mau comportamento Anexo: 2a. via e auto de interrogatório **AHU_ACL_CU_013, Cx. 154, D. 11840.**

653	**1822, Junho, 21, Pará** OFÍCIO do governador de armas da província do Pará, brigadeiro José Maria de Moura para o [ministro e secretário de estado dos Negócios da Justiça] José da Silva Carvalho, sobre o estado político da província no que se refere aos progressos do Sistema Constitucional e ao aparecimento de um novo partido que provoca perturbações do sossego da província e queixando-se da intromissão da Junta Provisória do Governo da província do Pará nos assuntos do Governo de Armas, da Ouvidoria e do Bispado. **AHU_ACL_CU_013, Cx. 154, D. 11843.**
654	**1822, Junho, 21, Santa Maria de Belém do Pará** OFÍCIO do governador de armas da província do Pará, brigadeiro José Maria de Moura para o [ministro e secretário de estado dos Negócios da Guerra, Cândido José Xavier, sobre os problemas levantados pela Junta Provisória do Governo Civil da província do Pará por exigir que o governador de armas faça as suas requisições às autoridades civis através daquela Junta. Anexo: 2a via e ofícios (cópias e extracto) **AHU_ACL_CU_013, Cx. 154, D. 11844.**
655	**1822, Junho, 22, Pará** OFÍCIO da Junta Provisória do Governo Civil da província do Pará, para o [secretário das Cortes Gerais e Extraordinárias da Nação Portuguesa], João Baptista Felgueiras, remetendo cópia da carta que a referida Junta enviou ao príncipe real, D. Pedro de Alcântara reafirmando o juramento de obediência ao Congresso Nacional e ao rei [D. João VI] Anexo: cartas e auto de juramento (cópias) **AHU_ACL_CU_013, Cx. 154, D. 11851.**
656	**1822, Junho, 22, Pará** OFÍCIO da Junta Provisória do Governo Civil da província do Pará, para o [ministro e secretário de estado dos Negócios do Reino], Filipe Ferreira de Araújo e Castro, remetendo cópia da resposta enviada ao príncipe real, D. Pedro de Alcântara reafirmando o juramento de obediência ao Congresso Nacional e ao rei [D. João VI]. Anexo: 2a. via, cartas, autos de juramento e ofícios (cópias) **AHU_ACL_CU_013, Cx. 154, D. 11853.**
657	**1822, Junho, 22, Pará** OFÍCIO da Junta Provisória do Governo Civil da província do Pará, para o [ministro e secretário de estado dos Negócios do Reino], Filipe Ferreira de Araújo e Castro, sobre a partida do deputado substituto às Cortes Constituintes pela comarca do Rio Negro, João Lopes da Cunha, do porto do Pará com destino à cidade de Lisboa. **AHU_ACL_CU_013, Cx. 154, D. 11855.**
658	**1822, Junho, 22, Pará** OFÍCIO da Junta Provisória do Governo Civil da província do Pará, para o [secretário das Cortes Gerais e Extraordinárias da Nação Portuguesa], João Batista Felgueiras, sobre a chegada de correspondência àquela província, tendo a Junta decidido não enviar às Câmaras e ao governo do Rio Negro nenhuma correspondência, devido à ambiguidade em que se encontra a população destes locais face ao sistema político vigente. **AHU_ACL_CU_013, Cx. 154, D. 11858**

659	**1822, Junho, 22, Pará** OFÍCIO da Junta Provisória do Governo Civil da província do Pará, para o [secretário das Cortes Gerais e Extraordinárias da Nação Portuguesa], João Batista Felgueiras, sobre a partida do deputado substituto às Cortes Constituintes pela comarca do Rio Negro, João Lopes da Cunha, do porto do Pará com destino à cidade de Lisboa. **AHU_ACL_CU_013, Cx. 154, D. 11861.**
660	**1822, Julho, 7, Santa Maria de Belém do Pará** OFÍCIO do governador de armas da província do Pará, brigadeiro José Maria de Moura, para o ministro e secretário de estado dos Negócios da Guerra, Cândido José Xavier, remetendo alguns números da "Gazeta Paraense" referindo que os redactores deste periódico apelam à população que se revolta contra o domínio português. Anexo: periódico e ofício (extracto) Obs. doc. em anexo impresso. **AHU_ACL_CU_013, Cx. 155, D. 11875.**
661	**1822, Julho, 7, Santa Maria de Belém do Pará** OFÍCIO do governador de armas da província do Pará, brigadeiro José Maria de Moura, para o ministro e secretário de estado dos Negócios da Guerra, Cândido José Xavier, sobre a fundação de um novo periódico no Pará, a "Gazeta Paraense", e informando que os redactores deste jornal têm proferido vários ataques contra a sua pessoa e simpatizam com a posições da Junta Provisória do Governo Civil. Anexo: ofício (extracto) Obs. doc. em anexo impresso. **AHU_ACL_CU_013, Cx. 155, D. 11876.**
662	**1822, Agosto, 5, Pará** OFÍCIO da Junta Provisória do Governo Civil da província do Pará, para o ministro e secretário do estado dos Negócios do Reino, Filipe Ferreira de Araújo e Castro, sobre a queixa apresentada pelo governador de armas daquela província, brigadeiro José Maria de Moura, solicitando as providências necessárias de desagravo da sua pessoa, em virtude das injúrias proferidas a seu respeito no periódico "O Paraense" Anexo: lembre, ofícios e periódico (cópias) Obs. doc. em anexo impresso. **AHU_ACL_CU_013, Cx. 155, D. 11899.**
663	**1822, Agosto, 5, Pará** CARTA (2a. via) da Junta Provisória do Governo Civil da província do Pará, para o rei [D. João VI], sobre o reconhecimento régio da Junta Provisória do Governo Civil na província do Rio Negro, que deve permanecer dependente da Junta Provisória do Governo Civil da província do Pará e a tomada de posse do cargo de governador de armas da província do Rio Negro pelo coronel do 2o. Regimento de 1a. Linha, Joaquim José de Gusmão. Anexo: ofícios (cópia) **AHU_ACL_CU_013, Cx. 155, D. 11901.**

664	**1822, Agosto, 5, Pará** CARTA (2a. via) da Junta Provisória do Governo Civil da província do Pará, para o rei [D. João VI], a situação de sossego e tranquilidade que se vive na província e no Rio Negro e os progressos do Sistema Constitucional nestas províncias e a conservação das relações de amizade com os reinos vizinhos, nomeadamente com o Peru. Anexo: ofícios (cópia) **AHU_ACL_CU_013, Cx. 155, D. 11902.**
665	**1822, Agosto, 19, Santa Maria de Belém do Pará** CARTA do governador de armas da província do Pará, José Maria de Moura, para o rei [D. João VI], sobre as notícias chegadas à província de ataques contra a monarquia constitucional portuguesa, elogiando o trabalho do ministro e secretário de estado dos Negócios da Justiça, [José da Silva Carvalho] no combate a estes ataques e reafirmando a sua fidelidade ao Sistema Constitucional. **AHU_ACL_CU_013, Cx. 155, D. 11912.**
666	**1822, Agosto, 19, Pará** CARTA do governador de armas da província do Pará, José Maria de Moura, ao rei [D. João VI] sobre a existência de alguns degenerados portugueses na província caluniando o Congresso Nacional e a sua obra de regeneração política, elogiando o ministro e secretário de estado dos Negócios da Justiça, [José da Silva Carvalho] na defesa da Nação e renovando a sua obediência ao monarca. Obs.: m. est. **AHU_ACL_CU_013, Cx. 155, D. 11915.**
667	**1822, Agosto, 20, Santa Maria de Belém do Pará** CARTA do governador de armas da província do Pará, brigadeiro José Maria de Moura, para o rei [D. João VI], sobre a comunicação que apresentou aos oficiais militares da província acerca de algumas notícias de outras províncias do sul do Brasil que se haviam rebelado contra a ordem estabelecida, renovando o juramento de fidelidade ao Sistema Constitucional Anexo: representação **AHU_ACL_CU_013, Cx. 156, D. 11918.**
668	**1822, Agosto, 21, Pará** CARTA da Junta Provisória do Governo Civil da província do Pará, para o rei [D. João VI], sobre os atentados praticados contra o governo do monarca português e renovando o sentimento de adesão e respeito a Sua Majestade e ao Sistema Constitucional daquela Junta e de todos os habitantes da província do Pará. Anexo: 2a. via. **AHU_ACL_CU_013, Cx. 156, D. 11921.**
669	**1822, Agosto, 21, Pará** CARTA dos oficiais do Senado da Câmara da cidade do Belém do Pará, para o rei [D. João VI], sobre as conspirações que se têm praticado contra aquele monarca; com vista à sua deposição e renovando os seus votos de lealdade à coroa portuguesa. **AHU_ACL_CU_013, Cx. 156, D. 11922.**

670	**1822, Setembro, 13, Santa Maria de Belém do Pará** OFÍCIO (2a. via) do governador de armas da província do Pará, brigadeiro José Maria de Moura, para o [ministro e secretário de estado dos Negócios da Guerra], Cândido José Xavier, sobre a aplicação da liberdade de imprensa na província em relação a notícias publicadas no periódico "Paranaense" contra a sua pessoa. **AHU_ACL_CU_013, Cx. 156, D. 11928.**
671	**1822, Setembro, 19, Pará** OFÍCIO da Junta Provisória do Governo Civil da província do Pará para o ministro e [ministro e secretário de estado dos Negócios da Justiça], José da Silva Carvalho, sobre a ordem de prisão dada pelo governador de armas da província do Pará, [brigadeiro José Maria de Moura], ao bacharel Miguel Joaquim de Cerqueira e Silva, ao cônego João Batista Gonçalves Campos, ao capitão Amândio José de Oliveira Pantoja, a Pedro Rodrigues Henriques e João Anastácio da Cunha, pelas suas ideias subversivas e afirmando que a segurança pública, a salvação da Nação e do Sistema Constitucional estavam em perigo. Anexo: carta e ofícios (cópias) **AHU_ACL_CU_013, Cx. 156, D. 11934.**
672	**1822, Setembro, 19, Santa Maria de Belém do Pará** OFÍCIO (2a. via) do governador de armas da província do Pará, brigadeiro José Maria de Moura, para o ministro e secretário de estado dos Negócios da Guerra, Cândido José Xavier, sobre as providências a tomar para pôr termo a uma facção revolucionária e subversiva do Sistema Constitucional, que se propunha separar o Pará da jurisdição de Portugal. **AHU_ACL_CU_013, Cx. 156, D. 11936.**
673	**1822, Outubro, 3, Pará** OFÍCIO da Junta Provisória do Governo Civil da província do Pará, para o [ministro e secretário de estado dos Negócios do Reino], Filipe Ferreira de Araújo e Castro, sobre a forma da eleição dos deputados para representar a província nas Cortes Constituintes de Lisboa. Anexo: 2a. via. **AHU_ACL_CU_013, Cx. 156, D. 11947.**
674	**1822, Outubro, 3, Pará** OFÍCIO (2a. via) da Junta Provisória do Governo Civil da província do Pará, para o [ministro e secretário de estado dos Negócios da Justiça], José da Silva Carvalho, sobre a determinação régia para que a Junta não cumpra os decretos do príncipe real, [D. Pedro de Alcântara]. Anexo: ofícios, cartas, periódico e sobrescrito [cópias e minutas] Obs.: doc. em anexo impresso. **AHU_ACL_CU_013, Cx. 156, D. 11948.**
675	**1822, Outubro, 3, Pará** OFÍCIO da Junta Provisória do Governo Civil da província do Pará, para o [ministro e secretário de estado dos Negócios do Reino] Filipe Ferreira de Araújo e Castro, sobre a forma da eleição dos deputados para representar a província nas Cortes Constituintes de Lisboa. Anexo: 2a. via **AHU_ACL_CU_013, Cx. 156, D. 11949.**

676	**1822, Outubro, 4, Santa Maria de Belém do Pará** OFÍCIO do governador de armas da província do Pará, brigadeiro José Maria de Moura, para o [ministro e secretário de estado dos Negócios da Guerra], Cândido José Xavier, sobre a satisfação com que foi recebida e ouvida pelos Corpos de 1a. Linha a proclamação das Cortes Constituintes, de 17 de Agosto de 1822, dirigida aos povos do Brasil, propondo uma recompensa para o coronel João Pereira Vilaça pela sua boa conduta. Anexo: requerimento e lembrete. **AHU_ACL_CU_013, Cx. 156, D. 11952.**
677	**1822, Novembro, 2, Queluz]** AVISO do [ministro e secretário de estado dos Negócios da Justiça], José da Silva Carvalho, para o [ministro e secretário de estado dos Negócios da Guerra, Cândido José Xavier], sobre a representação da Junta Provisória do Governo Civil da província do Pará acerca de novas contestações que ocorreram entre a Junta e o governador de armas da província do Pará, brigadeiro José Maria de Moura. Anexo: ofício. **AHU_ACL_CU_013, Cx. 156, D. 11966.**
678	**1822, Novembro, 12, Pará** OFÍCIO da Junta Provisória Governo Civil da província do Pará, para o [ministro e secretário de estado dos Negócios da Justiça], José da Silva Carvalho, sobre a chegada do periódico "Correio Brasiliense em Londres", relativo aos meses de Julho e Agosto, com ideias subversivas contra o actual Sistema Constitucional e fomentando a separação da província do Pará de Portugal. **AHU_ACL_CU_013, Cx. 156, D. 11973.**
679	**1822, Novembro, 12, Pará** OFÍCIO da Junta Provisória Governo Civil da província do Pará, para o [secretário das Cortes Gerais e Extraordinárias da Nação Portuguesa], João Batista Felgueiras, sobre a difusão do Sistema Constitucional pela província e renovando o respeito e obediência ao Sistema Constitucional e a Sua Majestade. Anexo: aviso **AHU_ACL_CU_013, Cx. 156, D. 11975.**
680	**1822, Novembro, 12, Pará** OFÍCIO da Junta Provisória Governo Civil da província do Pará, para o [ministro e secretário de estado dos Negócios do Reino], Filipe Ferreira de Araújo e Castro sobre a recepção e publicação da proclamação das Cortes Gerais e Extraordinárias da Nação Portuguesa aos povos do Brasil. **AHU_ACL_CU_013, Cx. 156, D. 11977.**
681	**1822, Novembro, 14, Pará** OFÍCIO da Junta Provisória Governo Civil da província do Pará, para o [ministro e secretário de estado dos Negócios do Reino], Filipe Ferreira de Araújo e Castro, sobre a eleição dos deputados para a nova legislatura na cidade de Lisboa e a apuramento das listas das assembleias eleitorais parciais a serem realizadas na província. **AHU_ACL_CU_013, Cx. 156, D. 11979.**

682	**1822, Novembro, 14, Pará** OFÍCIO da Junta Provisória Governo Civil da província do Pará, para o [ministro e secretário de estado dos Negócios da Justiça], José da Silva Carvalho, sobre a sentença proferida contra os cidadãos presos, cônego João Batista Gonçalves campos, o bacharel Miguel Joaquim de Cerqueira e Silva, capitão-mor Amândio José de Oliveira Pantoja e Pedro Rodrigues Henrique, acusados de divulgarem ideias subversivas contra o Sistema Colonial. **AHU_ACL_CU_013, Cx. 156, D. 11981.**
683	**1822, Novembro, 15, Pará** OFÍCIO do ouvidor-geral da comarca da província do Pará, Franciso Carneiro Pinto Vieira de Melo, para o ministro e secretário de estado dos Negócios da Justiça, José da Silva Carvalho, sobre o envio da cópia do auto de eleição dos juízes de facto, a que se procedeu na cidade. Anexo: auto da eleição (cópia) **AHU_ACL_CU_013, Cx. 157, D. 11983.**
684	**1822, Novembro, 15, Pará** OFÍCIO do ouvidor-geral da comarca da província do Pará, Franciso Carneiro Pinto Vieira de Melo, para o ministro e secretário de estado dos Negócios da Justiça, José da Silva Carvalho, sobre a denúncia feita pelo governador de armas da província do Pará, brigadeiro José Maria de Moura, na sessão, na sessão da Junta Provisória do dia 18 de Setembro de 1822, de uma facção que pretendia a separação da província em relação a Portugal e consequente união ao governo do Rio de Janeiro, de que eram chefes o cónego João Baptista Gonçalves Campos, redactor do periódico "Paranaense", o juiz de Fora de Cametá da província do Pará, o bacharel Miguel Joaquim de Cerqueira e Silva, o capitão-mor Amândio José de Oliveira e o escrivão deputado da Junta da Fazenda, João António da Cunha. **AHU_ACL_CU_013, Cx. 157, D. 11984.**
685	**1822, Novembro, 15, Santa Maria de Belém do Pará** OFÍCIO do governador de armas da província do Pará, brigadeiro José Maria de Moura, para o ministro e secretário de estado dos Negócios da Justiça, José da Silva Carvalho, sobre a sua citação criminal, pelo ouvidor da comarca da província do Pará, Francisco Carneiro Pinto Vieira de Melo, a pedido do cónego João Baptista Gonçalves Campos, que havia sido preso acusado de fomentar ideias independentistas do Brasil e a separação de Portugal. **AHU_ACL_CU_013, Cx. 157, D. 11986.**
686	**1822, Novembro, 15, Santa Maria de Belém do Pará** OFÍCIO do governador de armas da província do Pará, brigadeiro José Maria de Moura, para o ministro e secretário de estado dos Negócios da Guerra, Cândido José Xavier, sobre a sua citação criminal, pelo ouvidor da comarca da província do Pará, Francisco Carneiro Pinto Vieira de Melo, a pedido do cónego João Baptista independentistas do Brasil e a separação de Portugal. Anexo: 2a. via, auto e lembrete. **AHU_ACL_CU_013, Cx. 157, D. 11987.**

687	**1822, Novembro, 16, Pará** OFÍCIO da Junta Provisória do Governo Civil da província do Pará, para o secretário das Cortes Gerais e Extraordinárias da Nação Portuguesa, João Batista Felgueiras, sobre a impossibilidade de reconciliação entre a Junta Provisória e o governador de armas da província do Pará, brigadeiro José Maria de Moura. Anexo: lembretes e ofícios (cópias). Obs.: m. est. **AHU_ACL_CU_013, Cx. 157, D. 11989.**
688	**1822, Novembro, 16, Pará** OFÍCIO da Junta Provisória do Governo Civil da província do Pará, para o ministro e secretário dos Negócios do Reino, Filipe Ferreira de Araújo e Castro, sobre a impossibilidade de reconciliação entre a Junta Provisória e o governador de armas da província do Pará, brigadeiro José Maria de Moura. Anexo: ofícios (cópias) Obs.: m. est. **AHU_ACL_CU_013, Cx. 157, D. 11990.**
689	**1822, Novembro, 16, Pará** OFÍCIO da Junta Provisória do Governo Civil da província do Pará, para o [ministro e secretário de estado dos Negócios da Justiça], José da Silva Carvalho, sobre as denúncias apresentadas pelo governador de armas da província do Pará, brigadeiro José Maria de Moura, contra o periódico "Paranaense", sendo seus redactores acusados de fomentarem o separatismo e as ideias independentistas. Anexo: 2a via. ofícios, lembrete e periódico (cópias) Obs.: doc. em anexo impresso; m. est. **AHU_ACL_CU_013, Cx. 157, D. 11992.**
690	**1822, Novembro, 17]** REQUERIMENTO do juiz de Fora da vila da Cametá, bacharel Miguel Joaquim de Cerqueira e Silva para o rei [D. João VI], solicitando que seja feita justiça e castigado o governador de armas da província do Pará, brigadeiro José Maria de Moura, pelo abuso de poder e tirania com que tem tem governado a província e pelas denúncias e falsas acusações que levantou contra si. Anexo: auto. **AHU_ACL_CU_013, Cx. 157, D. 11999.**
691	**1822, Novembro, 29, Pará** REPRESENTAÇÃO dos oficiais do 3o. Regimento de Infantaria de 1a. Linha Militar de Belém do Pará, para o rei [D. João VI], solicitando a continuidade do brigadeiro José Maria de Moura no exercício do cargo de governador de armas da província do Pará, apesar das maquinações surgidas para o substituir. Anexo: reflexões e periódico (suplemento) Obs.: doc. em anexo impresso. **AHU_ACL_CU_013, Cx. 157, D. 12007.**

692	**1822, Dezembro, 23, Lisboa]** PARECER da Comissão do Ultramar sobre o ofício do governador de armas da província do Pará, brigadeiro José Maria de Moura, solicitando a aprovação da medida que tomou de mandar prender alguns cidadãos cujas opiniões políticas representavam um perigo para a segurança pública da província do Pará. **AHU_ACL_CU_013, Cx. 158, D. 12034.**
693	**1822, Dezembro, 25, Santa Maria de Belém do Pará** OFÍCIO do governador de armas da província do Pará, brigadeiro José Maria de Moura, para o [ministro e secretário de estado dos Negócios da Justiça, interino nos Negócios da Guerra], José da Silva Carvalho, sobre a ocorrência de uma revolução no mês de Outubro na Parnaíba, cujo o chefe, João Cândido de Deus é natural do Pará, onde mantém contatos com indivíduos que considera suspeitos, e esclarecendo o significado da fita verde usada por algumas pessoas no Pará, divisa adoptada pelos revolucionários da Parnaíba. Anexo: 2a. via e ofício (extracto). **AHU_ACL_CU_013, Cx. 158, D. 12036.**
694	**1822, Dezembro, 25, Santa Maria de Belém do Pará** OFÍCIO do governador de armas da província do Pará, brigadeiro José Maria de Moura, para o secretário de estado dos Negócios da Justiça, interino nos Negócios de Guerra, José da Silva Carvalho, sobre o estado em que ficou a cidade de Belém do Pará depois da libertação dos presos por acção de desafectos ao Sistema Constitucional, e a inércia e indiferença da Junta Provisória face a questões de polícia e segurança pública, informando acerca das falsas notícias de que a província do Maranhão tinha aderido ao governo do Rio de Janeiro e solicitando a formação de um batalhão de Infantaria para defesa da província do Pará e o envio para o Exército de Portugal de todos os oficiais que têm contribuído para a desordem na província. Anexo: 2a. via, ofícios, lista, proclamação e editais (cópias e extractos) Obs.: doc. em anexo impresso. **AHU_ACL_CU_013, Cx. 158, D. 12037.**
695	**1822, Dezembro, 30, Santa Maria de Belém do Pará** CARTA do governador de armas da província do Pará, brigadeiro José Maria de Moura, para o rei [D. João VI], enviando felicitações, em seu nome e das tropas de 1a. e 2a. Linha, sobre a convocação das Cortes para continuação os trabalhos da Constituição da Monarquia e renovando o juramento de fidelidade, respeito e adesão às Cortes, à Constituição e a Sua Majestade. **AHU_ACL_CU_013, Cx. 158, D. 12045.**
696	**1822, Dezembro, 30, Pará** OFÍCIO da Junta Provisória do Governo Civil da província do Pará para o [ministro e secretário de estado dos Negócios do Reino], Filipe Ferreira de Araújo e Castro, sobre as prisões feitas no dia 18 de Setembro de 1822 na cidade de Belém do Pará, a crescente divisão entre europeus e brasileiros e renovando o juramento de adesão ao Sistema Constitucional. Anexo: ofícios (cópia) **AHU_ACL_CU_013, Cx. 158, D. 12046.**

697	**1823, janeiro, 2, Lisboa** CONSULTA do Conselho de Guerra para o rei D. João VI, sobre o requerimento de Manuel Gomes Pinto solicitando a confirmação da carta patente da sua nomeação para o posto de tenente-coronel do 2º Regimento de Milícias da província do Pará. Anexo: requerimentos e certidão. **AHU_ACL_CU_013, Cx. 158, D. 12050.**
698	**1823, janeiro, 17, Lisboa** DECRETO do rei D. João VI confirmando a nomeação de António Manuel de Sousa no cargo de cirurgião-mor na província do Pará. **AHU_ACL_CU_013, Cx. 158, D. 12053.**
699	**1823, janeiro, 20, Pará** CARTA dos oficiais da Alfândega da província do Pará, para o rei [D. João VI], manifestando a sua adesão e obediência ao Sistema Constitucional Português e prestando homenagem ao Soberano Congresso e ao monarca. Anexo: ofício e 2ª via. **AHU_ACL_CU_013, Cx. 158, D. 12055.**
700	**1823, janeiro, 26, Santa Maria de Belém do Pará** OFÍCIO do governador de armas da província do Pará, brigadeiro José Maria de Moura, para o ministro e secretário de estado de Negócios da Guerra, Manuel Gonçalves de Miranda, sobre o pedido de várias entidades para que não regressasse ao Reino sem que fosse substituído. Anexo: ofício, lembrete e 2ª via (extrato). **AHU_ACL_CU_013, Cx. 158, D. 12056.**
701	**1823, fevereiro, 3, Santa Maria de Belém do Pará** OFÍCIO do governador de armas da província do Pará, brigadeiro José Maria de Moura, para o ministro e secretário de estado dos Negócios da Guerra, Manuel Gonçalves de Miranda, sobre as formas de tratamento que se deverão adoptar em relação a Sé. Anexo: 2ª via e ofícios (cópias e extrato). **AHU_ACL_CU_013, Cx. 158, D. 12058.**
702	**1823, fevereiro, 6, Santa Maria de Belém do Pará** OFÍCIO do governador de armas da província do Pará, brigadeiro José Maria de Moura, para o ministro e secretário de estado dos Negócios da Guerra, Manuel Gonçalves de Miranda, sobre a entrega do cargo que ocupa ao marechal-de-campo Manuel Marques, quando regressar a Lisboa, que só se efetuará mais tarde, quando a paz for restituída à província e informando que tem recebido vários pedidos para continuar no governo de armas do Pará. Anexo: certidões, 2ª via e ofício (cópias e extrato). **AHU_ACL_CU_013, Cx. 158, D. 12060.**
703	**1823, fevereiro, 7, Santa Maria de Belém do Pará** OFÍCIO do governador de armas da província do Pará, brigadeiro José Maria de Moura, para o ministro e secretário de estado dos Negócios da Guerra, Manuel Gonçalves de Miranda, sobre a incapacidade do inspector da Tropa de Linha, o marechal-de-campo, Manuel Marques para assumir o cargo de governador de armas da província. Anexo: 2ª via. **AHU_ACL_CU_013, Cx. 158, D. 12061.**

704	**1823, fevereiro, 8, Santa Maria de Belém do Pará** OFÍCIO do governador de armas da província do Pará, brigadeiro José Maria de Moura, para o ministro e secretário de estado dos Negócios da Guerra, Manuel Gonçalves de Miranda, remetendo a correspondência do governador da ilha Grande de Joanes, informando que os redatores do periódico "Paraense" não invocaram o nome de D. João VI na lista da família real e a tentativa de alguém promover movimentos independentistas naquela ilha. Anexo: periódico, ofícios e 2ª via (cópias e extratos). Obs.: docs. em anexo impressos; m. est. **AHU_ACL_CU_013, Cx. 158, D. 12062.**
705	**1823, fevereiro, 8, Santa Maria de Belém do Pará** OFÍCIO do governador de armas da província do Pará, brigadeiro José Maria de Moura, para o ministro e secretário de estado dos Negócios da Guerra, Manuel Gonçalves de Miranda, sobre a prisão do emissário Vitorino Marques e a devassa que se mandou realizar e a existência de um partido de dissidentes no Governo da província do Pará, sendo a paz é mantida pelos militares. Anexo: 2ª via e ofícios (cópias e extrato). **AHU_ACL_CU_013, Cx. 158, D. 12063.**
706	**1823, fevereiro, 9, Santa Maria de Belém do Pará** OFÍCIO do governador de armas da província do Pará, brigadeiro José Maria de Moura, para o ministro e secretário de estado dos Negócios da Guerra, Manuel Gonçalves de Miranda, sobre a composição das hostes militares por degredados e a falta de homens nestes Corpos. Anexo: 2ª via, portarias e lembretes. **AHU_ACL_CU_013, Cx. 158, D. 12064.**
707	**1823, fevereiro, 9, Santa Maria de Belém** OFÍCIO do governador de armas da província do Pará, brigadeiro José Maria de Moura, para o ministro e secretário de estado dos Negócios da Guerra, Manuel Gonçalves de Miranda, remetendo certidão de juramento dos oficiais do Estado Maior e dos oficiais da Tropa de Linha e Milícias. Anexo: certidões, 2ª via, ofício (extrato). **AHU_ACL_CU_013, Cx. 158, D. 12065.**
708	**1823, fevereiro, 10, Santa Maria de Belém do Pará** CARTA do governador de armas da província do Pará, brigadeiro José Maria de Moura, para o rei [D. João VI], remetendo o requerimento do major de Artilharia adido ao Estado Maior, Inácio António da Silva, solicitando à mercê do Hábito da Ordem de Avis. Anexo: portaria. **AHU_ACL_CU_013, Cx. 158, D. 12066.**
709	**1823, fevereiro, 10, Pará** OFÍCIO da Junta Provisória do Governo Civil da província do Pará, para o [ministro e secretário de estado dos Negócios do Reino], Filipe Ferreira de Araújo e Castro, sobre o modo como foram realizados os atos de juramento ao texto constitucional português. **AHU_ACL_CU_013, Cx. 158, D. 12067.**

710	**1823, fevereiro, 10, Pará** OFÍCIO da Junta Provisória do Governo Civil da província do Pará, para o ministro e secretário de estado dos Negócios do Reino, Filipe Ferreira de Araújo e Castro, remetendo um requerimento dos oficiais da Secretaria daquele Governo Civil e tecendo algumas considerações acerca do rateio dos emolumentos entre os oficiais da Secretaria. Anexo: requerimento e relação. **AHU_ACL_CU_013, Cx. 158, D. 12068.**
711	**1823, fevereiro, 10, Pará** OFÍCIO da Junta Provisória do Governo Civil da província do Pará para o [ministro e secretário de estado dos Negócios do Reino], Filipe Ferreira de Araújo e Castro, sobre as reformas realizadas no ensino da província e das instruções que foram dadas às escolas do ensino público. Anexo: instrução. Obs.: doc. em anexo impresso. **AHU_ACL_CU_013, Cx. 158, D. 12069.**
712	**1823, fevereiro, 11, Pará** OFÍCIO da Junta Provisória do Governo Civil da província do Pará para o [secretário de estado da Marinha e Ultramar, Manuel] Inácio da Costa Quintela, acusando a recepção das portarias enviadas pela Secretaria de Estado da Marinha e Ultramar. **AHU_ACL_CU_013, Cx. 158, D. 12070.**
713	**1823, fevereiro, 11, Pará** OFÍCIO da Junta Provisória do Governo Civil da província do Pará, para o [secretário de estado da Marinha e Ultramar, Manuel] Inácio da Costa Quintela, acusando a recepção de portarias e desculpando-se pelo regresso tardio da charrua "Gentil Americana" a Lisboa. Anexo: portaria (minuta). **AHU_ACL_CU_013, Cx. 158, D. 12071.**
714	**1823, fevereiro, 11, Lisboa** DECRETO do rei D. João VI nomeando João Xavier de Morais Resende para o cargo de ajudante de Ordens do governo da província do Pará. **AHU_ACL_CU_013, Cx. 158, D. 12072.**
715	**1823, fevereiro, 11, Pará** OFÍCIO da Junta Provisória do Governo Civil da província do Pará, para o [ministro e secretário de estado dos Negócios do Reino], Filipe Ferreira de Araújo e Castro, solicitando o envio de operários e material necessário para a constituição de uma Imprensa Nacional na província, ficando despesas a cargo da Junta da Fazenda Nacional. **AHU_ACL_CU_013, Cx. 158, D. 12073.**
716	**1823, fevereiro, 11, Pará** OFÍCIO da Junta Provisória do Governo Civil da província do Pará, para o [ministro e secretário de estado dos Negócios do Reino], Filipe Ferreira de Araújo e Castro, sobre a criação de uma comissão responsável, composta pelos coronéis João Pereira Vilaça e Geraldo José de Abreu, os capitães Manuel Caetano Prestes, João António da Silva Egues e José Ribeiro Guimarães, o tenente Jerónimo José do Vale e o alferes Joaquim Carlos António de Carvalho, para a construção de um monumento. **AHU_ACL_CU_013, Cx. 158, D. 12075.**

717	**1823, fevereiro, 11, Pará** OFÍCIO do governador de armas da província do Pará, brigadeiro José Maria de Moura, para o tenente-coronel comandante Manuel de Abreu Coutinho, dando o seu parecer às atividades desenvolvidas pelo tenente-coronel agregado, Domingos Simões da Cunha. **AHU_ACL_CU_013, Cx. 158, D. 12076.**
718	**1823, fevereiro, 11, Santa Maria de Belém do Pará** OFÍCIO do governador de armas da província do Pará, José Maria de Moura, para o ministro e secretário de estado dos Negócios da Guerra, Manuel Gonçalves de Miranda, sobre o comportamento revoltoso do tenente-coronel agregado Domingos Simões da Cunha e solicitando uma tomada de posição com vista ao seu abandono da província do Pará. **AHU_ACL_CU_013, Cx. 158, D. 12077.**
719	**1823, fevereiro, 11, Pará** OFÍCIO da Junta Provisória do Governo Civil da província do Pará, para o [ministro e secretário de estado dos Negócios do Reino], Filipe Ferreira de Araújo e Castro, acusando a recepção de uma portaria e agradecendo o bom acolhimento à Junta do Governo da província pelo Serviço Real. **AHU_ACL_CU_013, Cx. 158, D. 12078.**
720	**1823, fevereiro, 13, Pará** OFÍCIO de Francisco José Rodrigues Barata para o governador de armas da província do Pará, brigadeiro José Maria de Moura, remetendo proposta para nomeação de oficiais do Regimento de Infantaria de 1ª Linha da província do Pará para o posto de sargento-mor que se encontra vago. Anexo: propostas. **AHU_ACL_CU_013, Cx. 158, D. 12079.**
721	**1823, fevereiro, 13, Santa Maria de Belém do Pará** CARTA do governador de armas da província do Pará, brigadeiro José Maria de Moura, para o rei [D. João VI], propondo Manuel Lourenço de Matos para ocupar o cargo de sargento-mor da Legião Miliciana da ilha Grande de Joanes. Anexo: lembrete, avisos e auto (cópia e minuta). **AHU_ACL_CU_013, Cx. 158, D. 12081.**
722	**1823, fevereiro, 14, Pará** OFÍCIO da Junta Provisória do Governo Civil da província do Pará, para o [conselheiro do Conselho da Guerra], Cândido José Xavier, sobre o envio de duzentos militares para o Maranhão em socorro dos acontecimentos que tiveram lugar no Ceará e Piauí. Anexo: ofícios (cópias e extrato). **AHU_ACL_CU_013, Cx. 159, D. 12082.**
723	**1823, fevereiro, 14, Pará** OFÍCIO do marechal-de-campo e inspector Manuel Marques para o ministro e secretário de estado dos Negócios da Guerra, Manuel Gonçalves de Miranda, felicitando-o pela sua nomeação e informando quais as decisões adoptadas quanto as suas funções. Anexo: atestação, lembrete, ofícios e 2ª via (cópias e extrato). Obs.: m. est. **AHU_ACL_CU_013, Cx. 159, D. 12083.**

724	**1823, fevereiro, 14, [Pará]** OFÍCIO (extrato) do governador de armas da província do Pará, brigadeiro José Maria de Moura, sobre uma representação dos corpos de 1ª e 2ª Linha que se queixam da Junta Provisória do Governo da província. **AHU_ACL_CU_013, Cx. 159, D. 12084.**
725	**1823, fevereiro, 14, Pará** OFÍCIO da Junta Provisória do Governo Civil da província do Pará, para o [ministro e secretário de estado dos Negócios do Reino], Filipe Ferreira de Araújo e Castro, remetendo documentação oficial, decretos e instruções. Anexo: decretos, proclamação e licença. Obs.: doc. em anexo impressos. **AHU_ACL_CU_013, Cx. 159, D. 12085.**
726	**1823, fevereiro, 14, Pará** OFÍCIO da Junta Provisória do Governo Civil da província do Pará, para o [secretário das Cortes Gerais e Extraordinárias da Nação Portuguesa], João Batista Felgueiras, sobre o afastamento do governador de armas da província do Pará, brigadeiro José Maria de Moura, e os partidos que se organizaram para que ele não abandonasse seu cargo. **AHU_ACL_CU_013, Cx. 159, D. 12086.**
727	**1823, fevereiro, 14, Pará** CARTA da Junta Provisória do Governo Civil da província do Pará, para o rei [D. João VI], sobre as dificuldades verificadas na governação da província, solicitando a dispensa das suas funções para que seja nomeada uma nova Junta. **AHU_ACL_CU_013, Cx. 159, D. 12087.**
728	**1823, fevereiro, 14, Pará** OFÍCIO da Junta Provisória do Governo Civil da província do Pará para o [conselheiro do Conselho da Guerra] Cândido José Xavier, sobre os autos Criminais realizados pelo ouvidor-geral a alguns oficiais de 1ª Linha, contra a imprensa e seus proprietários. Anexo: ofício (extrato). **AHU_ACL_CU_013, Cx. 159, D. 12088.**
729	**1823, fevereiro, 14, Pará** OFÍCIO da Junta Provisória do Governo Civil da província do Pará para o [conselheiro do Conselho da Guerra] Cândido José Xavier, sobre os desacatos provocados pelos oficiais de 1ª e 2ª Linha recém-criados na província do Pará. Anexo: ofício (extrato). Obs.: m. est. **AHU_ACL_CU_013, Cx. 159, D. 12089.**
730	**1823, fevereiro, 14, Santa Maria de Belém do Pará** OFÍCIO do governador de armas da província do Pará, brigadeiro José Maria de Moura, para o ministro e secretário de estado dos Negócios da Guerra, Manuel Gonçalves de Miranda, sobre as dificuldades que tem tido para arregimentar pessoas que possam ajudar a província do Maranhão, solicitando o envio de tropas do Reino, atendendo ao elevado número de dissidências que têm ocorrido. Anexo: 2ª via e ofícios (cópias e extrato). **AHU_ACL_CU_013, Cx. 159, D. 12090.**

731	**1823, fevereiro, 14, Pará** OFÍCIO da Junta Provisória do Governo Civil da província do Pará, para o [ministro e secretário de estado de Negócios da Justiça], José da Silva Carvalho, sobre o processo criminal instaurado às pessoas que se manifestaram contra a imprensa e seus proprietários. Anexo: ofícios e auto. **AHU_ACL_CU_013, Cx. 159, D. 12091.**
732	**1823, fevereiro, 14, Pará** OFÍCIO da Junta Provisória do Governo Civil da província do Pará, para o [ministro e secretário de estado dos Negócios do Reino], Filipe Ferreira de Araújo e Castro, sobre as dificuldades verificadas na governação da província, solicitando a dispensa das suas funções para que seja nomeada uma nova Junta. **AHU_ACL_CU_013, Cx. 159, D. 12092.**
733	**1823, fevereiro, 14, Pará** OFÍCIO da Junta Provisória do Governo Civil da província do Pará, para o [ministro e secretário de estado dos Negócios do Reino], Filipe Ferreira de Araújo e Castro, sobre os movimentos de contestação ao Sistema Constitucional. Anexo: ofícios (cópias). **AHU_ACL_CU_013, Cx. 159, D. 12093.**
734	**1823, fevereiro, 14, Santa Maria de Belém do Pará** OFÍCIO do governador de armas da província do Pará, brigadeiro José Maria de Moura para o [ministro e secretário de estado dos Negócios da Guerra], Manuel Gonçalves de Miranda, sobre as razões que o levaram a nomear três pessoas para cargos militares na província do Pará. **AHU_ACL_CU_013, Cx. 159, D. 12094.**
735	**[Ant. 1823, fevereiro, 15]** REQUERIMENTO do almoxarife do Hospital Militar do Pará, Bernardino de Sena Azevedo e Melo, para o rei [D. João VI], solicitando passaporte para viajar à província do Pará. Anexo: atestação. **AHU_ACL_CU_013, Cx. 159, D. 12095.**
736	**1823, fevereiro, 15, Pará** REQUERIMENTO do major de Estado Maior, José de Brito Inglês, para o rei [D. João VI], solicitando a sua nomeação para o posto de tenente-coronel adido ao Estado Maior do Exército e comandante de armas do Rio Negro ou tenente-coronel agregado ao 2º Regimento de Infantaria de 1ª Linha da província do Pará, em atenção aos serviços que prestou. **AHU_ACL_CU_013, Cx. 159, D. 12096.**
737	**1823, fevereiro, 15, Pará** CARTA dos oficiais do Senado da Câmara da cidade de Belém do Pará, para o rei [D. João VI], sobre a prisão de cinco pessoas na Fortaleza da Barra, entretanto libertadas devido ao mau funcionamento do sistema judicial na província, provocando grande descontentamento entre a população e informando que as tropas têm feito o seu melhor para manter a paz na província. Anexo: ofícios (cópias). **AHU_ACL_CU_013, Cx. 159, D. 12098.**

738	**1823, fevereiro, 15, Pará** OFÍCIO da Junta Provisória do governo da província do Pará, para o [secretário de Estado da Marinha e Ultramar, Manuel] Inácio da Costa Quintela, sobre o estado em que se encontram as obras da fragata "Princesa Real Leopoldina". Anexo: ofício (minuta). **AHU_ACL_CU_013, Cx. 159, D. 12099.**
739	**1823, fevereiro, 15, Pará** OFÍCIO da Junta Provisória do Governo da província do Pará para o [conselheiro do Conselho da Guerra], Cândido José Xavier, remetendo o ofício dos oficiais do 1º Regimento de 2ª Linha justificando a assinatura de um documento comprovando em como aquela Junta tem sido influenciada pelas insinuações do governador de armas da província do Pará, brigadeiro José Maria de Moura, louvando a atitude dos oficiais e lamentando que estes se tornem vítimas da vingança do governador. Anexo: ofícios e requerimento (extrato). **AHU_ACL_CU_013, Cx. 159, D. 12101.**
740	**1823, fevereiro, 16, Santa Maria de Belém do Pará** OFÍCIO do governador de armas da província do Pará, brigadeiro José Maria de Moura, para o ministro e secretário de estado dos Negócios da Guerra, Manuel Gonçalves de Miranda, sobre o ofício que lhe foi dirigido pelo governador militar da ilha Grande de Joanes, acompanhado de uma representação dos oficiais da Legião Miliciana, do comandante de esquadrão e da prisão e do comandante de Pedestres em que pediam a sua conservação temporária no cargo de governador de armas daquela província, até que à sua substituição. Anexo: ofício e 2ª via (extrato). **AHU_ACL_CU_013, Cx. 159, D. 12104.**
741	**[Post. 1823, fevereiro, 23]** OFÍCIO (extrato) dos oficiais da Câmara da vila de Cametá, manifestando a sua posição face à retirada do governador de armas da província do Pará, brigadeiro José Maria de Moura. **AHU_ACL_CU_013, Cx. 159, D. 12109.**
742	**1823, fevereiro, 25, Lisboa** DECRETO do rei D. João VI dispensando o brigadeiro António José Claudino Pimentel do posto de governador de armas da província do Pará, para que foi nomeado. **AHU_ACL_CU_013, Cx. 159, D. 12110.**
743	**1823, fevereiro, 28, Pará** OFÍCIO do intendente da Marinha do Pará, Joaquim Epifânio da Cunha, para o [secretário de estado da Marinha e Ultramar, Manuel] Inácio da Costa Quintela, sobre o fretamento de um navio inglês para transportar 200 praças militares para a província do Maranhão, informando já ter remetido para o ministro e secretário de estado dos Negócios do Reino, a certidão do auto do juramento, a Constituição Americana e a relação dos empregados que tem ao seu serviço. **AHU_ACL_CU_013, Cx. 159, D. 12111.**

744	**1823, fevereiro, 28, Santa Maria de Belém do Pará** OFÍCIO do governador de armas da província do Pará, brigadeiro José Maria de Moura, para o ministro e secretário de estado dos Negócios da Guerra, Manuel Gonçalves de Miranda, remetendo as primeiras vias das representações que lhe foram dirigidas pelas corporações militares de 1ª e 2ª Linha da ilha Grande de Joanes e da vila de Bragança, no rio Caeté, justificando a sua demora no regresso a Portugal e informando as irregularidades verificadas nas eleições dos deputados para as Cortes Constituintes e para a Câmara da cidade de Belém do Pará. Anexo: ofícios, certidão e 2ª via (cópias e extrato). Obs.: docs. em anexo impresso. **AHU_ACL_CU_013, Cx. 159, D. 12112.**
745	**1823, fevereiro, 28, Santa Maria de Belém do Pará** OFÍCIO do governador de armas da província do Pará, brigadeiro José Maria de Moura, para o ministro e secretário de estado dos Negócios da Guerra, Manuel Gonçalves de Miranda, sobre os conflitos tidos com as autoridades eclesiásticas a propósito da sua participação, e das corporações militares sob seu comando, na cerimónia do "Te Deum" realizada na Sé da província. Anexo: ofícios e 2ª via (cópias e extrato). **AHU_ACL_CU_013, Cx. 159, D. 12113.**
746	**1823, março, 1, Pará** OFÍCIO do presidente da Câmara Constituinte, Pedro Rodrigues Henriques, para o [ministro e secretário de Estado dos Negócios do Reino], Filipe Ferreira de Araújo e Castro, denunciando o comportamento incorreto do coronel do 1º Regimento de Linha do Pará, João Pereira Vilaça. **AHU_ACL_CU_013, Cx. 159, D. 12114.**
747	**1823, março, 2, Pará** OFÍCIO do intendente da Marinha, Joaquim Epifânio da Cunha, para o [secretário de Estado da Marinha e Ultramar, Manuel] Inácio da Costa Quintela, sobre a dissolução da Câmara pelos comandantes militares e a formação que fizeram na praça da Constituição, impedindo a saída dos membros da Junta Provisória da casa da Câmara. **AHU_ACL_CU_013, Cx. 159, D. 12115.**
748	**1823, março, 2, Santa Maria de Belém do Pará** OFÍCIO da Junta Provisória do Governo da província do Pará para o [ministro e secretário de Estado dos Negócios do Reino], Filipe Ferreira de Araújo e Castro, denunciando o comportamento incorreto que o governador de armas da província do Pará, brigadeiro José Maria de Moura, tem tido contra aquela Junta e contra a Câmara da cidade de Belém do Pará. Anexo: termo de instalação e 2ª via. **AHU_ACL_CU_013, Cx. 159, D. 12116.**
749	**1823, março, 2, Santa Maria de Belém do Pará** OFÍCIO da Junta Provisória do Governo da província do Pará, para o [secretário das Cortes Gerais e Extraordinárias da Nação Portuguesa], João Batista Felgueiras, denunciando o comportamento incorreto que o governador de armas da província do Pará, brigadeiro José Maria de Moura tem tido contra aquela Junta e contra a Câmara da cidade de Belém do Pará. Anexo: 2ª via. Obs.: m. est. **AHU_ACL_CU_013, Cx. 159, D. 12117.**

750	**1823, março, 2, Santa Maria de Belém do Pará** OFÍCIO da Junta Provisória do governo da província do Pará, para o [ministro e secretário de Estado dos Negócios do Reino], Filipe Ferreira de Araújo e Castro, sobre os problemas de jurisdição que mantém com o governador de armas da província do Pará, brigadeiro José Maria de Moura. Anexo: 2ª via, ofícios (cópia e extrato). **AHU_ACL_CU_013, Cx. 159, D. 12118.**
751	**1823, março, 3, Santa Maria de Belém do Pará** OFÍCIO do governador de armas da província do Pará, brigadeiro José Maria de Moura, para o ministro e secretário de estado dos Negócios da Guerra, Manuel Gonçalves de Miranda, tecendo considerações sobre a situação política do Brasil em geral, particularmente da província do Pará. Anexo: relação e 2ª via. **AHU_ACL_CU_013, Cx. 159, D. 12119.**
752	**1823, março, 3, Pará** OFÍCIO da Junta Provisória do Governo da província do Pará para o ministro e secretário de estado do Negócios da Guerra, Manuel Gonçalves de Miranda, sobre os acontecimentos que tiveram lugar na província no dia 1 de março, e a anuência à requisição de auxílio militar feita pelo governador de armas do Pará, brigadeiro José Maria de Moura. Anexo: ofício e 2ª via (cópias). **AHU_ACL_CU_013, Cx. 159, D. 12120.**
753	**1823, março, 3, Pará** OFÍCIO da Junta Provisória do Governo da província do Pará, para o [secretário de Estado da Marinha e Ultramar, Manuel] Inácio da Costa Quintela, sobre o pedido do governador de armas da província do Pará, brigadeiro José Maria de Moura, para se conservar no porto da cidade de Belém do Pará a charrua "Gentil Americana", com vista à proteção dos navios mercantes e à defesa da província. Anexo: ofício e 2ª via. **AHU_ACL_CU_013, Cx. 159, D. 12121.**
754	**1823, março, 3, Pará** CARTA dos oficiais da Câmara da cidade de Belém do Pará para o rei [D. João VI], sobre os acontecimentos político-militares que tiveram lugar no referente cidade no dia 1 de março. Anexo: 2ª via, certidões e ofícios (cópias). **AHU_ACL_CU_013, Cx. 159, D. 12122.**
755	**1823, março, 3, Santa Maria de Belém do Pará** OFÍCIO do governador de armas da província do Pará, brigadeiro José Maria de Moura, para o ministro e secretário de estado dos Negócios da Guerra, Manuel Gonçalves de Miranda, sobre a necessidade de se conservar no porto do Pará a charrua de guerra "Gentil Americana", devido às circunstâncias políticas que se vivem na província e do auxílio militar que tem solicitado. Anexo: 2ª via e ofício (extrato). **AHU_ACL_CU_013, Cx. 159, D. 12123.**

756	**[Post. 1823, março, 10]** REQUERIMENTO do guarda-mor da Alfândega da cidade de Belém do Pará, José Ribeiro Guimarães, para o rei [D. João VI], solicitando que os cidadãos exterminados sejam restituídos aos seus lares, e que no caso de existirem contra eles acusações ou denúncias, sejam estas com os nomes dos acusadores ou denunciantes remetidas ao juiz competente e que se responsabilize o governador de armas da província e o comandante dos Corpos de Infantaria e Artilharia de Linha pelas infracções da Constituição. Anexo: termo Obs.: doc. em anexo impresso. **AHU_ACL_CU_013, Cx. 159, D. 12125.**
757	**[Ant. 1823, março, 17]** REQUERIMENTO de António de Freitas Guimarães para o rei [D. João VI], solicitando confirmação da carta patente de tenente da 7ª Companhia do Corpo de Tropas Ligeiras de Milícias da vila do Gurupá, vago por demissão de António Manuel Pimentel. Anexo: carta patente. **AHU_ACL_CU_013, Cx. 159, D. 12126.**
758	**[Ant. 1823, março, 18]** REQUERIMENTO do coronel da Legião de Cavalaria de Ligeiros da ilha Grande de Joanes, Anastácio José Cardoso, para o rei [D. João VI], solicitando segunda via da sua carta patente. Anexo: lembrete, requerimento e certidão. **AHU_ACL_CU_013, Cx. 159, D. 12127.**
759	**1823, março, 21, Pará** REQUERIMENTO do capitão de Infantaria adido ao Estado Maior do Exército, João Benedito Gaspar Giffenig, para o rei [D. João VI], solicitando a sua transferência para qualquer um dos Corpos da Guarnição em que houver vaga. Anexo: certidão. **AHU_ACL_CU_013, Cx. 159, D. 12128.**
760	**1823, março, 24, [Lisboa]** PARECER da Comissão do Ultramar sobre o projeto de decreto de Cavalcanti de Albuquerque para a promoção da catequização e descimento dos índios que habitam os sertões das províncias do Pará e Rio Negro, com o objetivo de impulsionar a sua povoação. Anexo: lembrete e projeto **AHU_ACL_CU_013, Cx. 159, D. 12129.**
761	**1823, março, 24, Lisboa** PORTARIA do [secretário de estado da Marinha e Ultramar, Manuel] Inácio da Costa Quintela, ordenando a remessa à Junta Provisória do Governo da província do Pará de um exemplar da Carta de Lei n.º 296 sobre a inteligência do artigo 25º do decreto de 31 de outubro de 1822, para a sua execução. Anexo: carta de lei. Obs.: doc. em anexo impresso. **AHU_ACL_CU_013, Cx. 159, D. 12130.**

762	**1823, março, 26, Pará** OFÍCIO da Junta Provisória do Governo da província do Pará, para o [ministro e secretário de Estado dos Negócios do Reino], Filipe Ferreira de Araújo e Castro, remetendo cópia do ofício da Assembleia da Divisão Eleitoral do Pará, realizada no dia 16 de fevereiro, informando que não foi eleito nenhum deputado, sendo necessárias ordens para que se proceda a segundo escrutínio. Anexo: ofício (cópia). **AHU_ACL_CU_013, Cx. 159, D. 12131.**
763	**1823, março, 27, Santa Maria de Belém do Pará** OFÍCIO do governador de armas da província do Pará, brigadeiro José Maria de Moura, para o ministro e secretário de estado dos Negócios da Guerra, Manuel Gonçalves de Miranda, sobre os progressos verificado nos partidos dissidentes e a necessidade de se tomarem medidas urgentes para combatê-los, tecendo considerações acerca das perdas sofridas pelo comércio, devido à guerra com a França, e a necessidade de se defender a bacia do Amazonas, e de fortificar vários pontos, para manter a segurança interna da província e auxiliar o Maranhão, informando a dissidência declarada pela província do Piauí e a proposta que a Junta do Governo da província do Pará apresentou quanto à forma de recrutamento para auxiliar o governo daquela província. Anexo: ofício, notas requisitórias e 2ª via (extrato). **AHU_ACL_CU_013, Cx. 159, D. 12132.**
764	**1823, março, 27, Santa Maria de Belém do Pará** OFÍCIO do governador de armas da província do Pará, brigadeiro José Maria de Moura, para o ministro e secretário de estado dos Negócios da Guerra, Manuel Gonçalves de Miranda, sobre a situação política que se vive na província desde os acontecimentos de 1 de Março, o recrutamento de tropa a que procedeu, solicitando o auxílio de um destacamento de pelo, menos 400 homens, para recuperar os pretos fugidos aos seus senhores, as desordens que se têm verificado na vila de Cametá e o envio de destacamento de Infantaria para aquela vila. Anexo: ofícios, proclamação, manifesto, periódicos e 2ª via (extrato). Obs.: docs. em anexo impressos. **AHU_ACL_CU_013, Cx. 159, D. 12133.**
765	**1823, março, 29, Santa Maria de Belém do Pará** CARTA do governador de armas da província do Pará, brigadeiro José Maria de Moura, para o rei [D. João VI], remetendo o requerimento do alferes do 3º Regimento de Infantaria de 1ª Linha da província do Pará, José Maria Martins, solicitando demissão do serviço militar. Anexo: requerimento e ofício. **AHU_ACL_CU_013, Cx. 159, D. 12134.**
766	**1823, março, 29, Pará** CARTA (2ª via) da Junta Provisória do Governo da província do Pará, para o rei [D. João VI], remetendo as atas e outros documentos que dão conta dos acontecimentos políticos do dia 1 de março e de outros factos deles decorrentes, tecendo considerações sobre as dissidências políticas que se verificam por toda a colónia, nomeadamente no Maranhão, Piauí e Pará, nesta província através da ação do periódico "O Paraense". Anexo: proclamação. Obs.: doc. em anexo impresso. **AHU_ACL_CU_013, Cx. 159, D. 12135.**

767	**1823, março, 29, Pará** OFÍCIO da Junta Provisória do Governo da província do Pará, para o [ministro e secretário de Estado dos Negócios do Reino], Filipe Ferreira de Araújo e Castro, remetendo o exemplar da proclamação dirigida aos habitantes da província na sequência dos acontecimentos políticos de 1 de março e informando sobre a tranquilidade que se vive na província e o recrutamento de tropas de 1ª Linha para manter a paz interna. Anexo: proclamações, termos e 2ª via. Obs.: docs. em anexo impressos. **AHU_ACL_CU_013, Cx. 159, D. 12137.**
768	**1823, março, 31, Pará** OFÍCIO do governador de armas da província do Pará, brigadeiro José Maria de Moura, para o ministro e secretário de estado dos Negócios da Guerra, Manuel Gonçalves de Miranda, solicitando o seu regresso ao serviço do Exército de Portugal e o envio do seu substituto o mais rápido possível. Anexo: ofício e 2ª via (extrato). **AHU_ACL_CU_013, Cx. 159, D. 12139.**
769	**1823, março, 31, Pará** OFÍCIO do governador de armas da província do Pará, brigadeiro José Maria de Moura, para o ministro e secretário de estado dos Negócios da Guerra, Manuel Gonçalves de Miranda, sobre as consequências negativas que representa para o comércio da colónia uma guerra com a França e solicitando auxílio militar de homens e embarcações. Anexo: ofício, inventário de armas e 2ª via (extrato). **AHU_ACL_CU_013, Cx. 159, D. 12140.**
770	**1823, abril, 8, Lisboa** OFÍCIO de Agostinho José Freire para o [ministro e secretário de estado dos Negócios do Reino], Filipe Ferreira de Araújo e Castro, remetendo a cópia do ofício da Junta Provisória do Governo da província do Pará, solicitando a demissão coletiva das suas funções e a nomeação de uma nova Junta ou qualquer outra autoridade que a substitua. Anexo: carta (cópia). **AHU_ACL_CU_013, Cx. 159, D. 12142.**
771	**1823, abril, 12, [Lisboa]** OFÍCIO de Carlos May para o [secretário de estado da Marinha e Ultramar, Manuel] Inácio da Costa Quintela, dando o seu parecer ao requerimento de fr. Liberato de Nossa Senhora do Carmo, solicitando a sua nomeação como capelão da capela do Arsenal da província do Pará. **AHU_ACL_CU_013, Cx. 159, D. 12146.**
772	**1823, abril, 12, Santa Maria Belém do Pará** OFÍCIO do governador de armas da província do Pará, brigadeiro José Maria de Moura, para o presidente das Cortes Ordinárias da Nação Portuguesa, remetendo três números do periódico "O Luso Paraense" a partir dos quais se depreendem os acontecimentos políticos que se têm verificado desde o dia 1 de março na cidade de Belém do Pará. Anexo: periódicos e ofício (extrato). Obs.: docs. em anexo impresso. **AHU_ACL_CU_013, Cx. 159, D. 12147.**

773	**1823, abril, 12, Lisboa** PORTARIA do ministro e secretário de estados dos Negócios da Guerra Manuel Gonçalves de Miranda, ordenando o envio do ofício n.º 90 do governador de armas da província do Pará, brigadeiro José Maria de Moura, ao Conselho de Guerra, no qual remete uma nova proposta para que se execute a ordem expedida. AHU-Maranhão, n.v. 926. **AHU_ACL_CU_013, Cx. 159, D. 12148.**
774	**1823, abril, 12, Santa Maria Belém do Pará** CARTA do governador de armas da província do Pará, brigadeiro José Maria de Moura, para o rei [D. João VI], manifestando a sua adesão ao Sistema Constitucional português e o seu repúdio aos acontecimentos políticos ocorridos em Vila Real e em Braga nos dias 22 e 23 de fevereiro. Anexo: ofício (extrato). **AHU_ACL_CU_013, Cx. 159, D. 12149.**
775	**1823, abril, 13, Belém do Pará** CARTA do governador de armas da província do Pará, brigadeiro José Maria de Moura, para o rei [D. João VI], manifestando o seu repúdio perante a notícia da rebelião ocorrida em Braga e Vila Real e expressando a sua adesão, e a dos oficiais e soldados dos Corpos sob seu comando, ao Sistema Constitucional. Anexo: ofício (extrato). **AHU_ACL_CU_013, Cx. 159, D. 12150.**
776	**1823, abril, 15, Pará** OFÍCIO do governador de armas da província do Pará, brigadeiro José Maria de Moura, para o [ministro e secretário de estado da Justiça], José da Silva Carvalho, sobre a acção desenvolvida para combater o movimento revolucionário ocorrido na cidade de Belém do Pará na noite de 13 para 14 de abril. **AHU_ACL_CU_013, Cx. 160, D. 12152.**
777	**1823, abril, 15, Santa Maria Belém do Pará** OFÍCIO do governador de armas da província do Pará, brigadeiro José Maria de Moura, para o ministro e secretário de estado dos Negócios Estrangeiros e da Guerra, Manuel Gonçalves de Miranda, sobre a sublevação ocorrida na noite de 13 para 14 de Abril, em que o esquadrão de Cavalaria e parte do Regimento de Infantaria se uniram aos dissidentes e proclamaram, nos quartéis da cidade de Belém do Pará, a independência e a adesão ao imperador do Brasil, remetendo a relação dos indivíduos que tomaram parte nesta sublevação. Anexo: 2ª via, memória, notas, ofícios, relação e proclamação (extratos). **AHU_ACL_CU_013, Cx. 160, D. 12154.**
778	**1823, abril, 15, Pará** OFÍCIO (2ª via) da Junta Provisória Revolucionária para o [ministro e secretário de estado dos Negócios do Reino], Filipe Ferreira de Araújo e Castro, sobre a sublevação da noite de 13 para 14 de abril encabeçada por um grupo de dissidentes composto por "sans coulottes" e mancebos, que conseguiu o apoio de duas Companhias Militares, tendo proclamaram a independência da província e dado vivas ao imperador do Rio de Janeiro. Anexo: proclamação. Obs.: doc. em anexo impresso. **AHU_ACL_CU_013, Cx. 160, D. 12155.**

779	**1823, abril, 15, Pará** OFÍCIO (2ª via) da Junta Provisória Revolucionária para o [ministro e secretário de estado dos Negócios do Reino], Filipe Ferreira de Araújo e Castro, sobre a exigência feita pelo governador de armas da província do Pará, brigadeiro José Maria de Moura, com vista à suspensão da venda de pólvora na província do Pará. Anexo: lembrete e ofícios (cópia e extrato). **AHU_ACL_CU_013, Cx. 160, D. 12156.**
780	**1823, abril, 19, Lisboa** CONSULTA do Conselho de Guerra para o rei D. João VI, sobre o requerimento do major de Artilharia da província do Pará, Inácio António da Silva, solicitando que se lhe pague o ordenado pelo tempo que regeu a aula de Desenho Militar na província do Pará. Anexo: ofícios, requerimento e certidões. **AHU_ACL_CU_013, Cx. 160, D. 12161.**
781	**1823, abril, 23, Lisboa** CONSULTA do Conselho de Guerra para o rei D. João VI, sobre o requerimento do coronel de Milícias da Legião de Ligeiros da cidade de Belém do Pará, Francisco José de Faria, solicitando que se lhe passem patente naquele posto. Anexo: requerimento e certidões. **AHU_ACL_CU_013, Cx. 160, D. 12162.**
782	**1823, abril, 24, Santa Maria de Belém do Pará** CARTA do governador de armas da província do Pará, brigadeiro José Maria de Moura, para o rei [D. João VI], sobre o requerimento do capitão de Infantaria do Estado Maior do Exército, João Benedito Gaspar Giffenig, solicitando transferência para qualquer dos Corpos Militares da província do Pará. Anexo: carta, lembrete, requerimento e certidões. **AHU_ACL_CU_013, Cx. 160, D. 12164.**
783	**1823, abril, 25, Pará** OFÍCIO da Junta Provisória Revolucionária para o [ministro e secretário de estado da Justiça], José da Silva Carvalho, sobre os acontecimentos ocorridos na madrugada do dia 14 de abril na cidade de Belém do Pará, entre o partido dissidente do Sul e alguns militares. Anexo: 2ª via e proclamações. Obs.: docs. em anexo impressos. **AHU_ACL_CU_013, Cx. 160, D. 12166.**
784	**1823, abril, 25, [Lisboa]** OFÍCIO do [ministro e secretário de estado da Justiça], José da Silva Carvalho, para o [ministros e secretário de estado dos Negócios Estrangeiros e da Guerra], Manuel Gonçalves de Miranda, sobre o ofício da Junta Provisória do Governo Civil da província do Pará informando acerca do processo criminal contra a imprensa e seus proprietários. Anexo: ofícios, ordem e diário do governo. Obs.: docs. em anexo impressos. **AHU_ACL_CU_013, Cx. 160, D. 12167.**

785	**1823, abril, 26, Santa Maria de Belém do Pará** OFÍCIO do governador de armas da província do Pará, brigadeiro José Maria de Moura, para o ministro e secretário de estado dos Negócios Estrangeiros e da Guerra, Manuel Gonçalves de Miranda, sobre as ações dos dissidentes e as hostilidades perpetradas contra o Sistema Constitucional, informando que alguns militares aderiram à causa revolucionária e relatando as medidas tomadas para defender o porto da cidade de Belém do Pará. Anexo: 2ª via e ofício (extrato). **AHU_ACL_CU_013, Cx. 160, D. 12168.**
786	**1823, abril, 26, Santa Maria de Belém do Pará** OFÍCIO do governador de armas da província do Pará, José Maria de Moura, para o ministro e secretário de estado dos Negócios Estrangeiros e da Guerra, Manuel Gonçalves de Miranda, sobre a sublevação ocorrida na noite de 13 para 14 de abril, quando um grupo de militares se aliou aos dissidentes e proclamou a independência do Pará e sua aliança ao Rio de Janeiro. Anexo: 2ª via, proclamação, ordem e lembrete. Obs.: docs. Em anexo impresso. **AHU_ACL_CU_013, Cx. 160, D. 12169.**
787	**1823, abril, 26, Pará** OFÍCIO do governador de armas da província do Pará, José Maria de Moura, para o ministro e secretário de estado dos Negócios Estrangeiros e da Guerra, Manuel Gonçalves de Miranda, sobre os negociantes da praça da cidade de Belém do Pará que se uniram num corpo militar de Cavalaria, tendo como função policiar as ruas da cidade à noite, constituindo Guarda Voluntária Civil Nacional de Cavalaria e solicitando a aprovação deste Corpo Militar, ao qual já manifestou seu apoio. Anexo: ofícios, ordens, proclamações e 2ª via (cópias e extratos). Obs.: docs. em anexo impressos. **AHU_ACL_CU_013, Cx. 160, D. 12170.**
788	**1823, abril, 26, Pará** OFÍCIO da Junta Provisória Revolucionária da província do Pará, para o ministro e secretário de estado dos Negócios Estrangeiros e da Guerra, Manuel Gonçalves de Miranda, remetendo a cópia da acta sobre as medidas acordadas com o governador de armas da província do Pará, brigadeiro José Maria de Moura, relativa à sublevação do dia 14 de abril. Anexo: 2ª via, ofícios e lembrete (cópias e extrato). **AHU_ACL_CU_013, Cx. 160, D. 12172.**
789	**1823, abril, 26, Pará** OFÍCIO da Junta Provisória Revolucionária da província do Pará, para o [ministro e secretário de estado dos Negócios Estrangeiros e da Guerra], Manuel Gonçalves de Miranda, remetendo o requerimento dos habitantes da cidade de Belém do Pará, solicitando o envio, com urgência, de um batalhão de tropa europeia para a província. Anexo: lembretes e requerimento. **AHU_ACL_CU_013, Cx. 160, D. 12173.**

790	**1823, abril, 29, Santa Maria de Belém do Pará** OFÍCIO do governador de armas da província do Pará, brigadeiro José Maria de Moura, para o ministro e secretário de estado dos Negócios Estrangeiros e da Guerra, Manuel Gonçalves de Miranda, sobre as dificuldades de defesa da província do Pará e necessidade de a organizar militarmente. Anexo: 2ª via e ofícios (cópia e extrato). **AHU_ACL_CU_013, Cx. 160, D. 12175.**
791	**1823, abril, 30, Pará** OFÍCIO da Junta Provisória Revolucionária da província do Pará, para o [ministro e secretário de estado dos Negócios Estrangeiros e da Guerra], Manuel Gonçalves de Miranda, sobre o pedido de apoio militar feito pelos habitantes da cidade de Belém do Pará. Anexo: ofício e lista (cópia e extrato). **AHU_ACL_CU_013, Cx. 160, D. 12176.**
792	**1823, maio, 24, Pará** OFÍCIO do [governador de Armas da província do Pará, brigadeiro] José Maria de Moura, para o [secretário de estado da Marinha e Ultramar, Manuel Inácio da Costa Quintela], sobre a necessidade do destacamento de novas tropas militares na província, que garantam a segurança das capitanias do Maranhão e do Pará. Anexo: lembrete, periódicos e ordem. Obs.: doc. em anexo impresso. **AHU_ACL_CU_013, Cx. 160, D. 12186.**
793	**1823, maio, 26, Pará** OFÍCIO do [governador de Armas da província do Pará, brigadeiro] José Maria de Moura [secretário de estado da Marinha e Ultramar, Manuel Inácio da Costa Quintela], solicitando um novo destacamento de tropas para a província do Pará, e comentando a situação política da mesma província. **AHU_ACL_CU_013, Cx. 160, D. 12187.**
794	**1823, maio, 26, Santa Maria de Belém do Pará** OFÍCIO do [governador de Armas da província do Pará, brigadeiro] José Maria de Moura, para o ministro e secretário de estado dos Negócios Estrangeiros e da Guerra, Manuel Gonçalves de Miranda, sobre a proposta de alguns cidadãos da cidade de Belém do Pará para formarem um novo Corpo de Artilharia naquela cidade. Anexo: proposta e ofícios (cópia e extrato). **AHU_ACL_CU_013, Cx. 160, D. 12188.**
795	**1823, maio, 26, Santa Maria de Belém do Pará** OFÍCIO do [governador de Armas da província do Pará, brigadeiro] José Maria de Moura, para o ministro e secretário de estado dos Negócios da Guerra, Manuel Gonçalves de Miranda, sobre a participação de parentes e amigos dos membros da Junta Provisória Revolucionária na sublevação de 14 de abril. Anexo: ofícios (cópias e extrato). **AHU_ACL_CU_013, Cx. 160, D. 12189.**

796	**1823, maio, 26, Santa Maria de Belém do Pará** OFÍCIO do [governador de Armas da província do Pará, brigadeiro] José Maria de Moura, para o ministro e secretário de estado dos negócios da Guerra, Manuel Gonçalves de Miranda, remetendo proposta para a promoção de oficiais militares na província do Pará. Anexo: lista, ordens, propostas, ofícios (cópias e extrato). **AHU_ACL_CU_013, Cx. 160, D. 12190.**
797	**1823, maio, 27, Santa Maria de Belém do Pará** OFÍCIO do [governador de Armas da província do Pará, brigadeiro] José Maria de Moura, para o ministro e secretário de estado dos Negócios da Guerra, Manuel Gonçalves de Miranda, sobre os inconvenientes na manutenção dos militares subdivididos por destacamentos e a necessidade de reestruturação do aparelho militar da província do Pará. Anexo: mapa, memória e ofício (extrato). **AHU_ACL_CU_013, Cx. 160, D. 12191.**
798	**1823, maio, 31, Santa Maria de Belém do Pará** CARTA do [governador de Armas da província do Pará, brigadeiro] José Maria de Moura, para o rei [D. João VI], sobre a sublevação do dia 14, segundo relato do cirurgião-mor António Manuel de Sousa, e solicitando que lhe seja atribuída a patente de tenente-coronel como recompensa. Anexo: ofício (extrato). **AHU_ACL_CU_013, Cx. 160, D. 12194.**
799	**1823, maio, 31, Lisboa** REQUERIMENTO de Manuel da Costa, negociante do Pará, e José Moreira Correia para o rei [D. João VI], solicitando a sua transferência do presídio de Cova da Moura para a cadeia do Limoeiro. Anexo: lembretes, pareceres, requerimentos e autos. Obs.: docs. em anexo impresso. **AHU_ACL_CU_013, Cx. 160, D. 12195.**
800	**1823, junho, 2, Santa Maria de Belém do Pará** OFÍCIO do [governador de Armas da província do Pará, brigadeiro] José Maria de Moura, para o ministro e secretário de estado dos Negócios da Guerra, Manuel Gonçalves de Miranda, sobre a devassa tirada aos indivíduos que participaram da revolta de 14 abril. Anexo: relação e ofícios (cópias e extrato). **AHU_ACL_CU_013, Cx. 160, D. 12196.**
801	**[1823, junho, 6, Santa Maria de Belém do Pará]** ACTA (cópia) da sessão extraordinária sobre a organização do governo da província da capitania do Pará. **AHU_ACL_CU_013, Cx. 160, D. 12198.**
802	**1823, junho, 10, Pará** OFÍCIO da Junta Provisória Revolucionária para o [ministro e secretário de estado dos Negócios da Guerra], Manuel Gonçalves de Miranda, sobre a interferência do governador de armas da província do Pará, [brigadeiro José Maria de Moura], na promoção dos oficiais e soldados dos Corpos da 1ª e 2ª Companhias de Linha daquela província. Anexo: ofícios (cópias e extrato). **AHU_ACL_CU_013, Cx. 160, D. 12201.**

803	**1823, junho, 10, Pará** OFÍCIO da Junta Provisória Revolucionária para o [ministro e secretário de estado dos Negócios do Reino], Filipe Ferreira de Araújo e Castro, queixando-se do comportamento provocatório do governador de armas da província do Pará, [brigadeiro José Maria de Moura], interferindo nos assuntos de jurisdição daquela Junta. Anexo: ofícios (cópias). **AHU_ACL_CU_013, Cx. 160, D. 12202.**
804	**1823, junho, 10, Santa Maria de Belém do Pará** OFÍCIO do [governador de Armas da província do Pará, brigadeiro] José Maria de Moura, para o ministro e secretário de estado dos Negócios da Guerra, Manuel Gonçalves de Miranda, sobre as providências tomadas para restabelecer a ordem na freguesia de Muaná, na Ilha Grande de Joanes, depois da revolta ali ocorrida a 14 de abril. Anexo: ofícios (extrato). **AHU_ACL_CU_013, Cx. 160, D. 12204.**
805	**1823, junho, 10, Pará** OFÍCIO da Junta Provisória Revolucionária, para o [ministro e secretário de estado dos Negócios do Reino], Filipe Ferreira de Araújo e Castro, sobre o conflito existente entre o governador de armas da província do Pará, [brigadeiro José Maria de Moura] e aquela Junta, em consequência dos acontecimentos do dia 14 de abril. Anexo: ofícios, pareceres e acta (cópias). **AHU_ACL_CU_013, Cx. 160, D. 12205.**
806	**1823, junho, 10, Pará** OFÍCIO da Junta Provisória Revolucionária, para o [ministro e secretário de estado dos Negócios do Reino], Filipe Ferreira de Araújo e Castro, sobre a revolta ocorrida no dia 28 de maio na freguesia de Muaná, dependência da ilha e comarca de Marajó, cujo grupo de facciosos proclamou a independência daquela província e prendeu o governador militar da comarca, [o brigadeiro José Maria de Moura]. **AHU_ACL_CU_013, Cx. 160, D. 12207.**
807	**1823, junho, 10, Santa Maria de Belém do Pará** CARTA do [governador de armas da província do Pará, brigadeiro] José Maria de Moura, para o rei [D. João VI], sobre a gratificação solicitada pelo tenente-coronel do 1º Regimento da Infantaria de Linha da província do Pará, Joaquim Francisco Silva, como governador de armas do Rio Negro. Anexo: requerimento, certidões e aviso. **AHU_ACL_CU_013, Cx. 160, D. 12208.**
808	**1823, julho, 8, Pará** OFÍCIO (2ª via) de Junta Provisória Revolucionária, para o [ministro e secretário de Estado dos Negócios do Reino], Filipe Ferreira de Araújo e Castro, sobre a fuga dos revoltosos daquela província para outras onde se partilhavam as mesmas ideias subversivas contra a união entre Portugal e a província do Pará. **AHU_ACL_CU_013, Cx. 160, D. 12214.**

809	**1823, julho, 8, Santa Maria de Belém do Pará** OFÍCIO (2ª via) do [governador de armas da província do Pará, brigadeiro] José Maria de Moura, para o ministro e secretário de estado dos Negócios da Guerra, Manuel Gonçalves de Miranda, sobre a deserção do capitão do 2º Regimento de Linha, Joaquim António de Macedo, para a província do Rio de Janeiro. **AHU_ACL_CU_013, Cx. 160, D. 12215.**
810	**1823, julho, 8, Pará** OFÍCIO (2ª via) do presidente da Junta Provisória Revolucionária, Joaquim Correia da Gama e Paiva, para o [ministro e secretário de estado dos Negócios do Reino], Filipe Ferreira de Araújo e Castro, sobre as duas cartas remetidas pelo governador de armas da província do Pará, [brigadeiro José Maria de Moura], denunciando a preparação de uma conjuração contra o Sistema Constitucional e a união do Pará com a Coroa Portuguesa. Anexo: ofício, auto e periódico (cópias). Obs.: doc. em anexo impresso. **AHU_ACL_CU_013, Cx. 160, D. 12216.**
811	**1823, julho, 8, Santa Maria de Belém do Pará** OFICIO (2ª via) do [governador de armas da província do Pará, brigadeiro] José Maria de Moura, para o ministro e secretário de estado dos Negócios da Guerra, Manuel Gonçalves de Miranda, sobre a prisão do tenente-coronel agregado ao 2º Regimento de Milícias da cidade de Belém do Pará Domingos Simões da Cunha, acusado de comportamento impróprio e polémico durante uma viagem não autorizada ao pesqueiro da Ilha grande de Joanes em março daquele ano. Anexo: lembrete, ofício, aviso e acordão (cópias). **AHU_ACL_CU_013, Cx. 160, D. 12217.**
812	**1823, julho, 9, Pará** OFÍCIO (2ª via) da Junta Provisória Revolucionária, para o [ministro e secretário de Estado dos Negócios do Reino], Filipe Ferreira de Araújo e Castro, sobre a participação oficial realizada pelo governador de armas da província do Pará, [brigadeiro José Maria de Moura], no periódico paraense "Liberal", denunciando a ocorrência de uma conspiração na freguesia de Muaná, no dia 28 de Maio, e queixando-se pelo facto de o mesmo governador não ter citado a cooperação e apoio prestados pelos membros daquela Junta. Anexo: ofícios (cópias). **AHU_ACL_CU_013, Cx. 160, D. 12218.**
813	**1823, julho, 9, Santa Maria de Belém do Pará** OFÍCIO do [governador de armas da província do Pará, brigadeiro] José Maria de Moura, para o ministro e secretário de estado dos Negócios da Guerra, Manuel Gonçalves de Miranda, remetendo alguns exemplares de termo de instalação da Junta Provisória pela Câmara da cidade de Belém do Pará e pelos Corpos Militares da província, e a prisão de alguns militares daquela província, como o tenente-coronel Domingos Simões da Cunha e o soldado do 1º Regimento de Milícias, Honório José dos Santos, acusados por atos subversivos. Anexo: carta, termos, atestações, acta, mapa, relação, ofícios e 2ª via (cópias e extrato). Obs.: m. est. **AHU_ACL_CU_013, Cx. 160, D. 12219.**

814	**1823, julho, 9, Pará** OFÍCIO (2ª via) da Junta Provisória Revolucionária para o [ministro e secretário de Estado dos Negócios do Reino], Filipe Ferreira de Araújo e Castro, sobre as medidas tomadas pelas tropas sob o comando do major Francisco José Ribeiro, para pôr termo à conspiração ocorrida na freguesia de Muaná, referindo a falta de farinha de mandioca, e as dificuldades encontradas pela Junta na administração da província do Pará. **AHU_ACL_CU_013, Cx. 160, D. 12220.**
815	**1823, julho, 9, Pará** OFÍCIO (2ª via) da Junta Provisória Revolucionária para o [ministro e secretário de estado dos Negócios do Reino], Filipe Ferreira de Araújo e Castro, sobre a eleição do bacharel Joaquim Correia da Gama e Paiva para o lugar de presidente da Junta, e remetendo a lista dos deputados eleitos pela província do Pará às Cortes Constituintes de Lisboa, nomeadamente o substituto Francisco José Rodrigues Barata. Anexo: lista (cópia). **AHU_ACL_CU_013, Cx. 160, D. 12221.**
816	**1823, julho, 9, Pará** OFÍCIO do [presidente da Junta Provisória Revolucionária], Joaquim Correia da Gama e Paiva, para o [ministro e secretário de estado dos Negócios do Reino], Felipe Ferreira de Araújo e Castro, sobre o comportamento do governador de armas da província do Pará, [brigadeiro José Maria de Moura], ao ultrapassar os limites de sua autoridade perante a administração desta Junta. Anexo: ofício (cópia). **AHU_ACL_CU_013, Cx. 160, D. 12222.**
817	**1823, julho, 9, Pará** OFÍCIO (2ª via) do [governador de Armas da província do Pará, brigadeiro] José Maria de Moura, para o ministro e secretário de estado dos Negócios da Guerra, Manuel Gonçalves de Miranda, sobre as deliberações tomadas no Conselho de Cidadãos da classe militar e civil, determinando-se o embarque, para Lisboa, dos indivíduos envolvidos nas conspirações de 14 de abril e 28 de maio, ocorridas naquela província, de entre os quais o tenente-coronel de Milícias, Domingos Simões da Cunha. Anexo: ofício (extrato). **AHU_ACL_CU_013, Cx. 160, D. 12225.**
818	**1823, julho, 10, Santa Maria de Belém do Pará** OFÍCIO do [governador de armas da província do Pará, brigadeiro] José Maria de Moura, para o ministro e secretário de estado dos Negócios da Guerra, Manuel Gonçalves de Miranda, sobre os oficiais de Linha e Legião Miliciana da Ilha Grande de Joanes que se distinguiram nos procedimentos constitucionais contra os revoltosos de Muaná, sob as ordens do major Francisco José Ribeiro e dos capitães João da Gama Lobo, Marcelino António Nobre, Francisco de Sequeira Montarrozo e Francisco José de São Pedro. Anexo: relações, certidões e mapas (cópias). **AHU_ACL_CU_013, Cx. 161, D. 12227.**

819	**1823, julho, 10, Pará** OFÍCIO do coronel de Milícias da Ilha Grande de Joanes, António Joaquim de Barros e Vasconcelos, para o [ministro e secretário de estado dos Negócios Estrangeiros e da Guerra], Manuel Gonçalves de Miranda, sobre as averiguações realizadas no distrito do Muaná, a respeito do cumprimento da lei de 21 de janeiro pelas Tropas da Legião da 2ª Linha e do embarque do réu Manuel Canhoto, soldado do 3º Regimento de Linha, pronunciado na devassa da conspiração de 14 de abril. Anexo: relatório. **AHU_ACL_CU_013, Cx. 161, D. 12228.**
820	**1823, julho, 12, Pará** OFÍCIO do ouvidor-geral da Comarca da província do Pará, Francisco Carneiro Pinto Vieira de Melo, para o ministro e secretário de estado da Justiça, José da Silva Carvalho, remetendo a bordo da galera "Prazer e Alegria", algumas informações a respeito do bacharel Miguel Joaquim de Cerqueira e Silva e do tenente-coronel Domingos Simões da Cunha. **AHU_ACL_CU_013, Cx. 161, D. 12230.**
821	**1823, julho, 12, Pará** OFÍCIO do intendente da Marinha do Pará, Joaquim Epifânio da Cunha, para o [secretário de estado da Marinha e Ultramar, Manuel] Inácio da Costa Quintela, sobre a preparação do navio "Andorinha do Tejo" para levar os dissidentes da conspiração de Muaná para Lisboa, onde deverão ser julgados. Anexo: ofícios, requerimento, mapa e periódico. Obs.: doc. em anexo impresso. **AHU_ACL_CU_013, Cx. 161, D. 12231.**
822	**1823, julho, 15, Lisboa** CONSULTA do Conselho de Guerra para o rei D. João VI, sobre o requerimento de Teodósio Constantino de Chermont, solicitando confirmação da carta patente no posto de coronel de Milícias da ilha Grande de Joanes, vago por promoção de António Joaquim de Barros no posto de governador e comandante militar. Anexo: carta, requerimento e certidões. **AHU_ACL_CU_013, Cx. 161, D. 12233.**
823	**1823, julho, 15, Pará** CARTA do sargento-mor interino comandante do Corpo de Artilharia de Linha da província do Pará, António Ladislau Monteiro Baena, para o rei [D. João VI], sobre as opressões e vexames perpetrados pelo governador de armas da província do Pará, brigadeiro José Maria de Moura, e pelo coronel Vilhaça. Anexo: lembrete. **AHU_ACL_CU_013, Cx. 161, D. 12234.**
824	**1823, julho, 23, Pará** OFÍCIO da Junta Provisória Revolucionária da província do Pará, para o [ministro e secretário de estado dos Negócios do Reino], Filipe Ferreira de Araújo e Castro, queixando-se dos reparos infundados apresentados pelo governador de armas da província do Pará, brigadeiro José Maria de Moura, a respeito dos atrasos ocorridos no embarque dos revoltosos, acusando as autoridades de apatia na defesa da província. Anexo: ofícios e relação (cópia). **AHU_ACL_CU_013, Cx. 161, D. 12239.**

825	**1823, julho, 23, Lisboa** CARTA do [ministro dos Negócios da Guerra e da Marinha e Ultramar], conde de Subserra, [Manuel Inácio Martins Pamplona Corte Real], para a Junta Provisória Revolucionária da província do Pará, remetendo carta régia sobre as conspirações ocorridas do Pará. Anexo: carta régia (cópia). **AHU_ACL_CU_013, Cx. 161, D. 12240.**
826	**1823, julho, 26, Pará** CARTA do ouvidor-geral da Comarca do Pará, Francisco Carneiro Pinto Vieira de Melo, para o rei [D. João VI], queixando-se dos procedimentos do governador de armas da província do Pará, brigadeiro [José Maria de Moura], desde o dia 13 de julho, após a chegada da notícia do restabelecimento da ordem e da paz no trono português, importunando a autoridade governativa dos membros da Junta Provisória Revolucionária da província do Pará. **AHU_ACL_CU_013, Cx. 161, D. 12242.**
827	**1823, julho, 26, Pará** OFÍCIO do governador de Armas da província do Pará, brigadeiro José Maria de Moura, para o [ministro dos Negócios da Guerra e da Marinha e Ultramar, conde de Subserra], Manuel Inácio Martins Pamplona [Corte Real], sobre as manifestações contra o Sistema Constitucional português ocorridas na província. **AHU_ACL_CU_013, Cx. 161, D. 12243.**
828	**1823, julho, 26, Pará** OFÍCIO da Junta Provisória Revolucionária da província do Pará,, para [secretário de estado dos Negócios do Reino], Joaquim Pedro Gomes de Oliveira, remetendo os votos de lealdade à Coroa Portuguesa. **AHU_ACL_CU_013, Cx. 161, D. 12244.**
829	**1823, julho, 26, Pará** OFÍCIO da Junta Provisória Revolucionária da província do Pará, para o [secretário de estado dos Negócios do Reino], Joaquim Pedro Gomes de Oliveira, sobre a chegada do prelado diocesano à província do Pará, a bordo da galera "Diligente". Anexo: lembrete. **AHU_ACL_CU_013, Cx. 161, D. 12246.**
830	**[Ant. 1823, julho, 30]** REQUERIMENTO de António José de Matos para o rei [D. João VI], solicitando confirmação de carta patente no posto de alferes da 2ª Companhia do Corpo de Tropas Ligeiras de Milícias da vila de Gurupá, vago por demissão de Salvador Francisco Pitas. Anexo: carta patente. AHU-Rio Negro, n.v.815. **AHU_ACL_CU_013, Cx. 161, D. 12248.**
831	**1823, agosto, 22, [Pará]** MAPA do registo das embarcações chegadas à província do Pará. **AHU_ACL_CU_013, Cx. 161, D. 12256.**
832	**[Ant. 1823, agosto, 23]** REQUERIMENTO do tabelião do Judicial e Notas da cidade de Belém do Pará, Marcelino Herculano Perdigão, para o rei [D. João VI], solicitando carta de confirmação naquele ofício. Anexo: requerimento. Obs.: m. est. **AHU_ACL_CU_013, Cx. 161, D. 12257.**

833	**1823, setembro, 9, Pará** OFICIO do intendente da Marinha do Pará, Joaquim Epifânio da Cunha, para o [secretário de estado da Marinha e Ultramar, conde Subserra, Manuel Inácio Martins Pamplona Corte Real], sobre as galeras apresadas no porto da cidade de Belém do Pará e as medidas que foram tomadas para a respectiva vistoria. Anexo: relação. **AHU_ACL_CU_013, Cx. 161, D. 12261.**
835	**1823, setembro, 15, [Lisboa]** AVISO de [secretário de estado dos Negócios da Justiça], Manuel Marinho Falcão de Castro para o [secretário de estado da Marinha e Ultramar], conde de Subserra, [Manuel Inácio Martins Pamplona Corte Real], remetendo cópia do ofício da Junta Governativa Provisória da província do Pará sobre uma conspiração havida no dia 28 de maio na freguesia de Muaná, comarca de Marajó. Anexo: ofício e relações (cópias). **AHU_ACL_CU_013, Cx. 161, D. 12263.**
836	**1823, setembro, 20, Lisboa** OFÍCIO do [conselheiro do Conselho da Guerra], visconde de Veiros, [Francisco de Paula Leite de Sousa] para o [secretário de estado da Marinha e Ultramar], conde de Subserra, [Manuel Inácio Martins Pamplona Corte Real], sobre o ofício remetido pelo coronel-comandante do regimento de Infantaria nº 19 da província do Pará, Joaquim José Maria de Sousa Tavares, participando a chegada da galera "Andorinha do Tejo" à cidade de Lisboa, transportando 242 presos para a cadeia do Limoeiro, entre eles o tenente-coronel Domingos Simões da Cunha. Anexo: ofício e mapa **AHU_ACL_CU_013, Cx. 161, D. 12266.**
837	**1823, setembro, 26, Lisboa** REQUERIMENTO do tenente-coronel agregado ao 2º Regimento de Milícias da cidade do Pará, Domingos Simões da Cunha, para o rei [D. João VI], solicitando a sua libertação. **AHU_ACL_CU_013, Cx. 161, D. 12267.**
838	**1823, outubro, 20, [Lisboa]** AVISO de [secretário de estado dos Negócios do Reino], Joaquim Pedro Gomes de Oliveira para o [secretário de estado da Marinha e Ultramar], conde de Subserra, [Manuel Inácio Martins Pamplona Corte Real], remetendo ofícios da Junta Provisória do Governo Civil da província do Pará. **AHU_ACL_CU_013, Cx. 161, D. 12274.**
839	**1823, outubro, 24, São Julião da Barra** REQUERIMENTO do cadete porta-estandarte do Esquadrão de Cavalaria de Linha do Pará, José Francisco Ferreira Ribeiro, para o [secretário de estado da Marinha e Ultramar, conde de Subserra, Manuel Inácio Pamplona Corte Real], solicitando certidão com a ordem régia de libertação de presos vindos do Pará. Anexo: requerimento. **AHU_ACL_CU_013, Cx. 161, D. 12277.**

840	**[Ant. 1823, novembro, 12]** REQUERIMENTO do cadete porta-estandarte do Esquadrão da Cavalaria de Linha do Pará, José Francisco Ferreira Ribeiro, para o rei [D. João VI], solicitando licença para regressar à província do Pará depois da sua prisão em Lisboa por motivos políticos. Anexo: cartas. **AHU_ACL_CU_013, Cx. 161, D. 12281.**
841	**1823, novembro, 15, galera "Tâmega"** OFÍCIO do governador de armas da província do Pará, brigadeiro José Maria de Moura, para o [secretário de estado da Marinha e Ultramar], conde de Subserra, [Manuel Inácio Martins Pamplona Corte Real], sobre os motivos porque saiu da província do Pará depois desta ter aderido à Independência do Brasil. **AHU_ACL_CU_013, Cx. 161, D. 12284.**
842	**1823, novembro, 18, São Julião da Barra** REQUERIMENTO de Jerónimo Roberto da Costa para o rei [D. João VI], solicitando licença para regressar à província do Pará, depois de ter estado preso em Lisboa por motivos políticos juntamente com mais 271 outros reclusos. Anexo: certidão. **AHU_ACL_CU_013, Cx. 161, D. 12286.**
843	**1823, novembro, 21, [Lisboa]** AVISO de [secretário de estado dos Negócios da Justiça], Manuel Marinho Falcão de Castro para o [secretário de estado da Marinha e Ultramar], conde de Subserra, [Manuel Inácio Martins Pamplona Corte Real], remetendo um ofício e uma carta do bispo do Pará, D. Romualdo [de Sousa Coelho], sobre a mudança política que ocorreu na província do Pará. Anexo: ofício e carta. **AHU_ACL_CU_013, Cx. 161, D. 12291.**
844	**1823, novembro, 25, Lisboa** OFÍCIO do governador de armas da província do Pará, brigadeiro José Maria de Moura, para o [secretário de estado da Marinha e Ultramar], conde de Subserra, [Manuel Inácio Pamplona Corte Real], enviando um relatório circunstanciado dos acontecimentos ocorridos na província do Pará que levaram à adesão da província à causa de Independência do Brasil. Anexo: lembrete. **AHU_ACL_CU_013, Cx. 161, D. 12292.**
845	**1823, novembro, 28, Lisboa** REQUERIMENTO de Vitorino Marques para o rei [D. João VI], solicitando passaporte para seguir viagem para o Rio de Janeiro, depois de se encontrar preso na província do Pará. Anexo: lembrete. **AHU_ACL_CU_013, Cx. 161, D. 12298.**
846	**1823, dezembro, 1, Lisboa** REQUERIMENTO do alferes do 1º Regimento de Infantaria de Lisboa da cidade de Belém do Pará, João de Passos, para o rei [D. João VI], solicitando autorização para a reunir à tropa residente na Torre de São Julião da Barra para que, em companhia desta, se reúna ao corpo militar a que pertence. **AHU_ACL_CU_013, Cx. 161, D. 12299.**

847	**1823, dezembro, 1, Lisboa** REQUERIMENTO do clérigo de Ordens Menores da diocese do Pará, Manuel José da Mota, para o rei [D. João VI], solicitando passaporte para seguir viagem para a província do Pará, depois de ter estado preso no Reino por motivos políticos. Anexo: atestação e certidão. **AHU_ACL_CU_013, Cx. 161, D. 12300.**
848	**1823, dezembro, 2, Lisboa** REQUERIMENTO do clérigo menor do bispado do Pará, Joaquim Manuel de Araújo, para o rei [D. João VI], solicitando passaporte para seguir viagem para a província do Pará depois de ter estado preso no Reino por motivos políticos. Anexo: certidão. **AHU_ACL_CU_013, Cx. 161, D. 12301.**
849	**1823, dezembro, 8, São Julião da Barra** REQUERIMENTO do alferes do 3º Regimento da província do Pará. José Maria Martins, para o rei [D. João VI], solicitando passaporte para seguir viagem para a província do Pará. Anexo:atestação. **AHU_ACL_CU_013, Cx.162, D. 12309.**
850	**[Ant. 1823, dezembro, 29]** REQUERIMENTO do tenente-coronel de Milícias da cidade do Pará, Domingos Simões da Cunha, preso na cadeia da corte, para o rei [D. João VI], solicitando a sua libertação. **AHU_ACL_CU_013, Cx. 162, D. 12322.**
851	**1823, dezembro, 29, São Julião da Barra** REQUERIMENTO do soldado de Infantaria da 2ª Linha da província do Pará, Domingos António Fernandes, para o rei [D. João VI], solicitando autorização para regressar àquela província, depois de ter estado preso em Lisboa por motivos políticos. **AHU_ACL_CU_013, Cx. 162, D. 12325.**
852	**Ca. 1823]** LISTA dos ofícios do governador de armas da província do Pará, brigadeiro José Maria de Moura. **AHU_ACL_CU_013, Cx. 162, D. 12327.**
853	**[Ca. 1823]** LEMBRETE dos ofícios da Intendência da Marinha do Pará. **AHU_ACL_CU_013, Cx. 162, D. 12328.**
854	**1824, janeiro, 2, São Julião da Barra** REQUERIMENTO do sargento do Esquadrão de Cavalaria da 1ª Linha da província do Pará, António Vicente Magno, para o rei [D. João VI], solicitando licença para regressar àquela província, depois de estar preso em Lisboa por motivos políticos. Anexo: carta e ofício. **AHU_ACL_CU_013, Cx. 162, D. 12336.**
855	**1824, janeiro, 2, Lisboa** REQUERIMENTO do sargento comandante do destacamento de Infantaria da província do Pará, José Caetano de Oliveira Lança, para o rei [D. João VI], solicitando que lhe entreguem, a si e aos seus companheiros, mantas para que os protejam do frio. **AHU_ACL_CU_013, Cx. 162, D. 12337.**

856	**1824, janeiro, 4, Porto** OFÍCIO do chefe de Esquadra da Intendência da Marinha, José Joaquim da Rosa Coelho, para o [secretário de estado da Marinha e Ultramar] conde de Subserra [Manuel Inácio Martins Pamplona Corte Real], sobre a adesão da província do Pará à causa da Independência do Brasil. **AHU_ACL_CU_013, Cx. 162, D. 12339.**
857	**1824, janeiro, 5, [Lisboa]** OFÍCIO do [ministro e secretário de estado dos Negócios da Guerra] conde de Subserra [Manuel Inácio Martins Pamplona Corte Real], para o secretário de Estado da Marinha e Ultramar, [conde de Subserra Manuel Inácio Martins Pamplona Corte Real], sobre o processo do tenente-coronel agregado ao Regimento n.º 2 de Milícias da província do Pará, Domingos Simões da Cunha, remetido pelo governador de Armas da província do Pará, brigadeiro [José Maria de Moura]. **AHU_ACL_CU_013, Cx. 162, D. 12340.**
858	**[Post. 1824, janeiro, 8]** REQUERIMENTO do cadete porta-bandeira do 2º Regimento do Pará, Teodósio Constantino de Chermont, para o rei [D. João VI], solicitando passaporte para regressar à província do Pará. Anexo: passaporte. **AHU_ACL_CU_013, Cx. 162, D. 12343.**
859	**[Ant. 1824, janeiro, 14]** REQUERIMENTO do alferes 2º Regimento de Infantaria da 1ª Linha da província do Pará, António de Loureiro Barreto, para o rei [D. João VI], solicitando autorização para regressar a um dos postos do Brasil, depois de uma longa estadia no presídio de São Julião da Barra, com a acusação de ter participado em alguns acontecimentos políticos ocorridos na província do Pará. Anexo: carta e passaporte. **AHU_ACL_CU_013, Cx. 162, D. 12346.**
860	**1824, janeiro, 15, Lisboa** OFÍCIO do [ministro e secretário de estado dos Negócios da Guerra], conde de Subserra, [Manuel Inácio Martins Pamplona Corte Real], para a Secretaria de Estado da Marinha e Ultramar, sobre o tenente coronel agregado ao 2º Regimento de Milícias do Pará, Domingos Simões da Cunha, preso em Lisboa por motivos políticos, solicitando a sua libertação. Anexo: relação. **AHU_ACL_CU_013, Cx. 162, D. 12348.**
861	**1824, janeiro, 17, Salvaterra de Magos** PASSAPORTE do [ministro e secretário de estado dos Negócios da Guerra e interino da Marinha e Ultramar] conde de Subserra [Manuel Inácio Martins Pamplona Corte Real], autorizando o cadete porta-bandeira do 2º Regimento de Infantaria da cidade de Belém do Pará, Teodósio Constantino Pimenta Chermont, a seguir viagem de Lisboa para o Pará. **AHU_ACL_CU_013, Cx. 162, D. 12349.**

862	**1824, fevereiro, 24, Lisboa** REQUERIMENTO do tenente coronel do 2º Regimento da 2º Linha do Pará, Domingos Simões da Cunha, para o rei [D. João VI], solicitando a sua nomeação para o posto de coronel, em reconhecimento pelos serviços prestados. Anexo: sobrescrito, portaria, instrumento pública forma, certidões e requerimentos (cópia). **AHU_ACL_CU_013, Cx. 162, D. 12357.**
863	**1824, fevereiro, 26, Lisboa** REQUERIMENTO do tenente coronel do 2º Regimento da 2º Linha do Pará, Domingos Simões da Cunha, para o rei [D. João VI], solicitando assentamento de praça na Tesouraria Geral das Tropas do Reino. Anexo: ofício, atestação e certidão. **AHU_ACL_CU_013, Cx. 162, D. 12358.**
864	**1824, março, 8, Lisboa** REQUERIMENTO do cirurgião-mor António Manuel de Sousa, para a [secretário de estado da Marinha e Ultramar, conde da Subserra, Manuel Inácio Pamplona Corte Real], solicitando os soldos que lhe são devidos pelos serviços prestados no Pará. Anexo: portaria, requerimentos, provisão e passaporte (cópia). **AHU_ACL_CU_013, Cx. 162, D. 12362.**
865	**1824, março, 9, Porto** OFÍCIO do chefe de esquadra e intendente da Marinha, José Joaquim da Rosa Coelho, para o [secretário de Estado da Marinha e Ultramar] conde de Subserra, [Manuel Inácio Martins Pamplona Corte Real], sobre a chegada, ao Porto, do bergantim português "General Rego" e as desordens ocorridas no Pará. **AHU_ACL_CU_013, Cx. 162, D. 12364.**
866	**1824, março, 9, São João da Foz do Douro** OFÍCIO de Francisco António de Miranda, para o [secretário de Estado da Marinha e da Guerra], conde de Subserra, [Manuel Inácio Martins Pamplona Corte Real], sobre a chegada do bergantim português "General Silveira" e a descrição da capacidade militar existente no Pará. **AHU_ACL_CU_013, Cx. 162, D. 12366.**
867	**1824, março, 12, [Lisboa]** AVISO do [secretário de estado dos Negócios da Guerra], conde de Subserra, [Manuel Inácio Pamplona Corte Real] para o secretário de estado da Marinha e Ultramar, [conde de Subserra, Manuel Inácio Martins Pamplona Corte Real] remetendo dois ofícios relativos à má conduta do capitão Joaquim António de Macedo. Anexo: ofícios, manifesto e suplemento n.º XVIII (cópias). Obs.: doc. em anexo impresso. **AHU_ACL_CU_013, Cx. 162, D. 12367.**
868	**1824, março, 23, [Lisboa]** OFÍCIO do [secretário de estado dos Negócios da Guerra], conde de Subserra, [Manuel Inácio Pamplona Corte Real], para o [secretário de estado dos da Marinha e Ultramar], conde de Subserra, [Manuel Inácio Martins Pamplona Corte Real], remetendo cópia de uma informação relativa ao estado em que se encontra o Pará, dada pelo capitão do navio "General Rego". Anexo: oficio (cópia). **AHU_ACL_CU_013, Cx. 162, D. 12371.**

869	**1824, abril, 22, Lisboa** REQUERIMENTO do cabo de Esquadra do 3º Regimento de Infantaria do Pará, João António Serrão, para o [secretário de estado dos Negócios da Guerra, conde da Subserra, Manuel Inácio Pamplona Corte Real], solicitando fardamento para as suas tropas. Anexo: aviso e lembrete. **AHU_ACL_CU_013, Cx. 162, D. 12379.**
870	**1824, abril, 27, galera "Maria"** REQUERIMENTO de vários indivíduos deportados da província do Pará, para o rei [D. João VI], solicitando proteção para que possam ajudar na restauração da paz no Pará, após as revoltas que lá têm ocorrido. Anexo: periódico "O Independente". Obs.: doc. em anexo impresso, m. est. **AHU_ACL_CU_013, Cx. 162, D. 12383.**
871	**1824, maio, 3, Gibraltar** OFÍCIO de José Agostinho Tarral, para o [secretário de estado da Marinha e Ultramar], conde de Subserra, [Manuel Inácio Martins Pamplona Corte Real], sobre a chegada da galera [dinamarquesa] "Palmbaum", proveniente do Pará, trazendo notícias da revolta no Pará e da expulsão dos Militares de 1ª e 2ª Linhas, negociantes e outros. Anexo: 2ª via e lembrete. **AHU_ACL_CU_013, Cx. 162, D. 12384.**
872	**[Ant. 1824, maio, 5]** REQUERIMENTO do major e ajudante de Ordens do Governo da província do Pará, José de Brito Inglês, para o rei [D. João VI], solicitando a carta patente de tenente-coronel agregado ao 2º Regimento de Infantaria de Linha daquela província, para o qual havia sido nomeado. Anexo: lembrete. **AHU_ACL_CU_013, Cx. 162, D. 12385.**
873	**1824, maio, 15, [Lisboa]** OFÍCIO do [secretário de estado dos Negócios da Guerra] conde de Subserra [Manuel Inácio Martins Pamplona Corte Real], para o secretário de estado da Marinha e Ultramar, [conde de Subserra, Manuel Inácio Martins Pamplona Corte Real], comunicando que a Junta da Fazenda Real do Arsenal Real do Exército mandou colocar à disposição do inspector da Brigada Real da Marinha doze fardamentos para as praças do Pará. **AHU_ACL_CU_013, Cx. 162, D. 12387.**
874	**1824, maio, 18, Lisboa** REQUERIMENTO do soldado do Pará, Luís António Ricardo, para o rei [D. João VI], solicitando autorização para se deslocar ao Maranhão, e dali partir o mais breve possível para o Reino. Anexo: requerimento e lembrete. **AHU_ACL_CU_013, Cx. 162, D. 12388.**
875	**1824, junho, 12, Lisboa** REQUERIMENTO do alferes da 2º Companhia de Fuzileiros do 3º Regimento de Infantaria de 1ª Linha da Guarnição do Pará, João de Freitas Portugal, para o rei [D. João VI], solicitando a patente do posto para o qual foi nomeado, a fim de que possa vencer o soldo respectivo. Anexo: lembrete. **AHU_ACL_CU_013, Cx. 162, D. 12393.**

876	**1824, julho, 2, Lisboa** REQUERIMENTO do capitão da 2ª Companhia de Granadeiros do 2º Regimento de Infantaria de 1ª Linha do Pará, Teodoro Joaquim da Costa Valente, para o rei [D. João VI], solicitando sua promoção no posto de sargento-mor do seu Regimento, em recompensa pelos serviços prestados. Anexo: lembrete. **AHU_ACL_CU_013, Cx. 162, D. 12399.**
877	**1824, julho, 5, [Lisboa]** OFÍCIO do [secretário de estado dos Negócios da Guerra], conde de Subserra, [Manuel Inácio Martins Pamplona Corte Real], para o secretário de estado da Marinha e Ultramar, [conde de Subserra, Manuel Inácio Martins Pamplona Corte Real], solicitando a passagem de cópias autenticadas das guias dos autos das culpas do contingente do Regimento de Infantaria de Linha do Pará. Anexo: ordens de serviços e atestações (cópias). **AHU_ACL_CU_013, Cx. 162, D. 12400.**
878	**1824, julho, 15, Lisboa** REQUERIMENTO do alferes da 2ª Companhia de Fuzileiros do 3º Regimento de Infantaria da 1ª Linha do Pará, João de Freitas Portugal, para o rei [D. João VI], solicitando a confirmação da carta patente no posto de alferes, em atenção aos trinta e três anos que tem de serviços prestados. Anexo: lembrete e certidão. **AHU_ACL_CU_013, Cx. 162, D. 12402.**
879	**1824, julho, 22, [Lisboa]** OFÍCIO do [secretário de estado dos Negócios Eclesiásticos e da Justiça], arcebispo de Évora, para o [secretário de estado da Marinha e Ultramar], conde de Subserra, [Manuel Inácio Martins Pamplona Corte Real], remetendo o requerimento do padre Francisco de Barros, solicitando a sua nomeação como vigário colado de uma freguesia no Pará. **AHU_ACL_CU_013, Cx. 162, D. 12405.**
880	**[Ant. 1824, julho, 29]** REQUERIMENTO do religioso da Ordem da Penitência, fr. Caetano Antunes, para o rei [D. João VI], solicitando sua nomeação para o cargo de capelão da charrua "Gentil Americana" ou de outra qualquer que se arme com destino ao Pará. **AHU_ACL_CU_013, Cx. 162, D. 12407.**
881	**[Post. 1824, julho, 31]** REQUERIMENTO dos oficiais subalternos dos Regimentos de Infantaria de Linha da província do Pará, para o rei [D. João VI], solicitando confirmação dos despachos em que foram promovidos. Anexo: lembrete. **AHU_ACL_CU_013, Cx. 162, D. 12410.**
882	**1824, agosto, 6, Lisboa** CONSULTA do Conselho Ultramarino para o rei [D. João VI], sobre o requerimento de António Peixoto de Miranda, solicitando confirmação da carta patente do posto de alferes de um dos Corpos de Cavalaria de Linha da província do Pará, bem como o pagamento de todos os soldos desde que foi promovido naquele posto. Anexo: requerimentos, certidões, ofício, cartas, licenças e parecer (cópias). **AHU_ACL_CU_013, Cx. 163, D. 12412.**

883	**1824, agosto, 14, [Lisboa]** PORTARIA (registo) do [secretário de estados da Marinha e Ultramar], conde de Subserra, [Manuel Inácio Pamplona Corte Real], para o major-general de Armada Real, marquês de Viana, [D. João Manuel de Meneses], ordenando que o cabo de esquadra da província do Pará, José António Serrão, agregado à Brigada Real da Marinha, possa retirar-se com seus companheiros para aquela província. **AHU_ACL_CU_013, Cx. 163, D. 12416.**
884	**1824, agosto, 26, Lisboa** OFÍCIO do brigadeiro José Maria de Moura, sobre os princípios que regeram a sua conduta enquanto governador de armas da província do Pará. **AHU_ACL_CU_013, Cx. 163, D. 12419.**
885	**1824, setembro, 15, Lisboa** REQUERIMENTO do tenente-coronel agregado ao Regimento de Infantaria de 1ª Linha n.º 2 da província do Pará, José de Brito Inglês, para o rei [D. João VI], solicitando sua participação na Expedição ao Pará com o Regimento de que é tenente, no seu antigo posto de ajudante de ordens do governo, ou em qualquer outro serviço, como o comando da Fortaleza de Barra. **AHU_ACL_CU_013, Cx. 163, D. 12421.**
886	**1824, outubro, 15, Lisboa** REQUERIMENTO do tenente-coronel do 2º Regimento de Infantaria de Linha do Pará, José de Brito Inglês, para o rei [D. João VI], solicitando licença para participar na Expedição ao Pará, com o governo da Fortaleza da Barra daquela província e a graduação de coronel adiado ao Estado Maior do Exército, ou o governo da Fortaleza, praça e vila de Macapá e a graduação no posto de coronel com o exercício de ajudante de Ordens do Governo da província. Anexo: lembrete. **AHU_ACL_CU_013, Cx. 163, D. 12424.**
887	**1824, novembro, 20, Lisboa** REQUERIMENTO do alferes de Cavalaria de Linha da província do Pará, António Peixoto de Miranda, para o rei [D. João VI], solicitando licença para se deslocar à cidade do Porto, até que sejam resolvidos seus requerimentos relativos ao pagamento dos soldos que lhe são devidos. Anexo: lembrete. Obs.: m. est. **AHU_ACL_CU_013, Cx. 163, D. 12432.**
888	**1824, novembro, 23, [Lisboa]** OFÍCIO do contador geral da Marinha, José António Teixeira Lobo, para o [secretário de Estado da Marinha e Ultramar], conde de Subserra, [Manuel Inácio Pamplona Corte Real], sobre o requerimento do contramestre de Número da Armada Real, Marcelino José, solicitando o pagamento de seus soldos. Anexo: lembretes. **AHU_ACL_CU_013, Cx. 163, D. 12434.**
889	**[post. 1824, dezembro, 10]** CONSULTA (extrato) do Conselho Ultramarino, para o rei [D. João VI], sobre o requerimento do médico do Hospital do Pará, João Venâncio Pereira, solicitando o pagamento dos seus vencimentos em atraso. Obs.: m. est. **AHU_ACL_CU_013, Cx. 163, D. 12437.**

890	**[Ant. 1825, Janeiro, 20]** REQUERIMENTO do comissário do Número das Naus da Armada Real, Joaquim José de Santa Ana Lima, para o rei [D. João VI], solicitando o pagamento dos vencimentos devidos como oficial de Guarnições da nau "D. João VI", que conduziu o monarca para o Reino. **AHU_ACL_CU_013, Cx. 163, D. 12446.**
891	**1825, Janeiro, 25, Lisboa** REQUERIMENTO do padre Francisco de Barros, para o rei [D. João VI], solicitando a entrega dos papéis e requerimentos sobre a sua condução para a vigairaria de Santa Ana de Campina ou para a vila do Caeté, bem como o respectivo recibo. Anexo: carta, requerimento, certidões, provisão e periódico "O Independente" (cópia). Obs.: doc. em anexo impresso. **AHU_ACL_CU_013, Cx. 163, D. 12448.**
892	**1825, Janeiro, 25, Lisboa** REQUERIMENTO de Bernardino de Sena de Azevedo e Melo, para o rei [D. João VI], solicitando certidão do seu vencimento enquanto almoxarife do Hospital Militar da cidade de Belém do Pará. Anexo: certidão. **AHU_ACL_CU_013, Cx. 163, D. 12449.**
893	**1825, Fevereiro, 6, Lisboa** REQUERIMENTO do alferes do 3º Regimento de Infantaria da 1ª Linha da província do Pará, António José Alves Província, para o rei [D. João VI], solicitando a patente do posto que ocupa. Anexo: lembrete. **AHU_ACL_CU_013, Cx. 163, D. 12451.**
894	**1825, Fevereiro, 11, Lisboa** REQUERIMENTO do capitão do Regimento de Infantaria de 1ª Linha do Pará, João Pedro da Costa, para o rei [D. João VI], solicitando confirmação da carta patente do seu posto. Anexo: lembrete e certidão. **AHU_ACL_CU_013, Cx. 163, D. 12452.**
895	**1825 Março 9, Lisboa** CONSULTA do Conselho Ultramarino para o rei D. João VI, sobre o requerimento do negociante da praça do Pará, João António Lopes, solicitando o Hábito da Ordem de Cristo. Anexo: requerimentos e parecer (cópia). **AHU_ACL_CU_013, Cx. 163, D. 12455.**
896	**1825, Abril, 15, Lisboa** OFÍCIO do [contador fiscal das Tropas], António Firmo Felner, para o [ministro dos Negócios Estrangeiros], conde de Barbacena, Francisco [Furtado de Castro do Rio de Mendonça e Faro], remetendo a despesa que se teve com o destacamento militar da província do Pará. Anexo: portaria e relação (minuta). AHU-Brasil Diversos, nº 33. **AHU_ACL_CU_013, Cx. 163, D. 12458.**

897	**1825, Abril, 29, Lisboa** REQUERIMENTO do sargento do 2º Regimento de Infantaria da província do Pará, José Caetano de Oliveira e Lança, para o rei [D. João VI], solicitando ser contemplado com um fardamento, à semelhança do destacamento da Brigada Real da Marinha, à qual se encontra agregado. **AHU_ACL_CU_013, Cx. 163, D. 12462.**
898	**1825, Maio, 4, Lisboa** REQUERIMENTO do alferes do 1º Regimento de Infantaria de 1ª Linha da cidade de Belém do Pará, Francisco Marcelino, para o rei [D. João VI], solicitando a sua confirmação no posto de governador de armas ou a graduação de tenente. Anexo: lembrete. **AHU_ACL_CU_013, Cx. 163, D. 12463.**
899	**1825, Junho, 9, Lisboa** REQUERIMENTO do cirurgião-mor do Estado e do Hospital Militar da província do Pará, António Manuel de Sousa, para o rei [D. João VI], solicitando graduação militar superior. Anexo: lembrete. **AHU_ACL_CU_013, Cx. 163, D. 12465.**
900	**[Ant.1825, Junho, 16]** REQUERIMENTO da índia da nação tapuia, Teresa Joaquina, para o rei [D. João VI], solicitando passaporte gratuito para regressar ao Pará. Anexo: lembrete. **AHU_ACL_CU_013, Cx. 163, D. 12467.**
901	**[Ant.1825, Julho, 4]** REQUERIMENTO do primeiro médico do Exército e físico-mor de província do Pará, João Venâncio da Veiga, para o rei [D. João VI], solicitando que na Tesouraria se lhe ajustem os seus vencimentos. Anexo: certidões, atestações, lembretes, ofícios e requerimentos. **AHU_ACL_CU_013, Cx. 163, D. 12470.**
902	**[1825, Julho, 7, Lisboa]** REQUERIMENTO da índia de nação tapuia, Teresa Joaquina, para o rei [D. João VI], solicitando passaporte para seguir viagem para a província do Pará. Anexo: atestação. **AHU_ACL_CU_013, Cx. 163, D. 12471.**
903	**1825, Julho, 26, Lisboa** OFÍCIO do [secretário de estado dos Negócios do Reino], José Joaquim de Almeida de Lacerda, para o [secretário de estado da Marinha e Ultramar], Joaquim Monteiro Torres, remetendo o requerimento do capitão do Regimento n.º 2 de Infantaria de Linha de Guarnição da província do Pará, Joaquim José Jordão, solicitando a mercê do Hábito da Ordem de São Bento de Avis. Anexo: lembrete e ofícios (cópia). **AHU_ACL_CU_013, Cx. 163, D. 12474.**

904	**[Ant.1825, Agosto, 5]** REQUERIMENTO de Francisco António Nunes, para o rei [D. João VI], solicitando o pagamento de dois anos de soldo devidos por serviços prestados no destacamento do Rio Negro, bem como cinco anos de fardamento correspondente ao tempo que serviu como soldado do 3º Regimento de 1ª Linha da Companhia de Granadeiros do Pará. Anexo: lembrete. **AHU_ACL_CU_013, Cx. 163, D. 12475.**
905	**1825, Agosto, 18, Lisboa** REQUERIMENTO do capitão da 8ª Companhia do 2º Regimento de 1ª Linha do Pará, Joaquim José Jordão, para o rei [D. João VI], solicitando confirmação da carta patente do posto que ocupa e pagamento do soldo correspondente. Anexo: lembretes, requerimentos e certidão. **AHU_ACL_CU_013, Cx. 163, D. 12476.**
906	**1825, Agosto, 18, Lisboa** REQUERIMENTO do capitão da 1ª Companhia do 1º Regimento de 1ª Linha do Pará, João Pedro da Costa, para o rei [D. João VI], solicitando confirmação da carta patente do posto que ocupa e pagamento do soldo correspondente. Anexo: lembretes, certidão e requerimento. **AHU_ACL_CU_013, Cx. 163, D. 12477.**
907	**1825, Agosto, 20, Lisboa** REQUERIMENTO do tenente da 8ª Companhia do 1º Regimento de Infantaria da 1ª Linha do Pará, Luís António de Carvalho, para o rei [D. João VI], solicitando confirmação da carta patente do posto que ocupa e pagamento do soldo correspondente. Anexo: lembrete e atestações. **AHU_ACL_CU_013, Cx. 163, D. 12479.**
908	**1825, Agosto, 31, Lisboa** REQUERIMENTO de Francisco António Nunes, para o rei [D. João VI], solicitando o pagamento dos soldos em atraso relativos aos serviços prestados no posto de soldado do 3º Regimento da 1ª Linha da 1ª Companhia de Granadeiros na província do Pará. Anexo: requerimentos, lembretes e certidão. **AHU_ACL_CU_013, Cx. 163, D. 12480.**
909	**[Ant.1825, Setembro, 3]** REQUERIMENTO de Manuel Nunes da Trindade, para o rei [D. João VI], solicitando passaporte para poder regressar ao Pará, com escala em Gibraltar, acompanhado de um criado pardo forro, Raimundo Teixeira. Anexo: atestação. **AHU_ACL_CU_013, Cx. 163, D. 12481.**
910	**1825, Setembro, 12, Lisboa** CARTA do major-general da Armada Real, marquês de Viana, [D. João Manuel de Meneses], para o rei [D. João VI], sobre a requerimento do sargento de Infantaria da província do Pará, José Caetano de Oliveira e Lança, actualmente agregado ao Corpo da Brigada Real da Marinha, solicitando ser contemplado com fardamento e fardetas para os militares do seu destacamento, como recompensa dos serviços prestados na condução de alguns presos para a Corte. Anexo: lembretes e requerimento. **AHU_ACL_CU_013, Cx. 163, D. 12486.**

911	**[Ant.1825, Outubro, 8]** REQUERIMENTO de Ana Maria Campos, mulher do negociante da praça do Pará, Camilo José de Campos, para o rei [D. João VI], solicitando passaporte gratuito para seguir viagem rumo ao Pará. Anexo: atestação e passaporte. **AHU_ACL_CU_013, Cx. 163, D. 12492.**
913	**1825, Outubro, 21, Mafra]** PASSAPORTE do secretário de estado da Marinha e Ultramar, Joaquim José Monteiro Torres, concedendo autorização a Mariana Raimunda do Espírito Santo, e a seus três filhos, Caetano Ferreira Vieira, Manuel Ferreira Viana e Francisca Maria, para embarcarem no primeiro navio que partisse do porto de Lisboa com destino à província do Pará. **AHU_ACL_CU_013, Cx. 163, D. 12496.**
914	**1825, Outubro, 22, Lisboa** REQUERIMENTO do ex-soldado da província do Pará, Francisco António Nunes, para o [secretário de estado da Marinha e Ultramar, Joaquim José Monteiro Torres], solicitando o seu provimento num emprego civil, como cozinheiro, fiel de Comissário ou sacristão, ou como militar numa embarcação de guerra, como meios de subsistência. Anexo: lembrete. **AHU_ACL_CU_013, Cx. 163, D. 12497.**
915	**1825, Novembro, 14, Lisboa** OFÍCIO de Manuel Vicente Teixeira de Carvalho, para o [secretário de estado da Marinha e Ultramar], Joaquim José Monteiro Torres, sobre o requerimento do comandante do Forte São Pedro Nolasco da cidade de Belém do Pará, Manuel Luís de Melo, solicitando a mercê do Hábito da Ordem de São Bento de Avis. Anexo: requerimentos, carta patente, certidões e ofício (cópia). **AHU_ACL_CU_013, Cx. 163, D. 12501.**
916	**1825 Dezembro 28, Lisboa** CARTA do major-general da Armada Real, marquês de Viana [D. João Manuel de Meneses], para o rei [D. João VI], sobre o requerimento do 1º tenente da Armada Real, João Gonçalves Correia, solicitando baixa do posto que ocupa, a fim de viajar até a província do Pará com o objectivo de ali tratar de alguns negócios. **AHU_ACL_CU_013, Cx. 164, D. 12510.**
917	**[Ca.1825]** REQUERIMENTO do fidalgo Manuel Inácio de Sampaio, para o rei [D. João VI], solicitando sua nomeação para o cargo de conselheiro do Conselho Ultramarino, em lugar do exercício do cargo de governador da província do Pará, em que foi nomeado. Anexo: requerimento. **AHU_ACL_CU_013, Cx. 164, D. 12512.**
918	**[Post. 1826, Janeiro, 13]** REQUERIMENTO do capitão do bergantim "General Noronha", Joaquim Eusébio de Aguiar, para o rei [D. João VI], solicitando a admissão no exercício do cabo da ponte na província do Pará. Anexo: certidão e lembrete. **AHU_ACL_CU_013, Cx. 164, D. 12515.**

919	**[Ant. 1826, Março, 31]** REQUERIMENTO de Isidoro de Almeida e Filhos, para o rei [D. Pedro IV], solicitando a expedição do aviso de autorização da saída de um carregamento de 200 barris de pólvora, adquiridos em troca do salitre vendido ao Arsenal Real do Exército, os quais pretende transportar para a província do Pará. **AHU_ACL_CU_013, Cx. 164, D. 12523.**
920	**[Ant. 1826, Abril, 7]** REQUERIMENTO de José Máximo Coelho Falcão para o rei [D. Pedro IV], solicitando o provimento no cargo de oficial da Secretaria [de Estado] da Marinha e Ultramar, em acumulação com o cargo de administrador da Mesa da Estiva da Alfândega do Pará que actualmente exerce. Anexo: lembrete. **AHU_ACL_CU_013, Cx. 164, D. 12524.**
921	**[1826, Abril, 14, Lisboa]** REQUERIMENTO dos oficiais das Tropas de Linha e Milícias do Pará, para o rei [D. Pedro IV], solicitando certidão do conteúdo da carta régia de 5 de Outubro de 1807, dirigida ao Conde dos Arcos enquanto governador da província do Pará. **AHU_ACL_CU_013, Cx. 164, D. 12526.**
922	**[1826, Maio, 2, Lisboa]** OFÍCIO do desembargador Diogo Vieira de Tovar e Albuquerque, para o [conselheiro do Conselho de Guerra], barão de Vila da Praia, [Duarte Borges da Câmara e Medeiros], sobre o requerimento do sargento-mor de Artilharia [da província do Pará], José Vitorino de Amarante, solicitando a expedição do decreto dos serviços que prestou, enquanto de fiscal das Mercês. Anexo: requerimentos. **AHU_ACL_CU_013, Cx. 164, D. 12527.**
923	**[1826, Maio, 9, Lisboa]** REQUERIMENTO de Maria Joaquina Thomsen da Silva para o rei [D. Pedro IV], solicitando o perdão para seu marido Francisco Henrique Thomsen, degregado na província do Pará por suspeitas de viciar em aviso a seu favor. **AHU_ACL_CU_013, Cx. 164, D. 12529.**
924	**[1826, Maio, 25, Queluz]** DECRETO do rei D. Pedro IV, concedendo a demissão dos serviços ao tenente da 2ª Companhia de Granadeiros do 2º Regimento de Infantaria de 1ª Linha da província do Pará, Francisco de Sales e Brito Inglês. **AHU_ACL_CU_013, Cx. 164, D. 12530.**
925	**[1826 Junho 6, Lisboa]** OFÍCIO do [secretário de estado da Marinha e Ultramar], Joaquim José Monteiro Torres, para o [secretário de estado dos Negócios da Guerra], conde de Barbacena, [Francisco Furtado de Castro do Rio de Mendonça e Faro], sobre o envio das relações de ofícios da Junta Provisória do Governo da província do Pará, relativas às pretensões e questões levantadas pelo governador de armas da província do Pará, José Maria de Moura, dirigidos ao Ministério da Marinha nos anos de 1822, 1823 e 1824. Anexo: relações. **AHU_ACL_CU_013, Cx. 164, D. 12531.**

926	**[Ant. 1826, Agosto, 12]** REQUERIMENTO de Bernardo José de Vilhena para o rei [D. Pedro IV], solicitando o provimento no lugar de escrivão de Alfândega a província do Pará. Anexo: lembrete. **AHU_ACL_CU_013, Cx. 164, D. 12535.**
927	**[Ant. 1826, Agosto, 16]** REQUERIMENTO do administrador da alfândega do Pará, José Pedro Freire de Gouveia, para o [secretário de estado da Marinha e Ultramar, Manuel Inácio da Costa Quintela], solicitando o envio de um diploma de concessão de passaportes gratuitos aos emigrados do Brasil. Anexo: lembrete. **AHU_ACL_CU_013, Cx. 164, D. 12536.**
928	**[1826 Agosto 19, Lisboa]** REQUERIMENTO do ex-almoxarife do Hospital Militar da cidade do Pará, Bernardino de Sena Azevedo e Melo, para a princesa regente [D. Isabel Maria], solicitando o provimento no lugar de almoxarife do Hospital da Marinha em Lisboa. **AHU_ACL_CU_013, Cx. 164, D. 12537.**

Paraíba AHU_ACL_CU_014

929	**1821, outubro, 12, Paraíba** CARTA dos oficiais da Câmara da Paraíba ao rei [D. João VI], sobre o julgamento do governo interino em Goiana, e o modo pelo qual procederam à eleição dos deputados da Paraíba. Anexo: 3 docs. AHU-Paraíba, cx. 2 **AHU_ACL_CU_014, Cx. 49, D. 3449.**
930	**1821, outubro, 27, Paraíba** CARTA dos oficiais da Câmara da Paraíba ao rei [D. João VI], sobre a repercussão na Paraíba da Revolução do Porto e a posição tomada pelo governador Joaquim Rebelo da Fonseca Rosado. Anexo: 7 docs. AHU-Paraíba, mç. 38 **AHU_ACL_CU_014, Cx. 49, D. 3450.**
931	**1821, dezembro, 20, Paraíba** OFÍCIO do presidente da Junta do governo Interino da Paraíba, João de Araújo da Cruz, ao [secretário de estado da Marinha], Joaquim José Monteiro Torres, apresentando o requerimento de Joaquim da Silva Ribeiro, em que solicita o perdão pela participação na convulsão de 1817. Anexo: 3 docs. AHU-Paraíba, mç. 38 **AHU_ACL_CU_014, Cx. 49, D. 3454.**
932	**1821, fevereiro, 3, Paraíba** CARTA do major encarregado do Comando das Armas, Trajano António Gonçalves de Medeiros, ao rei [D. João VI], congratulando-se com a abertura do Soberano Congresso e dizendo-se adepto do sistema constitucional. AHU-Paraíba, mç. 38 **AHU_ACL_CU_014, Cx. 50, D. 3457.**

933	**1821, fevereiro, 3, Paraíba** OFÍCIO do major encarregado dos Comandos das Armas, Trajano António Gonçalves de Medeiros, ao [secretário de estado da Guerra], Cândido José Xavier, congratulando-se com a abertura do soberano Congresso e dizendo-se adepto do sistema constitucional. AHU-Paraíba, mç. 38 **AHU_ACL_CU_014, Cx. 50, D. 3458.**
934	**1821, fevereiro, 6, Paraíba** CARTA da Junta Provisória do Governo da Paraíba, ao rei [D. João VI], sobre a eleição e composição dos membros da dita Junta; e sobre ter pedido ajuda a Pernambuco para dar cabo ao tumulto que se desencadeou no Batalhão de Infantaria de Linha contra o seu comandante e ajudante AHU-Paraíba, mç. 38 **AHU_ACL_CU_014, Cx. 50, D. 3459.**
935	**1821, fevereiro, 6, Paraíba** OFÍCIO da Junta Provisória do Governo da Paraíba, ao [secretário de estado da Guerra], Cândido José Xavier, sobre ter pedido ajuda a Pernambuco para dar cabo ao tumulto que se desencadeou no Batalhão de Infantaria de Linha contra o seu comandante e o ajudante. Anexo: 1 doc. AHU-Paraíba, mç. 38 **AHU_ACL_CU_014, Cx. 50, D. 3461.**
936	**1821, fevereiro, 18, Paraíba** CARTA da Junta Provisória do Governo da Paraíba, ao rei [D. João VI], sobre o fato acontecido na capitania do Rio Grande, envolvendo o ouvidor e Joaquim Torquato Soares Raposo da Câmara, na tentativa de forçar uma segunda eleição. Anexo: 1 doc. AHU-Paraíba, mç. 38 **AHU_ACL_CU_014, Cx. 50, D. 3463.**
937	**1821, fevereiro, 18, Paraíba** OFÍCIO da Junta Provisória do Governo da Paraíba, ao [secretário de estado da Guerra] Cândido José Xavier, remetendo uma representação sobre o fato acontecido na capitania do Rio Grande, envolvendo o ouvidor e Joaquim Torquato Soares Raposo da Câmara, na tentativa de forçar uma segunda eleição. Anexo: 2 docs. AHU-Paraíba, mç. 38 **AHU_ACL_CU_014, Cx. 50, D. 3464.**
938	**1821, fevereiro, 22, Paraíba** CARTA do Junta Provisória do Governo da Paraíba, ao rei [D. João VI], comunicando o desassossego que em poucos dias se espalhou, em diferentes pontos da província; e relatando ter sido necessário enviar um destacamento para Itabaiana, e outro para a vila Real do Brejo de Areia, para restabelecer a paz. Anexo: 1 doc. AHU-Paraíba, mç. 38 **AHU_ACL_CU_014, Cx. 50, D. 3465.**

939	**1821, fevereiro, 22, Paraíba** OFÍCIO da Junta Provisória do Governo da Paraíba, ao [secretário de estado da Guerra], Cândido José Xavier, sobre os tumultos ocorridos na província e as providências que tomou para controlar a situação. Anexo: 1 doc. AHU-Paraíba, mç. 33 **AHU_ACL_CU_014, Cx. 50, D. 3466.**
940	**1821, fevereiro, 23, Paraíba** CARTA da Junta Provisória do Governo da Paraíba, ao rei [D. João VI], em que participa a instalação da Junta Provisória, em conformidade com o Decreto das Cortes. Anexo: 4 docs. AHU-Paraíba, mç. 38 **AHU_ACL_CU_014, Cx. 50, D. 3467.**
941	**1821, fevereiro, 23, Paraíba** CARTA da Junta Provisória do Governo da Paraíba, ao rei [D. João VI], sobre os procedimentos que se têm efectuado para o aumento e propagação do bem e tranquilidade pública. Anexo: 2 docs. AHU-Paraíba, mç. 38 **AHU_ACL_CU_014, Cx. 50, D. 3468.**
942	**1821, março, 16, Paraíba** CARTA da Junta Provisória do Governo da Paraíba, ao rei [D. João VI], sobre o amplo movimento político existente na Paraíba e Pernambuco, contrário ao governo Constitucional e a favor da independência. Anexo: 4 docs. AHU-Paraíba, mç. 38 **AHU_ACL_CU_014, Cx. 50, D. 3470.**
943	**1821, abril, 2, Paraíba** CARTA da Junta Provisória do Governo da Paraíba, ao rei [D. João VI], remetendo dois decretos do príncipe regente e informando do desgosto que assola a Paraíba, por temer o retorno ao antigo sistema colonial; e das rivalidades crescentes entre brasileiros e europeus, principalmente em Pernambuco. Anexo: 3 docs. AHU-Paraíba, mç. 38 **AHU_ACL_CU_014, Cx. 50, D. 3473.**
944	**1821, abril, 2, Paraíba** OFÍCIO da Junta Provisória do Governo da Paraíba, ao [secretário de estado da Guerra], Cândido José Xavier, remetendo dois decretos do príncipe regente; informando do desgosto que assola a Paraíba, por temer o retorno ao antigo sistema colonial, e das rivalidades crescentes entre brasileiros e europeus; e informando, ainda, acerca da sentença que, no Conselho Supremo Militar do Rio de Janeiro, foi dada ao réu João Alves Massa. Anexo: 3 docs. AHU-Paraíba, mç. 38 **AHU_ACL_CU_014, Cx. 50, D. 3474.**

945	**1821, junho, 22, Paraíba** CARTA da Junta Provisória do Governo da Paraíba, ao rei [D. João VI], sobre o povo da Paraíba ter jurado adesão ao sistema constitucional, e o seu temor em reviver o antigo sistema colonial. Anexo: 4 docs. AHU-Paraíba, mç. 38 **AHU_ACL_CU_014, Cx. 50, D. 3481.**
946	**1821, julho, 9, Paraíba** CARTA da Junta Provisória do Governo da Paraíba, ao rei [D. João VI], remetendo a relação das autoridades constituídas e repartições públicas que tem nessa cidade, como em cada uma das vilas da província. Anexo: 2 docs. AHU-Paraíba, mç. 33 **AHU_ACL_CU_014, Cx. 50, D. 3483.**
947	**1821, julho, 11, Paraíba** OFÍCIO da Junta Provisória do Governo da Paraíba, ao [secretário de estado do Reino] Filipe Ferreira de Araújo e Castro, informando dos motivos do atraso no envio dos seus procuradores ao Reino, como já fizeram Pernambuco e Rio Grande. Anexo: 1 doc. AHU-Paraíba, mç. 38 **AHU_ACL_CU_014, Cx. 50, D. 3485.**
948	**1821, julho, 22, Paraíba** OFÍCIO da Junta Provisória do Governo da Paraíba, ao [secretário de estado do Reino] Filipe Ferreira de Araújo e Castro, sobre a possibilidade de ocorrer uma rebelião popular; e solicitando licença e passagem para Lisboa ao presidente da dita Junta Provisória, o tenente-coronel João de Araújo da Cruz. Anexo: 2 docs. AHU-Paraíba, mç. 38 **AHU_ACL_CU_014, Cx. 50, D. 3487.**
949	**1823, abril, 30, Lisboa** CONSULTA do Conselho de Guerra, ao rei D. João VI, sobre a confirmação de patente no posto de ajudante de Infantaria de Linha do Batalhão da Paraíba, a Francisco de Paula Leal. Anexo: 4 docs. AHU-Paraíba, mç. 41 **AHU_ACL_CU_014, Cx. 50, D. 3497.**
950	**1823, maio, 24, Lisboa** REQUERIMENTO do major do primeiro Regimento de Milícias da Paraíba, José Maria Correia, ao rei [D. João VI], solicitando um posto em qualquer Corpo de Milícias do Reino até que aquela província fique obediente, visto desejar voltar à Paraíba por ter ali seus bens e sua mulher. Anexo: 6 docs. AHU-Paraíba, mç. 38 **AHU_ACL_CU_014, Cx. 50, D. 3499.**

951	**1823, agosto, 22, Lisboa** CONSULTA do Conselho de Guerra, ao rei D. João VI, sobre o requerimento do cabo de esquadra do Batalhão de Linha da Paraíba, João Alves Massa, solicitando o posto de ajudante ou capitão de Milícias de Homens Brancos da Paraíba. Anexo: 4 docs. AHU-Paraíba, mç. 41 **AHU_ACL_CU_014, Cx. 50, D. 3502.**
952	**1823, novembro, 12, Lisboa** REQUERIMENTO do segundo tenente de Artilharia do Batalhão de Linha da Paraíba, João Pais Barreto de Melo, ao rei [D. João VI], solicitando o posto de major de Milícias da cidade da Paraíba, cidade onde possui família, tão logo a situação política no Brasil se inverta. Anexo: 6 docs. AHU-Pernambuco **AHU_ACL_CU_014, Cx. 50, D. 3504.**
953	**1823, dezembro, 10, Lisboa** REQUERIMENTO do segundo tenente do Batalhão da Paraíba, João Pais Barreto de Melo, ao rei [D. João VI], solicitando pagamento integral do seu soldo. Anexo: 2 docs. AHU-Paraíba, mç. 41 **AHU_ACL_CU_014, Cx. 50, D. 3505.**
954	**1824, fevereiro, 18, Lisboa** REQUERIMENTO do segundo tenente de Artilharia do Batalhão de Linha da Paraíba, João Pais Barreto de Melo, ao rei [D. João VI], solicitando promoção a major de Milícias do Regimento de Cavalaria de Homens Brancos da Paraíba, em remuneração dos serviços de seu avô. Anexo: 2 docs. AHU-Paraíba, mç. 38 **AHU_ACL_CU_014, Cx. 50, D. 3506.**
955	**1824, fevereiro, 26, Lisboa** REQUERIMENTO do capitão de Infantaria de Milícia dos Homens Brancos da Paraíba, João Alves Massa, ao rei [D. João VI], solicitando passagem para retornar ao Brasil, para ele e mais oficiais contrários à Independência do Brasil, e que padecem em miséria. Anexo: 3 docs. AHU-Paraíba, mç. 42 **AHU_ACL_CU_014, Cx. 50, D. 3507.**
956	**1824, março, 22, Lisboa** REQUERIMENTO do capitão de Milícia da Paraíba, João Alves Massa, ao rei [D. João VI], solicitando receber soldo e ser despachado para qualquer serviço, tendo em vista a miséria em que se encontra. Anexo: 5 docs. AHU-Paraíba, cx. 2 **AHU_ACL_CU_014, Cx. 50, D. 3508.**

957	**1824, maio, 4, Lisboa** REQUERIMENTO do segundo tenente de Artilharia da capitania da Paraíba, João Pais Barreto de Melo, ao rei [D. João VI], solicitando patente do posto de tenente, com a antiguidade desde agosto de 1821, em que foi proposto. Anexo: 3 docs. AHU-Paraíba, mç. 40 **AHU_ACL_CU_014, Cx. 50, D. 3509.**
958	**1824, maio, 4, Lisboa** REQUERIMENTO de João Manuel Rochas, ao rei [D. João VI], solicitando confirmação da patente no posto de tenente do Batalhão de Infantaria da Paraíba, com a antiguidade desde agosto de 1821, em que foi proposto. Anexo: 2 docs. AHU-Paraíba, cx. 2 **AHU_ACL_CU_014, Cx. 50, D. 3510.**
959	**1824, maio, 6, Lisboa** REQUERIMENTO de Joaquim Leite, ao rei [D. João VI], solicitando confirmação da patente no posto de tenente do Batalhão de Infantaria da Paraíba, com a antiguidade desde agosto de 1821, em que foi proposto. AHU-Paraíba, cx. 2 **AHU_ACL_CU_014, Cx. 50, D. 3511.**
960	**1824, junho, 9, Lisboa** CONSULTA do Conselho Ultramarino, ao rei [D. João VI], sobre o requerimento do major do Regimento de Milícia de Brancos da Paraíba, José Maria Correia, solicitando o posto de coronel do mesmo Regimento, com o mesmo soldo que recebia na dita província. Anexo: 17 docs. AHU-Paraíba, mç. 33 e 42 **AHU_ACL_CU_014, Cx. 50, D. 3512.**
961	**1824, junho, 26, Lisboa** CONSULTA do Conselho Ultramarino, ao rei D. João VI, sobre o requerimento de José Pereira da Costa, solicitando a confirmação da patente no posto de tenente da Paraíba. Anexo: 10 docs. AHU-Paraíba, mç. 33 **AHU_ACL_CU_014, Cx. 50, D. 3513.**
962	**1824, setembro, 14, Lisboa** LEMBRETE sobre o alferes do Batalhão de Linha da Paraíba, Joaquim José da Costa, que, por ter naufragado, perder sua roupa e uniformes, e por se encontrar em plena miséria, pede 80 mil réis por conta de seus soldos. Anexo: 1 doc. AHU-Paraíba, mç. 40 **AHU_ACL_CU_014, Cx. 50, D. 3515.**

963	**[ant. 1825, março, 30, Lisboa]** REQUERIMENTO de Justino José de Sousa, negociante da Paraíba, ao rei [D. João VI], solicitando o ofício de meirinho dos Pinhais de Leiria, para subsistência da sua família, tendo em atenção os serviços que prestou como sargento na Paraíba, e ultimamente como capitão de uma das Companhias da Legião da Estrela. Anexo: 5 docs. AHU-Paraíba, cx. 2 **AHU_ACL_CU_014, Cx. 50, D. 3516.**
964	**[ant. 1825, maio, 11, Lisboa]** REQUERIMENTO de Vitorino Pereira Maia, ao rei [D. João VI], solicitando passaporte para regressar à Paraíba. Anexo: 2 docs. AHU-Paraíba, cx. 2 **AHU_ACL_CU_014, Cx. 50, D. 3517.**
965	**1825, maio, 18, Lisboa** REQUERIMENTO de José Pinto Pereira, ao rei [D. João VI], solicitando passaporte para regressar à Paraíba. Anexo: 2 docs. AHU-Paraíba, cx. 2 **AHU_ACL_CU_014, Cx. 50, D. 3518.**
966	**[ant. 1825, agosto, 8, Paraíba]** REQUERIMENTO do segundo cadete do Regimento de Milícias da Paraíba, Francisco de Oliveira Dinis, ao rei [D. João VI], solicitando a mercê do ofício de escrivão da Alfândega ou outro qualquer cargo na Paraíba. Anexo: 7 doc. AHU-Paraíba, mç. 40 **AHU_ACL_CU_014, Cx. 50, D. 3519.**
967	**1825, setembro, 13, Lisboa** REQUERIMENTO de Manuel José Ribeiro de Almeida e seu sobrinho Manuel José de Almeida Torres, ao rei [D. João VI], solicitando passaporte gratuito, para voltarem à Paraíba. Anexo: 2 docs. AHU-Paraíba, cx. 2 **AHU_ACL_CU_014, Cx. 50, D. 3520.**
968	**1825, setembro, 14, Lisboa** REQUERIMENTO de Cândido José Simões, imigrado da Paraíba, ao rei [D. João VI], solicitando o embarque em um dos correios marítimos para, dos Açores, retornar à sua terra natal. AHU-Paraíba, mç. 40 **AHU_ACL_CU_014, Cx. 50, D. 3521.**
969	**[ant. 1825, novembro, 30 Lisboa]** REQUERIMENTO de Justino José de Sousa, ao rei [D. João VI], solicitando passaporte para, junto com a família, retornar à Paraíba. Anexo: 2 docs. AHU-Paraíba, cx. 2 **AHU_ACL_CU_014, Cx. 50, D. 3522.**

970	**1826, novembro, 11, Lisboa** AVISO do secretário de estado da Guerra, Inácio da Costa Quintela, ao secretário de estado da Marinha e Ultramar [Inácio da Costa Quintela], a remeter o requerimento do segundo tenente de Artilharia do Batalhão da primeira Linha da Paraíba, João Pais Barreto de Melo, que pretende transportar-se com sua família para o Rio de Janeiro. AHU-Paraíba, cx. 2 **AHU_ACL_CU_014, Cx. 50, D. 3523.**

Pernambuco AHU_ACL_CU_015

971	**1821, março, 3, Recife** PROCLAMAÇÃO (cópia) do [governador da província de Pernambuco, Luís do Rego Barreto, ao povo da dita província sobre a necessidade de se manter a fidelidade ao monarca e às leis Portuguesas. **AHU_ACL_CU_015, Cx. 282, D. 19212.**
972	**1821, março, 21, a bordo da corveta Princesa Real** OFÍCIO (cópia) do comandante da fragata Princesa Real, José Xavier Bressane Leite, ao [governador da capitania de Pernambuco], Luís do Rego Barreto, sobre a necessidade de se acalmar a população de Pernambuco, aceitando-se a constituição e as Cortes Portuguesas, tomando as medidas necessárias para a criação de uma comissão de pessoas esclarecidas para dirigir os negócios públicos, e a execução das eleições de deputados às ditas Cortes. **AHU_ACL_CU_015, Cx. 282, D. 19216.**
973	**1821, março, 22, Pernambuco** TERMO (cópia) da sessão presidida pelo [governador da província de Pernambuco], Luís do Rego Barreto, sobre as providências necessárias a serem tomadas após determinação régia acerca da causa de Portugal e da convocação das Cortes. **AHU_ACL_CU_015, Cx. 282, D. 19217.**
974	**1821, março, 29, Recife** PROCLAMAÇÃO (cópia) do [governador da província de Pernambuco], Luís do Rego Barreto, ao povo de Pernambuco, recomendando cautela e obediência ao rei [D. João VI]. **AHU_ACL_CU_015, Cx. 282, D. 19218.**
975	**1821, abril, 1, Pernambuco** OFÍCIO do comandante da fragata Princesa Real, José Xavier Bressane Leite, ao [secretário da Regência do Reino de Portugal na Repartição da Marinha], Francisco Maximiliano de Sousa, sobre a reação do povo da província de Pernambuco em relação as mudanças ocorridas no Reino, os receios de que tais fatos ocasionassem tumultos, mas que o povo aceitou tudo em tranquilidade, e que estão sendo tomadas as medidas necessárias a fim de se procederem as eleições dos deputados para as Cortes Portuguesas. Anexo: 1 doc. **AHU_ACL_CU_015, Cx. 282, D. 19219.**

976	**1821, abril, 2, Recife** CARTA do [governador da província de Pernambuco], Luís do Rego Barreto; ao rei [D. João VI], sobre os tumultos ocorridos após o decreto de 24 fevereiro, a agitação em que se encontra a Bahia, informando a tentativa de revolução e usurpação do seu governo devido a inquietação causada pelo juramento do rei [D. João VI] à constituição e a convocação das Cortes em Portugal, as medidas tomadas para reprimir tais atos e para fazer com brevidade as eleições dos deputados, remetendo um edital em que se nomeia uma comissão de conselheiros a fim de auxiliá-los nas reformas necessárias. Anexo: 2 docs. **AHU_ACL_CU_015, Cx. 282, D. 19220.**
977	**1821, maio, 8, Recife** CARTA do [governador da província de Pernambuco], Luís do Rego Barreto, ao rei [D. João VI], solidarizando-se com o retorno do soberano a Portugal, oferecendo o que fosse necessário para amenizar a viagem de volta. **AHU_ACL_CU_015, Cx. 282, D. 19220.**
978	**1821, maio, 20, Recife** CARTA (2a. via) do [governador da província de Pernambuco], Luís do Rego Barreto, ao rei [D. João VI], informando o apreço e os sentimentos do povo e do governo da dita província, rogando que sua viagem de regresso seja tranquila. **AHU_ACL_CU_015, Cx. 282, D. 19231.**
979	**1821, junho, 16, Recife** CARTA do [governador da província de Pernambuco], Luís do Rego Barreto ao [secretário de estado do Reino e Mercês], Inácio da Costa Quintela, sobre a obediência do povo pernambucano à autoridade do príncipe regente [D. Pedro], informando o estado de tranquilidade aparente após a tentativa de tumulto e derrubada do governo estabelecido. **AHU_ACL_CU_015, Cx. 282, D. 19242.**
980	**1821, junho, 16, Recife** CARTA do [governador da província de Pernambuco], Luís do Rego Barreto ao rei [D. João VI], sobre a eleição dos deputados das comarcas de Recife e Olinda e dos preparativos para partirem à Corte, informando a tranquilidade em que se encontra a dita província, diferentemente das províncias vizinhas, e da desconfiança da população do interior sobre qualquer tipo de mudança política, depois do insucesso da revolução 1817. Anexo: 1 doc. **AHU_ACL_CU_015, Cx. 282, D. 19243.**
981	**1821, junho, 16, Recife** CARTA do [governador da província de Pernambuco], Luís do Rego Barreto, ao rei [D. João VI], sobre a recusa do príncipe regente [D. Pedro] em desobrigá-lo do governo da dita província e da difícil manutenção da tranquilidade na mesma. Anexo: 2 docs. **AHU_ACL_CU_015, Cx. 282, D. 19244.**

982	**1821, junho, 16, Recife** OFÍCIO da Câmara do Recife ao Congresso das Cortes Gerais e Extraordinárias, sobre a importância do povo Pernambuco de se ver representado no dito Congresso e que as metas de seus deputados são conduzidas pelos seguintes pontos: religião, constituição, monarquia e indivisibilidade da nação. Anexo: 1 doc. Obs.: m. est. **AHU_ACL_CU_015, Cx. 282, D. 19245.**
983	**1821, junho, 16, Recife** CARTA da Câmara do Recife ao rei [D. João VI], sobre a fidelidade e lealdade do povo da vila de Sant Antônio e de seus representantes no congresso nacional, felicitando pelo justo título recebido de Pai da Pátria. Obs.: m. est. **AHU_ACL_CU_015, Cx. 282, D. 19246.**
984	**1821, junho, 22, Recife** OFÍCIO do [governador da província de Pernambuco], Luís do Rego Barreto, ao [secretário de estado do Reino e Mercês], Inácio da Costa Quintela, sobre o envio do coronel João Estanislau da Cruz à Corte a fim de saudar o rei [D. João VI], levar correspondência e examinar preço de fardamentos e apetrechos militares. Obs.: m. est. **AHU_ACL_CU_015, Cx. 282, D. 19248.**
985	**1821, junho, 25, Recife** OFÍCIO do [governador da província de Pernambuco], Luís do Rego Barreto, ao [secretário de estado do Reino e Mercês], Inácio da Costa Quintela, sobre uma correspondência do príncipe regente [D. Pedro] onde aprovava a eleição de uma Junta Provincial; informando a execução de uma votação com representantes da Câmara, conselho consultivo e deputados eleitos, que optou por manter este governo; e a eleição, por representantes da tropa, nobreza e povo, de nove pessoas para o conselho consultivo, nomeado antes pelo dito governador, para o auxiliar na administração da dita província. Anexos: 2 docs. **AHU_ACL_CU_015, Cx. 282, D. 19250.**
986	**1821, junho, 25, Recife** CARTA do [governador da província de Pernambuco], Luís do Rego Barreto, ao rei [D. João VI], sobre alguns tumultos ocorridos no Rio de Janeiro e uma correspondência do príncipe regente [D. Pedro] onde aprovava a eleição de uma Junta Provincial, informando que foi necessário fazer uma reunião entre os representantes da Câmara [do Recife], conselho consultivo e deputados a fim de decidirem se, para manter a tranquilidade do povo, seria melhor manter o dito governo ou criar-se uma Junta Provincial, sendo unânime a oposição de todos os segmentos à criação da junta e favoráveis a manutenção do governo já estabelecido. Anexos: 1 doc. **AHU_ACL_CU_015, Cx. 282, D. 19252.**

987	**1821, julho, 6, Recife** CARTA do [governador da província de Pernambuco], Luís do Rego Barreto, ao rei [D. João VI], sobre o envio dos deputados às Cortes pela fragata Princesa Real, solicitando sua desobrigação do governo da dita província. **AHU_ACL_CU_015, Cx. 282, D. 19256.**
988	**1821, julho, 6, Recife** CARTA do [governador da província de Pernambuco], Luís do Rego Barreto, ao rei [D. João VI], sobre ter executado toda as ordens acerca das eleições dos deputados para as Cortes, informando ter sustado a prestação com que esta capitania concorre para o banco do Rio de Janeiro, devido ao pagamento dos credores e aos bens de alguns presos de 1817 que foram libertados na Bahia. **AHU_ACL_CU_015, Cx. 282, D. 19257.**
989	**1821, julho, 6, Recife** OFÍCIO do [governador da província de Pernambuco], Luís do Rego Barreto, ao [secretário de estado do Reino e Mercês], Inácio da Costa Quintela, enviando deputados às Cortes pela corveta Ativa e informando ter sustado o pagamento da prestação ao Rio de Janeiro, devido a necessidade de se pagar aos credores, aos presos vindos da Bahia e aos militares, e solicitando ser desobrigado do governo desta província. **AHU_ACL_CU_015, Cx. 282, D. 19258.**
990	**1821, julho, 7, Recife** OFÍCIO do [governador da província de Pernambuco], Luís do Rego Barreto, ao [secretário de estado do Reino e Mercês], Inácio da Costa Quintela, sobre o envio de deputados na corveta Princesa Real e do marquês de Grimald, embaixador da Sardenha à esta Corte, elogiando o bom serviço do comandante José Xavier Bressane na promulgação da paz desta localidade, solicitando que a dita corveta retorne brevemente para guardar o porto e a costa desta província contra os piratas. **AHU_ACL_CU_015, Cx. 282, D. 19259.**
991	**1821, julho, 7, Pernambuco** OFÍCIO do [governador da província de Pernambuco], Luís do Rego Barreto, ao [secretário de estado do Reino de Portugal na Repartição da Marinha], Francisco Maximiliano de Sousa, sobre o bom procedimento do comandante da corveta Princesa Real, José Xavier Bressane Leite, na manutenção da tranquilidade da dita capitania e sua lealdade à causa constitucional e à monarquia **AHU_ACL_CU_015, Cx. 282, D. 19260.**
992	**1821, julho, 16, Recife** CARTA (2a. via) do [governador da província de Pernambuco], Luís do Rego Barreto, ao rei [D. João VI], sobre um atentado sofrido, a falta de apoio dos partidos as suas medidas e as dificuldades em manter a paz na província, informando da necessidade de se estabelecer um governo constitucional no. Brasil a fim de reprimir o espírito de independência, solicitando a sua desobrigação do dito cargo devido os tumultos causados por pessoas descontentes com sua obrigação. **AHU_ACL_CU_015, Cx. 283, D. 19265.**

993	**1821, julho, 16, Recife** CARTA do ouvidor-geral da província de Pernambuco, Antero José da Maia e Silva, ao rei [D. João VI], sobre o estado de anarquia em que se encontra a província informando que a insubordinação é prática comum, embora ainda haja homens cordatos, honestos e amantes da ordem; acerca da tentativa de assassinato do governador desta província, [Luís do Rego Barreto], e os atos de despotismo praticados por várias autoridades contra os seus oficiais subalternos. **AHU_ACL_CU_015, Cx. 283, D. 19266.**
994	**1821, julho, 16, Recife** OFÍCIO do [governador da província de Pernambuco], Luís do Rego Barreto, ao [secretário de estado do Reino e Mercês], Inácio da Costa Quintela, sobre ter sido avisado pelo comandante do Segundo Batalhão de Caçadores que um de seus capitães planejava assassiná-lo na sala do conselho, a fim de estabelecerem uma Junta Provisória; informando ter ordenado a prisão e devassa dos autores mas que foram soltos no Rio de Janeiro devido a um tumulto lá ocorrido; e aconselhando a instalação imediata de um governo constitucional no Brasil para evitar a independência. **AHU_ACL_CU_015, Cx. 283, D. 19267.**
995	**1821, julho, 16, Recife** CARTA do [governador da província de Pernambuco], Luís do Rego Barreto, ao rei sobre tumulto ocorrido no dia 5 do corrente no Rio de Janeiro, forçando uma nova assembleia nesta província, onde rejeitaram a proposta de se criar uma Junta Provisória; informando da tentativa de assassinato a sua pessoa e da prisão dos conspiradores; e da formação de partidos entre os vencidos da revolta de 1817 e os europeus por eles repudiados; e ainda do espírito da independência que está se formando em muitas províncias. Anexo: 1 doc. **AHU_ACL_CU_015, Cx. 283, D. 19268.**
996	**1821, julho, 31, Recife** OFÍCIO do desembargador e ouvidor-geral da província de Pernambuco, Antônio José da Maia e Silva, ao secretário de estado do Reino, [Inácio da Costa Quintela], sobre o atentado sofrido pelo governador da capitania de Pernambuco, Luís do Rego Barreto, e acerca do aumento do antagonismo em relação aos europeus, devido a volta dos réus perdoados da revolta de 1817 vindos da Bahia, da formação de um comitê de segurança pública a fim de prender os mais alterados e aquietar a população. Anexo: 1 doc. **AHU_ACL_CU_015, Cx. 282, D. 19271.**
997	**1821, agosto, 1, Recife** CARTA dos negociantes da praça de Pernambuco ao rei [D. João Vi], informando a tentativa de assassinato sofrida pelo governador Luís do Rego Barreto et todos os seus esforços para manter a tranquilidade na província e a obediência do povo às leis Portuguesas, apesar dos grupos que querem fomentar nova revolta. **AHU_ACL_CU_015, Cx. 283, D. 19273.**
998	**1821, agosto, 4, Recife** CARTA da Câmara do Recife ao rei [D. João Vi], sobre o atentado sofrido pelo governador da província de Pernambuco, Luís do Rego Barreto, informando as importantes decisões tomadas pelo dito governador a fim de promover a paz e a fidelidade do povo às leis Portuguesas e que não se deve levar em consideração as calúnias feitas por descontentes a respeito do governador, por não terem fundamento. **AHU_ACL_CU_015, Cx. 283, D. 19275.**

999	**1821, agosto, 6, Recife** CARTA do [governador da província de Pernambuco], Luís do Rego Barreto ao rei [D. João VI], sobre a tentativa de assassinato que sofreu, sua preocupação em manter a província fiel à monarquia e às leis Portuguesas, apesar do descontentamento de muitos, a formação de partidos que visam a independência, e informando que a chegada dos réus de 1817 os tornaram mais perigosos, incitando o povo, as tropas e os magistrados, sem sucesso, culminando com a tentativa de assassinato e com o atentado sofrido, solicitando mais uma vez a desobrigação deste governo. Anexo: 9 docs. **AHU_ACL_CU_015, Cx. 283, D. 19277.**
1000	**1821, agosto, 7, Recife** OFÍCIO do [governador da província de Pernambuco], Luís do Rego Barreto, ao [secretário de estado da Marinha e Ultramar], Inácio da Costa Quintela, enviando representação a ser entregue ao rei [D. João VI] **AHU_ACL_CU_015, Cx. 283, D. 19278.**
1001	**1821, agosto, 10, Lisboa** PORTARIA do [secretário das Cortes Gerais e Extraordinárias da Nação Portuguesa], João Batista Felgueiras ao [secretário de estado da Marinha e Ultramar], Joaquim José Monteiro Torres, sobre a ordem daquelas Cortes para prender o conde dos Arcos, [D. Marcos de Noronha e Brito], e de executar devassa e remover o governador da província de Pernambuco, Luís do Rego Barreto do dito governo, acusados de anti-constituicionalismo. Anexos: 2 docs. **AHU_ACL_CU_015, Cx. 283, D. 19281.**
1002	**1821, agosto, 11, Recife** CARTA do [governador da província de Pernambuco], Luís do Rego Barreto, ao rei [D. João VI], sobre a pressão do povo desta província para que se remetessem presos a Lisboa, os suspeitos que possuem ligação com o atentado feito a sua pessoa, solicitando a presença de uma força armada para guarnecer esta praça a fim de evitar tumultos maiores nesta província, e pedindo sua desobrigação deste governo. **AHU_ACL_CU_015, Cx. 283, D. 19282.**
1003	**1821, agosto, 27, Queluz** OFÍCIO do [secretário de estado da Marinha e Ultramar], Joaquim José Monteiro Torres, a [secretário das Cortes Gerais e Extraordinárias da Nação Portuguesa], João Batista Felgueiras, sobre ofícios do governador da província de Pernambuco, [Luís do Rego Barreto], e perguntando se é conveniente dar cumprimento às ordens de retirá-lo do dito governo, elegendo-se uma Junta Provisória. **AHU_ACL_CU_015, Cx. 283, D. 19292.**
1004	**1821, agosto, 27, Lisboa** OFÍCIO (cópia) do [secretário das Cortes Gerais e Extraordinárias da Nação Portuguesa], João Batista Felgueiras ao [secretário de estado da Marinha e Ultramar], Joaquim José Monteiro Torres, sobre a chegada de deputados da província de Pernambuco e a suspensão da partida do correio Treze de Maio à dita província. **AHU_ACL_CU_015, Cx. 283, D. 19293.**

1005	**1821, agosto, Pernambuco** CARTA dos oficiais das tropas de Linha da província de Pernambuco ao rei [D. João VI], sobre o atentado ao [governador da província de Pernambuco], Luís do Rego Barreto. Anexo: 1 doc. **AHU_ACL_CU_015, Cx. 283, D. 19298.**
1006	**1821, agosto, 1, Lisboa** PORTARIA, do [secretário das Cortes Gerais e Extraordinárias da Nação Portuguesa], João Batista Felgueiras ao [secretário de estado da Marinha e Ultramar], Joaquim José Monteiro Torres, sobre a remoção do governador de Pernambuco, Luís do Rego Barreto, o envio de um governador das Armas e a necessidade de se nomear novos ouvidores À comarcas de Recife e Olinda. **AHU_ACL_CU_015, Cx. 283, D. 19299.**
1007	**1821, setembro, 1, Lisboa** PORTARIA, do [secretário das Cortes Gerais e Extraordinárias da Nação Portuguesa], João Batista Felgueiras ao [secretário de estado da Marinha e Ultramar], Joaquim José Monteiro Torres, remetendo o decreto sobre a organização de uma Junta Provisória e determinações para o novo governador das Armas da província de Pernambuco. Anexo: 6 docs. **AHU_ACL_CU_015, Cx. 283, D. 19300.**
1008	**1821, setembro, 1, Lisboa** PORTARIA, do [secretário das Cortes Gerais e Extraordinárias da Nação Portuguesa], João Batista Felgueiras ao [secretário de estado da Marinha e Ultramar], Joaquim José Monteiro Torres, sobre ordem daquelas Cortes para o regresso do Batalhão No. 2 de Infantaria do Algarve, destacado para a província de Pernambuco, e a restituição das Milícias ao estado em que estavam antes das disposições do ex-governador Luís Rego Barreto. **AHU_ACL_CU_015, Cx. 283, D. 19302.**
1009	**1821, setembro, 1, Lisboa** PORTARIA, do [secretário das Cortes Gerais e Extraordinárias da Nação Portuguesa], João Batista Felgueiras ao [secretário de estado da Marinha e Ultramar], Joaquim José Monteiro Torres, sobre ordem daquelas Cortes para pôr em liberdade àqueles que foram presos por tentarem instalar uma Junta Provisória de governo na província de Pernambuco. **AHU_ACL_CU_015, Cx. 283, D. 19304.**
1010	**1821, setembro, 3, Recife** CARTA do Conselho Governativo Constitucional da província de Pernambuco ao rei [D. João VI], sobre a instituição do dito Conselho e a formação ilícita de um governo provisório na vila de Goiana; informando que todas as informações transmitidas contra o presidente deste Conselho, [Luís do Rego Barreto], são calúnias; que o governo provisório ameaça a tranquilidade pública; informando que o dito Conselho aparelhou algumas batalhões de caçadores e de milícias, mas que é necessário que se enviem tropas e guarnição para um parque de artilharia. **AHU_ACL_CU_015, Cx. 283, D. 19305.**

1011	**1821, setembro, 4, Lisboa** PORTARIA do [secretário das Cortes e Extraordinárias da Nação Portuguesa], João Batista Felgueiras ao [secretário de estado da Marinha e Ultramar], Joaquim José Monteiro Torres, sobre ordem daquelas Cortes para que a Junta da Fazenda da província de Pernambuco pague as quantias vencidas de seus deputados, conforme as instruções enviadas pela Junta Provisória do Governo Supremo do Reino. **AHU_ACL_CU_015, Cx. 283, D. 19307.**
1012	**1821, setembro, 17, Lisboa** PORTARIA do [secretário das Cortes e Extraordinárias da Nação Portuguesa], João Batista Felgueiras ao [secretário de estado da Marinha e Ultramar], Joaquim José Monteiro Torres, sobre ordem daquelas Cortes para que remeta a ata de eleição dos deputados da província de Pernambuco. **AHU_ACL_CU_015, Cx. 283, D. 19315.**
1013	**1821, setembro, 17, Queluz** AVISO (cópia) de José da Silva Carvalho ao [secretário das Cortes Gerais e Extraordinárias da Nação Portuguesa], João Batista Felgueiras, ordenando que exponha ao Congresso daquelas Cortes os ofícios do [ex-governador de Pernambuco, Luís do Rego Barreto, acerca do atentado que sofreu e da situação na dita província" Anexos: 28 docs. **AHU_ACL_CU_015, Cx. 283, D. 19316.**
1014	**1821, setembro, 20, Lisboa** PORTARIA do [secretário das Cortes Gerais e Extraordinárias da Nação Portuguesa], João Batista Felgueiras ao [secretário de estado da Marinha e Ultramar], Joaquim José Monteiro Torres, sobre ordem daquelas Cortes para que remeta a ata de eleição dos deputados da província de Pernambuco. **AHU_ACL_CU_015, Cx. 283, D. 19317.**
1015	**1821, setembro, 24, a bordo corveta Princesa Real** CARTA do capitão de fragata graduado comandante José Xavier Bressane Leite ao rei [D. João VI], sobre a resposta dada à falsa acusação feita a sua pessoa, agradecendo o silêncio dos tribunais do Almirantado e Juntas da Fazenda e Marinha por terem reconhecido sua inocência. Anexo: 1 doc. Obs.: documento em anexo impresso. **AHU_ACL_CU_015, Cx. 283, D. 19319.**
1016	**1821, outubro, 2, Lisboa** OFÍCIO do [governador das Armas da província de Pernambuco], José Maria de Moura, ao [secretário de estado da Marinha e Ultramar], Joaquim José Monteiro Torres, solicitando esclarecimentos sobre o número de vasos de guerra existentes na dita província para segurança e proteção ao comércio; se os reparos das fortalezas são obrigação sua ou da Junta Governativa; sobre o tempo de duração de seu posto; e pedindo para não ser deslocado da lista de oficiais generais que devem ter acesso no Reino por estar comissionado em ultramar. **AHU_ACL_CU_015, Cx. 283, D. 19327.**

1017	**1821, outubro, 10, Recife** CARTA do ajudante das Ordenanças de Olinda, João Tomás de Campos Quaresma, ao rei [D. João VI], sobre sua prisão de cárcere fechado junto com outros militares a bordo da galera Sacramento, sem a mínima condição de higiene, por não apoiar o partido do [ex-] governador de Pernambuco, Luís do Rego Barreto, e sim os constitucionais da vila de Goiana; e por ter tentado cumprir as determinações das Cortes na dita província, mas o despotismo do dito governador não permitiu. Anexo: 1 doc. **AHU_ACL_CU_015, Cx. 283, D. 19338.**
1018	**1821, outubro, 11, Pernambuco** OFÍCIO do intendente da Marinha da província de Pernambuco, João Felipe Pereira de Campos, ao [secretário de estado da Marinha e Ultramar], Joaquim José Monteiro Torres, sobre sua nomeação ao dito posto pela Junta Constitucional Governativa desta província, informando os melhoramentos no porto do Recife, sua primeira nomeação ao posto de Comandante do porto e a construção da casa do farol na entrada da barra. **AHU_ACL_CU_015, Cx. 283, D. 19341.**
1019	**1821, outubro, 11, Lisboa** OFÍCIO do [governador das Armas da província de Pernambuco], José Maria de Moura, ao [secretário de estado da Marinha e Ultramar], Joaquim José Monteiro Torres, remetendo um requerimento seu para ser entregue ao rei [D. João VI] **AHU_ACL_CU_015, Cx. 283, D. 19342.**
1020	**1821, outubro, 12, Pernambuco** CARTA do Conselho Governativo Constitucional da província de Pernambuco ao rei [D. João VI], sobre o governo ilegítimo constituído na vila de Goiana que procura por todos os meios derrubar a dita Junta e destruir a estabilidade e a tranquilidade desta província. **AHU_ACL_CU_015, Cx. 283, D. 19345.**
1021	**1821, outubro, 15, Lisboa** PORTARIA do [secretário das Cortes Gerais e Extraordinárias da Nação Portuguesa], João Batista Felgueiras ao [secretário de estado da Marinha e Ultramar], Joaquim José Monteiro Torres, sobre a ordem daquelas Cortes para remeter ao governo os ofícios do Conselho Governativo [Constitucional] da província de Pernambuco. Anexos: 15 docs. **AHU_ACL_CU_015, Cx. 283, D. 19354.**
1022	**1821, outubro, 17, Recife** REPRESENTAÇÃO do povo da província de Pernambuco ao rei [D. João VI], sobre as arbitrariedade cometidas pelo [ex-governador de Pernambuco], Luís do Rego Barreto, informando que em Goiana foi feita uma Junta Governativa Provisória em resposta às Cortes, e em réplica o dito governador fez apressadamente uma reunião da Câmara do Recife, do clero, povo e nobreza, a fim de elegerem uma outra Junta Governativa, mas que tal reunião acabou em tumulto e muitos cidadãos foram presos injustamente pelo ocorrido, ficando encarcerados na galera Sacramento durante 18 dias, saindo após acordo do governo do Recife com o de Goiana, solicitando que se faça justiça pelo ocorrido. **AHU_ACL_CU_015, Cx. 283, D. 19358.**

1023	**1821, outubro, 24, Lisboa** PORTARIA do [secretário das Cortes Gerais e Extraordinárias da Nação Portuguesa], João Batista Felgueiras ao [secretário de estado da Marinha e Ultramar], Joaquim José Monteiro Torres, sobre ordem das Cortes para restituir ao governo o ofício do Conselho Governativo Constitucional da província de Pernambuco acerca do estado político da dita província e da vila de Goiana. Anexos: 6 docs. **AHU_ACL_CU_015, Cx. 284, D. 19383.**
1024	**1821, outubro, 25, Lisboa** OFÍCIO do [governador das Armas da província de Pernambuco], José Maria de Moura, ao [secretário de estado da Marinha e Ultramar, Joaquim José Monteiro Torres, sobre a instabilidade política em que se encontra a dita província, com duas Juntas Governativas, solicitando instruções para o caso de ser necessária uma intervenção armada a fim de evitar uma guerra civil. Anexos: 1 doc. **AHU_ACL_CU_015, Cx. 284, D. 19388.**
1025	**1821, outubro, 27, Lisboa** PORTARIA do [secretário das Cortes Gerais e Extraordinárias da Nação Portuguesa] João Batista Felgueiras ao [secretário de estado da Marinha e Ultramar], Joaquim José Monteiro Torres, sobre ordem das para remeter ao governo a representação do comandante e oficiais do Segundo Batalhão de Milícias da Divisão Militar da província de Pernambuco. Anexos: 1 doc. **AHU_ACL_CU_015, Cx. 284, D. 19390.**
1026	**1821, outubro, 31, Queluz** PORTARIA do [secretário de estado da Marinha e Ultramar], Joaquim José Monteiro Torres, ao [secretário de estado da Justiça, José da Silva Carvalho], remetendo cópia do aviso das Cortes Gerais e Extraordinárias Portuguesas a fim de que se tomem as medidas necessárias para manter a tranquilidade na província de Pernambuco e nas demais de todo o Brasil. Anexos: 1 doc. **AHU_ACL_CU_015, Cx. 284, D. 19403.**
1027	**1821, novembro, 2, Lisboa** AVISO de [secretário das Cortes Gerais e Extraordinárias da Nação Portuguesa], João Batista Felgueiras ao [secretário de estado da Marinha e Ultramar], Joaquim José Monteiro Torres, sobre a ordem das Cortes para remeter ao governo os ofícios da Câmara do Recife e dos negociantes daquela praça, defendendo o governador Luís do Rego Barreto. Anexos: 2 docs. **AHU_ACL_CU_015, Cx. 284, D. 19411.**
1028	**1821, dezembro, 3, Recife** CARTA da junta da Fazenda Nacional da província de Pernambuco ao rei [D. João VI], sobre a arbitrariedade do Conselho Governativo Constitucional em considerar a dita Junta como subalterna em questões como administração, negócios da Fazenda, e solicitando esclarecimentos acerca do decreto de instalação do dito Conselho e das obrigações desta Junta. Anexos: 3 docs. **AHU_ACL_CU_015, Cx. 284, D. 19442.**

1029	**1821, dezembro, 5, Olinda** CARTA da Câmara de Olinda ao rei [D. João VI], sobre a instituição de uma Junta Provisória de Governo, conforme carta régia e decreto das Cortes Gerais e Extraordinárias Portuguesas, no dia 26 de outubro após a congregação dos eleitores na paróquia da Sé de Olinda, remetendo o termo da dita eleição, um termo de protesto e o mapa geral dos eleitores. Anexos: 4 docs. **AHU_ACL_CU_015, Cx. 284, D. 19444.**
1030	**1822, janeiro, 10, Recife** OFÍCIO do brigadeiro e governador das Armas da província de Pernambuco, José Maria de Moura, ao secretário de estado da Guerra, [Cândido José Xavier], sobre a sua viagem à dita província, na qual perdeu o transporte Grão Cruz, e dando notícia da sua chegada e instalação no Recife, informando ainda o estado de policiamento da dita província, que se encontra sob o governo de uma Junta Provisória. Anexos: 3 docs. **AHU_ACL_CU_015, Cx. 284, D. 19464.**
1031	**1822, janeiro, 14, Recife** CARTA do brigadeiro e governador das Armas da província de Pernambuco, José Maria de Moura, ao rei [D. João VI], informando a sua chegada à dita província e a situação política da mesma. Anexos: 1 doc. **AHU_ACL_CU_015, Cx. 284, D. 19467.**
1032	**1822, janeiro, 14, Recife** OFÍCIO do brigadeiro e governador das Armas da província de Pernambuco, José Maria de Moura, ao secretário de estado da Guerra, [Cândido José Xavier], sobre a situação da magistratura na dita província e sugerindo a criação do Tribunal da Relação, do cargo de intendente da Polícia e dos lugares de juiz de fora para as vilas de Sirinhaém e Cabo, bem como a substituição dos ouvidores das vilas de Goiana e Olinda. **AHU_ACL_CU_015, Cx. 284, D. 19468.**
1033	**1822, janeiro, 19, Pernambuco** CARTA do capitão de fragata e comandante da corveta Princesa Real, José Xavier Bressane Leite, ao rei [D. João VI], sobre a chegada ao porto de Pernambuco das embarcações do comboio que transportavam o brigadeiro e governador das Armas da província de Pernambuco; José Maria de Moura, com exceção da corveta Voador e o transporte Quatro de Abril que fundearam em Ponta Negra, alegando também seu desacordo diante das medidas da Junta Governativa Provisória da dita província e remetendo os requerimentos de dois oficiais estrangeiros, pertencentes a sua guarnição, que solicitam a naturalização portuguesa. Anexos: 2 docs. **AHU_ACL_CU_015, Cx. 285, D. 19478.**

1034	**1822, janeiro, 27, Recife** CARTA do brigadeiro e governador das Armas da província de Pernambuco, José Maria de Moura, ao rei [D. João VI], sobre a falta de policiamento adequado para a dita província, o que motiva as revoltas contra os portugueses; a substituição do sargento-mor do Corpo dos Engenheiros, Conrado Jacob Niemeyer, no comando do forte do Brum pelo brigadeiro Pires, em razão da sublevação popular; acerca da reunião dos Corpos de Milícias de pardos e pretos no Quartel do Batalhão de Caçadores de Olinda, para exigir o fim dos maus tratos e da transferência das três Companhias do Batalhão de Regimento No. 1 português do Quarte da Soledade para o Convento de São Francisco durante a madrugada para evitar ajuntamento do povo. Anexos: 24 docs. **AHU_ACL_CU_015, Cx. 285, D. 19482.**
1035	**1822, janeiro, 29, Lisboa** OFÍCIO da Secretaria da Guerra ao [secretário de estado da Marinha e Ultramar, Manoel Inácio da Costa Quintela], remetendo as cópias das cartas das Juntas Governativas Provisórias das províncias da Bahia e Pará, sobre o apresamento e envio de presos políticos que se envolveram nos acontecimentos da província de Pernambuco. **AHU_ACL_CU_015, Cx. 285, D. 19485.**
1036	**1822, janeiro, Pernambuco** CARTA da Junta Provisória Governativa da província de Pernambuco ao rei [D. João VI], sobre as dúvidas acerca das suas atribuições jurídicas, administrativas, econômicas e policiais, para evitar conflitos com as demais autoridades da dita província. Anexos: 3 docs. **AHU_ACL_CU_015, Cx. 285, D. 19486.**
1037	**1822, fevereiro, 5, Pernambuco** CARTA da Junta Governativa Provisória da província de Pernambuco ao rei [D. João VI], acusando a recepção dos decretos do príncipe D. Pedro ordenando a concessão da propriedade do ofício de selador da Alfândega da dita província ao físico-mor João de Campos Navarro de Andrade, e dando seu parecer acerca do descabimento de tal concessão. **AHU_ACL_CU_015, Cx. 285, D. 19489.**
1038	**1822, fevereiro, 8, Recife** CARTA do brigadeiro e governador das Armas da província de Pernambuco, José Maria de Moura, ao rei [D. João VI], sobre o estado revoltoso da dita província e da sua incapacidade para gerir a crise instalada. **AHU_ACL_CU_015, Cx. 285, D. 19493.**
1039	**1822, fevereiro, 8, Recife** CARTA do brigadeiro e governador das Armas da província de Pernambuco, José Maria de Moura, ao rei [D. João VI], sobre o agravamento da indisposição entre o povo da dita província e os portugueses, acerca da ordem da Junta Governativa Provisória da mesma província e os portugueses, acerca da ordem da Junta Governativa Provisória da mesma província expulsando o Batalhão de Portugal, e remetendo cópia de uma proclamação que escreveu ao povo a fim de acalmar os ânimos, tendo, contudo, atingido resultados contrários. Anexos: 3 docs. **AHU_ACL_CU_015, Cx. 285, D. 19494.**

1040	**1822, fevereiro, 9, Pernambuco** OFÍCIO do capitão de fragata e comandante da corveta Princesa Real, José Xavier Bressane Leite, ao Joaquim José Monteiro Torres, sobre a atual situação das embarcações corveta Voador e transporte Quatro de Abril, seu desacordo com a Junta Governativa Provisória da província de Pernambuco em relação às determinações das Cortes de 28 de outubro relativas às Forças Navais na dita província e à retirada das tropas Portuguesas do território pernambucano; relatando ainda o estado de Recife, onde predomina um partido contrário aos europeus; a tomada do forte do Brum pela população; a impunidade para os crimes cometidos e o apedrejamento da Tropa Constitucional, ocorrendo a morte de um sargento do Batalhão de Portugal. Anexos: 3 docs. **AHU_ACL_CU_015, Cx. 285, D. 19495.**
1041	**1822, março, 4, Pernambuco** CARTA da Junta Governativa Provisória da província de Pernambuco ao rei [D. João VI], sobre a chegada do brigadeiro José Correia de Melo para substituir o brigadeiro José Maria de Moura no governo das Aramas da dita província e protestando contra a falta de ordens e informações acerca desta substituição. Anexos: 7 docs. **AHU_ACL_CU_015, Cx. 285, D. 19520.**
1042	**[ant. 1822, março, 12]** REQUERIMENTO do capitão Pedro da Silva Pedroso e do tenente José Mariano de Albuquerque Cavalcanti, presos pela participação na Revolução de 1817, ao rei [D. João VI], pedindo a liberdade sob o abrigo da anistia de 9 de fevereiro de 1821. Anexos: 7 docs. **AHU_ACL_CU_015, Cx. 285, D. 19526.**
1043	**1822, março, 28, Lisboa** PORTARIA do [secretário das Cortes Gerais e Extraordinárias da Nação Portuguesa], João Batista Felgueiras ao [secretário de estado da Marinha e Ultramar], Inácio da Costa Quintela, determinando que o comandante do brigue vindo da província de Pernambuco compareça ao Palácio das Cortes para assistir aos trabalhos da comissão das ditas Cortes. **AHU_ACL_CU_015, Cx. 285, D. 19536.**
1044	**1822, março, 28, Queluz** PORTARIA do [secretário de estado da Guerra], Cândido José Xavier, ao [secretário de estado da Marinha e Ultramar, Manoel Inácio da Costa Quintela], determinando que se ordene à Junta Governativa Provisória da província de Pernambuco o pagamento do capitão do navio Incomparável, Estevão José Alves, pelo transporte do tenente-coronel Francisco de Albuquerque e Melo e do major José Maria Correia para a dita província a fim de ocuparem os cargos de Governador e Major do Regimento de Milícias da província da Paraíba, respectivamente. **AHU_ACL_CU_015, Cx. 285, D. 19537.**
1045	**[ant. 1822, abril, 2, Lisboa]** REQUERIMENTO do desembargador da Casa da Suplicação, João Osório de Castro e Sousa Falcão, ao [secretário de estado da Marinha e Ultramar, Manoel Inácio da Costa Quintela], pedindo certidão com o teor do ofício sobre a entrega da sentença proferida na Bahia pela rebelião de Pernambuco em 1821, naquela Secretaria de Estado. **AHU_ACL_CU_015, Cx. 285, D. 19542.**

1046	**[ant. 1822, abril, 19, Queluz]** PORTARIA do [secretário de esta da Guerra], Cândido José Xavier, ao [secretário de estado da Marinha e Ultramar, Manoel Inácio da Costa Quintela], ordenando o embarque dos desertores José Lopes de Carvalho, Antônio Manoel Pereira, José Loureda e Manoel Pinto para a província de Pernambuco a fim de responderem em conselho de guerra. Anexo: 1 doc. **AHU_ACL_CU_015, Cx. 285, D. 19548.**
1047	**1822, abril, 19, Lisboa** PORTARIA do [secretário de esta da Guerra], Cândido José Xavier, ao [secretário de estado da Marinha e Ultramar, Manoel Inácio da Costa Quintela], ordenando o embarque do desertor João Manoel Pereira para a província de Pernambuco a fim de responder em conselho de guerra. **AHU_ACL_CU_015, Cx. 285, D. 19549.**
1048	**1822, maio, 17, Pernambuco** CARTA da Junta Governativa Provisória da província de Pernambuco ao rei [D. João VI], sobre os problemas enfrentados pela população da dita província como a falta de capacidade da Alfândega para gerir o comércio interno e externo, a ausência de uma academia literária para fomentar a instrução pública, a carência de magistrados para administrar a Justiça, a desorganização das finanças e da Junta da Fazenda, e enfatiza ainda a colaboração da dita Junta Governativa e do governo das Armas para a manutenção da segurança na mesma província. Anexos: 9 docs. **AHU_ACL_CU_015, Cx. 286, D. 19559.**
1049	**1822, junho, 10, Recife** CARTA do brigadeiro e governador das Armas da província de Pernambuco, José Correia de Melo, ao rei [D. João VI], sobre os acontecimentos de 31 março e 1 e 2 de abril na dita província, onde os corpos militares reivindicaram isonomia de soldos a exemplo da província da Bahia. Anexos: 9 docs. **AHU_ACL_CU_015, Cx. 286, D. 19567.**
1050	**1822, junho, 25, Recife** CARTA da Junta Governativa Provisória da província de Pernambuco ao rei [D. João VI], remetendo o requerimento do capitão-mor de Olinda, José Quaresma, e outros, contra o desembargador e ex-ouvidor da mesma cidade, Venâncio Bernardino Uchoa. Anexos: 14 docs. **AHU_ACL_CU_015, Cx. 286, D. 19580.**
1051	**1822, julho, 1, Queluz** DECRETO do rei [D. João VI] nomeando o secretário e oficiais da Secretaria do Governo das Armas da província de Pernambuco, conforme a relação inclusa. Anexos: 1 doc. **AHU_ACL_CU_015, Cx. 286, D. 19587.**

1052	**1822, julho, 8, Lisboa** OFÍCIO (cópia) do [secretário de estado da Guerra], Cândido José Xavier, ao [secretário das Cortes Gerais e Extraordinárias da Nação Portuguesa], João Batista Felgueiras, remetendo os ofícios do brigadeiro e governador das Armas da província de Pernambuco, [José Correia de Melo], acerca do embarque do Batalhão No. 1 de Infantaria de Portugal e da rebelião de 31 de março; nele remete ainda a lista dos oficiais que se retiraram da dita província. Anexos: 3 docs. **AHU_ACL_CU_015, Cx. 286, D. 19596.**
1053	**1822, agosto, 2, Olinda** ATA (cópia) do Cabido da Sé de Olinda dando parecer acerca dos decretos de 16 de fevereiro e 1 e 3 de junho; da provisão de 27 de março e do discurso do príncipe regente [D. Pedro] dirigido aos brasileiros e procuradores das províncias do Sul. Anexos: 2 docs. **AHU_ACL_CU_015, Cx. 286, D. 19628.**
1054	**1822, agosto, 20, Lisboa** CONSULTA do conselho de guerra ao rei D. João VI, sobre a proposta para o lugar de governador da província de Pernambuco. Anexos: 2 docs. **AHU_ACL_CU_015, Cx. 287, D. 19650.**
1055	**1822, agosto, 20, Recife** CARTA (2a. via) da Junta Governativa Provisória da Provisória de Pernambuco ao rei [D. João VI], sobre os acontecimentos do dia 3 de agosto motivado pela falta de decisão nas promoções dos oficiais das tropas; informando também acerca do estabelecimento do Tribunal da Relação para administrar a justiça; da suspensão do ouvidor João Manoel Teixeira e da observação das leis acerca dos tributos da carne verde, aguardente, farinha de mandioca e selo das heranças; pedindo ainda que se impeça o envio de batalhões portugueses para a dita província a fim de evitar novos conflitos. Anexos: 6 docs. **AHU_ACL_CU_015, Cx. 287, D. 19651.**
1056	**1822, agosto, 23, Pernambuco** CARTA (2a. via) da Junta Governativa Provisória da Provisória de Pernambuco ao rei [D. João VI], sobre a chegada de Felipe Néri Ferreira, enviado à Corte do Rio de Janeiro para confirmar o apoio da dita província à decisão do príncipe regente [D. Pedro] permanecer no Brasil. **AHU_ACL_CU_015, Cx. 287, D. 19656.**
1057	**1822, setembro, 4, Lisboa** AVISO do [secretário de estado da Justiça], José da Silva Carvalho, ao [secretário de estado da Marinha e Ultramar], Manoel Inácio da Costa Quintela, ordenando que informe acerca do transporte de armamentos para província de Pernambuco através da carga de queijos. **AHU_ACL_CU_015, Cx. 287, D. 19666.**

1058	**1823, janeiro, 13, [Lisboa]** OFÍCIO de Bernardo Cândido de Castro Sepúlveda ao [secretário de Estado da Guerra], Manoel Gonçalves de Miranda, sobre o requerimento do alferes da Segunda Companhia do Primeiro Batalhão de Milícias da província de Pernambuco, Antônio José de Sá Araújo, que veio ao Reino com licença e não pode retornar à dita província devido à instabilidade política, pedindo continuação da licença a fim de não ser considerado ausente até que possa para ali voltar. Anexos: 6 docs. **AHU_ACL_CU_ 015, Cx. 287, D. 19730.**
1059	**1823, janeiro, 13, [Lisboa]** BILHETE sobre os deputados que pedem passaportes para retornar às províncias de Pernambuco e Rio Grande do Norte. Anexos: 2 docs. Obs.: documento em anexo impresso. **AHU_ACL_CU_ 015, Cx. 287, D. 19731.**
1060	**[ant. 1823, janeiro, 23]** REQUERIMENTO do alferes do Primeiro Batalhão da Segunda Linha da província de Pernambuco, Francisco Pacheco Soares, por seu procurador Manoel do Nascimento Nunes, ao rei [D. João VI] pedindo confirmação de carta patente. Anexos: 2 docs. **Obs.: documento em anexo impresso.** **AHU_ACL_CU_ 015, Cx. 287, D. 19734.**
1061	**[ant. 1823, janeiro, 23]** REQUERIMENTO do capitão de Linha da província de Pernambuco, Antônio do Rego Pacheco, por seu procurador Manoel do Nascimento Nunes, ao rei [D. João VI] pedindo confirmação de carta patente. **Anexos: 2 docs.** **AHU_ACL_CU_ 015, Cx. 287, D. 19735.**
1062	**1823, janeiro, 23, [Lisboa]** PORTARIA do [secretário de Estado da Guerra], Manoel Gonçalves de Miranda, ao [Conselho de Guerra] remetendo o requerimento de Jerônimo Pinto Pereira para que se passe patente de tenente de Infantaria da província de Pernambuco. **Anexos: 2 docs.** **AHU_ACL_CU_ 015, Cx. 287, D. 19736.**
1063	**1823, janeiro, 31, Lisboa** CARTA da Junta da Fazenda da Marinha ao rei [D. João VI] sobre a despesa da expedição da tropa que partiu para a província de Pernambuco. **Anexo: 1 doc.** **AHU_ACL_CU_ 015, Cx. 287, D. 19738.**
1064	**1823, fevereiro, 16, Porto** OFÍCIO do chefe de Esquadra e intendente da Marinha, José Joaquim da Rosa Coelho, ao [secretário de Estado da Marinha e Ultramar], Inácio da Costa Quintela, sobre um ofício do comandante da corveta Princesa Real que se encontra bloqueando a província de Pernambuco. **AHU_ACL_CU_ 015, Cx. 287, D. 19740.**

1065	**1823, fevereiro, 18, Lisboa** REQUERIMENTO do capitão da Terceira Companhia do Primeiro Batalhão de Caçadores da província de Pernambuco, Antônio Jacinto Pereira de Matos, ao rei [D. João VI] pedindo confirmação de carta patente. **Anexos: 4 docs.** **AHU_ACL_CU_ 015, Cx. 287, D. 19744.**
1066	**1823, fevereiro, 22, Lisboa** AVISO de [secretário das Cortes Gerais e Extraordinárias da Nação Portuguesa], João Batista Felgueiras ao [secretário de Estado da Marinha e Ultramar], Inácio da Costa Quintela, remetendo de volta ao governo o ofício do capitão tenente da corveta Princesa Real, Isidoro Francisco Guimarães, que se encontra à vela no mar de Pernambuco. **AHU_ACL_CU_ 015, Cx. 287, D. 19746.**
1067	**[ant. 1823, fevereiro, 28]** REQUERIMENTO do alferes do Primeiro batalhão de Caçadores da província de Pernambuco, Antônio Alves de Sousa, ao rei [D. João VI] pedindo que a Secretaria de Estado da Marinha passe certidão do decreto de 16 de novembro de 1820 a fim de poder solicitar sua confirmação de patente. **AHU_ACL_CU_ 015, Cx. 287, D. 19748.**
1068	**[ant. 1823, abril, 16]** REQUERIMENTO do alferes agregado a Primeira Companhia do Segundo Batalhão de Milícias da província de Pernambuco, Manoel Pereira de Sá, por seu procurador Manoel Joaquim Mendes, ao rei [D. João VI] pedindo confirmação de carta patente. **Anexos: 2 docs.** **AHU_ACL_CU_ 015, Cx. 287, D. 19753.**
1069	**1823, abril, 25, Lisboa** REQUERIMENTO do capitão da Sexta Companhia do Primeiro Batalhão de Caçadores da província de Pernambuco, Francisco Joaquim Borges, ao rei [D. João VI] pedindo confirmação de carta patente. **Anexos: 4 docs.** **AHU_ACL_CU_ 015, Cx. 287, D. 19755.**
1070	**1823, maio, 13, a bordo da galera Dinamarquês Aurora** OFÍCIO do primeiro tenente da Armada Nacional, Francisco de Paula Tavares, ao [secretário de Estado da Marinha e Ultramar, Manoel] Inácio da Costa Quintela, sobre ter tentado aportar na província de Pernambuco para entregar cartas e ter sido impedido por ordens dos comandantes das corvetas Calipso e Princesa Real, que o enviaram à Bahia, informando a instável situação de algumas províncias do Brasil. Anexos: 9 docs. **AHU_ACL_CU_ 015, Cx. 288, D. 19757.**
1071	**[ant. 1823, maio, 17]** REQUERIMENTO do alferes do Primeiro Batalhão da Primeira Brigada de Milícias da província de Pernambuco, Antônio Joaquim de Sousa Pires, ao rei [D. João VI] pedindo confirmação de carta patente. Anexos: 2 docs. **AHU_ACL_CU_ 015, Cx. 288, D. 19758.**

1072	**1823, maio, 21, Lisboa** REQUERIMENTO do soldado da Quinta Companhia e Regimento de Milícias da província de Pernambuco, João Luís Machado, por seu procurador Domingos Teixeira Marques, ao rei [D. João VI] pedindo renovação da licença no Reino até ser possível o retorno à dita província. Anexos: 2 docs. **AHU_ACL_CU_ 015, Cx. 288, D. 19760.**
1073	**[ant. 1823, maio, 26]** REQUERIMENTO do alferes de Milícias da província de Pernambuco, Lourenço José das Neves, ao rei [D. João VI] pedindo confirmação de carta patente com salva. Anexos: 2 docs. **AHU_ACL_CU_ 015, Cx. 288, D. 19764.**
1074	**1823, junho, 10, Lisboa** REQUERIMENTO do tenente de Cavalaria de Milícias da província de Pernambuco, João Antônio de Castro, por seu procurador Ernesto Frederico Annes Plening, ao rei [D. João VI] pedindo aviso ao conselho de guerra a fim de ter sua patente confirmada. **Anexos: 2 docs.** **AHU_ACL_CU_ 015, Cx. 288, D. 19769.**
1075	**1823, junho, 18, Pernambuco** CARTA de um súdito pernambucano ao rei [D. João VI] sobre a conduta antilusitana de Gervásio Pires Ferreira e a forma como conduz o governo da província de Pernambuco. **AHU_ACL_CU_ 015, Cx. 288, D. 19771.**
1076	**1823, junho, 18, Lisboa** CONSULTA do Conselho de Guerra ao rei D. João VI sobre o requerimento do alferes de Caçadores da província de Pernambuco, Antônio Bernardo no qual pede o abono de soldos atrasados. **AHU_ACL_CU_ 015, Cx. 288, D. 19772.**
1077	**1823, junho, 29, Lisboa** REQUERIMENTO do primeiro tenente de Artilharia da província de Pernambuco, Antônio de Castro Delgado, ao rei [D. João VI] pedindo devolução de documentos. **AHU_ACL_CU_ 015, Cx. 288, D. 19776.**
1078	**[ant. 1823, julho, 8]** REQUERIMENTO do negociante da província de Pernambuco, Gervásio Pires Ferreira, ao rei [D. João VI] pedindo passaporte para passar ao Rio de Janeiro junto com seu filho menor e seu genro. Anexo: 1 doc. Obs.: documento em anexo impresso. **AHU_ACL_CU_ 015, Cx. 288, D. 19779.**
1079	**1823, julho, 9, costa de Pernambuco** OFÍCIO (cópia) do comandante de Esquadra, Inácio Luís Madeira de Melo, ao chefe de Divisão comandante da Esquadra, João Félix Pereira de Campos, sobre não ser possível enviar ao Maranhão quatro batalhões devido a dispersão dos comboios. Anexos: 8 docs. **AHU_ACL_CU_ 015, Cx. 288, D. 19780.**

1080	**1823, julho, 9, Lisboa** REPRESENTAÇÃO dos oficiais do Segundo Batalhão do Regimento de Infantaria nº 2, pertencentes ao da expedição de Pernambuco, ao rei [D. João VI] pedindo verificação do decreto de promoção de 26 de janeiro de 1822 conferida a eles. **AHU_ACL_CU_ 015, Cx. 288, D. 19781.**
1081	**1823, agosto, 11, Lisboa** REQUERIMENTO do capitão de Caçadores da província de Pernambuco, Antônio dos Santos Leite, ao rei [D. João VI] pedindo confirmação de carta patente. Anexos: 4 docs. **AHU_ACL_CU_ 015, Cx. 288, D. 19791.**
1082	**1823, agosto, 12, Lisboa** CONSULTA do Conselho de Guerra ao rei D. João VI sobre o alferes do Primeiro Batalhão de Caçadores da província de Pernambuco, Antônio Alves de Sousa Girão, que pede confirmação de carta patente. Anexos: 4 docs. **AHU_ACL_CU_ 015, Cx. 288, D. 19792.**
1083	**[ant. 1823, agosto, 28]** REQUERIMENTO de José da Natividade Saldanha ao rei [D. João VI] pedindo passaporte para fazer viagem à província de Pernambuco. Anexo: 1 doc. Obs.: documento em anexo impresso. **AHU_ACL_CU_ 015, Cx. 288, D. 19798.**
1084	**1823, setembro, 25, Lisboa** REQUERIMENTO do coronel do extinto Regimento de Cavalaria de Goiana, João Pinto de Sousa, ao rei [D. João VI] pedindo promoção ao posto de coronel de Cavalaria de Linha da província de Pernambuco. Anexos: 3 docs. **AHU_ACL_CU_ 015, Cx. 288, D. 19806.**
1085	**1823, outubro, 16, [Lisboa]** CONSULTA da Real Junta do Comércio ao rei [D. João VI] sobre a consulta da Junta encarregada da administração dos fundos das extintas Companhias do Pará e Maranhão e de Pernambuco e Paraíba, que pretende enviar um de seus deputados à província de Pernambuco a fim de tratar das pendências e cobranças desta Companhia. Anexos: 4 docs. **AHU_ACL_CU_ 015, Cx. 288, D. 19811.**
1086	**1823, outubro, 20, Lisboa** REQUERIMENTO do coronel de Linha da província de Pernambuco, Ezequiel Rebelo de Andrade, ao rei [D. João VI] pedindo o governo de Bengala. Anexos: 2 docs. **AHU_ACL_CU_ 015, Cx. 288, D. 19814.**
1087	**[ant. 1823, novembro, 17]** REQUERIMENTO do capitão agregado da Primeira Meia Brigada de Cavalaria de Milícias da província de Pernambuco, Manoel José da Silva Guimarães, por seu procurador José Francisco Pereira da Cunha, ao rei [D. João VI] pedindo patente com salva. **AHU_ACL_CU_ 015, Cx. 288, D. 19829.**

1088	**1823, dezembro, 7, Porto** OFÍCIO do chefe de Esquadra e intendente da Marinha, José Joaquim da Rosa Coelho, ao [secretário de Estado interino da Marinha e Ultramar, ministro assistente do despacho e encarregado da Secretaria de Estado da Guerra], conde de Subserra, [Manoel Inácio Martins Pamplona Corte Real], sobre as informações de militares vindos da província de Pernambuco de que o governo lá estabelecido não reconhece, nem o governo português, nem o do Rio de Janeiro, e acerca das especulações de ser declarada a república naquela província, informando ainda que o ex-deputado Barata é o redator do periódico Sentinela. Anexo: 1 doc. Obs.: documento em anexo impresso. **AHU_ACL_CU_ 015, Cx. 288, D. 19834.**
1089	**1823, dezembro, 10, Lisboa** REQUERIMENTO do tenente de Cavalaria de Milícias da província de Pernambuco, Ribeiro dos Santos, ao rei [D. João VI] pendida licença enquanto não pode retornar à dita província devido a perseguição aos europeus. **AHU_ACL_CU_ 015, Cx. 288, D. 19837.**
1090	**1823, dezembro, 23, Lisboa** REPRESENTAÇÃO dos oficiais de Milícias da província de Pernambuco ao rei [D. João VI] pedindo passagem para retornar na expedição que se prepara para ir ao Brasil. Anexo: 1 doc. **AHU_ACL_CU_ 015, Cx. 288, D. 19840.**
1091	**1824, janeiro, 23, [Lisboa]** AVISO do [secretário de Estado da Guerra], conde de Subserra, [Manoel Inácio Pamplona Corte Real], ao secretário de Estado da Marinha e Ultramar, remetendo o requerimento e documentos do capitão graduado do Terceiro Batalhão de Caçadores da província de Pernambuco, João Alexandre de Almeida, no qual pede a efetividade no dito posto. Anexos: 3 docs. **AHU_ACL_CU_ 015, Cx. 288, D. 19844.**
1092	**1824, fevereiro, 12, [Pernambuco]** EDITAL do presidente da província de Pernambuco, Manoel de Carvalho Paes de Andrade, comunicando as determinações do imperador D. Pedro I acerca da proibição do comércio com Portugal. Obs.: documento impresso. **AHU_ACL_CU_ 015, Cx. 288, D. 19846.**
1093	**1824, março, 10, a bordo do bergantim General Silveira** CARTA do alferes adido ao Estado Maior do Exército, Antônio Botelho de Lacerda, ao rei [D. João VI] sobre a sua prisão na província de Pernambuco, em ocasião da revolta contra os europeus. **AHU_ACL_CU_ 015, Cx. 288, D. 19848.**
1094	**ant. 1824, março, 17]** REQUERIMENTO do comerciante da província de Pernambuco, Francisco Barbosa de Brito, ao rei [D. João VI] pedindo deferimento do requerimento em que solicita a devolução de seus 43 barris de pólvora, recebida pela nau D. João VI, na Bahia, e que julgaram pertencente à Fazenda Real. Anexos: 6 docs. **AHU_ACL_CU_ 015, Cx. 288, D. 19849.**

1095	**1824, março, 23, [Lisboa]** AVISO do [secretário de Estado da Guerra], conde de Subserra, [Manoel Inácio Pamplona Corte Real], ao secretário de Estado da Marinha e Ultramar, remetendo o requerimento do ex-sargento da fortaleza do Mar do Recife, Francisco de Paula Torcato, degredado na ilha de Fernando de Noronha por crime de insubordinação, no qual pede certidão com o teor de seu processo. Anexos: 4 docs. **AHU_ACL_CU_ 015, Cx. 288, D. 19850.**
1096	**1824, março, 24, Pernambuco** [CARTA] (cópia) sobre a situação política da província de Pernambuco, a oposição entre o partido dos portugueses e dos pernambucanos e a prisão do presidente da dita província, Manoel de Carvalho Paes de Andrade. **AHU_ACL_CU_ 015, Cx. 288, D. 19851.**
1097	**[ant. 1824, março, 26]** REQUERIMENTO do tenente ajudante-de-campo da Primeira Brigada de Milícias da província de Pernambuco, João de Almeida Baralha, por seu procurador Alexandre José de Carvalho, ao rei [D. João VI] pedindo confirmação de sua carta patente. Anexos: 2 docs. **AHU_ACL_CU_ 015, Cx. 288, D. 19852.**
1098	**1824, março, 29, Gibraltar** OFÍCIO de José Agostinho Parral ao [secretário de Estado da Guerra], conde de Subserra, [Manoel Inácio Pamplona Corte Real], sobre a chegada do bergantim inglês Mary, vindo da província de Pernambuco com passageiros portugueses, que relataram a perseguição aos portugueses na dita província. **AHU_ACL_CU_ 015, Cx. 288, D. 19853.**
1099	**1824, abril, 1, Gibraltar** OFÍCIO de José Agostinho Parral ao [secretário de Estado da Guerra], conde de Subserra, [Manoel Inácio Pamplona Corte Real], sobre a chegada de um passageiro da província de Pernambuco declarando que o governo da dita província mandou construir duas fragatas de guerra nos Estados Unidos, relatando ainda a chegada do bergantim inglês William e Catherine, trazendo passageiros portugueses, e da fragata de guerra francesa Hermione, procedente de Cartagena. **AHU_ACL_CU_ 015, Cx. 288, D. 19854.**
1100	**1824, abril, 12, [Pernambuco]** EXTRATO (minuta) do diário do governador da província de Pernambuco acerca da separação do Brasil, dos acontecimentos de Olinda, das prisões e assassinatos dos europeus, da compra de uma corveta de 32 peças nos Estados Unidos, das diligências para obtenção de ferro para elaboração do trem e das notícias vindas de Gibraltar a respeito dos navios sequestrados e da tentativa de Federalismo nas províncias da Bahia e do Norte. **AHU_ACL_CU_ 015, Cx. 288, D. 19856.**
1101	**1824, abril, 22, Gibraltar** OFÍCIO de José Agostinho Parral ao [secretário de Estado da Guerra], conde de Subserra, [Manoel Inácio Pamplona Corte Real], sobre a chegada do brigue inglês Mediterrânea, vindo da província do Rio de Janeiro, remetendo o ofício do cônsul de Portugal em Marselha e relatando as notícias de movimentos de independência na província de Pernambuco. **AHU_ACL_CU_ 015, Cx. 288, D. 19858.**

1102	**1824, abril, 29, Lisboa** REPRESENTAÇÃO dos portugueses expulsos da província de Pernambuco a bordo da galera Joaquim Guilherme, ao rei [D. João VI], queixando-se contra os pernambucanos, em especial Manoel de Carvalho Paes de Andrade, que ordenou a expulsão dos ditos portugueses. Anexos: 3 docs. **AHU_ACL_CU_ 015, Cx. 288, D. 19861.**
1103	**1824, abril, 29, [Pernambuco]** PASSAPORTE passado pelo presidente da província de Pernambuco, Manoel de Carvalho Paes de Andrade, **à galera Gratidão**, de que é mestre Pedro José de Sales, autorizando viagem ao porto de Gibraltar. **AHU_ACL_CU_ 015, Cx. 288, D. 19862.**
1104	**[ant. 1824, maio, 5, Lisboa]** REQUERIMENTO do ajudante das Ordenanças de Olinda, João Batista Lisboa, ao rei [D. João VI] pedindo prorrogação de sua licença de permanência em Lisboa até o apaziguamento da província de Pernambuco. Anexo: 1 doc. **AHU_ACL_CU_ 015, Cx. 288, D. 19863.**
1105	**1824, maio, 20, Lisboa** REQUERIMENTO de José de Souza Armelim, expulso da província de Pernambuco, ao rei [D. João VI] pedindo passagem na primeira embarcação de guerra com destino ao Brasil, integrado em uns dos corpos militares para resgatar sua família. Anexo: 1 doc. **AHU_ACL_CU_ 015, Cx. 288, D. 19866.**
1106	**1824, maio, 24, Gibraltar** OFÍCIO de José Agostinho Parral ao secretário de Estado da Marinha e Ultramar sobre a chegada da nau holandesa Holand, da bombardeira inglesa Terror, do bergantim inglês Josephina, procedente da província de Pernambuco e com notícias de haver chegado ao porto da dita província as fragatas Pitanga e Niterói, vindas da província do Rio de Janeiro, que se encontra sossegada. **AHU_ACL_CU_ 015, Cx. 288, D. 19868.**
1107	**1824, junho, 4, [Lisboa]** AVISO do [secretário de Estado da Guerra], conde Subserra, Manoel Inácio Pamplona Corte Real, ao secretário de Estado da Marinha e Ultramar, remetendo o requerimento do primeiro tenente de Artilharia da província de Pernambuco, Gonçalo de Lócio. Anexos: 2 docs. **AHU_ACL_CU_ 015, Cx. 289, D. 19869.**
1108	**1824, junho, 14, Lisboa** REQUERIMENTO do tenente do Segundo Batalhão de Caçadores da província de Pernambuco, José Pires, ao [secretário de Estado da Guerra, conde de Subserra, Manoel Inácio Martins Pamplona Corte Real], pedindo informação acerca do seu requerimento remetido à Secretaria de Estado do Reino. Anexos: 2 docs. **AHU_ACL_CU_ 015, Cx. 289, D. 19870.**

1109	**1824, junho, 21, Lisboa** REQUERIMENTO do capitão do Terceiro Batalhão de Caçadores da província de Pernambuco, João Carlos de Abreu, ao rei [D. João VI] pedindo o hábito da Ordem de Nossa Senhora da Conceição de Vila Viçosa como remuneração de seus serviços. Anexos: 8 docs. Obs.: m. est. **AHU_ACL_CU_ 015, Cx. 289, D. 19872.**
1110	**[ant. 1824, junho, 26]** REQUERIMENTO do primeiro tenente da Primeira Companhia da Primeira Brigada de Artilharia Miliciana da [província de Pernambuco], Duarte Francisco Moreira, ao rei [D. João VI] pedindo confirmação de carta patente. Anexos: 7 docs. **AHU_ACL_CU_ 015, Cx. 289, D. 19873.**
1111	**1824, julho, 8, Gibraltar** OFÍCIO de José Agostinho Parral ao [secretário de Estado da Guerra], conde de Subserra, [Manoel Inácio Pamplona Corte Real] sobre a chegada da galera americana Adriana, vinda da província do Rio de Janeiro, trazendo notícias acerca do bloqueio do porto da província de Pernambuco. **AHU_ACL_CU_ 015, Cx. 289, D. 19874.**
1112	**1824, julho, 19** OFÍCIO (minuta) de Manoel José Maria da Costa e Sá ao [secretário de Estado da Guerra], conde de Subserra, [Manoel Inácio Pamplona Corte Real], sobre as madeiras de Leiria e remetendo ofícios e documentos acerca do governo de Manoel de Carvalho Paes de Andrade na província de Pernambuco. **AHU_ACL_CU_ 015, Cx. 289, D. 19875.**
1113	**[post. 1824, julho, 25]** MEMÓRIA do requerimento do alferes do Primeiro Batalhão de Milícias da província de Pernambuco, Domingos José Pereira Rocha, no qual pede promoção para o posto de capitão do mesmo batalhão. Anexos: 3 docs. **AHU_ACL_CU_ 015, Cx. 289, D. 19878.**
1114	**1824, julho, 27, Lisboa** REQUERIMENTO do capitão da Sexta Companhia do Quinto Batalhão de Milícias da Segunda Brigada da província de Pernambuco, José Carlos Lisboa, ao rei [D. João VI] pedindo confirmação de carta patente. Anexos: 6 docs. **AHU_ACL_CU_ 015, Cx. 289, D. 19880.**
1115	**1824, julho, 29, Gibraltar** OFÍCIO de José Agostinho Parral ao [secretário de Estado da Guerra], conde de Subserra, [Manoel Inácio Pamplona Corte Real], sobre a chegada do brigue americano Active, vindo da província de Pernambuco, trazendo notícias da falta de mantimentos na dita província em razão do bloqueio de seu porto, avisa ainda a chegada de outras embarcações com notícias de Argel e Cádiz. **AHU_ACL_CU_ 015, Cx. 289, D. 19881.**

1116	**[ant. 1824, agosto, 2, Lisboa]** REQUERIMENTO do comerciante da praça da província de Pernambuco, Joaquim José de Miranda Júnior, ao rei [D. João VI] pedindo passaporte para fazer viagem à dita província. Anexo: 1 doc. Obs.: documento em anexo impresso. **AHU_ACL_CU_ 015, Cx. 289, D. 19882.**
1117	**1824, agosto, 4, Lisboa** REQUERIMENTO do segundo tenente da Primeira Companhia da Segunda Brigada de Artilharia Miliciana da província de Pernambuco, Bartolomeu de Almeida, ao rei [D. João VI] pedindo confirmação de carta patente. Anexos: 10 docs. **AHU_ACL_CU_ 015, Cx. 289, D. 19883.**
1118	**1824, agosto, 18, [Lisboa]** AVISO do [secretário de Estado da Guerra], conde de Subserra, [Manoel Inácio Pamplona Corte Real], ao secretário de Estado da Marinha e Ultramar remetendo os requerimentos e documentos do tenente da Primeira Meia Brigada de Cavalaria de Milícias da província de Pernambuco, João Antônio de Castro, no qual pede o hábito da Ordem de Cristo como remuneração de seus serviços. Anexos: 10 docs. **AHU_ACL_CU_ 015, Cx. 289, D. 19885.**
1119	**1824, agosto, 25, [Lisboa]** LISTA das consultas apresentadas ao rei [D. João VI] através da Secretaria de Estado da Marinha e Ultramar. **AHU_ACL_CU_ 015, Cx. 289, D. 19887.**
1120	**1824, agosto, 28, Lisboa** REQUERIMENTO do tenente de Cavalaria do Esquadrão de Linha da província de Pernambuco, Manoel Joaquim do Rego Barreto, ao rei [D. João VI] pedindo o hábito da Ordem de Cristo como remuneração de seus serviços. Anexos: 13 docs. **AHU_ACL_CU_ 015, Cx. 289, D. 19888.**
1121	**1824, setembro, 6, Lisboa** CARTA do coronel graduado do Exército, que serviu na província de Pernambuco, Antônio Inácio Coiola, ao rei [D. João VI] sobre o seu desempenho militar na dita província e queixando-se da perseguição de seus inimigos. Anexo: 1 doc. **AHU_ACL_CU_ 015, Cx. 289, D. 19889.**
1122	**1824, setembro, 6, Gibraltar** OFÍCIO de José Agostinho Parral ao [secretário de Estado da Guerra], conde de Subserra, [Manoel Inácio Pamplona Corte Real], sobre a chegada do navio brasileiro Conceição Oliveira, trazendo notícias da suspensão do bloqueio ao porto da província de Pernambuco. Anexo: 1 doc. **AHU_ACL_CU_ 015, Cx. 289, D. 19890.**

1123	**1824, setembro, 27, Gibraltar** OFÍCIO de José Agostinho Parral ao [secretário de Estado da Guerra], conde de Subserra, [Manoel Inácio Pamplona Corte Real], sobre a chegada do brigue inglês Mary, trazendo notícias sobre o levantamento do bloqueio do porto da província de Pernambuco e a permanência de uma fragata de guerra brasileira registrando a entrada de navios no dito porto. **AHU_ACL_CU_ 015, Cx. 289, D. 19893.**
1124	**1824, setembro, 30, Lisboa** REQUERIMENTO do capitão graduado do Terceiro Batalhão de Caçadores da província de Pernambuco, João Alexandre de Almeida, ao [secretário de Estado da Guerra, conde de Subserra, Manoel Inácio Martins Pamplona Corte Real], pedindo breve deferimento para seu requerimento na Secretaria de Estado da Marinha e Ultramar. Anexo: 1 doc. **AHU_ACL_CU_ 015, Cx. 289, D. 19894.**
1125	**1824, outubro, 6, Lisboa** REQUERIMENTO do tenente de Infantaria da província de Pernambuco, Jerônimo Pinto Pereira, ao rei [D. João VI] pedindo confirmação do hábito da Ordem de Cristo. Anexos: 2 docs. **AHU_ACL_CU_ 015, Cx. 289, D. 19896.**
1126	**1824, outubro, 8, Lisboa** OFÍCIO do chefe de Esquadra e intendente da Marinha, José Joaquim da Rosa Coelho, ao [secretário de Estado da Guerra], conde de Subserra, [Manoel Inácio Pamplona Corte Real], remetendo a parte do registro do porto feito ao bergantim Triunfo do Mar, vindo de Pernambuco e o ofício do ajudante da Intendência da Marinha sobre o Estado do Maranhão. Anexos: 10 docs. **AHU_ACL_CU_ 015, Cx. 289, D. 19897.**
1127	**1824, outubro, 11, Lisboa** REQUERIMENTO do capitão das Ordenanças da freguesia de São José de Bezerros, termo da vila de Santo Antão na província de Pernambuco, Domingos Lourenço Torres Galindo, ao rei [D. João VI] pedindo o hábito da Ordem de Cristo como remuneração de seus serviços. Anexos: 4 docs. Obs.: m. est. **AHU_ACL_CU_ 015, Cx. 289, D. 19898.**
1128	**[ant. 1824, outubro, 20]** CARTA de Manoel Paulo Quintela ao rei [D. João VI] queixando-se contra o presidente da província de Pernambuco. Anexo: 1 doc. **AHU_ACL_CU_ 015, Cx. 289, D. 19899.**
1129	**1824, outubro, 20, [Lisboa]** REQUERIMENTO do capitão de Milícias da província de Pernambuco, José Carlos Lisboa, ao rei [D. João VI] pedindo confirmação de carta patente. Anexos: 3 docs. **AHU_ACL_CU_ 015, Cx. 289, D. 19900.**

1130	**[ant. 1824, outubro, 22, Lisboa]** LEMBRETE do requerimento do soldado do Regimento nº 18 e do Regimento de Milícias da cidade do Porto, João da Costa, no qual pede admissão na primeira tropa que embarcar para a província de Pernambuco. **AHU_ACL_CU_ 015, Cx. 289, D. 19901.**
1131	**[ant. 1824, novembro, 13, Lisboa]** LEMBRETE do requerimento do segundo sargento de Cavalaria da província de Pernambuco, Lourenço Martins das Neves, no qual pede ser mandado para o depósito militar com competente soldo e oferecendo-se para ir na expedição para o Ultramar. **AHU_ACL_CU_ 015, Cx. 289, D. 19905.**
1132	**1824, novembro, 16, Lisboa** REQUERIMENTO do capitão graduado do Terceiro Batalhão de Caçadores da província de Pernambuco, João Alexandre de Almeida, ao rei [D. João VI] pedindo o hábito da Ordem de Nossa Senhora da Conceição de Vila Viçosa. Anexos: 6 docs. Obs.: m. est. **AHU_ACL_CU_ 015, Cx. 289, D. 19907.**
1133	**1824, novembro, 18, Lisboa** REQUERIMENTO do capitão do Terceiro Batalhão de Caçadores da província de Pernambuco, João Carlos de Abreu, ao rei [D. João VI] pedindo adiantamento de soldo para regressar à dita província. Anexos: 2 docs. **AHU_ACL_CU_ 015, Cx. 289, D. 19909.**
1134	**1824, novembro, 19, Lisboa** REQUERIMENTO do tenente graduado do Terceiro Batalhão de Caçadores da província de Pernambuco, Florêncio José da Costa, ao rei [D. João VI] pedindo promoção para o posto de major do mesmo batalhão como remuneração de seus serviços. Anexos: 3 docs. **AHU_ACL_CU_ 015, Cx. 289, D. 19911.**
1135	**[ant. 1824, novembro, 22]** REQUERIMENTO dos proprietários do navio Triunfo Americano, João Antônio de Almeida e José Luís da Silva, ao rei [D. João VI] pedindo pagamento pelo transporte de 245 praças da província de Pernambuco para Lisboa à ordem do governo da dita província. Anexos: 3 docs. **AHU_ACL_CU_ 015, Cx. 289, D. 19914.**
1136	**1824, novembro, 26, Lisboa** REQUERIMENTO do cirurgião graduado em major da Segunda Brigada de Milícias da província de Pernambuco, Francisco de Paula Pires Ramos, ao rei [D. João VI] pedindo dispensa da apresentação de fé de ofícios para decretação de seus serviços, em razão da desorganização da dita província. Anexos: 3 docs. **AHU_ACL_CU_ 015, Cx. 289, D. 19916.**

1137	**1824, dezembro, 22, Lisboa** REQUERIMENTO do cirurgião-mor da Primeira Meia Brigada de Cavalaria Miliciana da província de Pernambuco, Joaquim José da Fonseca, por seu procurador José Maria Correia, ao rei [D. João VI] pedindo isonomia do soldo de seu posto de acordo com o Exército de Portugal como remuneração de seus serviços. Anexos: 3 docs. **AHU_ACL_CU_ 015, Cx. 289, D. 19919.**
1138	**1825, janeiro, 3, Lisboa** AVISO do [secretário de Estado da Guerra], conde de Subserra, [Manoel Inácio Pamplona Corte Real], ao secretário de Estado da Marinha e Ultramar, ordenando o pagamento do alferes do Segundo Batalhão de Caçadores da província de Pernambuco, João Leite Botelho, pela Tesouraria Geral das Tropas com a guia competente. Anexo: 1 doc. **AHU_ACL_CU_ 015, Cx. 289, D. 19920.**
1139	**1825, janeiro, 10, Lisboa** AVISO do [secretário de Estado da Guerra], conde de Subserra, [Manoel Inácio Pamplona Corte Real], ao secretário de Estado da Marinha e Ultramar remetendo o requerimento do ajudante do Batalhão de Milícias da província de Pernambuco, Antônio de Sousa Lisboa, informando que as comedorias requeridas só são concedidas aos embarcados e que, por ter se evadido do serviço duas vezes, não possui esta vantagem. Anexos: 27 docs. **AHU_ACL_CU_ 015, Cx. 289, D. 19921.**
1140	**1825, fevereiro, 9, Lisboa** REQUERIMENTO do capitão graduado do Terceiro Batalhão de Caçadores da província de Pernambuco, João Alexandre de Almeida, ao rei [D. João VI] pedindo que a graduação recaia sobre o posto anterior de tenente ajudante. Anexos: 37 docs. **AHU_ACL_CU_ 015, Cx. 289, D. 19923.**
1141	**1825, fevereiro, 28, Lisboa** AVISO do [secretário de Estado da Marinha e Ultramar], Joaquim José Monteiro Torres, ao [conselheiro do Conselho Ultramarino], visconde de Manique, [Pedro Antônio de Pina Manique Nogueira Matos de Andrade], ordenando que se consulte o requerimento de Jerônimo Pinto Pereira em que pede pagamento de soldo desde a promoção ao posto de tenente para servir na província de Pernambuco. Anexos: 10 docs. **AHU_ACL_CU_ 015, Cx. 289, D. 19925.**
1142	**1825, março, 3, Lisboa** REQUERIMENTO do alferes do Batalhão de Caçadores da província de Pernambuco, José Coelho de Carvalho, ao rei [D. João VI] pedindo o adiantamento de quatro meses de soldo para lhe ser descontado pela quinta parte. Anexo: 1 doc. **AHU_ACL_CU_ 015, Cx. 289, D. 19927.**

1143	**1825, março, 5, Lisboa** OFÍCIO do marquês de Viana, [D. João Manoel de Meneses], ao [secretário de Estado da Marinha e Ultramar], Joaquim José Monteiro Torres, sobre o ajuste da conta do frete do navio Triunfo Americano pelo transporte de 245 praças de tropa à província de Pernambuco. Anexo: 1 doc. **AHU_ACL_CU_ 015, Cx. 289, D. 19928.**
1144	**[ant. 1825, abril, 15]** REQUERIMENTO do alferes da Primeira Companhia de Atiradores de Milícias da província de Pernambuco, Narciso Xavier da Costa Rodrigues, por seu procurador José João Pereira, ao rei [D. João VI] pedindo confirmação de carta patente. Anexo: 1 doc. **AHU_ACL_CU_ 015, Cx. 289, D. 19938.**
1145	**[ant. 1825, abril, 18]** REQUERIMENTO do capitão agregado da Primeira Meia Brigada de Cavalaria de Milícias da província de Pernambuco, Manoel José da Silva Guimarães, por seu procurador José Francisco Pereira da Cunha, ao rei [D. João VI] pedindo a reforma no mesmo posto com graduação de major. Anexo: 1 doc. **AHU_ACL_CU_ 015, Cx. 289, D. 19939.**
1146	**[ant. 1825, abril, 22]** REQUERIMENTO do mestre e tenente da oficina dos calafates do Arsenal Real da Marinha da província de Pernambuco, João Nepomuceno de Frias Queiroz, ao rei [D. João VI] pedindo o pagamento dos ordenados de seus empregos até poder retornar à dita província, conforme o decreto de 6 de agosto de 1823. Anexos: 2 docs. **AHU_ACL_CU_ 015, Cx. 289, D. 19940.**
1147	**1825, maio, 10, Lisboa** OFÍCIO do [secretário de Estado da Guerra], conde de Barbacena, [Francisco Furtado de Castro do Rio de Mendonça e Faro], ao [secretário de Estado da Marinha e Ultramar], Joaquim José Monteiro Torres, sobre o requerimento do tenente graduado de Cavalaria da província de Pernambuco, João Maria da Maia, em que pedia ajuda de custo para tratar de seus uniformes. **AHU_ACL_CU_ 015, Cx. 289, D. 19947.**
1148	**1825, maio, 18, Lisboa** OFÍCIO do marquês de Viana, [D. João Manoel de Meneses], ao [secretário de Estado da Marinha e Ultramar], Joaquim José Monteiro Torres, sobre a despesa com o armamento da fragata Pérola em sua comissão extraordinária [de 1817] à província de Pernambuco. Anexos: 2 docs. **AHU_ACL_CU_ 015, Cx. 290, D. 19957.**
1149	**1825, maio, 19, Lisboa** REQUERIMENTO do emigrado da província de Pernambuco, padre Francisco José Rosa, ao rei [D. João VI] pedindo ajuda e auxílio para o transporte dos emigrados às suas províncias. Anexos: 3 docs. **AHU_ACL_CU_ 015, Cx. 290, D. 19958.**

1150	**1825, junho, 3, Lisboa** CONSULTA do Conselho Ultramarino ao rei [D. João VI] sobre o requerimento do ex-major de Cavalaria de Linha da província de Pernambuco, José de Siqueira Campelo, que requer a reintegração do posto, indenizando-se todos os prejuízos sofridos. Anexos: 114 docs. **AHU_ACL_CU_ 015, Cx. 290, D. 19968.**
1151	**1825, junho, 7, Lisboa** AVISO do [secretário de Estado da Guerra], conde de Barbacena, [Francisco Furtado de Castro do Rio de Mendonça e Faro], ao [secretário de Estado da Marinha e Ultramar], Joaquim José Monteiro Torres, remetendo o requerimento do capitão de Ordenanças e comandante da Companhia de São José da Coroa Grande, na província de Pernambuco, Luís Eugênio Fernandes, no qual pede o soldo de sua patente. Anexo: 1 doc. **AHU_ACL_CU_ 015, Cx. 290, D. 19973.**
1152	**1825, junho, 16, Lisboa** REQUERIMENTO de Custódio José Correia ao rei [D. João VI] pedindo transporte para à província de Pernambuco com o ofício de corretor de Folhas. Anexo: 1 doc. **AHU_ACL_CU_ 015, Cx. 290, D. 19977.**
1153	**1825, junho, 21, Lisboa** AVISO do [secretário de Estado da Guerra], conde de Barbacena, [Francisco Furtado de Castro do Rio de Mendonça e Faro], ao [secretário de Estado da Marinha e Ultramar], Joaquim José Monteiro Torres, remetendo o requerimento do emigrado da província de Pernambuco, João Inácio de Medeiros, no qual pede a patente do posto de primeiro tenente da Brigada de Artilharia Miliciana daquela praça. Anexos: 2 docs. **AHU_ACL_CU_ 015, Cx. 290, D. 19980.**
1154	**1825, julho, 6, Lisboa** OFÍCIO do [secretário de Estado da Guerra], conde de Barbacena, [Francisco Furtado de Castro do Rio de Mendonça e Faro], ao [secretário de Estado da Marinha e Ultramar], Joaquim José Monteiro Torres, solicitando a devolução do requerimento do tenente de Cavalaria da província de Pernambuco, Antônio Manoel de Oliveira, para poder iniciar o processo contra o mesmo, [por deserção]. Anexos: 4 docs. **AHU_ACL_CU_ 015, Cx. 290, D. 19982.**
1155	**1825, agosto, 13, Lisboa** OFÍCIO do [secretário de Estado da Guerra], conde de Barbacena, [Francisco Furtado de Castro do Rio de Mendonça e Faro], ao [secretário de Estado da Marinha e Ultramar], Joaquim José Monteiro Torres, informando a ordem dada à Tesouraria Geral das Tropas para abonar ao tenente-coronel de Caçadores de Pernambuco, José de Sá Carneiro Pereira, os vencimentos devidos e mais o adiantamento de cinco soldos. Anexos: 2 docs. **AHU_ACL_CU_ 015, Cx. 290, D. 19984.**

1156	**1825, outubro, 7, Lisboa** REQUERIMENTO do primeiro tenente de Artilharia da província de Pernambuco, D. Gonçalo de Lócio e Seilblitz, ao rei [D. João VI] pedindo a reforma no dito posto. Anexo: 1 doc. **AHU_ACL_CU_ 015, Cx. 290, D. 20015.**
1157	**1825, outubro, 15, Lisboa** OFÍCIO do [secretário de Estado da Marinha e Ultramar, Joaquim José Monteiro Torres], ao secretário de Estado dos Negócios Estrangeiros sobre as notícias do alastramento da febre amarela nas províncias de Pernambuco e Pará. **AHU_ACL_CU_ 015, Cx. 290, D. 20016.**
1158	**1825, novembro, 30, Lisboa** AVISO do [secretário de Estado da Guerra], conde de Barbacena, [Francisco Furtado de Castro do Rio de Mendonça e Faro], ao [secretário de Estado da Marinha e Ultramar], Joaquim José Monteiro Torres, remetendo o requerimento do alferes agregado da Primeira Companhia do Segundo Batalhão de Milícias da província de Pernambuco, Manoel Pereira de Sá, no qual pede a prorrogação da licença por dois anos. Anexos: 3 docs. Obs.: m. est. **AHU_ACL_CU_ 015, Cx. 290, D. 20026.**

Piauí AHU_ACL_CU_016

1159	**1821, Agosto, 2, Oeiras do Piauí** OFÍCIO do [governador do Piauí], Elias José Ribeiro de Carvalho, ao [secretário de estado do Reino e Mercês], Inácio da Costa Quintela, sobre o juramento à constituição em que estão trabalhando as Cortes Gerais, e informando acerca do descontentamento da tropa devido ao soldo que recebem. AHU-Piauí, cx. 23, doc. 49. **AHU_ACL_CU_016, Cx. 31, D. 1598.**
1160	**1821, Outubro, 12, Oeiras do Piauí** OFÍCIO do [governador do Piauí], Elias José Ribeiro de Carvalho, ao estado da Marinha e Ultramar, [Joaquim José Monteiro Torres], parabenizando o rei [D. João VI] pelo seu retorno à Corte e pelo juramento às bases da Constituição feita pelas Cortes portuguesas. AHU-Piauí, cx. 23, doc. 48. **AHU_ACL_CU_016, Cx. 31, D. 1602.**
1161	**1821, Outubro, 29, Oeiras do Piauí** CARTA da Junta Provisória do Governo do Piauí, ao rei [D. João VI], enviando o auto de instalação do referido governo em 24 de outubro daquele ano. Anexo: 3 docs. AHU-Piauí, cx. 23, doc. 53, 54, 56. **AHU_ACL_CU_016, Cx. 31, D. 1603.**
1162	**1821, Outubro, 31, Oeiras do Piauí** OFÍCIO da Junta Provisória do Governo do Piauí, ao secretário de estado de Marinha e Ultramar, [Joaquim José Monteiro Torres], comunicando a instalação da Junta Governativa no Piauí. Anexo: 3 docs. AHU-Piauí, cx. 23, doc. 57. **AHU_ACL_CU_016, Cx. 31, D. 1604.**

1163	**1821, Novembro, 1, Parnaíba** CARTA dos oficiais superiores e inferiores do 2o. Regimento de Cavalaria Miliciana da província do Piauí, ao rei [D. João VI], sobre o contentamento e orgulho de todos os portugueses pelas mudanças políticas criadas com as Cortes e a Constituição, prestando, os ditos oficiai, o juramento de obediência à Constituição, à religião, ao rei e sua dinastia. AHU-Piauí, cx. 23, doc. 58. **AHU_ACL_CU_016, Cx. 31, D. 1605.**
1164	**1821, Dezembro, 1, Oeiras do Piauí** OFÍCIO da Junta Provisória do Governo da Província do Piauí, ao secretário de estado da Marinha e Ultramar, [Joaquim José Monteiro Torres], informando os motivos do atraso da eleição dos deputados da referida Província, e que a eleição correu no dia 30 de outubro, com todas as formalidades legais. Anexo: 1 doc. AHU-Piauí, cx. 23, doc. 55. **AHU_ACL_CU_016, Cx. 31, D. 1606.**
1165	**1821, Dezembro, 5, Oeiras do Piauí** REQUERIMENTO do capitão Comandante do Corpo de Pedestre Miliciano da Província do Piauí, Roberto Vieira Passos, ao rei [D. João Vi], solicitando que se declare e que se faça justiça acerca das práticas do ex-governador do Piauí, [Elias José Ribeiro de Carvalho], contra os cidadãos portugueses do seu Regimento. Anexo: 2 docs. AHU-Piauí, cx. 23, doc. 57. **AHU_ACL_CU_016, Cx. 31, D. 1607.**
1166	**1821, Dezembro, 19, Queluz** AVISO do [secretário do estado da Marinha e Ultramar], Joaquim José Monteiro Torres, ao [secretário de estado do Reino e Mercê, Inácio da Costa Quintela], ordenando remeter ao secretário de estado dos Negócios do Reino, seis ofícios inclusos do governador do Piauí, Elias José Ribeiro de Carvalho, sobre o juramento da Constituição em toda a província; a ameaça de revolução contra o governador por parte de alguns empregados da província; a eleição de deputados às Cortes. Anexo: 19 docs. AHU-Piauí, cx. 23, doc. 59. **AHU_ACL_CU_016, Cx. 31, D. 1608.**
1167	**1821, Dezembro, 20, Lisboa** AVISO do [secretário do estado da Marinha e Ultramar], Joaquim José Monteiro Torres, ao [secretário de estado do Reino e Mercê, Inácio da Costa Quintela], ordenando remeter ao secretário de estado dos Negócios do Reino, os ofícios do governador do Piauí, Elias José Ribeiro de Carvalho, sobre o juramento às bases da Constituição; o desvanecimento da instalação de um governo provisório no Piauí; remetendo relação dos compromissários de nove paróquias e participando ter se manifestado um desprazer com a forma actual de seu governo. Anexo: 8 docs. AHU-Piauí, cx. 23, doc. 60. **AHU_ACL_CU_016, Cx. 31, D. 1609.**

1168	**1822, Fevereiro, 4, Oeiras Piauí** OFÍCIO da Junta Governativa do Piauí, ao secretário de estado da Marinha e Ultramar, [Joaquim José Monteiro Torres], sobre a nomeação de deputados do Piauí, informando os motivos do atraso da viagem destes às Cortes. Anexo: 8 docs. AHU-Piauí, cx. 24, doc. 3. **AHU_ACL_CU_016, Cx. 31, D. 1613.**
1169	**1822, Fevereiro, 4, Oeiras Piauí** OFÍCIO da Junta Governativa do Piauí, ao Presidente das Cortes Gerais, Extraordinárias e Constituintes da Nação Portuguesa, sobre a nomeação de deputados do Piauí para as cortes portuguesas, informando os motivos do atraso da viagem destes ao Reino. Anexo: 1 doc. AHU-Piauí, cx. 23, doc. 55. **AHU_ACL_CU_016, Cx. 31, D. 1614.**
1170	**1822, Fevereiro, 11, Oeiras Piauí** OFÍCIO da Junta Governativa do Piauí, ao secretário de estado da Marinha e Ultramar, Inácio da Costa Quintela, sobre ter recebido uma portaria com os diários do governo e com leis publicadas. Anexo: 1 doc. AHU-Piauí, cx. 24, doc. 4. **AHU_ACL_CU_016, Cx. 31, D. 1615.**
1171	**1822, Fevereiro, 11, Oeiras Piauí** OFÍCIO da Junta Governativa do Piauí, ao secretário de estado da Marinha e Ultramar, Inácio da Costa Quintela, sobre ter recebido a portaria que remete os Diários do Governo e as Leis publicadas, comunicando que, de acordo com as ordens recebidas, avisou os eleitores de todas as paróquias para efectuarem a eleição na nova Junta Provisória de Governo do Piauí. Anexo: 1 doc. AHU-Piauí, cx. 24, doc. 5. **AHU_ACL_CU_016, Cx. 31, D. 1616.**
1172	**1822, Fevereiro, 11, Oeiras Piauí** OFÍCIO da Junta Governativa do Piauí, ao secretário de estado da Marinha e Ultramar, Inácio da Costa Quintela, sobre ter recebido a portaria com os Diários do Governo e a Lei da Liberdade de Imprensa, informando que não há Imprensa na Província, nem meios para o seu estabelecimento. AHU-Piauí, cx. 24, doc. 6. **AHU_ACL_CU_016, Cx. 31, D. 1617.**
1173	**1822, Março, 2, Oeiras do Piauí** CARTA do tesoureiro do Cofre dos Defuntos Ausentes do Piauí, José Félix Barbosa, ao rei [D. João VI], sobre os factos ocorridos com o juramento da Constituição Portuguesa, o anticonstitucionalismo do ex-governador do Piauí, Elias José Ribeiro de Carvalho, e as prisões efectuadas pelo governo da Província, devido ao entusiasmo e contentamento do povo com a Constituição liberal que foi aprovada e jurada. Anexo: 13 docs. AHU-Piauí, cx. 24, doc. 9. **AHU_ACL_CU_016, Cx. 31, D. 1621.**

1174	**1822, Março, 24, Oeiras do Piauí** OFÍCIO do Junta Governativa do Piauí, para o secretário do estado da Marinha e Ultramar, [Inácio da Costa Quintela], sobre ter recebido a Portaria que remete o Diário do Governo e as Leis. AHU-Piauí, cx. 24, doc. 15. **AHU_ACL_CU_016, Cx. 31, D. 1628.**
1175	**1822, Abril, 19, Oeiras do Piauí** OFÍCIO do Junta Governativa do Piauí, ao Presidente do Soberano e Augusto Congresso das Cortes, sobre as eleições feitas para a escolha dos membros da referida Junta e enviando os autos da nomeação. Anexo: 7 docs. AHU-Piauí, cx. 24, doc. 18, 19, 20. **AHU_ACL_CU_016, Cx. 31, D. 1632.**
1176	**1822, Abril, 19, Oeiras do Piauí** OFÍCIO do Junta Governativa do Piauí, ao secretário de estado dos Negócios do Reino, Filipe Ferreira de Araújo e Castro, sobre a eleição dos membros da Junta e enviando o auto da sua tomada de posse. Anexo: 3 docs. AHU-Piauí, cx. 24, doc. 24. **AHU_ACL_CU_016, Cx. 31, D. 1633.**
1177	**1822, Setembro, 5, Oeiras do Piauí** OFÍCIO da Junta Governativa do Piauí, ao secretário de estado dos Negócios da Justiça, José da Silva Carvalho, sobre ter recebido uma portaria ordenando o envio de uma informação acerca dos progressos do sistema Constitucional, execução judiciária e administrativa, bem como as medidas de polícia correccional preventiva, tendo a Junta Governativa enviado uma relação exacta de todos os lugares de magistratura do Piauí, seu provimento ou vacância, tempo decorrido dos que actualmente servem. Anexo: 2 docs. AHU-Piauí, cx. 24, doc. 46. **AHU_ACL_CU_016, Cx. 31, D. 1658.**
1178	**1822, Setembro, 5, Oeiras do Piauí** OFÍCIO do governador das Armas do Piauí, major João José da Cunha Fidié, ao [secretário de estado dos Negócios Estrangeiros e Guerra]. Cândido José Xavier, sobre a adesão dos corpos militares e da população ao sistema constitucional e a perfeita harmonia entre a sua Secretaria e a Junta Governativa do Piauí. AHU-Piauí, cx. 24, doc. 47. **AHU_ACL_CU_016, Cx. 31, D. 1659.**
1179	**1822, Novembro, 7, São Luís do Maranhão]** OFÍCIO do [comandante Militar do Maranhão], Agostinho Antônio de Faria, ao secretário de estado dos Negócios da Guerra, Cândido José Xavier, sobre uma insurreição na vila da Parnaíba no Piauí, liderada pelo actual juiz de Fora, João Cândido de Deus e pelo coronel Simplicio Dias da Silva que aderiram à independência do Brasil, proclamada no Rio de Janeiro. Anexo: 1 doc. AHU-Piauí, cx. nv. 916 **AHU_ACL_CU_016, Cx. 31, D. 1663.**

1180	**1822, Dezembro, 12, Parnaíba]** OFÍCIO (cópia) dos oficiais da Câmara da vila da Parnaíba, ao comandante do brigue Infante D. Miguel, Francisco de Salema Freire Garção, sobre a ameaça que paira na dita vila, devido aos rebeldes do Ceará, que aderiram à independência, quererem invadir a Parnaíba, solicitando que o dito comandante tome o porto desta vila com as forças que tem sob seu comando, até que o governador das Armas do Piauí, chegue com as forças de 1a. e 2a. linha. Anexo: 1 doc. AHU-Piauí, cx. 213, doc. 10 **AHU_ACL_CU_016, Cx. 31, D. 1664.**
1181	**1822, Dezembro, 17, Lisboa]** AVISO de João Baptista Felgueiras, mandando que se tenha atenção com o estado de tranquilidade das Províncias do Piauí e [do Maranhão] que se dizem ameaçadas pelo facciosos. Obs.: m. est. Anexo: 1 doc. AHU-Piauí, cx. 24, doc. 51 **AHU_ACL_CU_016, Cx. 31, D. 1665.**
1182	**1822, Dezembro, 21, São Luís do Maranhão]** OFÍCIO do [comandante Militar do Maranhão], Agostinho António de Faria, ao secretário de estado dos Negócios Estrangeiros e Guerra, Cândido José Xavier, sobre o controlo da insurreição ocorrida na vila da Parnaíba, tendo os rebeldes fugido para o Ceará com a chegada dos reforços do governador das Armas, a sua tropa e com o auxílio do brigue de Guerra Infante D. Miguel. Anexo: 6 docs. AHU-Piauí, cx. nv. 924 **AHU_ACL_CU_016, Cx. 31, D. 1666.**
1183	**1822, Dezembro, 22, Vila de Parnaíba]** OFÍCIO do [governador das Armas do Piauí, João José da Cunha Fidié, ao [secretário de estado dos Negócios Estrangeiros e Guerra] Cândido José Xavier, sobre as congratulações que fez juntamente com o povo, aclamado o rei [D. João VI], as Cortes, e participando a fuga para o Ceará dos principais mentores, os sediciosos do dia 19 de Outubro, que estão contra os sistema constitucional. AHU-Piauí, cx24, doc. 31 **AHU_ACL_CU_016, Cx. 31, D. 1667.**

1184	**1823, janeiro, 1, Parnaíba** OFÍCIO do capitão-tenente, comandante Francisco de Salema Freire Garção, ao [secretário de estado dos Negócios da Marinha], Inácio da Corte Quintela, sobre o cumprimento das ordens acerca da manutenção da segurança dos habitantes do Maranhão fieis à Constituição Portuguesa e livres da sedução dos sediciosos da Parnaíba que juraram a independência do Brasil; as mais distinções que tem feito na Barra da Tutóia, distrito de Carnaubeiras, foz do Rio Igarassú; a organização de tropas do sistema constitucional; e da anarquia reinante na província do Ceará. AHU-Maranhão, cx. nv 924 **AHU_ACL_CU_016, Cx. 32, D. 1670.**

1185	**1823, janeiro, 7, Oeiras do Piauí** OFÍCIO da Junta Governativa do Piauí, ao [secretário de estado dos Negócios Estrangeiros e Guerra], Cândido José Xavier, informando que ao receber a carta régia relativa à nomeação do major João José da Cunha Fidié para comandante das Armas do Piauí, o mesmo já estava no exercício do posto. Anexo: 1 doc. AHU-Piauí, cx. 24, doc. 53 **AHU_ACL_CU_016, Cx. 32, D. 1672.**
1186	**1823, janeiro, 14, Oeiras do Piauí** CARTA da Junta Governativa do Piauí, ao rei [D. João VI], remetendo a portaria que lhes foi expedida pelo Governo do Rio de Janeiro, em que proíbe e restringe a comunicação comercial com a Bahia e as cópias do ofício e proclamação em que fazem o convite ao Governo do Piauí para aderir à causa da independência. Anexo:5 docs. AHU-Piauí, cx. 24, doc. 54 **AHU_ACL_CU_016, Cx. 32, D. 1673.**
1187	**1823, janeiro, 14, Oeiras do Piauí** OFÍCIO da Junta Governativa do Piauí, ao [secretário de estado dos Negócios Estrangeiros e Guerra], Cândido José Xavier, remetendo a portaria que lhes foi expedida pelo Governo do Rio de Janeiro, em que proíbe e restringe a comunicação comercial com a Bahia e as cópias do ofício e proclamação em que fazem o convite ao Governo do Piauí para aderir à causa da independência. Anexo: 5 docs. AHU-Piauí, cx. 24, doc. 54 **AHU_ACL_CU_016, Cx. 32, D. 1674.**
1188	**1823, janeiro, 21, [Lisboa]** RELAÇÃO de ofícios enviados pela Junta Governativa do Piauí. Anexo: 1 doc. AHU-Piauí, cx. 24, doc. 57 **AHU_ACL_CU_016, Cx. 32, D. 1675.**
1189	**1823, janeiro, 25, Oeiras do Piauí** OFÍCIO do governador das Armas, tenente-coronel, Joaquim de Sousa Martins, ao capitão comandante da Primeira Companhia do Corpo de Pedestres, Roberto Vieira Passos, sobre a aclamação de D. Pedro I como imperador constitucional do Brasil e o juramento da independência pelo povo, Câmara, clero e tropas de Oeiras e as providências tomadas para se manter o juramento à independência na dita cidade e a resistência às tropas organizadas pelo ex-governador das Armas do Piauí, João José da Cunha Fidié. AHU-Paraíba, maço 38 **AHU_ACL_CU_016, Cx. 32, D. 1676.**
1190	**1823, janeiro, 25, Oeiras do Piauí** OFÍCIO da Junta Governativa do Piauí, aos oficiais da Câmara da Vila de Parnaíba, sobre o reconhecimento do governo de D. Pedro de Alcântara, e a instalação do novo Governo na Província do Piauí Anexo: 3 docs. AHU-Piauí, cx. 24, doc. 55 **AHU_ACL_CU_016, Cx. 32, D. 1677.**

1191	**1823, janeiro, 27, Oeiras do Piauí** OFÍCIO do [governador do Piauí], Bernardino José de Melo, aos oficiais da Câmara da vila de Parnaíba, remetendo a proclamação e decretos vindos da Corte e Império do Brasil. AHU-Piauí, cx. 24, doc. 56 **AHU_ACL_CU_016, Cx. 32, D. 1678.**
1192	**1823, janeiro, 27, vila da Parnaíba** OFÍCIO do governador das Armas do Piauí, João José da Cunha Fidié, ao [secretário de estado dos Negócios Estrangeiros e Guerra], Cândido José Xavier, sobre as notícias acerca das tropas sediciosas que marcham do Ceará para o Piauí, e solicitando o auxílio das tropas do Maranhão para defender os locais mais distantes do Piauí. Anexo: 3 docs. AHU-Piauí, cx. 24, doc. 47 **AHU_ACL_CU_016, Cx. 32, D. 1679.**
1193	**1823, janeiro, 28, vila de Parnaíba** OFÍCIO do governador das Armas do Piauí, João José da Cunha Fidié, ao [secretário de estado dos Negócios Guerra], Cândido José Xavier, sobre o alferes da Primeira Companhia do Regimento de Infantaria de Milícias do Piauí, José Gonçalves Coelho da Silva, o qual se negou a jurar a independência e acerca do seu merecimento e préstimo. AHU-Piauí, cx. 24, doc. 57 **AHU_ACL_CU_016, Cx. 32, D. 1680.**
1194	**1823, fevereiro, 11, São Luís do Maranhão** OFÍCIO do [comandante Militar do Maranhão], Agostinho António de Faria, ao secretário de estado dos Negócios da Guerra, Cândido José Xavier, sobre a vila de Oeiras do Piauí ter aderido à independência; informando ter fortificado todos os pontos na margem do rio Parnaíba do lado do Piauí; enviando munições de guerra e armas; de soldados à vila de Caxias para defendê-la, e remetendo o ofício do governador das armas do Piauí que não está em boa situação depois da insurreição da capital de Oeiras. Anexo: 12 docs. AHU-Maranhão, cx. nv 926. **AHU_ACL_CU_016, Cx. 32, D. 1681.**
1195	**1823, fevereiro, 16, vila de Parnaíba** OFÍCIO do governador das Armas do Piauí, João José da Cunha Fidié, ao [secretário de estado dos Negócios Guerra], Cândido José Xavier, sobre a invasão dos revoltosos do Ceará à vila de Parnaíba; a adesão da cidade de Oeiras à independência e comunicando que espera socorros vindos do Maranhão para restabelecer o antigo governo. Anexo: 1 doc. AHU-Piauí, cx. 24, doc. 59 **AHU_ACL_CU_016, Cx. 32, D. 1682.**
1196	**1823, março, 5, Fazenda das Lagoinhas** OFÍCIO do governador das Armas do Piauí, João José da Cunha Fidié, ao [secretário de estado dos Negócios Estrangeiros e Guerra], Cândido José Xavier, sobre ter convocado um Conselho Militar que deliberou abandonar a vila de Parnaíba e marchar contra os insurrectos para recuperar a cidade de Oeiras, depois de ocupar Campo Maior, e outras diligências para restabelecer o antigo governo português. Anexo: 3 docs. AHU-Piauí, cx. 24, doc. 60 **AHU_ACL_CU_016, Cx. 32, D. 1683.**

1197	**1823, março, 22, Porto do Estanhado** OFÍCIO do governador das Armas do Piauí, João José da Cunha Fidié, ao [secretário de estado dos Negócios Estrangeiros e Guerra], Cândido José Xavier, sobre as batalhas travadas com os revoltosos adeptos da independência do Brasil; a conquista da vila de Campo Maior e as baixas havidas. AHU-Piauí, cx. 24, doc. 61 **AHU_ACL_CU_016, Cx. 32, D. 1684.**
1198	**1823, março, 29, Lisboa** AVISO de João Baptista Felgueiras, ao [secretário de estado dos Negócios da Marinha], Inácio da Costa Quintela, enviando por ordem das Cortes o ofício do comandante do bergantim Infante D. Miguel, capitão-tenente Francisco de Salema Freire Garção, informando as actividades desenvolvidas na luta contra a independência do Brasil. Anexo: 4 docs. AHU-Piauí, cx. 24, doc. 62 **AHU_ACL_CU_016, Cx. 32, D. 1685.**
1199	**1823, abril, 5, Rio Parnaíba** OFÍCIO do governador das Armas do Piauí, João José da Cunha Fidié, ao [secretário de estado dos Negócios Estrangeiros e Guerra], Cândido José Xavier, sobre as deserções na tropa que comanda, e as campanhas desenvolvidas na luta contra os revoltosos adeptos da independência do Brasil. AHU-Piauí, cx. 24, doc. 63 **AHU_ACL_CU_016, Cx. 32, D. 1686.**
1200	**1823, maio, 31, Forte do Monte da Taboca** OFÍCIO do [governador das Armas do Piauí], João José da Cunha Fidié, ao secretário de estado dos Negócios da Guerra, Manoel Gonçalves de Miranda, sobre os ofícios recebidos e as medidas tomadas para fortificar e defender a vila de Caxias, no Piauí, antes de seguir para a vila de Oeiras; e informando que no monte Taboca foram atacados pelos facciosos e os venceram, mas que estes querem atacar a vila e cortar as comunicações, pois esperam reforços do Ceará. Anexo: 6 docs. AHU-Maranhão, cx. nv 928 **AHU_ACL_CU_016, Cx. 32, D. 1688.**
1201	**1823, junho, 11, Pombal** OFÍCIO do coronel do Estado Maior, ex-governador do Espírito Santo e Piauí, Baltazar de Sousa Botelho de Vasconcelos, ao [secretário de estado da Marinha e Ultramar], Manuel Inácio Martins Pamplona [Corte Real], informando sua lealdade e fidelidade ao rei [D. João VI] e oferecendo-se para todo e qualquer serviço real. Anexo: 1 doc. AHU-Piauí, cx. 24, doc. 65 **AHU_ACL_CU_016, Cx. 32, D. 1689.**
1202	**1823, Agosto, 12, Caxias** OFÍCIO do governador das Armas do Piauí, João José da Cunha Fidié, ao [secretário de estado dos Negócios de Guerra], Manuel Gonçalves de Miranda, sobre sua demissão e prisão, presumindo que será enviado para a Corte do Rio de Janeiro. AHU-Piauí, cx. 24, doc. 66 **AHU_ACL_CU_016, Cx. 32, D. 1691.**

1203	**[ant. 1824, maio, 17]** REQUERIMENTO do segundo tenente da Companhia de Artilharia do Piauí, José Machado das Necessidades, ao rei [D. João VI], solicitando uma quantia em dinheiro para poder retornar ao Porto. Anexo: 1 doc. AHU-Piauí, cx. 25, doc. 1, 70 **AHU_ACL_CU_016, Cx. 32, D. 1693.**
1204	**[ant. 1824, junho, 28, Lisboa]** REQUERIMENTO do segundo tenente da Companhia de Artilharia do Piauí, José Machado das Necessidades, ao rei [D. João VI], solicitando três meses de comedorias, como se têm feito aos imigrados vindos do Brasil. Anexo: 1 doc. AHU-Piauí, cx. 25, doc. 2 **AHU_ACL_CU_016, Cx. 32, D. 1694.**
1205	**1824, julho, 23, Lisboa** REQUERIMENTO do alferes do Corpo de Primeira Linha do Piauí, José Teixeira Bastos, ao rei [D. João VI], solicitando ser promovido ao posto de tenente adido ao Estado Maior. Anexo: 3 docs. AHU-Piauí, cx. 25, doc. 3, 5 **AHU_ACL_CU_016, Cx. 32, D. 1695.**
1206	**1824, agosto, 18, [Lisboa]** AVISO da Secretaria de Estado dos Negócios da Guerra, ao secretário de estado dos Negócios da Marinha, conde de Subserra, [Manoel Inácio Pamplona Corte Real], remetendo o requerimento do segundo tenente da Companhia de Artilharia do Piauí, José Machado das Necessidades, solicitando o hábito da Ordem de Cristo. Anexo: 3 docs. AHU-Piauí, cx. 25, doc. 4 **AHU_ACL_CU_016, Cx. 32, D. 1696.**
1207	**1824, novembro, 6, Mafra** REQUERIMENTO do sargento-mor de Infantaria, governador das Armas do Piauí, João José da Cunha Fidié, ao rei [D. João VI], solicitando ajuda de custo devido aos gastos que fez com sua viagem ao Piauí. Anexo: 1 doc. AHU-Piauí, cx. 25, doc. 6 **AHU_ACL_CU_016, Cx. 32, D. 1698.**
1208	**1824, dezembro, 13** LEMBRETE sobre o requerimento do tenente ajudante do 1º Regimento de Cavalaria Miliciana do Piauí, Manuel Roberto César, solicitando que lhe passe a sua patente, pois não a pode tirar no Rio de Janeiro. AHU-Piauí, cx. 25, doc. 7 **AHU_ACL_CU_016, Cx. 32, D. 1699.**

1209	**1825, Março, 8, Lisboa** REQUERIMENTO do ex-governador militar do Piauí, João José da Cunha Fidié, ao rei [D. João VI], solicitando ajuda de custo que deveria ter recebido ao partir para o Piauí. Anexo: 11 docs. AHU-Piauí, cx. 25, doc. 9 **AHU_ACL_CU_016, Cx. 32, D. 1700.**
1210	**1825, Março, 17, Lisboa** OFÍCIO do [secretário de estado dos Negócios da Guerra], conde de Barbacena, [D. Francisco Furtado de Mendonça], ao [secretário de estado dos Negócios da Marinha], Joaquim José Monteiro Torres, solicitando informações sobre o requerimento do sargento--mor de Infantaria, João José de Cunha Fidié, solicitando a ajuda de custo que tem direito. AHU-Piauí, cx. 25, doc. 14 **AHU_ACL_CU_016, Cx. 32, D. 1701.**
1211	**1825, Abril, 9, Lisboa** REQUERIMENTO do ex-secretário do governo do Piauí, José Joaquim Pereira ao rei [D. João VI], solicitando o cargo vago no Juízo de Órfãos de Machico, na Ilha da Madeira. AHU-Piauí- cx. 25, doc.11. **AHU_ACL_CU_016, Cx. 32, D. 1702.**
1212	**1825, Maio, 16, [Lisboa** AVISO do [secretário de estado dos Negócios da Guerra], conde de Barbacena, [D. Francisco Furtado de Mendonça], ao [secretário de estado dos Negócios da Marinha], Joaquim José Monteiro Torres, solicitando que informe se o pagamento da ajuda de custo ao sargento-mor de Infantaria, João José da Cunha Fidié, tem fundamento. AHU-Piauí, cx. 25, doc. 15 **AHU_ACL_CU_016, Cx. 32, D. 1703.**
1213	**[ant. 1825, Junho, 15]** REQUERIMENTO do alferes de Ordenança do Piauí, Manuel António de Faria, ao rei [D. João VI], solicitando patente de confirmação do posto de tenente da Companhia avulsa de índios novamente criada no distrito de Tutóia, província do Maranhão. Anexo: 2 docs. AHU-Piauí, cx. 25, doc. 12 **AHU_ACL_CU_016, Cx. 32, D. 1704.**
1214	**1825, Julho, 2, Lisboa** OFÍCIO do [secretário de estado dos Negócios da Guerra], conde de Barbacena, [D. Francisco Furtado de Mendonça, ao [secretário de estado dos Negócios da Marinha], Joaquim José Monteiro Torres, solicitando que se informe se o sargento-mor de Infantaria, João José da Cunha Fidié, tem direito à ajuda de custo que solicita. AHU-Piauí, cx. 25, doc. 16 **AHU_ACL_CU_016, Cx. 32, D. 1705.**

1215	**1825, Julho, 7, Lisboa** REQUERIMENTO do primeiro sargento instrutor de Cavalaria do Piauí, Florêncio dos Santos Agostinho Torres Novas, ao rei [D. João VI], solicitando promoção para qualquer dos portos da Ásia ou África, no posto de alferes. Anexo: 3 docs. AHU-Piauí, cx. 25, doc. 13 **AHU_ACL_CU_016, Cx. 32, D. 1706.**
1216	**1825, Outubro, 4, Lisboa** REQUERIMENTO do tenente-ajudante do primeiro Regimento de Cavalaria Miliciana do Piauí, Manuel Roberto César, ao rei [D. João VI], solicitando o pagamento do soldo que lhe é devido, uma vez que se encontra com a referida patente. AHU-Piauí, cx. 25, doc. 17 **AHU_ACL_CU_016, Cx. 32, D. 1707.**

Rio de Janeiro AHU_ACL_CU_017

1217	**1821, Junho, 9, Rio de Janeiro** CARTA do [secretário de estado da Marinha no Rio de Janeiro], Manoel Antônio Farinha, ao rei [D. João VI] sobre a nova organização que deu sua alteza [D. Pedro] ao destacamento do Corpo da Brigada Real da Marinha, e do envio de sacos de ofícios do governador e capitão general do Reino de Angola; do governador geral das Ilhas do Cabo Verde, da Câmara e Povo da Ilha do Porto Santo, e do Bispado de Cabo Verde, da Câmara e Ribeira Grande, e número primeiro e segundo do escrivão deputado da Junta da Real Fazenda de Moçambique. AHU-Rio de Janeiro, cx. 282, doc. 64. **AHU_ACL_CU_017, Cx. 287, D. 20262.**
1218	**1821, Julho, 19, Rio de Janeiro** CARTA do [secretário de estado da Marinha no Rio de Janeiro], Manoel Antônio Farinha, ao rei [D. João VI] sobre as determinações do príncipe regente D. Pedro em cortar da folha de pagamentos desta província a todos os oficiais que são desta repartição mas que estão servindo no Reino. Anexo: carta, relações, listas, mapas. AHU-Rio de Janeiro. **AHU_ACL_CU_017, Cx. 287, D. 20277.**
1219	**1821, Agosto, 4, Queluz** PORTARIA do [secretário de estado do Reino e Mercês], Inácio da Costa Quintela, determinando o envio pela Secretaria de Estado dos Negócios do Reino, ao ministro e secretário de estado dos negócios da Marinha [Joaquim José Monteiro Torres], uma relação dos despachos remetidos do Rio de Janeiro para a real assinatura, ficando suspensa a sua resolução em conformidade com a circular da Regência do Reino de 7 de Maio de 1821, e em consequência da ordem das Cortes Gerais e Extraordinárias de Portugal, de 28 de Julho do mesmo ano. AHU-Rio de Janeiro, cx. 282, doc. 95. **AHU_ACL_CU_017, Cx. 287, D. 20282.**

1220	**1821, Agosto, 25, Lisboa** AVISO do [secretário das Cortes Gerais e Extraordinárias da Nação Portuguesa], João Batista Felgueiras, ao [secretário de estado da Marinha e Ultramar, Joaquim José Monteiro Torres, ordenando o envio de dois batalhões para o Rio de Janeiro, e retorno das tropas que lá se encontram atualmente. Anexo: aviso. AHU-Rio de Janeiro, cx. 282, doc. 114. **AHU_ACL_CU_017, Cx. 287, D. 20293.**
1221	**1821, Setembro, 13, Rio de Janeiro** OFÍCIO do [secretário de estado do Negócios da Guerra no Brasil], Carlos Frederico de Paula a Antônio Teixeira Rebelo, sobre o envio do requerimento dos escravos do Brasil. AHU-Rio de Janeiro, cx. 283, doc. 11. **AHU_ACL_CU_017, Cx. 287, D. 20309.**
1222	**1821, Outubro, 1, Rio de Janeiro** OFÍCIO do coronel e vice-inspetor do Arsenal do Exército do Brasil, Raimundo José da Cunha Matos, ao [secretário de estado da Marinha e Ultramar], Joaquim José Monteiro Torres, confirmando sua lealdade ao rei [D. João VI], congratulando o fato do mesmo ter chegado em paz à Lisboa. Anexo: extrato de ofício. AHU-Rio de Janeiro, cx. 284, doc. 23. **AHU_ACL_CU_017, Cx. 287, D. 20317.**
1223	**1821, Outubro, 3, Rio de Janeiro** PORTARIA do secretário de estado dos Negócios do Reino no Brasil, Francisco José Vieira, participando ao seu homólogo do Reino, a demissão do doutor Pedro Álvares Diniz do cargo de ministro e secretário de estado dos Negócios do Reino no Brasil. AHU-Rio de Janeiro, cx. 283, doc. 22. **AHU_ACL_CU_017, Cx. 287, D. 20321.**
1224	**1821, Outubro, 5, Rio de Janeiro** REPRESENTAÇÃO dos oficiais da Marinha ao rei [D. João VI], solicitando o indeferimento da promoção de 24 de junho do corrente, pelo qual promoveu todos os oficiais que acompanharam o retorno de sua majestade, chamando a atenção do Soberano Congresso Nacional acerca da irregularidade e exorbitância de semelhante promoção, argumentando que para tal promoção seja de terra ou mar é a antiguidade do posto. Anexo: lembrete AHU-Rio de Janeiro, cx. 251, doc. 43. **AHU_ACL_CU_017, Cx. 287, D. 20324.**
1225	**1821, Outubro, 9, Rio de Janeiro** PORTARIA (cópia) do [secretário de estado da Fazenda do Brasil e mordomo-mor da princesa D. Maria Leopoldina], conde da Lousã, D. Diogo [de Meneses de Eça], ordenando ao desembargador do Paço, juiz da Alfândega desta cidade que as Casas inglesas de firma de May e Lukin e de Guilherme Young devem continuar a ser consideradas como assinantes da mesma Alfândega, por serem credores de somas avultadas ao tesouro público. AHU-Rio de Janeiro, cx. 283, doc. 30. **AHU_ACL_CU_017, Cx. 287, D. 20331.**

1226	**1821, Outubro, 9, Rio de Janeiro** PORTARIA (cópia) do [secretário de estado da Fazenda do Brasil e mordomo-mor da princesa D. Maria Leopoldina], conde da Lousã, D. Diogo [de Meneses de Eça], ordenando ao secretário de estado dos Negócios da Fazenda que remeta ao do Reino as cópias dos decretos, avisos e portarias que se tem expedido pelo Tesouro Público. AHU-Rio de Janeiro, cx. 283, doc. 31. **AHU_ACL_CU_017, Cx. 287, D. 20332.**
1227	**1821, Outubro, 9, Rio de Janeiro** PORTARIA (cópia) do [secretário de estado da Fazenda do Brasil e mordomo-mor da princesa D. Maria Leopoldina], conde da Lousã, D. Diogo [de Meneses de Eça], ordenando ao encarregado do tesouro do príncipe regente Francisco Maria Gordilho Veloso de Barbuda, informe o requerimento de Francisco Gomes da Silva, solicitando o pagamento da quantia referente de uma relação de obras que fez para o Tesouro, por ordem do visconde de Vila Nova da Rainha. AHU-Rio de Janeiro, cx. 283, doc. 32. **AHU_ACL_CU_017, Cx. 287, D. 20333.**
1228	**1821, Outubro, 10, Rio de Janeiro** PORTARIA (cópia) do [secretário de estado da Fazenda do Brasil e mordomo-mor da princesa D. Maria Leopoldina], conde da Lousã, D. Diogo [de Meneses de Eça], ordenando que a tipografia Nacional faça a reimpressão do decreto que havia extinto os lugares de juízes de Comissão, enviando de imediato os primeiros exemplares do impresso para o Regedor das Justiças. AHU-Rio de Janeiro, cx. 283, doc. 34. **AHU_ACL_CU_017, Cx. 287, D. 20335.**
1229	**1821, Outubro, 13, Rio de Janeiro** PORTARIA (cópia) do [secretário de estado da Fazenda do Brasil e mordomo-mor da princesa D. Maria Leopoldina], conde da Lousã, D. Diogo [de Meneses de Eça], ordenando que a Junta Diretória da Tipografia Nacional [do Rio de Janeiro] remeta ao intendente-geral da Polícia, um exemplar de todos os papéis que se tem impresso depois da instalação das Cortes. AHU-Rio de Janeiro, cx. 283, doc. 38. **AHU_ACL_CU_017, Cx. 288, D. 20338.**
1230	**1821, Outubro, 17, Rio de Janeiro** PORTARIA (cópia) do [secretário de estado da Fazenda do Brasil e mordomo-mor da princesa D. Maria Leopoldina], conde da Lousã, D. Diogo [de Meneses de Eça], ordenando que se participe ao Conselho da Fazenda para remeterem a Lisboa as cópias autênticas das folhas, consultas, planos, projetos de melhoramentos e mais papéis de competência do mesmo tribunal, desde o tempo que D. João VI esteve residindo no Rio de Janeiro. AHU-Rio de Janeiro, cx. 283, doc. 42. **AHU_ACL_CU_017, Cx. 288, D. 20343.**
1231	**1821, Outubro, 18, Rio de Janeiro** PORTARIA (cópia) do [secretário de estado da Fazenda do Brasil e mordomo-mor da princesa D. Maria Leopoldina], conde da Lousã, D. Diogo [de Meneses de Eça], ordenando que se participe ao governo provisório da Província de São Paulo, das providências para aliviar o tesouro público desta província, dos encargos que possui para socorrer as províncias de Goiás e Mato Grosso. AHU-Rio de Janeiro, cx. 283, doc. 45. **AHU_ACL_CU_017, Cx. 288, D. 20344.**

1232	**1821, Outubro, 24, Rio de Janeiro** PORTARIA (cópia) do [secretário de estado da Fazenda do Brasil e mordomo-mor da princesa D. Maria Leopoldina], conde da Lousã, D. Diogo [de Meneses de Eça], ordenando que se remeta ao Conselho da Fazenda a representação do desembargador juiz da Alfândega desta cidade sobre os direitos de 30% impostos sobre os lanifícios ingleses pelas Cortes Gerais e Extraordinárias do Reino. AHU-Rio de Janeiro, cx. 283, doc. 5e. **AHU_ACL_CU_017, Cx. 288, D. 20351.**
1233	**1821, Outubro, 25, Rio de Janeiro** PORTARIA (cópia) do [secretário de estado da Fazenda do Brasil e mordomo-mor da princesa D. Maria Leopoldina], conde da Lousã, D. Diogo [de Meneses de Eça], ordenando que o desembargador do Paço Juiz da Alfândega do Rio de Janeiro mande proceder ao ponto dos oficiais e guardas da mesma alfândega, multando aos que não virem, ou não comparecerem no horário das 9:00 h da manhã, relevando os que não conseguirem por impedimento, devendo estes de imediato participar e apresentar a presente certidão de professor. AHU-Rio de Janeiro, cx. 283, doc. 56. **AHU_ACL_CU_017, Cx. 288, D. 20354.**
1234	**[ant. 1821, Outubro, 29]** REQUERIMENTO de José Joaquim Basílio, ao príncipe regente do Brasil [D. Pedro], solicitando dispensa do serviço a realizar no Pará com sua charrua Gentil Americana, após ter terminado o transporte dos deputados das Cortes Gerais Extraordinárias Constituintes da Nação Portuguesa pelo Província do Rio de Janeiro, pretendendo o suplicante licença para regressar ao Rio de Janeiro para cuidar dos seus negócios. Anexo: requerimento. AHU-Rio de Janeiro, cx. 283, doc. 61, 68. **AHU_ACL_CU_017, Cx. 288, D. 20356.**
1235	**1821, Outubro, 29, Rio de Janeiro** PORTARIA. (cópia) do [secretário de estado da Fazenda do Brasil e mordomo-mor da princesa D. Maria Leopoldina], conde da Lousã, D. Diogo [de Meneses de Eça], ordenando que se remeta ao Conselho da Fazenda o requerimento do contratador da Dízima da Chancelaria, Antônio Moreira dos Santos, solicitando a suspensão da ordem para entrar no Tesouro Público coma prestação do referido contrato, enquanto não se liquidar o abatimento que lhe foi concedido. AHU-Rio de Janeiro, cx. 283, doc. 63. **AHU_ACL_CU_017, Cx. 288, D. 20358.**
1236	**1821, Novembro, 2, Lisboa** OFÍCIO do [secretário de Estado dos Negócios Estrangeiros], Silvestre Pinheiro Ferreira, ao [secretário de estado da Marinha e Ultramar], Joaquim Monteiro Torres, remetendo o ofício do barão de Laguna, [Carlos Frederico Lecor], datado de 19 Junho de 1821, com cópia dos despachos e ordens expedidas no Rio de Janeiro. AHU-Rio de Janeiro, cx. 283, doc. 69. **AHU_ACL_CU_017, Cx. 288, D. 20362.**

1237	**1821, Novembro, 9, Queluz** PORTARIA do secretário de estado da Marinha e Ultramar, Joaquim José Monteiro. Tores, ordenando que o Conselho de Estado analise a proposta do Conselho da Guerra acerca dos oficiais que julga mais dignos de ocupar os lugares de governadores de armas das províncias do Brasil. Anexo: ata, relação, carta (cópia) AHU-Rio de Janeiro, cx. 283, doc. 72. **AHU_ACL_CU_017, Cx. 288, D. 20365.**
1238	**1821, Novembro, 16, Rio de Janeiro** OFÍCIO DO [secretário de estado do Negócios da Guerra no Brasil, Carlos Frederico de Paula, ao [ex-secretário de estado da Guerra], Manoel Martins Pamplona Corte Real, sobre a chegada dos oficiais da província de Pernambuco no Rio de Janeiro e a determinação do príncipe regente D. Pedro em remeter para Portugal todos os oficiais que não estejam ligados diretamente ao Rio de Janeiro, informando a sobrecarga de despesas que tem havido com a oficialidade, sendo este o motivo de não ter pago os ordenados dos militares que estavam em Pernambuco. AHU-Rio de Janeiro, cx. 283, doc. 84. **AHU_ACL_CU_017, Cx. 288, D. 20371.**
1239	**1821, Dezembro, 3, Rio de Janeiro** OFÍCIO Do [secretário de estado do Negócios da Guerra no Brasil, Carlos Frederico de Paula, ao [deputado das Cortes Gerais], Manoel Martins Pamplona Corte Real, sobre o envio dos ofícios do general barão de Laguna, [Carlos Frederico Lecor] ao rei D. João VI, relatando os últimos acontecimentos ocorridos na Província de Entre Rios, e informando do regresso dos Milicianos da Província de São Paulo; remetendo as cópias das respostas dadas aos ofícios, e das ordens expedidas às Províncias de Santa Catarina e São Paulo. Anexo: ofícios, ofícios (cópias) AHU-Rio de Janeiro, cx. 282, doc. 34. **AHU_ACL_CU_017, Cx. 288, D. 20386.**
1240	**1821, Dezembro, 12, Rio de Janeiro** OFÍCIO do juiz de Fora, José Clemente Pereira, ao [secretário de estado da Marinha e Ultramar], Joaquim José Monteiro Torres, sobre o cumprimento da portaria, emitida pela secretaria de estado dos Negócios do Brasil para reunir os eleitores de Paróquia, a fim de proceder a eleição da Junta Provisória; informando da comoção que esta cidade fica pela partida de sua alteza real, príncipe D. Pedro; da desconfiança do povo sobre o novo sistema de juntas provisórias com generais, encarregados do governo das armas, levando o Brasil ao antigo estado de colônia, tirando a sua liberdade de comércio; e requerendo que o voto geral para os negócios do. Brasil fossem regulados, por meio das instruções dada pela Junta Provisória de São Paulo. Obs.: m. est.; Anexo: ofícios, termos de juramentos, auto de juramento, proclamação, decretos, edital. AHU-Rio de Janeiro, cx. 203, doc. 106, cx. 282, doc. 74. **AHU_ACL_CU_017, Cx. 288, D. 20391.**

1241	**1821, Dezembro, 31, Rio de Janeiro** OFÍCIO do juiz de Fora, José Clemente Pereira, ao [secretário de estado das Cortes Gerais e Extraordinárias da Nação Portuguesa], João Batista Felgueiras, sobre a opinião pública que pede ao príncipe regente que suspenda o seu retorno à Corte de Portugal, enquanto suplicam ao soberano Congresso pela sua permanência no Brasil; informa também que a vontade dominante é manter a estreita relação com Portugal. Anexo: ofícios, periódicos, lembrete; Obs.: docs. impressos AHU-Rio de Janeiro **AHU_ACL_CU_017, Cx. 288, D. 20401.**
1242	**1821, Dezembro, Lisboa** OFÍCIO do chefe de divisão e comandante da expedição que vai para o Rio de Janeiro, Francisco Maximiliano de Sousa, ao secretário de estado da Marinha, Joaquim José Monteiro Torres, relativos aos meses de Novembro e Dezembro, sobre o estado das embarcações e dos militares que compõem a dita expedição destacada para o Rio de Janeiro. Anexo: ofícios. AHU-Rio de Janeiro cx. 283, docs. 95, 97, 110. **AHU_ACL_CU_017, Cx. 288, D. 20404.**
1243	**1821]** CARTAS (cópias]do príncipe regente D. Pedro, ao rei [D. João VI] sobre várias matérias relativas a situação política - administrativa nas relações entre o Brasil e Portugal. AHU-Rio de Janeiro cx. 282, docs. 62. **AHU_ACL_CU_017, Cx. 288, D. 20405.**
1244	**[ca. 1821]** RELAÇÃO dos ofícios e consultas resolvidas recebidos da Corte do Rio de Janeiro pela Secretaria de Estado [da Marinha e Ultramar em Lisboa]. AHU-Rio de Janeiro cx. 283, docs. 129. **AHU_ACL_CU_017, Cx. 288, D. 20408.**
1245	**[ant. 1822]** EXTRATO de requerimentos do capitão graduado do 10 Regimento de Infantaria de Milícias do Rio de Janeiro, Antônio José de Brito; do coronel do 10. Regimento de Infantaria de Milícias do Rio de Janeiro, José Constantino Lobo Botelho; do alferes de Granadeiros do 20. Regimento de Milícias do Rio de Janeiro, João Francisco Moreira; do major de Cavalaria do Regimento no. 5 de Milícias do Rio de Janeiro, Joaquim Miguel de Andrade. AHU-Rio de Janeiro cx. 284, docs. 63. **AHU_ACL_CU_017, Cx. 289, D. 20411.**
1246	**1822, Janeiro, 18, Rio de Janeiro** OFÍCIO do general e dos chefes da Divisão Auxiliadora destacada no Rio de Janeiro, ao secretário de estado da Guerra, [Cândido José Xavier] sobre as perturbações políticas ocorridas no Rio de Janeiro após o regresso do rei [D. João VI] a Portugal, dando origem a criação de um partido com intenções de romper os laços do Brasil coma monarquia portuguesa. Anexo: termo de vereação, edital, portarias impressas, manifesto, cartas (cópias), ofícios (cópias), portarias (cópias), ofício. AHU-Santa Catarina cx. 13, docs. 21. **AHU_ACL_CU_017, Cx. 289, D. 20418.**

1247	**1822, Janeiro, 20, Rio de Janeiro** OFÍCIO do juiz de fora do Rio de Janeiro, José Clemente Pereira, ao [secretário das Cortes Gerais e Extraordinárias], João Batista Felgueiras, sobre os acontecimentos ocorridos nas províncias de São Paulo e Minas Gerais; sobre a provável suspensão da saída dos deputados mineiros até o resultado do soberano congresso acerca das pretensões do Brasil; e os desagradáveis acontecimentos do dia 12 de Janeiro principiados pelas inconsiderações da Divisão Auxiliadora; informando que é inevitável a separação de Portugal, se o congresso negar o pedido das províncias. AHU-Rio de Janeiro cx. 284, docs. 19. **AHU_ACL_CU_017, Cx. 289, D. 20421.**
1248	**1822, Fevereiro, 1, Lisboa** INFORMAÇÃO sobre ofício do secretário de estado da Marinha e Ultramar no Rio de Janeiro [Manoel Antônio Farinha], de 28 de Setembro de 1821, participando a chegada do bergatim Providência, precisando de consertos em consequências de combates com os insurgentes. AHU-Rio de Janeiro cx. 284, docs. 24. **AHU_ACL_CU_017, Cx. 289, D. 20422.**
1249	**1822, Fevereiro, 1, Lisboa** INFORMAÇÃO sobre ofício do secretário de estado da Marinha e Ultramar no Rio de Janeiro [Manoel Antônio Farinha], participando a remessa de diferentes maços de ofícios para as províncias brasileiras. Anexo: ofício, aviso (cópia) AHU-Rio de Janeiro cx. 284, docs. 24. **AHU_ACL_CU_017, Cx. 289, D. 20423.**
1250	**1822, Fevereiro, 16, Rio de Janeiro** CARTA do senado da Câmara da cidade do Rio de Janeiro ao rei [D. João VI], solicitando a revogação dos decretos de 29 de novembro de 1821, instituindo um sistema de governos provisórios no Brasil com poderes divididos, e a força militar independente dos governos e sujeita a Portugal; deixando o Brasil ao príncipe regente [D. Pedro]; permitindo que as suas províncias se continuem a reger pelos governos que escolheram; declarando que o Brasil só aceitará um governo constitucional e que fará guerra implacável a qualquer outro; e que pretende sair no pacto social com condições iguais a Portugal; quer ser irmão deste e não filho. Anexo: carta, carta (cópia), certidões, lembretes. AHU-Rio de Janeiro cx. 283, doc. 125; cx. 284, doc. 4. **AHU_ACL_CU_017, Cx. 289, D. 20430.**
1251	**1822, Março, 4, Lisboa** PORTARIA do [secretário das Cortes Gerais e Extraordinárias], João Batista Felgueiras, ordenando ao [secretário de estado da Marinha Ultramar], Inácio da Costa Quintela o envio das informações sobre a remoção da Academia de Guardas Marinhas do Rio de Janeiro; ficando suspensa qualquer deliberação que se ache tomada sobre tal matéria. AHU-Rio de Janeiro cx. 284, doc. 40. **AHU_ACL_CU_017, Cx. 289, D. 20440.**

1252	**[ant. 1822, Março, 13]** REQUERIMENTO dos negociantes e capitalistas do Rio de Janeiro, por seu procurador João Gomes de Oliveira Silva, ao rei [D. João VI], solicitando a revogação das leis de 24 de fevereiro de 1814, de 16 de fevereiro de 1816, de 29 de outubro de 1818 para que o Banco do Brasil não possa gozar dos privilégios neles concedidos, sendo considerado como qualquer outro credor no concurso com eles sobre o pagamento de qualquer dívida. Anexo: certidão. AHU-Rio de Janeiro cx. 284, doc. 50. **AHU_ACL_CU_017, Cx. 289, D. 20446.**
1253	**1822, Março, 21, Rio de Janeiro** OFÍCIO do [secretário de estado dos Negócios da Guerra no Rio de Janeiro], Joaquim de Oliveira Álvares, ao [secretário de estado da Guerra], Cândido José Xavier, sobre a presença da nau e esquadra comandada pelo chefe de Divisão Comandante de Esquadra, Francisco Maximiliano de Sousa; explicando razões do impedimento do desembarque das tropas; remetendo mapa dos oficiais inferiores e soldados que passaram voluntariamente para os corpos da guarnição do Rio de Janeiro; informando que os restantes regressam a Lisboa com os ordenados pagos e as comedorias de costume; remetendo correspondência sobre o bom comportamento dos comandantes da esquadra e da Tropa, que contrasta com conduta do intruso general e mais comandantes da Divisão Auxiliadora. Anexo: ofícios (cópias), ofício, abaixo-assinados (cópias), portarias (cópias), Obs.: doc. impresso. AHU-Rio de Janeiro cx. 284, doc. 61. **AHU_ACL_CU_017, Cx. 289, D. 20451.**
1254	**1822, Maio, 15, Queluz** PORTARIA do [secretário de estado do Reino Mercês], Felipe Ferreira de Araújo e Castro, dando conhecimento ao secretário de estado da Marinha e Ultramar [Manoel Inácio da Costa Quintela], a resolução das Cortes Gerais Extraordinárias sobre o pagamento de pensões e tenças que antes eram pagas pelo Erário do Rio de Janeiro e que foram transferidas para Lisboa; ordenando que as mesmas continuem a ser pagas pelo Erário do Rio de Janeiro ou por qualquer outra repartição fiscal do Brasil, enquanto as Cortes não resolverem sobre a dívida nacional do Brasil e sobre os meios de a satisfazer. AHU-Rio de Janeiro cx. 284, doc. 83. **AHU_ACL_CU_017, Cx. 289, D. 20475.**
1255	**1822, Maio, 26, Queluz** OFÍCIO do [secretário de estado de Guerra], Cândido José Xavier, ao [secretário das Cortes Gerais e Extraordinárias], João Batista Felgueiras, remetendo os ofícios enviados pelo secretário de estado dos Negócios da Guerra no Rio de Janeiro, [Joaquim de Oliveira Álvares] sobre o regresso ao Reino da Divisão Auxiliadora; o impedimento do desembarque das tropas que chegaram ao Rio de Janeiro. Anexo: ofícios, ofícios (cópias), portarias (cópias). AHU-Rio de Janeiro cx. 283, doc. 128; AHU-Bahia, cx. 257, doc. 58 **AHU_ACL_CU_017, Cx. 289, D. 20478.**

1256	**1822, Maio, 29, Lisboa** ATA (minuta) da sessão do [Conselho de Estado] sobre o pedido de parecer da Comissão dos Negócios Políticos do Brasil sobre as cartas do príncipe [D. Pedro] ao rei [D. João VI], em que relata o atrevimento e insolência da Divisão Auxiliadora; a criação de um Conselho de Estado; os pedidos do Senado e do povo do Rio de Janeiro e das delegações de São Paulo e Minas Gerais para que permaneça no Brasil; e o sentimento geral no Brasil. Anexo: cartas (cópias), decreto (cópia), auto (cópia). AHU-Rio de Janeiro cx. 284, doc. 3. **AHU_ACL_CU_017, Cx. 289, D. 20480.**
1257	**1822, Maio, 29, Lisboa** PORTARIA do [secretário das Cortes Gerais e Extraordinárias], João Batista Felgueiras, ordenando ao [secretário de estado da Marinha Ultramar], Inácio da Costa Quintela, que envie as instruções que o governo deu ao comandante da expedição e ao comandante das tropas que partiram para o Rio de Janeiro. Anexo: lembrete. AHU-Rio de Janeiro cx. 284, doc. 95. **AHU_ACL_CU_017, Cx. 289, D. 20481.**
1258	**1822, Maio, 29, Lisboa** OFÍCIO (cópia) do [secretário de estado da Guerra], Cândido José Xavier ao [secretário das Cortes Gerais e Extraordinárias], João Batista Felgueiras, remetendo o ofício de 21 de Março do secretário de estado da Guerra no Rio de Janeiro, [Joaquim de Oliveira Álvares], sobre a chegada [D. Pedro] para que não desembarcassem devido ao exaltado ânimo do povo da cidade e tudo o mais que se passou naquela capital. Anexo: ofício (cópia, abaixo-assinado (cópia), portarias (cópias). AHU-Rio de Janeiro cx. 284, doc. 97. **AHU_ACL_CU_017, Cx. 289, D. 20482.**
1259	**1822, Junho, 1, Lisboa** REQUERIMENTO do cabo de esquadra do Regimento de Artilharia do Rio de Janeiro, Joaquim Rodrigues de Carvalho, e 12 soldados o dito Requerimento embarcados na corveta Voador, ao rei [D. João VI], solicitando regressarem ao Rio de Janeiro no navio que está para partir. AHU-Rio de Janeiro cx. 284, doc. 101. **AHU_ACL_CU_017, Cx. 290, D. 20484.**
1260	**1822, Junho, 4, Queluz** DECRETO do rei D. João VI, ordenado que na Corte sejam utilizadas luminárias e todos os meios de gaia e festividades pelo nascimento da nova infanta no Rio de Janeiro. AHU-Rio de Janeiro cx. 284, doc. 104. **AHU_ACL_CU_017, Cx. 290, D. 20485.**

1261	**1822, Junho, 10, Queluz** PORTARIA (cópia) do [secretário de estado da Guerra], Cândido José Xavier, remetendo ao secretário de estado da Marinha e Ultramar, [Manoel Inácio da Costa Quintela], ofício do tenente general Jorge de Avilez Juzarte de Souza Tavares queixando-se do comandante da escuna Princesa Real, capitão tenente Joaquim Bento da Fonseca, por ter entregue ao governo do Rio de Janeiro a correspondência que o mesmo general remetia para o soberano Congresso e para a Secretária de estado da Guerra. Anexo: ofício: (cópia), recibo (cópia), informação. AHU-Rio de Janeiro cx. 284, doc. 109. **AHU_ACL_CU_017, Cx. 290, D. 20490.**
1262	**1822, Junho, 10, Lisboa** OFÍCIO do brigadeiro comandante José Jacinto Ferreira Picão ao [secretário de estado da Marinha e Ultramar], Inácio da Costa Quintela, sobre o estado das armas do Corpo da Brigada Real da Marinha; informando que foram fornecidos armas e armamentos da tropa de linha aos destacamentos das naus D. João VI e São Sebastião quando transportaram a princesa real de Liorne para o Rio de Janeiro. Anexo: lembrete. AHU-Rio de Janeiro cx. 284, doc. 110. **AHU_ACL_CU_017, Cx. 290, D. 20493.**
1263	**1822, Agosto, 30, Lisboa** OFÍCIO (extrato) do ministro da Justiça, [José da Silva Carvalho], ao [secretário das Cortes Gerais e Extraordinárias, João Batista Felgueiras], remetendo as carta do príncipe D. Pedro ao seu pai, o rei [D. João VI]. Anexo: ofício (cópia), listas, cartas (cópias), lembrete. AHU-Rio de Janeiro cx. 285, doc. 32. **AHU_ACL_CU_017, Cx. 290, D. 20520.**
1264	**1822, Agosto, 31, Queluz** PORTARIA do [secretário de estado da Guerra], Cândido José Xavier, ao secretário de estado da Marinha e Ultramar, [Manoel Inácio da Costa Quintela], remetendo relações das praças e respectivas famílias dos Batalhões Expedicionários dos Regimentos de Infantaria No. 3 e 4 que vai para o Rio de Janeiro para que sejam satisfeitas as comedorias competentes e abonados 15 dias. Anexo: mapas, relação. AHU-Rio de Janeiro cx. 285, doc. 36. **AHU_ACL_CU_017, Cx. 290, D. 20522.**
1265	**1822, Setembro, 18, Rio de Janeiro** DECRETO do príncipe regente [D. Pedro], determinando um novo laço nacional brasiliense, identificando as suas cores e como de ser utilizado. Obs.: doc. impresso. AHU-Rio de Janeiro cx. 285, doc. 54. **AHU_ACL_CU_017, Cx. 290, D. 20528.**

1266	**1822, Setembro, 18, Rio de Janeiro** DECRETO do príncipe regente [D. Pedro], determinando o formato do escudo de armas do Brasil e o da bandeira nacional. Obs.: doc. impresso. AHU-Rio de Janeiro cx. 284, doc. 57. **AHU_ACL_CU_017, Cx. 290, D. 20529.**
1267	**1822, Setembro, 29, Rio de Janeiro** DECRETO do príncipe regente D. Pedro, determinando que nenhum particular possa usar da cor verde nas librés dos seus criados, exceto em canhões, forros, meias, e vestias; não derrogando o especial privilégio de que gozam algumas pessoas para o fazerem. Obs.: doc. impresso. AHU-Rio de Janeiro cx. 285, doc. 65. **AHU_ACL_CU_017, Cx. 290, D. 20535.**
1268	**1822, Outubro, 3, Rio de Janeiro** COLEÇÃO contendo decretos do príncipe regente [D. Pedro] e requerimento dos lentes da Academia Nacional Real da Marinha, o capitão de fragata graduado Joaquim Ângelo Coelho Freire, o capitão tenente Fradique Silvério de Araújo, e o lente de Artilharia, major da Brigada Real da Marinha, Henrique de Sousa Mafra. Anexo: recibo e portaria AHU-Rio de Janeiro cx. 284, doc. 113; cx. 284, doc. 102. **AHU_ACL_CU_017, Cx. 290, D. 20539.**
1269	**1822, Outubro, 16, Lisboa** OFÍCIO do [secretário das Cortes Gerais e Extraordinárias], João Batista Felgueiras, ao [secretário de estado da Marinha Ultramar], Inácio da Costa Quintela, sobre o julgamento do chefe da divisão Francisco Maximiliano de Sousa por seu procedimento na Corte do Rio de Janeiro comparado com as instruções que lhe foram dadas sobre como deveria ter gerido a expedição a Pernambuco e Rio de Janeiro. Anexo: portaria (minuta) AHU-Rio de Janeiro cx. 285, doc. 70. **AHU_ACL_CU_017, Cx. 290, D. 20545.**
1270	**1822, Dezembro, 12, Lisboa** PORTARIA do [secretário de estado da Guerra], Cândido José Xavier, ao secretário de estado da Marinha e Ultramar, [Manoel Inácio da Costa Quintela], ordenando informação sobre o número de oficiais que podem ser acomodados nas embarcações que conduzirão para o Brasil a Regência e a expedição extraordinária, além dos oficiais pertencentes ao corpo da mesma expedição. AHU-Rio de Janeiro cx. 285, doc. 89. **AHU_ACL_CU_017, Cx. 290, D. 20562.**
1271	**1822, Dezembro, 17, Lisboa** PORTARIA do [secretário de estado da Guerra], Cândido José Xavier, remetendo ao secretário de estado da Marinha e Ultramar, [Manoel Inácio da Costa Quintela] as relações das famílias dos oficiais e mais praças dos corpos que formam a expedição extraordinária que vai para o Brasil para que se tomem as providências devidas. AHU-Rio de Janeiro cx. 285, doc. 92, 97. **AHU_ACL_CU_017, Cx. 290, D. 20564.**

1272	**1822, Dezembro, 23, Lisboa** PORTARIA do [secretário de estado da Guerra], Cândido José Xavier, ao secretário de estado da Marinha e Ultramar, [Manoel Inácio da Costa Quintela], ordenando informação sobre as embarcações e quais delas estão destinadas aos diferentes corpos que formam a expedição extraordinária que vai para o Brasil. AHU-Rio de Janeiro cx. 285, doc. 96. **AHU_ACL_CU_017, Cx. 290, D. 20566.**
1273	**1822, Dezembro, 29, Lisboa** CARTA do comandante do correio escuna Princesa Real, 10. tenente Carlos Maria Mazza, ao rei [D. João VI], relatando a sua viagem de Lisboa ao Rio de Janeiro, informando que o príncipe regente se encontrava ausente [em São Paulo] no final de agosto que foi recebido pela princesa D. Leopoldina. AHU-Rio de Janeiro cx. 285, doc. 99. **AHU_ACL_CU_017, Cx. 290, D. 20568.**

1274	**1823, janeiro, 8, [Lisboa]** OFÍCIO do comandante do bergantim 13 de maio, 1º tenente Manoel Pedro de Carvalho, ao [secretário de estado da Marinha e Ultramar], Inácio da Costa Quintela, remetendo mapa do estado da guarnição do seu bergantim e cópias das suas instruções e ordens que recebeu no Rio de Janeiro. Anexo: portaria (cópia), ordens (cópia), mapa. AHU-Rio de Janeiro, cx. 286, doc. 1. **AHU_ACL_CU_017, Cx. 291, D. 20569.**
1275	**1823, fevereiro, 17, Rio de Janeiro** CARTA do deputado das cortes pela província de Goa, Bernardo Pires da Silva, ao rei [D. João VI] sobre a sua prisão e de seu colega Antônio José de Lima Leitão, por determinação do imperador D. Pedro. Obs.: m. est.; anexo ofícios (cópias), Jornal O Espelho, 1823 n.º 125, Diário do Governo, 1823 n º 22, requerimentos. Obs.: docs. impressos. AHU-Rio de Janeiro, cx. 286, doc..12 **AHU_ACL_CU_017, Cx. 291, D. 20573.**
1276	**1823, abril, 12, Lisboa** CONSULTA do Conselho de Guerra ao rei D. João VI sobre o requerimento do sargento-mor de Cavalaria Adido ao Estado Maior do Exército Brasil, José Pinto de Araújo Correia, solicitando confirmação de patente. Anexo: requerimentos. AHU-Rio de Janeiro, cx. 286, doc. 13. **AHU_ACL_CU_017, Cx. 291, D. 20581.**
1277	**1823, abril, 23, Lisboa** CONSULTA do Conselho de Guerra ao rei D. João VI, sobre o requerimento do alferes Agregado ao 1º Regimento de Cavalaria de Linha do Exército do Brasil, Nuno José Severo de Mendonça, solicitando confirmação de patente. Anexo: requerimento, atestado. AHU-Rio de Janeiro, cx. 286, doc. 18. **AHU_ACL_CU_017, Cx. 291, D. 20582.**

1278	**1823, maio, 13, [Lisboa]** OFÍCIO do capitão de Mar e Guerra graduado, Rodrigo Martins da Luz ao [secretário de estado da Marinha e Ultramar], Inácio da Costa Quintela, remetendo informação sobre o estado dos navios que ficaram no Rio de Janeiro e no Rio da Prata. Anexo: lista. AHU-Rio de Janeiro, cx. 286, doc. 21. **AHU_ACL_CU_017, Cx. 291, D. 20584.**
1279	**1823, maio, 13, [Lisboa]** OFÍCIO do capitão de Mar e Guerra graduado Rodrigo Martins da Luz ao [secretário de estado da Marinha e Ultramar], Inácio da Costa Quintela, sobre as tentativas do capitão de Mar e Guerra Antônio Pio dos Santos, do capitão Luís Antônio Caú e do alferes João Pedro Ezequiel da Cunha de obrigarem o mestre da galera dinamarquesa Aurora, que vinha do Rio de Janeiro, a arribar na Bahia sob vários pretextos, entre os quais o de avisar aquela cidade dos preparativos de guerra que no Rio de Janeiro se faziam contra ela. Anexo: lista, ofícios (cópias), ofício. Obs.: doc. em francês. AHU-Rio de Janeiro, cx. 286, doc. 23. **AHU_ACL_CU_017, Cx. 291, D. 20585.**
1280	**1823, maio, 13, [Lisboa]** OFÍCIO do capitão de Mar e Guerra graduado, Rodrigo Martins da Luz ao [secretário de estado da Marinha e Ultramar], Inácio da Costa Quintela, remetendo relação das pessoas transportadas do Rio de Janeiro na galera Aurora e as ordens recebidas naquela cidade; solicitando um destacamento de tropa a bordo para fazer observar regularidade no desembarque das bagagens das muitas pessoas que vieram, assim como na entrega dos gêneros que do Arsenal da Marinha do Rio de Janeiro se remeteram para uso dos passageiros. Anexo: mapa, listas, portarias (cópias). AHU-Rio de Janeiro, cx. 286, doc. 24. **AHU_ACL_CU_017, Cx. 291, D. 20586**
1281	**1823, maio, 14, [Lisboa]** PORTARIA (minuta) do [secretário de estado dos Negócios de Guerra, Cândido José Xavier], ordenando ao inspetor da [Marinha] a remessa da cópia do termo de fretamento feito no Rio de Janeiro, da galera dinamarquesa Aurora. Anexo: termo de fretamento (cópia), ofício. Obs.: doc. em inglês. AHU-Rio de Janeiro, cx. 286, doc. 11. **AHU_ACL_CU_017, Cx. 291, D. 20587.**
1282	**1823, maio, [Lisboa]** OFÍCIO do capitão de Mar e Guerra graduado Rodrigo Martins da Luz ao [secretário de estado da Marinha e Ultramar], Inácio da Costa Quintela, sobre as dificuldades que houve para acomodar na galera Aurora os deputados de Goa Antônio José de Lima Leitão e Bernardo Peres da Silva com sua comitiva e trem, acompanhados por um ajudante da fortaleza de Santa Cruz, bem como o capitão Luís Antônio Cau e o alferes João Pedro Ezequiel da Cunha, conduzidos por um oficial da fortaleza de Vilegagnon onde estavam presos. AHU-Rio de Janeiro, cx. 286, doc. 25. **AHU_ACL_CU_017, Cx. 291, D. 20592.**

1283	**[post. 1823, julho, 15]** REQUERIMENTO do capitão-tenente graduado da Armada Real e comandante do navio Sete de Março, Joaquim Estanislau Barbosa, ao rei [D. João VI], cuja embarcação foi fretada pelo Rio de Janeiro para ir a Montevidéu buscar a tropa que ali se achava, solicitando portaria para sair pela torre de Belém isento de apresentar os despachos do estilo e emolumentos. Anexo: atestado, passaportes, termo de fretamento, certidão. AHU-Rio de Janeiro, cx. 320, doc. 76; cx. 322, doc. 24. **AHU_ACL_CU_017, Cx. 291, D. 20600.**
1284	**1823, julho, 22, Lisboa** CONSULTA do Conselho de Guerra ao rei D. João VI, sobre o requerimento do alferes de Cavalaria adido ao Estado Maior do Exército do Brasil, José Maria de Mendonça, solicitando confirmação de patente. Anexo: requerimento, atestado. AHU-Rio de Janeiro, cx. 286, doc. 18. **AHU_ACL_CU_017, Cx. 291, D. 20602.**
1285	**1823, julho, 22, [Lisboa]** INFORMAÇÃO do [secretário de estado da Guerra], conde de Subserra, [Manoel Inácio Pamplona Corte Real] referente as condições que os comissários reais [e o conde do Rio Maior, D. Antônio de Saldanha Oliveira Jusarte e Sousa], deveriam apresentar ao imperador do Brasil [D. Pedro I] para a reconciliação do Brasil com Portugal, voltando a ser parte integrante do Reino de Portugal e Algarves, possuindo uma carta constitucional a parte, ficando sob a regência do príncipe português, atual imperador, entre outros pressupostos e regalias, com o objetivo de fazer retornar o Brasil a Portugal na categoria de Reino unido. Anexo: extrato de cartas, passaportes (cópias), cartas régias (cópias), avisos (cópias), instruções, plano, cartas (cópias). AHU-Rio de Janeiro, cx. 287, doc. 1. **AHU_ACL_CU_017, Cx. 291, D. 20603.**
1286	**1823, agosto, 25, Lisboa** CONSULTA do Conselho de Guerra ao rei D. João VI, sobre o requerimento do capitão da 4ª Companhia do Batalhão de Caçadores do Rio de Janeiro, Pedro de Bittencourt Vasconcelos Correia e Ávila, solicitando confirmação de patente. Anexo: requerimento, atestado. AHU-Rio de Janeiro, cx. 286, doc. 41. **AHU_ACL_CU_017, Cx. 291, D. 20619.**
1287	**[ant. 1823, setembro, 29, Rio de Janeiro]** REPRESENTAÇÃO dos oficiais da corveta Voador, que se encontra prisioneira na barra do Rio de Janeiro, ao rei [D. João VI], solicitando intervenção do conde do Rio Maior [D. Antônio de Saldanha Oliveira Jusarte e Sousa], a fim de socorrer as suas famílias que ficaram em Portugal sem meios de subsistência. Anexo: relação. AHU-Rio de Janeiro, cx. 286, doc. 53. **AHU_ACL_CU_017, Cx. 291, D. 20623.**

1288	**1823, outubro, 29, [Lisboa]** REQUERIMENTO do ex-capitão do Batalhão de Caçadores de Lisboa Ocidental, Felipe Neri Moreira, ao rei [D. João VI], solicitando algum socorro ou ser empregado nalguma das Contadorias, Obras Públicas ou Arsenais reais ou qualquer outra repartição, enquanto não consegue transporte para regressar ao Rio de Janeiro. Anexo: requerimentos, lembrete. AHU-Rio de Janeiro, cx. 286, docs. 62, 65. **AHU_ACL_CU_017, Cx. 291, D. 20626.**
1289	**1823, novembro, 15, Lisboa** REQUERIMENTO do capitão da 4ª Companhia do Batalhão de Caçadores da Corte do Rio de Janeiro, Pedro de Bittencourt Vasconcelos Correia e Ávila, ao rei [D. João VI], solicitando patente no dito posto com a data de 22 de junho de 1822, a fim de receber seus soldos. Anexo: requerimentos, carta. AHU-Rio de Janeiro, cx. 287, doc. 27. **AHU_ACL_CU_017, Cx. 291, D. 20630.**
1290	**1823, novembro, 27, a bordo do bergantim Treze de maio** OFÍCIO dos comissários reais ao Rio de Janeiro, conde do Rio Maior, [D. Antônio de Saldanha Oliveira Jusarte e Sousa], e Francisco José Vieira, ao [secretário de estado da Guerra], conde de Subserra, [Manoel Inácio Pamplona Corte Real], informando a maneira hostil como foram recebidos no Rio de Janeiro; remetendo correspondência trocada com o imperador [D. Pedro]. Anexo: ofícios (cópia), ofícios, cartas (cópias), relação, portarias (cópias), Diário do Governo de 26 de setembro de 1823, recibos (cópias), participação (cópia), relações, lista, informação, instruções. Obs.: doc. impresso. AHU-Rio de Janeiro, cx. 286, docs. 79, 76. **AHU_ACL_CU_017, Cx. 292, D. 20635.**
1291	**[ant. 1824, janeiro, 19]** REQUERIMENTO de Maria Rita de Albuquerque, como tutora e administradora da sua filha menor Maria Leonarda Jacob, por seu procurador Antônio Joaquim da Vitória, ao rei [D. João VI], solicitando uma tença em remuneração dos serviços do pai da sua filha, o capitão de Mar e Guerra no Rio de Janeiro Roberto Jacob, e lá falecido. Anexo: recibo. AHU-Rio de Janeiro, cx. 289, doc. 21. **AHU_ACL_CU_017, Cx. 292, D. 20642.**
1292	**1824, janeiro, 23, Rio de Janeiro** OFÍCIO do comandante da corveta Voador, capitão de fragata José Gregório Pegado, ao major general da Armada Real, marquês de Viana, [D. João Manoel de Menezes], sobre o processo de prisão da corveta Voador, por determinação do governo imperial do Brasil; remetendo cópia da sentença e solicitando uma quantia em dinheiro para pagar aos soldados e marujos da embarcação, enquanto aguarda a resposta do procurador da Coroa e Fazenda. Anexo: informação, ofícios (cópias), sentença (cópia), mapa. AHU-Rio de Janeiro, cx. 287, doc. 11. **AHU_ACL_CU_017, Cx. 292, D. 20644.**

1293	**1824, fevereiro, 16, Gibraltar** OFÍCIO de José Agostinho Parral ao [secretário de estado da Guerra e interinamente da Marinha e Ultramar e ministro assistente ao Despacho], conde de Subserra, [Manoel Inácio Pamplona Corte Real], sobre as notícias trazidas das embarcações vindas do Brasil acerca da situação no Rio de Janeiro e na Bahia após a dissolução da Assembleia Nacional Constituinte pelo imperador D. Pedro. Anexo: informação. AHU-Rio de Janeiro, cx. 287, docs. 25, 17. **AHU_ACL_CU_017, Cx. 292, D. 20645.**
1294	**1824, fevereiro, 22, Portimão** OFÍCIO de José Pedro Neto Albuquerque ao [secretário de estado da Guerra e interinamente da Marinha e Ultramar e ministro assistente ao Despacho, conde de Subserra], Manoel Inácio Pamplona Corte Real, sobre a situação política na Corte do Rio de Janeiro, os prejuízos para Portugal, da sua confiança na restauração do poder português; e da facilidade em se dominar o Norte do Brasil, onde não há um inimigo de Portugal que ele não conheça; oferecendo-se para uma secretaria de governo de qualquer das províncias do norte, visto os conhecimentos que tem do Piauí, Ceará e Maranhão. AHU-Rio de Janeiro, cx. 287, doc. 26. **AHU_ACL_CU_017, Cx. 292, D. 20646.**
1295	**[ant. 1824, março, 5]** OFÍCIO do [gentil-homem da Real Câmara], conde do Rio Maior, [Antônio de Saldanha Oliveira Jusarte e Sousa], ao [secretário de estado da Guerra e interino da Marinha e Ultramar e ministro assistente ao Despacho], conde de Subserra, [Manoel Inácio Pamplona Corte Real], remetendo requerimento de oficiais da corveta Voador, que se encontra retida no Rio de Janeiro; relembrando o requerimento do inglês Welche que na Bahia facilitou a fuga aos oficiais da Armada Real, e que fugiu a bordo do brigue Treze de Maio. AHU-Rio de Janeiro, cx. 287, doc. 30. **AHU_ACL_CU_017, Cx. 292, D. 20649.**
1296	**[post. 1824, março, 26]** REQUERIMENTO do capitão graduado em major do Corpo de Engenheiros e lente da Academia Militar do Rio de Janeiro, Antônio José do Amaral, ao rei [D. João VI], solicitando licença para regressar ao Rio de Janeiro e pagamento da outra metade do seu soldo desde o 1º de junho de 1822. Anexo: atestado, requerimentos, atestados, diário oficial do Império do Brasil, de 19 de agosto de 1823. Obs.: doc. impresso. AHU-Rio de Janeiro, cx. 322, doc. 67, cx. 287, doc. 66 **AHU_ACL_CU_017, Cx. 292, D. 20656.**
1297	**[ant. 1824, abril, 3]** REQUERIMENTO do capitão graduado em major do Real Corpo de Engenheiros e lente da Academia Militar do Rio de Janeiro, Antônio José do Amaral, ao rei [D. João VI], solicitando permissão para retornar ao Rio de Janeiro, uma ajuda de custo para a sua viagem e o pagamento do seu ordenado por inteiro pela Tesouraria Geral das Tropas. Anexo: lembrete. AHU-Rio de Janeiro, cx. 287, doc. 47. **AHU_ACL_CU_017, Cx. 292, D. 20657.**

1298	**1824, abril, 19, Lisboa** REQUERIMENTO do 2º sargento de Artilharia do Maranhão, Bartolomeu de Saldanha Marinho, ao rei [D. João VI], solicitando despacho como cadete das Brigadas Auxiliadoras no Rio de Janeiro. Anexo: atestado, certidão, lembrete. AHU-Rio de Janeiro, cx. 287, doc. 53. **AHU_ACL_CU_017, Cx. 292, D. 20661.**
1299	**1824, abril, 22, Lisboa** REQUERIMENTO dos correspondentes do Banco do Brasil em Lisboa, Gonçalo José de Sousa Lobo e Joaquim Pereira de Almeida Correia, ao rei [D. João VI], solicitando a restituição da venda de todos os gêneros privativos da Real Coroa, e que o provedor da Casa da Índia lhes faça entregar a urzela vinda de Cabo Verde e que pertence ao dito banco. Anexo: requerimento. AHU-Rio de Janeiro, cx. 287, doc. 53, cx. 281, doc. 72. **AHU_ACL_CU_017, Cx. 292, D. 20662.**
1300	**1824, maio, 31, [Lisboa]** OFÍCIO do [secretário de estado dos Negócios Estrangeiros], marquês de Palmela, [D. Pedro de Sousa Holstein], [secretário de estado da Guerra e interinamente da Marinha e Ultramar e ministro assistente ao Despacho], conde de Subserra, [Manoel Inácio Pamplona Corte Real], remetendo requerimento de Fernando de Morales, solicitando indenização do valor do seu navio Leal Português, que foi apresado no Rio de Janeiro quando fazia o transporte de tropas. AHU-Rio de Janeiro, cx. 287, doc. 71. **AHU_ACL_CU_017, Cx. 292, D. 20668.**
1301	**1824, junho, 1, Lisboa** REQUERIMENTO do tenente coronel reformado da Brigada Real da Marinha, José Bernardo de Lacerda, ao [secretário de estado da Marinha], solicitando ser efetivo, ficando agregado ao Estado Maior do seu mesmo Corpo ou no comando de um batalhão na expedição que vai ao Rio de Janeiro. Anexo: carta patente (traslado). AHU-Rio de Janeiro, cx. 287, doc. 72. **AHU_ACL_CU_017, Cx. 292, D. 20669.**
1302	**1824, junho, 1, [Lisboa]** OFÍCIO do [secretário de estado da Guerra e interinamente da Marinha e Ultramar e ministro assistente ao Despacho], conde de Subserra, [Manoel Inácio Pamplona Corte Real], ao secretário de estado da Marinha e Ultramar, remetendo o ofício de Antônio José de Siqueira que ofereceu 30 mil rações de vinho para a expedição que vai para o Brasil. Anexo: ofício. AHU-Rio de Janeiro, cx. 287, doc. 73. **AHU_ACL_CU_017, Cx. 292, D. 20670.**
1303	**1824, junho, 4, Rio de Janeiro** CARTA do monsenhor D. João da Purificação Marques Perdigão ao rei [D. João VI], informando os motivos de sua permanência no Rio de Janeiro, bem como solicitando ordens para poder ser transmutado para Santa Igreja Patriarcal, no mesmo cargo que assumiu como tesoureiro-mor da catedral do Rio de Janeiro. Anexo: lembrete. AHU-Rio de Janeiro, cx. 287, doc. 77. **AHU_ACL_CU_017, Cx. 292, D. 20671.**

1304	**1824, junho, 9, Lisboa** REQUERIMENTO do brigadeiro com assento no Exército do Rio de Janeiro, Albino Antônio da Cunha Montenegro, ao rei [D. João VI], solicitando licença para seguir viagem para o Rio de Janeiro e cinco meses de soldo. Anexo: requerimentos, atestado (traslado), certidões, lembretes. AHU-Rio de Janeiro, cx. 287, doc. 80; cx. 288, doc. 37, 48; cx. 291, doc. 94. **AHU_ACL_CU_017, Cx. 292, D. 20673.**
1305	**1824, julho, 3, Quartel da Areia** INFORMAÇÃO do capitão tenente João de Fontes Pereira de Melo, sobre os navios chegados, sua procedência, carga e passageiros; relatando as novidades trazidas do Rio de Janeiro e do Brasil pelo bergantim dinamarquês Mercúrio; a notícia de que a província de Pernambuco havia se erigido em República; e as forças navais estacionadas no porto do Rio de Janeiro. AHU-Rio de Janeiro, cx. 288, doc. 2. **AHU_ACL_CU_017, Cx. 292, D. 20679.**
1306	**1824, julho, 7, Lisboa** OFÍCIO do intendente da Marinha, chefe de esquadra José Joaquim Rosa Coelho, ao [secretário de estado da Guerra e interinamente da Marinha e Ultramar e ministro assistente ao Despacho], conde de Subserra, [Manoel Inácio Pamplona Corte Real], remetendo ofício do ajudante na Intendência da Marinha no Porto, capitão de Mar e Guerra João de Souza, com as notícias ali recebidas sobre do estado em que se encontra o Rio de Janeiro. Anexo: ofício. AHU-Rio de Janeiro, cx. 288, doc. 4. **AHU_ACL_CU_017, Cx. 292, D. 20680.**
1307	**1824, julho, 10, Ilha da Madeira** OFÍCIO das praças do Batalhão de Artilharia da Ilha da Madeira ao [secretário de estado da Guerra e interinamente da Marinha e Ultramar e ministro assistente ao Despacho], conde de Subserra, [Manoel Inácio Pamplona Corte Real], solicitando licença para se juntar a um dos regimentos da expedição que parte para o Brasil. Anexo: requerimento. AHU-Rio de Janeiro, cx. 288, doc. 6. **AHU_ACL_CU_017, Cx. 292, D. 20682.**
1308	**1824, julho, 14, [Lisboa]** OFÍCIO do major general [da Armada Real], marquês de Viana, [D. João Manoel de Menezes], ao [secretário de estado da Guerra e interinamente da Marinha e Ultramar e ministro assistente ao Despacho], conde de Subserra, [Manoel Inácio Pamplona Corte Real], sobre a hipótese de se mandar para o Rio de Janeiro, na sumaca Gervés, o 2º tenente da Marinha do Brasil que foi feito prisioneiro a bordo de um iate que foi retomado. Anexo: decreto (cópia), ofício (cópia). AHU-Rio de Janeiro, cx. 288, docs. 10, 5, 15. **AHU_ACL_CU_017, Cx. 292, D. 20684.**

1309	**1824, julho, 15, Porto** OFÍCIO da Junta da Administração da Companhia Geral da Agricultura das Vinhas do Alto Douro ao [secretário de estado da Guerra e interinamente da Marinha e Ultramar e ministro assistente ao Despacho], conde de Subserra, [Manoel Inácio Pamplona Corte Real], sobre as pipas de vinho oferecidas para a expedição que parte para o [Rio de Janeiro]. Anexo: lembretes. AHU-Rio de Janeiro, cx. 288, doc. 13. **AHU_ACL_CU_017, Cx. 292, D. 20687.**
1310	**1824, julho, 16, [Lisboa]** OFÍCIO (minuta) da secretaria de estado da Marinha e Ultramar ao [secretário de estado dos Negócios Estrangeiros], marquês de Palmela, [D. Pedro de Sousa Holstein], sobre o apresamento da corveta Voador na Ilha das Cobras no Rio de Janeiro. AHU-Rio de Janeiro, cx. 288, doc. 14. **AHU_ACL_CU_017, Cx. 292, D. 20689.**
1311	**1824, julho, 19, [Lisboa]** OFÍCIO [secretário de estado da Guerra e interinamente da Marinha e Ultramar e ministro assistente ao Despacho], conde de Subserra, [Manoel Inácio Pamplona Corte Real], ao secretário de estado da Marinha e Ultramar, sobre o apresamento da corveta Voador na Ilha das Cobras no Rio de Janeiro. AHU-Rio de Janeiro, cx. 288, doc. 16. **AHU_ACL_CU_017, Cx. 292, D. 20690.**
1312	**[ant. 1824, julho, 29]** REQUERIMENTO Teresa Isabel de Sousa Soares de Andréa ao rei [D. João VI], solicitando assentamento na Contadoria da Marinha para continuar a receber a pensão deixada pelo seu marido, 2º tenente da Armada Real no Rio de Janeiro, Veríssimo José da Costa. Anexo: certidão. AHU-Rio de Janeiro, cx. 286, doc. 66. **AHU_ACL_CU_017, Cx. 292, D. 20703.**
1313	**[ant. 1824, agosto, 3]** REQUERIMENTO do capitão-tenente graduado da Armada Real, Bernardo José de Sousa Soares d' Andrea, ao rei [D. João VI], solicitando complemento de suas comedorias de comandante até a data que se apresentou no quartel general da Marinha, dado que foi preso pelo general Lecor por não querer ligar-se ao partido do Brasil, quando esteve no comando de uma das embarcações da Divisão Ligeira da esquadra do rio da Prata, e ter ficado encarcerado no Rio de Janeiro como réu de Estado. AHU-Rio de Janeiro, cx. 288, doc. 23. **AHU_ACL_CU_017, Cx. 293, D. 20707.**
1314	**1824, agosto, 3, Lisboa** REQUERIMENTO do alferes de Ordenanças da Corte e ajudante do 3º Batalhão da legião do Rossio, Justiniano Colaço, ao rei [D. João VI], solicitando ser integrado na expedição para o Rio de Janeiro. Anexo: lembrete. AHU-Rio de Janeiro, cx. 288, doc. 23. **AHU_ACL_CU_017, Cx. 293, D. 20708.**

1315	**1824, setembro, 27, Gibraltar** OFÍCIO de Antônio Cerqueira de Carvalho ao [secretário de estado da Guerra], conde de Subserra, [Manoel Inácio Pamplona Corte Real], informando a situação no Rio de Janeiro e em Pernambuco, as tropas que saíram daquela capital para a dita província comandadas por Cochrane; bem como o ouro e a prata levado ao Rio de Janeiro correspondente a parte do empréstimo feito em Londres pelo Brasil. Anexo: ofício (cópia). AHU-Rio de Janeiro, cx. 288, docs. 54, 56. **AHU_ACL_CU_017, Cx. 293, D. 20728.**
1316	**[ant. 1824, outubro, 8]** REQUERIMENTO do mestre do navio Conde dos Arcos, José Maria dos Santos, por seu procurador Bento José da Cunha Viana, ao rei [D. João VI], solicitando portaria com isenção de apresentar na Torre de Belém os despachos de estilo para sua saída, regressando ao Rio de Janeiro, visto só ter vindo conduzir tropas. Anexo: informação, termo de fretamento. AHU-Rio de Janeiro, cx. 322, doc. 112. **AHU_ACL_CU_017, Cx. 293, D. 20729.**
1317	**1824, outubro, 14, Lisboa** REQUERIMENTO do tambor da 1ª Companhia de Granadeiros do Regimento de Infantaria Nº.1, João de Deus, ao rei [D. João VI], solicitando ser integrado como tambor-mor da próxima expedição para o Brasil. Anexo: lista. AHU-Rio de Janeiro, cx. 288, doc. 68. **AHU_ACL_CU_017, Cx. 293, D. 20731.**
1318	**1824, outubro, 22, [Lisboa]** OFÍCIO do [secretário de estado da Guerra], conde de Subserra, [Manoel Inácio Pamplona Corte Real], ao secretário de estado da Marinha e Ultramar, remetendo requerimento do bacharel João José de Matos de Avelos Leiria, solicitando o lugar de auditor na expedição destinada ao Brasil. Anexo: requerimento. AHU-Rio de Janeiro, cx. 288, doc. 68. **AHU_ACL_CU_017, Cx. 293, D. 20735.**
1319	**[post.1824, outubro, 30]** REQUERIMENTO do desembargador Vicente José Ferreira Cardoso da Costa à rainha [D. Carlota Joaquina], solicitando portaria da secretaria de estado da Marinha e Ultramar confirmando a licença dada vocalmente para ir ao Rio de Janeiro. AHU-Rio de Janeiro, cx. 288, doc. 76. **AHU_ACL_CU_017, Cx. 293, D. 20737.**
1320	**1824, novembro, 8, [Lisboa]** REQUERIMENTO do capitão do 1º Batalhão de Fuzileiros do Rio de Janeiro, Luís Antônio Caú, ao rei [D. João VI], solicitando ir na próxima expedição para o Brasil com exercício ou às ordens do general que a comandar; recusando a pretensão que fez de licença para ir ao Rio de Janeiro. Anexo: lembrete. AHU-Rio de Janeiro, cx. 287, doc. 10. **AHU_ACL_CU_017, Cx. 293, D. 20742.**

1321	**[ant. 1825, Janeiro, 3]** REQUERIMENTO do senhorio do bergantim Paquete do Rio, Joaquim José Pereira, ao rei [D. João VI], solicitando bilhete do estilo para seguir viagem ao Rio de Janeiro, levando como pilotos João Pereira da Cruz e Joaquim José Nunes. Anexo: atestado. AHU-Rio de Janeiro, cx. 289, doc. 1; AHU-Bahia, cx. 6, doc. 54. **AHU_ACL_CU_017, Cx. 293, D. 20753.**
1322	**1825, Janeiro, 5, Lisboa** CARTA do major-general da Armada, marquês de Viana, [D. João Manoel de Menezes], ao rei [D. João VI], informando seu parecer sobre requerimento do capitão de Fragata graduado da Armada Real, José Xavier Bressane Leite, que pede comedorias do estilo para sua família que está no Rio de Janeiro. Anexo: lembrete. AHU-Rio de Janeiro, cx. 289, doc. 11. **AHU_ACL_CU_017, Cx. 293, D. 20754.**
1323	**[post. 1825, Janeiro, 13]** REQUERIMENTO do mestre do bergantim Josefina, Joaquim Carlos da Silva, ao rei [D. João VI], solicitando passaporte para o Rio de Janeiro ao referido bergantim, de construção portuguesa, de que é senhorio Joaquim José Cardoso Guimarães. Anexo: atestado, certidão. AHU-Rio de Janeiro, cx. 323, doc. 2. **AHU_ACL_CU_017, Cx. 293, D. 20755.**
1324	**1825, Janeiro, 17, Lisboa** REQUERIMENTO do comissário do número de nau da Armada Real, Raimundo Idelfonso da Silva, ao rei [D. João VI], solicitando o distintivo honorífico com que foram premiados os que foram do Rio de Janeiro para a expedição dos voluntários reais no Rio da Prata. Anexo: lembrete. AHU-Rio de Janeiro, cx. 289, doc. 2. **AHU_ACL_CU_017, Cx. 293, D. 20756.**
1325	**[post. 1825, Janeiro, 18]** REQUERIMENTO do mestre do bergantim Delfim, Antônio Francisco Nunes, ao rei [D. João VI], solicitando passaporte ao respectivo bergantim, de construção portuguesa, de que é senhorio João Batista Moreira, com destino ao Rio de Janeiro. Anexo: atestado, certidão. AHU-Rio de Janeiro, cx. 289, doc. 3. **AHU_ACL_CU_017, Cx. 293, D. 20757.**
1326	**[ant. 1825, Janeiro, 19]** REQUERIMENTO do capitão da 6ª Companhia do 1º Batalhão da Brigada Real da Marinha, João Pinto Carneiro, ao rei [D. João VI], solicitando patente de capitão graduado a que foi promovido no Rio de Janeiro. Anexo: requerimento. AHU-Rio de Janeiro, cx. 289, doc. 4. **AHU_ACL_CU_017, Cx. 293, D. 20758.**

1327	**[ant. 1825, Fevereiro, 3]** REQUERIMENTO do lavrador Domingos Lourenço Torres Galindo, ao rei [D. João VI], solicitando passaporte para o Rio de Janeiro. Anexo: atestado. AHU-Rio de Janeiro, cx. 323, doc. 4. **AHU_ACL_CU_017, Cx. 293, D. 20759.**
1328	**1825, Fevereiro, 4, Lisboa** PASSAPORTE do secretário de estado da Marinha e Ultramar, Joaquim José Monteiro Torres, concedido a John Adams, para fazer viagem ao Rio de Janeiro. Anexo: lembrete. AHU-Rio de Janeiro, cx. 323, doc. 5. **AHU_ACL_CU_017, Cx. 293, D. 20760.**
1329	**[post. 1825, Fevereiro, 4]** REQUERIMENTO do mestre do bergantim Sucesso, José Ferreira Lopes, ao rei [D. João VI], solicitando passaporte da referida embarcação do Porto para o Rio de Janeiro, da qual é senhorio Guilherme Medoci. Anexo: atestado, certidão. AHU-Rio de Janeiro, cx. 323, doc. 6. **AHU_ACL_CU_017, Cx. 293, D. 20761.**
1330	**[ant. 1825, Fevereiro, 12]** REQUERIMENTO da viúva Clara Maria do Carmo de Oliveira, por seu procurador João Manoel da Costa, ao rei [D. João VI], solicitando passaporte para o Rio de Janeiro, levando seus filhos Gertrudes Maria da Costa, João Manoel da Costa, Guilherme José Meneses da Costa, Caetano Justino de Abreu Ramos, e sua prima Maria Feliciana de Moura, e Maria Joaquina da Silva. Anexo: atestado. AHU-Rio de Janeiro, cx. 323, doc. 8. **AHU_ACL_CU_017, Cx. 293, D. 20762.**
1331	**[ant. 1825, Fevereiro, 23]** REQUERIMENTO do comerciante Francisco Nunes Rocha, por seu procurador Agostinho José de Azevedo Vargas, ao rei [D. João VI], solicitando passaporte para o Rio de Janeiro. Anexo: atestado. AHU-Rio de Janeiro, cx. 323, doc. 9. **AHU_ACL_CU_017, Cx. 293, D. 20763.**
1332	**[ant. 1825, Fevereiro, 23]** REQUERIMENTO do oficial da Alfândega de Pernambuco, Antônio José da Rocha, por seu procurador Agostinho José de Azevedo Vargas, ao rei [D. João VI], solicitando passaporte para o Rio de Janeiro. Anexo: atestado. AHU-Rio de Janeiro, cx. 323, doc. 10. **AHU_ACL_CU_017, Cx. 293, D. 20764.**

1333	**[ant. 1825, Fevereiro, 26]** REQUERIMENTO do 2º tenente graduado da Armada Real e mestre das Oficinas de Correeiros e Bandeireiros do Arsenal da Marinha do Rio de Janeiro, Eleziário Francisco Franco, ao rei [D. João VI], solicitando pagamento do que se lhe deve do tempo da sua licença Anexo: requerimentos, lembrete. AHU-Rio de Janeiro, cx. 289, doc. 14. **AHU_ACL_CU_017, Cx. 293, D. 20765.**
1334	**[ant. 1825, Fevereiro, 28]** REQUERIMENTO do escrivão de navio Januário José de Freitas, por seu procurador Bento José da Cunha Viana, ao rei [D. João VI], solicitando passaporte para o Rio de Janeiro. Anexo: atestado. AHU-Rio de Janeiro, cx. 323, doc. 11. **AHU_ACL_CU_017, Cx. 293, D. 20766.**
1335	**[ant. 1825, Março, 2]** REQUERIMENTO de Bernardo Antônio Leitão ao rei [D. João VI], solicitando passaporte para o Rio de Janeiro. Anexo: atestado. AHU-Rio de Janeiro, cx. 323, doc. 18. **AHU_ACL_CU_017, Cx. 293, D. 20767.**
1336	**1825, Março, 2, Lisboa** PASSAPORTE do secretário de estado da Marinha e Ultramar, Joaquim José Monteiro Torres, à galera Firmeza, de que é mestre José Gomes da Rosa e senhorio Francisco Machado Peixoto, para fazer viagem do Porto para o Rio de Janeiro. Anexo: lembrete. AHU-Rio de Janeiro, cx. 323, doc. 12. **AHU_ACL_CU_017, Cx. 293, D. 20768.**
1337	**1825, Março, 3, Lisboa** REQUERIMENTO do 1º tenente do Corpo de Engenheiros do Brasil, Joaquim Cândido Guillobel, ao rei [D. João VI], solicitando passaporte para o Rio de Janeiro, em companhia de seus filhos Júlio, Joaquina e Maria. Anexo: atestado. AHU-Rio de Janeiro, cx. 323, doc. 13. **AHU_ACL_CU_017, Cx. 293, D. 20769.**
1338	**[ant. 1825, Março, 14]** REQUERIMENTO de Josefa Francisca ao rei [D. João VI], solicitando passaporte para o Rio de Janeiro, para a companhia de seu marido Manoel Custódio, levando seus filhos quatro filhos menores. Anexo: atestado. AHU-Rio de Janeiro, cx. 323, doc. 14. **AHU_ACL_CU_017, Cx. 293, D. 20770.**

1339	**1825, Março, 16, Lisboa** CONSULTA do Conselho Ultramarino ao rei D. João VI, sobre requerimento do tenente de Infantaria adido ao Estado Maior do Exército do Brasil, Antônio Manoel Lobo de Saldanha, solicitando patente com antigüidade desde o ano de 1817. Anexo: requerimento (cópia), certidão, licença (traslado), aviso. AHU-Rio de Janeiro, cx. 289, docs. 19, 10. **AHU_ACL_CU_017, Cx. 293, D. 20771.**
1340	**1825, Março, 17, Rio de Janeiro]** PASSAPORTE do secretário de estado dos Negócios da Marinha no Rio de Janeiro, Francisco Vilela Barbosa, à escuna Prudente José do Egito, da qual é mestre e proprietário Manoel Gonçalves Morim, autorizando viagem a Santos e dali para Gibraltar. Anexo: lembrete. AHU-Rio de Janeiro, cx. 323, doc. 15. **AHU_ACL_CU_017, Cx. 293, D. 20772.**
1341	**1825, Março, 28, Lisboa** REQUERIMENTO do administrador da Alfândega de Pernambuco, Alexandre José de Carvalho, ao rei [D. João VI], solicitando passaporte para o Rio de Janeiro. Anexo: atestado. AHU-Rio de Janeiro, cx. 323, doc. 17. **AHU_ACL_CU_017, Cx. 293, D. 20773.**
1342	**[post. 1825, Março, 29]** REQUERIMENTO do mestre do brigue escuna Especulador do Brasil, Manoel de Faria e Sousa, ao rei [D. João VI], solicitando passaporte para o Rio de Janeiro ao respectivo brigue, de construção portuguesa, de que são senhorios João Batista Moreira e irmão. Anexo: atestado, passaporte. AHU-Rio de Janeiro, cx. 323, doc. 3. **AHU_ACL_CU_017, Cx. 293, D. 20774.**
1343	**1825, Abril, 2, Lisboa** REQUERIMENTO de Delfina Cândida Curvelo, mulher do cirurgião do navio Aurora, José Antônio Esperança, ao rei [D. João VI], solicitando passaporte para o Rio de Janeiro. Anexo: atestado. AHU-Rio de Janeiro, cx. 323, doc. 19. **AHU_ACL_CU_017, Cx. 293, D. 20775.**
1344	**[ant. 1825, Abril, 6]** REQUERIMENTO do negociante da praça da Bahia, Joaquim Ferreira Guedes, ao rei [D. João VI], solicitando passaporte para o Rio de Janeiro. Anexo: atestado. AHU-Rio de Janeiro, cx. 323, doc. 20. **AHU_ACL_CU_017, Cx. 293, D. 20776.**
1345	**[post. 1825, Abril, 6]** REQUERIMENTO do mestre do bergantim Aurora do Cabo, José Francisco dos Santos, ao rei [D. João VI], solicitando passaporte para o Rio de Janeiro para a dita embarcação, de que é senhorio Francisco Luís da Costa Guimarães. Anexo: atestado, certidão. AHU-Rio de Janeiro, cx. 323, doc. 21. **AHU_ACL_CU_017, Cx. 293, D. 20777.**

1346	**[ant. 1825, Abril, 8]** REQUERIMENTO de Ana Cesária da Rocha Rebelo ao rei [D. João VI], solicitando passaporte para o Rio de Janeiro para si e seu irmão João José da Rocha. Anexo: atestado. AHU-Rio de Janeiro, cx. 323, doc. 22. **AHU_ACL_CU_017, Cx. 293, D. 20778.**
1347	**[ant. 1825, Abril, 9]** REQUERIMENTO de Isabel Guilhermina, por seu procurador Paulo José Conrado, ao rei [D. João VI], solicitando passaporte para o Rio de Janeiro. Anexo: atestado. AHU-Rio de Janeiro, cx. 323, docs. 24, 26. **AHU_ACL_CU_017, Cx. 293, D. 20779.**
1348	**[post. 1825, Abril, 9]** REQUERIMENTO do mestre do bergantim Invencível, Manoel de Luís de Carvalho, ao rei [D. João VI], solicitando passaporte do Porto para o Rio de Janeiro para a dita embarcação, de que é senhorio Francisco José da Rocha, residente no Rio de Janeiro. Anexo: atestado, certidão, passaporte, lembrete. AHU-Rio de Janeiro, cx. 323, doc. 23. **AHU_ACL_CU_017, Cx. 293, D. 20780.**
1349	**[post. 1825, Abril, 9]** REQUERIMENTO do mestre da galera Tentação, Manoel Gonçalves Maia, ao rei [D. João VI], solicitando passaporte do Porto para o Rio de Janeiro para a dita embarcação, de que é senhorio Nicolau Coelho Messeder, residente no Rio de Janeiro. Anexo: atestado, passaporte. AHU-Rio de Janeiro, cx. 323, doc. 25. **AHU_ACL_CU_017, Cx. 293, D. 20781.**
1350	**[ant. 1825, Abril, 13]** REQUERIMENTO de Catarina de Sena das Dominações Viana ao rei [D. João VI], solicitando passaporte para o Rio de Janeiro para si, seus dois filhos Antônio Viana e Sebastião Luís Viana e sua tia Vicência da Silva Ramos. Anexo: atestado. AHU-Rio de Janeiro, cx. 323, doc. 27. **AHU_ACL_CU_017, Cx. 293, D. 20782.**
1351	**[ant. 1825, Abril, 14]** REQUERIMENTO do marítimo João Francisco da Silva Marques, ao rei [D. João VI], solicitando passaporte para o Rio de Janeiro. Anexo: atestado. AHU-Rio de Janeiro, cx. 323, doc. 28. **AHU_ACL_CU_017, Cx. 293, D. 20783.**

1352	**1825, Abril, 16, Lisboa** ATESTADO passado pelo intendente-geral da Polícia da Corte e Reino, barão de Renduffe, Simão da Silva Ferraz de Lima e Castro, declarando que Maria Antônia do Carmo está autorizada a passar ao Rio de Janeiro, levando em sua companhia sua filha Maria José da Conceição. AHU-Rio de Janeiro, cx. 323, doc. 29. **AHU_ACL_CU_017, Cx. 293, D. 20784.**
1353	**1825, Abril, 16, Lisboa** REQUERIMENTO do 1º tenente graduado de Artilharia e comandante das Baterias da Fortaleza das ilhas das Cobras, Manoel José do Nascimento, ao rei [D. João VI], solicitando passaporte para o Rio de Janeiro para si e sua mulher Claudina Rosa Benedita. Anexo: atestado. AHU-Rio de Janeiro, cx. 323, doc. 30. **AHU_ACL_CU_017, Cx. 293, D. 20785.**
1354	**[post. 1825, Abril, 19]** REQUERIMENTO do mestre e senhorio da galera Nova Piedade, João Morrissy, ao rei [D. João VI], solicitando passaporte para a dita galera do Porto para o Rio de Janeiro. Anexo: atestado, requerimento, passaportes. AHU-Rio de Janeiro, cx. 289, docs. 35, 37. **AHU_ACL_CU_017, Cx. 293, D. 20786.**
1355	**1825, Abril, 23, Lisboa** RELAÇÃO dos navios da praça de Lisboa que foram tomados ou destruídos pela esquadra ou governo do Rio de Janeiro. Anexo: ofício (minuta). AHU-Rio de Janeiro, cx. 289, doc. 38. **AHU_ACL_CU_017, Cx. 293, D. 20787.**
1356	**1825, Abril, 27, Lisboa** REQUERIMENTO de Vicente Manoel de Sousa ao rei [D. João VI], solicitando passaporte para seguir na galera Nova Piedade com destino ao Rio de Janeiro. Anexo: atestados. AHU-Rio de Janeiro, cx. 323, doc. 31. **AHU_ACL_CU_017, Cx. 293, D. 20788.**
1357	**1825, Maio, 2, Lisboa** REQUERIMENTO do negociante José Antônio Alves Basto ao rei [D. João VI], solicitando passaporte para o Rio de Janeiro. Anexo: atestado. AHU-Maranhão, cx. 13, doc. 35. **AHU_ACL_CU_017, Cx. 293, D. 20789.**
1358	**[ant. 1825, Maio, 5]** REQUERIMENTO do negociante Domingos Antônio de Figueiredo ao rei [D. João VI], solicitando passaporte para o Rio de Janeiro. Anexo: atestado, lembrete. AHU-Rio de Janeiro, cx. 323, doc. 32. **AHU_ACL_CU_017, Cx. 293, D. 20790.**

1359	**[ant. 1825, Maio, 10]** REQUERIMENTO de Ana Rosa ao rei [D. João VI], solicitando passaporte para o Rio de Janeiro para si e sua filha Angélica, para ficar na companhia de um tio. Anexo: atestado. AHU-Rio de Janeiro, cx. 323, doc. 1. **AHU_ACL_CU_017, Cx. 293, D. 20791.**
1360	**[ant. 1825, Maio, 26]** REQUERIMENTO do negociante da praça do Rio de Janeiro, José Nunes Pacheco, ao rei [D. João VI], solicitando passaporte com destino à cidade do Rio de Janeiro, para si e sua mulher Maria Francisca Auteriana e sete filhos menores, dois criados e três pretos. Anexo: atestado. AHU-Rio de Janeiro, cx. 323, doc. 33. **AHU_ACL_CU_017, Cx. 293, D. 20792.**
1361	**[ant. 1825, Maio, 26]** REQUERIMENTO do mestre do navio Comércio Marítimo, João Joaquim Correia de Brito, ao rei [D. João VI], solicitando passaporte à dita embarcação passar do Porto ao Rio de Janeiro, e da qual é senhorio João Batista de Vasconcelos, morador no Rio de Janeiro. Anexo: atestado, certidão. AHU-Rio de Janeiro, cx. 323, doc. 35. **AHU_ACL_CU_017, Cx. 293, D. 20793.**
1362	**1825, Maio, 30, Lisboa** REQUERIMENTO do alferes do 2º Batalhão da 2ª Linha de Pernambuco, Antônio José Fernandes, ao rei [D. João VI], solicitando licença para se transportar para o Rio de Janeiro. Anexo: requerimento. AHU-Pernambuco. **AHU_ACL_CU_017, Cx. 293, D. 20794.**
1363	**[ant. 1825, Maio, 31]** REQUERIMENTO do negociante da cidade do Porto, Domingos Antônio Fernandes, por seu procurador Baltazar de São Mamede, ao rei [D. João VI], solicitando passaporte para o Rio de Janeiro com escala em Pernambuco. Anexo: atestado. AHU-Rio de Janeiro, cx. 323, doc. 34. **AHU_ACL_CU_017, Cx. 293, D. 20795.**
1364	**[post. 1825, Maio, 31]** REQUERIMENTO do mestre do bergantim Rodrigues, José Luís Nogueira Leal, ao rei [D. João VI], solicitando passaportem do Porto para o Rio de Janeiro para a dita embarcação, de que é senhorio Joaquim José Rodrigues. Anexo: atestado, certidão. AHU-Rio de Janeiro, cx. 323, doc. 36. **AHU_ACL_CU_017, Cx. 293, D. 20796.**

1365	**[ant. 1825, Junho, 4]** REQUERIMENTO do negociante Honório José Teixeira, por seu procurador Joaquim Fernandes Prego, ao rei [D. João VI], solicitando passaporte para o Rio de Janeiro. Anexo: atestado. AHU-Rio de Janeiro, cx. 323, doc. 37. **AHU_ACL_CU_017, Cx. 294, D. 20797.**
1366	**1825, Junho, 7, Porto]** OFÍCIO de Francisco Antônio de Miranda ao secretário de estado da Marinha e Ultramar, Joaquim José de Monteiro Torres, sobre a chegada da galera Ermelinda e do bergantim São José Triunfante, vindos do Rio de Janeiro, informando notícias de mais tropas dos Países Baixos do Norte para completar os batalhões; a prisão do ex-deputado Barata; a saída de uma expedição para Pernambuco; e que o general Cockran ainda não havia chegado do Maranhão ao Rio de Janeiro. AHU-Rio de Janeiro, cx. 289, doc. 51. **AHU_ACL_CU_017, Cx. 294, D. 20798.**
1367	**[post. 1825, Junho, 9]** REQUERIMENTO do mestre da galera Sociedade Feliz, João Gonçalves Rocha, ao rei [D. João VI], solicitando passaporte do Porto para o Rio de Janeiro para a dita embarcação, de que é senhorio João Batista Moreira e Irmão. Anexo: atestado, certidão. AHU-Rio de Janeiro, cx. 323, doc. 39. **AHU_ACL_CU_017, Cx. 294, D. 20799.**
1368	**[ant. 1825, Junho, 11]** REQUERIMENTO do bacharel Luís Alvares de Andrade, por seu procurador José Maria Leite de Araújo Mendes, ao rei [D. João VI], solicitando passaporte para o Rio de Janeiro. Anexo: atestado. AHU-Rio de Janeiro, cx. 323, doc. 38. **AHU_ACL_CU_017, Cx. 294, D. 20800.**
1369	**[ant. 1825, Junho, 15]** REQUERIMENTO do agricultor de algodão, José Caetano de Medeiros, ao rei [D. João VI], solicitando passaporte para o Rio de Janeiro. Anexo: atestado. AHU-Rio de Janeiro, cx. 323, doc. 41. **AHU_ACL_CU_017, Cx. 294, D. 20801.**
1370	**[ant. 1825, Junho, 15]** REQUERIMENTO de Honório José Teixeira ao rei [D. João VI], solicitando passaporte para o brigue escuna Esperança, do qual é proprietário, e que vai receber em Lagos parte do batalhão do Maranhão para conduzir ao Rio de Janeiro. Anexo: lembrete, requerimentos, atestado, certidão. AHU-Rio de Janeiro, cx. 323, doc. 40; cx. 289, doc. 53. **AHU_ACL_CU_017, Cx. 294, D. 20802.**

1371	**1825, Junho, 16, Rio de Janeiro]** PASSAPORTE do secretário de estado da Marinha, Francisco Vilela Barbosa, ao bergantim Conde dos Arcos, do qual é mestre Domingos Luís da Costa e senhorio João Alves da Silva Porto, para fazer viagem do Rio de Janeiro a Gibraltar. AHU-Rio de Janeiro, cx. 323, doc. 42. **AHU_ACL_CU_017, Cx. 294, D. 20803.**
1372	**[post. 1825, Junho, 20]** REQUERIMENTO dos proprietários da escuna Delfina, Pedro Rodrigues Lima e Francisco José Barbosa Silva, do qual é mestre Manoel Antônio de Amorim, ao rei [D. João VI], solicitando passaporte do Porto para o Rio de Janeiro. Anexo: atestado. AHU-Rio de Janeiro, cx. 289, doc. 55. **AHU_ACL_CU_017, Cx. 294, D. 20804.**
1373	**[ant. 1825, Junho, 21]** REQUERIMENTO do escrivão da Armada Real da Marinha da Bahia, Manoel Pimentel de Almeida, ao rei [D. João VI], solicitando passaporte grátis para o Rio de Janeiro, com escala pelo Maranhão. Anexo: atestados, lembretes, requerimentos. AHU-Rio de Janeiro, cx. 323, doc. 43; cx. 288, doc. 69; cx. 290, docs. 6, 24. **AHU_ACL_CU_017, Cx. 294, D. 20805.**
1374	**1825, Junho, 21, Lisboa** REQUERIMENTO do alferes de Milícias de Pernambuco, Antônio José Fernandes, ao rei [D. João VI], solicitando passaporte grátis para o Rio de Janeiro. Anexo: atestados. AHU-Rio de Janeiro, cx. 323, doc. 44. **AHU_ACL_CU_017, Cx. 294, D. 20806.**
1375	**[ant. 1825, Junho, 23]** REQUERIMENTO do mestre do bergantim Rio Jordão, José da Costa Carvalho, do qual é senhorio Joaquim Antônio Ferreira, ao rei [D. João VI], solicitando passaporte do Porto para o Rio de Janeiro. Anexo: atestado, certidão. AHU-Rio de Janeiro, cx. 323, doc. 46. **AHU_ACL_CU_017, Cx. 294, D. 20807.**
1376	**[ant. 1825, Junho, 25]** REQUERIMENTO de José Antônio da Cunha ao rei [D. João VI], solicitando passaporte do Porto para o Rio de Janeiro, levando em sua companhia sua mulher Ana Joaquina. Anexo: atestado. AHU-Rio de Janeiro, cx. 323, doc. 45. **AHU_ACL_CU_017, Cx. 294, D. 20808.**
1377	**[ant. 1825, Junho, 25]** REQUERIMENTO do boticário João Marcolino Fragoso ao rei [D. João VI], solicitando passaporte para o Rio de Janeiro. Anexo: atestado. AHU-Rio de Janeiro, cx. 323, doc. 47. **AHU_ACL_CU_017, Cx. 294, D. 20809.**

1378	**1825, Junho, 27, Rio de Janeiro]** PASSAPORTE do secretário de estado da Marinha, Francisco Vilela Barbosa, ao navio Trajano, do qual é mestre José Álvares Martha e senhorios João Gomes Barroso, Antônio Gomes Barroso e Diogo Gomes Barroso, para fazer viagem do Rio de Janeiro a Gibraltar. AHU-Rio de Janeiro, cx. 323, doc. 48. **AHU_ACL_CU_017, Cx. 294, D. 20810.**
1379	**[ant. 1825, Junho, 30]** REQUERIMENTO do caixeiro José Joaquim de Carvalho ao rei [D. João VI], solicitando passaporte para o Rio de Janeiro. Anexo: atestado. AHU-Rio de Janeiro, cx. 323, doc. 50. **AHU_ACL_CU_017, Cx. 294, D. 20811.**
1380	**[post. 1825, Julho, 1]** REQUERIMENTO do senhorio do bergantim Vera Cruz Triunfo, Antônio Joaquim Pereira, por seu procurador Domingos José Pombeiro, ao rei [D. João VI], solicitando passaporte do Porto para o Rio de Janeiro para a dita embarcação, de que é mestre Manoel Dias de Azevedo. Anexo: atestado, passaporte, lembrete. AHU-Rio de Janeiro, cx. 323, docs. 53, 54. **AHU_ACL_CU_017, Cx. 294, D. 20812.**
1381	**[post. 1825, Julho, 1]** REQUERIMENTO do mestre do bergantim Triunfante, Antônio José Ferreira, ao rei [D. João VI], solicitando passaporte do Porto para o Rio de Janeiro para a dita embarcação, de que são senhorios Faria e Irmão. Anexo: atestado, certidão. AHU-Rio de Janeiro, cx. 290, doc. 2. **AHU_ACL_CU_017, Cx. 294, D. 20813.**
1382	**[ant. 1825, Julho, 2]** REQUERIMENTO do criado de servir Antônio Maria ao rei [D. João VI], solicitando passaporte para o Rio de Janeiro. Anexo: atestado. AHU-Rio de Janeiro, cx. 323, doc. 51. **AHU_ACL_CU_017, Cx. 294, D. 20814.**
1383	**[ant. 1825, Julho, 6]** REQUERIMENTO do negociante da Bahia, Inácio Joaquim Teodoro Madeira, ao rei [D. João VI], solicitando passaporte para o Rio de Janeiro, levando o criado Antônio de Almeida. Anexo: atestado. AHU-Rio de Janeiro, cx. 323, doc. 55. **AHU_ACL_CU_017, Cx. 294, D. 20815.**

1384	**[ant. 1825, Julho, 7]** REQUERIMENTO de Antônio Lucas Soares ao rei [D. João VI], solicitando passaporte do Porto para o Rio de Janeiro, levando sua mulher Miquelina Alvina da Cruz. Anexo: atestado. AHU-Rio de Janeiro, cx. 323, doc. 57. **AHU_ACL_CU_017, Cx. 294, D. 20816.**
1385	**1825, Julho, 7, Lisboa** REQUERIMENTO do imigrado da província de Pernambuco, Manoel das Mercês Leva, ao rei [D. João VI], solicitando ajuda financeira para poder transportar-se para o Rio de Janeiro. Anexo: requerimentos, atestado, Gazeta de Lisboa, 12 de Maio de 1825. Obs.: doc. impresso. AHU-Rio de Janeiro, cx. 290, doc. 5; cx. 323, doc.73. **AHU_ACL_CU_017, Cx. 294, D. 20817.**
1386	**1825, Julho, 7, Lisboa** OFICÍO do [secretário de estado dos Negócios Estrangeiros], conde de Porto Santo, [Antônio de Saldanha da Gama], ao [secretário de estado da Marinha e Ultramar], Joaquim José de Monteiro Torres, remetendo requerimento do alferes do Estado maior do Exército do Brasil, José Ribeiro de Almeida, solicitando posto de tenente para o qual foi proposto. Anexo: requerimento, atestados, lembrete. AHU-Rio de Janeiro, cx. 290, doc. 7. **AHU_ACL_CU_017, Cx. 294, D. 20818.**
1387	**[ant. 1825, Julho, 8]** REQUERIMENTO de Maria Teresa da Cunha, por seu procurador Bernardo José Ferreira, ao rei [D. João VI], solicitando passaporte para o Rio de Janeiro, levando sua mãe Teresa Maria de Jesus e sua irmã Gertrudes Magna de Jesus. Anexo: atestado. AHU-Rio de Janeiro, cx. 323, doc. 58. **AHU_ACL_CU_017, Cx. 294, D. 20819.**
1388	**[ant. 1825, Julho, 8]** REQUERIMENTO do porteiro da Câmara do Número, Joaquim da Silva Girão, ao rei [D. João VI], solicitando passaporte para o Rio de Janeiro, levando sua mulher e cinco filhos, Pedro Maria Garen e José Gonçalves Lamas. Anexo: atestados AHU-Rio de Janeiro, cx. 323, doc. 59. **AHU_ACL_CU_017, Cx. 294, D. 20820.**
1389	**[ant. 1825, Julho, 9]** REQUERIMENTO do bacharel Bernardo Belizário Soares de Sousa ao rei [D. João VI], solicitando passaporte para o Rio de Janeiro. Anexo: atestado. AHU-Rio de Janeiro, cx. 323, doc. 60. **AHU_ACL_CU_017, Cx. 294, D. 20821.**

1390	**[ant. 1825, Julho, 9]** REQUERIMENTO de Antônia Maria Duarte, casada com José Gomes Duarte, ao rei [D. João VI], solicitando passaporte para o Rio de Janeiro, a fim de ficar na companhia de seu marido, levando seus dois filhos. Anexo: atestado. AHU-Rio de Janeiro, cx. 323, doc. 49. **AHU_ACL_CU_017, Cx. 294, D. 20822.**
1391	**[ant. 1825, Julho, 11]** REQUERIMENTO do bacharel Francisco de Paula Monteiro de Barros ao rei [D. João VI], solicitando passaporte para o Rio de Janeiro, levando em sua companhia sua mulher Ana Carlota Monteiro de Barros, seu irmão bacharel Antônio José Monteiro de Barros e uma criada. Anexo: atestado, passaportes, requerimentos. AHU-Rio de Janeiro, cx. 323, doc. 61. **AHU_ACL_CU_017, Cx. 294, D. 20823.**
1392	**[ant. 1825, Julho, 11]** REQUERIMENTO de Emerenciana Rosa de Jesus, viúva do coronel de Cavalaria de Linha de Pernambuco, Ezequiel Rebelo de Andrade, ao rei [D. João VI], solicitando transporte para o Rio de Janeiro, levando em sua companhia seus seis filhos. Anexo: atestado, lembrete, requerimento. AHU-Pernambuco, cx. 52, doc. 17. **AHU_ACL_CU_017, Cx. 294, D. 20824.**
1393	**[ant. 1825, Julho, 13]** REQUERIMENTO do fanqueiro José Luís da Mota ao rei [D. João VI], solicitando passaporte para o Rio de Janeiro. Anexo: atestado. AHU-Rio de Janeiro, cx. 323, doc. 62. **AHU_ACL_CU_017, Cx. 294, D. 20825.**
1394	**[ant. 1825, Julho, 14]** REQUERIMENTO do bacharel Joaquim Francisco Moreira ao rei [D. João VI], solicitando passaporte para o Rio de Janeiro, com escala pela Bahia. Anexo: atestado. AHU-Rio de Janeiro, cx. 323, doc. 63. **AHU_ACL_CU_017, Cx. 294, D. 20826.**
1395	**[ant. 1825, Julho, 14]** REQUERIMENTO do bacharel Honório Ernesto Carneiro Leão ao rei [D. João VI], solicitando passaporte para o Rio de Janeiro. Anexo: atestado. AHU-Rio de Janeiro, cx. 323, doc. 66. **AHU_ACL_CU_017, Cx. 294, D. 20827.**

1396	**[ant. 1825, Julho, 14]** REQUERIMENTO do bacharel Gabriel Mendes dos Santos ao rei [D. João VI], solicitando passaporte para o Rio de Janeiro. Anexo: atestado. AHU-Rio de Janeiro, cx. 323, doc. 67. **AHU_ACL_CU_017, Cx. 294, D. 20828.**
1397	**[ant. 1825, Julho, 14]** REQUERIMENTO do bacharel Francisco de Paula Serqueira Leite ao rei [D. João VI], solicitando passaporte para o Rio de Janeiro. Anexo: atestado. AHU-Rio de Janeiro, cx. 323, doc. 68. **AHU_ACL_CU_017, Cx. 294, D. 20829.**
1398	**1825, Julho, 15, Lisboa** REQUERIMENTO do sargento de Brigada do Batalhão de Caçadores de Milícias da Vila Nova, agregado ao Esquadrão de Cavalaria da Bahia, Matias José Fernandes de Sá, ao rei [D. João VI], solicitando passaporte grátis para o Rio de Janeiro. Anexo: atestado. AHU-Bahia, cx. 7, doc. 22. **AHU_ACL_CU_017, Cx. 294, D. 20830.**
1399	**1825, Julho, 15, Porto]** OFÍCIO de Francisco Antônio de Miranda ao secretário de estado da Marinha e Ultramar, Joaquim José de Monteiro Torres, sobre as notícias obtidas com a chegada do Rio de Janeiro da galera Fama; informando que três câmaras do Império haviam pedido a implantação do regime absolutista e que o imperador já tinha respondido negativamente às mesmas com uma portaria. AHU-Rio de Janeiro, cx. 290, doc. 18. **AHU_ACL_CU_017, Cx. 294, D. 20831.**
1400	**1825, Julho, 16, Lisboa** ATESTADO passado pelo intendente-geral da Polícia da Corte e Reino, barão de Renduffe, Simão da Silva Ferraz de Lima e Castro, declarando que o bacharel João Joaquim da Silva está autorizado a passar ao Rio de Janeiro. AHU-Rio de Janeiro, cx. 323, doc. 69. **AHU_ACL_CU_017, Cx. 294, D. 20832.**
1401	**[post. 1825, Julho, 18]** REQUERIMENTO do mestre do bergantim Joaninha, Joaquim Gonçalves Maia, ao rei [D. João VI], solicitando passaporte do Porto para o Rio de Janeiro. Anexo: passaporte, atestado, certidão, lembrete. AHU-Rio de Janeiro, cx. 290, doc. 21; cx. 323, doc. 70. **AHU_ACL_CU_017, Cx. 294, D. 20833.**

1402	**[post. 1825, Julho, 18]** REQUERIMENTO do mestre do bergantim Boa Nova do Rio, José Joaquim de Santana, do qual é senhorio Antônio da Costa Pinto e Silva, ao rei [D. João VI], solicitando passaporte para a dita embarcação do Porto para o Rio de Janeiro. Anexo: passaporte, atestado. AHU-Rio de Janeiro, cx. 285, doc. 23. **AHU_ACL_CU_017, Cx. 294, D. 20834.**
1403	**[ant. 1825, Julho, 20]** REQUERIMENTO do lojista Antônio José Borges ao rei [D. João VI], solicitando passaporte gratuito para regressar ao Rio de Janeiro com sua mulher Joana Barbara da Fonseca, dois filhos menores e sua irmã Margarida José da Fonseca. Anexo: atestados. AHU-Rio de Janeiro, cx. 323, doc. 71. **AHU_ACL_CU_017, Cx. 294, D. 20835.**
1404	**1825, Julho, 20, Lisboa** REQUERIMENTO do guarda do número da Condução da Alfândega das Fazendas da Província de Pernambuco, Antônio José de Araújo Marques, ao rei [D. João VI], solicitando passaporte grátis para o Rio de Janeiro. Anexo: atestados, lembrete, requerimento. AHU-Pernambuco, cx. 320, doc. 26. **AHU_ACL_CU_017, Cx. 294, D. 20836.**
1405	**[ant. 1825, Julho, 22]** REQUERIMENTO do desembargador Aureliano de Sousa Oliveira Coutinho ao rei [D. João VI], solicitando passaporte para o Rio de Janeiro. Anexo: atestado. AHU-Rio de Janeiro, cx. 323, doc. 72. **AHU_ACL_CU_017, Cx. 294, D. 20837.**
1406	**[ant. 1825, Julho, 22]** REQUERIMENTO dos negociantes Manoel Fernandes, Domingos Pereira Moutinho e José Marcelino e Azevedo, por seu procurador [José da Silva], ao rei [D. João VI], solicitando socorro pela Comissão dos Emigrados para as despesas de transporte até o Rio de Janeiro. Anexo: atestado, lembrete. AHU-Rio de Janeiro, cx. 290, doc. 22. **AHU_ACL_CU_017, Cx. 294, D. 20838.**
1407	**[ant. 1825, Julho, 23]** REQUERIMENTO das escravas Maria Florinda e Rosa Margarida, por seu procurador Luís Borges da Cunha Freitas, sendo seu senhor o emigrado da província da Bahia José Antônio Rodrigues Viana, ao rei [D. João VI], solicitando passaporte para o Rio de Janeiro. Anexo: atestado. AHU-Rio de Janeiro, cx. 323, doc. 74. **AHU_ACL_CU_017, Cx. 294, D. 20839.**

1408	**[ant. 1825, Julho, 26]** REQUERIMENTO do estudante José Joaquim Ribeiro ao rei [D. João VI], solicitando passaporte para o Rio de Janeiro. Anexo: atestado. AHU-Rio de Janeiro, cx. 323, doc. 75. **AHU_ACL_CU_017, Cx. 294, D. 20840.**
1409	**[ant. 1825, Julho, 26]** REQUERIMENTO do ourives, emigrado da província da Bahia, João Lourenço de Almeida, ao rei [D. João VI], solicitando passaporte para o Rio de Janeiro para si e sua mulher Joana Marques. Anexo: atestados. AHU-Rio de Janeiro, cx. 323, doc. 76. **AHU_ACL_CU_017, Cx. 294, D. 20841.**
1410	**[ant. 1825, Julho, 26]** REQUERIMENTO do bacharel em Matemática, Joaquim José Rodrigues Torres, ao rei [D. João VI], solicitando passaporte para o Rio de Janeiro. Anexo: atestado. AHU-Rio de Janeiro, cx. 323, doc. 77. **AHU_ACL_CU_017, Cx. 294, D. 20842.**
1411	**[ant. 1825, Julho, 28]** REQUERIMENTO do bacharel Manoel Machado Nunes ao rei [D. João VI], solicitando passaporte para o Rio de Janeiro. Anexo: atestado. AHU-Rio de Janeiro, cx. 323, doc. 78. **AHU_ACL_CU_017, Cx. 294, D. 20843.**
1412	**1825, Julho, 28, Lisboa** AVISO do [secretário de estado da Marinha e Ultramar], Joaquim José Monteiro Torres, ao [presidente do Conselho Ultramarino], conde do Rio Pardo, [D. Diogo de Sousa], sobre a licença concedida ao ajudante de Cavalaria da província do Piauí, Manoel Roberto César que veio para a Corte com o Corpo de Linha do Maranhão, para regressar ao Rio de Janeiro com o mesmo corpo. AHU-Rio de Janeiro, cx. 290, doc. 23. **AHU_ACL_CU_017, Cx. 294, D. 20844.**
1413	**[ant. 1825, Julho, 29]** REQUERIMENTO do estudante José Vieira Braga, por seu procurador João das Neves Machado, ao rei [D. João VI], solicitando passaporte para o Rio de Janeiro. Anexo: atestado. AHU-Rio de Janeiro, cx. 323, doc. 79. **AHU_ACL_CU_017, Cx. 294, D. 20845.**
1414	**[ant. 1825, Julho, 29]** REQUERIMENTO do bacharel Saturnino de Sousa Oliveira ao rei [D. João VI], solicitando passaporte para o Rio de Janeiro. Anexo: atestado. AHU-Rio de Janeiro, cx. 323, doc. 84. **AHU_ACL_CU_017, Cx. 294, D. 20846.**

1415	**1825, Julho, 29, Lisboa** REQUERIMENTO do marítimo José Francisco de Assis ao rei [D. João VI], solicitando passaporte para o Rio de Janeiro. Anexo: atestado. AHU-Rio de Janeiro, cx. 323, doc. 81. **AHU_ACL_CU_017, Cx. 294, D. 20847.**
1416	**[ant. 1825, Julho, 30]** REQUERIMENTO de Antônio José Romão ao rei [D. João VI], solicitando passaporte para o Rio de Janeiro. Anexo: atestados. AHU-Rio de Janeiro, cx. 323, doc. 80. **AHU_ACL_CU_017, Cx. 294, D. 20848.**
1417	**[ant. 1825, Julho, 30]** REQUERIMENTO do caixeiro de comércio, Agostinho Dias de Castro, ao rei [D. João VI], solicitando passaporte para o Rio de Janeiro. Anexo: atestado. AHU-Rio de Janeiro, cx. 323, doc. 83. **AHU_ACL_CU_017, Cx. 294, D. 20849.**
1418	**[ant. 1825, Agosto, 2]** REQUERIMENTO do livreiro Joaquim José da Costa ao rei [D. João VI], solicitando passaporte para embarcar no navio D. Domingos com destino ao Rio de Janeiro. Anexo: atestado. AHU-Rio de Janeiro, cx. 323, doc. 85. **AHU_ACL_CU_017, Cx. 294, D. 20850.**
1419	**[ant. 1825, Agosto, 4]** REQUERIMENTO do caixeiro de loja de confeiteiro, Francisco Bento Ribeiro Viana, ao rei [D. João VI], solicitando passaporte para o Rio de Janeiro. Anexo: atestado. AHU-Rio de Janeiro, cx. 323, doc. 86. **AHU_ACL_CU_017, Cx. 294, D. 20851.**
1420	**1825, Agosto, 4, Lisboa** ATESTADO do comendador da Ordem de Cristo e oficial maior da Secretaria de estado da Marinha e Ultramar, José Joaquim da Silva Freitas, declarando que Francisco de Paula de Freitas, natural da Costa da Mina, foi seu escravo no Brasil e veio para esta Corte servindo como seu criado, retornando ao Brasil por motivos de saúde, não tendo cometido crime algum. AHU-Rio de Janeiro, cx. 323, doc. 87. **AHU_ACL_CU_017, Cx. 294, D. 20852.**
1421	**[ant. 1825, Agosto, 6]** REQUERIMENTO do bacharel Manoel Antônio Rocha Faria, por seu procurador Francisco José Caldas Júnior, ao rei [D. João VI], solicitando passaporte para embarcar no navio D. Domingos com destino ao Rio de Janeiro. Anexo: atestado. AHU-Rio de Janeiro, cx. 323, doc. 88. **AHU_ACL_CU_017, Cx. 294, D. 20853.**

1422	**[ant. 1825, Agosto, 8]** REQUERIMENTO do negociante Claudino José Branco, por seu procurador Francisco Mendes da Silva Figueiró, ao rei [D. João VI], solicitando passaporte para o Rio de Janeiro, com escala pela província de Pernambuco. Anexo: atestado. AHU-Rio de Janeiro, cx. 323, doc. 90. **AHU_ACL_CU_017, Cx. 294, D. 20854.**
1423	**[ant. 1825, Agosto, 9]** REQUERIMENTO do bacharel Joaquim Teixeira Peixoto de Albuquerque, ao rei [D. João VI], solicitando passaporte para o Rio de Janeiro. Anexo: atestado. AHU-Rio de Janeiro, cx. 323, doc. 91. **AHU_ACL_CU_017, Cx. 294, D. 20855.**
1424	**[ant. 1825, Agosto, 9]** REQUERIMENTO do mestre e piloto do bergantim Vera Cruz Triunfo, Manoel Dias de Azevedo, por seu procurador José Pinheiro, ao rei [D. João VI], solicitando despacho para o bergantim seguir do Porto para o Rio de Janeiro, tendo o suplicante como piloto, mesmo não tendo ainda a sua carta de piloto. Anexo: certidão. AHU-Rio de Janeiro, cx. 290, doc. 25. **AHU_ACL_CU_017, Cx. 294, D. 20856.**
1425	**[post. 1825, Agosto, 11]** REQUERIMENTO do proprietário do brigue escuna Prudência, Bernardo José Fernandes, do qual é mestre José da Costa Cortesão, ao rei [D. João VI], solicitando passaporte para o Rio de Janeiro em nome de José Gomes de Oliveira e Silva. Anexo: passaporte. AHU-Rio de Janeiro, cx. 323, doc. 93. **AHU_ACL_CU_017, Cx. 294, D. 20857.**
1426	**[ant. 1825, Agosto, 13]** REQUERIMENTO do negociante Manoel de Carvalho Medeiros, por seu procurador Francisco Mendes da Silva Figueiró, ao rei [D. João VI], solicitando passaporte para o Rio de Janeiro, com escala pela ilha da Madeira, levando um escravo de nação [Monssuca]. Anexo: atestado. AHU-Rio de Janeiro, cx. 323, doc. 92. **AHU_ACL_CU_017, Cx. 294, D. 20858.**
1427	**[ant. 1825, Agosto, 23]** REQUERIMENTO de José Alves Carneiro, natural de Parati, ao rei [D. João VI], solicitando passaporte para o Rio de Janeiro. Anexo: atestado. AHU-Rio de Janeiro, cx. 323, doc. 94. **AHU_ACL_CU_017, Cx. 294, D. 20859.**

1428	**[ant. 1825, Agosto, 23]** REQUERIMENTO do senhorio da galera Flor do Rio, Januário de Vasconcelos, do qual é mestre Manoel da Silva Monteiro, por seu procurador Domingos José Pombeiro, ao rei [D. João VI], solicitando passaporte do Porto para o Rio de Janeiro. Anexo: atestado. AHU-Rio de Janeiro, cx. 323, doc. 95. **AHU_ACL_CU_017, Cx. 294, D. 20860.**
1429	**[ant. 1825, Agosto, 26]** REQUERIMENTO de Antônio da Costa Delgado, por seu procurador Francisco Mendes da Silva Figueiró, ao rei [D. João VI], solicitando passaporte para o Rio de Janeiro. Anexo: atestado. AHU-Rio de Janeiro, cx. 323, doc. 97. **AHU_ACL_CU_017, Cx. 294, D. 20861.**
1430	**[ant. 1825, Agosto, 26]** REQUERIMENTO do boticário Desidério Antônio, natural de Tomar, por seu procurador Francisco Mendes da Silva Figueiró, ao rei [D. João VI], solicitando passaporte para o Rio de Janeiro. Anexo: atestado. AHU-Rio de Janeiro, cx. 323, doc. 98. **AHU_ACL_CU_017, Cx. 294, D. 20862.**
1431	**[ant. 1825, Agosto, 26]** REQUERIMENTO de José Domingues, natural de Valença, por seu procurador Francisco Mendes da Silva Figueiró, ao rei [D. João VI], solicitando passaporte para o Rio de Janeiro, levando seu sobrinho Anselmo Rodrigues. Anexo: atestado. AHU-Rio de Janeiro, cx. 323, doc. 99. **AHU_ACL_CU_017, Cx. 294, D. 20863.**
1432	**[ant. 1825, Agosto, 30]** REQUERIMENTO de João Manoel de Castro Sousa Batorim e sua mulher Francisca Inácia Gaspar de Castro ao rei [D. João VI], solicitando passaporte do Porto para o Rio de Janeiro ou outro porto do Brasil, levando o sobrinho Manoel da Cunha. Anexo: atestado. AHU-Rio de Janeiro, cx. 323, doc. 96. **AHU_ACL_CU_017, Cx. 294, D. 20864.**
1433	**[ant. 1825, Setembro, 14]** REQUERIMENTO de Ana Angélica de Babo, natural de Canaveses, viúva de José Joaquim, por seu procurador Joaquim Faustino da Costa, ao rei [D. João VI], solicitando passaporte do Porto para o Rio de Janeiro. Anexo: atestado. AHU-Rio de Janeiro, cx. 323, doc. 102. **AHU_ACL_CU_017, Cx. 294, D. 20865.**

1434	**[ant. 1825, Setembro, 15]** REQUERIMENTO do bacharel Caetano Silvestre da Silva, natural da Bahia, por seu procurador Rodrigo José Fernandes Álvares, ao rei [D. João VI], solicitando passaporte para o Rio de Janeiro. Anexo: atestado. AHU-Rio de Janeiro, cx. 323, doc. 103. **AHU_ACL_CU_017, Cx. 294, D. 20866.**
1435	**[ant. 1825, Setembro, 15]** REQUERIMENTO do bacharel Francisco Maria de Freitas Albuquerque, natural da Bahia, ao rei [D. João VI], solicitando passaporte para o Rio de Janeiro. Anexo: atestado. AHU-Rio de Janeiro, cx. 323, doc. 104. **AHU_ACL_CU_017, Cx. 294, D. 20867.**
1436	**1825, Setembro, 17, Lisboa** CARTA do major-general da Armada, marquês de Viana, [D. João Manoel de Menezes], ao rei [D. João VI], informando parecer sobre requerimento do tenente coronel reformado da Brigada Real da Marinha do Rio de Janeiro, Manoel Antônio da Silva, que pretende remuneração dos seus serviços., melhoramento da reforma no posto de coronel com soldo de tenente coronel. Anexo: carta (cópia), ofício (cópia). AHU-Rio de Janeiro, cx. 289, doc. 11. **AHU_ACL_CU_017, Cx. 294, D. 20868.**
1437	**1825, Setembro, 19, Lisboa** REQUERIMENTO do negociante Francisco Barnabé Biancardi, natural de Lisboa, ao rei [D. João VI], solicitando passaporte para o Rio de Janeiro. Anexo: atestado. AHU-Rio de Janeiro, cx. 323, doc. 106. **AHU_ACL_CU_017, Cx. 294, D. 20869.**
1438	**[post. 1825, Setembro, 20]** REQUERIMENTO do bacharel em Medicina, Manoel Antônio Domingues Ferreira de Mendonça, e o bacharel em Cânones, Francisco Inácio Domingues Ferreira de Mendonça, e Delfina Rita Ferreira de Mendonça e a criada Rosa Margarida Álvares, por seu procurador José Joaquim Pereira Ramos, ao rei [D. João VI], solicitando passaporte para embarcarem no navio Aníbal, com destino ao Rio de Janeiro. Anexo: instrumento de justificação cível. AHU-Rio de Janeiro, cx. 323, doc. 101. **AHU_ACL_CU_017, Cx. 294, D. 20870.**
1439	**[ant. 1825, Setembro, 22]** REQUERIMENTO de Luís Antônio José Lopes de Araújo, natural do Rio de Janeiro, ao rei [D. João VI], solicitando passaporte do Porto para o Rio de Janeiro. Anexo: atestado. AHU-Rio de Janeiro, cx. 323, doc. 105. **AHU_ACL_CU_017, Cx. 294, D. 20871.**

1440	**[post. 1825, Setembro, 22]** REQUERIMENTO do mestre do bergantim Novo Despique, José Inácio Ferreira de Carvalho, do qual é senhorio Francisco Luís da Costa Guimarães, ao rei [D. João VI], solicitando passaporte do Porto para o Rio de Janeiro. Anexo: atestado, certidão. AHU-Rio de Janeiro, cx. 323, doc. 108. **AHU_ACL_CU_017, Cx. 294, D. 20872.**
1441	**[ant. 1825, Setembro, 24]** REQUERIMENTO de Maria José, natural de Lisboa, casada com Manoel Antônio da Silva, ao rei [D. João VI], solicitando passaporte para o Rio de Janeiro para si e sua mãe Francisca Maria. Anexo: atestado. AHU-Rio de Janeiro, cx. 323, doc. 107. **AHU_ACL_CU_017, Cx. 294, D. 20873.**
1442	**[ant. 1825, Setembro, 24]** REQUERIMENTO do mestre do bergantim Amália, José de Sousa Fonseca, do qual é senhorio Cândido Gomes Varela, ao rei [D. João VI], solicitando passaporte do Porto para o Rio de Janeiro. Anexo: certidão. AHU-Rio de Janeiro, cx. 323, doc. 109. **AHU_ACL_CU_017, Cx. 294, D. 20874.**
1443	**1825, Setembro, 24, Lisboa** AVISO do [secretário de estado da Marinha e Ultramar], Joaquim José Monteiro Torres, ao [presidente do Conselho Ultramarino], conde do Rio Pardo, [D. Diogo de Sousa], determinando que se faça consulta do requerimento do coronel de Cavalaria adido ao Estado Maior do Exército do Brasil, Francisco Inácio Pessoa de Melo, que pede reforma. Anexo: ofício, consulta (extrato). AHU-Rio de Janeiro, cx. 290, docs. 40, 38, 74. **AHU_ACL_CU_017, Cx. 294, D. 20875.**
1444	**[ant. 1825, Setembro, 27]** REQUERIMENTO do cerigueiro Joaquim José Duarte, do chapeleiro Eduardo José da Costa, por seu procurador Paulo José dos Santos Miranda, ao rei [D. João VI], solicitando passaporte para o Rio de Janeiro, levando o primeiro a sua mulher Carlota Joaquina e duas filhas. Anexo: atestado. AHU-Rio de Janeiro, cx. 323, doc. 110. **AHU_ACL_CU_017, Cx. 294, D. 20876.**
1445	**[ant. 1825, Outubro, 4]** REQUERIMENTO de Maria Godinha, natural de Figueiró dos Vinhos, ao rei [D. João VI], solicitando passaporte para o Rio de Janeiro e Mato Grosso. Anexo: atestado. AHU-Rio de Janeiro, cx. 323, doc. 112. **AHU_ACL_CU_017, Cx. 295, D. 20877.**

1446	**[ant. 1825, Outubro, 6]** REQUERIMENTO de Antônio Francisco da Silva e sua mulher Rita Mariana da Silva, por seu procurador João Manoel Álvares Costa, ao rei [D. João VI], solicitando passaporte do Porto para o [Rio de Janeiro]. Anexo: atestado. AHU-Rio de Janeiro, cx. 323, doc. 111. **AHU_ACL_CU_017, Cx. 295, D. 20878.**
1447	**[ant. 1825, Outubro, 6]** REQUERIMENTO do mestre do navio Fama, José Gonçalves Rocha, do qual é senhorio Nicolau Coelho Messeder, ao rei [D. João VI], solicitando passaporte do Porto para o Rio de Janeiro para a dita embarcação. Anexo: atestado, certidão. AHU-Rio de Janeiro, cx. 323, doc. 113. **AHU_ACL_CU_017, Cx. 295, D. 20879.**
1448	**[ant. 1825, Outubro, 10]** REQUERIMENTO do negociante José Joaquim dos Reis, natural de Évora, ao rei [D. João VI], solicitando passaporte para o Rio de Janeiro para si e sua família. Anexo: atestado. AHU-Rio de Janeiro, cx. 323, doc. 114. **AHU_ACL_CU_017, Cx. 295, D. 20880.**
1449	**[ant. 1825, Outubro, 13]** REQUERIMENTO do estudante Antônio Joaquim Ribeiro, natural do Rio de Janeiro, ao rei [D. João VI], solicitando passaporte para o Rio de Janeiro. Anexo: atestado. AHU-Rio de Janeiro, cx. 323, doc. 116. **AHU_ACL_CU_017, Cx. 295, D. 20881.**
1450	**[ant. 1825, Outubro, 14]** REQUERIMENTO de Domingos Moreira Cardoso e sua mulher Ana Marques de Assis, naturais do Porto, ao rei [D. João VI], solicitando passaporte para o Rio de Janeiro. Anexo: atestado. AHU-Rio de Janeiro, cx. 323, doc. 115. **AHU_ACL_CU_017, Cx. 295, D. 20882.**
1451	**[ant. 1825, Outubro, 15]** REQUERIMENTO do caixeiro Paulo José da Silva, natural de Loures, ao rei [D. João VI], solicitando passaporte para o Rio de Janeiro. Anexo: atestado. AHU-Rio de Janeiro, cx. 323, doc. 118. **AHU_ACL_CU_017, Cx. 295, D. 20883.**

1452	**[ant. 1825, Outubro, 15]** REQUERIMENTO do caixeiro e mercador da classe de lã e seda, Miguel de Avelar, natural da vila de São Martinho, ao rei [D. João VI], solicitando passaporte para embarcar no navio Camões, com destino ao Rio de Janeiro. Anexo: atestado. AHU-Rio de Janeiro, cx. 290, doc. 46. **AHU_ACL_CU_017, Cx. 295, D. 20884.**
1453	**[ant. 1825, Outubro, 17]** REQUERIMENTO de Maria Luísa do Nascimento, natural do Porto, ao rei [D. João VI], solicitando passaporte para o Rio de Janeiro, levando dois netos, a fim de ficar na companhia de seu marido José Antônio do Nascimento. Anexo: atestado. AHU-Rio de Janeiro, cx. 323, doc. 117. **AHU_ACL_CU_017, Cx. 295, D. 20885.**
1454	**[ant. 1825, Outubro, 17]** REQUERIMENTO do negociante da província da Bahia, Tomás Silvério Raposo, natural de Leiria, ao rei [D. João VI], solicitando passaporte para o Rio de Janeiro com escala pela Bahia. Anexo: atestado. AHU-Rio de Janeiro, cx. 290, doc. 47. **AHU_ACL_CU_017, Cx. 295, D. 20886.**
1455	**[post. 1825, Outubro, 17]** REQUERIMENTO do caixeiro Raimundo de Castro Palma, por seu procurador José Antônio de Castro Sampaio, ao rei [D. João VI], solicitando passaporte para o Rio de Janeiro. Anexo: atestado. AHU-Rio de Janeiro, cx. 290, doc. 51. **AHU_ACL_CU_017, Cx. 295, D. 20887.**
1456	**[ant. 1825, Outubro, 18]** REQUERIMENTO do mestre do bergantim General Rego, Alexandre José do Nascimento, do qual são senhorios Francisco José Gomes Pinto e João Batista Moreira, ao rei [D. João VI], solicitando passaporte do Porto para o Rio de Janeiro para a dita embarcação. Anexo: atestado, certidão. AHU-Rio de Janeiro, cx. 290, doc. 50. **AHU_ACL_CU_017, Cx. 295, D. 20888.**
1457	**[post. 1825, Outubro, 19]** REQUERIMENTO do emigrado do Brasil e negociante, José Jacome Pereira, natural de Lisboa, ao rei [D. João VI], solicitando passaporte para o Rio de Janeiro, com escala pela Bahia. Anexo: atestados. AHU-Rio de Janeiro, cx. 290, doc. 56. **AHU_ACL_CU_017, Cx. 295, D. 20889.**

1458	**[ant. 1825, Outubro, 20]** REQUERIMENTO do negociante da província do Rio de Janeiro, Antônio José Pereira Caldas, natural de Bastos, ao rei [D. João VI], solicitando passaporte para o Rio de Janeiro. Anexo: atestado. AHU-Rio de Janeiro, cx. 290, doc. 52. **AHU_ACL_CU_017, Cx. 295, D. 20890.**
1459	**[ant. 1825, Outubro, 20]** REQUERIMENTO do emigrado e negociante Manoel João de Almeida, natural de Aveiro, ao rei [D. João VI], solicitando passaporte para o Rio de Janeiro para si e sua mulher Gertrudes Rita de São José, natural de Lisboa. Anexo: atestado. AHU-Rio de Janeiro, cx. 290, doc. 55. **AHU_ACL_CU_017, Cx. 295, D. 20891.**
1460	**[ant. 1825, Outubro, 21]** REQUERIMENTO de Maria Madalena da Silva, natural de Coimbra, por seu procurador barão do Rio Seco, ao rei [D. João VI], solicitando passaporte para embarcar no navio Trajano, com destino ao Rio de Janeiro, a fim de ficar na companhia de seu pai. Anexo: atestado. AHU-Rio de Janeiro, cx. 290, doc. 54. **AHU_ACL_CU_017, Cx. 295, D. 20892.**
1461	**1825, Outubro, 21, Lisboa** REQUERIMENTO do negociante Antônio Rodrigues Marante, natural da Vila de Tomar, ao rei [D. João VI], solicitando passaporte para o Rio de Janeiro. Anexo: atestado. AHU-Rio de Janeiro, cx. 323, doc. 120. **AHU_ACL_CU_017, Cx. 295, D. 20893.**
1462	**[ant. 1825, Outubro, 22]** REQUERIMENTO do negociante e emigrado do Maranhão, Joaquim Antônio Moreira Guimarães, natural de Lisboa, ao rei [D. João VI], solicitando passaporte grátis para o Rio de Janeiro. Anexo: atestados. AHU-Rio de Janeiro, cx. 323, doc. 119. **AHU_ACL_CU_017, Cx. 295, D. 20894.**
1463	**[ant. 1825, Outubro, 24]** REQUERIMENTO do bacharel João Carlos Monteiro, natural do Rio de Janeiro, ao rei [D. João VI], solicitando passaporte para o Rio de Janeiro. Anexo: atestado. AHU-Rio de Janeiro, cx. 290, doc. 58. **AHU_ACL_CU_017, Cx. 295, D. 20895.**

1464	**1825, Outubro, 25, Lisboa** REQUERIMENTO do estudante Bernardino José dos Santos, natural de Lisboa, ao rei [D. João VI], solicitando passaporte para o Rio de Janeiro. Anexo: atestado. AHU-Rio de Janeiro, cx. 290, doc. 53. **AHU_ACL_CU_017, Cx. 295, D. 20896.**
1465	**1825, Outubro, 25, Lisboa** REQUERIMENTO do capitão reformado da extinta Divisão dos Voluntários Reais, Luís Emídio de Castro, ao rei [D. João VI], solicitando duas pipas do Arsenal da Marinha para a sua aguada no navio Canoas, que segue para o Rio de Janeiro. AHU-Rio de Janeiro, cx. 290, doc. 78. **AHU_ACL_CU_017, Cx. 295, D. 20897.**
1466	**[ant. 1825, Outubro, 26]** REQUERIMENTO de Maria Justina, natural de Lisboa, por seu procurador João Lopes Gouveia, ao rei [D. João VI], solicitando passaporte para o Rio de Janeiro, a fim de ficar na companhia de seu marido João Antônio. Anexo: atestado. AHU-Rio de Janeiro, cx. 290, doc. 60. **AHU_ACL_CU_017, Cx. 295, D. 20898.**
1467	**[ant. 1825, Outubro, 27]** REQUERIMENTO do capelista João Manoel de Carvalho, natural de Lisboa, ao rei [D. João VI], solicitando passaporte para o Rio de Janeiro. Anexo: atestado. AHU-Rio de Janeiro, cx. 290, doc. 48. **AHU_ACL_CU_017, Cx. 295, D. 20899.**
1468	**[ant. 1825, Outubro, 27]** REQUERIMENTO do caixeiro de comércio, Antônio de Moraes Ferreira, de nacionalidade portuguesa, por seu procurador João Lopes de Gouveia, ao rei [D. João VI], solicitando passaporte para o Rio de Janeiro. Anexo: atestado. AHU-Rio de Janeiro, cx. 290, doc. 61. **AHU_ACL_CU_017, Cx. 295, D. 20900.**
1469	**[ant. 1825, Outubro, 27]** REQUERIMENTO do marítimo Manoel Caetano ao rei [D. João VI], solicitando pagamento da sua pensão para ir ao Rio de Janeiro receber a herança do seu irmão João Caetano. AHU-Rio de Janeiro, cx. 300, doc. 64. **AHU_ACL_CU_017, Cx. 295, D. 20901.**
1470	**[ant. 1825, Outubro, 28]** REQUERIMENTO de Ana Maria, natural de Minas Gerais, ao rei [D. João VI], solicitando passaporte para o Rio de Janeiro. Anexo: atestado. AHU-Rio de Janeiro, cx. 290, doc. 62. **AHU_ACL_CU_017, Cx. 295, D. 20902.**

1471	**[ant. 1825, Outubro, 31]** REQUERIMENTO do emigrado da Bahia, Alexandre Joaquim de Sequeira Lopes, natural de Lisboa, por seu procurador João Lopes de Gouveia, ao rei [D. João VI], solicitando passaporte para o Rio de Janeiro, com escala pelo Porto. Anexo: atestados, portaria (cópia). AHU-Rio de Janeiro, cx. 290, docs. 65, 67. **AHU_ACL_CU_017, Cx. 295, D. 20903.**
1472	**[ant. 1825, Outubro, 31]** REQUERIMENTO do cirurgião Francisco de Paula Pires Ramos, natural de Lisboa, por seu procurador João Lopes de Gouveia, ao rei [D. João VI], solicitando passaporte para o Rio de Janeiro, com escala por Pernambuco. Anexo: atestado. AHU-Rio de Janeiro, cx. 290, doc. 66. **AHU_ACL_CU_017, Cx. 295, D. 20904.**
1473	**1825, Novembro, 2, Lisboa** REQUERIMENTO de José Ladislau de Barros e Figueiredo, natural de Lisboa, ao rei [D. João VI], solicitando passaporte para o Rio de Janeiro, levando sua tia Mariana Vitória de Figueiredo Rodrigues, natural de Lisboa. Anexo: atestados. AHU-Rio de Janeiro, cx. 290, doc. 63. **AHU_ACL_CU_017, Cx. 295, D. 20905.**
1474	**[ant. 1825, Novembro, 3]** REQUERIMENTO do emigrado da província da Bahia e negociante, João José de Rosa, natural do arcebispado de Braga, por seu procurador João Lopes de Gouveia, ao rei [D. João VI], solicitando passaporte para o Rio de Janeiro para si e sua mulher Maria Angélica da Conceição, um menino e uma criada preta. Anexo: atestado. AHU-Rio de Janeiro, cx. 290, doc. 68. **AHU_ACL_CU_017, Cx. 295, D. 20906.**
1475	**1825, Novembro, 3, Lisboa** OFÍCIO do [secretário de estado da Guerra], conde de Barbacena, [Francisco Furtado de Castro do Rio de Mendonça e Faro], ao [secretário de estado da Marinha e Ultramar], Joaquim José Monteiro Torres, remetendo requerimento do capitão de Artilharia adido ao estado Maior do Brasil, Manoel Luís de Melo, que pede o hábito de São Bento de Avis. AHU-Rio de Janeiro, cx. 290, doc. 69. **AHU_ACL_CU_017, Cx. 295, D. 20907.**
1476	**[ant. 1825, Novembro, 5]** REQUERIMENTO do negociante Antônio Batista Ribeiro de Faria, natural de vila do Conde, ao rei [D. João VI], solicitando passaporte para o Rio de Janeiro, com escala pela província de Pernambuco. Anexo: atestado. AHU-Rio de Janeiro, cx. 290, doc. 64. **AHU_ACL_CU_017, Cx. 295, D. 20908.**

1477	**[ant. 1825, Novembro, 5]** REQUERIMENTO do negociante João Lourenço da Silva, natural da ilha 3ª, ao rei [D. João VI], solicitando passaporte para o Rio de Janeiro, com escala por Pernambuco. Anexo: atestado. AHU-Rio de Janeiro, cx. 290, doc. 70. **AHU_ACL_CU_017, Cx. 295, D. 20909.**
1478	**[ant. 1825, Novembro, 7]** REQUERIMENTO de Antônio Pereira Marques e sua mulher Ana Maria do Sacramento, ao rei [D. João VI], solicitando passaporte para o Rio de Janeiro, levando a sua filha Maria dos Santos. Anexo: atestado. AHU-Rio de Janeiro, cx. 290, doc. 71. **AHU_ACL_CU_017, Cx. 295, D. 20910.**
1479	**[ant. 1825, Novembro, 7]** REQUERIMENTO do moço da estribeira, Francisco Lopes de Miranda, natural de Belém, ao rei [D. João VI], solicitando passaporte para o Rio de Janeiro para si, sua mãe Mariana Rita e suas irmãs Maria do Carmo, Maria Luísa e Maria Porfíria. Anexo: atestado. AHU-Rio de Janeiro, cx. 290, doc. 72. **AHU_ACL_CU_017, Cx. 295, D. 20911.**
1480	**[ant. 1825, Novembro, 8]** REQUERIMENTO do estudante Diogo Labat, natural da ilha do Faial, ao rei [D. João VI], solicitando passaporte para o Rio de Janeiro. Anexo: atestado. AHU-Rio de Janeiro, cx. 290, doc. 73. **AHU_ACL_CU_017, Cx. 295, D. 20912.**
1481	**[ant. 1825, Novembro, 9]** REQUERIMENTO do bacharel Gabriel José Nunes Furtado ao rei [D. João VI], solicitando passaporte para o Rio de Janeiro. Anexo: atestado. AHU-Rio de Janeiro, cx. 290, doc. 75. **AHU_ACL_CU_017, Cx. 295, D. 20913.**
1482	**1825, Novembro, 9, Lisboa** REQUERIMENTO do [coronel adido à 2ª Linha], moço da Câmara do Número, comendador Manoel José Gregório de Brito Vilas Boas, natural de Lisboa, ao rei [D. João VI], solicitando passaporte com destino à cidade [do Rio de Janeiro, com escala pela Inglaterra]. Anexo: atestado, passaporte. AHU-Rio de Janeiro, cx. 290, docs. 49, 78. **AHU_ACL_CU_017, Cx. 295, D. 20914.**

1483	**[ant. 1825, Novembro, 10]** REQUERIMENTO do negociante Joaquim Pereira da Silva, natural de Aljubarrota, por seu procurador João Lopes de Gouveia, ao rei [D. João VI], solicitando passaporte para o Rio de Janeiro para si, sua mulher Rosa Margarida da Conceição e quatro filhos. Anexo: atestado. AHU-Rio de Janeiro, cx. 290, doc. 77. **AHU_ACL_CU_017, Cx. 295, D. 20915.**
1484	**[ant. 1825, Novembro, 14]** REQUERIMENTO de Manoel Joaquim Alves de Sousa ao rei [D. João VI], solicitando passaporte para o Rio de Janeiro para si, sua nora Teresa Alves de Sousa e seu marido José Joaquim Alves de Sousa. Anexo: atestado. AHU-Rio de Janeiro, cx. 290, doc. 81. **AHU_ACL_CU_017, Cx. 295, D. 20916.**
1485	**[ant. 1825, Novembro, 14]** REQUERIMENTO do caixeiro de comércio, Frederico José Cândido, por seu procurador João Lopes de Gouveia, ao rei [D. João VI], solicitando passaporte para o Rio de Janeiro. Anexo: atestado. AHU-Rio de Janeiro, cx. 290, doc. 83. **AHU_ACL_CU_017, Cx. 295, D. 20917.**
1486	**1825, Novembro, 14, Lisboa** PASSAPORTE do secretário de estado dos Negócios da Marinha e Ultramar, Joaquim José Monteiro Torres, à galera Tentação, da qual é mestre Manoel Gonçalves Maia e senhorios Cristóvão e Manoel Guerner e companhia, para seguir viagem do Porto ao Rio de Janeiro. Anexo: lembrete. AHU-Rio de Janeiro, cx. 323, doc. 121. **AHU_ACL_CU_017, Cx. 295, D. 20918.**
1487	**1825, Novembro, 14, Lisboa** PASSAPORTE do secretário de estado dos Negócios da Marinha e Ultramar, Joaquim José Monteiro Torres, ao patacho Senhora da Ajuda, do qual é mestre Luís da Pena e senhorio Diogo Rodrigues Correia, para seguir viagem de Viana ao Rio de Janeiro. Anexo: lembrete. AHU-Rio de Janeiro, cx. 323, doc. 123. **AHU_ACL_CU_017, Cx. 295, D. 20919.**
1488	**1825, Novembro, 14, Lisboa** PASSAPORTE do secretário de estado dos Negócios da Marinha e Ultramar, Joaquim José Monteiro Torres, ao brigue Quatro Irmãs, da qual é mestre João Lopes Moreira e senhorio Nicolau Joaquim Pereira da Silva, para seguir viagem do Porto ao Rio de Janeiro [e Bahia]. Anexo: lembrete. AHU-Rio de Janeiro, cx. 323, doc. 124. **AHU_ACL_CU_017, Cx. 295, D. 20920.**

1489	**1825, Novembro, 14, Lisboa** PASSAPORTE do secretário de estado dos Negócios da Marinha e Ultramar, Joaquim José Monteiro Torres, ao bergantim Novo Viajante, da qual é mestre Joaquim Francisco Jorge e senhorios Tomás Maria Bessone e João Gomes de Oliveira Silva, para seguir viagem de Lisboa aos portos da Ásia com escala pela Bahia e Rio de Janeiro. Anexo: lembrete. AHU-Rio de Janeiro, cx. 323, doc. 124. **AHU_ACL_CU_017, Cx. 295, D. 20921.**
1490	**1825, Novembro, 15, Mafra** AVISO (cópia) do [secretário de estado dos Negócios da Marinha e Ultramar], Joaquim José Monteiro Torres, para o [marquês de Viana], major-general [da Armada, D. João Manoel de Menezes], ordenando que sejam admitidos nos portos do Reino e nos domínios ultramarinos os navios tanto de guerra como mercantes com bandeira brasileira, visto o tratado de paz e aliança firmado no Rio de Janeiro entre o rei de Portugal e Algarves, D. João VI e o imperador do Reino do Brasil, seu filho, D. Pedro. AHU-Rio de Janeiro, cx. 290, doc. 79. **AHU_ACL_CU_017, Cx. 295, D. 20922.**
1491	**1825, Novembro, 17, Rio de Janeiro]** PASSAPORTE do secretário de estado da Marinha do Império do Brasil, visconde de Paranaguá, Francisco Vilela Barbosa, ao bergantim Invencível, do qual é mestre Manoel da Luz de Carvalho e proprietário Francisco José da Rocha, autorizando viagem do Rio de Janeiro a Vigo. Anexo: lembrete. AHU-Rio de Janeiro, cx. 323, doc. 125. **AHU_ACL_CU_017, Cx. 295, D. 20923.**
1492	**1825, Novembro, 18, [Lisboa** OFICÍO do [secretário de estado dos Negócios Estrangeiros], conde de Porto Santo, [Antônio de Saldanha da Gama], ao [secretário de estado da Marinha e Ultramar], Joaquim José de Monteiro Torres, informando que a corveta Lealdade, que conduziu ao Rio de Janeiro o encarregado de negócios Carlos Matias Pereira e o oficial inglês da embaixada inglesa, deve ficar às ordens de sir Charles Stuart, indo, contudo, prevenido o respectivo comandante para não sair daquela Corte sem tomar as ordens do Imperador do Brasil, D. Pedro I. Anexo: ofício, ofícios (cópias), aviso. AHU-Rio de Janeiro, cx. 290, docs. 82, 84. **AHU_ACL_CU_017, Cx. 295, D. 20924.**
1492	**[post. 1825, Novembro, 23]** REQUERIMENTO dos donos da escuna Triunfo da Amizade, José Gonçalves Pereira e companhia, por seu procurador Domingos José Pombeiro, ao imperador do Brasil, [D. Pedro I], solicitando passaporte para a embarcação seguir do Porto para o Rio de Janeiro. Anexo: atestado. AHU-Rio de Janeiro, cx. 290, doc. 85 **AHU_ACL_CU_017, Cx. 295, D. 20925.**

1493	**[post. 1825, Novembro, 25]** REQUERIMENTO do mestre da galera Castro I, João Severiano da Silva, de que são senhorios João Batista Moreira e irmão, ao imperador do Brasil, [D. Pedro I], solicitando passaporte para a embarcação seguir do Porto para o Rio de Janeiro. Anexo: atestado, certidão. AHU-Rio de Janeiro, cx. 290, doc. 86. **AHU_ACL_CU_017, Cx. 295, D. 20926.**
1494	**[ant. 1825, Dezembro, 3]** REQUERIMENTO do negociante Domingos Francisco dos Santos, natural do Porto, por seu procurador Francisco Mendes da Silva Figueiró, ao rei [D. João VI], solicitando passaporte para o Rio de Janeiro para si e sua mulher Escolástica Jacinta de Castro, três filhos e três criadas pretas. Anexo: atestado. AHU-Rio de Janeiro, cx. 290, doc. 57. **AHU_ACL_CU_017, Cx. 295, D. 20927.**
1495	**1825, Dezembro, 7, Lisboa** ATESTADO passado pelo intendente-geral da Polícia da Corte e Reino, barão de Renduffe, Simão da Silva Ferraz de Lima, declarando que o capitão de navios Manoel José de Carvalho, natural de Lisboa está autorizado a passar a cidade do Rio de Janeiro. AHU-Rio de Janeiro, cx. 323, doc. 126. **AHU_ACL_CU_017, Cx. 295, D. 20928.**
1496	**[post. 1825, Dezembro, 9]** REQUERIMENTO do mestre do navio Condessa da Ponte, José da Silva Amora, de que é proprietário José Antônio Gomes Junior, ao imperador do Brasil, [D. Pedro I], solicitando passaporte para o Rio de Janeiro. Anexo: certidão. AHU-Rio de Janeiro, cx. 323, doc. 100. **AHU_ACL_CU_017, Cx. 295, D. 20929.**
1497	**[ant. 1825, Dezembro, 13]** REQUERIMENTO do negociante da praça da Bahia, Serafim José Pereira, por seu procurador Francisco Mendes da Silva Figueiró, ao imperador do Brasil, [D. Pedro I], solicitando passaporte para o Rio de Janeiro, com escala por outras províncias do Brasil, para si e dois filhos. Anexo: atestado. AHU-Rio de Janeiro, cx. 290, doc. 89. **AHU_ACL_CU_017, Cx. 295, D. 20930.**
1498	**[ant. 1825, Dezembro, 15]** REQUERIMENTO do negociante Antônio Inácio Xavier, natural de Setúbal, por seu procurador João Lopes de Gouveia, ao imperador do Brasil, [D. Pedro I], solicitando passaporte para o Rio de Janeiro, com escala por Pernambuco, para si e seu filho, o bacharel Joaquim José Xavier. Anexo: atestado. AHU-Rio de Janeiro, cx. 290, doc. 91. **AHU_ACL_CU_017, Cx. 295, D. 20931.**

1499	**[post. 1825, Dezembro, 15]** REQUERIMENTO do mestre da escuna Confidência, Manoel Antônio Pinto, de que é senhorio e caixa João da Silva Brandão e companhia, ao imperador do Brasil, [D. Pedro I], solicitando passaporte para o Rio de Janeiro. Anexo: atestado. AHU-Rio de Janeiro, cx. 290, doc. 92. **AHU_ACL_CU_017, Cx. 295, D. 20932.**
1500	**[ant. 1825, Dezembro, 22]** REQUERIMENTO do advogado da Casa da Suplicação, bacharel Vicente Pereira de Figueiredo, ao imperador do Brasil, [D. Pedro I], solicitando passaporte para o Rio de Janeiro. Anexo: atestado. AHU-Rio de Janeiro, cx. 290, doc. 93. **AHU_ACL_CU_017, Cx. 295, D. 20933.**
1501	**[ant. 1825, Dezembro, 23]** REQUERIMENTO do senhorio do navio Triunfo Americano, João Antônio de Almeida, do qual são pilotos João José de Sousa e Manoel Francisco de Sousa, ao imperador do Brasil, [D. Pedro I], solicitando bilhete de estilo. Anexo: passaporte. AHU-Rio de Janeiro, cx. 290, doc. 94; Espírito Santo, cx. 8, doc. 39. **AHU_ACL_CU_017, Cx. 295, D. 20934.**
1502	**[ant. 1825, Dezembro, 23]** REQUERIMENTO do negociante Bartolomeu Joaquim Vasques, natural de Macau, ao imperador do Brasil, [D. Pedro I], solicitando passaporte para o Rio de Janeiro. Anexo: atestado. AHU-Rio de Janeiro, cx. 323, doc. 127. **AHU_ACL_CU_017, Cx. 295, D. 20935.**
1503	**[ant. 1825, Dezembro, 23]** REQUERIMENTO do presbítero secular João de Noronha, natural de Lisboa, por seu procurador Francisco Mendes da Silva Figueiró, ao rei imperador do Brasil, [D. Pedro I], solicitando passaporte para o Rio de Janeiro. Anexo: atestado. AHU-Rio de Janeiro, cx. 323, doc. 128. **AHU_ACL_CU_017, Cx. 295, D. 20936.**
1504	**[ant. 1825, Dezembro, 23]** REQUERIMENTO do capitão-mor das Ordenanças do Maranhão, Rodrigo Luís Salgado de Sá e Moscoso, natural do Maranhão, por seu procurador Francisco Mendes da Silva Figueiró, ao imperador do Brasil, [D. Pedro I], solicitando passaporte para o Rio de Janeiro para si e seu filho Tiago José Salgado. Anexo: atestado. AHU-Rio de Janeiro, cx. 323, doc. 129. **AHU_ACL_CU_017, Cx. 295, D. 20937.**

1505	**[ant. 1825, Dezembro, 23]** REQUERIMENTO do senhorio do navio Rosália, Anselmo da Silva Franco, que leva como pilotos Matias Gonçalves e Manoel João Pereira, ao imperador do Brasil, [D. Pedro I], solicitando bilhete para seguir viagem para o Rio de Janeiro. Anexo: atestado. AHU-Rio de Janeiro, cx. 290, doc. 95. **AHU_ACL_CU_017, Cx. 295, D. 20938.**
1506	**1825, Dezembro, 27, Lisboa** REQUERIMENTO do coronel de Cavalaria de Milícias de Pernambuco, João Duarte de Faria, ao [secretário de estado da Marinha e Ultramar, Joaquim José Monteiro Torres], solicitando passaporte para o Rio de Janeiro, embarcado no navio Condessa da Ponte. Anexo: atestado, portaria. AHU-Rio de Janeiro, cx. 323, doc. 130. **AHU_ACL_CU_017, Cx. 295, D. 20939.**
1507	**[ant. 1825, Dezembro, 30]** REQUERIMENTO de Feliciana Casemira Perpétua da Silva Fialho, viúva do tenente general Joaquim José da Silva, ao imperador do Brasil [D. Pedro I], solicitando aviso para que o contador cumpra o pagamento da gratificação mensal que se ficou a dever. AHU-Rio de Janeiro, cx. 290, doc. 96. **AHU_ACL_CU_017, Cx. 295, D. 20940.**
1508	**[ant. 1826, janeiro, 28]** REQUERIMENTO de João Nunes Paiva, emigrado de Pernambuco, ao [rei D. João VI], solicitando passagem na primeira embarcação que for para o Rio de Janeiro e uma esmola para o mesmo fim. Anexo: lembrete AHU-Rio de Janeiro, cx. 291, doc. 6 **AHU_ACL_CU_003, Cx. 46, D. 3759.**
1509	**[ant. 1826, janeiro, 28]** REQUERIMENTO do marinheiro José Francisco, ao imperador do Brasil [D. Pedro I, solicitando aviso para poder embarcar de volta para o Rio de Janeiro, sua pátria. Anexo: lembrete AHU-Rio de Janeiro, cx. 291, doc. 5 **AHU_ACL_CU_0017, Cx. 295 D. 20946.**

Rio Grande do Norte AHU_ACL_CU_018

1510	**1821, Junho, 14, Vila de São José [de Mipibu]** CARTA do ouvidor e corregedor da Comarca do Rio Grande do Norte, Mariano José de Brito Lima, ao rei [D. João VI] congratulando-se com a permanência do príncipe D. Pedro como regente no Brasil. AHU-Rio Grande do Norte, cx. 10, doc. 9. **AHU_ACL_CU_018, Cx. 10, D. 653.**

1511	**1821, Junho, 14, Vila de São José [de Mipibu]** CARTA do ouvidor e corregedor da Comarca do Rio Grande do Norte, Mariano José de Brito Lima, ao rei [D. João VI] congratulando-se pela feliz chegada a Lisboa. AHU-Rio Grande do Norte, cx. 10, doc. 9. **AHU_ACL_CU_018, Cx. 10, D. 654.**
1512	**1821, Outubro, 14, Natal** OFÍCIO do [governador da Província do Rio Grande do Norte], José Inácio Borges, ao [secretário de estado da Marinha e Ultramar], Inácio da Costa Quintela, congratulando-se com a chegada do rei a Lisboa e dando conta das demonstrações de júbilo dos moradores que continuam leais ao rei. AHU-PERNAMBUCO **AHU_ACL_CU_018, Cx. 10, D. 655.**
1513	**1821, Novembro, 16, Natal** CARTA do [governador da Província do Rio Grande do Norte], José Inácio Borges, ao rei [D. João VI] expondo como, apesar de todas as suas diligências, lhe não tinha sido possível realizar a reunião da Assembleia Eleitoral dos deputados das Cortes daquela província. Anexo: certidão dos autos de juramento à Constituição; certidões; circulares para as câmaras e lembrete. AHU-RIO GRANDE DO NORTE, Cx. 10, d. 10 e 43 **AHU_ACL_CU_018, Cx. 10, D. 656.**
1514	**1821, Novembro, 17, Natal** CARTA do [governador da Província do Rio Grande do Norte], José Inácio Borges, ao rei [D. João VI] sobre os procedimentos que tem efectuado para a eleição da Junta Provisória Constitucional, de modo a ser substituído no governo da província. Anexo: edital de convocação de eleições (cópia) AHU-RIO GRANDE DO NORTE, Cx. 10, d. 11 e 43 **AHU_ACL_CU_018, Cx. 10, D. 657.**
1516	**1821, Dezembro, 4, Natal** CARTA do [governador de Armas da Província do Rio Grande do Norte], major Manuel Freire de Feitas, ao Congresso das Cortes Gerais entregando o cargo de comandante de Armas da Província do Rio Grande do Norte, para o qual tinha sido nomeado pelo ex-governador José Inácio Borges. Anexo: ofícios (3) AHU-RIO GRANDE DO NORTE, Cx. 10, d. 12 **AHU_ACL_CU_018, Cx. 10, D. 658.**
1517	**1821, Dezembro, 10, Natal** CARTA da Junta Governativa Provisória da Província do Rio Grande do Norte ao rei [D. João VI] sobre a instalação da Junta Governativa Provisória discriminando os seus membros e indicando o novo governador de Armas. AHU-RIO GRANDE DO NORTE, Cx. 10, d. 13 **AHU_ACL_CU_018, Cx. 10, D. 659.**

1518	**1821, Dezembro, 12, Natal** CARTA Câmara da Cidade de Natal ao rei [D. João VI] sobre as eleições da Junta Governativa Provisória e o reconhecimento de que de acordo com o decreto de 29 de Setembro de 1821, só posteriormente conhecido, a Junta deve ser reduzida a cinco membros. Anexo: acta da eleição e cópia de ofício. AHU-RIO GRANDE DO NORTE, Cx. 10, d. 14 **AHU_ACL_CU_018, Cx. 10, D. 660.**
1519	**1821, Dezembro, 12, Natal** CARTA da Junta Governativa Provisória da Província do Rio Grande do Norte ao rei [D. João VI] sobre a participação da Câmara de Natal informando que, de acordo com o decreto de 29 de Setembro de 1821, a Junta Governativa Provisória de sete membros era ilegal. Anexo: ofício da Câmara de Natal à junta Governativa; acta da instalação do governo provisório AHU-RIO GRANDE DO NORTE, Cx. 10, d. 14 **AHU_ACL_CU_018, Cx. 10, D. 661.**
1520	**1821, Dezembro, 14, Pernambuco** CARTA do [ex-governador da Província do Rio Grande do Norte], José Inácio Borges, ao rei [D. João] sobre a sua retirada para Pernambuco, depois da eleição da Junta Governativa Provisória do Rio Grande do Norte, onde aguarda embarque para regressar a Lisboa. AHU-PERNAMBUCO **AHU_ACL_CU_018, Cx. 10, D. 662.**
1521	**1821, Dezembro, 14, Pernambuco** CARTA do [ex-governador da Província do Rio Grande do Norte], José Inácio Borges, ao secretário de estado da Marinha e Ultramar], Joaquim José Monteiro Torres, sobre a sua retirada para Pernambuco, depois da eleição da Junta Governativa Provisória do Rio Grande do Norte, onde aguarda embarque para regressar a Lisboa. AHU-PERNAMBUCO **AHU_ACL_CU_018, Cx. 10, D. 663.**
1522	**1821, Janeiro, 2, Natal** CARTA da Junta Governativa Provisória da Província do Rio Grande do Norte ao rei [D. João VI] sobre a situação em que encontrou a província quando assumiu o governo e informando que houve um início de revolta contra a Constituição, o que deu motivo a uma devassa contra os cabeças do movimento. AHU-RIO GRANDE DO NORTE, Cx. 10, D. 15 **AHU_ACL_CU_018, Cx. 10, D. 664.**
1523	**1821, Fevereiro, 3, Natal** CARTA do sargento- mor e membro eleito da Junta Governativa Provisória da Província do Rio Grande do Norte, Manuel António Moreira, ao reim [D. João VI] sobre os distúrbios ocorridos na província depois da eleição da Junta Governativa Provisória. Anexo: requerimento e certidão AHU-RIO GRANDE DO NORTE, Cx. 10, D. 25 **AHU_ACL_CU_018, Cx. 10, D. 665.**

1524	**1821, Fevereiro, 4, Natal** CARTA da Junta Governativa Provisória do Rio Grande do Norte ao rei [D. João VI] informando que havia feito a supressão de dois membros da Junta Governativa Provisória eleita, para ficar apenas com cinco membros, conforme o decreto régio. Anexo: ofício do Senado da Câmara de Natal (cópia); acta de instalação da Junta Governativa Provisória (Copia); termo da sessão sobre a exclusão de dois membros (cópia) e termo de eleição (certidão). AHU-RIO GRANDE DO NORTE, Cx. 10, D. 16 **AHU_ACL_CU_018, Cx. 10, D. 666.**
1525	**1821, Fevereiro, 11, Natal** CARTA da Junta Governativa Provisória do Rio Grande do Norte ao rei [D. João VI] sobre os distúrbios que ocorreram na Província depois da instalação da Junta Governativa Provisória, apontando como causadores deles o ex-governador José Inácio Borges, o sargento-mor António Germano Cavalcante, o capitão de cavalaria miliciana Joaquim Torcato Soares Raposo e o ouvidor e corregedor Mariano José de Brito Lima. Anexo: ofício da Junta Governativa Provisória ao sargento-mor António Germano Cavalcante (cópia); representação dos oficiais do Batalhão de Linha da Milícia de Natal à Junta Governativa Provisória e termo da Junta Governativa Provisória. AHU-RIO GRANDE DO NORTE, Cx. 10, D. 19 **AHU_ACL_CU_018, Cx. 10, D. 667.**
1526	**1821, Fevereiro, 12, Natal** CARTA da Junta Governativa Temporária da Província do Rio Grande do Norte ao rei [D. João VI] informando que tomaram posse do Governo Temporário da Província, enquanto se organizavam novas eleições conforme decreto régio. AHU-RIO GRANDE DO NORTE, Cx. 10, D. 25 **AHU_ACL_CU_018, Cx. 10, D. 668.**
1527	**1821, Fevereiro, 13, Natal** OFÍCIO do Senado da Câmara de Natal ao Congresso das Cortes Gerais sobre os distúrbios ocorridos em Natal, por causa da representação que algumas pessoas fizeram à Câmara para o cumprimento do decreto de 29 de Setembro de 1821, para haver nova eleição para a Junta Governativa Provisória composta por cinco membros apenas. Anexo: acta da nova eleição para a Junta Governativa Temporária da Província do Rio Grande do Norte e certidões (3). AHU-RIO GRANDE DO NORTE, Cx. 10, D. 20 **AHU_ACL_CU_018, Cx. 10, D. 669.**
1528	**1821, Fevereiro, 14, Natal** CARTA da Junta Governativa Temporária da Província do Rio Grande do Norte ao rei [D. João VI] sobre a libertação do ouvidor e corregedor da Comarca do Rio Grande do Norte, Mariano José de Brito Lima, e sobre o estabelecimento de uma devassa para apurar o ocorrido. Anexo: ofícios (4); representação dos oficiais da Câmara de Natal e capítulo de decreto [cópia] AHU-RIO GRANDE DO NORTE, Cx. 10, D. 25 **AHU_ACL_CU_018, Cx. 10, D. 670.**

1529	**1821, Fevereiro, 14, Natal** CARTA do comandante do Corpo de Linha, sargento-mor António Germano Cavalcante, ao rei [D. João VI] sobre os distúrbios que ocorreram na vilas de Arês, Vila Flor e Goianinha, por os moradores não aceitarem o governo constitucional e outros conflitos ocorridos em Natal, por causa da devassa que a Junta Governativa Provisória mandou fazer sobre as pessoas que fizeram uma representação à Câmara de Natal. Anexo: documentos comprovativos numerados 1 a 7; requerimento e aviso. AHU-RIO GRANDE DO NORTE, Cx. 10, D. 17; PERNAMBUCO **AHU_ACL_CU_018, Cx. 10, D. 671.**
1530	**1821, Fevereiro, 14, Natal** CARTA do juiz ordinário da Cidade de Natal, Joaquim José Gomes, ao rei [D. João VI] sobre os distúrbios ocorridos em Natal após o estabelecimento da Junta Governativa Provisória, as providências tomadas para o restabelecimento da paz e as devassas abertas contra o ouvidor e corregedor Mariano José de Brito Lima e o capitão de cavalaria miliciana Joaquim Torcato Soares Rapso. Anexo: portarias (4); certidões (2) notificação; ofícios (5); termo e autos de devassa (2) AHU-RIO GRANDE DO NORTE, Cx. 10, D. 18 e 21 **AHU_ACL_CU_018, Cx. 10, D. 672.**
1531	**1821, Fevereiro, 24, Paraíba** CARTA dos membros da Junta Governativa Provisória ao rei [D. João VI] sobre os distúrbios ocorridos em Natal após a sua eleição e os motivos que tiveram para abandonar a cidade e fugir para a Paraíba. AHU-RIO GRANDE DO NORTE, Cx. 10, D. 25 **AHU_ACL_CU_018, Cx. 10, D. 673.**
1532	**1821, Março, 2, Vila de Estremoz** CARTA dos oficiais da Câmara de Estremoz ao rei [D. João VI] sobre a deposição da Junta Governativa Provisória eleita, pelo comandante do Batalhão de Linha, Antônio Germano Cavalcante, e a indicação de um Governo Temporário, enquanto se organizava uma nova eleição. AHU-RIO GRANDE DO NORTE, Cx. 10, D. 25 **AHU_ACL_CU_018, Cx. 10, D. 674.**
1533	**1821, Março, 6, Natal** CARTA do Senado da Câmara de Natal ao rei [D. João VI] sobre a convocação que enviaram às câmaras das sete vilas da província para comparecerem na nova eleição da Junta Governativa Provisória e sobre a recusa em comparecer dos representantes da Câmara de Vila da Princesa. Anexo: ofício do Senado da Câmara de Natal às câmaras (cópia) e ofício do Senado da Câmara de Vila da Princesa (cópia) AHU-RIO GRANDE DO NORTE, Cx. 10, D. 22 **AHU_ACL_CU_018, Cx. 10, D. 675.**
1534	**1821, Março, 20, Natal** CARTA da Junta Governativa Provisória da Província do Rio Grande do Norte ao rei [D. João VI] informando que foi feita a nova eleição dos cinco membros para a Junta Governativa Provisória da Província, conforme decreto régio. Anexo: acta da eleição (certidão) AHU-RIO GRANDE DO NORTE, Cx. 10, D. 25 **AHU_ACL_CU_018, Cx. 10, D. 676.**

1535	**1821, Março, 20, Natal** OFÍCIO da Junta Governativa Provisória da Província do Rio Grande do Norte ao [ministro dos Negócios do Reino], Filipe Ferreira de Araújo e Castro, informando que teve execução a eleição da Junta Governativa Provisória da Província, conforme o decreto de 29 de Setembro de 1821. Anexo: treslado da acta da eleição AHU-RIO GRANDE DO NORTE, Cx. 10, D. 23 **AHU_ACL_CU_018, Cx. 10, D. 677.**
1536	**1821, Maio, 29, Vila da Princesa** CARTA dos oficiais da Câmara de Vila da Princesa ao rei [D. João VI] informando que o major comandante do Batalhão de Infantaria de Linha Antônio Germano Cavalcante havia deposto a Junta Governativa Provisória à força e convocado novas eleições que elegeram nova Junta de Governo Provisório, com a qual eles não concordaram, mas foram obrigados a aceitar e pedindo para serem justificados por este insulto. Anexo: certidões (3) e extracto da carta. AHU-RIO GRANDE DO NORTE, Cx. 10, D. 24 **AHU_ACL_CU_018, Cx. 10, D. 679.**
1537	**1821, Julho, 6, Natal** CARTA do capitão de infantaria de linha, ajudante de ordens do Governo Provisório da Província do Rio Grande do Norte, João Marques de Carvalho, ao rei [D. João VI] informando que foi enviado pela junta governativa Provisória a Vilal Nova do Príncipe., Vila da Princesa e Vila de Portalegre para pacificá-las e levá-las à obediência à Constituição e à Junta Governativa. Anexo: certidões (5). AHU-RIO GRANDE DO NORTE, Cx. 10, D. 27 **AHU_ACL_CU_018, Cx. 10, D. 681.**
1538	**ant. 1822, Julho, 12, Paraíba** REQUERIMENTO do contador da Junta da Fazenda Nacional da Província da Paraíba, José Nicolau da Costa, ao rei [D. João VI], enviando vários documentos sobre os acontecimentos na Província do Rio Grande do Norte, dando conta da situação em que se encontram os apoiantes da constituição e pedindo socorro para aquelas pessoas. Anexo: 6 documentos AHU-PARAÍBA, Mç. 27 **AHU_ACL_CU_018, Cx. 10, D. 683.**

Rio Grande do Sul AHU_ACL_CU_019

1539	**1821, Novembro, 25, Porto Alegre** CARTA do [governador e capitão-general da capitania de São Pedro], João Carlos Saldanha Oliveira Daun, ao rei [D. João VI], sobre as circunstâncias em que assumiu o governo da província, e dando conta das medidas tomadas para dissolver a rebelião e restabelecer a ordem, nomeadamente a prisão do chefe dos revoltosos, coronel Antero José de Ferreira de Brito. Anexo: 14 documentos AHU-Rio Grande do Sul, cx. 20, doc. 50 e 51 **AHU_ACL_CU_019, Cx. 13, D. 812.**

1540	**1821, Dezembro, 1, Rio Pardo** CARTA dos oficiais da Câmara da vila do Rio Pardo ao rei [D. João VI] enviando felicitações pela feliz viagem da família real para Lisboa. AHU-Rio Grande do Sul, cx. 9, doc. 1 **AHU_ACL_CU_019, Cx. 13, D. 813.**
1541	**1821, Dezembro, 5, Porto Alegre** CARTA da câmara de Porto Alegre ao rei [D. João VI], enviando felicitações pela feliz viagem da família real para Lisboa e reafirmando os votos de obediência. AHU-Rio Grande do Sul, cx. 20, doc. 52 **AHU_ACL_CU_019, Cx. 13, D. 814.**
1542	**1822, Março, 10, Porto Alegre** OFÍCIO do [governador e capitão-general da capitania de São Pedro], João Carlos Saldanha Oliveira Daun, ao [secretário de estado da Marinha e Ultramar], Joaquim José Monteiro Torres, sobe o cumprimento das ordens recebidas para a instalação do governo provisório da província, o processo de eleição e a sua constituição. Anexo: documentos numerados de 1 a 17 e ofício. AHU-Rio Grande do Sul, cx. 20, doc. 58 **AHU_ACL_CU_019, Cx. 13, D. 816.**
1543	**1822, Junho, 20, Porto Alegre** OFÍCIO do [presidente do governo provisório e governador das Armas da província do Rio Grande do Sul], João Carlos de Saldanha Oliveira Daun, ao secretário de estado dos Negócios do Reino, [Filipe Ferreira de Araújo e Castro], sobre a falta de notícias de Portugal, a inevitabilidade de o Brasil meridional se separar de Portugal, reafirmando o pedido de demissão dos cargos que ocupa e pedindo para voltar a Montevidéu e reintegrar a Divisão dos Voluntários Reais. AHU-Rio Grande do Sul, cx. 20, doc. 61 **AHU_ACL_CU_019, Cx. 13, D. 817.**
1544	**1822, Agosto, 5, Porto Alegre** OFÍCIO do [presidente do governo provisório e governador das Armas da província do Rio Grande do Sul], João Carlos de Saldanha Oliveira Daun, ao [secretário de estado dos Negócios do Reino], Filipe Ferreira de Araújo e Castro, sobre a representação do povo da vila do Rio Grande e Porto Alegre pedindo a sua conservação na província. Anexo: doc. numerados de 1 a 5 e 2a. via. AHU-Rio Grande do Sul, cx. 20, doc. 63 **AHU_ACL_CU_019, Cx. 13, D. 818.**
1545	**1822, Agosto, 7, Porto Alegre** OFÍCIO do ouvidor e corregedor da província do Rio Grande do Sul, José Antônio de Miranda, ao presidente das Cortes Gerais e Extraordinárias e Constituintes da Nação Portuguesa, informando ter apresentado, ao governo provisório do Rio Grande do Sul, a demissão dos seus cargos, em consequência de ter recebido oficialmente o decreto que declarava a independência do Brasil e determinava que se retirassem os europeus que não quisessem seguir o sistema brasileiro. Anexo: ofício e 2a. via. AHU-Rio Grande do Sul, cx. 20, doc. 64 e 65 **AHU_ACL_CU_019, Cx. 13, D. 819.**

1546	**1822, Agosto, 7, Porto Alegre** OFÍCIO (cópia) do ouvidor [e corregedor] da província do Rio Grande do Sul, José Antônio de Miranda, ao secretário de estado dos Negócios do Reino [Filipe Ferreira de Araújo e Castro], informando ter apresentado, ao governo provisório do Rio Grande do Sul, a demissão dos seus cargos, em consequência de ter recebido oficialmente o decreto que declarava a independência do Brasil que se retirassem os europeus que não quisessem seguir o sistema brasileiro. Anexo: 2 ofícios. AHU-Rio Grande do Sul, cx. 20, doc. 64 e 65; Baía, cx. 67, doc. 67 **AHU_ACL_CU_019, Cx. 13, D. 820.**

Rio Negro AHU_ACL_CU_020

1547	**1821, Março, 2, Rio Negro** CARTA do ouvidor do Rio Negro, Domingos Nunes Ramos Ferreira para o rei [D. João VI], a comunicar ter tomado posse do cargo. Anexo: 1 documento AHU-Rio Negro, cx. 20, D. 36 **AHU_ACL_CU_020, Cx. 18, D. 735.**
1548	**1821, Setembro, 20, Rio Negro** CARTA do ouvidor do Rio Negro, Domingos Nunes Ramos Ferreira para o rei [D. João VI], a acusar a recepção de correspondência da chancelaria-mor da Corte do Brasil e a informar ter recebido ordens da Junta Provisória do Governo da província do Pará, ara que dirigisse a correspondência para Lisboa enquanto não tivesse determinações em contrário do Congresso nas Cortes Nacionais. Anexo: 3 documentos AHU-Rio Negro, cx. 20, D. 36 **AHU_ACL_CU_020, Cx. 18, D. 736.**

Rio Negro AHU_ACL_CU_020

1547	**1821, Março, 2, Rio Negro** CARTA do ouvidor do Rio Negro, Domingos Nunes Ramos Ferreira para o rei [D. João VI], a comunicar ter tomado posse do cargo. Anexo: 1 documento AHU-Rio Negro, cx. 20, D. 36 **AHU_ACL_CU_020, Cx. 18, D. 735.**
1548	**1821, Setembro, 20, Rio Negro** CARTA do ouvidor do Rio Negro, Domingos Nunes Ramos Ferreira para o rei [D. João VI], a acusar a recepção de correspondência da chancelaria-mor da Corte do Brasil e a informar ter recebido ordens da Junta Provisória do Governo da província do Pará, ara que dirigisse a correspondência para Lisboa enquanto não tivesse determinações em contrário do Congresso nas Cortes Nacionais. Anexo: 3 documentos AHU-Rio Negro, cx. 20, D. 36 **AHU_ACL_CU_020, Cx. 18, D. 736.**

1549	**1821, Junho, 26, Rio Negro** OFÍCIO da Junta Provisória do Governo Civil da província do Rio Negro para o secretário de estado da Marinha e Ultramar, Joaquim José Monteiro Torres, a comunicar o juramento prestado à nova Constituição Política e a eleição dos membros da Junta Provisória do Governo Civil da província do Rio Negro. Anexo: 2 documentos AHU-Rio Negro, cx. 20, D. 40 **AHU_ACL_CU_020, Cx. 18, D. 741.**
1550	**1821, Junho, 26, Rio Negro** OFÍCIO da Junta Provisória do Governo Civil da província do Rio Negro para o secretário das Cortes Gerais Extraordinárias e Constituintes, para informar o juramento prestado à nova Constituição Política e a eleição dos membros da Junta Provisória do Governo. Anexo: 1 auto (treslado) AHU-Rio Negro, cx. 20, D. 48 **AHU_ACL_CU_020, Cx. 18, D. 742.**
1551	**1821, Agosto, 17, Rio Negro** OFÍCIO do capitão da 1a. Linha do Regimento do Pará, Joaquim António de Macedo a enviar exemplares do memorial dirigido ao Congresso Nacional em nome de alguns habitantes do Rio Negro, de que é procurador Anexo: 1 memorial impresso AHU-Rio Negro, cx. 771 **AHU_ACL_CU_020, Cx. 18, D. 744.**
1552	**[post. 1823, abril, 01] Lisboa** REQUERIMENTO do secretário do 2º Corpo de Tropas Ligeiras de Milícias do Rio Negro, João Alberto Ribeiro, para o rei [D. João VI], a solicitar a prorrogação da licença no Reino para estudar por mais um ano. (1+2 fls.) Anexo: 1 lembrete e 1 passaporte. AHU-Rio Negro, cx. 20, D. 49 **AHU_ACL_CU_020, Cx. 18, D. 747**
1553	**1823, maio, 12, Fortaleza da Barra do Rio Negro** CARTA da Junta da Cabeça da Divisão Eleitoral da província do Rio Negro para o rei [D. João VI], a enviar o resultado dos votos da província do Rio Negro, para deputado e substituto da nova legislatura. (2+4 fls.) Anexo: 2 documentos. AHU-Rio Negro, cx. 20, D. 36, 50 e 50-A **AHU_ACL_CU_020, Cx. 18, D. 748**
1554	**[ant. 1824, janeiro, 12]** REQUERIMENTO do coronel graduado do 2º Regimento de Infantaria da Primeira Linha do Pará e governador de Armas interino do Rio Negro, Joaquim José de Gusmão, para o rei [D. João VI], solicitando um ano de licença para ir à Corte. (1+3 fls.) Anexo: 3 documentos. AHU-Rio Negro, cx. 20, D. 51 e 52 **AHU_ACL_CU_020, Cx. 18, D. 749**

1555	**1825, Agosto, 31, Lisboa** OFÍCIO de José Cavalcanti de Albuquerque ao [secretário de estado da Marinha e Ultramar, Joaquim Monterio Torres] a solicitar, novamente, ajudas de custo para poder regressar ao Rio Negro no navio Natividade, visto estar a guardar que sejam despachados os requerimentos feitos nesse sentido desde que terminou a sua missão no Reino onde se encontrava como deputado às extintas Cortes. (1+1 fls.) Anexo: 1 carta. AHU-Rio Negro, cx. 20, D. 53 **AHU_ACL_CU_020, Cx. 18, D. 750**

Santa Catarina AHU_ACL_CU_021

1556	**1821, Novembro, 17, Lisboa** OFÍCIO de João Batista Felgueiras, ao [secretário de estado da Marinha e Ultramar], Joaquim José Monteiro Torres, solicitando que declare se recebeu as atas da Junta Eleitoral da Província de Santa Catarina, ou algum documento relativo à eleição dos deputados. AHU-Santa Catarina, cx. 13, doc. 18. **AHU_ACL_CU_021, Cx. 10, D. 604.**
1557	**[ant. 1821, Novembro, 21** REQUERIMENTO do deputado substituto da Província de Santa Catarina, major José da Silva Mafra, ao rei [D. João VI], solicitando que declare se deve ou não permanecer no Congresso e se envie suas diárias e transporte para o Rio de Janeiro, caso tenha que retornar. Anexo: fora de rosto, ata da sessão AHU-Santa Catarina, cx. 13, doc. 19. **AHU_ACL_CU_021, Cx. 10, D. 605.**
1558	**1822, Maio, 28, vila do Desterro da Ilha de Santa Catarina** CARTA do presidente da Junta do Governo Provisório Jacinto Jorge dos Anjos, ao rei [D. João VI] sobre a realização, em 23 de Setembro de 1821, da eleição da Junta do Governo Provisório e do envio da ata da eleição e sua adesão à causa constitucional ao soberano Congresso das Cortes e ao rei D. João VI. Anexo: ata de eleição AHU-Santa Catarina, cx. 13, doc. 24. **AHU_ACL_CU_021, Cx. 10, D. 609.**
1559	**1822, Maio, 28, vila do Desterro** CARTA da Junta do Governo Provisório da ilha de Santa Catarina, ao rei [D. João VI], prestando homenagem e respeito, submissão e obediência ao rei D. João Vi e ao seu governo. Anexo: folha de rosto AHU-Santa Catarina, cx. 13, doc. 25. **AHU_ACL_CU_021, Cx. 10, D. 610.**

1560	**1823, Janeiro, 25, Santarém** REQUERIMENTO do tenente ajudante do Primeiro Regimento de Milícias de Santa Catarina, Lúcio Antônio da Silva Ribeiro Bonjardim, ao rei [D. João VI], solicitando que se defira sobre sua licença de permanência na Corte para que o suplicante não sofra nenhuma punição e não perca os vencimentos. Anexo: ofício, requerimento, lembretes, folha de rosto. AHU-Santa Catarina, cx. 13, doc. 28. **AHU_ACL_CU_021, Cx. 10, D. 613.**
1561	**1825, Maio, 14, Lisboa** OFÍCIO do [secretário de estado dos Negócios da Guerra], conde de Barbacena, [Francisco Furtado de Mendonça], ao [secretário de estado da Marinha e Ultramar], Joaquim José Monteiro Torres, informando que a reintegração ao Exército do 1º tenente adido ao Regimento de Artilharia de Santa Catarina, destacado na província de Rio Grande de São Pedro, Antônio Máximo Franco, teria de ser como oficial de Ultramar. AHU-Santa Catarina, cx. 13, doc. 32. **AHU_ACL_CU_021, Cx. 10, D. 616.**
1562	**[ant. 1825, Novembro, 22, Lisboa** REQUERIMENTO de Antônio das Neves ao rei [D. João VI], solicitando licença para regressar à Santa Catarina e devolução dos seus bens. Anexo: lembrete. AHU-Santa Catarina, cx. 13, doc. 34. **AHU_ACL_CU_021, Cx. 10, D. 617.**
1563	[ant. 1826, Junho, 17] REQUERIMENTO do ajudante do Primeiro Regimento de Milícias da Província de Santa Catarina, Lúcio Antônio da Silva Ribeiro Bonjardim, ao rei [D. João VI], solicitando ordem para retirar carta patente no Conselho Ultramarino. AHU-Santa Catarina, cx. 13, doc. 35. **AHU_ACL_CU_021, Cx. 10, D. 618.**

São Paulo AHU_ACL_CU_023

1564	**1821, Dezembro, 24, São Paulo** REPRESENTAÇÃO (cópia) do governo de São Paulo ao príncipe regente [D. João], solicitando a sua permanência no Estado do Brasil AHU-São Paulo, cx. 29, doc. 26. **AHU_ACL_CU_023, Cx. 30, D. 1376.**
1565	**1821, Fevereiro, 8, Lisboa** OFÍCIO de Antônio Carlos Ribeiro de Andrade Machado e Silva ao secretário de estado da Repartição da Marinha, Inácio da Costa Quintela, informando que está residindo na rua de São Bento no. 120, e que está pronto para assumir o cargo de deputado pela província de São Paulo. AHU-São Paulo, cx. 29, doc. 26. **AHU_ACL_CU_023, Cx. 30, D. 1377.**

1566	**1821, Maio, 23, São Paulo** ABAIXO ASSINADO (cópia) das Casas da Câmara, juiz de fora, presidente e capitão, Bento José Leite Penteado e vereadores solicitando a permanência do atual presidente do governo Provisório desta Província, João Carlos Augusto de Oeynhausen. AHU-São Paulo, cx. 29, doc. 27. **AHU_ACL_CU_023, Cx. 30, D. 1378.**
1567	**[ant. 1822, Setembro, 12]** REQUERIMENTO de Francisco Gonçalves dos Santos Cruz ao rei [D. João VI], solicitando o posto de tenente-coronel Graduado do Regimento de Cavalaria de Milícias da província de São Paulo. Anexo: 3 atestados, lembrete, folha de remessa de requerimentos. AHU-São Paulo, cx. 29, doc. 28. **AHU_ACL_CU_023, Cx. 30, D. 1379.**
1568	**[post. 1822, Setembro, 23]** REQUERIMENTO do padre Diogo Antônio Feijó ao rei [D. João VI], solicitando passaporte para poder passar desta cidade para a Província de São Paulo, com passagem pelo Rio de Janeiro. Anexo: atestado. AHU-São Paulo, cx. 29, doc. 28. **AHU_ACL_CU_023, Cx. 30, D. 1380.**
1569	**[ca. 1822]** REQUERIMENTO de Sebastião Pereira ao rei [D. João VI] solicitando passaporte para poder passar para a província de São Paulo. AHU-São Paulo, cx. 29, doc. 29. **AHU_ACL_CU_023, Cx. 30, D. 1381.**

São Paulo Mendes Gouveia CU_023-01

1570	**1821, Novembro, 8, Palácio do Rio de Janeiro** PORTARIA (cópia da) pela qual o Príncipe Regente (D. Pedro), manda participar ao ministro e secretário de Estados Negócios da Marinha e do Ultramar (Joaquim José Monteiro Torres) que no navio *Maria Primeira* viajavam do (Rio de Janeiro) para Lisboa, os deputados da província de São Paulo AHU-São Paulo, **AHU_ACL_ CU_023-1, Cx. 64, D. 4932.**
1571	**1822, Fevereiro, 1817, Vila e praça de Santos]** PASSAPORTE passado pelo Governador Provisório da província de São Paulo presidente João Carlos Augusto de Oeynhausen (e Gravemburg), vice presidente José Bonifácio de Andrade e Silva, secretário Miguel José de Oliveira Pinto – para que da vila de Santos faça viagem para a cidade do Pôrto e regresse à mesma vila, o bergatim *Henrique* de que é mestre, José Cândido de Sousa e proprietário Antônio de Sousa Machado. AHU-São Paulo, **AHU_ACL_ CU_023-01, Cx. 64, D. 4934.**

1572	**1822, Abril, 24, Palácio de Queluz** ORDEM de [D. João VI] para o governador das Armas da província do Rio de Janeiro, mandando-lhe dar as ordens necessárias para que o tenente coronel agregado ao primeiro Regimento de Artilharia Miliciana da província de São Paulo, José Carneiro da Silva Braga, possa vir a esta Corte tratar dos seus negócios. Segue-se um duplicado do mesmo documento. Anexo: requerimento. AHU-São Paulo-Mgouveia, cx. 64, doc. 4935. **AHU_ACL_CU_023-01, Cx. 64, D. 4935.**
1573	**1823, Julho, 24, Paço de Beposta** AVISO do marquês de Palmela, [D. Pedro de Sousa Holstein] para o [ministro e secretário de Estado dos Negócios da Marinha e Domínios Ultramarinos] conde de Subserra [Manuel Martins Inácio Pamplona Corte-Real], dizendo que, [D. João VI], lhe mandou remeter o requerimento de João Batista de Queirós a fim de dar as ordens necessárias para o suplicante ser transportado, à custa da Fazenda Real, na primeira embarcação que partir para algum porto do Brasil mais próximo a S. Paulo. Anexo: 3 requerimentos, aviso, certidão. AHU-São Paulo-Mgouveia, cx. 65, doc. 4948. **AHU_ACL_CU_023-01, Cx. 65, D. 4948.**
1574	[s. d.] REQUERIMENTO de João de Almeida Prado a (D. João VI (?)), pedindo que lhe seja concedido o passaporte para regressar a São Paulo, donde viera na companhia do deputado (pelo Brasil, de cujo cargo tomou posse em 11 fevereiro de 1822). Diogo António Feijó. AHU-São Paulo, **AHU_ACL_ CU_023-01, Cx. 66, D. 5095.**
1575	**[ca. 1825, Março, 28]** REQUERIMENTO de João de Sousa Pereira, mestre da galera Lusitano, de que é caixa e proprietário, Francisco Inácio de Sousa Queirós, a [D. João VI], pedindo que mande passar-lhe passaporte, para a referida embarcação poder seguir viagem da cidade do Porto para Santos, com escala pelo Rio de Janeiro. AHU-São Paulo-Mgouveia, cx. 65, doc. 4952. **AHU_ACL_CU_023-01, Cx. 65, D. 4952.**
1576	**1825, Novembro, 14, Lisboa** PASSAPORTE passado pelo ministro e secretário de Estado dos Negócios da Marinha e do Ultramar, almirante da Armada Real, Joaquim José Monteiro Torres, para que da cidade de Lisboa faça viagem para a vila de Santos, com regresso à dita cidade, o bergantim Conde de Palmela de que é mestre Manuel Antônio Alves de Paiva e proprietário, João Antônio de Almeida. AHU-São Paulo-Mgouveia, cx. 65, doc. 4953. **AHU_ACL_CU_023-01, Cx. 65, D. 4953.**
1577	**[s. d.]** REQUERIMENTO de João de Almeida Prado a (D. João VI (?)), pedindo que lhe seja concedido o passaporte para regressar a São Paulo, donde viera na companhia do deputado (pelo Brasil, de cujo cargo tomou posse em 11 Fevereiro de 1822). Diogo António Feijó. AHU-São Paulo, **AHU_ACL_ CU_023-01, Cx. 66, D. 5095.**

Ultramar CU_035

1578	**1823, fevereiro, 1, Lisboa** CONSULTA da Mesa da Consciência e Ordens ao rei [D. João VI], sobre a portaria de 13 de novembro de 1822, expedida pela Secretaria de Estado da Justiça e Direção dos Negócios Eclesiásticos, em que se determina que esta mesa remeta a dita secretaria todas as propostas que nesta se achassem, para o provimento de benefícios e igrejas do ultramar e que ainda não tivessem sido confirmadas. Anexo: relação, lembretes. **AHU_ACL_CU_035, Cx. 27, D. 2225.**
1579	**1823, julho, 22, [Lisboa]** OFÍCIO do [conselheiro do Conselho do Almirantado], Carlos [Félix Geraldes] May, ao [secretário de estado da Guerra, da Marinha e Ultramar e ministro assistente ao Despacho], conde de Subserra, [Manuel Inácio Pamplona Corte Real], sobre o arroz vindo do Maranhão e os mantimentos que deveriam ser remetidos a Bahia. AHU_ACL_CU_035, Cx. 27, D. 2231.
1580	**1823, agosto, 6, Lisboa** MODELO de carta patente passada pelo rei [D. João VI]. **AHU_ACL_CU_035, Cx. 27, D. 2235.**
1581	**1823, outubro, 20, Mafra** OFÍCIO do [secretário de estado dos Negócios do Reino], Joaquim Pedro Gomes de Oliveira, ao [secretário de estado da Guerra, da Marinha e Ultramar e ministro assistente ao Despacho], conde de Subserra, [Manuel Inácio Pamplona Corte Real], encaminhando documentos referentes às diversas capitanias do Brasil, Angola, Príncipe, São Tomé, Macau e Goa. **AHU_ACL_CU_035, Cx. 27, D. 2247.**
1582	**[ant. 1823, outubro, 21, Lisboa]** REQUERIMENTO do oficial da Secretaria de Estado da Marinha e Ultramar, José Joaquim Xavier de Brito ao rei [D. João VI], solicitando novo decreto em que se declare que deve receber o mesmo ordenado que todos os outros oficiais reintegrados aos seus empregos recebem. **AHU_ACL_CU_035, Cx. 27, D. 2248**
1583	1823, novembro, 14, [Lisboa] OFÍCIO do [secretário de estado da Justiça], Manuel Marinho Falcão da Costa, ao [secretário de estado da Guerra, da Marinha e Ultramar e ministro assistente ao Despacho], conde de Subserra, [Manuel Inácio Pamplona Corte Real], remetendo papéis relacionados aos distúrbios ocorridos em diversas capitanias do Brasil. Anexo: relação. **AHU_ACL_CU_035, Cx. 27, D. 2249.**
1584	**1823, novembro, 17, Lisboa** OFÍCIO do [conselheiro do Conselho Ultramarino que serve de presidente], visconde de Manique, [D. Pedro Antônio de Pina Manique], ao [secretário de estado da Guerra, da Marinha e Ultramar e ministro assistente ao Despacho], conde de Subserra, [Manuel Inácio Pamplona Corte Real], sobre o expediente do Conselho Ultramarino correr pela Secretaria de Estado da Marinha e Ultramar, indicando que existe duas consultas que ainda não baixaram resolvidas que tratam da independência do conselho de qualquer outro ministério, voltando a legislar sobre todas as pendências ultramarinas, como mandava o alvará de 22 de Dezembro de 1643. **AHU_ACL_CU_035, Cx. 27, D. 2250.**

1585	**1823, dezembro, 23, [Lisboa]** PORTARIA do [secretário de estado da Guerra, da Marinha e Ultramar e ministro assistente ao Despacho], conde de Subserra, [Manuel Inácio Pamplona Corte Real], ao conselheiro do Conselho Ultramarino que serve de presidente], visconde de Manique, [D. Pedro Antônio de Pina Manique], remetendo requerimentos de militares que pretendem postos no ultramar, para serem vistos no dito conselho. **AHU_ACL_CU_035, Cx. 27, D. 2256.**
1586	**1824, janeiro, 23, [Lisboa]** OFÍCIO do [juiz do Arsenal Real da Marinha], Carlos [Félix Geraldes] May, ao [secretário de estado da Guerra], conde de Subserra, [Manuel Inácio Pamplona Corte Real], informando seu parecer sobre os requerimentos do capitão do Regimento de Infantaria da Divisão dos Voluntários reais, José Magalhães da Costa, e de Manuel Pimentel de Almeida e Manuel das Mercês. Anexo: lembrete. **AHU_ACL_CU_035, Cx. 28, D. 2263.**
1587	**1824, abril, 10, Lisboa** QUERIMENTO do segundo sargento de Artilharia, Bartolomeu de Saldanha Marinho, ao rei [D. João VI], solicitando ser despachado na expedição que vai a Moçambique, em atenção aos seus serviços na guerra na província do Maranhão contra a independência do Brasil. **AHU_ACL_CU_035, Cx. 28, D. 2272.**
1588	**1824, maio, 10, [Lisboa]** OFÍCIO do [secretário de estado dos Negócios Estrangeiros], marquês de Palmela, [D. Pedro de Sousa Holstein], ao D. Manuel de Portugal e Castro, sobre a restauração da ordem após a tentativa de golpe do infante D. Miguel. **AHU_ACL_CU_035, Cx. 28, D. 2274.**
1589	**[ant. 1824, agosto, 18]** REQUERIMENTO do oficial da Secretaria de Estado da Marinha e Ultramar, José Joaquim Xavier de Brito, ao rei [D. João VI], solicitando pagamento de uma ajuda de custo para abonar as despesas que fez para si e sua família, na viagem de retorno do Rio de Janeiro para Lisboa, da mesma forma como foi concedido a outros oficiais em iguais circunstâncias. Anexo: requerimentos, lembretes, certidões. **AHU_ACL_CU_035, Cx. 28, D. 2284.**
1590	**1824, agosto, 23, [Lisboa]** REQUERIMENTO do sargento José Navarro, ao rei [D. João VI], solicitando promoção no posto de alferes para o Brasil, Índia, ou qualquer outra parte do ultramar português. **AHU_ACL_CU_035, Cx. 28, D. 2286.**
1591	**1824, outubro, 11, [Lisboa]** OFÍCIO do [secretário de estado da Guerra e da Marinha e Ultramar], conde de Subserra, [Manuel Inácio Pamplona Corte Real], à Secretaria de Estado da Marinha e Ultramar, remetendo relação dos oficiais que poderão servir na brigada Real da Marinha, daqueles que poderão retornar ao ultramar em serviço e que foram indicados pela comissão do ultramar. Anexo: relações. **AHU_ACL_CU_035, Cx. 28, D. 2293.**

Brasil Limites CU-059

1592	[ca. 1810] OFÍCIO (cópia) de Manoel Francisco de Miranda ao brigadeiro Antônio Correia da Costa, relatando os acontecimentos relativos à independência das Províncias do Prata, comentando que os habitantes de Buenos Aires poderiam seduzir os brasileiros para a sua libertação de Portugal e, para que isso não ocorresse, deveria haver muita vigilância. AHU-Colônia do Sacramento, cx. 11, doc. 21. **AHU_ACL_CU_059, Cx. 4, D. 286.**
1593	**1826, junho, 20** CARTA de Manuel José Maria da Costa e Sá ao conselheiro do Conselho Ultramarino, Bernardo José d'Abrantes e Castro, sobre o apoio que deveria se dar ao despachante de navios Bento José da Cunha Viana, que fora muito prejudicado em seus negócios com a separação do Brasil de Portugal. Anexo: informação. AHU-Brasil-Limites, cx. 3, doc. 289. **AHU_ACL_CU_059, Cx. 4, D. 288.**

Montevidéu AHU_ACL_CU_065

1594	**1821, Março, 21, Montevidéu]** OFÍCIO do vice-almirante graduado [chefe de esquadra e comandante das forças navais do Rio da Prata], Rodrigo José Ferreira Lobo, ao [secretário de estado do Reino e Mercês], Inácio da Costa Quintela sobre o envio do juramento que todos os militares fizeram da constituição; pedindo a remessa do dinheiro pertencente à Brigada Real da Marinha; pedindo que se envie, os gêneros já referidos em outros ofícios. Anexo: 2 juramentos AHU-Montevidéu, cx. 1, doc. 54. **AHU_ACL_CU_065, Cx. 3, D. 151.**
1595	**1821, Março, 30, Montevidéu]** OFÍCIO do vice-almirante graduado [chefe de esquadra e comandante das forças navais do Rio da Prata], Rodrigo José Ferreira Lobo, ao [secretário de estado da Marinha e Ultramar], Joaquim Monteiro Torres, sobre o envio do mapa das forças militares que comanda, do manifesto e proclamação feitas pelo coronel do primeiro regimento da infantaria Antônio Claudino Pimentel convocando todos os militares a jurarem a constituição; que enviara o bergantim Real Pedro ao Rio Grande a fim de que este traga marinhagem, também reclama a falta de oficiais de brigada, calafates, carpinteiros para poder fabricar embarcações; remetendo a devassa do fato ocorrido a bordo da barca Cossaca; pedindo que ordene soltar da prisão o tenente-brigadeiro José Maria Monteiro; e que tem tido ordem para sacar todos os meses do Banco do Brasil o dinheiro para pagamento dos soldados e comedorias das guarnições. Anexo: manifesto, proclamação, mapa AHU-Montevidéu, cx. 2, doc. 5; cx. 3, doc. 14. **AHU_ACL_CU_065, Cx. 3, D. 153.**

1596	**1821, Dezembro, 15, Montevidéu]** PROTESTO dos Voluntários Reais d'El Rei ao Congresso Nacional, protestando pelo exílio involuntário e requerendo o retorno a Portugal. AHU-Montevidéu, cx. 2, doc. 22. **AHU_ACL_CU_065, Cx. 3, D. 159.**
1597	**1822, Março, 25, Montevidéu]** OFÍCIO do Conselho Militar da Divisão dos Voluntários Reais d'El Rei, ao secretário das Cortes Gerais Extraordinárias e Constituintes da Nação Portuguesa, comunicando as asserções injuriosas emitidas pelo capitão do 10. Batalhão de Caçadores, Francisco Xavier da Cunha. AHU-Montevidéu, cx. 23, doc. 4. **AHU_ACL_CU_065, Cx. 3, D. 173.**
1598	**1822, Março, 25, Montevidéu]** OFÍCIO do Conselho Militar da Divisão dos Voluntários Reais d'El Rei, ao secretário das Cortes Gerais Extraordinárias e Constituintes da Nação Portuguesa, sobre o envio dos ofícios e atas do Conselho Militar referente as sessões realizadas pelo capitão do 10. Batalhão de Caçadores Francisco Xavierda Cunha. Anexo: carta, 10 ofícios, 15 atas, memória. AHU-Montevidéu, cx. 3, doc. 16. **AHU_ACL_CU_065, Cx. 3, D. 174.**
1599	**1822, Julho, 5, Montevidéu]** OFÍCIO de José Pedro de Oliveira ao brigadeiro ajudante-general de Montevidéu, D. Álvaro da Costa de Sousa de Macedo, remetendo documento a ser entregue ao [capitão-general de Montevidéu], barão de Laguna, [Carlos Frederico Lecor], emitido pela Junta de Saúde Militar da Divisão de Voluntários d'El Rei no qual reiterava o seu apoio ao rei D. João VI, julgando prematuras os rumores sobre possível independência do Brasil. Anexo: termo. AHU-Montevidéu, cx. 3, doc. 6. **AHU_ACL_CU_065, Cx. 3, D. 183.**
1600	**1822, Agosto, 5, Montevidéu]** OFÍCIO de Conselho Militar da Divisão dos Voluntários Reais d'El Rei, ao secretário das Cortes Gerais Extraordinárias e Constituintes da Nação Portuguesa, sobre uma proclamação feita acerca da situação das tropas portuguesas em Montevidéu após notícias chegadas referentes a ameaça de separação do Brasil. Anexo: ofício, proclamação, carta. AHU-Montevidéu, cx. 3, doc. 9. **AHU_ACL_CU_065, Cx. 3, D. 196.**

1601	**1822, Setembro, 3, Montevidéu]** OFÍCIO do Conselho Militar da Divisão dos Voluntários Reais d'El Rei, ao secretário das Cortes Gerais Extraordinárias e Constituintes da Nação Portuguesa, encaminhando o ofício relativo a situação crítica em que se encontra a Divisão dos Voluntários Reais d'El Rei. Anexo: ofício. AHU-Montevidéu, cx. 3, doc. 13. **AHU_ACL_CU_065, Cx. 3, D. 201.**
1602	**1822, Maio, 5, Montevidéu]** OFÍCIO do [brigadeiro ajudante-general e comandante interino da Divisão dos Voluntários Reais d'El Rei], D. Álvaro da Costa de Sousa de Macedo, ao [secretário de estado da Guerra], Manoel Gonçalves de Miranda, sobre a diminuição da deserção dos militares, apesar de alguns oficiais portugueses demonstrarem que gostariam de qualquer forma permanecer no Brasil; do combate tido com o inimigo e que a postura dos militares da Divisão fora digna do nome português; que os acontecimentos políticos têm influído no comércio, fazendo com que os rendimentos da alfândega tomem-se diminutos não cobrindo as despesas; e remetendo as Ordens do Dia. Anexo: 49 ordens do dia, 4 ofícios, extrato de oficio, 5 proclamações. Obs.: as ordens do dia, os oficiais e as proclamações estão impressas. AHU-Montevidéu, cx. 3, doc. 28 e 18. **AHU_ACL_CU_065, Cx. 3, D. 210.**

1603	**1823, fevereiro, 1, Montevidéu** OFÍCIO do [brigadeiro ajudante-general e comandante interino da Divisão dos Voluntários Reais d'El Rei], D. Álvaro da Costa de Sousa de Macedo, ao [secretário de estado da Guerra], Manoel Gonçalves de Miranda, sobre o comportamento das tropas de Montevidéu em relação à chegada de fragatas com bandeira do Rio de Janeiro. AHU-Montevidéu, cx. 3, doc. 20. **AHU_ACL_CU_065, Cx. 4, D. 203.**
1604	**1823, fevereiro, 19, Montevidéu** OFÍCIO do Conselho Militar de Montevidéu ao [secretário de estado dos Negócios Estrangeiros e secretário interino de estado da Marinha e Ultramar], Cândido José Xavier, sobre a diminuição da deserção entre os soldados, após a saída do barão de Laguna, [Carlos Frederico Lecor], e sobre o auxílio vindo da Bahia; informando também o caso da tripulação da escuna D. Maria Teresa, muito influenciada por aquele ex-capitão-general de Montevidéu. Anexo: 4 ofícios, extrato de ofício. AHU-Montevidéu, cx. 3, doc. 28. **AHU_ACL_CU_065, Cx. 4, D. 204.**
1605	**1823, fevereiro, 25, Montevidéu** OFÍCIO do [brigadeiro ajudante-general e comandante interino da Divisão dos Voluntários Reais d'El Rei], D. Álvaro da Costa de Sousa de Macedo, ao [secretário de estado da Guerra], Manoel Gonçalves de Miranda sobre a situação em Montevidéu e a pressão exercida pelo barão de Laguna, [Carlos Frederico Lecor], agora aliado ao Brasil. AHU-Montevidéu, cx. 3, doc. 21. **AHU_ACL_CU_065, Cx. 4, D. 205.**

1606	**1823, março, 1, Montevidéu** OFÍCIO do [brigadeiro ajudante-general e comandante interino da Divisão dos Voluntários Reais d'El Rei], D. Álvaro da Costa de Sousa de Macedo, ao [secretário de estado da Marinha e Ultramar], Inácio da Costa Quintela, sobre a retomada, pelo cabo de esquadra Antônio Talala, da escuna D. Maria Teresa, do capitão-tenente Francisco de Assis Cabral, que havia aderido às forças do barão de Laguna, [Carlos Frederico Lecor]. Anexo: mapa, relação, 4 ordens do dia, informação, jornal. AHU-Montevidéu, cx. 3, doc. 22. **AHU_ACL_CU_065, Cx. 4, D. 206.**
1607	**1823, abril, 29, Montevidéu** OFÍCIO do Conselho Militar de Montevidéu ao [secretário de estado da Guerra], Manoel Gonçalves de Miranda, sobre a clareza que possuem quanto a necessidade de evacuar aquela província, sabendo que alguns oficiais irão ficar no Brasil, mesmo depois do embarque; da dificuldade financeira que estão passando; que as tropas inimigas apareceram de maneira hostil defronte o porto. Anexo: extrato de ofício. AHU-Montevidéu, cx. 3, doc. 28. **AHU_ACL_CU_065, Cx. 4, D. 209.**
1608	**1823, maio, 5, Montevidéu** OFÍCIO do [brigadeiro ajudante-general e comandante interino da Divisão dos Voluntários Reais d'El Rei], D. Álvaro da Costa de Sousa de Macedo, ao [secretário de estado da Guerra], Manoel Gonçalves de Miranda, sobre a diminuição da deserção dos militares, apesar de alguns oficiais portugueses demonstrarem que gostariam de qualquer forma permanecer no Brasil; do combate tido com o inimigo e que a postura dos militares da Divisão fora digna do nome português; que os acontecimentos políticos têm influído no comércio, fazendo com que os rendimentos da alfândega tornem-se diminutos não cobrindo as despesas; e remetendo as Ordens do Dia. Anexo: 49 ordens do dia, 4 ofícios, extrato de ofício, 5 proclamações. Obs.: as ordens do dia, os ofícios e as proclamações estão impressos. AHU-Montevidéu, cx. 3, doc. 28 e 18. **AHU_ACL_CU_065, Cx. 4, D. 210.**
1609	**[post. 1823, maio, 7]** INFORMAÇÃO sobre os dois ofícios remetidos pelo brigadeiro ajudante-general e comandante interino da Divisão dos Voluntários Reais d'El Rei, D. Álvaro da Costa de Sousa de Macedo; um dirigido ao secretário de estado da Guerra, Manoel Gonçalves de Miranda, e outro às extintas Cortes, notificando seu desagrado pela revolução do Minho e Trás-os-Montes, chamando a estes portugueses de degenerados filhos da pátria. Anexo: 2 ofícios. AHU-Montevidéu, cx. 3, doc. 26. **AHU_ACL_CU_065, Cx. 4, D. 212.**

1610	**1823, maio, 8, Montevidéu** OFÍCIO do [brigadeiro ajudante-general e comandante interino da Divisão dos Voluntários Reais d'El Rei], D. Álvaro da Costa de Sousa de Macedo, ao [secretário de estado da Guerra], Manoel Gonçalves de Miranda, sobre o envio do mapa da força da Divisão dos Voluntários Reais d'El Rei e demais Corpos que se encontram debaixo de seu comando. Anexo: mapa. AHU-Montevidéu, cx. 3, doc. 26. **AHU_ACL_CU_065, Cx. 4, D. 214.**
1611	**1823, junho, 10, [Lisboa]** AVISO (cópia) do [secretário de estado da Marinha e Ultramar], Inácio da Costa Quintela, ordenando que o comandante das forças marítimas do Brasil, chefe de divisão, João Félix Pereira de Campos, tenha pronto o abastecimento para os navios de transporte que sairão de Lisboa para Montevidéu com a finalidade de buscar a Divisão dos Voluntários Reais d'El Rei. Anexo: informação. AHU-Montevidéu, cx. 3, doc. 15. **AHU_ACL_CU_065, Cx. 4, D. 215.**
1612	**1823, junho, 26** INFORMAÇÃO sobre três ofícios do [brigadeiro ajudante-general e comandante interino da Divisão dos Voluntários Reais d'El Rei], D. Álvaro da Costa de Sousa de Macedo, ao [secretário de estado da Marinha e Ultramar], Inácio da Costa Quintela: o primeiro trata do deslocamento da Divisão dos Voluntários Reais d'El Rei de Montevidéu para a Bahia, em virtude dos últimos acontecimentos políticos no Brasil; o segundo, relata as medidas que tomara para resistir ao bloqueio do general barão de Laguna, [Carlos Frederico Lecor]; e o terceiro, participa a tomada que fizeram seis marinheiros e o prático Manoel Joaquim da Costa a uma lancha e da gratificação que fez a estes militares. Anexo: 3 ofícios, 5 ordens do dia. AHU-Montevidéu, cx. 3, doc. 27. **AHU_ACL_CU_065, Cx. 4, D. 216.**
1613	1823, julho, 23, [Lisboa] OFÍCIO do [secretário de estado da Marinha e Ultramar], conde de Subserra [Manoel Inácio Pamplona Corte Real], ao brigadeiro ajudante-general e comandante interino da Divisão dos Voluntários Reais d'El Rei, D. Álvaro da Costa de Sousa de Macedo, encaminhando-lhe uma carta régia que ordenava a retirada das forças de mar e terra da praça de Montevidéu e da banda Oriental do Rio da Prata. Anexo: carta régia. AHU-Montevidéu, cx. 3, doc. 25. **AHU_ACL_CU_065, Cx. 4, D. 217.**
1614	**1823** MAPAS da Divisão dos Voluntários Reais d'El Rei em Montevidéu, referentes a gêneros, soldados e víveres, desde junho a dezembro de 1823. AHU-Montevidéu, cx. 3, doc. 29 e 30. **AHU_ACL_CU_065, Cx. 4, D. 218.**

1615	**1824, março, 5, Gibraltar** OFÍCIO de José Agostinho Parral ao [secretário de estado da Marinha e Ultramar], conde de Subserra, [Manoel Inácio Pamplona Corte Real], sobre o envio, pelo brigue sardo Água Santa, de um exemplar com a capitulação de Montevidéu. AHU-Montevidéu, cx. 3-A, doc. 4. **AHU_ACL_CU_065, Cx. 4, D. 219.**
1616	**1824, julho, 26, Gibraltar** OFÍCIO de José Agostinho Parral ao [secretário de estado da Marinha e Ultramar], conde de Subserra, [Manoel Inácio Pamplona Corte Real], sobre as notícias que recebera pelo brigue inglês Bela Carolina, revelando que a situação em Montevidéu estava calma, embora quase toda a população estivesse contra as tropas brasileiras. AHU-Montevidéu, cx. 3-A, doc. 5. **AHU_ACL_CU_065, Cx. 4, D. 220.**
1617	**1824, agosto, 26, Gibraltar** OFÍCIO do José Agostinho Parral ao [secretário de estado da Marinha e Ultramar], conde de Subserra, [Manoel Inácio Pamplona Corte Real], sobre notícias das tropas brasileiras em Montevidéu, trazidas por um português que viajara no brigue sardo Assunta, acerca do descontentamento daquela população. AHU-Montevidéu, cx. 3-A, doc. 11. **AHU_ACL_CU_065, Cx. 4, D. 223.**
1618	**1824, dezembro, 11, Lisboa** OFÍCIO (minuta) do [secretário de estado da Marinha e Ultramar], conde de Subserra, [Manoel Inácio Pamplona Corte Real], ao secretário de estado dos Negócios Estrangeiros, encaminhando duas relações dos oficiais da Armada Real da Marinha da campanha do Rio da Prata. Anexo: ofício, 2 relações. AHU-Montevidéu, cx. 3-A, doc. 24. **AHU_ACL_CU_065, Cx. 4, D. 224.**

Buenos Aires CU_066

1619	**1823, dezembro, 5, bordo do brigue Treze de Maio** RELATO intitulado Breve Exposição sobre a América Espanhola e particularmente sobre o Estado de Buenos Aires, Províncias transplatinas, Columbia, Chile e Perú e mais reflexões ocorrentes no mês de dezembro de 1823; referindo-se a questões políticas, econômicas em torno, sobretudo, da independência daqueles países em relação à Espanha. Faz referência, também, às batalhas entre brasileiros e uruguaios, terminando por comentar dados econômicos e políticos sobre o Brasil. AHU-Paraguai, cx.1, doc. 6. **AHU_ACL_CU_066, Cx. 1, D. 22.**

Sergipe CU_081

1620	**1821, fevereiro, 21, Sergipe del Rey** CARTA das autoridades constituídas de Sergipe del Rey, ao rei[D. João VI], notificando a chegada de um emissário da Junta Provisória da Bahia, o qual não reconheceu por fidelidade ao rei. AHU-Sergipe, cx. 09 doc.21 **AHU_ACL_CU_081, Cx. 6, D.490.**
1621	**1821, fevereiro, 23, Sergipe del Rey** Ofício do Governador de Sergipe, Carlos César Bulamarqui para Tomás Antônio de Vila Nova Portugal dando ciência dos acontecimentos que envolveram sua posse no governo de Sergipe. AHU-Sergipe, cx. 09 doc.22 **AHU_ACL_CU_081, Cx. 6, D.491.**
1622	**1821, Agosto, 25, Vila Nova** CARTA dos Oficiais da Câmara de Vila Nova Real de El Rey do Rio São Francisco prestando fidelidade às Cortes e às autoridades da Bahia e de Sergipe encabeçadas por Madeira de Melo. AHU-Sergipe, cx. 9, doc. 26. AHU_ACL_CU_081, Cx. 6, D.495.

Conselho Ultramarino AHU_ACL_CU_ 089

1623	**[ant. 1825, Março, 28, Lisboa]** REQUERIMENTO do contínuo do Conselho Ultramarino, José António David Henriques, ao Rei [D. João VI] solicitando ampliação de sua licença por mais um ano, por estar vivendo em Gibraltar aguardando passar à Bahia a tratar de assuntos da casa de seu pai, José David Henriques. Anexo: docs. Comprovativos. **AHU_ACL_CU_ 089, Cx. 19, D. 1770.**

Alameda nas redes sociais:

Site: www.alamedaeditorial.com.br
Facebook.com/alamedaeditorial/
Twitter.com/editoraalameda
Instagram.com/editora_alameda/

Esta obra foi impressa em São Paulo no outono de 2024. No texto foi utilizada a fonte Minion Pro em corpo 10,5 e entrelinha de 15 pontos.